全国高校出版社优秀畅销书一等奖

中国高等院校计算机基础教育课程体系规划教材

丛书主编 谭浩强

C++ 程序设计（第2版）

谭浩强 编著

Yuxing TANG

清华大学出版社

北京

内容简介

C++是近年来国内外广泛使用的现代计算机语言，它既支持基于过程的程序设计，也支持面向对象的程序设计。国内许多高校陆续开设了C++程序设计课程。但是，由于C++涉及概念很多，语法比较复杂，内容十分广泛，使不少人感到学习难度较大，难以入门。

本书作者深入调查了大学的程序设计课程的现状和发展趋势，参阅了国内外数十种有关C++的教材，认真分析了读者在学习中的困难和认识规律，设计了读者易于学习的教材体系，于2004年出版了《C++程序设计》一书。该书降低入门起点，不需要C语言的基础，从零起点介绍程序设计和C++。广大师生用后反映非常好，认为该书定位准确，概念清晰，深入浅出，取舍合理，以通俗易懂的语言对C++的许多难懂的概念作了透彻而通俗的说明，大大降低了初学者学习的困难，是一本初学者学习C++的好教材。

根据教学实践的需要，作者对该书进行了修订，出版了《C++程序设计(第2版)》，与第1版相比，内容更加丰富，讲解更加清晰，学习更加容易，依据ANSI C++标准进行介绍，引导读者从一开始就按C++的要求编程，而不是过多地迁就C语言的习惯。全书分为4篇：基本知识；基于过程的程序设计；基于对象的程序设计；面向对象的程序设计。

为了便于教学，本书有两本配套教材：《C++程序设计题解和上机指导(第2版)》，《C++程序设计实践指导》，帮助学生通过实践掌握C++的编程方法。

本书内容全面，例题丰富，概念清晰，循序渐进，易于学习，即使没有教师讲授，读者也能看懂本书的大部分内容。本书是学习C++的入门教材，可供各类专业学生使用，也可作为计算机培训班的教材以及读者自学参考。

图书在版编目(CIP)数据

C++程序设计/谭浩强编著. —2版. —北京：清华大学出版社，2011.8
(中国高等院校计算机基础教育课程体系规划教材)
ISBN 978-7-302-25488-1

Ⅰ. ①C…　Ⅱ. ①谭…　Ⅲ. ①C语言－程序设计－高等学校－教材　Ⅳ. ①TP312

中国版本图书馆CIP数据核字(2011)第084382号

责任编辑：张　民
责任校对：梁　毅
责任印制：何　芊
出版发行：清华大学出版社
http://www.tup.com.cn
地　　址：北京清华大学学研大厦A座
邮　　编：100084
社 总 机：010-62770175
邮　　购：010-62786544
投稿与读者服务：010-62776969，c-service@tup.tsinghua.edu.cn
质量反馈：010-62772015，zhiliang@tup.tsinghua.edu.cn
印 装 者：北京鑫海金澳胶印有限公司
经　　销：全国新华书店
开　　本：185×260　**印　张**：32　**字　数**：768千字
版　　次：2011年8月第2版　**印　次**：2012年1月第2次印刷
印　　数：8001～13000
定　　价：45.00元

产品编号：025381-01

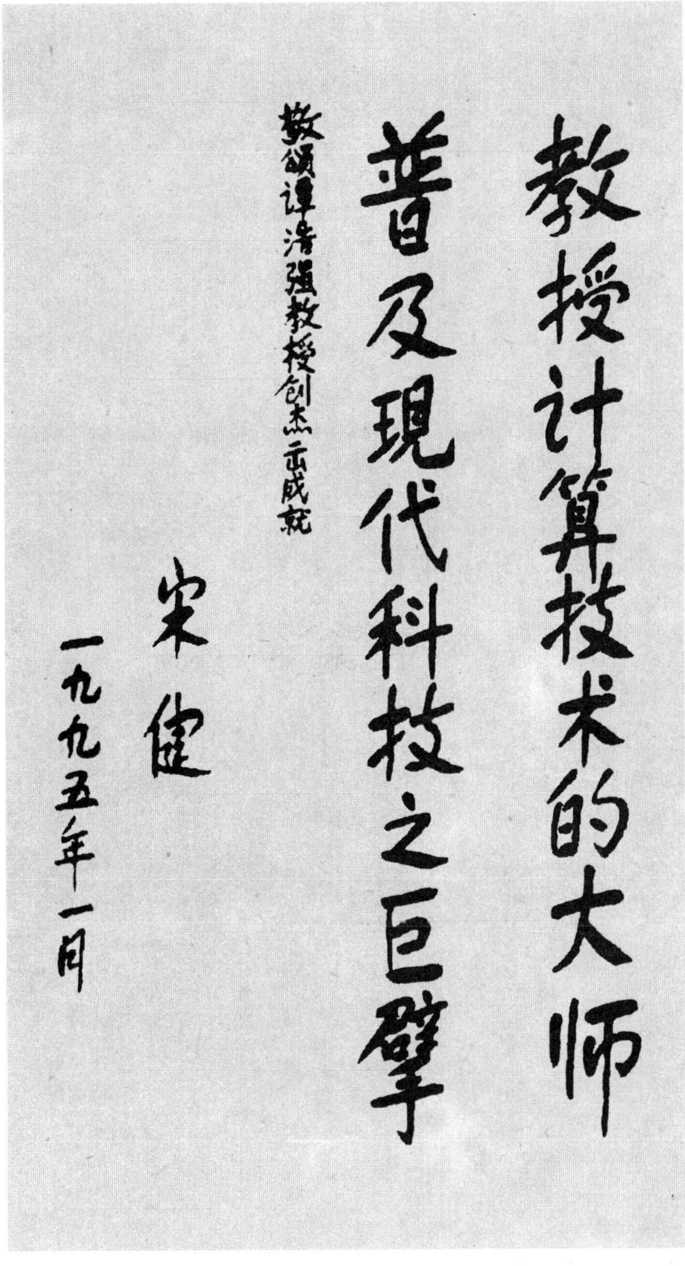

▲ 原全国政协副主席、国务委员、国家科委主任、中国工程院院长宋健同志给谭浩强教授的题词

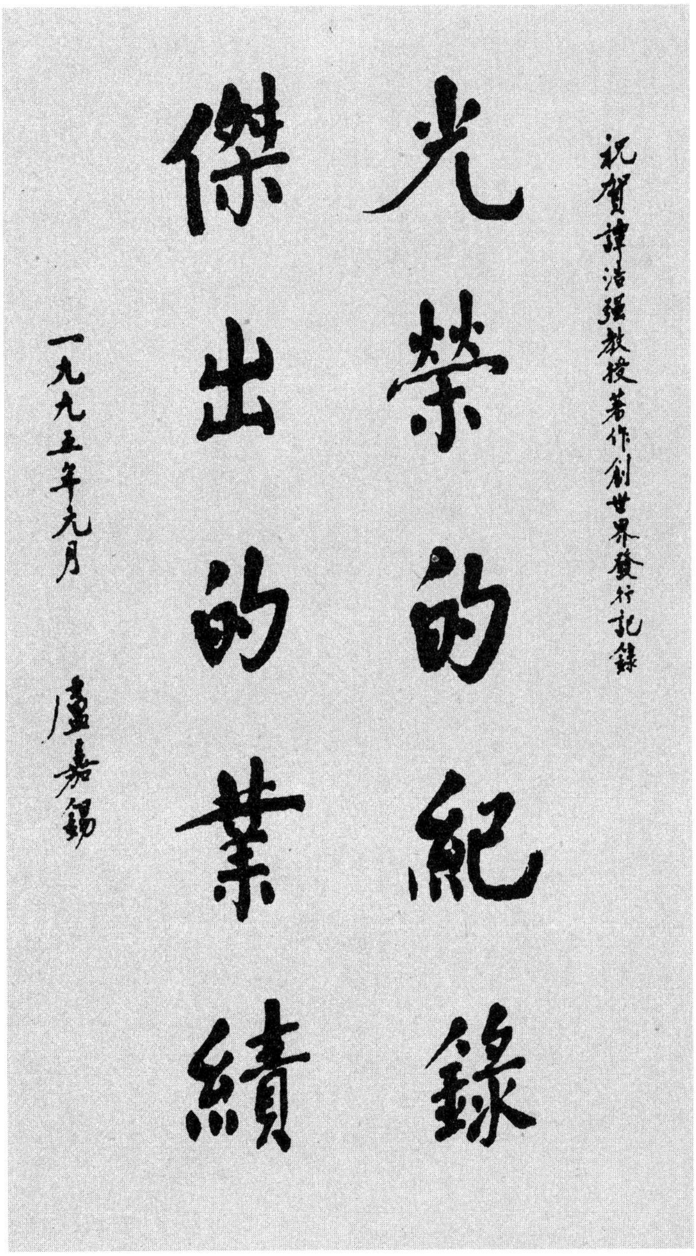

▲ 原全国人民代表大会副委员长、中国科学院院长卢嘉锡给谭浩强教授的题词

中国高等院校计算机基础教育课程体系规划教材

编审委员会

序

从20世纪70年代末、80年代初开始，我国的高等院校开始面向各个专业的全体大学生开展计算机教育。特别是面向非计算机专业学生的计算机基础教育，牵涉的专业面广、人数众多，影响深远。高校开展计算机基础教育的状况将直接影响我国各行各业、各个领域中计算机应用的发展水平。这是一项意义重大而且大有可为的工作，应该引起各方面的充分重视。

20多年来，全国高等院校计算机基础教育研究会和全国高校从事计算机基础教育的老师始终不渝地在这片未被开垦的土地上辛勤工作，深入探索，努力开拓，积累了丰富的经验，初步形成了一套行之有效的课程体系和教学理念。20年来高等院校计算机基础教育的发展经历了3个阶段：20世纪80年代是初创阶段，带有扫盲的性质，多数学校只开设一门入门课程；20世纪90年代是规范阶段，在全国范围内形成了按3个层次进行教学的课程体系，教学的广度和深度都有所发展；进入21世纪，开始了深化提高的第3阶段，需要在原有基础上再上一个新台阶。

在计算机基础教育的新阶段，要充分认识到计算机基础教育面临的挑战：

(1) 在世界范围内信息技术以空前的速度迅猛发展，新的技术和新的方法层出不穷，要求高等院校计算机基础教育必须跟上信息技术发展的潮流，大力更新教学内容，用信息技术的新成就武装当今的大学生。

(2) 我国国民经济现在处于持续快速稳定发展阶段，需要大力发展信息产业，加快经济与社会信息化的进程，这就迫切需要大批既熟悉本领域业务，又能熟练使用计算机，并能将信息技术应用于本领域的新型专门人才。因此需要大力提高高校计算机基础教育的水平，培养出数以百万计的计算机应用人才。

(3) 从21世纪初开始，信息技术教育在我国中小学中全面开展，计算机教育的起点从大学下移到中小学。水涨船高，这样也为提高大学的计算机教育水平创造了十分有利的条件。

迎接21世纪的挑战，大力提高我国高等学校计算机基础教育的水平，培养出符合信息时代要求的人才，已成为广大计算机教育工作者的神圣使命和光荣职责。全国高等院校计算机基础教育研究会和清华大学出版社于2002年联合成立了“中国高等院校计算机基础教育改革课题研究组”，集中了一批长期在高校计算机基础教育领域从事教学和研究的专家、教授，经过深入调查研究，广泛征求意见，反复讨论修改，提出了高校计算机基础教育改革思路和课程方案，并于 2004 年 7 月公布了《中国高等院校计算机基础教育课程体系 2004》（简称 CFC 2004）。CFC 2004 公布后，在全国高校中引起强烈的反响，国内知名专家和从事计算机基础教育工作的广大教师一致认为 CFC 2004 提出了一个既体现先进又切合实际的思路和解决方案，该研究成果具有开创性、针对性、前瞻性和可操作性，对发展我国高等院校的计算机基础教育具有重要的指导作用。根据近年来计算机基础教育的发展，课题研究组对 CFC 2004 进行了修订和补充，使之更加完善，于 2006 年和 2008 年公布了《中国高等院校计算机基础教育课程体系 2006》（简称 CFC 2006）和《中国高等院校计算机基础教育课程体系 2008》（简称 CFC 2008），由清华大学出版社出版。

为了实现课题研究组提出的要求，必须有一批与之配套的教材。教材是实现教育思想和教学要求的重要保证，是教学改革中的一项重要的基本建设。如果没有好的教材，提高教学质量只是一句空话。要写好一本教材是不容易的，不仅需要掌握有关的科学技术知识，而且要熟悉自己工作的对象、研究读者的认识规律、善于组织教材内容、具有较好的文字功底，还需要学习一点教育学和心理学的知识等。一本好的计算机基础教材应当具备以下 5 个要素：

(1) 定位准确。要十分明确本教材是为哪一部分读者写的，要有的放矢，不要不问对象，提笔就写。

(2) 内容先进。要能反映计算机科学技术的新成果、新趋势。

(3) 取舍合理。要做到“该有的有，不该有的没有”，不要包罗万象、贪多求全，不应把教材写成手册。

(4) 体系得当。要针对非计算机专业学生的特点，精心设计教材体系，不仅使教材体现科学性和先进性，还要注意循序渐进、降低台阶、分散难点，使学生易于理解。

(5) 风格鲜明。要用通俗易懂的方法和语言叙述复杂的概念。善于运用形象思维，深入浅出，引人入胜。

为了推动各高校的教学，我们愿意与全国各地区、各学校的专家和老师共同奋斗，编写和出版一批具有中国特色的、符合非计算机专业学生特点的、受广大读者欢迎的优秀教材。为此，我们成立了“中国高等院校计算机基础教育课程体系规划教材”编审委员会，全面指导本套教材的编写工作。

这套教材具有以下几个特点：

(1) 全面体现 CFC 的思路和课程要求。本套教材的作者多数是课题研究组的成员或参加过课题研讨的专家，对计算机基础教育改革的方向和思路有深切的体会和清醒的认识。因而可以说，本套教材是 CFC 的具体化。

(2) 教材内容体现了信息技术发展的趋势。由于信息技术发展迅速，教材需要不断更新内容，推陈出新。本套教材力求反映信息技术领域中新的发展、新的应用。

(3) 按照非计算机专业学生的特点构建课程内容和教材体系，强调面向应用，注重培养应用能力，针对多数学生的认知规律，尽量采用通俗易懂的方法说明复杂的概念，使学生易于学习。

(4) 考虑到教学对象不同，本套教材包括了各方面所需要的教材(重点课程和一般课程；必修课和选修课；理论课和实践课)，供不同学校、不同专业的学生选用。

(5) 本套教材的作者都有较高的学术造诣，有丰富的计算机基础教育的经验，在教材中体现了研究会所倡导的思路和风格，因而符合教学实践，便于采用。

本套教材统一规划、分批组织、陆续出版。希望能得到各位专家、老师和读者的指正，我们将根据计算机技术的发展和广大师生的宝贵意见随时修订，使之不断完善。

全国高等院校计算机基础教育研究会荣誉会长
“中国高等院校计算机基础教育课程体系规划教材”编审委员会主任

谭浩强

前言

FOREWORD

20 年前，我曾经写过一本《C 程序设计》(清华大学出版社出版)，当时只是为了教学的需要。由于许多人反映 C 语言难学，我力图编写出一本容易入门、容易学习的教材，以解决教学中的困难。该书出版后，反映很强烈，不少人说，C 语言原来是比较难学的，自从《C 程序设计》出版后，C 语言变得不难学了。该书已先后重印 160 多次，累计发行 1100 万册，平均每年发行 60 万册。成为广大初学者学习 C 语言的主要用书。这使我深受鼓舞和鞭策，我感受到广大读者的殷切期望，看到了计算机教育工作者身上的重任。

近年来，支持面向对象程序设计的 C++语言迅速地在国内推广，不少高校开设了 C++课程，由于 C++涉及概念很多，语法比较复杂、内容十分广泛，不少人(尤其是非计算机专业的初学者)感到学习难度较大，难以入门。许多热情的读者希望我能在《C 程序设计》的基础上，再写一本易于入门的《C++程序设计》，以帮助更多的初学者更顺利地迈进 C++的大门。我花了两年时间，其间数易其稿，于 2004 年写成了《C++程序设计》一书，由清华大学出版社正式出版。该书出版后，受到各高校的欢迎，许多师生认为该书定位准确，概念清晰，深入浅出，取舍合理，以通俗易懂的语言对 C++的许多难懂的概念作了透彻而通俗的说明，大大降低了初学者学习的困难程度，是一本初学者学习 C++的好教材。

根据教学实践的需要，作者最近对该书进行了修订，出版《C++程序设计（第 2 版）》。与第 1 版相比，内容更加丰富，讲解更加清晰，学习更加容易。

要写好和教好 C++程序设计，决不是一个纯技术问题，需要综合考虑多方面因素，作出合理的决策和安排。我调查了我国大学的程序设计课程的现状和发展趋势，了解了国内外 C++的教学和使用情况，认真分析了学习者在学习过程中遇到的困难，研究了初学者的认识规律，并且参阅了国内外数十种有关 C++的教材，形成了以下几点看法，并体现在本教材中。

(1) 教材必须准确定位，合理取舍内容。写书首先要弄清楚本书是为什么人写的，他们学习 C++的目的是什么，应当学到什么程度。应当声明：本书的对象不是 C++软件开发专业人员，而是高校各专业(尤其是非计算机专业)的大学生，他们并无从事程序设计的实际经验，将来也不一定是 C++的专业开发人员。众所周知，研发 C++的初衷是为了解决大型软件开发中遇到的问题，提高软件的开发效率。只有参加过研制大型软件的人才能真正体会到 C++的优越性，并善于利用 C++的独特机制去进行软件开发。

大学生在学校学习期间学习 C++的目的是了解面向对象程序设计方法，能够利用 C++编写相对简单的程序，为以后进一步学习和应用打下良好的基础。不可能设想，通过几十个小时的学习，能使一个没有程序设计基础的人变成一个熟练的 C++开发人员。应当有一个实事求是的分析和估计。因此，本书着力于使读者对 C++的全貌和作用有基本的认识，用容易理解的方法讲清楚有关的基本概念和基本方法，而不去罗列 C++语法中各种烦琐的细节。否则将会使篇幅过大(常见国外的书厚达近千页)，而且会使读者感到枯燥无味，冲淡重点，主次不分。

(2) 需要选好学习 C++的切入点。对于怎样介绍 C++，国内外的教材有多种模式。有的不介绍基于过程的程序设计，一开始就直接介绍类和对象，有的先介绍基于过程的程序设计，然后介绍面向对象的程序设计，各有特点。作者认为：不应当把基于过程和面向对象的程序设计对立起来，任何程序设计都需要用到过程化的知识。作为一个程序设计人员，要掌握过程化的程序设计，也要掌握面向对象的程序设计。以前，人们通过 C 语言学习过程化程序设计，再通过 C++学习面向对象的程序设计。其实，C++并不是纯粹的面向对象的语言，它是一种混合语言。学习 C++既可以编写过程化的程序，也可以编写面向对象的程序。在参考和比较国内外多种教材的基础上，作者确定了本书的结构。全书分为 4 部分：第 1 部分介绍 C++的基本知识和基本语法；第 2 部分介绍 C++基于过程的程序设计；第 3 部分介绍 C++基于对象的程序设计；第 4 部分介绍 C++面向对象的程序设计。

许多教师的实践表明，以基于过程的程序设计作为切入点，从编写简单的程序开始，循序渐进，由基于过程到面向对象，逐步深入，比较符合读者的认识规律，每一步的台阶都比较小，学习难度不大，读者容易理解。

这样，人们既可以通过 C 语言学习基于过程的程序设计，也可以直接通过 C++语言学习基于过程和面向对象的程序设计。读者可以根据需要选择。

(3) 设计合适的教材体系。C++程序设计涉及面向对象程序设计的理论、C++语言的语法以及算法 3 个方面的内容，其中每一方面都包含十分丰富的内容，都可以分别单独成书。显然在一本教材中深入、详细地介绍以上 3 个方面的知识是不可能的，必须把它们有机地结合起来，综合应用。不同的书对此采取不同的写法，侧重点有所不同，各有道理，也各有优缺点，适合于不同的读者。需要在教学实践中检验，取长补短，不断完善。

作者认为：要进行 C++程序设计，当然需要了解面向对象程序设计的有关概念，但是本课程毕竟不是一门面向对象程序设计的理论课程，在本书中不是抽象地介绍面向对象程序设计的理论，而是在介绍 C++语言的特点和应用过程中自然地引出面向对象程序设计的有关概念，通过 C++的编程过程理解面向对象程序设计方法。在面向过程的程序设计中，介绍有关的算法，引导读者思考怎样构造一个算法。编写程序的过程就是设计算法的过程。

要用 C++编程序，最基本的要求是正确掌握和运用 C++，由于 C++语法复杂，内容又多，如果对它缺乏系统了解，将难以真正应用，编出来的程序将会错误百出，编译出错，事倍功半。本书的做法是全面而系统地介绍 C++的主要特点和功能，引导读者由简而繁地学会编写 C++程序。有了 C++编程的初步基础后，再进一步提高，掌握更多更深入的算法。这样的方法可能符合大多数学习者的情况，降低了学习难度。

(4) 重要的是要建立清晰的概念。由于人们习惯于过程化的编程方法，在开始学习时往往对面向对象的原理和实现机制理解不深，而 C++的语法现象繁多，作者认为，决不能使读者陷于语法细节的汪洋大海之中。如果逐个孤立介绍，学起来将枯燥无味。本书把面向对象程序设计划分为两个有机联系的阶段——基于对象的程序设计和面向对象的程序设计。从类和对象开始逐步深入地引出面向对象程序设计的各个概念以及用 C++实现的方法。凡引入一个新的概念，都作了通俗而透彻的讲解，把来龙去脉交代清楚，讲清楚"这是什么"，"为什么需要它"，"怎样使用它"，并举例说明。使读者建立起清晰的概念，知其然也知其所以然，而不是盲目地照葫芦画瓢。对于 C++的众多功能和语法细节，在初学阶段没有必要全部细讲，必须有所选择，合理取舍，抓住主要矛盾，不应追求深而全。本书是入门性、基础性的教材，任务是帮助读者顺利入门，打好基础。有了好的基础，以后根据需要再深入学习和实践，是不困难的。

(5) C++教材应当体现 C++标准。C++是从 C 语言发展而来的，为了与 C 兼容，C++保留了 C 的许多用法，有不少人在编写 C++程序时常沿用 C 的某些传统用法，例如把主函数定为 void 类型，无返回值；头文件带后缀.h；使用系统库时不使用命名空间等。但是，ANSI C++标准在一些方面有新的规定，例如要求主函数为 int 类型，如果程序正常执行则返回 0 值；系统头文件不带后缀.h；使用系统库时使用命名空间 std；增加了字符串类型 string 等。

虽然 C++仍然允许使用从 C 继承来的传统用法，但作者认为作为教材应提倡 C++的新方法。应当引导大学生和所有读者从一开始就按照 C++标准编写程序，养成 C++的编程风格，而不是过多地迁就 C 的习惯。本书各章都是依据 C++标准介绍的，同时也说明允许使用的 C 的用法。

在本教材中，程序的形式如下：

```
#include <iostream>            //头文件不带后缀.h
#include <string>              //可以用字符串类型
using namespace std;           //使用系统库时使用标准命名空间 std
int main()                     //主函数为 int 类型
{  ⋮
  string str;                  //可以用 string 定义字符串变量 str
     ⋮
  return 0;                    //程序正常执行则返回 0
}
```

要引导学生学习标准 C++，而不是仅仅学习依赖于某一特定环境下的"方言化"的C++。本书介绍的是标准 C++，读者在学习过程中可以在不同的环境下运行自己的 C++程序，但它们只是被当作编译器来使用。不应喧宾夺主，把过多的精力放在学习某一编译系统的具体细节上，学习的重点应当是 C++本身。读者应能在不同的平台上(例如 Windows 环境和非 Windows 环境) 编译和运行 C++程序。

(6) 努力化解难点，把复杂的问题简单化，使学习 C++更容易。在写作过程中作者花了很大的精力去考虑怎样使读者易于接受和理解。作者一贯认为，教材编著者应当与读者将心比心，换位思考，要站在读者的立场上思考问题，帮助他们排除学习中的困难，要善于把复杂的问题简单化，而不应把简单的问题复杂化，要善于化解难点，深入浅出。一定不要难倒读者，更不应吓跑读者。我们的任务是要使“难”变成“不难”，循序渐进地引导初学者进入 C++的大门。

在学习过程中不应被一大堆高深莫测的名词术语吓唬住，有些问题看起来很深奥，其实换一个角度解释就很容易理解，甚至用一个通俗的例子就可以把问题说清楚了。本书尽量用通俗易懂的方法和语言叙述复杂的概念，力求减少初学者学习 C++的困难。

本书便于自学，即使没有老师讲解，读者也能看懂本书的大部分内容。这样，老师教学时就可以不必完全按照教材的内容和顺序详细讲解，而可以有选择地重点讲授，其余内容由学生自学。

(7) 按照教学的特点组织教材。不应当把教材写成手册，教材的任务是用读者容易理解的方法讲清基本的概念和方法，而手册的任务则是给出一个包罗万象的备查资料。

读者在学习时应重点掌握基本的概念和方法，以后若从事实际程序开发，遇到具体问题时，进一步学习或查阅一下手册即可。

本教材所举的程序，是从教学的角度考虑的，是为了帮助读者更好地理解和应用某一方面的教学内容而专门编写的，并不一定是实际应用的程序。一个实际的 C++程序需要考虑许多因素，综合各部分知识，有许多注释行，而且一般是多文件的程序，篇幅较长，往往不适合作为教学程序。教学程序对问题作了简化，尽量压缩不必要的语句，减少注释行，篇幅一般不长，力求使读者能读懂程序。有些在专业人员看来很“幼稚”的程序，在学习者看来可能是一个很合适的教学程序。教材必须通俗易懂，使人能看懂。在初步掌握 C++编程方法后，可以逐步使程序复杂些，长一些，更接近真实程序一些。在学完本课程后，最好完成一个实际的应用程序，以提高实际应用的能力。

(8) 学习本教材可以有两个入口：未学过 C 语言的读者从第 1 章学起；已学过 C 语言的读者可以从第 8 章学起。由于 C++是从 C 语言发展而来的，它保留了 C 语言的大部分内容。本书第 1～7 章介绍的内容主要是 C++从 C 语言继承来的部分，因此，学过 C 语言的读者可以跳过这几章，而直接学习第 8 章。但最好在学习第 8 章之前，简单浏览一下前 7 章，以对 C++与 C 的异同有所了解。尤其应看一下前 7 章中带星号(*)的部分，它们是 C++对 C 语言的发展，是 C 语言中没有的。

由于《C 程序设计》一书已比较成熟，读者反映很容易看懂，因此本书前 7 章主要是根据《C 程序设计》一书进行改写的。这样，把 C 语言和 C++很自然地衔接起来，无论学过 C 语言还是未学过 C 语言的读者都会感到本教材容易入门，易于学习。

(9) 教材要考虑配套，形成纵深。程序设计是一门实践性很强的课程，只靠听课和看书是学不好的。衡量学习好坏的标准不是“懂不懂”，而是“会不会干”。因此必须强调多编程，多上机实践。考虑到不同学校、不同专业、不同读者对学习 C++有不同的要求，因此要提供配套用书，不同的读者可以根据要求选用。

本书有两本教学参考书，均由清华大学出版社出版。

(1)《C++程序设计题解与上机指导（第2版）》。提供主教材各章中的全部习题解。由于教材的篇幅有限，有些很好的例子无法在教材中列出，我们把它们作为习题，希望读者自己完成，教师也可以从中选择一些习题作为例题讲授。学生除了完成教师指定的习题外，最好把习题解答中的程序全部看一遍，以更好地理解C++程序，扩大眼界，启迪思路，丰富知识，增长能力。在《C++程序设计题解与上机指导（第2版）》中，还介绍在两种典型的环境下运行C++程序的方法，一种是Windows环境下的Visual C++ 6.0，一种是GCC，GCC是自由软件，不必购买。GCC可以在Windows环境下使用，也可以在非Windows环境(如DOS，UNIX，Linux)下使用。此外，书中还给出上机实践任务，要求学生完成若干次上机实践。

(2)《C++程序设计实践指导》。这是为学习主教材后进一步深入学习的读者准备的，目的是提高编程能力。有的专业对学生使用C++编程有一定要求，可以在学完课程后，安排一段集中的时间进行一次编程实践，相当于课程设计。该书内容包括：怎样编写C++应用程序；提供若干个不同规模的实际的C++应用程序供分析阅读；安排并指导学生完成1~2个C++应用程序。经过这样的训练，学生的实际能力将会有较大的提高。

本书由谭浩强著，谭亦峰和薛淑斌参加了教学研讨、收集材料、调试部分程序等工作。全国高等院校计算机基础教育研究会以及全国各高校老师几年来对本书的编写始终给予了热情的支持，清华大学出版社对本书的出版十分重视，使本书在短时间内得以出版。对一切曾经鼓励、支持和帮助过我的领导、组织、专家、朋友和读者，在此谨表示真挚的谢意。

本书肯定会有不妥甚至错误之处，诚盼专家和广大读者不吝指正。

谭浩强

2011年3月于清华园

CONTENTS

目录

第1篇　基本知识

before 3.31

第 2 篇 基于过程的程序设计

3.23 - 3.24

第 3 篇 基于对象的程序设计

第 4 篇 面向对象的程序设计

第1篇

基 本 知 识

第1章 C++的初步知识

*1.1 从C到C++

计算机的本质是“程序的机器”，计算机的一切操作都是由程序驱动的。程序和指令的思想是计算机系统中最基本的概念。只有懂得程序设计，才能进一步懂得计算机，真正了解计算机是怎样工作的。

在计算机诞生后的初期，人们使用机器语言或汇编语言（由于它们贴近计算机，被称为低级语言）编写程序，难学、难记、难用、难修改，使计算机只限于少数专业人员使用。

1954年出现了世界上第一种计算机高级语言，它是用于科学计算的FORTRAN语言。高级语言的出现是计算机发展过程中的一个划时代的事件，使计算机的广泛推广成为可能。随着计算机的推广应用，先后出现了多种计算机高级语言，如BASIC，ALGOL，Pascal，COBOL，ADA，C等。其中使用最广泛、影响最大的当推BASIC语言和C语言。

BASIC语言是1964年在FORTRAN语言的基础上简化而成的，它是为初学者设计的小型高级语言。它的语法相对简单，采取交互方式，功能也比较丰富，容易学习和掌握，因此受到广大初学者的欢迎。尤其在20世纪70年代微型计算机出现后，BASIC语言成为与微型计算机天然匹配的计算机语言，为计算机在大范围内的推广应用作出了重要的贡献。BASIC语言被称为“大众语言”。

C语言是1972年由美国贝尔实验室的D. M. Ritchie研制成功的。它不是为初学者设计的，而是为计算机专业人员设计的。最初它是作为写UNIX操作系统的一种工具，在贝尔实验室内部使用。后来C语言不断改进，人们发现它功能丰富、表达能力强、使用灵活方便、应用面广、目标程序效率高、可移植性好，既具有高级语言的优点，又具有低级语言的许多特点，特别适合于写系统软件，因此引起了人们的广泛重视。在短短的十几年中，C语言从实验室走向社会，从美国走向世界，到20世纪80年代，它已风靡全世界。被安装在几乎所有的巨型机、大型机、中小型机以及微型机上。大多数系统软件和许多应用软件都是用C语言编写的。无论在外国还是在中国，C语言都成为了计算机开发人员的一项基本功，C语言的设计者在当初做梦也没有想到C语言日后会如此辉煌，会如此深刻地影响了几代计算机工作者。

但是随着软件规模的增大，用C语言编写程序就显得有些吃力了。C语言是结构化和模块化的语言，它是基于过程的。在处理较小规模的程序时，程序员用 C 语言还比较得心应手。但是当问题比较复杂、程序的规模比较大时，结构化程序设计方法就显出它的不足。C 程序的设计者必须细致地设计程序中的每一个细节，准确地考虑到程序运行时每一时刻发生的事情，例如各个变量的值是如何变化的，什么时候应该进行哪些输入，在屏幕上应该输出什么等。这对程序员的要求是比较高的，如果面对的是一个复杂问题，程序员往往感到力不从心。当初提出结构化程序设计方法的目的是解决软件设计危机，但是这个目标并未完全实现。

为了解决软件设计危机，在 20 世纪 80 年代提出了面向对象的程序设计（Object Oriented Programming，OOP），需要设计出能支持面向对象的程序设计方法的新的语言。Smalltalk 就是一种面向对象的语言。在实践中，人们发现由于 C 语言是如此的深入人心，使用如此广泛，面对程序设计方法的革命，最好的办法不是另外发明一种新的语言去代替它，而是在它原有的基础上加以发展。在这种形势下，C++ 应运而生。C++ 是由 AT&T Bell（贝尔）实验室的 Bjarne Stroustrup 博士及其同事于 1980 年开始在 C 语言的基础上进行开发并取得成功的，1985 年开始在 AT&T 以外流行开来。C++ 保留了 C 语言原有的所有优点，增加了面向对象的机制。由于 C++ 对 C 的改进主要体现在增加了适用于面向对象程序设计的“类（class）”，因此最初它被 Bjarne Stroustrup 称为“**带类的 C**”。后来为了强调它是 C 的增强版，用了 C 语言中的自加运算符“++”，改称为 C++。

AT&T 发布的第一个 C++ 编译系统实际上是一个预编译器（前端编译器），它把 C++ 代码转换成 C 代码，然后用 C 编译系统编译它，生成目标代码。第一个真正的 C++ 编译系统是 1988 年诞生的。C++ 2.0 版本于 1989 年出现，它有了重大的改进，包括了类的多继承。1991 年的 C++ 3.0 版本增加了模板，4.0 版本则增加了异常处理、命名空间、运行时类型识别（RTTI）等功能。1989 年 ANSI 和 ISO 联合着手制定 C++ 标准，并于 1994 年公布了非正式的草案，以征求意见，该草案是以 4.0 版本为基础制订的。经过几次修改后，1998 年正式通过并发布了 C++ 的国际性标准。

C++ 是由 C 发展而来的，与 C 兼容。用 C 语言写的程序基本上可以不加修改地用于 C++。从 C++ 的名字可以看出它是 C 的超集。C++ 既可用于基于过程的结构化程序设计，又可用于面向对象的程序设计，是一个功能强大的混合型的程序设计语言。

C++ 对 C 的“增强”，表现在两个方面：

（1）在原来基于过程的机制基础上，对 C 语言的功能做了不少扩充。

（2）增加了面向对象的机制。

面向对象程序设计，是针对开发较大规模的程序而提出来的，目的是提高软件开发的效率。只有编写过大型程序的人才会真正体会到 C 的不足和 C++ 的优点。

不要把面向对象和基于过程对立起来，面向对象和基于过程不是矛盾的，而是各有用途、互为补充的。在面向对象程序设计中仍然要用到结构化程序设计的知识，例如在类中定义一个函数就需要用结构化程序设计方法来实现。任何程序设计都需要编写操作代码，具体操作的过程就是基于过程的。对于简单的问题，直接用基于过程方法就可以轻而易举地解决。

学习 C++，既要会利用 C++ 进行基于过程的结构化程序设计，也要会利用 C++ 进行面向对象的程序设计。本书的第 1 篇介绍 C++ 基于过程的程序设计，第 2 篇和第 3 篇介绍 C++ 基于对象的程序设计和面向对象的程序设计。

应当指出：目前所使用的 C++ 编译系统中，有一些是早期推出的，并未全部实现 ANSI C++ 标准所建议的功能。

*1.2 最简单的 C++ 程序

为了使读者能了解什么是 C++ 程序，下面先介绍几个简单的程序。

例 1.1 输出一行字符："This is a C++ program."。

程序如下：

```
#include <iostream>                  //包含头文件 iostream
using namespace std;                 //使用 C++ 的命名空间 std
int main()
{
  cout << "This is a C++ program.";
  return 0;
}
```

在运行时会在屏幕上输出以下一行信息：

```
This is a C++ program.
```

先看程序中的第 3 行，其中用 main 代表"主函数"的名字。每一个 C++ 程序都必须有一个 main 函数。main 前面的 int 的作用是声明函数的类型为整型（标准 C++ 规定 main 函数必须声明为 int 型①，即此主函数带回一个整型的函数值）。程序第 6 行的作用是向操作系统返回一个零值。如果程序不能正常执行，则会自动向操作系统返回一个非零值，一般为 -1。

函数体是由大括号{ }括起来的。本例中主函数内只有一个以 cout 开头的语句。cout 是由 c 和 out 两个单词组成，顾名思义，它是 C++ 用于输出的语句。cout 实际上是 C++ 系统定义的对象名，称为**输出流对象**。关于对象和输出流对象的概念将在本书第 8 章和第 13 章中详细介绍。在没有学习对象和输出流对象以前，为了便于理解和使用，我们把用"cout"和"<<"实现输出的语句简称为 cout 语句。"<<"是"插入运算符"，与 cout 配合使用，在本例中它的作用是将运算符"<<"右侧双撇号内的字符串"This is a C++ program."插入到输出的队列 cout 中（输出的队列也称作"输出流"），C++ 系统将输出流 cout 的内容输出到系统指定的设备（一般为显示器）中。注意 C++ 所有语句最后

---

① 标准 C++ 要求 main 函数必须声明为 int 型。有的操作系统（如 UNIX，Linux）要求执行一个程序后必须向操作系统返回一个数值。因此，C++ 的处理是这样的：如果程序正常执行，则向操作系统返回数值 0，否则返回数值 -1。在目前使用的一些 C++ 编译系统并未完全执行 C++ 这一规定，如果主函数首行写成 void main() 也能通过，在本书中的所有例题都按 C++ 规定，写成 int main()，希望读者也养成这个习惯，以免在编译时通不过。只要记住：在 main 前面加 int，同时在 main 函数的最后加一个语句"return 0;"即可。

都应当有一个分号。

再看程序的第 1 行“#include <iostream>”，这不是 C++ 的语句，而是 C++ 的一个预处理指令（详见第 4 章），它以“#”开头以与 C++ 语句相区别，行的末尾没有分号。“#include <iostream>”是一个“包含指令”，它的作用是将文件“iostream”的内容包含到该命令所在的程序文件中，代替该指令。文件 iostream 的作用是向程序提供输入或输出时所需要的一些信息。iostream 是 i-o-stream 3 个词的组合，从它的形式就可以知道它代表“输入输出流”的意思，由于这类文件都放在程序单元的开头，所以称为“头文件”（header file）。在程序进行编译时，先对所有的预处理命令进行处理，将头文件的具体内容代替 #include 指令，然后再对该程序单元进行整体编译。

程序的第 2 行“using namespace std;”的意思是“使用命名空间 std”。C++ 标准库中的类和函数是在命名空间 std 中声明的，因此程序中如果需要用到 C++ 标准库（此时需要用#include 指令），就需要用“using namespace std;”作声明，表示要用到命名空间 std 中的内容①。

初学 C++ 时，对本程序中的第 1，2 行可以不必深究，只须知道：如果程序有输入或输出时，必须使用“#include <iostream>”指令以提供必要的信息，同时要用“using namespace std;”使程序能够使用这些信息，否则程序编译时将出错。读者以后将会看到，本书中的程序几乎在程序的开头都包含此两行。请读者先接受这个现实，在写 C++ 程序时如法炮制，在程序的开头包含此两行，在以后的学习中将会逐步加深理解。

例 1.2 求 a 和 b 两个数之和。

可以编写以下程序：

```
// 求两数之和                          (本行是注释行)
#include <iostream>                    //预处理指令
using namespace std;                   //使用命名空间 std
int main()                             //主函数首部
{                                      //函数体开始
  int a,b,sum;                         //定义变量
  cin >> a >> b;                       //输入语句
  sum = a + b;                         //赋值语句
  cout << "a + b = " << sum << endl;   //输出语句
  return 0;                            //如程序正常结束，向操作系统返回一个零值
}                                      //函数结束
```

本程序的作用是求两个整数 a 和 b 之和 sum。第 1 行“//求两数之和”是一个注释行，C++ 规定在一行中如果出现“//”，则从它开始到本行末尾之间的全部内容都作为注释。**注释只是给人看的，而不是让计算机操作的**。注释是源程序的一部分，在输出源程序清单时全部注释按原样输出，以便看程序者更好地理解程序。但是在对程序编译时将忽

① 在早期的一些 C++ 程序中，使用的是从 C 语言继承下来的函数库，在程序中用#include 指令把带后缀.h 的头文件包含进来，即可在本程序中使用这些函数。在 C++ 新标准中，使用不带后缀.h 的头文件，标准库中的类和函数都在“命名空间 std”中声明。因此，如果程序中包含了新形式的头文件（无后缀的头文件，如 iostream），必须使用“using namespace std;”。有关命名空间的概念将在第 14 章中详细介绍。

略注释部分,这部分内容不转换成目标代码,因此对运行不起作用。注释可以加在程序中任何行的右侧。为便于读者理解,在本书中用汉字表示注释,当然也可以用英语或汉语拼音作注释。

在一个可供实际应用的程序中,为了提高程序的可读性,常常在程序中加了许多注释行,在有的程序中,注释行可能占程序篇幅的三分之一。在本书中为了节省篇幅,不写太多的独立的注释行,而只在语句的右侧用“//”作简短的注释。

第 6 行是声明部分,定义变量 a,b 和 sum 为整型(int)变量。第 7 行是输入语句,cin 是 c 和 in 两单词的组合,与 cout 类似,cin 是 C++ 系统定义的**输入流对象**。“ >> ”是“提取运算符”,与 cin 配合使用,其作用是从输入设备中(如键盘)提取数据送到输入流 cin 中。我们把用 cin 和“ >> ”实现输入的语句简称为 cin 语句。在执行程序中的 cin 语句时,从键盘输入的第 1 个数据赋给整型变量 a, 输入的第 2 个数据赋给整型变量 b。第 8 行将 a + b 的值赋给整型变量 sum。第 9 行先输出字符串“a + b = ”,然后输出变量 sum 的值,cout 语句中的 endl 是 C++ 输出时的控制符,作用是换行(endl 是 end line 的缩写,表示本行结束)。因此在输出变量 sum 的值之后换行。

如果在运行时从键盘输入以下信息(为区别输入和输出的信息,在本书中,输入的信息都带下划线):

123 456↙

则输出为

a + b = 579

读者可能已注意到本程序的第 6 ~9 行的末尾都有一个分号,因为它们是 C++ 语句。

例 1.3 给两个数 x 和 y,求两数中的大者。

在本例中包含两个函数。

```
#include <iostream>                //预处理指令
using namespace std;
int max(int x,int y)               //定义 max 函数,函数值为整型,形式参数 x,y 为整型
{                                  //max 函数体开始
  int z;                           //变量声明,定义本函数中用到的变量 z 为整型
  if(x > y) z = x;                 //if 语句,如果 x > y,则将 x 的值赋给 z
    else z = y;                    //否则,将 y 的值赋给 z
  return(z);                       //将 z 的值返回,通过 max 带回调用处
}                                  //max 函数结束

int main()                         //主函数
{                                  //主函数体开始
  int a,b,m;                       //变量声明
  cin >> a >> b;                   //输入变量 a 和 b 的值
  m = max(a,b);                    //调用 max 函数,将得到的值赋给 m
  cout << "max = " << m << '\n';   //输出大数 m 的值
  return 0;                        //如程序正常结束,向操作系统返回一个零值
```

```
}                                  //主函数结束
```

本程序包括两个函数：主函数 main 和被调用的函数 max。程序中第 3 ~9 行是 max 函数，它的作用是将 x 和 y 中较大者的值赋给变量 z。return 语句将 z 的值返回给主调函数 main。返回值是通过函数名 max 带回到 main 函数的调用处。主函数中 cin 语句的作用是输入 a 和 b 的值。main 函数中第 5 行为调用 max 函数，在调用时将实际参数 a 和 b 的值分别传送给 max 函数中的形式参数 x 和 y。经过执行 max 函数得到一个返回值（即 max 函数中变量 z 的值），把这个值赋给变量 m。然后通过 cout 语句输出 m 的值。

运行结果如下：

```
18  25↙                           （输入 18 和 25 给 a 和 b）
max =25                           （输出 m 的值）
```

注意输入的两个数据间用一个或多个空格间隔，不能以逗号或其他符号间隔。如，输入

```
18,25↙
```

或

```
18;25↙
```

是错误的，它不能正确输入第 2 个变量的值，使第 2 个变量有不可预见的值。

在上面的程序中，max 函数出现在 main 函数之前，因此在 main 函数中调用 max 函数时，编译系统能识别 max 是已定义的函数名。如果把两个函数的位置对换一下，即先写 main 函数，后写 max 函数，这时在编译 main 函数遇到 max 时，编译系统无法知道 max 代表什么含义，因而无法编译，按出错处理。

为了解决这个问题，在主函数中需要对被调用函数作出声明。上面的程序可以改写如下：

```
#include <iostream>
using namespace std;
int main()
{ int max(int x,int y);               //对 max 函数作声明
  int a,b,c;
  cin >>a >>b;
  c = max(a,b);                       //调用 max 函数
  cout <<" max = " <<c <<endl;
  return 0;
}

int max(int x,int y)                  //定义 max 函数
{ int z;
  if(x >y) z =x;
  else z =y;
  return(z);
}
```

程序第 4 行就是对 max 函数作声明，它的作用是通知 C++ 编译系统：max 是一个函数，函数值是整型，函数有两个参数，都是整型。这样，在编译到程序第 7 行时，编译系统会知道 max 是已声明的函数，系统就会根据函数声明时给定的信息对函数调用的合法性进行检查，如果二者不匹配（例如参数的个数或参数的类型与声明时所指定的不符），编译就会出错。

细心的读者会发现程序第 4 行的函数声明与程序第 11 行 max 函数的第 1 行（称为函数首部）基本相同。很容易写出函数声明，只要在被调用函数的首部的末尾加一个分号，就成为对该函数的函数声明语句。函数声明的位置应当在函数调用之前（不能把程序第 4 行的内容放在第 7 行“c = max(a,b);”之后）。

本例用到了函数调用、实际参数和形式参数等概念，这里只做了很简单的解释。读者如对此不大理解，可以暂不予深究，在学到第 4 章时，问题自然迎刃而解。在此介绍此例子，目的是使读者对 C++ 函数的形式和使用有一个初步的了解。

下面举一个包含类（class）和对象（object）的 C++ 程序，目的是使读者初步了解 C++ 是怎样体现面向对象程序设计方法的。由于还未系统介绍面向对象程序设计的概念，读者可能对程序理解不深，现在只须有一个初步印象即可，在第 8 章会详细介绍的。

例 1.4 包含类的 C++ 程序。

```
#include <iostream>                       //预处理指令
using namespace std;
class Student                             //声明一个类,类名为 Student
{ private:                                //以下为类中的私有部分
     int num;                             //私有变量 num
     int score;                           //私有变量 score
  public:                                 //以下为类中公用部分
     void setdata()                       //定义公用函数 setdata
     { cin >> num;                        //输入 num 的值
       cin >> score;                      //输入 score 的值
     }
     void display()                       //定义公用函数 display
     { cout << " num = " << num << endl;  //输出 num 的值
       cout << " score = " << score << endl; //输出 score 的值
     };
};                                        //类的声明结束
Student stud1,stud2;                      //定义 stud1 和 stud2 为 Student 类的变量,称为对象
int main()                                //主函数首部
{ stud1.setdata();                        //调用对象 stud1 的 setdata 函数
  stud2.setdata();                        //调用对象 stud2 的 setdata 函数
  stud1.display();                        //调用对象 stud1 的 display 函数
  stud2.display();                        //调用对象 stud1 的 display 函数
  return 0;
}
```

这是一个包含类的最简单的 C++ 程序。程序第 3 ~ 16 行声明一个类 Student。在一

个类中包含两种成员：数据（如变量 num,score）和函数（如 setdata 函数和 display 函数），分别称为**数据成员**和**成员函数**。在 C++ 中把一组数据和有权调用这些数据的函数封装在一起，组成一种称为“类（class）”的数据结构。在上面的程序中，数据成员 num,score 和成员函数 setdata,display 组成了一个名为 Student 的“**类**”类型。成员函数是用来对数据成员进行操作的。也就是说，**一个类是由一批数据以及对其操作的函数组成的**。

类可以体现数据的**封装性**和**信息隐蔽**。在上面的程序中，在声明 Student 类时，把类中的数据和函数分为两大类：**private**（私有的）和 **public**（公用的）。把全部数据（num, score）指定为**私有的**，把全部函数（setdata,display）指定为**公用的**。当然也可以把一部分数据和函数指定为私有，把另一部分数据和函数指定为公用，这完全根据需要而定。在大多数情况下，都把所有数据指定为私有，以实现信息隐蔽。

凡是被指定为公用的数据或函数，既可以被本类中的成员函数调用，也可以被类外的语句所调用。被指定为私有的成员（函数或数据）只能被本类中的成员函数所调用，而不能被类以外的语句**调用**（除了以后介绍的“友元类”成员以外）。这样做的目的是对某些数据进行保护，只有被指定的本类中的成员函数才能调用它们，拒绝其他无关的部分调用它们，以防止误调用。这样才能真正实现**封装**的目的（把有关的数据与操作组成一个单位，与外界相对隔离），**信息隐蔽是 C++ 的一大特点**。

可以看到：在类 Student 中，有两个公用的成员函数 setdata 和 display。setdata 函数的作用是给本类中的私有数据 num 和 score 赋以确定的值，这是通过 cin 语句实现的，在程序运行时从键盘输入 num 和 score 的值。display 函数的作用是输出已被赋值的变量 num 和 score 的值。由于这两个函数与私有数据 num 和 score 是属于同一个类 Student 的，因此函数可以直接引用 num 和 score。

程序中第 17 行“Student stud1, stud2”是一个定义语句，它的作用是将 stud1 和 stud2 定义为 Student 类型的变量，这种定义方法和定义整型变量“int a,b;”的方法是一样的。区别只在于 int 是系统已预先定义好的标准数据类型，而 Student 是用户自己声明（指定）的类型。Student 类与 int,float 等一样都是 C++ 的合法类型。具有“类”类型特征的变量称为“**对象**”（object）。stud1 和 stud2 是 Student 类型的对象。和其他变量一样，对象是占实际存储空间的，而类型并不占实际存储空间，它只是给出一种“模型”，供用户定义实际的对象。在用 Student 定义了 stud1 和 stud2 以后，这两个对象具有同样的结构和特性。

程序中第 18 ~ 24 行是主函数。在主函数中有 4 个语句，用来调用对象的成员函数。现在有两个对象 stud1 和 stud2，因此在类外调用成员函数时不能只写函数名（如“setdata( );”），而必须说明要调用哪一个对象的函数，准备给哪一个对象中的变量赋值。因此要用对象的名字加以限定，如表 1.1 所示。

表 1.1 引用对象的成员

对象名	num（学号）	score（成绩）	setdata 函数	display 函数
stud1	stud1. num（如 1001）	stud1. score（如 98.5）	stud1. setdata( )	stud1. display( )
stud2	stud2. num（如 1002）	stud2. score（如 76.5）	stud2. setdata( )	stud2. display( )

其中，“.”是一个“成员运算符”，把对象和成员连接起来。stud1. setdata( ) 表示调用对象

stud1 的 setdata 成员函数，在执行此函数中的 cin 语句时，从键盘输入的值（假设为 1001 和 98.5）送给 stud1 对象的 num 和 score，作为学生 1（stud1）的学号和成绩。stud2. setdata( ) 表示调用对象 stud2 中的 setdata 成员函数，在执行此函数中的 cin 语句时，从键盘输入的值（假设为 1002 和 76.5）送给 stud2 对象的 num 和 score，作为学生 2（stud2）的学号和成绩。

程序中主函数中第 1 个语句用来输入学生 1 的学号和成绩。第 2 个语句用来输入学生 2 的学号和成绩。第 3 个语句用来输出学生 1 的学号和成绩。第 4 个语句用来输出学生 2 的学号和成绩。

程序运行情况如下：

```
1001  98.5↙            （输入学生 1 的学号和成绩）
1002  76.5↙            （输入学生 2 的学号和成绩）
num = 1001             （输出学生 1 的学号）
score = 98.5           （输出学生 1 的成绩）
num = 1002             （输出学生 2 的学号）
score = 76.5           （输出学生 2 的成绩）
```

如果对以上的说明不甚理解，没有关系，将在第 8 章中详细介绍。

通过这个例子，读者可以初步了解包含类的 C++ 程序的形式和含义。

说明：以上几个程序是按照 ANSI C++ 规定的语法编写的。由于 C++ 是从 C 语言发展而来的，为了与 C 兼容，C++ 保留了 C 语言中的一些规定。其中之一是头文件的形式，在 C 语言中头文件用 .h 作为后缀，如 stdio.h，math.h，string.h 等。在 C++ 发展初期，为了和 C 语言兼容，许多 C++ 编译系统保留头文件以 .h 为后缀的用法，如 iostream.h。但后来 ANSI C++ 建议头文件不带后缀 .h。近年推出的 C++ 编译系统新版本则采用了 C++ 的新方法，提供了一批不带后缀的头文件，如用 iostream，string，cmath 等作为头文件名。但为了使原来编写的 C++ 程序能够运行，仍允许使用原有的带后缀 .h 的头文件，即二者同时并存，由用户选用。例 1.1 也可以写成下面的形式：

```
#include <iostream.h>                    //头文件带后缀.h
int main( )
{ cout << "This is a C++ program.";
  return 0;
}
```

由于 C 语言无“命名空间”，因此用带后缀 .h 的头文件时不必用“using namespace std;”作声明。

目前有些介绍 C++ 的书中的程序仍采用 C 的形式（如 main 函数用 void 类型，头文件带后缀 .h），此外还有些以前的 C 程序会在 C++ 环境下运行，当读者在看到这些程序时，也应当能看懂这些程序，并能将它们改写为标准 C++ 的形式。应当提倡在编写新的程序时按照标准 C++ 的规定进行。本书中的全部程序都是按标准 C++ 的规定编写的。

有了以上的基础，在以后的章节中将由简到繁、由易到难、循序渐进地介绍 C++ 编程。

1.3 C++程序的构成和书写形式

从上面几个例子中,已经初步了解了 C++程序的结构和书写格式,现在再归纳如下:

(1) **一个 C++程序可以由一个程序单位或多个程序单位构成**。每一个程序单位作为一个文件。在程序编译时,编译系统分别对各个文件进行编译,因此,一个文件是一个编译单元。第 1.2 节中介绍的 4 个例子是比较简单的程序,都是只由一个程序单位(即一个文件)构成的。

(2) 在一个程序单位中,可以包括以下 3 个部分:

① **预处理指令**。第 1.2 节的 4 个程序中都包括#include 指令。

② **全局声明部分**(在函数外的声明部分)。在这部分中包括对用户自己定义的数据类型的声明和程序中所用到的变量的定义。例 1.4 就包括了对类 Student 的声明和对变量 stud1,stud2 的定义。也可以包括对函数的声明,如例 1.3 中第 2 个程序中主函数内对 max 函数的声明。

③ **函数**。函数是实现操作的部分,因此函数是程序中必须有的和最基本的组成部分。每一个程序必须包括一个或多个函数,其中必须有一个(而且只能有一个)主函数(main 函数)。

但是并不要求每一个程序文件都必须全部具有以上 3 个部分,可以缺少某些部分(包括函数)。也就是说,有的程序文件可以不包括函数,而只包括预处理命令和(或)声明部分。完全根据需要而定。这一点在以后的学习中会逐步体会到的。

(3) 一个函数由两部分组成。

① **函数首部**,即函数的第一行。包括函数名、函数类型、函数属性、函数参数(形参)名、参数类型。

例如,例 1.3 中的 max 函数的首部为

int	max	(int	x	, int	y)
↓	↓	↓	↓	↓	↓
函数类型	函数名	函数参数类型	函数参数名	函数参数类型	函数参数名

一个函数名后面必须跟一对圆括号,函数参数可以缺省,如 int main( )。

② **函数体**,即函数首部下面的大括号内的部分。如果在一个函数中有多个大括号,则最外层的一对{ }为函数体的范围。

函数体一般包括:

- **局部声明部分**(在函数内的声明部分)。包括对本函数中所用到的类型、函数的声明和变量的定义。如例 1.3 中 main 函数中的"int a,b,m;"以及对所调用的函数声明"int max(int x,int y);"。

对数据的声明既可以放在函数之外(其作用范围是全局的),也可以放在函数内(其作用范围是局部的,只在本函数内有效),这些在以后会介绍的。

- **执行部分**。由若干个执行语句组成,用来进行有关的操作,以实现函数的功能。

当然,在某些情况下也可以没有声明部分。甚至可以既无声明部分,也无执行部

分。如

```
void dump ( ){ }
```

它是一个空函数,什么也不干,但这是合法的。

(4) 语句包括两类。一类是**声明语句**,如"int a,b;",用来向编译系统通知某些信息(如类型、函数和变量的声明或定义),但它并不引起实际的操作,是**非执行语句**。另一类是**执行语句,用来实现用户指定的操作**。C++ 对每一种语句赋予一种特定的功能。语句是实现操作的基本成分,显然,没有语句的函数是没有意义的。C++ 语句必须以分号结束,如"c = a + b;",分号是语句的一个组成部分,没有分号的就不是语句。

(5) **一个 C++ 程序总是从 main 函数开始执行的**,而不论 main 函数在整个程序中的位置如何(main 函数可以放在程序文件的最前头,也可以放在程序文件的最后,或在一些函数之前,在另一些函数之后)。

(6) **类(class)是 C++ 新增加的重要的数据类型**,是 C++ 对 C 的最重要的发展。有了类,就可以实现面向对象程序设计方法中的封装、信息隐蔽、继承、派生、多态等功能。在一个类中可以包括数据成员和成员函数,它们可以被指定为私有的(private)和公用的(public)属性。私有的数据成员和成员函数只能被本类的成员函数所调用。

(7) C++ 程序书写格式自由,一行内可以写几个语句,一个语句可以分写在多行上。一般情况下,提倡一行写一个语句,以使程序清晰。

(8) 一个好的、有使用价值的源程序都应当加上必要的注释,以增加程序的可读性。在第 1.3 节的程序中用"//"作为注释行的标志,在一行中从"//"开始到本行末的内容全部作为注释。注释是写给人看的,而不是给机器看的,在程序编译和运行时不起作用。C++ 还保留了 C 语言的注释形式,可以用"/ * …… * /"对 C++ 程序中的任何部分作注释。在"/ * "和" * /"之间的全部内容作为注释。以下两行等价:

```
// This is a C++ program.
/* This is a C++ program. */
```

但是,用"//"作注释时,有效范围只有一行,即本行有效,不能跨行。如果注释的内容较多,需要用多个注释行,每行用一个"//" 开头。而用"/ * …… * /"作注释时有效范围为多行。只要在开始处有一个"/ * ",在最后一行结束处有一个" * /"即可。因此,一般习惯是:内容较少的简单注释常用"//",内容较长的常用"/ * …… * / "。

1.4　C++ 程序的编写和实现

在前面已经看到了一些用 C++ 语言编写的程序。但是,写出了程序并不等于问题已经解决了,因为还没有上机运行,没有得到最终的结果。一个程序从编写到最后得到运行结果要经历以下一些步骤。

1. 用 C++ 语言编写程序

所谓程序,就是一组计算机系统能识别和执行的指令。每一条指令使计算机执行特定的操作。用高级语言编写的程序属于“源程序”（source program）。C ++ 的源程序是以. cpp 作为后缀的(cpp 是 c plus plus 的缩写)。

2. 对源程序进行编译

从根本上说，计算机只能识别和执行由 0 和 1 组成的二进制的指令，而不能识别和执行用高级语言写的指令。为了使计算机能执行高级语言源程序，必须先用一种称为“编译器（complier）”的软件（也称编译程序或编译系统），把源程序翻译成二进制形式的“目标程序（object program）”。

编译是以源程序文件为单位分别编译的，每一个程序单位组成一个源程序文件，如果有多个程序单位，系统就分别把它们编译成多个目标程序（在 Windows 系统中，目标程序以. obj 作为后缀（object 的缩写），在 UNIX 系统中，以. o 作为后缀）。编译的作用是对源程序进行词法检查和语法检查。词法检查是检查源程序中的单词拼写是否有错，例如把 main 错拼为 mian。语法检查是根据源程序的上下文来检查程序的语法是否有错，例如在 cout 语句中输出变量 a 的值，但是在前面并没有定义变量 a。编译时对文件中的全部内容进行检查，编译结束后最后显示出所有的编译出错信息。一般编译系统给出的出错信息分为两种，一种是**错误**（error）；一种是**警告**（warning），指一些不影响运行的轻微的错误（如定义了一个变量，却一直没有使用过它）。凡是检查出 error 类的错误，就不生成目标程序，必须改正后重新编译。

3. 将目标文件连接

在改正所有的错误并全部通过编译后，得到一个或多个目标文件。此时要用系统提供的“连接程序（linker）”将一个程序的所有目标程序和系统的库文件以及系统提供的其他信息连接起来，最终形成一个可执行的二进制文件，在 Windows 系统中，其后缀是. exe，是可以直接执行的。

4. 运行程序

运行最终形成的可执行的二进制文件（. exe 文件），得到运行结果。

5. 分析运行结果

如果运行结果不正确，应检查程序或算法是否有问题。

以上过程如图 1.1 所示。其中实线表示操作流程，虚线表示文件的输入输出。例如，编辑后得到一个源程序文件 f. cpp，然后在进行编译时再将源程序文件 f. cpp 输入，经过编译得到目标程序文件 f. obj，再将目标程序文件 f. obj 输入内存，与系统提供的库文件等连接，得到可执行文件 f. exe，最后把 f. exe 调入内存并使之运行。

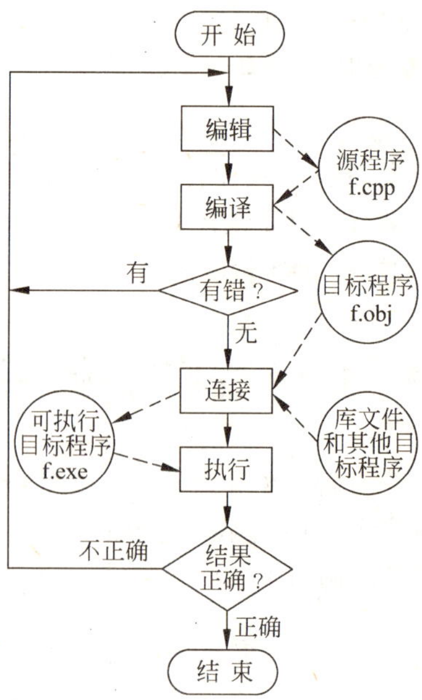

图 1.1

1.5 关于 C++ 上机实践

了解 C++ 语言的初步知识后，读者最好尽快在计算机上编译和运行 C++ 程序，以加深对 C++ 程序的认识以及初步掌握 C++ 的上机操作。仅从课堂和书本上是难以真正掌握 C++ 的所有知识及其应用的。有许多具体的细节，在课堂上讲很枯燥，而且有时还难以讲明白，上机一试就明白了。希望读者善于在实践中学习。

读者可以使用不同的 C++ 编译系统，在不同的环境下编译和运行 C++ 程序。但是需要强调的是，学习 C++ 程序设计应当掌握标准 C++，而不应该只了解某一种“方言化”的 C++。不应当只会使用一种 C++ 编译系统，只能在一种环境下工作，而应当能在不同的 C++ 环境下运行自己的程序，并且了解不同的 C++ 编译系统的特点和使用方法，在需要时能将自己的程序方便地移植到不同的平台上。

在本书的参考书《C++ 程序设计题解与上机指导（第 2 版）》一书中简单介绍了在 Visual C++ 6.0 和 GCC 两种典型的环境下运行 C++ 程序的方法。Visual C++ 6.0 是在 Windows 环境下运行 C++ 的集成环境，目前在国内使用比较广泛。GCC 是自由软件，可以从网上下载，不必购买，能用于 Windows，UNIX，Linux 等不同的平台，在目前使用的各种 C++ 编译系统中，GCC 是最接近 C++ 标准的，在各国的 C++ 开发人员中使用很普遍。

请读者选择一种（如能做到两种更好）C++ 编译系统，在该环境下输入和运行习题中的程序，掌握上机的方法和步骤。

习 题

1. 请根据你的了解，叙述 C++ 的特点。C++ 对 C 有哪些发展？ 面向对象
2. 一个 C++ 程序是由哪几部分构成的？其中的每一部分分别起什么作用？ P12
3. 从接到一个任务到得到最终结果，一般要经过几个步骤？ P13-P14
4. 请说明编辑、编译、连接的作用。在编译后得到的目标文件为什么不能直接运行？ 需要连接
5. 分析下面程序运行的结果。请先阅读程序，写出程序运行时应输出的结果，然后上机运行程序，验证自己分析的结果是否正确。以下各题同。

```
#include <iostream>
using namespace std;
int main()
{
  cout << "This" << "is";
  cout << "a" << "C++";
  cout << "program." << endl;
  return 0;
}
```

结果：This is a C++ program.
但是缺空格！

6. 分析下面程序运行的结果。

```
#include <iostream>
using namespace std;
int main()
{
  int a,b,c;
  a=10;
  b=23;
  c=a+b;
  cout<<"a+b=";
  cout<<c;
  cout<<endl;
  return 0;
}
```

7. 分析下面程序运行的结果。

```
#include <iostream>
using namespace std;
int main()
{
  int a,b,c;
  int f(int x,int y,int z);
  cin>>a>>b>>c;
  c=f(a,b,c);
  cout<<c<<endl;
  return 0;
}
int f(int x,int y,int z)
{
  int m;
  if (x<y) m=x;
   else m=y;
  if (z<m) m=z;
  return(m);
}
```

8. 在你所用的C++系统上，输入以下程序，进行编译，观察编译情况，如果有错误，请修改程序，再进行编译，直到没有错误，然后进行连接和运行，分析运行结果。

```
int main();
{
  int a,b;
  c=a+b;
  cout>>"a+b=" >>a+b;
}
```

9. 输入以下程序，进行编译，观察编译情况，如果有错误，请修改程序，再进行编译，直到没有错误，然后进行连接和运行，分析运行结果。

```
#include <iostream>
using namespace std;
int main( )
{
  int a,b;
  c = add(a,b)
  cout << "a + b = " << c << endl;
  return 0;
}
int add(int x,int y);
{
  z = x + y;
  retrun(z);
}
```

10. 输入以下程序，编译并运行，分析运行结果。

```
#include <iostream>
using namespace std;
int main( )
{ void sort(int x,int y,int z);
  int x,y,z;
  cin >> x > y >> z;
  sort(x,y,z);
  return 0;
}
void sort(int x, int y, int z)
{
  int temp;
  if (x > y) {temp = x;x = y;y = temp;}      //{ }内 3 个语句的作用是将 x 和 y 的值互换)
  if (z < x)  cout << z << ',' << x << ',' << y << endl;
    else if (z < y) cout << x << ',' << z << ',' << y << endl;
    else cout << x << ',' << y << ',' << z << endl;
}
```

请分析此程序的作用。sort 函数中的 if 语句是一个嵌套的 if 语句。虽然还没有正式介绍 if 语句的结构，但相信读者完全能够看懂它。

运行时先后输入以下几组数据，观察并分析运行结果。

① 3　6　10↙

② 6　3　10↙

③ 10　6　3↙

④ 10,6,3↙

通过以上练习，可以帮助读者了解 C++ 的程序结构和熟悉 C++ 的上机方法。

第 2 章 数据类型和表达式

2.1 C++的数据类型

计算机处理的对象是数据,而数据是以某种特定的形式存在的(例如整数、浮点数、字符等形式)。数据结构指的是数据的组织形式。例如,数组就是一种数据结构。

C++可以使用的数据类型如下:

- 数据类型
  - 基本类型
    - 整型
      - 短整型(short int)
      - 整型(int)
      - 长整型(long int)
    - 字符型(char)
    - 浮点型
      - 单精度型(float)
      - 双精度型(double)
      - 长双精度型(long double)
    - 布尔型(bool)
  - 派生类型
    - 指针类型(*)
    - 枚举类型(enum)
    - 数组类型([ ])
    - 结构体类型(struct)
    - 共用体类型(union)
    - 类类型(class)
  - 空类型(void)

布尔型就是逻辑型,空类型就是无值型。各种类型的含义和应用将在随后陆续介绍。

C++的数据包括常量与变量,常量与变量都具有类型。由以上这些数据类型还可以构成更复杂的数据结构。例如,利用指针和结构体类型可以构成表、树、栈等复杂的数据结构。

C++并没有统一规定各类数据的精度、数值范围和在内存中所占的字节数,各种C++编译系统根据自己的情况作出安排。表 2.1 列出了 Visual C++数值型和字符型数据的情况。

表 2.1　数值型和字符型数据的字节数和数值范围

类　型	类型标识符	字节数	数值范围
整型	[signed] int	4	−2147483648 ~ +2147483647
无符号整型	unsigned [int]	4	0 ~ 4294967295
短整型	short [int]	2	−32768 ~ +32767
无符号短整型	unsigned short [int]	2	0 ~ 65535
长整型	long [int]	4	−2147483648 ~ +2147483647
无符号长整型	unsigned long [int]	4	0 ~ 4294967295
字符型	[signed] char	1	−128 ~ +127
无符号字符型	unsigned char	1	0 ~ 255
单精度型	float	4	$3.4\times10^{-38} \sim 3.4\times10^{38}$
双精度型	double	8	$1.7\times10^{-308} \sim 1.7\times10^{308}$
长双精度型	long double	8	$1.7\times10^{-308} \sim 1.7\times10^{308}$

说明：

(1) 整型数据分为长整型(long int)、一般整型(int)和短整型(short int)。在 int 前面加 long 和 short 分别表示长整型和短整型。C++没有规定每一种数据所占的字节数，只规定 int 型数据所占的字节数不大于 long 型，不小于 short 型。一般在 16 位机的 C++系统，短整型(short)和整型(int)占两个字节，长整型(long)占 4 个字节。在 Visual C++ 6.0中，短整型占两个字节，整型和长整型占 4 个字节。

(2) 整型数据的存储方式为按二进制数形式存储，例如十进制整数 85 的二进制形式为 1010101，则在内存中的存储形式如图 2.1 所示(整型数据占 4 个字节)。

0	0	0	0	0	0	0	0	0	0	0	0	0	0	0	0	0	0	0	0	0	0	0	0	0	1	0	1	0	1	0	1

图　2.1

(3) 在整型符号 int 和字符型符号 char 的前面，可以加修饰符 signed(表示"有符号")或 unsigned(表示"无符号")。如果指定为 signed，则数值以补码形式存放，存储单元中的最高位(bit)用来表示数值的符号。如果指定为 unsigned，则数值没有符号，全部二进制位都用来表示数值本身。例如，短整型数据占两个字节，见图 2.2。

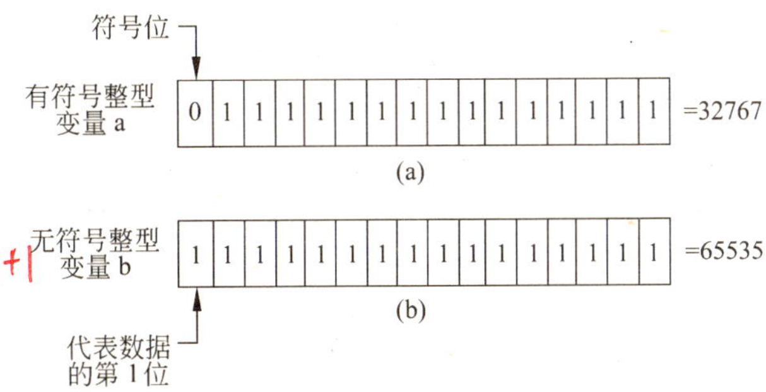

图　2.2

有符号时，能存储的最大值为 $2^{15}-1$，即 32767，最小值为 −32768。无符号时，能存储

的最大值为 $2^{16}-1$，即65535，最小值为0。有些数据是没有负值的（如学号、货号、身份证号），可以使用unsigned，它存储正数的范围比用signed时扩大一倍。

（4）浮点型（又称实型）数据分为单精度（float）、双精度（double）和长双精度（long double）3种，在Visual C++ 6.0中，对float提供6位有效数字，对double提供15位有效数字，并且float和double的数值范围不同。对float分配4个字节，对double和long double分配8个字节。因此在Visual C++ 6.0中，实际上用不到long double类型，在GCC中则对long double分配12个字节，但对初学者来说，用long double类型的机会较少。

（5）表中的类型标识符一栏中，方括号[ ]包含的部分可以省写，如short和short int等效，unsigned int和unsigned等效。

2.2 常量

2.2.1 什么是常量

常量的值是不能改变的，一般从其字面形式即可判别是否为常量。常量包括两大类：**数值型常量**（即常数）和**字符型常量**。如12，0，-3为整型常量，4.6，-1.23为实型常量。包含在两个单撇号之间的字符为字符常量，如'a'，'x'。这种从字面形式即可识别的常量称为"**字面常量**"或"**直接常量**"。

2.2.2 数值常量

数值常量就是通常所说的**常数**。在C++中，数值常量是区分类型的，从字面形式即可识别其类型。

1. 整型常量（整数）的类型

在第2.1节中已知，整型数据可分为int，short int，long int和unsigned int，unsigned short，unsigned long等类别。整型常量也分为以上类别。为什么将数值常量区分为不同的类别呢？因为在进行赋值时或函数的参数虚实结合时要求数据类型匹配。

那么，一个整型常量怎样从字面上区分为以上的类别呢？

（1）一个整数，如果其值在-32768～+32767范围内，认为它是short int型，它可以赋值给short int型、int型和long int型变量。

（2）一个整数，如果其值超过了上述范围，而在-2147483648～+2147483647范围内，则认为它是long int型，它可以将它赋值给一个int或long int型变量。

（3）如果某一计算机系统的C++版本（例如Visual C++）确定int与long int型数据在内存中占据的长度相同，则它们能够表示的数值的范围相同。因此，一个int型的常量也同时是一个long int型常量，可以赋给int型或long int型变量。

（4）常量无unsigned型。但一个非负值的整数可以赋值给unsigned型变量，只要它的范围不超过变量的取值范围即可。例如，将50000赋给一个unsigned short int型变量是可以的,而将 70000 赋给它是不行的(将会溢出)。

一个整型常量可以用 3 种不同的方式表示。

(1) 十进制整数。如 1357, -432,0 等。在一个整常量后面加一个字母 l 或 L,则认为是 long int 型常量。例如 123L,421L,0L 等,这往往用于函数调用中。如果函数的形参为 long int,则要求实参也为 long int 型,此时用 123 作实参不行,而要用 123L 作实参。

(2) 八进制整数。在常数的开头加一个数字 0,就表示这是以八进制数形式表示的常数。如 020 表示这是八进制数 20,即$(20)_8$,它相当于十进制数 16。

(3) 十六进制整数。在常数的开头加一个数字 0 和一个英文字母 X(或 x),就表示这是以十六进制数形式表示的常数。如 0X20 表示这是十六进制数 20,即$(20)_{16}$,它相当于十进制数 32。

2. 浮点数的表示方法

一个浮点数可以用两种不同的方式表示。

(1) **十进制小数形式**。如 21.456, -7.98 等。它一般由整数部分和小数部分组成,可以省略其中之一(如 78. 或.06,.0),但不能二者皆省略。C ++ 编译系统把用这种形式表示的浮点数一律按双精度常量处理,在内存中占 8 个字节。如果在实数的数字之后加字母 F 或 f,表示此数为**单精度浮点数**,如 1234F, -43f,占 4 个字节。如果加字母 L 或 l,表示此数为**长双精度数**(long double),在 GCC 中占 12 个字节,在 Visual C ++ 6.0 中占 8 个字节。

(2) **指数形式(即浮点形式)**。一个浮点数可以写成指数形式,如 3.14159 可以表示为 0.314159×10^1,3.14159×10^0,31.4159×10^{-1},314.159×10^{-2} 等形式。在程序中表示为 0.314159e1,3.14159e0,31.4159e-1,314.159e-2,用字母 e 表示其后的数是以 10 为底的幂,如 e12 表示 10^{12}。

其一般形式为

数符 数字部分 指数部分

上面各数据中的 0.314159,3.14159, 31.4159, 314.159 等就是其中的数字部分。可以看到,由于指数部分的存在,使得同一个浮点数可用不同的指数形式来表示,数字部分中小数点的位置是浮动的。例如当指数为 1 时,小数点在数字 3 的前面,指数为 0 时,小数点在数字 3 的后面,指数为 -1 时,小数点在数字 31 的后面。浮点数的名字即源于此。例如:

```
a =0.314159e1;
a =3.14159e0;
a =31.4159e-1;
a =314.159e-2;
```

以上 4 个赋值语句中,用了不同形式的浮点数,但其作用是相同的。

在程序中不论把浮点数写成小数形式还是指数形式,在内存中都是以指数形式(即浮点形式)存储的。例如不论在程序中写成 314.159 或 314.159e0, 31.4158e1, 3.14159e2, 0.314159e3 等形式,在内存中都是以规范化的指数形式存放,如图 2.3 所示。

+	.314159	3
数符	数字部分	指数部分

图 2.3

数字部分必须小于1，同时，小数点后面第1个数字必须是一个非0数字，例如不能是0.0314159。因此314.159和314.159e0，31.4158e1，3.14159e2，0.314159e3在内存中都表示为0.314159×10^3。存储单元分为两部分，一部分用来存放数字部分，一部分用来存放指数部分。为便于理解，在图2.3中是用十进制表示的，实际上在存储单元中是用二进制数来表示小数部分，用2的幂次来表示指数部分的。

对于以指数形式表示的数值常量，也都作为双精度常量处理。

2.2.3 字符常量

1. 普通的字符常量

用单撇号括起来的一个字符就是字符常量。如'a'，'#'，'%'，'D'都是合法的字符常量，在内存中占一个字节。注意：①字符常量只包括一个字符，如'AB'是不合法的。②字符常量区分大小写字母，如'A'和'a'是两个不同的字符常量。③撇号(')是定界符，而不属于字符常量的一部分。如

字符串常量应由双撇号(")括起来.

```
cout << 'a';
```

输出的是一个字母“a”，而不是3个字符“'a'”。

2. 转义字符常量

除了以上形式的字符常量外，C++还允许用一种特殊形式的字符常量，就是以“\”开头的字符序列。例如，'\n'代表一个“换行”符。“cout << '\n';”将输出一个换行，其作用与“cout << endl;”相同。这种“控制字符”在屏幕上是不能显示的，在程序中也无法用一个一般形式的字符表示，只能采用特殊形式来表示。

常用的以“\”开头的特殊字符见表2.2。

表2.2 转义字符及其含义

字符形式	含义	ASCII代码
\a	响铃	7
\n	换行，将当前位置移到下一行开头	10
\t	水平制表(跳到下一个tab位置)	9
\b	退格，将当前位置移到前一列	8
\r	回车，将当前位置移到本行开头	13
\f	换页，将当前位置移到下页开头	12
\v	竖向跳格	8
\\	反斜杠字符“\”	92
\'	单引号(撇号)字符	39

续表

字符形式	含　义	ASCII 代码
\\"	双引号字符	34
\\0	空字符	0
\\ddd	1~3 位八进制数所代表的字符	
\\xhh	1~2 位十六进制数所代表的字符	

表 2.2 中列出的字符称为“转义字符”，意思是将反斜杠(\\)后面的字符转换成另外的意义。如，'\n'中的“n”不代表字母 n 而作为“换行”符。

表 2.2 中最后第 2 行是用八进制数的 ASCII 码表示一个字符，例如'\101'代表以八进制数形式 ASCII 码 101 代表的字符，而$(101)_8$ 就是十进制数 65，从附录 A 可以查出它代表字符“A”。'\012'代表八进制数 012 表示的 ASCII 字符，它相当于以十进制 10 表示的 ASCII 字符，从附录 A 可以查出它代表“换行”。用'376'代表图形字符“■”。用表 2.2 中的方法可以表示任何可输出的字母字符、专用字符、图形字符和控制字符。请注意'\0'或'\000' 是代表 ASCII 码为 0 的控制字符，即“空操作”字符，它广泛用于字符串中。

转义字符虽然包含两个或多个字符，但它只代表一个字符。编译系统在见到字符“\\”时，会接着找它后面的字符，把它处理成一个字符，在内存中只占一个字节。

3. 字符数据在内存中的存储形式及其使用方法

将一个字符常量存放到内存单元时，实际上并不是把该字符本身放到内存单元中去，而是将该字符相应的 ASCII 代码放到存储单元中。如果字符变量 c1 的值为'a'，c2 的值为'b'，则在变量中存放的是'a' 的 ASCII 码 97，'b' 的 ASCII 码 98，如图 2.4(a)所示，实际上在内存中是以二进制形式存放的，如图 2.4(b)所示。

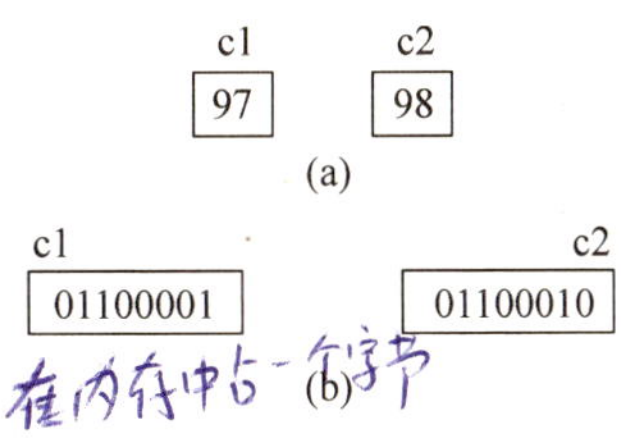

图　2.4

既然字符数据以 ASCII 码存储的，它的存储形式就与整数的存储形式类似。这样，在 C++ 中字符型数据和整型数据之间就可以通用。一个字符数据可以赋给一个整型变量，反之，一个整型数据也可以赋给一个字符变量。也可以对字符数据进行算术运算，此时相当于对它们的 ASCII 码进行算术运算。

例 2.1　将字符赋给整型变量。

```
#include <iostream>
using namespace std;
int main()
{ int  i,j;                    //i 和 j 是整型变量
  i='A';                       //将一个字符常量赋给整型变量 i
  j='B';                       //将一个字符常量赋给整型变量 j
  cout<<i<<' '<<j<<'\n';       //输出整型变量 i 和 j 的值,'\n' 是换行符
  return 0;
}
```

执行时输出

```
65 66
```

i 和 j 被指定为整型变量。但在第 5 行和第 6 行中，将字符'A'和'B'分别赋给 i 和 j，它的作用相当于以下两个赋值语句：

```
i = 65; j = 66;
```

因为'A'和'B'的 ASCII 码为 65 和 66。在程序的第 5 行和第 6 行是把 65 和 66 直接存放到 i 和 j 的内存单元中。因此输出 65 和 66。

可以看到，在一定条件下，字符型数据和整型数据是可以通用的。但是应注意字符数据只占一个字节，它只能存放 0～255 范围内的整数。

例 2.2 字符数据与整数进行算术运算。下面程序的作用是将小写字母转换为大写字母。

```
#include <iostream>
using namespace std;
int main( )
{ char c1,c2;
  c1 = 'a';
  c2 = 'b';
  c1 = c1 - 32;
  c2 = c2 - 32;
  cout << c1 << ' ' << c2 << endl;
  return 0;
}
```

运行结果为

```
A B
```

'a'的 ASCII 码为 97，而'A'的 ASCII 码为 65，'b'为 98，'B'为 66。从 ASCII 代码表中可以看到每一个小写字母比它相应的大写字母的 ASCII 代码大 32。C ++ 字符数据与数值直接进行算术运算，'a' - 32 得到整数 65，'b' - 32 得到整数 66。将 65 和 66 存放在 c1，c2 中，由于 c1，c2 是字符变量，因此用 cout 输出 c1，c2 时，得到字符'A'和'B'（'A'的 ASCII 码为 65，'B'的 ASCII 码为 66）。

4. 字符串常量

用双撇号括起来的字符就是字符串常量，如，"abc"，"Hello!"，"a + b"．"Li - ping" 都是字符串常量。字符串常量 "abc" 在内存中占 4 个字节（而不是 3 个字节），见图 2.5。

a	b	c	\0

图　2.5

编译系统会在字符串最后自动加一个'\0'作为字符串结束标志。但'\0'并不是字符串的一部分，它只作为字符串的结束标志。如

```
cout << " abc" << endl;
```

输出 3 个字符 abc,而不包括'\0'。

注意:"a" 和'a'代表不同的含义,"a" 是字符串常量,'a' 是字符常量。前者占两个字节,后者占 1 个字节。请分析下面的程序片段:

```
char c;             //定义一个字符变量
c = 'a';            //正确
c = "a";            //错误,c 只能容纳一个字符
```

字符串常量要用字符数组来存放,见第 5 章。

请思考:字符串常量"abc\n"包含几个字符?不是 5 个而是 4 个字符,其中"\n"是一个转义字符。但它在内存中占 5 个字节(包括一个"\0"字符)。编译系统遇到"\"时就会把它认作转义字符的标志,把它和其后的字符一起作为一个转义字符。如果"\"后面的字符不能与"\"组成一个合法的转义字符(如"\c"),则在编译时显示出错信息。如果希望将"\"字符也作为字符串中的一个字符,则应写为"abc\\n",此时字符包括 5 个字符:a,b,c,\,n。如果有以下输出语句:

```
cout << " abc\\\n" << endl;
```

则会输出 "abc\" 然后换行。同理执行

```
cout << "I say \"Thank you! \"\n";
```

的输出是

```
I say "Thank you!"
```

如果在一个字符串中最后一个字符为"\",则表示它是续行符,下一行的字符是该字符串的一部分,且在两行字符串间无空格。如

```
cout << "We must study C\           //本行最后的"\"后面的空格和换行均不起作用
++ hard!";                         //本行的字符紧连在上一行最后的"\"前面字符之后
```

输出

```
We must study C++ hard!
```

2.2.4 符号常量

为了编程和阅读的方便,可以用一个符号名代表一个常量,称为**符号常量**,即以标识符形式出现的常量。

例 2.3 计算货款,使用符号常量。

```
#include <iostream>
using namespace std;
#define PRICE 30            //注意这不是语句,末尾不要加分号
int main( )
{ int num,total;            //num 代表购货数量,total 代表总货款
```

```
    num = 10;
    total = num * PRICE;  //PRICE 是符号常量,代表 30(单价)
    cout << " total = " << total << endl;
    return 0;
}
```

程序中用预处理指令#define 指定 PRICE 在本程序单位中代表常量 30。程序运行结果为

```
total = 300
```

请注意符号常量虽然有名字,但它不是变量。在进行编译预处理时,所有的 PRICE 都被置换为字符 30,在正式进行编译时已经没有 PRICE 这个标识符了。显然,符号常量不能被赋值。如用赋值语句"PRICE = 40;"给 PRICE 赋值是错误的。使用符号常量的好处是:

(1) 含义清楚。在一个规范的程序中不提倡使用很多的直接常量,如 sum = 15 * 30 * 23.5 * 43。应尽量使用"见名知意"的变量名和符号常量。

(2) 在需要改变一个常量时能做到"一改全改"。例如在程序中多处用到某物品的价格,如果价格用常数表示,则在价格调整时,就需要在程序中作多处修改,若用符号常量 PRICE 代表价格,只须改动第一行即可。如

```
#define PRICE 35
```

在程序中所有以 PRICE 代表的价格就会一律自动改为 35。

符号常量在 C 程序中用得较多,在 C++ 程序中常用常变量(见第 2.3.5 节)而较少用符号常量。

2.3 变量

2.3.1 什么是变量

其实在前面的例子中已经多次用到了变量。在程序运行期间其值可以改变的量称为变量。一个变量应该有一个名字,并在内存中占据一定的存储单元,在该存储单元中存放变量的值。请注意区分**变量名**和**变量值**这两个不同的概念,见图 2.6。变量名代表内存中的一个存储单元,在对程序编译连接时由系统给每一个变量分配一个地址。在程序中从变量中取值,实际上是通过变量名找到相应的内存单元,从其中读取数据。

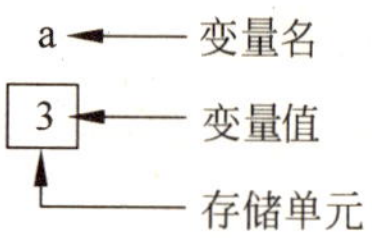

图 2.6

2.3.2 变量名规则

先介绍标识符的概念。和其他高级语言一样,**用来标识变量、符号常量、函数、数组、类型等实体名字的有效字符序列称为标识符(identifier)**。简单地说,标识符就是一个名

字。变量名是标识符的一种，变量的名字必须遵循标识符的命名规则。

C++ 规定标识符只能由字母、数字和下划线 3 种字符组成，且第一个字符必须为字母或下划线。下面列出的是合法的标识符，也是合法的变量名：

sum, average, total, Class, day, month, Student_name, tan, BASIC, li_ling

下面是不合法的标识符和变量名：

M. D. John, $123, #33, 3G64, Ling li, C++, Zhang-ling, U. S. A.

注意，在 C++ 中，大写字母和小写字母被认为是两个不同的字符。因此，sum 和 SUM 是两个不同的变量名。一般地，变量名用小写字母表示，与人们日常习惯一致，以增加可读性。应注意变量名不能与 C++ 的关键字、系统函数名和类名相同。在国外，有人喜欢用"匈牙利变量命名法"，在变量前面加一个字母以表示该变量的类型，如 iCount 表示这是一个整型变量，cSex 表示这是一个字符型变量。也有人喜欢用几个单词组成一个变量名，如用 studentName 表示学生名，以小写字母开头，下一个单词的第一个字母用大写，表示这是另一单词的开始，这种方法称为骆驼表示法(当中的大写字母像驼峰突起)。也有人喜欢用几个英文单词组成变量名，单词间用下划线连接，如 number_of_student。用什么方法表示变量名并无统一规定，由编程者的风格决定。考虑到我国读者的习惯和方便，本书中的变量名尽量采用简单而有含义的名字(如 student, stud, price, count, num 等)。

C++ 没有规定标识符的长度(字符个数)，但各个具体的 C 编译系统都有自己的规定。有的系统取 32 个字符，超过的字符不被识别。因此，在写程序时应了解所用系统对标识符长度的规定。

2.3.3 定义变量

在 C++ 语言中，要求对所有用到的变量作强制定义，也就是必须"先定义，后使用"，如例 2.2 和例 2.3 那样。定义变量的一般形式是

数据类型 变量名表;

变量名表指的是一个或多个变量名的序列。如

```
float a,b,c,d,e;            //定义 a,b,c,d,e 为单精度型变量,各变量间以逗号分隔,最后是分号
```

C 语言要求变量的定义应该放在所有的执行语句之前，而 C++ 则放松了限制，只要求在第一次使用该变量之前进行定义即可。也就是说，它可以出现在语句的中间，如

```
int a;                      //定义变量 a(在使用 a 之前定义)
a=3;                        //执行语句,对 a 赋值
float b;                    //定义变量 b(在使用 b 之前定义)
b=4.67;                     //执行语句,对 b 赋值
char c;                     //定义变量 c(在使用 c 之前定义)
c='A';                      //执行语句 ,对 c 赋值
```

C++ 要求对变量作强制定义的目的是：

(1) 凡未被事先定义的，不作为变量名，这就能保证程序中变量名使用得正确。例

如,如果在声明部分写了

```
int student;
```

而在执行语句中错写成 statent。如

```
statent =30;
```

在编译时检查出 statent 未经定义,作为错误处理。输出“变量 statent 未经声明”的信息,便于用户发现错误,避免变量名使用时出错。

(2) 每一个变量被指定为一确定类型,在编译时就能为其分配相应的存储单元。如指定 a 和 b 为 int 型,一般的编译系统对其各分配 4 个字节,并按整数方式存储数据。

(3) 指定每一变量属于一个特定的类型,这就便于在编译时,据此检查该变量所进行的运算是否合法。例如,整型变量 a 和 b,可以进行求余运算:

```
a% b
```

% 是“求余”(见 2.4 节),得到 a/b 的余数。如果将 a 和 b 指定为实型变量,则不允许进行“求余”运算,在编译时会给出有关“出错信息”。

2.3.4 对变量赋初值

允许在定义变量时对它赋予一个初值,这称为**变量初始化**。初值可以是常量,也可以是一个有确定值的表达式。如

```
float a,b =5.78 * 3.5,c =2 * sin(2.0);
```

表示定义了 a,b,c 为单精度浮点型变量,对 b 初始化为 5.78 * 3,对 c 初始化为 2 * sin(2.0),在编译连接后,从标准函数库得到正弦函数 sin(2.0)的值,因此变量 c 有确定的初值。变量 a 未初始化。

如果对变量未赋初值,则该变量的初值是一个不可预测的值,即该存储单元中当时的内容是不知道的。例如,若未对 a 和 b 赋值,执行输出语句

```
cout <<a <<" " <<b <<" " <<c <<endl;
```

输出结果可能为

```
1.48544e -38 15 1.81858          (各次运行情况可能不同)
```

初始化不是在编译阶段完成的(只有在第 4 章中介绍的静态存储变量和外部变量的初始化是在编译阶段完成的),而是在程序运行时执行本函数时赋予初值的,相当执行一个赋值语句。例如,

```
int a =3;
```

相当于以下两个语句:

```
int a;              //指定 a 为整型变量
a =3;               //赋值语句,将 3 赋给 a
```

2.3.5　常变量

在定义变量时,如果加上关键字 const,则变量的值在程序运行期间不能改变,这种变量称为**常变量**(constant variable)。例如,

```
const int a =3;          //用 const 来声明这种变量的值不能改变,指定其值始终为 3
```

在定义常变量时必须同时对它初始化(即指定其值),此后它的值不能再改变。常变量不能出现在赋值号的左边。上面一行不能写成

```
const int a;
a =3;                    //常变量不能被赋值
```

可以用表达式对常变量初始化,如

```
const int b =3 +6,c =3 * cos(1.5);   //b 的值被指定为 9,c 的值被指定为 3 * cos(1.5)
```

但应注意,由于使用了系统标准数学函数 cos,必须将包含该函数有关的信息的头文件"cmath"(或 math. h)包含到本程序单位中来,可以在本程序单位的开头加上以下#include 指令:

```
#include <cmath>
```

或

```
#include <math.h>
```

有些读者自然会提出这样的问题:变量的值应该是可以变化的,为什么值是固定的量也称变量呢?的确,从字面上看,常变量的名称本身包含着矛盾。其实,从计算机实现的角度看,变量的特征是存在一个以变量名命名的存储单元,在一般情况下,存储单元中的内容是可以变化的。对常变量来说,无非**在此变量的基础上加上一个限定:存储单元中的值不允许变化。因此常变量又称为只读变量**(read-only-variable)。

常变量这一概念是从应用需要的角度提出的,例如有时要求某些变量的值不允许改变(如函数的参数),这时就用 const 加以限定。除了常变量以外,以后还要介绍常指针、常对象等。

请区别用#define 指令定义的符号常量和用 const 定义的常变量。符号常量只是用一个符号代替一个字符串,在预编译时把所有符号常量替换为所指定的字符串,它没有类型,在内存中并不存在以符号常量命名的存储单元。而常变量具有变量的特征,它具有类型,在内存中存在着以它命名的存储单元,可以用 sizeof 运算符测出其长度。与一般变量唯一的不同是指定变量的值不能改变。

用#define 指令定义符号常量是 C 语言所采用的方法,C ++ 把它保留了下来,是为了和 C 兼容。C ++ 的程序员一般喜欢用 const 定义常变量。虽然二者实现的方法不同,但从**使用**的角度看,都可以认为用一个标识符代表一个常量。有些书上把用 const 定义的常变量也称为定义常量,但读者应该了解它和符号常量的区别。

2.4 C++的运算符

C++的运算符十分丰富，使得C++的运算十分灵活方便。例如把赋值号(=)也作为运算符处理，这样，a=b=c=4就是合法的表达式，这是与其他语言不同的。C++提供了以下运算符。

1. 算术运算符

+(加)　-(减)　*(乘)　/(除)　%(整除求余)　++(自加)　--(自减)

2. 关系运算符

>(大于)　<(小于)　==(等于)　>=(大于或等于)　<=(小于或等于)　!=(不等于)

3. 逻辑运算符

&&(逻辑与)　||(逻辑或)　!(逻辑非)

4. 位运算符

<<(按位左移)　>>(按位右移)　&(按位与)　|(按位或)　∧(按位异或)　~(按位取反)

5. 赋值运算符(=及其扩展赋值运算符)

6. 条件运算符(?:)

7. 逗号运算符(,)

8. 指针运算符(*)

9. 引用运算符和地址运算符(&)

10. 求字节数运算符(sizeof)

11. 强制类型转换运算符((类型)或类型())

12. 成员运算符(.)

13. 指向成员的运算符(->)

14. 下标运算符([ ])

15. 其他(如函数调用运算符())

在本章中主要介绍算术运算符与算术表达式、赋值运算符与赋值表达式、逗号运算符与逗号表达式，其他运算符将在以后各章中陆续介绍。

2.5 算术运算符与算术表达式

2.5.1 基本的算术运算符

+(加法运算符，或正值运算符。如3+5，+3)

-(减法运算符，或负值运算符。如5-2，-3)

*(乘法运算符。如3*5)

/(除法运算符。如5/3)

%(模运算符,或称求余运算符,% 两侧均应为整型数据,如 7%4 的值为 3)。

需要说明,两个整数相除的结果为整数,如 5/3 的结果值为 1,舍去小数部分。但是,如果除数或被除数中有一个为负值,则舍入的方向是不固定的。例如,-5/3 在有的 C++ 系统上得到结果 -1,有的 C++ 系统则给出结果 -2。多数编译系统(包括 Visual C++ 6.0)采取“向零取整”的方法,即 5/3 的值等于 1,-5/3 的值等于 -1,取整后向零靠拢。

如果参加 +,-,*,/ 运算的两个数中有一个数为 float 型数据,则运算的结果是 double 型,因为 **C++ 在运算时对所有 float 型数据都按 double 型数据处理**。

2.5.2 算术表达式和运算符的优先级与结合性

用算术运算符和括号将运算对象(也称操作数)连接起来的、符合 C++ 语法规则的式子,称为 C++ 算术表达式。运算对象包括常量、变量、函数等。例如,下面是一个合法的 C++ 算术表达式:

```
a * b/c - 1.5 + 'a'
```

C++ 语言规定了运算符的优先级和结合性。在求解表达式时,先按运算符的优先级别高低次序执行,例如先乘除后加减。如有表达式 a - b * c,b 的左侧为减号,右侧为乘号,而乘号优先于减号,因此,相当于 a - (b * c)。如果在一个运算对象两侧的运算符的优先级别相同,如 a - b + c,则按规定的“结合方向”处理。

C++ 规定了各种运算符的结合方向(结合性),算术运算符的结合方向为“自左至右”,即先左后右,因此 b 先与减号结合,执行 a - b 的运算,再执行加 c 的运算。“自左至右的结合方向”又称“左结合性”,即运算对象先与左面的运算符结合。以后可以看到有些运算符的结合方向为“自右至左”,即右结合性(例如赋值运算符)。关于“结合性”的概念在其他一些高级语言中是没有的,是 C 和 C++ 的特点之一,希望能弄清楚。附录 B 列出了所有运算符以及它们的优先级别和结合性。

2.5.3 表达式中各类数值型数据间的混合运算

在表达式中常遇到不同类型数据之间进行运算,如

```
10 + 'a' + 1.5 - 8765.1234 * 'b'
```

在进行运算时,不同类型的数据要先转换成同一类型,然后进行运算。转换的规则如图 2.7 所示。

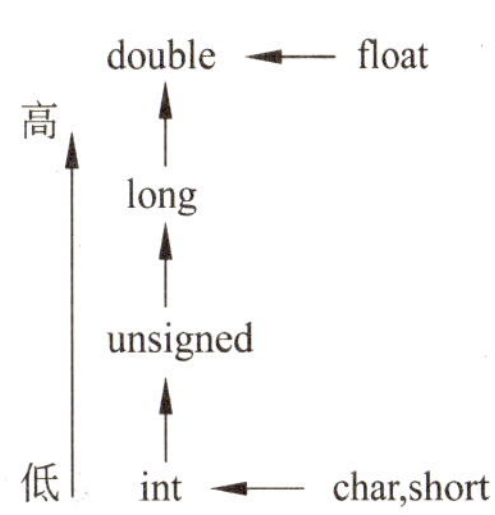

图 2.7

图中横向向左的箭头表示必定的转换,如 char 和 short 型数据必先转换为 int 型,float 型数据在运算时一律先转换成 double 型(即使是两个 float 型数据相加,也都先转换成 double 型,然后再相加)。

纵向的箭头表示当运算对象为不同类型时转换的方向。例如 int 型与 double 型数据进行运算,先将 int 型的数据转换成

double型，然后在两个同类型（double型）数据间进行运算，结果为double型。注意箭头方向只表示数据类型级别的高低，由低向高转换。不要理解为int型先转换成unsigned int型，再转成long型，再转成double型。如果一个int型数据与一个double型数据运算，是直接将int型转成double型。同理，一个int型与一个long型数据运算，则先将int型转换成long型。

换言之，如果有一个数据是float型或double型，则另一数据要先转换为double型，运算结果为double型。如果参加运算的两个数据中最高级别为long型，则另一数据先转换为long型，运算结果为long型。其他依此类推。

假设已指定i为整型变量，f为float变量，d为double型变量，e为long型，有下面表达式：

```
10 + 'a' + i * f - d/e
```

运算次序为：①进行10 + 'a'的运算，先将'a'转换成整数97，运算结果为107。②进行i * f的运算。先将i与f都转换成double型，运算结果为double型。③整数107与i * f的积相加。先将整数107转换成双精度数（小数点后加若干个0，即107.000…00），结果为double型。④将变量e转换成double型，d/e结果为double型。⑤将10 + 'a' + i * f的结果与d/e的商相减，结果为double型。

上述的类型转换是由系统自动进行的。

2.5.4 自增（++）和自减（--）运算符

在C和C++中，常在表达式中使用自增（++）和自减（--）运算符，它们的作用是使变量的值增1或减1，如：

++i（在使用i之前，先使i的值加1，如果i的原值为3，则执行j=++i后，j的值为4）

--i（在使用i之前，先使i的值减1，如果i的原值为3，则执行j=--i后，j的值为2）

i++（在使用i之后，i的值加1，如果i的原值为3，则执行j=i++后，j的值为3，然后i变为4）

i--（在使用i之后，使i的值减1，如果i的原值为3，则执行j=i--后，j的值为3，然后i变为2）

粗略地看，++i和i++的作用相当于i=i+1，但++i和i++不同之处在于++i是先执行i=i+1后，再使用i的值；而i++是先使用i的值后，再执行i=i+1。如

```
i=3;
cout << ++i;
```

输出4。如果改为

```
cout <<i++;
```

则输出3。

正确地使用++和--，可以使程序简洁、清晰、高效。

请注意：

(1) **自增运算符(++)和自减运算符(−−)**，只能用于变量，而不能用于常量或表达式，如5++或(a+b)++都是不合法的。因为5是常量，常量的值不能改变。(a+b)++也不可能实现，假如(a+b)的值为5，那么自增后得到的6放在什么地方呢？无变量单元可供存放。

(2) **++和−−的结合方向是"自右至左"**，见附录B。前面已提到，算术运算符的结合方向为"自左而右"，这是大家所熟知的。如果有−i++，i的左面是负号运算符，右面是自加运算符。如果i的原值等于3，若按左结合性，相当于(−i)++，而(−i)++是不合法的，因为对表达式不能进行自加自减运算。

从附录B知道负号运算符和"++"运算符同优先级，而结合方向为"自右至左"(右结合性)，即它相当于−(i++)，如果有cout<<−i++;，则先取出i的值3，输出−i值−3，然后i增值为4。注意，−(i++)是先用i的原值3加上负号输出−3，再使i加1，不要认为先加完1后再加负号，输出−4，这是不对的。

(3) 自增运算符(++)和自减运算符(−−)使用十分灵活，但在很多情况下可能出现歧义性，产生"意想不到"的副作用，如

```
int i=3;
cout<<i++<<" "<<i++;
```

请问应该输出什么？90%以上的读者会认为应输出"3 4"。而实际上输出"4 3"。因为许多编译系统(包括Visual C++ 6.0和GCC)在处理输出流时，先按自右向左的顺序对各输出项求值，最先处理的是右边的i++，得到应输出的值为3，然后i自加1变成4，再处理左边的i++，得到应输出的值为4，然后i自加1变成5。最后将4和3输出。

应该尽量避免出现这种歧义性。大多数专家和专业人员都已充分认识到自增运算符(++)和自减运算符(−−)的副作用对程序设计的危害性，主张**不要过多地依赖使用++和−−运算符的技巧，要遵循安全第一、易于理解的原则**。不要写出别人看不懂的、自己也不知道系统会怎样执行的程序。

(4) 自增(减)运算符在C++程序中是经常见到的，常用于循环语句中，使循环变量自动加1。也用于指针变量，使指针指向下一个地址。这些将在以后的章节中介绍。

2.5.5　强制类型转换运算符

在表达式中不同类型的数据会自动地转换类型，以进行运算。有时程序编制者还可以利用强制类型转换运算符将一个表达式转换成所需类型。例如，

```
(double)a          (将a转换成double类型)
(int)(x+y)         (将x+y的值转换成整型)
(float)(5%3)       (将5%3的值转换成float型)
```

强制类型转换的一般形式为

(类型名)(表达式)

注意：如果要进行强制类型转换的对象是一个变量，该变量可以不用括号括起来。

如果要进行强制类型转换的对象是一个包含多项的表达式，则表达式应该用括号括起来。如果写成

    (int)x + y

则只将 x 转换成整型，然后与 y 相加。

以上强制类型转换的形式是原来 C 语言使用的形式，C++把它保留了下来，以利于兼容。C++还增加了以下形式：

类型名(表达式)

如

    int(x) 或 int(x + y)

类型名不加括号，而变量或表达式用括号括起来。这种形式类似于函数调用。但许多人仍习惯于用第一种形式，把类型名包在括号内，这样比较清楚。

需要说明的是在强制类型转换时，得到一个所需类型的中间数据，但原来变量的类型未发生变化。例如，

    (int)x

如果 x 原指定为 float 型，值为3.6，进行强制类型运算后得到一个 int 型的中间数据，它的值等于3，而 x 原来的类型和值都不变。

例 2.4 强制类型转换。

```
#include <iostream>
using namespace std;
int main()
{ float x;
  int i;
  x = 3.6;
  i = (int)x;
  cout << "x = " << x << ",i = " << i << endl;
  return 0;
}
```

运行结果如下：

    x = 3.6,i = 3

x 的型仍为 float 型，值仍等于3.6。

由上可知，有两种类型转换，第1种是在运算时不必用户指定，系统自动进行的类型转换，如3 +6.5，这种转换称为**隐式类型转换**。第2种是**强制类型转换**，也称显式类型转换。当自动类型转换不能实现目的时，可以用强制类型转换。如"%"运算符要求其两侧均为整型量，若 x 为 float 型，则"x%3"不合法，必须用"(int)x % 3"。从附录 B 可以查到，强制类型转换运算优先于%运算，因此先进行(int)x 的运算，得到一个整型的中间变量，然后再对3求模。此外，在函数调用时，有时为了使实参与形参类型一致，可以用强制类型转换运算符得到一个所需类型的参数。

2.6　赋值运算符和赋值表达式

2.6.1　赋值运算符

赋值符号"="就是赋值运算符,它的作用是将一个数据赋给一个变量。如"a=3"的作用是执行一次赋值操作(或称赋值运算)。把常量 3 赋给变量 a。也可以将一个表达式的值赋给一个变量。

2.6.2　赋值过程中的类型转换

如果赋值运算符两侧的类型不一致,但都是数值型或字符型时,在赋值时自动进行类型转换。

(1) 将浮点型数据(包括单、双精度)赋给整型变量时,舍弃其小数部分。如 i 为整型变量,执行"i=3.56"的结果是使 i 的值为 3, 在内存中以整数形式存储。

(2) 将整型数据赋给浮点型变量时,数值不变,但以指数形式存储到变量中。如要执行"f=23",将 23 赋给 float 型变量 f,按单精度指数形式存储在 f 中。如要执行"d=23",即将 23 赋给 double 型变量 d,则将 23 以双精度指数形式存储到 d 中。

(3) 将一个 double 型数据赋给 float 变量时,要注意数值范围不能溢出。例如,

```
float f;
double d=123.456789e100;
f=d;
```

就会出现溢出的错误,因为超过了 float 型的数据范围。

(4) 字符型数据赋给整型变量,将字符的 ASCII 码赋给整型变量。

(5) 将一个 int,short 或 long 型数据赋给一个 char 型变量,只将其低 8 位原封不动地送到 char 型变量(发生截断)。例如,

```
short int i=289;
char c;
c=i;                    //将一个 int 型数据赋给一个 char 型变量
```

赋值情况见图 2.8。为方便起见,以一个 int 型数据占两个字节(16 位)的情况来说明,一个 int 型数据占 4 个字节(32 位)的情况与之是类似的,读者可以自己画出相应的图。

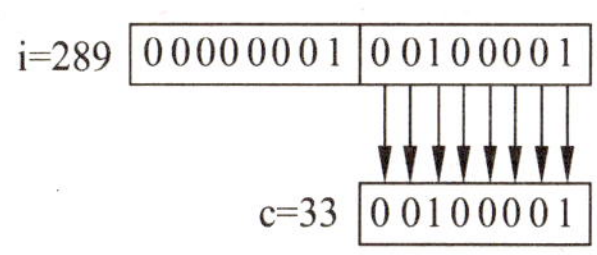

图　2.8

在变量 c 的存储单元中存放了 00100001,即十进制数 33,如果用"cout<<c;"输出 c 的值,将得到字符"!"(其 ASCII 码为 33)。

(6) 将 signed(有符号)型数据赋给长度相同的 unsigned(无符号)型变量,将存储单元内容原样照搬(连原有的符号位也作为数值一起传送)。

例 2.5　有符号数据传送给无符号变量。

```
#include <iostream>
using namespace std;
int main()
{ unsigned short a;
  short int b = -1;
  a = b;
  cout << "a = " << a << endl;
  return 0;
}
```

运行结果为

```
65535
```

有的读者可能会感到奇怪:我给 b 的值是 -1,怎么会得到 65535 呢?请看图 2.9 所示的赋值情况。

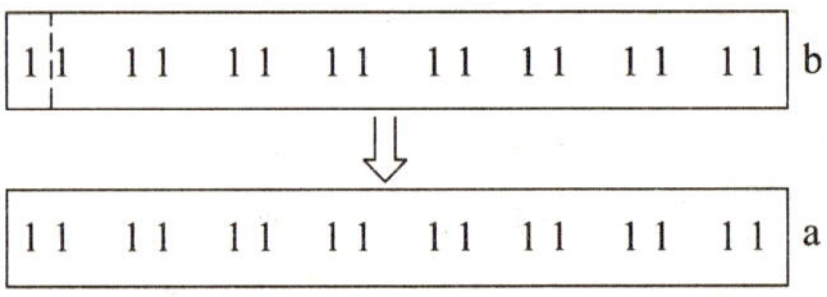

图 2.9

-1 的补码形式为 1111111111111111(即全部 16 个二进制位均为 1),将它传送给 a,而 a 是无符号型变量,16 个位全 1 是十进制的 65535。如果 b 为正值,且在 0 ~ 32767 之间,则赋值后数值不变。

不同类型的整型数据间的赋值归根到底就是一条:按存储单元中的存储形式直接传送。未学过补码知识的,对以上的叙述有所了解即可,不必深究。

C 和 C++ 使用灵活,在不同类型数据之间赋值时,常常会出现意想不到的结果,而编译系统并不提示出错,全靠程序员的经验来找出问题。这就要求编程人员对出现问题的原因有所了解,以便迅速排除故障。

2.6.3 复合赋值运算符

在赋值符"="之前加上其他运算符,可以构成复合运算符。如果在"="前加一个"+"运算符就成了复合运算符"+="。例如,可以有

```
a+ =3        等价于   a=a+3
x* =y+8      等价于   x=x*(y+8)
x% =3        等价于   x=x%3
```

以"a +=3"为例来说明,它相当于使 a 进行一次自加 3 的操作。即先使 a 加 3,再赋给 a。同样,"x * =y +8"的作用是使 x 乘以(y +8),再赋给 x。

为便于记忆,可以这样理解:

① a += b　　　(其中 a 为变量,b 为表达式)

② <u>a +</u> = b　　　(将有下划线的"a +"移到"="右侧)

③ a = <u>a +</u> b　　　(在"="左侧补上变量名 a)

注意,如果 b 是包含若干项的表达式,则相当于它有括号。如

① x % = y+3

② x % = (y+3)

③ x = x%(y+3)(不要错认为 x = x%y+3)

凡是二元(二目)运算符,都可以与赋值符一起组合成复合赋值符。C++可以使用以下几种复合赋值运算符,即

+=, -=, *=, /=, %=, <<=, >>=, &=, ∧=, |=

后 5 种是有关位运算的。

C++之所以采用这种复合运算符,一是为了简化程序,使程序精练,二是为了提高编译效率(这样写法与“逆波兰”式一致,有利于编译,能产生质量较高的目标代码。学过编译原理的读者对此容易理解,其他读者可不必深究)。专业的程序员在程序中常用复合运算符,初学者可能不习惯,也可以不用或少用。

2.6.4　赋值表达式

由赋值运算符将一个变量和一个表达式连接起来的式子称为“赋值表达式”。

它的一般形式为

变量=表达式

如“a=5”是一个赋值表达式。对赋值表达式求解的过程是:先求赋值运算符右侧的“表达式”的值,然后赋给赋值运算符左侧的变量。一个表达式应该有一个值,例如,赋值表达式“a=3*5”的值为 15,执行表达式后,变量 a 的值也是 15。

赋值运算符左侧的标识符称为“**左值**”(left value,简写为 lvalue)。并不是任何对象都可以作为左值的,变量可以作为左值,而表达式 a+b 就不能作为左值,常变量也不能作为左值,因为常变量不能被赋值。出现在赋值运算符右侧的表达式称为“**右值**”(right value,简写为 rvalue)。显然左值也可以出现在赋值运算符右侧,因而左值都可以作为右值。如

```
int a=3,b,c;
b=a;                    //b 是左值
c=b;                    //b 也是右值
```

赋值表达式中的“表达式”,又可以是一个赋值表达式。如

```
a=(b=5)
```

括号内的“b=5”是一个赋值表达式,它的值等于 5。执行表达式“a=(b=5)”相当于执行“b=5”和“a=b”两个赋值表达式。因此 a 的值等于 5,整个赋值表达式的值也等于 5。从附录 B 可以知道赋值运算符按照“自右而左”的结合顺序,因此,“(b=5)”外面的括号可以不要,即“a=(b=5)”和“a=b=5”等价,都是先求“b=5”的值(得 5),然后再赋给 a,下面是赋值表达式的例子:

```
a=b=c=5                 (赋值表达式的值为 5,a,b,c 的值均为 5)
```

```
a=5+(c=6)              (表达式的值为11,a的值为11,c的值为6)
a=(b=4)+(c=6)          (表达式的值为10,a的值为10,b等于4,c等于6)
a=(b=10)/(c=2)         (表达式的值为5,a等于5,b等于10,c等于2)
```

请分析下面的赋值表达式：

```
(a=3*5)=4*3
```

先执行括号内的运算，将15赋给a，然后执行4*3的运算，得12，再把12赋给a。最后a的值为12，整个表达式的值为12。可以看到：(a=3*5)出现在赋值运算符的左侧，因此赋值表达式(a=3*5)是左值。请注意，在对赋值表达式(a=3*5)求解后，变量a得到值15，此时赋值表达式(a=3*5)=4*3相当于(a)=4*3。在执行(a=3*5)=4*3时，实际上是将4*3的积12赋给变量a，而不是赋给3*5。正因为这样，赋值表达式才能够作为左值。

赋值表达式作为左值时应加括号，如果写成下面这样就出现语法错误：

```
a=3*5=4*3
```

因为3*5不是左值，不能出现在赋值运算符的左侧。

赋值表达式也可以包含复合的赋值运算符。如

```
a+=a-=a*a
```

也是一个赋值表达式。如果a的初值为12，此赋值表达式的求解步骤如下：

① 先进行“a-=a*a”的运算，它相当于a=a-a*a=12-144=-132。

② 再进行“a+=-132”的运算，相当于a=a+(-132)=-132-132=-264。

C++将赋值表达式作为表达式的一种，使赋值操作不仅可以出现在赋值语句中，而且可以以表达式形式出现在其他语句(如输出语句、循环语句等)中，如，“cout<<(a=b);”，如果b的值为3，则输出a的值(也是表达式a=b的值)为3。在一个语句中完成了赋值和输出双重功能。这是C++语言灵活性的一种表现。在以后各章的介绍中将进一步看到这种应用及其优越性。

请注意，用cout语句输出一个赋值表达式的值时，要将该赋值表达式用括号括起来，如果写成“cout<<a=b;”，将会出现编译错误。

在第3章介绍“语句”之后，就可以了解到赋值表达式和赋值语句之间的联系和区别了。

2.7 逗号运算符和逗号表达式

C++提供一种特殊的运算符——逗号运算符，又称为“顺序求值运算符”。用它将两个表达式连接起来。如

```
3+5,6+8
```

是一个逗号表达式。逗号表达式的一般形式为

表达式1,表达式2

逗号表达式的求解过程是：先求解表达式 1，再求解表达式 2。整个逗号表达式的值是表达式 2 的值。例如，上面的逗号表达式“3 +5，6 +8”的值为 14。又如，逗号表达式

```
a=3*5,a*4
```

对此表达式的求解，读者可能会有两种不同的理解：一种理解认为“3 * 5，a * 4”是一个逗号表达式，先求出此逗号表达式的值，如果 a 的原值为 3，则逗号表达式的值为 12，将 12 赋给 a，因此最后 a 的值为 12。另一种理解认为：“a =3 * 5”是一个赋值表达式”，“a * 4”是另一个表达式，二者用逗号相连，构成一个逗号表达式。这两种理解哪一种对呢？从附录 B 可知，赋值运算符的优先级别高于逗号运算符，因此应先求解 a =3 * 5（也就是把“a =3 * 5”作为一个表达式）。经计算和赋值后得到 a 的值为 15，然后求解 a * 4，得 60。整个逗号表达式的值为 60。

一个逗号表达式又可以与另一个表达式组成一个新的逗号表达式，如

```
(a=3*5,a*4),a+5
```

先计算出 a 的值等于 15，再进行 a * 4 的运算得 60（但 a 值未变，仍为 15），再进行 a +5 得 20，即整个表达式的值为 20。

逗号表达式的一般形式可以扩展为

表达式 1，表达式 2，表达式 3，…，表达式 n

它的值为表达式 n 的值。

从附录 B 可知，逗号运算符是所有运算符中级别最低的。因此，下面两个表达式的作用是不同的：

① x = (a =3,6 * 3)
② x = a =3,6 * a

第①个是一个赋值表达式，将一个逗号表达式的值赋给 x，x 的值等于 18。第②个是逗号表达式，它包括一个赋值表达式和一个算术表达式，x 的值为 3。

其实，逗号表达式无非是把若干个表达式“串联”起来。在许多情况下，使用逗号表达式的目的只是想分别得到各个表达式的值，而并非一定需要得到和使用整个逗号表达式的值，逗号表达式最常用于循环语句（for 语句）中，详见第 3 章。

在用 cout 输出一个逗号表达式的值时，要将该逗号表达式用括号括起来，如

```
cout<<(3*5,43-6*5,67/3)<<endl;
```

C 语言和 C++ 语言表达能力强，其中一个重要方面就在于它的表达式类型丰富，运算符功能强，因而使用灵活，适应性强。在后面章节中将会进一步看到这一点。

习　　题

1. C++ 为什么要规定对所有用到的变量要“先定义，后使用”。这样做有什么好处？
2. 字符常量与字符串常量有什么区别？
3. 写出以下程序运行的结果。请先阅读程序，分析应输出的结果，然后上机验证。

```
#include <iostream>
using namespace std;
int main( )
{ char c1 ='a',c2 ='b',c3 ='c',c4 ='\101',c5 ='\116';
  cout << c1 << c2 << c3 <<'\n';
  cout <<" \t\b" << c4 <<'\t' << c5 <<'\n';
  return 0;
}
```

4. 写出以下程序运行的结果。请先阅读程序，分析应输出的结果，然后上机验证。

```
#include <iostream>
using namespace std;
int main( )
{ char c1 ='C',c2 ='+',c3 ='+';
  cout <<"I say: \"" << c1 << c2 << c3 <<'\"';
  cout <<" \t\t" <<"He says: \"C++ is very interesting! \"" << '\n';
  return 0;
}
```

5. 请写出下列表达式的值。

(1) 3.5 * 3 + 2 * 7 - 'a'

(2) 26/3 + 34%3 + 2.5

(3) 45/2 + (int)3.14159/2

(4) a = b = (c = a += 6)　　设 a 的初值为 3

(5) a = 3 * 5, a = b = 3 * 2

(6) (int)(a + 6.5)%2 + (a = b = 5)　　设 a 的初值为 3

(7) x + a%3 * (int)(x + y)%2/4　　设 x = 2.5, a = 7, y = 4.7

(8) (float)(a + b)/2 + (int)x%(int)y　　设 a = 2, b = 3, x = 3.5, y = 2.5

6. 写出下面表达式运算后 a 的值，设原来 a = 12。设 a 和 n 已定义为整型变量。

(1) a += a

(2) a -= 3

(3) a * = 2 + 3

(4) a/ = a + a

(5) a% = (n% = 2), n 的值等于 5

(6) a += a -= a * = a

7. 写出程序运行结果。请先阅读程序，分析应输出的结果，然后上机验证。

```
#include <iostream>
using namespace std;
int main( )
{ int  i,j,m,n;
  i = 8;
  j = 10;
```

```
    m = ++i + j++;
    n = (++i) + (++j) + m;
    cout << i << '\t' << j << '\t' << m << '\t' << n << endl;
    return 0;
}
```

8. 要将"China"译成密码，密码规律是：用原来的字母后面第 4 个字母代替原来的字母。例如，字母 A 后面第 4 个字母是 E，用 E 代替 A。因此，"China"应译为"Glmre"。请编写一程序，用赋初值的方法使 c1，c2，c3，c4，c5 这 5 个变量的值分别为'C'，'h'，'i'，'n'，'a'，经过运算，使 c1，c2，c3，c4，c5 分别变为'G'，'l'，'m'，'r'，'e'，并输出。

第 2 篇

基于过程的程序设计

第 3 章 程序设计初步

C++既可以用来进行基于过程的程序设计,又可以用来进行面向对象的程序设计。基于过程的程序设计(Procedure-Based Programming)又称为过程化的程序设计。它的特点是:程序必须告诉计算机应当具体"怎样做",也就是要给出计算机全部操作的具体过程。执行完这个过程,就实现了问题的求解。

在 20 世纪 90 年代之前,几乎所有的计算机语言(例如 BASIC,FORTRAN,COBOL,Pascal,C)都是过程化的语言,进行程序设计,就要设计出计算机执行的全部过程。直到今天,过程化的程序设计依然是程序设计人员的基本功,是大多数人学习程序设计的第一步。从学习基于过程的程序设计入手,进而学习面向对象的程序设计,是学习 C++的较好的途径。

本书第 2 篇介绍基于过程的程序设计,这部分内容基本上涵盖了传统的 C 语言程序设计。在此基础上,第 3 篇和第 4 篇分别介绍基于对象的程序设计和面向对象的程序设计。

3.1 基于过程的程序设计和算法

基于过程的程序设计反映的是事物在计算机中的实现方式,而不是事物在现实生活中的实现方式。程序设计者必须把现实生活中的实现方式转化为在计算机中的实现方式。从第 1 章的例子可以看到,在基于过程的程序设计中,程序设计者必须指定数据在计算机中的表现形式,以及怎样对这些数据进行操作,以得到预期的结果。

程序设计者不仅要考虑程序要"做什么",还要解决"怎么做"的问题,要根据程序要"做什么"的要求,具体设计出计算机执行的每一个具体的步骤,写出一个个语句,安排好它们的执行顺序。

怎样设计这些步骤,怎样保证它的正确性和具有较高的效率,这就是**算法**需要解决的问题。

3.1.1 算法的概念

一个基于过程的程序应包括以下两方面内容:

（1）**对数据的描述**。在程序中要指定数据的类型和数据的组织形式，即**数据结构**（data structure）。

（2）**对操作的描述**。即操作步骤，也就是**算法**（algorithm）。

对于基于过程的程序，可以用下面的公式表示：

程序 = 算法 + 数据结构

作为程序设计人员，必须认真考虑和设计数据结构和操作步骤（即算法）。

算法是**处理问题的一系列的步骤**。**算法必须具体地指出在执行时每一步应当怎样做**。例如程序中应该出现什么语句？语句的顺序如何安排？程序中的操作语句，就是算法的具体体现。

不要认为只有“计算”的问题才有算法。广义地说，为解决一个问题而采取的方法和步骤，就称为“算法”。例如，描述太极拳动作的图解，就是“太极拳的算法”。一首歌曲的乐谱，也可以称为该歌曲的算法，因为它指定了演奏该歌曲的每一个步骤，按照它的规定就能演奏出预定的曲子。

计算机算法可分为两大类别：数值算法和非数值算法。数值算法的目的是求数值解，例如求方程的根，求一个函数的定积分等，都属于数值算法范围。非数值算法包括的面十分广泛，最常见的是用于事务管理领域，例如图书检索、人事管理、行车调度管理等。目前，计算机在非数值方面的应用远远超过了在数值方面的应用。由于数值问题的求解往往有现成的模型，可以运用数值分析方法，因此对数值算法的研究比较深入，算法比较成熟。对许多数值运算都有比较成熟的算法可供选用。而非数值运算的种类繁多，要求各异，难以规范化，因此只对一些典型的非数值运算算法（例如排序算法）作比较深入的研究。在实际工作中遇到的一些非数值运算问题，往往需要使用者参考已有的类似算法重新设计解决特定问题的专门算法。在本书中将通过一些例题介绍一些典型的算法，帮助读者了解如何设计一个算法，推动读者举一反三。

无论基于过程的程序设计还是面向对象的程序设计，都离不开算法设计。在面向对象的程序中，在一个类中既有对数据的描述，又有对操作的描述，函数就是用来实现对数据操作的。数据是操作的对象，操作的目的是对数据进行加工处理。在考虑操作的过程时，仍然要用过程化的方法。因此，必须学习和掌握一些常用的算法。

对于不熟悉计算机算法的人来说，可以只使用别人已设计好的现成算法，只须根据算法的要求给以必要的输入，就能得到输出的结果。对他们来说，算法如同一个“黑箱子”一样，他们可以不了解“黑箱子”中的结构，只是从外部特性上了解算法的作用，即可方便地使用算法。但对于程序设计人员来说，应当学会设计一些简单的算法，并且根据算法编写程序。

3.1.2 算法的表示

为了表示一个算法，可以用不同的方法。常用的有以下 4 种。

1. 自然语言

用中文或英文等自然语言描述算法。但容易产生歧义性，在程序设计中一般不用自然语言表示算法。

2. 流程图

可以用传统的流程图或结构化流程图。用图的形式表示算法,比较形象直观,但修改算法时显得不大方便,对比较大的、复杂的程序,画流程图的工作量很大,在专业人员中一般不用流程图表示算法,而喜欢用伪代码表示算法。但为了使初学者更容易理解算法,在有的教材中常用流程图表示算法。

3. 伪代码(pseudo code)

伪代码是用介于自然语言和计算机语言之间的文字和符号来描述算法。如

```
if x is positive then
  print x
else
  print  -x
```

它像一个英文句子一样好懂。用伪代码写算法并无固定的、严格的语法规则,只须把意思表达清楚,并且书写的格式要写成清晰易读的形式。它不用图形符号,因此书写方便,格式紧凑,容易修改,便于向计算机语言算法(即程序)过渡。

4. 用计算机语言表示算法

用一种计算机语言去描述算法,这就是计算机程序。

3.2 C++的程序结构和C++语句

在第1章中介绍了几个简单的C++程序。第2章介绍了C++程序中用到的一些基本要素(常量、变量、运算符和表达式等),它们是构成程序的基本成分。本章将接着介绍为编写简单的程序所必须掌握的一些内容。

从第1章已知,一个程序包含一个或多个程序单位(每个程序单位构成一个程序文件)。每一个程序单位由以下3个部分组成:

(1) **预处理指令**。如#include指令和#define指令。

(2) **全局声明**。在函数外对数据类型、函数以及变量的声明和定义。

(3) **函数**。包括函数首部和函数体,在函数体中可以包含声明语句和执行语句。

下面是一个完整的C++程序:

```
#include <iostream>              //预处理指令
using namespace std;             //在函数之外的全局声明
int a=3;                         //在函数之外的全局声明
int main()                       //函数首部
{ float b;                       //函数内的声明
  b=4.5;                         //执行语句
  cout<<a<<b;                    //执行语句
```

```
    return 0;                          //执行语句
}
```

如果一个变量在函数之外进行声明，此变量是全局变量，它的有效范围是从该行开始到本程序单位结束。如果一个变量在函数内声明，此变量是局部变量，它的有效范围是从该行开始到本函数结束。C++ 程序结构可以用图 3.1 表示。

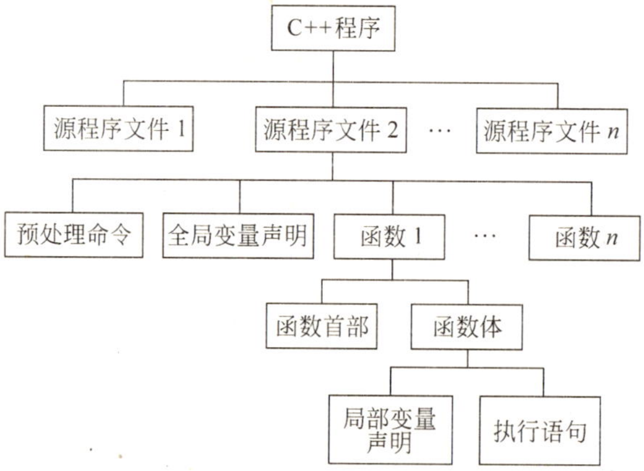

图 3.1

程序应该包括数据描述（由声明语句来实现）和数据操作（由执行语句来实现）。数据描述主要包括数据类型的声明、函数和变量的定义、变量的初始化等。数据操作的任务是对已提供的数据进行加工。

C++ 程序中最小的独立单位是语句（statement）。它相当于一篇文章中的一个句子。句子是用句号结束的，而 C++ 语句一般是用分号结束的（复合语句是以右花括号结束的）。

C++ 语句可以分为以下 4 种。

1. 声明语句

如

```
int a,b;
```

在 C 语言中，只有产生实际操作的才称为语句，对变量的定义不作为语句，而且要求对变量的定义必须出现在本块中所有程序语句之前。因此 C 程序员已经养成了一个习惯：在函数或块的开头位置定义全部变量。在 C++ 中，对变量（以及其他对象）的定义被认为是一条语句，并且可以出现在函数中的任何行，既可放在其他程序语句可以出现的地方，也可放在函数之外。这样更加灵活，可以很方便地实现变量的局部化（变量的作用范围从声明语句开始到本函数或本块结束）。

2. 执行语句

通知计算机完成一定的操作。执行语句包括：

（1）**控制语句**，完成一定的控制功能。C++ 有 9 种控制语句，它们是：

① if( ) ~ else ~　　　　（条件选择语句）
② for( ) ~　　　　　　（循环语句）
③ while( ) ~　　　　　（循环语句）
④ do ~ while( )　　　　（循环语句）
⑤ continue　　　　　　（结束本次循环语句）
⑥ break　　　　　　　（中止执行 switch 或循环语句）
⑦ switch　　　　　　　（多分支选择语句）
⑧ goto　　　　　　　　（转向语句）
⑨ return　　　　　　　（从函数返回语句）

上面 9 种语句中的括号( )表示其中包括一个判断条件，~ 表示内嵌的语句。例如，“if( ) ~ else ~”的具体语句可以写成

```
if(x>0) cout<<x;  else cout<<-x;          //当 x>0 成立时,输出 x 的值
```

(2) **函数和流对象调用语句**。函数调用语句由一次函数调用加一个分号构成一个语句,例如

```
sort(x,y,z);                    //假设已定义了 sort 函数,它有 3 个参数
cout<<x<<endl;                  //流对象调用语句
```

(3) **表达式语句**。由一个表达式加一个分号构成一个语句。最典型的是：由赋值表达式构成一个赋值语句。

```
i=i+1                           //是一个赋值表达式,末尾没有分号
i=i+1;                          //是一个赋值语句,末尾有分号
```

任何一个表达式的最后加一个分号都可以成为一个语句。一个语句必须在最后出现分号,分号是语句中不可缺少的一部分。“x+y;”也是一个语句,作用是完成 x+y 的操作,它是合法的,但是并不把 x+y 的和赋给另一变量,所以它并无实际意义。

表达式能构成语句是 C 和 C++ 的一个重要特色。其实“函数调用语句”也属于表达式语句,因为函数调用(如 sin(x))也属于表达式的一种。C++ 程序中大多数语句是表达式语句(包括函数调用语句)。

3. 空语句

下面是一个空语句：

```
;
```

即只有一个分号的语句,它什么也不做。有时用来做被转向点,或循环语句中的循环体(循环体是空语句,表示循环体什么也不做)。

4. 复合语句

可以用 { } 把一些语句括起来成为复合语句。如下面是一个复合语句。

```
{ z=x+y;
```

```
    if(z>100) z=z-100;
        cout<<z;
}
```

在本章中将介绍几种顺序执行的语句，在执行这些语句的过程中不会发生流程的控制转移。

3.3 赋值操作

前面已介绍，对一个变量的赋值是通过赋值运算符“=”来实现的。在前面两章中已经多次用到赋值语句，由于赋值语句应用十分普遍，所以专门再讨论一下。

(1) C++ 的赋值语句具有其他高级语言（如 QBASIC，Pascal，FORTRAN）的赋值语句的功能。但不同的是：C++ 中的赋值号“=”是一个运算符，可以写成

```
a=b=c=d;
```

而在其他大多数语言中赋值号不是运算符，上面的写法是不合法的。

(2) 关于赋值表达式与赋值语句的概念。其他多数高级语言没有“赋值表达式”这一概念。在 C++ 中，赋值表达式可以包括在其他表达式之中，例如，

```
if((a=b)>0) cout<<"a>0"<<endl;
```

按语法规定 if 后面的( )内是一个条件，例如可以是“if(x>0)…”。现在在 x 的位置上换上一个赋值表达式“a=b”，其作用是：先进行赋值运算（将 b 的值赋给 a），然后判断 a 是否大于 0，如大于 0，执行“cout<<"a>0"<<endl;”。在 if 语句中的“a=b”不是赋值语句而是赋值表达式，这样写是合法的。不能写成

```
if((a=b;)>0) cout<<"a>0"<<endl;
```

因为在 if 的条件中不能包含赋值语句。C++ 把赋值语句和赋值表达式区别开来，增加了表达式的种类，使表达式的应用几乎“无孔不入”，能实现其他语言中难以实现的功能。

3.4 C++的输入与输出

在前面两章中，已经看到了在 C++ 程序中方便地利用 cout 和 cin 进行输出和输入。应该说明：输入和输出并不是 C++ 语言中的正式组成成分。C 和 C++ 本身都没有为输入和输出提供专门的语句结构。**在 C 语言中，输入和输出的功能是通过调用 scanf 函数和 printf 函数来实现的，在 C++ 中是通过调用输入输出流库中的流对象 cin 和 cout 实现的**。也就是说，输入输出不是由 C++ 本身定义的，而是在编译系统提供的 I/O 库中定义的。

C++ 的输出和输入是用“**流**”（stream）的方式实现的。“流”指的是来自设备或传给设备的一个**数据流**。数据流是由一系列字节组成的，这些字节是按进入“流”的顺序排列

的。**cout 是输出流对象**的名字，**cin 是输入流对象**的名字，“<<”是**流插入运算符**（也可称流插入操作符），其作用是将需要输出的内容插入到输出流中，默认的输入设备是显示器。“>>”是**流提取运算符**，其作用是从默认的输入设备（一般为键盘）的输入流中提取若干个字节送到计算机内存区中指定的变量。图 3.2 和图 3.3 表示 C++ 通过流进行输入和输出的过程。

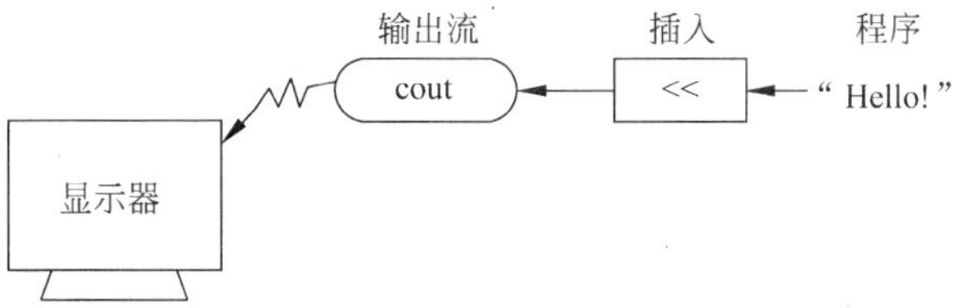

图 3.2

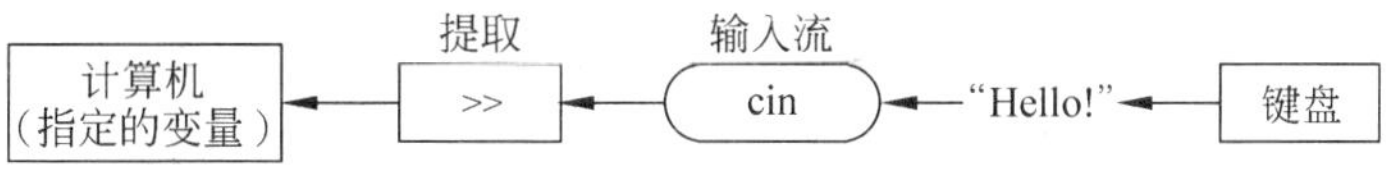

图 3.3

有关流对象 cin，cout 和流运算符的定义等信息是存放在 C++ 的输入输出流库中的，因此如果在程序中使用 cin，cout 和流运算符，就必须使用预处理指令把头文件 stream 包含到本文件中：

```
#include <iostream>
```

从这一点也可以看出，cin 和 cout 不是 C++ 本身提供的语句，因为使用 C++ 本身提供的语句（如赋值语句、if 语句、for 语句等）时，是不需要用#include 指令包含有关头文件的。

尽管 cin 和 cout 不是 C++ 本身提供的语句，但是在不致混淆的情况下，为了叙述方便，常常把由 cin 和流提取运算符“>>”实现输入的语句称为输入语句或 cin 语句，把由 cout 和流插入运算符“<<”实现输出的语句称为输出语句或 cout 语句。根据 C++ 的语法，凡是能实现某种操作而且最后以分号结束的都是语句。

因此，在阅读书刊或讨论问题时，当谈到输入语句或输出语句时，我们应当对它们的含义有准确的理解。

*3.4.1 输入流与输出流的基本操作

cout 语句的一般格式为

cout << 表达式 1 << 表达式 2 << … << 表达式 n；

cin 语句的一般格式为

cin >> 变量 1 >> 变量 2 >> … >> 变量 n；

在定义流对象时，系统会在在内存中开辟一段缓冲区，用来暂存输入输出流的数据。在执行 cout 语句时，并不是插入一个数据就马上输出一个数据，而是先把插入的数据顺序存放在输出缓冲区中，直到输出缓冲区满或遇到cout语句中的endl(或'\n',ends,flush)为止，此时将缓冲区中已有的数据一起输出，并清空缓冲区。系统提供的标准输出流中的数据向系统默认的设备(一般为显示器)输出。

一个cout语句可以分写成若干行。如

```
cout << "This is a simple C++ program." << endl;
```

可以写成

```
cout << "This is "                //注意行末尾无分号
 << "a C++ "
 << "program."
 << endl;                         //语句最后有分号
```

也可写成多个cout语句，即

```
cout << "This is ";               //语句末尾有分号
cout  << "a C++ ";
cout  << "program.";
cout << endl;
```

由于前两个cout语句中的字符串最后没有换行符，因此下一行的字符紧接着上一行的末尾输出。

以上3种情况的输出均为

```
This is a simple C++ program.
```

注意：不能用一个插入运算符"<<"插入多个输出项，如下面写法是错误的：

```
cout << a,b,c;                    //错误,不能一次插入多项
```

而

```
cout << a + b + c;                //正确,这是一个表达式,作为一项
```

则是正确的。

在用cout输出时，用户不必通知计算机按何种类型输出，系统会自动判别输出数据的类型，使输出的数据按相应的类型输出。如已定义a为int型，b为float型，c为char型，则

```
cout << a << ' ' << b << ' ' << c << endl;
```

会以下面的形式输出：

```
4 345.789 a
```

与cout类似，一个cin语句可以分写成若干行。如

```
cin >> a >> b >> c >> d;
```

可以写成

```
cin >>a                          //注意行末尾无分号
    >>b                          //这样写可能看起来清晰些
    >>c
    >>d;
```

也可以写成

```
cin >>a;
cin >>b;
cin >>c;
cin >>d;
```

以上 3 种情况均可以从键盘输入：

1　2　3　4↙

也可以分多行输入数据：

1↙
2　3↙
4↙

在用 cin 输入时，系统也会根据变量的类型从输入流中提取相应长度的字节。如有

```
char c1,c2;
int a;
float b;
cin >>c1 >>c2 >>a >>b;
```

如果输入

1234 56.78↙

系统会取第 1 个字符'1'给字符变量 c1，取第 2 个字符'2'给字符变量 c2，再取 34 给整型变量 a，最后取 56.78 给实型变量 b。注意：34 后面应该有空格以便和 56.78 分隔开。也可按下面格式输入：

1 2 34 56.78↙　　　　　　(在 1 和 2 之间有空格)

在从输入流中提取了字符'1'送给 c1 后，遇到第 2 个字符，是一个空格，系统把空格作为数据间的分隔符，不予提取而提取后面一个字符'2'送给 c2，然后再分别提取 34 和 56.78 给 a 和 b。由此可知：不能用 cin 语句把空格字符和回车换行符作为字符输入给字符变量，它们将被跳过。如果想将空格字符或回车换行符(或任何其他键盘上的字符)输入给字符变量，可以用第 3.4.3 节介绍的 getchar 函数。

在组织输入流数据时，要仔细分析 cin 语句中变量的类型，按照相应的格式输入，否则容易出错。

*3.4.2　在标准输入流与输出流中使用控制符

上面介绍的是使用 cout 和 cin 时的默认格式。但有时人们在输入输出时有一些特殊

的要求，如在输出实数时规定字段宽度，只保留两位小数，数据向左或向右对齐等。C++ 提供了在标准输入输出流中使用的控制符（有的书称为操纵符），见表 3.1。

表 3.1 标准输入输出流的控制符

控 制 符	作 用
dec	设置数值的基数为 10
hex	设置数值的基数为 16
oct	设置数值的基数为 8
setfill(c)	设置填充字符 c，c 可以是字符常量或字符变量
setprecision(n)	设置浮点数的精度为 n 位。在以一般十进制小数形式输出时，n 代表有效数字。在以 fixed（固定小数位数）形式和 scientific（指数）形式输出时，n 为小数位数
setw(n)	设置字段宽度为 n 位
setiosflags(ios :: fixed)	设置浮点数以固定的小数位数显示
setiosflags(ios :: scientific)	设置浮点数以科学记数法（即指数形式）显示
setiosflags(ios :: left)	输出数据左对齐
setiosflags(ios :: right)	输出数据右对齐
setiosflags(ios :: skipws)	忽略前导的空格
setiosflags(ios :: uppercase)	数据以十六进制形式输出时字母以大写表示
setiosflags(ios :: lowercase)	数据以十六进制形式输出时字母以小写表示
setiosflags(ios :: showpos)	输出正数时给出“+”号

需要注意的是，如果使用了控制符，在程序单位的开头除了要加 iostream 头文件外，还要加 iomanip 头文件。

读者可能对上面的控制符表示方式不习惯，对其作用记不住。其实从英文字面上看，是很好理解并容易记住的。例如 setfill，其中 set 是“设置”，fill 是“填充”，setprecision 中的 precision 是“精度”，setw 中的 w 是“宽度”（width 的缩写），setiosflags 中的 ios 是 iostream（输入输出流）的缩写，flags 的含义是“标志”，fixed 是“固定的”，scientific 是“科学的（记数法）”，showpos 是 show positive（显示正号）等。

举例：输出双精度数。

```
double a=123.456789012345;                                  对 a 赋初值
(1) cout<<a;                                                输出:123.456
(2) cout<<setprecision(9)<<a;                               输出:123.456789
(3) cout<<setprecision(6);                                  恢复默认格式(精度为6)
(4) cout<< setiosflags(ios::fixed);                         输出:123.456789
(5) cout<<setiosflags(ios::fixed)<<setprecision(8)<<a;      输出:123.45678901
(6) cout<<setiosflags(ios::scientific)<<a;                  输出:1.234568e+02
(7) cout<<setiosflags(ios::scientific)<<setprecision(4)<<a; 输出:1.2346e02
```

第(1)行为按默认格式输出(以十进制小数形式输出,全部有效数字为6位)。第(2)行指定输出9位有效数字。第(3)行恢复默认格式,精度为6。第(4)行要求以固定小数位输出,默认输出6位小数。第(5)行指定输出8位小数。第(6)行指定按指数形式输出,默认给出6位小数(第7位小数四舍五入)。第(7)行以指数形式输出,指定4位小数。

下面是整数输出的例子:

```
int b = 123456;                                   对b赋初值
(1) cout << b;                                    输出:123456
(2) cout << hex << b;                             输出:1e240
(3) cout << setiosflags(ios::uppercase) << b;     输出:1E240
(4) cout << setw(10) << b << ',' << b;            输出:    123456,123456
(5) cout << setfill('*') << setw(10) << b;        输出:****123456
(6) cout << setiosflags(ios::showpos) << b;       输出:+123456
```

第(1)行按十进制整数形式输出。第(2)行按十六进制整数形式输出,其中字母“e”代表十六进制中的14。第(3)行按十六进制形式输出,字母e改为大写。第(4)行指定字段宽为10,在123456前留4个空格。紧接着再输出一次b,但由于setw只对其后第1个数据起作用,因此在输出第2个b时setw(10)不起作用,按默认方式输出,前面不留空格。第(5)行在输出时用'*'代替空格。第(6)行在正数前面加一个“+”号。

如果在多个cout语句中使用相同的setw(n),并使用setiosflags(ios::right),可以实现各行数据右对齐,如果指定相同的精度,可以实现上下小数点对齐。

例3.1 各行小数点对齐。

```
#include <iostream>
#include <iomanip>
using namespace std;
int main()
{
  double a = 123.456, b = 3.14159, c = -3214.67;
  cout << setiosflags(ios::fixed) << setiosflags(ios::right) << setprecision(2);
  cout << setw(10) << a << endl;
  cout << setw(10) << b << endl;
  cout << setw(10) << c << endl;
  return 0;
}
```

输出如下:

```
   123.46  (字段宽度为10,右对齐,取两位小数)
     3.14
 -3214.67
```

先统一设置定点形式输出、取两位小数,右对齐。这些设置对其后的输出均有效(除非重新设置),而setw只对其后一个输出项有效,因此必须在输出a,b,c之前都要写setw(10)。

关于cout和cin的使用,在第13章中还要作进一步的介绍。读者可以在实际使用中亲自摸索，积累经验，逐步掌握。有些内容上机试一下就明白了。

3.4.3 用 getchar 和 putchar 函数进行字符的输入和输出

除了可以用 cin 和 cout 语句输入和输出字符外，C++ 还保留了 C 语言中用于输入和输出单个字符的函数，使用很方便。其中最常用的有 getchar 函数和 putchar 函数。

1. putchar 函数（字符输出函数）

putchar 函数的作用是向终端输出一个字符，例如，

```
putchar(c);
```

它输出字符变量 c 的值。

例 3.2 输出单个字符。

```
#include <iostream>          //或者包含头文件 stdio.h 头文件:#include <stdio.h>
using namespace std;
int main()
{ char a,b,c;
  a='B';b='O';c='Y';
  putchar(a);putchar(b);putchar(c);putchar('\n');
  putchar(66);putchar(79);putchar(89);putchar(10);
  return 0;
}
```

运行结果为

```
BOY
BOY
```

可以看到，用 putchar 可以输出转义字符，putchar('\n')的作用是输出一个换行符，使输出的当前位置移到下一行的开头。putchar(66)的作用是将 66 作为 ASCII 码转换为字符输出，66 是字母'B'的 ASCII 码，因此 putchar(66)输出字母'B'。其余类似。putchar(10)中的 10 是换行符的 ASCII 码，putchar(10)输出一个换行符，作用与 putchar('\n') 相同。

也可以输出其他转义字符，如

```
putchar('\101')          (输出字符'A',八进制的 101 是'A'的 ASCII 码)
putchar('\'')            (输出单引号字符')
putchar('\015')          (输出回车,不换行,使输出的当前位置移到本行开头)
```

2. getchar 函数（字符输入函数）

此函数的作用是从终端（或系统隐含指定的输入设备）输入一个字符。getchar 函数没有参数，其一般形式为

getchar()

函数的值就是从输入设备得到的字符。

例 3.3　输入单个字符。

```
#include  <iostream>
using namespace std;
int main()
{ char c;
  c = getchar(); putchar(c+32); putchar('\n');
  return 0;
}
```

在运行时,如果从键盘输入大写字母'A'并按回车键,就会在屏幕上输出小写字母'a':

```
A↙                    (输入'A'后按"回车"键,字符才送出,赋值给变量 c)
a                     (变量 c 的值是'A',加 32 就是小写字母'a'的 ASCII 码)
```

请注意,getchar()只能接收一个字符。getchar 函数得到的字符可以赋给一个字符变量或整型变量,也可以不赋给任何变量,作为表达式的一部分。例如,例 3.3 第 5 行可以用下面一行代替:

```
putchar(getchar() +32);putchar('\n');
```

因为 getchar()读入的值为'A','A'+32 是小写字母'a'的 ASCII 码,因此 putchar 函数输出'a'。此时不必定义变量 c。

也可以用 cout 输出 getchar 函数得到字符的 ASCII 的值:

```
cout << getchar();
```

这时输出的是整数 97,因为用 getchar()读入的实际上是字符的 ASCII 码,现在并未把它赋给一个字符变量,cout 就按整数形式输出。如果改成

```
cout << (c = getchar());            //设 c 已定义为字符变量
```

则输出为字母'a',因为要求输出字符变量 c 的值。

可以看到,用 putchar 和 getchar 函数输出和输入字符十分灵活方便,由于它们是函数,所以可以出现在表达式中,例如,

```
cout << (c = getchar() +32);
```

3.4.4　用 scanf 和 printf 函数进行输入和输出

在 C 语言中是用 printf 函数进行输出,用 scanf 函数进行输入的。C++ 保留了 C 语言的这一用法。在此只作很简单的介绍。

scanf 函数的一般格式是

scanf(**格式控制,输出表列**)

printf 函数的一般格式是

printf(**格式控制,输出表列**)

例 3.4 用 scanf 和 printf 函数进行输入和输出。

```
#include <iostream>
using namespace std;
int main()
{ int a;
  float b;
  char c;
  scanf("%d %c %f",&a,&c,&b);          //注意在变量名前要加地址运算符 &
  printf("a=%d,b=%f,c=%c\n",a,b,c);
  return 0;
}
```

运行结果如下:

```
12 A 67.98↙                    (输入的3个数据间以空格相间)
a=12,b=67.980003,c=A           (本行为输出)
```

输入的整数 12 送给整型变量 a,字符'A'送给字符变量 c,67.98 送给单精度变量 b。

可以看到:使用 printf 和 scanf 函数进行输出和输入,必须指定输出和输入的数据的类型和格式,不仅烦琐复杂,而且很容易出错。C++保留 printf 和 scanf 函数只是为了和 C 兼容,以便过去用 C 语言写的程序可以在 C++的环境下运行。读者应该对 printf 和 scanf 有一定的了解,以便在阅读和改写用 C 语言写的程序时不会感到困惑。C++的编程人员都愿意使用 cout 和 cin 进行输出和输入,很少使用 printf 和 scanf。如果读者想对 printf 和 scanf 函数有更多的了解,可以参考本书的参考文献[1]《C 程序设计(第四版)》的第 4 章。

3.5 编写顺序结构的程序

各执行语句之间存在一定的关系。最简单的一种关系就是:从上到下顺序执行各语句。即先执行第一个语句,再执行第二个语句,再执行第三个语句……直到最后一个语句。这就是**顺序结构的程序**。

例 3.5 求一元二次方程式 $ax^2+bx+c=0$ 的根。

a,b,c 的值在运行时由键盘输入,它们的值满足 $b^2-4ac \geqslant 0$。

众所周知:$x1=\dfrac{-b+\sqrt{b^2-4ac}}{2a}$ $x2=\dfrac{-b-\sqrt{b^2-4ac}}{2a}$

这就是求 $x1,x2$ 的算法。根据它可以编写出以下 C++程序:

```
#include <iostream>
#include <cmath>                 //由于程序要用到数学函数 sqrt,故应包含头文件 cmath
using namespace std;
int main()
{ float  a,b,c,x1,x2;
  cin>>a>>b>>c;
```

```
    x1 = ( -b + sqrt( b * b - 4 * a * c ) )/(2 * a);
    x2 = ( -b - sqrt( b * b - 4 * a * c ) )/(2 * a);
    cout << " x1 = " << x1 << endl;
    cout << " x2 = " << x2 << endl;
    return 0;
}
```

运行结果如下：

```
4.5  8.8  2.4 ↙
x1 = -0.327612
x2 = -1.17794
```

如果程序中要用数学函数,都要包含头文件 cmath(也可以用老形式的头文件 math.h,但提倡使用 C++ 新形式的头文件,请参阅第 14.3 节)。在写程序时,一定要注意将数学表达式正确地转换成合法的 C++ 表达式。

可以看到,顺序结构的程序中的各执行语句是顺序执行的。这种程序最简单,最容易理解。通过这个程序可以初步了解编写 C++ 程序的基本方法。

3.6 关系运算和逻辑运算

并不是在任何情况下,都要求按照语句出现的顺序执行的,人们往往要求根据某个指定的条件是否满足来决定执行的内容。例如,购物在 1000 元以下的打九五折,1000 元及以上的打九折。

C++ 提供 if 语句来实现这种条件选择。如

```
if amount < 1000 tax = 0.95;     //amount 代表购物总额,tax 代表折扣
else tax = 0.9;                  //若 amount < 1000 条件满足,tax = 0.95,否则 tax = 0.9
pay = amount * tax;              //pay 为实付款
```

流程可以用图 3.4 表示。

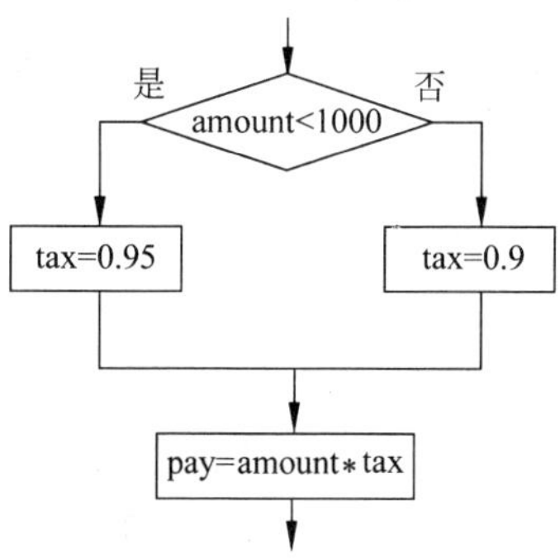

图 3.4

3.6.1 关系运算和关系表达式

上面 if 语句中的“amount <1000”实现的不是算术运算，而是**关系运算**。实际上是**比较运算**，将两个数据进行比较，判断比较的结果。“amount <1000”就是一个比较式，在高级语言中称为**关系表达式**，其中“ > ”是一个比较符，称为**关系运算符**。

C++的关系运算符有：

① <　（小于）
② <=　（小于或等于）
③ >　（大于）
④ >=　（大于或等于）
} 优先级相同（高）

⑤ ==　（等于）
⑥ != （不等于）
} 优先级相同（低）

关于优先次序：

(1) 前4种关系运算符(> , >= , > , >=)的优先级别相同，后两种也相同。前4种高于后两种。例如，“ > ”优先于“ == ”。而“ > ”与“ < ”优先级相同。

(2) 关系运算符的优先级低于算术运算符。

(3) 关系运算符的优先级高于赋值运算符。

以上关系可以表示如下：

算术运算符	↑	（高）
关系运算符	│	
赋值运算符	│	（低）

例如：

```
c>a+b          等效于 c>(a+b)
a>b==c         等效于(a>b)==c
a==b<c         等效于 a==(b<c)
a=b>c          等效于 a=(b>c)
```

用关系运算符将两个表达式连接起来的式子，称关系表达式。关系表达式的一般形式可以表示为

表达式　关系运算符　表达式

其中，“表达式“可以是算术表达式或关系表达式、逻辑表达式、赋值表达式、字符表达式.例如，下面都是合法的关系表达式：

```
a>b, a+b>b+c ,(a==3)>(b==5), 'a'<'b', (a>b)>(b<c)
```

任何表达式都应该有一个确定的值。算术表达式的值是一个数值(如3+5的值为8)，赋值表达式的值就是赋予变量的值，关系表达式的值是一个逻辑值，即“真”或“假”。例如，关系表达式“5==3”的值为“假”，“5>=0”的值为“真”。在C和C++中都用数值1代表“真”，用0代表“假”。例如，已设定 a=3，b=2，c=1，则：

关系表达式 “a>b” 的值为“真”，在C++中此关系表达式的值为1。

关系表达式“(a > b) == c”的值为“真”(因为 a > b 的值为 1,等于 c 的值),表达式的值为 1。

关系表达式“b + c < a”的值为“假”,表达式的值为 0。

如果有以下赋值表达式:

```
d = a > b          则 d 得到的值为 1
f = a > b > c      f 得到的值为 0(因为“ > ”运算符是自左至右的结合方向,先执行“a > b”得值为 1,
                   再执行关系运算“1 > c”,得值 0,赋给 f)
```

*3.6.2　逻辑常量和逻辑变量

C 语言没有提供逻辑型数据,关系表达式的值(真或假)用数值 1 和 0 代表。C++ 增加了逻辑型数据。逻辑型常量只有两个,即 **false**(假)和 **true**(真)。

逻辑型变量要用类型标识符 **bool** 来定义,它只的值只能是 true 和 false 之一。如

```
bool found, flag = false;      //定义逻辑变量 found 和 flag,并使 flag 的初值为 false
found = true;                  //将逻辑常量 true 赋给逻辑变量 flag
```

由于逻辑变量是用关键字 bool 来定义的,称为**布尔变量**。逻辑型常量又称为**布尔常量**。所谓逻辑型,就是布尔型。在数学中,涉及逻辑运算的领域称为布尔代数,例如 3.6.1 节介绍的关系运算和 3.6.3 节介绍的逻辑运算就属于布尔代数的范围。布尔是 19 世纪英国数学家 George Boole 的名字。

设立逻辑类型的目的是为了看程序时直观易懂,如

```
if((b * b - 4 * a * c) > 0) flag = true;
```

当判别式 $b^2 - 4ac > 0$ 时,使逻辑变量 flag 的值为 true(真),阅读程序者一看就明白判别的结果为真,就可以接着求二元一次方程式的两个实根。

用英文 false 和 true 表示真和假显然使意思清楚,但应说明:在编译系统处理逻辑型数据时,将 false 处理为 0,将 true 处理为 1,而不是将 false 和 true 这两个英文单词存放到内存单元中。逻辑型变量在内存中占 1 个字节,用来存放 0 或 1。如果 flag 的值为 true,用下面的语句输出 flag 的值

```
cout << flag;
```

输出为数值 1,而不是字符串“flag”。

因此,逻辑型数据可以与数值型数据进行算术运算,若 a 已定义为 int 型,其初值为 0,逻辑型变量 flag 的值为 true,如果有以下语句:

```
a = a + flag + true;
```

执行后 a 的值为 2。

如果将一个非零的整数赋给逻辑型变量,则按“真”处理,如

```
flag = 123;                        //赋值后 flag 的值为 true
cout << flag;
```

输出为数值1。

3.6.3 逻辑运算和逻辑表达式

有时只用一个关系表达式还不能正确表示所指定的条件，例如，数学上的式子 $0<x\leqslant 100$，在C++中表示为

```
x>0  && x<=100
```

它的含义是：x>0 和 x≤100 同时满足，或者是 $x>0$ 和 $x\leqslant 100$ 同时为真。&&是C++用来表示“与”的逻辑运算符。

C++提供3种逻辑运算符：

(1) **&&　逻辑与**　(相当于其他语言中的AND)

(2) **||　逻辑或**　(相当于其他语言中的OR)

(3) **!　逻辑非**　(相当于其他语言中的NOT)

“&&”和“||”是“双目(元)运算符”，它要求在其两侧各有一个运算量(又称操作数)，如(a>b) && (x>y)，(a>b)||(x>y)。“!”是“一目(元)运算符”，只要求在其左侧有一个运算量，如!(a>b)。

逻辑运算举例如下：

a && b	若a,b为真，则a && b为真
a|| b	若a,b之一为真，则a|| b为真
! a	若a为真，则!a为假

表3.2为逻辑运算的“真值表”。用它表示当a和b的值为不同组合时，各种逻辑运算所得到的值。

表3.2　逻辑运算的“真值表”

a	b	!a	!b	a && b	a||b
真	真	假	假	真	真
真	假	假	真	假	真
假	真	真	假	假	真
假	假	真	真	假	假

在一个逻辑表达式中如果包含多个逻辑运算符，如

```
!a && b || x>y && c
```

按以下的优先次序：

(1) !(非)→&&(与)→||(或)，即“!”为三者中最高的。

(2) 逻辑运算符中的“&&”和“||”低于关系运算符，“!”高于算术运算符。即：

!	↑（高）
算术运算符	
关系运算符	
&& 和||	
赋值运算符	（低）

例如：

```
(a>b) && (x>y)          可写成 a>b && x>y
(a==b) || (x==y)        可写成 a==b || x==y
(!a) || (a>b)           可写成 !a || a>b
```

将两个关系表达式用逻辑运算符连接起来就成为一个**逻辑表达式**，上面几个式子就是逻辑表达式。逻辑表达式的一般形式可以表示为

表达式　逻辑运算符 表达式

逻辑表达式的值是一个逻辑量"真"或"假"。前面已说明：在给出逻辑运算结果时，以数值 1 代表"真"，以 0 代表"假"，但在判断一个逻辑量是否为"真"时，采取的标准是：如果其值是 0 就认为是"假"，如果其值是非 0 就认为是"真"。例如，

(1) 若 a=4，则! a 的值为 0。因为 a 的值为非 0，被认作"真"，对它进行"非"运算，得"假"，"假"以 0 代表。

(2) 若 a=4，b=5，则 a && b 的值为 1。因为 a 和 b 均为非 0，被认为是"真"。

(3) a，b 值同前，a-b||a+b 的值为 1。因为 a-b 和 a+b 的值都为非零值。

(4) a，b 值同前，! a || b 的值为 1。

(5) 4 && 0 || 2 的值为 1。

有的读者可能会问：上面的 a 和 b 是整型变量，怎么能对它们进行逻辑运算呢？在 C++ 中，整型数据可以出现在逻辑表达式中，在进行逻辑运算时，根据整型数据的值是 0 或非 0，把它作为逻辑量假或真，然后参加逻辑运算。

通过这几个例子可以看出：逻辑运算结果不是 0 就是 1，不可能是其他数值。而在逻辑表达式中作为参加逻辑运算的运算对象可以是 0("假")或任何非 0 的数值(按"真"对待)。如果在一个表达式中不同位置上出现数值，应区分哪些作为数值运算或关系运算的对象，哪些作为逻辑运算的对象。

实际上，逻辑运算符两侧的表达式不但可以是关系表达式或整数(0 和非 0)，也可以是任何数值类型的数据，包括字符型、浮点型或指针型等。系统最终以 0 和非 0 来判定它们属于"真"或"假"。例如，

```
'c' && 'd'
```

的值为 1(因为'c'和'd'的 ASCII 值都不为 0，按"真"处理)。

可以将表 3.2 改写成表 3.3 的形式。

表 3.3　逻辑运算的真值表

a	b	! a	! b	a && b	a||b
非 0	非 0	0	0	1	1
非 0	0	0	1	0	1
0	0	1	1	0	1
0	0	1	1	0	0

熟练掌握 C++ 的关系运算符和逻辑运算符后，可以巧妙地用一个逻辑表达式来表示一个复杂的条件。例如，要判别某一年 year 是否闰年。闰年的条件是符合下面二者之

一：①能被4整除，但不能被100整除。②能被100整除，又能被400整除。例如2004，2000是闰年，2005，2100不是闰年。

可以用一个逻辑表达式来表示：

```
(year %4  == 0 && year %100 != 0) || year %400  == 0
```

当给定year为某一整数值时，如果上述表达式值为真(1)，则year为闰年；否则year为非闰年。可以加一个“!”用来判别非闰年：

```
!((year %4  == 0 && year % 100 != 0) || year %400  == 0)
```

若表达式值为真(1)，year为非闰年。也可以用下面逻辑表达式判别非闰年：

```
(year %4 != 0) || (year %100  == 0 && year %400 !=0)
```

若表达式值为真，year为非闰年。请注意表达式中右面的括号内的不同运算符(%，!，&&，==)的运算优先次序。

3.7 选择结构和if语句

if语句是用来判定所给定的条件是否满足，根据判定的结果(真或假)决定执行给出的两种操作之一。

3.7.1 if语句的形式

C++的if语句的一般形式为

if(表达式)语句1

[**else 语句2**]

其中方括号中的内容是可选的，可以有也可以没有。语句1和语句2可以是简单的语句(如赋值语句、输出语句)，也可以是复合语句，也可以是一个内嵌的if语句。由上面的if语句一般形式可以派生出以下3种形式的if语句：

1. if(表达式)语句

没有else部分。例如：

```
if(x > y) cout << x << endl;
```

这种if语句的执行过程见图3.5(a)。

2. if(表达式)语句1　else 语句2

包含else部分。例如：

```
if (x > y) cout << x;             //注意在cout语句末尾有分号
else   cout << y;
```

见图3.5(b)。

3. if(表达式 1) 语句 1

else if(表达式 2) 语句 2

else if(表达式 3) 语句 3

⋮

else if(表达式 m) 语句 m

else　　　　　　语句 n

if 语句包含 else 部分,其中的语句又是一个 if 语句。而这个内嵌的 if 语句的 else 部分中包含的语句又是一个内嵌的 if 语句,如此可以内嵌多层的 if 语句。

流程图见图 3.6。

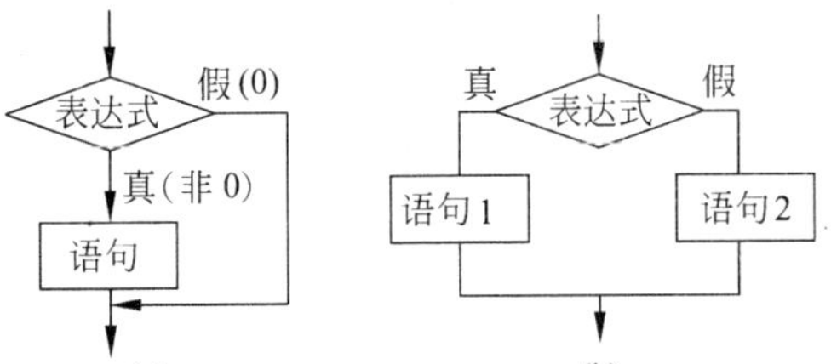

(a)　　(b)

图　3.5

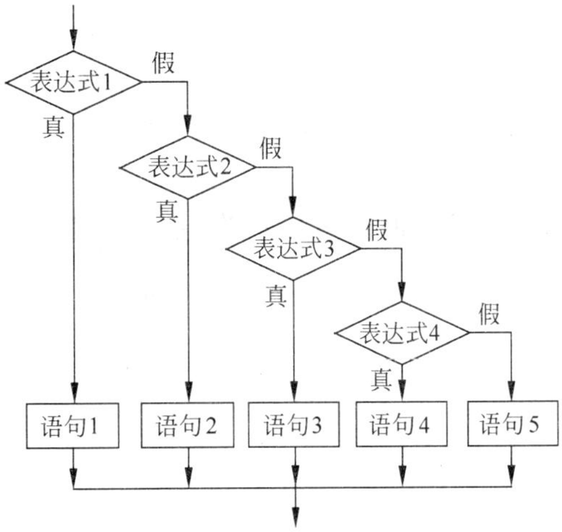

图　3.6

例如:

```
if (number >500) cost =0.15;
else if(number >300) cost =0.10;
else if(number >100) cost =0.075;
else if(number >50) cost =0.05;
else cost =0;
```

说明:

(1) 从图 3.5 和图 3.6 可以看出,3 种形式的 if 语句都是由一个入口进来,经过对"表达式"的判断,分别执行相应的语句,最后归到一个共同的出口。这种形式的程序结构称为选择结构。在 C++ 中 if 语句是实现选择结构主要的语句。

(2) 3 种形式的 if 语句中在 if 后面都有一个用括号括起来的表达式,它是程序编写者要求程序判断的"条件",一般是逻辑表达式或关系表达式。例如,

```
if(a ==b && x ==y) cout <<"a =b,x =y";
```

在执行 if 语句时先对表达式求解,若表达式的值为非 0,按"真"处理,执行 cout 语句,若

表达式的值为 0，按"假"处理，不执行 cout 语句。假如有以下 if 语句：

```
if(3)cout << "OK. ";
```

是合法的，执行结果输出"OK."，因为表达式的值为 3，按"真"处理。

（3）在第 2、第 3 种形式的 if 语句中，在每个 else 前面有一分号，整个语句结束处有一分号。例如：

```
if (x >0)
  cout << x;                          //此行末尾有一分号
else
  cout << -x;                         //此行末尾有一分号
```

这是由于分号是 C++ 语句中不可缺少的部分，这个分号是 if 语句中的内嵌语句所要求的。如果无此分号，则出现语法错误。但应注意，不要误认为上面是两个语句（if 语句和 else 语句）。它们都属于同一个 if 语句，在 if 语句中内嵌其他语句。else 是 if 语句中的子句，不能作为独立的语句单独使用，必须与 if 配对使用。

（4）在 if 和 else 后面可以只含一个内嵌的操作语句（如上例），也可以有多个操作语句，此时用花括号"{}"将几个语句括起来成为一个复合语句。例如：

```
if (a+b>c && b+c>a && c+a>b)
{                                     //复合语句开始
  s=0.5*(a+b+c);
  area=sqrt(s*(s-a)*(s-b)*(s-c));
  cout << area;
}                                     //复合语句结束
else cout << "it is not a trilateral";    //if 语句结束
```

注意在第 6 行的花括号"}"外面不需要再加分号。因为{ }内是一个完整的复合语句，不需另附加分号。

在复合语句中可以定义变量，此变量只在本复合语句内有效。下面举例说明。

例 3.6 求三角形的面积。

```
#include <iostream>
#include <cmath>                      //使用数学函数时要包含头文件 cmath
#include <iomanip>                    //使用 I/O 流控制符要包含头文件 iomanip
using namespace std;
int main()
{
  double a,b,c;
  cout << "please enter a,b,c:";
  cin >> a >> b >> c;
  if (a+b>c && b+c>a && c+a>b)
  {                                   //复合语句开始
    double s,area;                    //在复合语句内定义变量
    s=(a+b+c)/2;
    area=sqrt(s*(s-a)*(s-b)*(s-c));
```

```
    cout << setiosflags(ios :: fixed) << setprecision(4);//指定输出的数包含 4 位小数
    cout << " area = " << area << endl;    //在复合语句内输出局部变量的值
  }                                        //复合语句结束
  else cout << " it is not a trilateral!" << endl;
  return 0;
}
```

运行结果如下：

```
please enter a,b,c:2.45 3.67 4.89↙
area =4.3565
```

变量 s 和 area 只在复合语句内用得到，因此在复合语句内定义，它的作用范围为从定义变量开始到复合语句结束。如果在复合语句外使用 s 和 area，则会在编译时出错，系统认为这两个变量未经定义。将某些变量局限在某一范围内，与外界隔离，可以避免在其他地方被误调用。有关全局变量和局部变量以及变量的作用域等概念将在第 4 章详细介绍。

3.7.2　if 语句的嵌套

在 if 语句中又包含一个或多个 if 语句称为 if 语句的**嵌套**。一般形式如下：

```
if( )
    if( ) 语句 1  }
    else 语句 2   } 内嵌 if
else
    if( ) 语句 3  }
    else 语句 4   } 内嵌 if
```

应当注意 **if 与 else 的配对关系。else 总是与它上面最近的、且未配对的 if 配对**。假如写成

```
if( )
    if( ) 语句 1
else
    if( ) 语句 2  }
    else 语句 3   }内嵌 if
```

编程序者把第 1 个 else 写在与第 1 个 if(外层 if)同一列上，希望 else 与第 1 个 if 对应，但实际上 else 是与第 2 个 if 配对，因为它们相距最近，而且第 2 个 if 并未与任何 else 配对。为了避免误用，最好使每一层内嵌的 if 语句都包含 else 子句(如本节开头列出的形式)，这样 if 的数目和 else 的数目相同，从内层到外层一一对应，不致出错。

如果 if 与 else 的数目不一样，为实现程序设计者的企图，可以加花括号来确定配对关系。例如：

```
if()
    { if () 语句 1}                     //这个语句是上一行 if 语句的内嵌 if
```

```
else 语句2                        //本行与第1个if配对
```

这时{ }限定了内嵌if语句的范围,{ }外的else不会与{ }内的if配对。关系清楚,不易出错。

3.7.3 条件运算符和条件表达式

若在if语句中,当被判别的表达式的值为"真"或"假"时,都执行一个赋值语句且给同一个变量赋值时,可以用简单的条件运算符来处理。例如,若有以下if语句:

```
if (a>b) max=a;
else max=b;
```

可以用条件运算符(?:)来处理:

```
max=(a>b)? a: b;
```

其中,"(a>b)? a: b"是一个"条件表达式"。它是这样执行的:如果(a>b)条件为真,则条件表达式的值就取"?"后面的值,即条件表达式的值为a,否则条件表达式的值为":"后面的值,即b。

条件运算符要求有3个操作对象,称三目(元)运算符,它是C++中唯一的一个三目运算符。条件表达式的一般形式为

表达式1 ? 表达式2 : 表达式3

条件运算符的执行顺序是:先求解表达式1,若为非0(真)则求解表达式2,此时表达式2的值就作为整个条件表达式的值。若表达式1的值为0(假),则求解表达式3,表达式3的值就是整个条件表达式的值。"max=(a>b)?a:b"的执行结果是将条件表达式的值赋给max。也就是将a和b二者中的大者赋给max。条件运算符优先于赋值运算符,因此上面赋值表达式的求解过程是先求解条件表达式,再将它的值赋给max。

条件表达式中,表达式1的类型可以与表达式2和表达式3的类型不同。例如,

```
x? 'a': 'b'
```

如果已定义x为整型变量,若x=0,则条件表达式的值为字符'b'的ASCII码。表达式2和表达式3的类型也可以不同,此时条件表达式的值的类型为二者中较高的类型。如有条件表达式"x>y?1:1.5",如果x≤y,则条件表达式的值为1.5,若x>y,值应为1,由于C++把1.5按双精度数处理,双精度的类型比整型高,因此,将1转换成双精度数,以此作为表达式的值。

例3.7 输入一个字符,判别它是否为大写字母,如果是,将它转换成小写字母;如果不是,不转换。然后输出最后得到的字符。

关于大小写字母之间的转换方法,在第2章已做了介绍,因此可直接编写程序:

```
#include <iostream>
using namespace std;
int main()
{
```

```
    char ch;
    cin >> ch;
    ch = (ch >= 'A' && ch <= 'Z') ? (ch + 32) : ch;        //判别 ch 是否为大写字母,是则转换
    cout << ch << endl;
    return 0;
}
```

运行结果如下:

```
A↙
a
```

条件表达式中的(ch+32),其中 32 是小写字母和大写字母 ASCII 码的差值。

条件表达式也是用来实现选择结构的。

3.7.4　多分支选择结构与 switch 语句

switch 语句是多分支选择语句,用来实现多分支选择结构。if 语句只有两个分支可供选择,而实际问题中常常需要用到多分支的选择。例如,学生成绩分类(90 分以上为'A'等,80~89 分为'B'等,70~79 分为'C'等……);人口统计分类(按年龄分为老、中、青、少、儿童);工资统计分类;银行存款分类等。

当然这些都可以用嵌套的 if 语句来处理,但如果分支较多,则嵌套的 if 语句层数多,程序就会冗长而且可读性降低。C++ 提供 switch 语句直接处理多分支选择,它的一般形式如下:

```
switch(表达式)
{ case 常量表达式 1: 语句 1
  case 常量表达式 2: 语句 2
     ⋮
  case 常量表达式 n: 语句 n
  default          : 语句 n+1
}
```

例如,要求按照考试成绩的等级打印出百分制分数段,可以用 switch 语句实现:

```
switch(grade)
    {case 'A':cout << "85~100\n";
     case 'B':cout << "70~84\n";
     case 'C':cout << "60~69\n";
     case 'D':cout << " <60\n";
     default :cout << "error\n";
    }
```

说明:

(1) switch 后面括号内的“表达式”,可以是数值类型(包括字符类型)数据。

(2) 当 switch 表达式的值与某一个 case 子句中的常量表达式的值相匹配时,就执行此 case 子句中的内嵌语句,若所有的 case 子句中的常量表达式的值都不能与 switch 表达

式的值匹配，就执行 default 子句的内嵌语句。

（3）每一个 case 表达式的值必须互不相同，否则就会出现互相矛盾的现象（对表达式的同一个值，有两种或多种执行方案）。

（4）各个 case 和 default 的出现次序不影响执行结果。例如，可以先出现“default：…”，再出现“case 'D'：…”，然后是“case 'A'：…”。

（5）执行完一个 case 子句后，流程控制转移到下一个 case 子句继续执行。“case 常量表达式”只是起语句标号作用，并不是在该处进行条件判断。在执行 switch 语句时，根据 switch 表达式的值找到与之匹配的 case 子句，就从此 case 子句开始执行下去，不再进行判断。例如，上面的例子中，若 grade 的值等于'A'，则将连续输出：

```
85～100
70～84
60～69
 <60
error
```

因此，应该在执行一个 case 子句后，使流程跳出 switch 结构，即终止 switch 语句的执行。可以用一个 break 语句来达到此目的。将上面的 switch 结构改写如下：

```
switch(grade)
      { case 'A':cout<<"85～100\n" ;break;
        case 'B':cout<<"70～84\n"  ;break;
        case 'C':cout<<"60～69\n"  ;break;
        case 'D':cout<<" <60\n"    ;break;
        default    :cout<<"error\n" ;break;
      }
```

最后一个子句（default）可以不加 break 语句。如果 grade 的值为'B'，则只输出“70～84”。流程图见图 3.7。

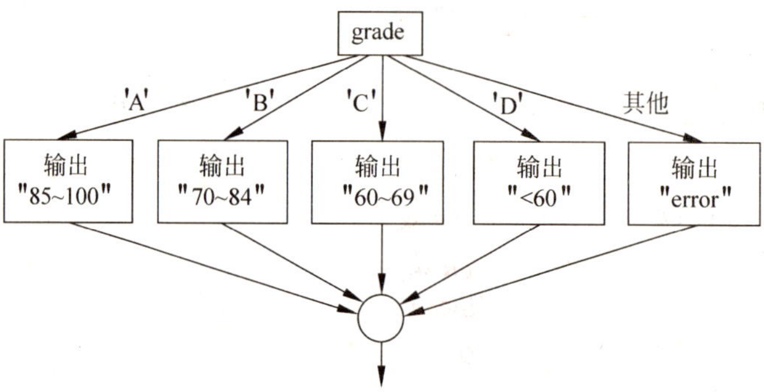

图　3.7

在 case 子句中虽然包含一个以上执行语句，但可以不必用花括号括起来，会自动顺序执行本 case 子句中所有的执行语句。当然加上花括号也可以。

（6）多个 case 可以共用一组执行语句，例如：

```
       ⋮
case 'A':
case 'B':
case 'C': cout<<" >60\n";break;
       ⋮
```

当 grade 的值为'A','B'或'C'时都执行同一组语句。

3.7.5　编写选择结构的程序

例 3.8　编写程序,判断某一年是否为闰年。

在前面曾介绍过判别闰年的方法。我们用布尔变量 leap 表示被测试的年份是否为闰年的信息。若是闰年,令 leap = true(真);若非闰年,则令 leap = false(假)。最后判断 leap 是否为真,若是,则输出"闰年"信息。

据此编写程序如下:

```
#include <iostream>
using namespace std;
int main()
{ int year;
  bool leap;
  cout<<"please enter year:";          //输出提示
  cin>>year;                           //输入年份
  if (year%4==0)                       //年份能被 4 整除
    {if(year%100==0)                   //年份能被 4 整除又能被 100 整除
      {if (year%400==0)                //年份能被 4 整除又能被 400 整除
          leap=truc;                   //闰年,令 lcap=truc(真)
       else
          leap=false;                  //非闰年,令 leap=false(假)
      }
     else                              //年份能被 4 整除但不能被 100 整除肯定是闰年
          leap=true;                   //是闰年,令 leap=true
    }
  else                                 //年份不能被 4 整除肯定不是闰年
    leap=false;                        //若为非闰年,令 leap=false
  if (leap)
     cout<<year<<" is ";               //若 leap 为真,就输出年份和"是"
  else
     cout<<year<<" is not ";           //若 leap 为真,就输出年份和"不是"
  cout<<" a leap year."<<endl;         //输出"闰年"
  return 0;
}
```

运行结果如下:

① <u>2005↙</u>

```
2005 is not a leap year.
② 1900↙
1900 is npt a leap year.
```

也可以将程序中第8～16行改写成以下的if语句：

```
if(year%4!=0)
    leap=false;
else if(year%100!=0)
    leap=true;
else if(year%400!=0)
    leap=false;
else
    leap=true;
```

也可以用一个逻辑表达式包含所有的闰年条件，将上述if语句用下面的if语句代替：

```
if((year%4 == 0 && year%100 !=0) || (year%400 == 0)) leap=true;
else leap=false;
```

例3.9 运输公司对用户计算运费。路程(s)越远，每公里运费越低。标准如下：

s<250km	没有折扣
250≤s<500	2%折扣
500≤s<1000	5%折扣
1000≤s<2000	8%折扣
2000≤s<3000	10%折扣
3000≤s	15%折扣

设每公里每吨货物的基本运费为p(price的缩写)，货物重为w(wright的缩写)，距离为s，折扣为d(discount的缩写)，则总运费f(freight的缩写)的计算公式为

```
f = p * w * s * (1 - d)
```

分析此问题，折扣的变化是有规律的：从图3.8可以看到，折扣的"变化点"都是250的倍数(250,500,1000,2000,3000)。利用这一特点，可以在横轴上加一种坐标c，c的值为s/250。c代表250的倍数。当c<1时，表示s<250，无折扣；1≤c<2时，表示250≤s<500，折扣d=2%；2≤c<4时，d=5%；4≤c<8时，d=8%；8≤c<12时，d=10%；c≥12时，d=15%。

据此编写程序如下：

```
#include <iostream>
using namespace std;
int main()
{int c,s;
float p,w,d,f;
cout<<"please enter p,w,s:";
```

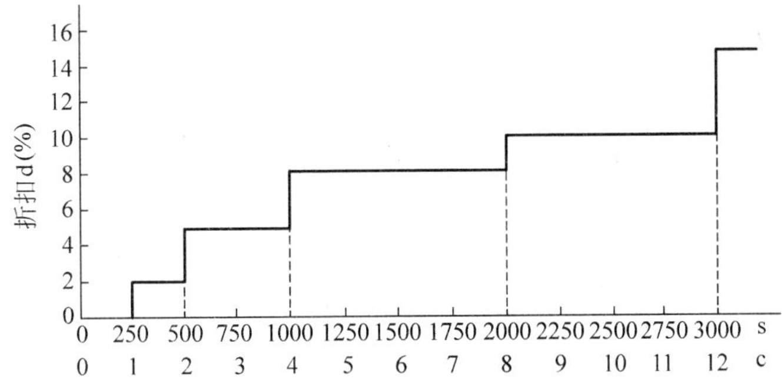

图 3.8

```
cin >> p >> w >> s;
if(s >=3000) c =12; 这里不能用 case
else c = s/250;
switch (c)
{ case 0:d =0;break;
  case 1:d =2;break;
  case 2:
  case 3:d =5;break;
  case 4:
  case 5:
  case 6:
  case 7:d =8;break;
  case 8:
  case 9:
  case 10:
  case 11:d =10;break;
  case 12:d =15;break;
}
  f =p * w * s * (1 - d/100.0);
  cout << " freight = " << f << endl;
  return 0;
}
```

运行结果如下:

```
please enter p,w,s: 100 20 300 ↙
freight =588000
```

请注意,c 和 s 是整型变量,因此 c = s/250 为整数。当 s≥3000 时,令 c =12,而不使 c 随 s 增大,这是为了在 switch 语句中便于处理,用一个 case 子句就可以处理所有 s≥3000 的情况。

3.8 循环结构和循环语句

在人们所要处理的问题中常常遇到需要反复执行某一操作。例如,要输入 100 个学生的成绩;求 50 个数之和;迭代求根等。这就需要用到循环控制。许多应用程序都包含循环。顺序结构、选择结构和循环结构是结构化程序设计的 3 种基本结构,是各种复杂程序的基本构造单元。因此程序设计者必须熟练掌握选择结构和循环结构的概念及使用。

3.8.1 用 while 语句构成循环

while 语句的一般形式如下：

while（表达式）语句;

其作用是：**当指定的条件为真(表达式为非 0)时,执行 while 语句中的内嵌语句(即循环体)**。其流程图见图 3.9。其特点是：**先判断表达式,后执行语句**。while 循环称为当型循环。

例 3.10 求 $\sum_{n=1}^{100} n$,即 1 +2 +3 +⋯ +100。

用流程图表示算法,见图 3.10。

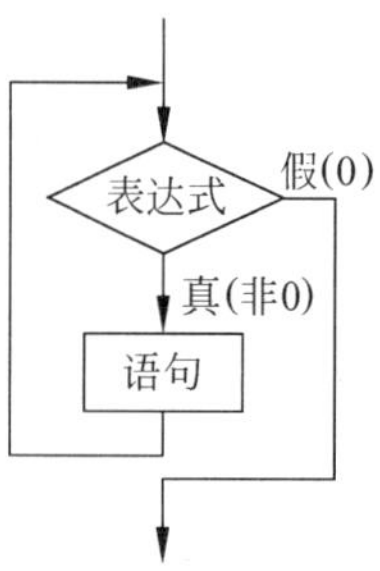

图 3.9

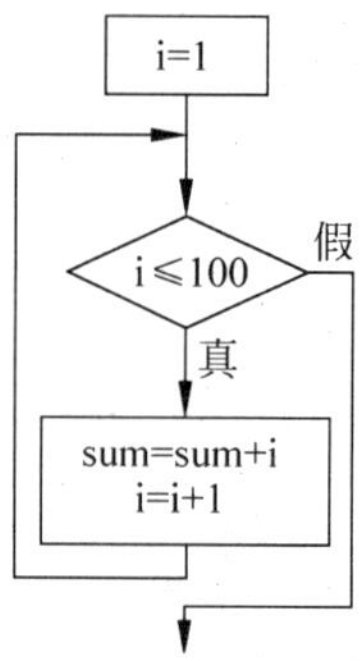

图 3.10

根据流程图编写程序：

```
#include  <iostream>
using namwspace std;
int main()
  {int i =1,sum =0;
   while (i<=100)
     { sum = sum + i;
       i++;
     }
   cout<<" sum = " <<sum<<endl;
  }
```

运行结果为

循环中止或跳出语句:

· 用 continue 语句结束本次循环.

· 用 break 语句跳出本层循环.

sum = 5050

需要注意:

(1) **循环体如果包含一个以上的语句,应该用花括号括起来,以复合语句形式出现。** 如果不加花括号,则 while 语句的范围只到 while 后面第 1 个分号处。例如,本例中 while 语句中如果无花括号,则 while 语句范围只到“sum = sum + i;”。

(2) **在循环体中应有使循环趋向于结束的语句。** 例如,在本例中循环结束的条件是“i > 100”,因此在循环体中应该有使 i 增值以最终导致 i > 100 的语句,今用“i ++;”语句来达到此目的。如果无此语句,则 i 的值始终不改变,循环永不结束。

3.8.2 用 do-while 语句构成循环

do-while 语句的特点是**先执行循环体,然后判断循环条件是否成立**。其一般形式为

do

　　语句;

while (表达式);

do 后面的语句至少会被执行一次.

有分号

它是这样执行的:**先执行一次指定的语句**(即循环体),然后判别表达式,当表达式的值为非零(“真”)时,返回重新执行循环体语句,如此反复,直到表达式的值等于 0 为止,此时循环结束。可以用图 3.11 表示其流程。

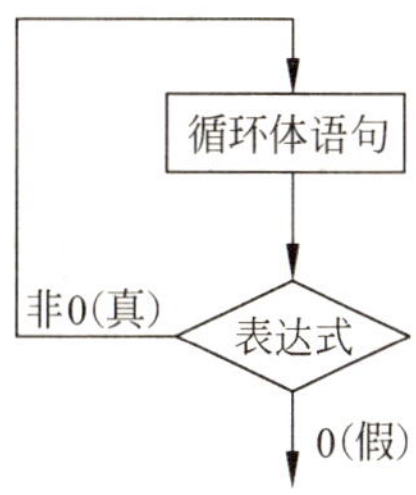

图 3.11

例 3.11 用 do-while 语句求 $\sum_{n=1}^{100} n$。

先画出流程图,见图 3.12。

可编写程序如下:

```
#include <iostream>
using namespace std;
int main()
{int i=1,sum=0;
 do
   { sum=sum+i;
     i++;
   }while (i<=100);
 cout<<"sum="<<sum<<endl;
 return 0;
}
```

运行结果与例 3.10 相同。

可以看到,对同一个问题可以用 while 语句处理,也可以用 do-while 语句处理。do-while 语句结构可以转换成 while 结构。图 3.11 可以改画成图 3.13 的形式,二者完全等价。而图 3.13 中虚线框部分就是一个 while 结构。

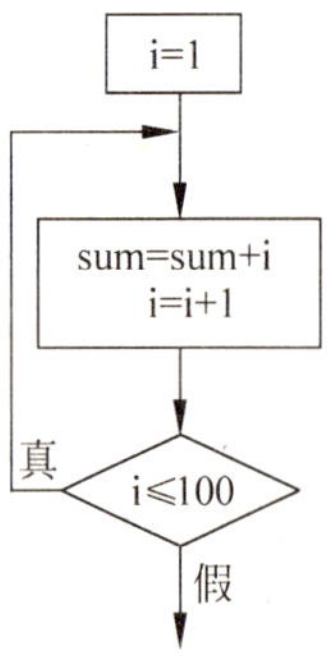

图 3.12

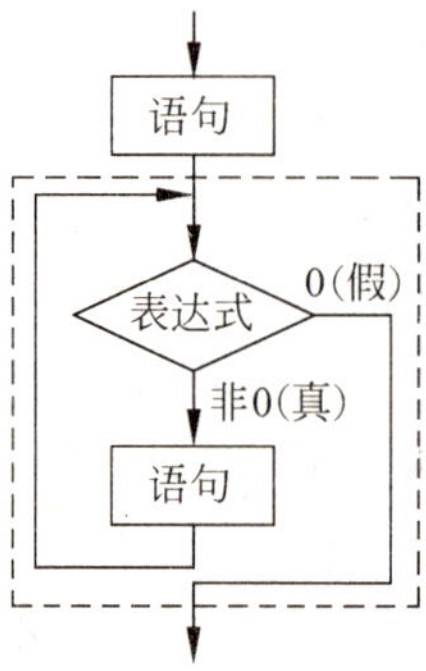

图 3.13

3.8.3 用 for 语句构成循环

C ++ 中的 for 语句使用最为广泛和灵活，不仅可以用于循环次数已经确定的情况，而且可以用于循环次数不确定而只给出循环结束条件的情况，它完全可以代替 while 语句。

for 语句的一般格式为

for（表达式 1;表达式 2;表达式 3） 语句；

它的执行过程如下：

（1）先求解表达式 1。

（2）求解表达式 2，若其值为真（值为非 0），则执行 for 语句中指定的内嵌语句，然后执行下面第（3）步。若为假（值为 0），则结束循环，转到第（5）步。

（3）求解表达式 3。

（4）转回第（2）步骤继续执行。

（5）循环结束，执行 for 语句下面的一个语句。

可以用图 3.14 来表示 for 语句的执行过程。

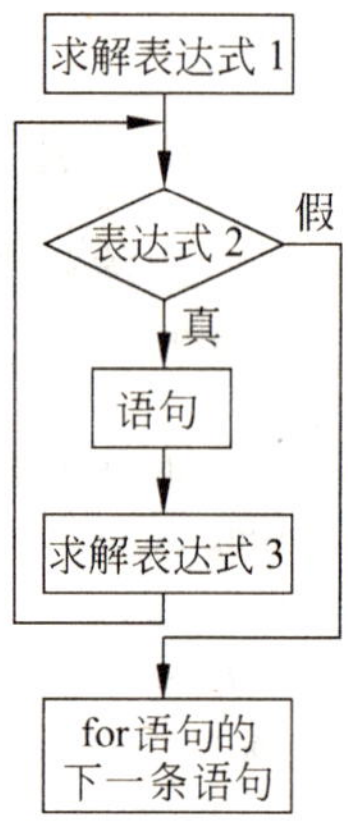

图 3.14

for 语句最常用的形式也是最容易理解的格式如下：

for（循环变量赋初值;循环条件;循环变量增值） 语句

其中“语句”就是循环体，可以是一个简单的语句，也可以是一个用{ }包起来的复合语句。例如：

```
for(i=1;i<=100;i++) sum=sum+i;
```

它的执行过程与图 3.10 完全一样。它相当于以下语句：

```
i=1;
while(i<=100)
{sum=sum+i;
  i++;
}
```

显然，用 for 语句简单、方便。

for 语句的使用有许多技巧，如果熟练地掌握和运用 for 语句，可以使程序精练简洁。

说明:

(1) **for 语句的一般格式中的"表达式 1"可以省略,此时应在 for 语句之前给循环变量赋初值。注意省略表达式 1 时,其后的分号不能省略。**例如,

```
for( ;i <= 100;i ++ )    sum = sum + i;
```

执行时,跳过"求解表达式 1"这一步,其他不变。

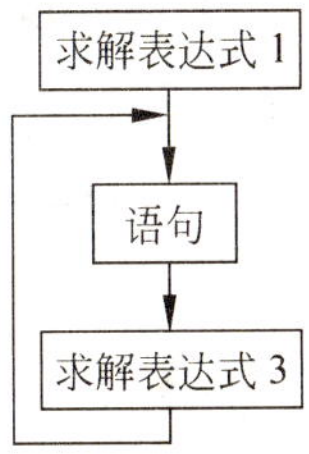

图　3.15

(2) **如果表达式 2 省略,即不判断循环条件,循环无终止地进行下去。也就是认为表达式 2 始终为真。**见图 3.15。

例如:

```
for(i = 1; ;i ++ ) sum = sum + i;
```

表达式 1 是一个赋值表达式,表达式 2 空缺。它相当于

```
i = 1;
while(1)                                  //认为表达式 2 始终为真
{ sum = sum + 1;
  i ++ ;
}
```

(3) **表达式 3 也可以省略,但此时程序设计者应另外设法保证循环能正常结束。**例如,

```
for(i = 1;i <= 100;)
   { sum = sum + i;
   i ++ ;
   }
```

在上面的 for 语句中只有表达式 1 和表达式 2,而没有表达式 3。i ++ 的操作不放在 for 语句的表达式 3 的位置,而作为循环体的一部分,效果是一样的,都能使循环正常结束。

(4) **可以省略表达式 1 和表达式 3,只有表达式 2,即只给循环条件。**例如,

```
for( ;i <= 100;)
   { sum = sum + i;
   i ++ ;}
```

相当于

```
while(i <= 100)
  { sum = sum + i;
  i ++ ;}
```

在这种情况下,完全等同于 while 语句。可见 for 语句比 while 语句功能强,除了可以给出循环条件外,还可以赋初值,使循环变量自动增值等。

(5) **3 个表达式都可省略,**如

```
for( ; ;) 语句;
```

相当于

```
while(1) 语句;
```

即不设初值，不判断条件（认为表达式2为真值），循环变量不增值。无终止地执行循环体。

(6) **表达式1可以是设置循环变量初值的赋值表达式，也可以是与循环变量无关的其他表达式。**例如，

```
for (sum=0;i<=100;i++) sum=sum+i;
```

表达式3也可以是与循环控制无关的任意表达式。

表达式1和表达式3可以是一个简单的表达式，也可以是逗号表达式，即包含一个以上的简单表达式，中间用逗号间隔。例如，

```
for(sum=0,i=1;i<=100;i++) sum=sum+i;
```

或

```
for(i=0,j=100;i<=j;i++,j--) k=i+j;
```

表达式1和表达式3都是逗号表达式，各包含两个赋值表达式，即同时设两个初值，使两个变量增值，执行情况见图3.16。

在逗号表达式内按自左至右顺序求解，整个逗号表达式的值为其中最右边的表达式的值。如

```
for(i=1;i<=100;i++,i++) sum=sum+i;
```

相当于

```
for(i=1;i<=100;i=i+2) sum=sum+i;
```

(7) **表达式一般是关系表达式（如i<=100）或逻辑表达式（如a<b && x<y），但也可以是数值表达式或字符表达式，只要其值为非零，就执行循环体。**分析下面两个例子：

① `for(i=0;(c=getchar())!='\n';i+=c);`

在表达式2中先从终端接收一个字符赋给c，然后判断此赋值表达式的值是否不等于'\n'（换行符），如果不等于'\n'，就执行循环体。此for语句的执行过程见图3.17，它的

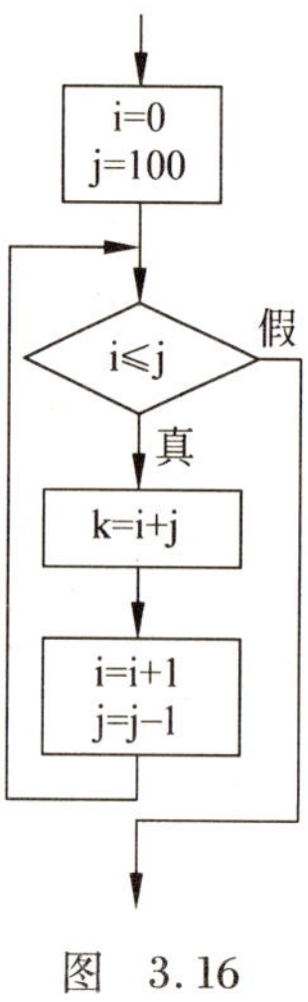

图 3.16

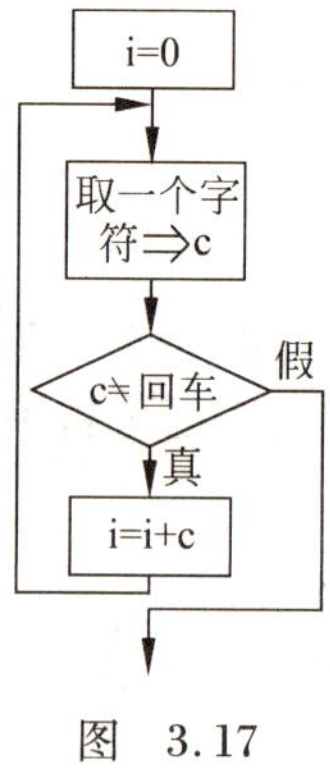

图 3.17

作用是不断输入字符,将它们的 ASCII 码相加,直到输入一个换行符为止。

注意:此 for 语句的循环体为空语句,把本来要在循环体内处理的内容放在表达式 3 中,作用是一样的。可见 for 语句功能是很强的,可以在表达式中完成本来应在循环体内完成的操作。

② for(;(c = getchar( ))! ='\n';)　cout << c;

只有表达式 2,而无表达式 1 和表达式 3。其作用是每读入一个字符后立即输出该字符,直到输入一个"换行"为止。请注意,从终端键盘向计算机输入时,是在按 Enter 键以后才送到内存缓冲区中去的。

运行结果如下:

```
Computer↙      (输入)
Computer       (输出)
```

而不是

```
CCoommppuutteerr
```

即不是从终端输入一个字符马上输出一个字符,而是按 Enter 键后数据送入内存缓冲区,然后每次从缓冲区读一个字符,再输出该字符。

从上面的介绍可以知道,C++ 中的 for 语句比其他语言中的循环语句功能强得多。可以把循环体和一些与循环控制无关的操作也作为"表达式 1"或"表达式 3"出现,这样程序可以短小简洁。但过分地利用这一特点会使 for 语句显得杂乱,可读性降低,建议不要把与循环控制无关的内容放到 for 语句中。

3.8.4 几种循环的比较

(1) 3 种循环都可以用来处理同一问题,一般情况下它们可以互相代替。

(2) while 和 do-while 循环,是在 while 后面指定循环条件的,在循环体中应包含使循环趋于结束的语句(如 i ++ ,或 i = i + 1 等)。

for 循环可以在表达式 3 中包含使循环趋于结束的操作,甚至可以将循环体中的操作全部放到表达式 3 中。因此 for 语句的功能更强,凡用 while 循环能完成的,用 for 循环都能实现。

(3) 用 while 和 do-while 循环时,循环变量初始化的操作应在 while 和 do-while 语句之前完成。而 for 语句可以在表达式 1 中实现循环变量的初始化。

3.8.5 循环的嵌套

一个循环体内又包含另一个完整的循环结构,称为循环的**嵌套**。内嵌的循环中还可以嵌套循环,这就是多层循环。

3 种循环(while 循环、do-while 循环和 for 循环)可以互相嵌套。例如,下面 6 种都是合法的形式:

(1) while( )　　　　　　　　(2) do

```
{ ⋮
  while( )
    { ⋮ }
}
```

```
{ ⋮
  do
    {… }while( );
} while( );
```

（3）
```
for( ; ; )
{
  for( ; ; )
    {…}
}
```

（4）
```
while( )
{   ⋮
  do
     {…} while( );
   ⋮
}
```

（5）
```
for( ; ; )
 { ⋮
   while( )
    { … }
     ⋮
 }
```

（6）
```
do
  { ⋮
  for ( ; ; )
    { …   }
  } while( );
```

3.8.6 提前结束循环（break 语句和 continue 语句）

有时需要在某种条件下使循环提早结束，这时可以用 break 语句和 continue 语句。

1. 用 break 语句提前结束循环过程

break 语句的一般格式为

break;

在第 3.7.4 节中已经介绍过用 break 语句可以使流程跳出 switch 结构，继续执行 switch 语句下面的一个语句。break 语句还可以用于循环体内，其作用为使流程从循环体**内跳出循环体，即提前结束循环**，接着执行循环下面的语句（注意：break 语句只能用于循环语句和 switch 语句内，不能单独使用或用于其他语句中）。

2. 用 continue 语句提前结束本次循环

continue 语句的一般格式为

continue;

其作用为**结束本次循环**，即跳过循环体中下面尚未执行的语句，接着进行下一次是否执行循环的判定。

continue 语句和 break 语句的区别是：continue 语句只结束本次循环，而不是终止整个循环的执行。而 break 语句则是结束整个循环过程，不再判断执行循环的条件是否成立。如果有以下两个循环结构：

（1）
```
while(表达式1)
  {   ⋮
    if(表达式2) break
```

（2）
```
while(表达式1)
  {   ⋮
    if(表达式2) continue;
```

```
    ⋮                          ⋮
}                          }
```

程序(1)的流程图如图 3.18 所示,而程序(2)的流程如图 3.19 所示。请注意图 3.18 和图 3.19 中当“表达式 2”为真时流程的转向。

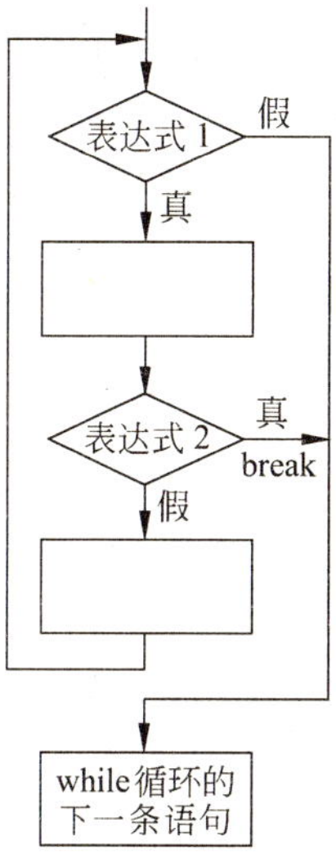

图　3.18

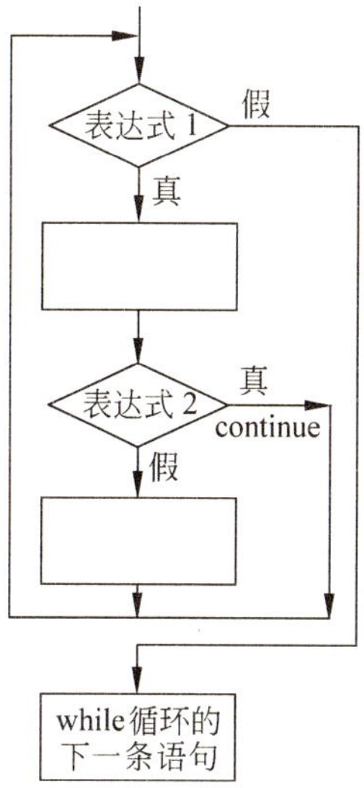

图　3.19

3.8.7　编写循环结构的程序

例 3.12　用下面公式求 π 的近似值。

$$\pi/4 \approx 1 - \frac{1}{3} + \frac{1}{5} - \frac{1}{7} + \cdots$$

直到最后一项的绝对值小于 10^{-7} 为止。

根据给定的算法很容易编写程序如下:

```
#include  <iostream>
#include  <iomanip>
#include  <cmath>
using namespace std;
int main()
{ int s=1;
  double n=1,t=1,pi=0;
  while((fabs(t)) > 1e-7)
  {pi=pi+t;
   n=n+2;
   s=-s;
   t=s/n;
  }
  pi=pi*4;
  cout<<"pi="<<setiosflags(ios::fixed)<<setprecision(6)<<pi<<endl;
```

int/double = double　　double/int =

```
    return 0;
}
```

运行结果为

```
pi =3.141592
```

注意：不要把 n 定义为整型变量，否则在执行"t = s/n;"时，得到 t 的值为 0（原因是两个整数相除）。读者可以上机试一下。在程序设计过程中，常常会由于一些细节而导致运行错误。有许多细节和技巧，光靠书本和讲课是学不到的，必须靠自己多编程、多上机，在实践中不断发现问题，积累经验，提高水平。

例 3.13 求 Fibonacci 数列前 40 个数。这个数列有如下特点：第 1,2 两个数为 1,1。从第 3 个数开始，该数是其前面两个数之和。即

$$F1 = 1 \qquad (n = 1)$$
$$F2 = 1 \qquad (n = 2)$$
$$Fn = Fn - 1 + Fn - 2 \quad (n \geq 3)$$

这是一个有趣的古典数学问题：有一对兔子，从出生后第 3 个月起每个月都生一对兔子。小兔子长到第 3 个月后每个月又生一对兔子。假设所有兔子都不死，问每个月的兔子总数为多少？

可从表 3.4 中看出兔子数的规律。

表 3.4 兔子繁殖的规律

第几个月	小兔子对数	中兔子对数	老兔子对数	兔子总数
1	1	0	0	1
2	0	1	0	1
3	1	0	1	2
4	1	1	1	3
5	2	1	2	5
6	3	2	3	8
7	5	3	5	13
⋮	⋮	⋮	⋮	⋮

不满 1 个月的为小兔子，满 1 个月不满 2 个月的为中兔子，满 3 个月以上的为老兔子。可以看到每个月的兔子总数依次为 1,1,2,3,5,8,13,…。这就是 Fibonacci 数列。

根据给出的每月兔子总数的关系，可编写程序如下：

```
#include <iostreamh>
#include <iomanip>
using namespace std;
int main()
{long f1,f2;
int i;
f1 = f2 = 1;
for(i = 1;i <= 20;i ++)
```

```
    {cout << setw(12) << f1 << setw(12) << f2; //设备输出字段宽度为 12,每次输出两个数
     if(i%2 == 0) cout << endl;               //每输出完 4 个数后换行,使每行输出 4 个数
     f1 = f1 + f2;                            //左边的 f1 代表第 3 个数,是第 1,2 两个数之和,
     f2 = f2 + f1;                            //左边的 f2 代表第 4 个数,是第 2,3 两个数之和
    }
   return 0;
}
```

运行结果为

```
       1          1          2          3
       5          8         13         21
      34         55         89        144
     233        377        610        987
    1597       2584       4181       6765
   10946      17711      28657      46368
   75025     121393     196418     317811
  514229     832040    1346269    2178309
 3524578   57022887    9227465   14930352
24157817   39088169   63245986  102334155
```

请注意分析最后两个语句的思路,它使程序简洁清晰。

例 3.14　找出 100 ~ 200 间的全部素数。

先思考怎样解决此问题。判别 m 是否为素数的算法是这样的:让 m 被 2 ~ $\sqrt{m}$除,如果 m 不能被 2 ~ $\sqrt{m}$之中任何一个整数整除,就可以确定 m 是素数。为了记录 m 是否为素数,可以用一个布尔变量 prime 来表示。在循环开始时先设 prime 为真,若 m 被某一整数整除,就表示 m 不是素数,此时使布尔变量 prime 的值变为假。最后根据 prime 是否为真,决定是否输出 m。

据此编写程序如下:

```
#include <iostream>
#include <cmath>
#include <iomanip>
using namespace std;
int main( )
{int m,k,i,n = 0;
 bool prime;                          //定义布尔变量 prime
 for(m = 101;m <= 200;m = m + 2)      // 判别 m 是否为素数,m 由 101 变化到 200,增量为 2
   {prime = true;                     //循环开始时设 prime 为真,即先认为 m 为素数
    k = int(sqrt(m));                 // 用 k 代表√m 的整数部分
    for(i = 2;i <= k;i ++ )           //此循环的作用是将 m 被 2 ~ √m 除,检查是否能整除
       if(m%i == 0)                   //如果能整除,表示 m 不是素数
         { prime = false;             //使 prime 变为假
           break;                     //终止执行本循环
         }
```

```
        if (prime)                          //如果 m 为素数
          {cout << setw(5) << m;            //输出素数 m,字段宽度为 5
           n = n + 1;                       //n 用来累计输出素数的个数
          }
        if(n% 10 ==0) cout << endl;         //输出 10 个数后换行
      }
  cout << endl;                             //最后执行一次换行
  return 0;
}
```

运行结果如下：

```
101  103  107  109  113  127  131  137  139  149
151  157  163  167  173  179  181  191  193  197
199
```

请分析程序第 14 行 break 语句的用法。当发现 *m* 被某一整数整除之后即可判断 *m* 不是素数，不必再继续检查 *m* 是否会被其他整数整除了，因此用 break 提前结束循环。第 16 行的 if 语句检查 prime 是否为真，如果在本循环中，*m* 始终未被任何一个整数整除，prime 就保持其在循环开始时的 true，因此应输出素数 *m*。然后使 *m* 的值加 2，再用同样方法检测新的 *m* 是否为素数。只要 $m \leqslant 200$，就反复进行以上的工作。这样就输出了 100 ~ 200 之间的全部素数。

例 3.15 译密码。为使电文保密，往往按一定规律将电文转换成密码，收报人再按约定的规律将其译回原文。例如，可以按以下规律将电文变成密码：将字母 A 变成字母 E，a 变成 e，即变成其后的第 4 个字母，W 变成 A，X 变成 B，Y 变成 C，Z 变成 D。见图 3.20。字母按上述规律转换，非字母字符不变。如"Wonderful!"转换为"Asrhivjyp!"。输入一行字符，要求输出其相应的密码。

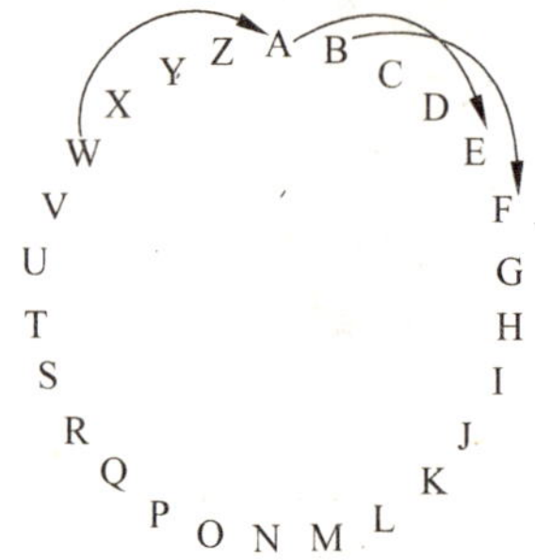

图 3.20

先分析解题思路：转换的规律是将原来的字符 c 加 4，就得到密码字符的 ASCII 代码。可用 c = c + 4 来处理。但是还要对 w，x，y，z（包括大小写）这 4 个字母作专门处理，使它们变为大小写的 a，b，c，d。方法是如果执行完 c = c + 4 后，c 的新值已大于 z（或 Z），则表示原来的字母在 v（或 V）之后，应按图 3.20 所示的规律将它转换为 a ~ d（或 A ~ D）。办法是使 c 减 26。

程序如下：

```
#include <iostream>
using namespace std;
int main()
{char c;
  while ((c = getchar()) != '\n')
     {if((c >='a' && c <='z') || (c >='A' && c <='Z'))
        {c=c+4;
```

```
            if((c >'Z' && c <='Z' + 4) || c >'z') c = c - 26;
        }
        cout << c;
    }
  cout << endl;
  return 0;
}
```

运行结果如下：

```
I am going to Beijing! ↙
M eq ksmrk xs Fimnmrk!
```

while 语句中括号内的表达式有 3 个作用：①从键盘读入一个字符，这是用 getchar 函数实现的；②将读入的字符赋给字符变量 c；③判别这个字符是否为'\n'(即换行符)。如果是换行符就执行 while 语句中的复合语句(即花括号内的语句)，对输入的非换行符的字符进行转换处理。

按前面分析的思路对输入的字符进行处理。有一点请读者注意：内嵌的 if 语句不能写成

```
if (c >'Z'|| c >'z')   c = c - 26;
```

因为所有小写字母都满足“c >'Z'”条件，从而也执行“c = c - 26;”语句，这就会出错。因此必须限制其范围为“c >'Z' && c <='Z' + 4”，即原字母为'W'到'Z'，在此范围以外的不是原大写字母 W ~ Z，不应按此规律转换。请考虑：为什么对小写字母不按此处理，即写成 c >'z' && c <='z' + 4，而只须写成“c >'z'”即可。

习　　题

1. 怎样区分表达式和表达式语句？C 语言为什么要设表达式语句？什么时候用表达式？什么时候用表达式语句？

2. 设圆半径 $r = 1.5$，圆柱高 $h = 3$，求圆周长、圆面积、圆球表面积、圆球体积、圆柱体积。用 cin 输入数据，输出计算结果，输出时要求有文字说明，取小数点后两位数字。请编程序。

3. 输入一个华氏温度，要求输出摄氏温度。公式为 $c = \frac{5}{9}(F - 32)$，输出要有文字说明，取两位小数。

4. 编程序，用 getchar 函数读入两个字符给 c1，c2，然后分别用 putchar 函数和 cout 语句输出这两个字符。并思考以下问题：

(1) 变量 c1，c2 应定义为字符型还是整型？抑或二者皆可？

(2) 要求输出 c1 和 c2 值的 ASCII 码，应如何处理？

5. 整型变量与字符变量是否在任何情况下都可以互相代替？如

```
char c1, c2;
```

与

    int   c1,c2;

是否无条件地等价？

6. 什么是算术运算？什么是关系运算？什么是逻辑运算？

7. C++如何表示“真”和“假”？系统如何判断一个量的“真”和“假”？

8. 写出下面各逻辑表达式的值。设 a=3,b=4,c=5。

(1) a+b>c && b==c

(2) a||b+c && b−c

(3) !(a>b) && !c||1

(4) !(x=a) && (y=b) && 0

(5) !(a+b)+c−1 && b+c/2

9. 有3个整数 a,b,c,由键盘输入,输出其中最大的数。

10. 有一函数：

$$y=\begin{cases}x & (x<1)\\ 2x-1 & (1\leqslant x<10)\\ 3x-11 & (x\geqslant 10)\end{cases}$$

编写一程序,输入 x,输出 y 的值。

11. 给出一个百分制的成绩,要求输出成绩等级'A','B','C','D','E'。90分以上为'A',80~89分为'B',70~79分为'C',60~69分为'D',60分以下为'E'。

12. 给一个不多于5位的正整数,要求：①求出它是几位数；②分别打印出每一位数字；③按逆序打印出各位数字,例如原数为321,应输出123。

13. 企业发放的奖金来自利润提成。利润 i 低于或等于10万元的,可提成10%为奖金；利润 i 高于10万元,低于或等于20万元（100000<i≤200000时,低于10万元的部分按10%提成,高于10万元的部分可提成7.5%；200000<i≤400000时,低于20万的部分仍按上述办法提成（下同）,高于20万元的部分按5%提成；400000<i≤600000时,高于40万元的部分按3%提成；600000<i≤1000000时,高于60万元的部分按1.5%提成；i>1000000时,超过100万元的部分按1%提成。从键盘输入当月利润 i,求应发奖金总数。

要求：(1) 用 if 语句编程序；

(2) 用 switch 语句编程序。

14. 输入4个整数,要求按由小到大的顺序输出。

15. 输入两个正整数 m 和 n,求其最大公约数和最小公倍数。

16. 输入一行字符,分别统计出其中英文字母、空格、数字和其他字符的个数。

17. 求 Sn=a+aa+aaa+…+$\underbrace{aa\cdots a}_{n个a}$之值,其中 a 是一个数字。例如：2+22+222+2222+22222（此时 n=5）,n 由键盘输入。

18. 求 $\sum_{n=1}^{20} n!$（即求1!+2!+3!+4!+…+20!）。

19. 输出所有的“水仙花数”,所谓“水仙花数”是指一个3位数,其各位数字立方和等于该数本身。例如,153是一水仙花数,因为 $153=1^3+5^3+3^3$。

20. 一个数如果恰好等于它的因子之和,这个数就称为"完数"。例如,6 的因子为 1,2,3,而 6 = 1 + 2 + 3,因此 6 是"完数"。编程序找出 1000 之内的所有完数,并按下面格式输出其因子:

6,its factors are 1,2,3

21. 有一分数序列

$$\frac{2}{1},\frac{3}{2},\frac{5}{3},\frac{8}{5},\frac{13}{8},\frac{21}{13},\cdots$$

求出这个数列的前 20 项之和。

22. 猴子吃桃问题。猴子第 1 天摘下若干个桃子,当即吃了一半,还不过瘾,又多吃了一个。第 2 天早上又将剩下的桃子吃掉一半,又多吃了一个。以后每天早上都吃了前一天剩下的一半另加一个。到第 10 天早上想再吃时,就只剩一个桃子了。求第 1 天共摘了多少个桃子。

23. 用迭代法求 $x=\sqrt{a}$。求平方根的迭代公式为

$$x_{n+1} = \frac{1}{2}\left(x_n + \frac{a}{x_n}\right)$$

要求前后两次求出的 x 的差的绝对值小于 10^{-5}。

24. 输出以下图案:

```
*
* * *
* * * * *
* * * * * * *
* * * * *
* * *
*
```

25. 两个乒乓球队进行比赛,各出 3 人。甲队为 A,B,C 3 人,乙队为 X,Y,Z 3 人。已抽签决定比赛名单。有人向队员打听比赛的名单,A 说他不和 X 比,C 说他不和 X,Z 比,请编程序找出 3 对赛手的名单。

第4章 利用函数实现指定的功能

4.1 为什么需要函数

在C和C++中，函数是程序的重要组成部分，每个程序都必须有一个主函数（main函数）。除此之外，人们往往编写一些函数，用来实现各种功能。解题的过程就是调用和执行一系列函数的过程。“函数”这个名词是从英文function翻译过来的，其实function的原意是“功能”。顾名思义，**一个函数就是一个功能**。

一个较大的程序不可能完全由一个人从头至尾地完成，更不可能把所有的内容都放在一个主函数中。为了便于规划、组织、编程和调试，一般把一个大的程序划分为若干个程序模块（即程序文件），每一个模块实现一部分功能。不同的程序模块可以由不同的人来完成。在程序进行编译时，以程序文件模块为**编译单位**，即分别对每一个编译单位进行编译。如果发现错误，可以在本程序模块范围内查错并改正。在分别通过编译后，才进行连接，把各模块的目标文件以及系统文件连接在一起形成可执行文件。

在一个程序文件中可以包含若干个函数。无论把一个程序划分为多少个程序模块，只能有一个main函数（不要以为每个程序模块都有一个main函数）。程序总是从main函数开始执行的。在程序运行过程中，由主函数调用其他函数，其他函数也可以互相调用。在C语言中没有类和对象，在程序模块中直接定义函数（如第1章例1.3）。C程序的主要部分是函数，C语言被认为是**面向函数**的语言。C++基于过程的程序设计沿用了C语言使用函数的方法（本章介绍的就是这种方法）。在C++面向对象的程序设计中，主函数以外的函数大多是被封装在类中的（如第1章例1.4所表示的那样）。主函数或其他函数可以通过类对象调用类中的函数。

无论是C还是C++，程序中的各项操作基本上都是由函数来实现的，程序编写者要根据需要编写一个个函数，每个函数用来实现某一功能。因此，读者必须掌握函数的概念以及学会设计和使用函数。

在实际应用的程序中，主函数写得很简单，它的作用就是调用各个函数，程序各部分的功能全部都是由各函数实现的。主函数相当于总调度，调动各函数依次实现各项功能。

开发商和软件开发人员将一些常用的功能模块编写成函数，放在函数库中供公共选用。程序开发人员要善于利用库函数，以减少重复编写程序段的工作量。

图 4.1 是一个过程化的程序中函数调用的示意图。

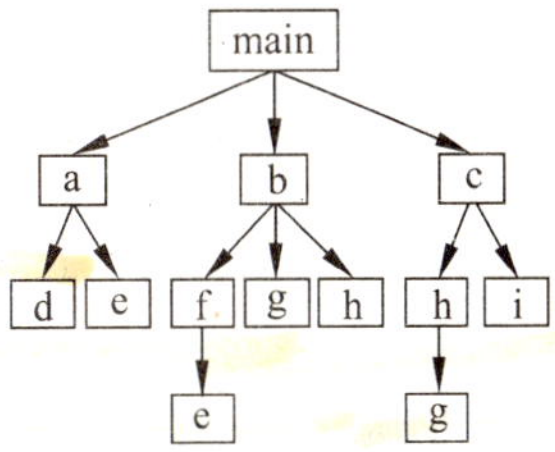

图　4.1

先举一个简单的函数调用的例子。

例 4.1　在主函数中调用其他函数。

```
#include <iostream>
using namespace std;
void printstar(void)              //定义 printstar 函数
{
  cout << "******************************" << endl;
                                  //输出 30 个"*"
}

void print_message(void)          //定义 print_message 函数
{
  cout << "        Welcome   to   C++!" << endl;      //输出一行文字
}

int main(void)
{
  printstar();                    //调用 printstar 函数
  print_message();                //调用 print_message 函数
  printstar();                    //调用 printstar 函数
  return 0;
}
```

运行结果如下：

```
******************************
      Welcome   to   C++!
******************************
```

可以看到：

(1) 这个程序只包括一个程序单位(即程序模块)，它作为一个源程序文件存放在计算机的外部存储器(磁盘)中。在这个程序单位中包含 3 个函数，即 main 函数、printstar 函数和 print_message 函数。其中 printstar 和 print_message 是用户自己定义的函数，printstar 函数的作用是输出 30 个"*"号，print_message 函数的作用是输出一行文字信息。在定义这 3 个函数时，在函数名的前面有一个关键字 void，意思是本函数没有返回值。

(2) 在定义 printstar 和 print_message 函数时，括号内的 void 表示"没有函数参数"，即在调用此函数时不必也不能给出参数，在编译时，如果发现调用这两个函数时给了实参，就会显示出错信息。括号中的 void 也可以省写。

(3) 程序的执行从 main 函数开始，调用其他函数后流程回到 main 函数，在 main 函数中结束整个程序的运行。main 函数是由系统调用的。

(4) 所有函数都是平行的，即在定义函数时是互相独立的。一个函数并不从属于另一个函数,即函数不能嵌套定义,也就是不能在定义一个函数的过程中又定义另一个函数,也不能把函数的定义部分写在主函数中。

(5) main 可以调用其他函数,各函数间也可以互相调用,但不能调用 main 函数。

(6) 在本程序中,由于 main 函数的位置在其他两个函数之后,因此在 main 函数中不必对 printstar 和 print_message 函数进行声明,如果 main 函数的位置在其他两个函数之前,在 main 函数调用该两函数前,必须对它们进行声明。请再看第1章例1.3。

在读者初步了解函数的概念和使用方法的基础上,下面简要介绍函数的分类。

从用户使用的角度看,函数有两种:

(1) **系统函数,即库函数**。这是由编译系统提供的(例如三角函数 sin,求平方根函数 sqrt 等),用户不必自己定义这些函数,可以直接使用它们。应该说明,不同的 C++ 编译系统提供的库函数的数量和功能不同,当然有一些基本的函数是共同的。

前面已提到,如果使用自己定义的函数,在程序中要对函数进行声明。那么对库函数要不要声明呢?从理论上说,同样需要声明,但是用户不必自己去声明它,因为在有关的头文件中已包含了声明的内容。这就是在调用函数时必须用#include 指令包含相应的头文件的原因。

(2) **用户自己定义的函数**。用以解决用户的专门需要。

从函数的形式看,函数分两类:

(1) **无参函数**。调用函数时不必给出参数。如例4.1中的 printstar 和 print_message 就是无参函数。在调用无参函数时,主调函数并不将数据传送给被调用函数,一般用来执行一组固定的操作(如例4.1所示的那样),printstar 函数的作用总是输出30个星号。无参函数可以带回或不带回函数值,但一般以不带回函数值的居多。

(2) **有参函数**。在调用函数时,要给出参数。在主调函数和被调用函数之间有数据传递。也就是说,主调函数将数据传给被调用函数使用。被调用函数可以带回函数值供主调函数使用,也可以不带回函数值(此时函数类型为 void)。

4.2 定义函数的一般形式

4.2.1 定义无参函数的一般形式

定义无参函数的一般形式为

类型名 函数名([void])
{**声明部分**
 语句
}

例4.1中的 printstar 和 print_message 函数都是无参函数。用类型标识符指定函数的类型,即函数带回来的值的类型。

在C语言中,在定义无参函数时函数首部的括号内可以不写 void,即写成以下形式:

```
void printstar( )
```

C++保留了这一用法，以使过去写的 C 程序能在 C++的环境中编译与运行，为了使程序清晰醒目，专业人员一般不省略括号内的 void。

4.2.2　定义有参函数的一般形式

定义有参函数的一般形式为

类型名 函数名(形式参数表列)
{声明部分
语句
}

例如：

```
int max(int x ,int y)            //函数首部，函数值为整型，有两个整型形参
  {int z;                        //函数体中的声明部分
   z=x>y? x:y;                   //将 x 和 y 中的大者的值赋给整型变量 z
   rerurn (z);                   //将 z 的值作为函数值返回调用点
  }
```

这是一个求 x 和 y 二者中的大者的函数。在调用此函数时，主调函数把实际参数的值传递给被调用函数中的形式参数 x 和 y。花括号内是函数体，在函数体的语句中求出 z 的值(为 x 与 y 中大者)，return(z)的作用是将 z 的值作为函数值带回到主调函数中，z 就是函数返回值。

在 C 语言中规定：如果在定义函数时不指定函数类型，系统会隐含指定函数类型为 int 型，因此，int max(int x,int y)可以简写为 max(int x,int y)，但 C++取消了这一规定，要求在定义函数时必须指定函数的类型，这样做更加严格和安全。

4.3　函数参数和函数的值

4.3.1　形式参数和实际参数

在调用函数时，大多数情况下，函数是带参数的。主调函数和被调用函数之间有数据传递关系。前面已提到：在定义函数时函数名后面括号中的变量名称为**形式参数**(formal parameter，简称形参)，在主调函数中调用一个函数时，函数名后面括号中的参数(可以是一个表达式)称为**实际参数**(actual parameter，简称实参)。

例 4.2　调用函数时的数据传递。

```
#include <iostream>
using namespace std;
int max(int x,int y)          //定义有参函数 max
{int z;
 z=x>y?x:y;
 return(z);
}
```

```
int main( )
{int a,b,c;
 cout << " please enter two integer numbers:" ;
 cin >> a >> b;
 c = max(a,b);                    //调用 max 函数,给定实参为 a,b。函数值赋给 c
 cout << " max = " << c << endl;
 return 0;
}
```

运行结果如下：

```
please enter two integer numbers: 2 3↙
max =3
```

程序中第3~7行是定义函数(注意第3行的末尾没有分号)。第3行定义了一个函数名 max 和指定两个形参 x,y 及其类型。程序第12行是一个调用函数语句,max 后面括号内的 a 和 b 是实参。a 和 b 是 main 函数中定义的变量,x 和 y 是函数 max 中的形式参数。通过函数调用,使两个函数中的数据发生联系。见图4.2。

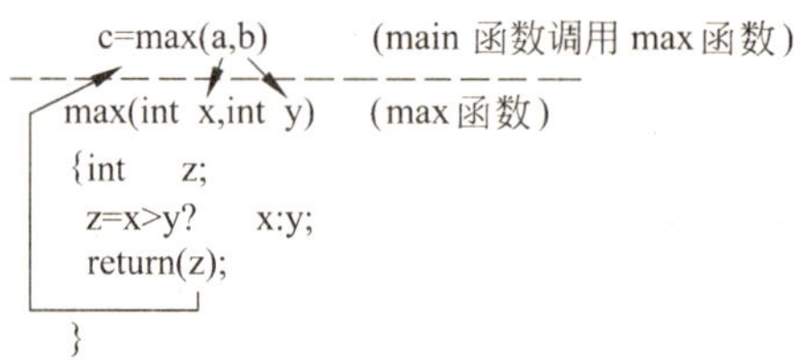

图 4.2

有关形参与实参的说明：

(1) 在定义函数时指定的形参,在未出现函数调用时,它们并不占内存中的存储单元,因此称它们是**形式参数**或**虚拟参数**,表示它们并不是实际存在的数据,只有在发生函数调用时,函数 max 中的形参才被分配内存单元,以便接收从实参传来的数据。在调用结束后,形参所占的内存单元也被释放。

(2) 实参可以是常量、变量或表达式,如

```
max(3, a+b);
```

但要求 a 和 b 有确定的值。以便在调用函数时将实参的值赋给形参。

(3) 在定义函数时,必须在函数首部指定形参的类型(见例4.2程序第3行)。

(4) 实参与形参的类型应相同或赋值兼容。例4.2中实参和形参都是整型,这是合法的、正确的。如果实参为整型而形参为实型,或者相反,则按不同类型数值的赋值规则进行转换。例如实参 a 的值为3.5,而形参 x 为整型,则将3.5转换成整数3,然后送到形参 b。字符型与整型可以互相通用。

(5) 实参变量对形参变量的数据传递是"值传递",即单向传递,只由实参传给形参,而不能由形参传回给实参。在调用函数时,编译系统临时给形参分配存储单元。请注意:实参单元与形参单元是不同的单元。图4.3表示将实参 a 和 b 的值2和3传递给对应的形参 x 和 y。

调用结束后,形参单元被释放,实参单元仍保留并维持原值。因此,在执行一个被调用函数时,形参的值如果发生改变,并不会改变主调函数中实参的值。例如,若在执行

max 函数过程中形参 x 和 y 的值变为 10 和 15，调用结束后，实参 a 和 b 仍为 2 和 3，见图 4.4。

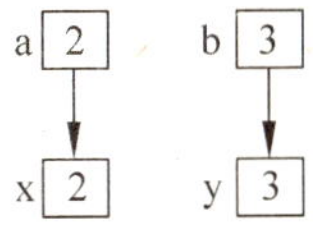

图　4.3

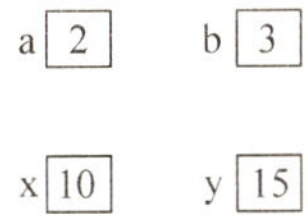

图　4.4

4.3.2　函数的返回值

通常，希望**通过函数的调用使主调函数能得到一个确定的函数值，这就是函数的返回值**。如例 4.2 中，函数 max(2,3)的值是 3，max(5,2)的值是 5。赋值语句将这个函数值赋给变量 c。

下面对函数值作一些说明：

(1) 函数的返回值是通过函数中的 return 语句获得的。return 语句将被调用函数中的一个确定值带回主调函数中去。见图 4.2 中从 return 语句返回的箭头。

如果需要从被调用函数带回一个函数值(供主调函数使用)，被调用函数中必须包含 return 语句。如果不需要从被调用函数带回函数值，则可以不要 return 语句。

一个函数中可以有一个以上的 return 语句，执行到哪一个 return 语句，哪一个语句起作用。

return 语句后面的括号可以要，也可以不要，如"return z;"与"return (z);"等价。return 后面的值可以是一个表达式。例如，例 4.2 中的函数 max 可以改写为

```
int max(int x,int y)
{return(x > y?x : y);}
```

这样的函数体更为简短，只用一个 return 语句就把求值和返回都解决了。

(2) 函数值的类型。既然函数有返回值，这个值当然应属于某一个确定的类型，应当在定义函数时指定函数值的类型。例如下面是几个函数的首部：

```
int max(float x,float y)              // 函数值为整型
char letter(char c1,char c2)          // 函数值为字符型
double min(int x,int y)               // 函数值为双精度型
```

例 4.2 中指定 max 函数值为整型，而变量 z 也被指定为整型，通过 return 语句把 z 的值作为 max 的函数值，由 max 带回到主调函数。z 的类型与 max 函数的类型是一致的，是正确的。

(3) 如果函数值的类型和 return 语句中表达式的值不一致，则以函数类型为准，即函数类型决定返回值的类型。对数值型数据，可以自动进行类型转换。

如将例 4.2 中 max 函数的形参 x，y 和变量 z 改为 float 型，主函数中的 a，b 也改为 float 型，max 函数的类型仍为 int 型，则 return 语句应返回 z 的值(float 型，假设为 2.5)，但 max 函数为 int 型，二者类型不一致。按上述规定，先将 2.5 转换为整型值 2，然后 max(x,y)将带回一个整型值 2 给主调函数 main。

4.4 函数的调用

4.4.1 函数调用的一般形式

调用函数的一般形式为

函数名([实参表列])

如果是调用无参函数，则“实参表列”可以没有，但圆括号不能省略，见例 4.1。如果实参表列包含多个实参，则各参数间用逗号隔开。实参与形参的个数应相等，类型应匹配（相同或赋值兼容）。实参与形参按顺序对应，一对一地传递数据。但应说明，如果实参表列包括多个实参，对实参求值的顺序并不是确定的。例如，若变量 i 的值为 3，有以下函数调用：

```
func(i, ++i);
```

如果按自左至右顺序求实参的值，则函数调用相当于 func(3,4)，若按自右至左顺序求实参的值，则相当于 func(3,3)。许多 C++ 系统（例如 Visual C++ 和 GCC）是按自右至左的顺序求值的。

4.4.2 函数调用的方式

按函数在语句中的作用来分，可以有以下 3 种函数调用方式。

1. 函数语句

把函数调用单独作为一个语句，并不要求函数带回一个值，只是要求函数完成一定的操作。如例 4.1 中的

```
printstar();
```

2. 函数表达式

函数出现在一个表达式中，这时要求函数带回一个确定的值以参加表达式的运算。例如

```
c=2*max(a,b);
```

3. 函数参数

函数调用作为一个函数的实参。例如，

```
m=max(a,sqrt(b));        //sqrt(b)是函数调用，其值作为 max 函数调用的一个实参
```

4.4.3 对被调用函数的声明和函数原型

在一个函数中调用另一函数（即被调用函数）需要具备哪些条件呢？

(1) 首先被调用的函数必须是已经存在的函数(是库函数或者是用户自己定义的函数)。但光有这一条件还不够。

(2) 如果使用库函数,还应该在本文件开头用#include 指令将有关头文件"包含"到本文件中来。例如,前面已经用到过#include <cmath>,其中 cmath 是一个头文件。在 cmath 文件中包括了数学库函数所用到的一些宏定义信息和对函数的声明。如果不包含 cmath 文件,就无法使用数学库中的函数。有关宏定义等概念将在本章第 4.17 节介绍。

(3) 如果使用用户自己定义的函数,而该函数与调用它的函数(即主调函数)在同一个程序单位中,且位置在主调函数之后,则必须在调用此函数之前对被调用的函数作声明。

如果自定义的函数位置在主调函数之前,那么无须声明!

所谓**函数声明**(declaration),就是在函数尚未定义的情况下,事先将该函数的有关信息通知编译系统,以便使编译能正常进行。打个比方:新生报到,本应由本人携带全部材料到学校办理入学手续,但有一学生因故未能按时亲自前去,就发电报给学校,声明有关情况,告知本人的简单信息(姓名、考生号、系级、性别等),请求先予暂时注册,学校就把他先列入学生名单,并编入班级,因此可以从学生名单中查到他的名字,待他本人到校补办正式手续后才最后确认。这就是正式报到前的"声明"。如果无此声明,他不被学校承认,不会列入学生名单中。

例 4.3　对被调用的函数作声明。

```
#include <iostream>
using namespace std;
int main( )
{float add(float x,float y);              //对 add 函数作声明
 float a,b,c;
 cout<<"please enter a,b:";
 cin>>a>>b;
 c=add(a,b);
 cout<<"sum="<<c<<endl;
 return 0;
}

float add(float x,float y)                //定义 add 函数
{float z;
 z=x+y;
 return (z);
}
```

因为add函数在主调函数之后.

运行结果如下:

```
please enter a,b: 123.68  456.45↙
sum=580.13
```

这是一个很简单的函数调用,函数 add 的作用是求两个实数之和,得到的函数值是 float 型。请注意程序第 4 行:

```
float add(float x,float y);
```

是对被调用的 add 函数作声明。注意：**对函数的定义和声明不是同一回事。定义**是指对函数功能的确立，包括指定函数名，函数类型、形参及其类型、函数体等，它是一个完整的、独立的函数单位。而**声明**的作用则是把函数的名字、函数类型以及形参的个数、类型和顺序（注意，不包括函数体）通知编译系统，以便在对包含函数调用的语句进行编译时，据此对其进行对照检查（例如函数名是否正确，实参与形参的类型和个数是否一致）。从程序中可以看到对函数的声明与函数定义中的第1行（函数首部）基本上是相同的，可以简单地照写已定义的函数的首部，再加一个分号，就成为了对函数的声明。

其实，在函数声明中也可以不写形参名，而只写形参的类型，如

```
float add(float,float);
```

以上的函数声明称为**函数原型**（function prototype）。使用函数原型是 C 和 C++ 的一个重要特点。它的作用主要是：**根据函数原型在程序编译阶段对调用函数的合法性进行全面检查**。从例4.3中可以看到，main 函数的位置在 add 函数的前面，而在进行编译时是从上到下逐行进行的，如果没有对函数的声明，当编译到包含函数调用的语句“c = add(a,b);”时，编译系统不知道 add 是不是函数名，也无法判断实参（a 和 b）的类型和个数是否正确，因而无法进行正确性的检查。只有在运行时才会发现实参与形参的类型或个数不一致，出现运行错误。但是在运行阶段发现错误并重新调试程序是比较麻烦的，工作量也较大。应当在编译阶段尽可能多地发现错误，随之纠正错误。现在我们在函数调用之前用函数原型对函数作了声明，因此编译系统记下了所需调用的函数的有关信息，在对“c = add(a,b);”进行编译时就“有章可循”了。编译系统根据函数的原型对函数的调用的合法性进行全面的检查。如果发现与函数原型不匹配的函数调用就报告编译出错。它属于语法错误。用户根据屏幕显示的出错信息很容易发现和纠正错误。

函数原型的一般形式为

(1) **函数类型 函数名(参数类型1，参数类型2…)；**

(2) **函数类型 函数名(参数类型1　参数名1，参数类型2　参数名2…)；**

第(1)种形式是基本的形式。为了便于阅读程序，也允许在函数原型中加上参数名，就成了第(2)种形式。但编译系统并不检查参数名。因此参数名是什么都无所谓。上面程序中的声明也可以写成

```
float add(float a, float b);           //参数名不用x,y,而用a,b
```

效果完全相同。

应当保证函数原型与函数首部写法上的一致，即函数类型、函数名、参数个数、参数类型和参数顺序必须相同。在函数调用时函数名、实参类型和实参个数应与函数原型一致。

说明：

(1) 前面已说明：**如果被调用函数的定义出现在主调函数之前，可以不必加以声明**。因为编译系统已经事先知道了已定义的函数类型，会根据函数首部提供的信息对函数的调用作正确性检查。有的读者自然会想：编程序时把函数定义都写在调用之前，把 main 函数写在最后，就可以不必对函数作声明了（如例4.1那样），不是省事吗？但是这会对程序员提出较高的要求，在比较复杂的程序中，他必须周密考虑和正确安排各函数的顺

序，稍有疏忽，就会出错。而且，当一个程序包含许多个函数时，阅读程序的人要十分耐心地逐一仔细阅读各个被调用函数，直到最后才看到主函数，这样的程序可读性较差。

有经验的程序编制人员一般都把 main 函数写在最前面，这样对整个程序的结构和作用一目了然，统揽全局，然后再具体了解各函数的细节。此外，用函数原型来声明函数，还能减少编写程序时可能出现的错误。由于函数声明的位置与函数调用语句的位置比较近，因此在写程序时便于就近参照函数原型来书写函数调用，不易出错。所以应养成对所有用到的函数作声明的习惯。这是保证程序正确性和可读性的重要环节。

(2) 函数声明的位置可以在调用函数所在的函数中，也可以在函数之外。如果函数声明放在函数的外部，在所有函数定义之前（这就是**对函数的外部声明**），则在各个主调函数中不必对所调用的函数再作声明。例如：

```
char letter(char,char);          // 对函数的外部声明,作用域是整个文件
float f(float,float);            // 对函数的外部声明,作用域是整个文件
int i(float, float);             // 对函数的外部声明,作用域是整个文件
int main()
  {…}                            //在 main 函数中不必对它所调用的函数作声明
char letter(char c1,char c2)     //定义 letter 函数
  {…}
float f(float x,float y)         //定义 f 函数
  {…}
int i(float j,float k)           //定义 i 函数
  {…}
```

如果一个函数被多个函数所调用，用这种方法比较好，不必在每个主调函数中重复声明。

4.5　函数的嵌套调用

C++不允许对函数作嵌套定义，也就是说在一个函数中不能完整地包含另一个函数。下面的定义是不合法的。

```
void  f1()                       //函数 f1 首部
{   ⋮                            //函数 f1 的函数体
   int f2()                      //定义 f2 函数,这是非法的
    {
       ⋮                         //函数 f2 的函数体
    }
      ⋮
}
```

在一个程序中每一个函数的定义都是互相平行和独立的，如

```
void   f1()    {…}
int    f2()    {…}
```

```
float  f3()   {…}
long   f4()   {…}
```

虽然C++不能嵌套定义函数，但可以嵌套调用函数，也就是说，在调用一个函数的过程中，又调用另一个函数。见图4.5。

图4.5表示的是两层嵌套（连main函数共3层函数），其执行过程是：

(1) 执行main函数的开头部分；

(2) 遇到调用a函数的语句，流程转去a函数；

(3) 执行a函数的开头部分；

(4) 遇到调用b函数的语句，流程转去函数b；

(5) 执行b函数，如果再无其他嵌套的函数，则完成b函数的全部操作；

(6) 返回原来调用b函数的地方，即返回a函数；

(7) 继续执行a函数中尚未执行的部分，直到a函数结束；

(8) 返回main函数中原来调用a函数的地方；

(9) 继续执行main函数的剩余部分直到结束。

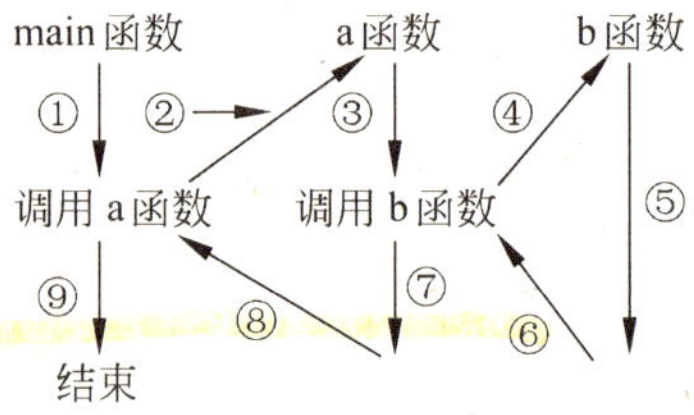

图 4.5

在程序中实现函数嵌套调用时，需要注意的是：在调用函数之前，需要对每一个被调用的函数作声明（除非定义在前，调用在后）。

例4.4 输入4个整数，找出其中最大的数。用一个函数来实现。

根据题目的要求，可以定义一个函数max_4来实现从4个数中找出最大的数。前面已知，用max函数可以很方便地找出两个数中的大者。因此考虑能否通过调用max函数来实现从4个数中找出最大的数呢？结论是可以的。先用max(a,b)找出a和b中的大者，赋给变量m。再用max(m,c)函数求出a,b,c三者中的大者，再赋给m（因为m是a和b中的大者，因此max(m,c)就是a,b,c三者中的大者），把它赋给m。再用max(m,d)求出a,b,c,d四者中的大者，它就是a,b,c,d 4个数中的最大者。

在max_4函数中调用3次max函数，就求出4个数中的最大数。最后在主函数中输出结果。

可以据此编写程序如下：

```
#include <iostream>
int main()
{ int max_4(int a,int b,int c,int d);          //max_4函数的声明
  int a,b,c,d,max;
  printf("Please enter 4 interger numbers:");
  scanf("%d %d %d %d",&a,&b,&c,&d);
  max=max_4(a,b,c,d);                  //调用max_4函数，得到4个数中的最大者，赋给变量max
  printf("max=%d \n",max);
  return 0;
}

int max_4(int a,int b,int c,int d)            //定义max_4函数
{ int max(int,int);                           //max函数的声明
```

```
    int m;
    m = max(a,b);                    // 调用 max 函数,找出 a 和 b 中的大者
    m = max(m,c);                    // 调用 max 函数,找出 a,b,c 中的大者
    m = max(m,d);                    // 调用 max 函数,找出 a,b,c,d 中的大者
    return(m);                       // 函数返回值是 4 个数中的最大者
  }

int max(int x,int y)                 // 定义 max 函数
{if(x > y)
     return x;
 else
     return y;                       // 函数返回值是 x 和 y 中的大者
}
```

运行结果如下：

```
Please enter 4 interger numbers: 11 45  -54 0↙
max =45
```

说明：在主函数中要调用 max_4 函数，因此在主函数的开头要对 max_4 函数作声明。在 max_4 函数中 3 次调用 max 函数(这是嵌套调用)，因此在 max_4 函数的开头要对 max 函数作声明。由于在主函数中没有直接调用 max 函数，因此在主函数中不必对 max 函数作声明，只须在 max_4 函数中作声明即可。

max_4 函数执行过程是这样的：第 1 次调用 max 函数得到的函数值是 a 和 b 中的大者，把它赋给变量 m，第 2 次调用 max(m,c)得到 m 和 c 的大者，也就是 a,b,c 中的最大者，再把它赋给变量 m。第 3 次调用 max(m,d)得到 m 和 d 的大者，也就是 a,b,c,d 中的最大者，再把它赋给变量 m。这是一种**递推**方法，先求出两个数的大者；再以此为基础求出 3 个数的大者；再以此为基础求出 4 个数的大者。m 的值一次一次地变化，直到实现最终要求。

max 函数的函数体可以只用一个 return 语句，返回一个条件表达式的值：

```
{return(x > y? x: y);}
```

本例是一次嵌套调用，有些较复杂的问题可以用多层嵌套调用。

4.6　函数的递归调用

在调用一个函数的过程中又出现直接或间接地调用该函数本身，称为函数的递归(recursive)调用。C++ 允许函数的递归调用。例如：

```
int f(int x)
  {int y,z;
   z = f(y);                        //在调用函数 f 的过程中,又要调用 f 函数
   return (2 * z);
  }
```

以上是直接调用本函数，见图 4.6。

图 4.7 表示的是间接调用本函数。在调用 f1 函数过程中要调用 f2 函数，而在调用 f2 函数过程中又要调用 f1 函数。

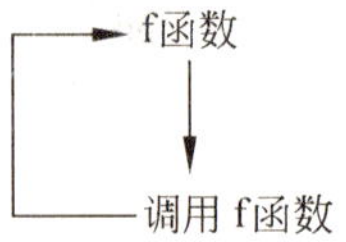

图 4.6

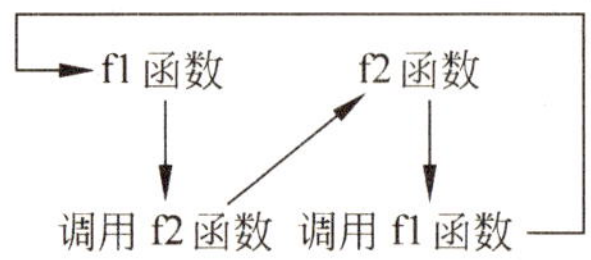

图 4.7

从图上可以看出，这两种递归调用都是无终止的自身调用。显然，程序中不应出现这种无终止的递归调用，而只应出现有限次数的、有终止的递归调用，这可以用 if 语句来控制，只有在某一条件成立时才继续执行递归调用，否则就不再继续。

包含递归调用的函数称为递归函数。关于递归的概念，有些读者可能感到不好理解，下面用一个日常生活中的例子来说明。

例 4.5 有 5 个人坐在一起，问第 5 个人多少岁？他说比第 4 个人大两岁。问第 4 个人岁数，他说比第 3 个人大两岁。问第 3 个人，又说比第 2 个人大两岁。问第 2 个人，说比第 1 个人大两岁。最后问第 1 个人，他说是 10 岁。请问第 5 个人多大？

显然，这是一个递归问题。要求第 5 个人的年龄，就必须先知道第 4 个人的年龄，而第 4 个人的年龄也不知道。要求第 4 个人的年龄必须先知道第 3 个人的年龄，而第 3 个人的年龄又取决于第 2 个人的年龄，第 2 个人的年龄取决于第 1 个人的年龄。而且每一个人都比其前一个人大两岁。即

$$age(5) = age(4) + 2$$
$$age(4) = age(3) + 2$$
$$age(3) = age(2) + 2$$
$$age(2) = age(1) + 2$$
$$age(1) = 10$$

可以用式子表述如下：

$$age(n) = 10 \quad (n = 1)$$
$$age(n) = age(n-1) + 2 \quad (n > 1)$$

可以看到，当 $n > 1$ 时，求第 n 个人的年龄的公式是相同的。因此可以用一个函数表示上述关系。图 4.8 表示求第 5 个人年龄的过程。

从图 4.8 可知，求解可分成两个阶段：第 1 阶段是回溯，即将第 n 个人的年龄表示为第（$n-1$）个人年龄的函数，而第（$n-1$）个人的年龄仍然不知道，还要回溯到第（$n-2$）个人的年龄……直到第 1 个人的年龄。此时 age(1) 已知，不必再向前推了。然后开始第 2 阶段，采用递推方法，从第 1 个人的已知年龄推算出第 2 个人的年龄（12 岁），从第 2 个人的年龄推算出第 3 个人的年龄（14）……一直推算出第 5 个人的年龄（18 岁）为止。也就是说，一个递归的问题可以分为回溯和递推两个阶段。要经历许多步才能求出最后的值。显而易见，如果要求递归过程不是无限制进行下去，必须具有一个结束递归过程的条件。例如 age(1) = 10，就是使递归结束的条件。

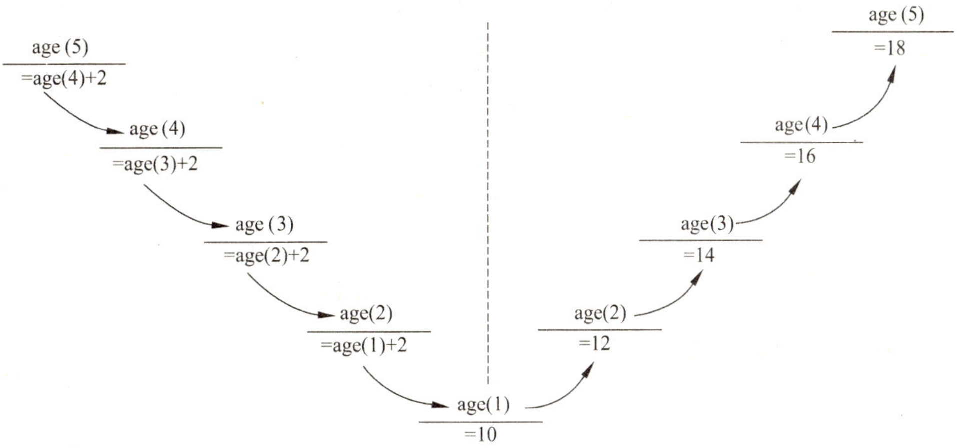

图　4.8

可以写出以下 C++ 程序,其中,age 函数用来实现上述递归过程。

```
#include  <iostream>
using namespace std;
int age(int);                    //函数声明
int main()                       // 主函数
{ cout << age(5) << endl;
   return 0;
}

int age(int n)                   //求年龄的递归函数
{int c;                          // 用 c 作为存放年龄的变量
 if(n == 1) c = 10;              // 当 n = 1 时,年龄为 10
 else c = age(n - 1) + 2;        // 当 n > 1 时,此人年龄是他前一个人的年龄加 2
 return c;                       // 将年龄值带回主函数
}
```

运行结果如下:

```
18
```

main 函数中除了 return 语句外,只有一个 cout 语句。整个问题的求解全靠一个函数调用“age(5)”来解决。函数调用的过程如图 4.9 所示。

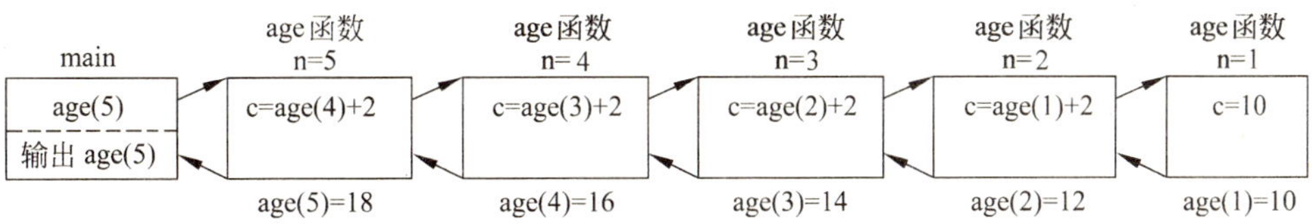

图　4.9

从图 4.9 中可以看到,age 函数共被调用 5 次,即 age(5),age(4),age(3),age(2),

age(1)。其中 age(5)是 main 函数调用的，其余4次是在 age 函数中调用的，即递归调用4次。请读者仔细分析调用的过程。应当强调说明的是：在某一次调用 age 函数时并不是立即得到 age(n)的值，而是一次又一次地进行递归调用，到 age(1)时才有确定的值，然后再递推出 age(2)，age(3)，age(4)，age(5)。请读者将程序和图4.8、图4.9结合起来认真分析。

例4.6 用递归方法求 $n!$。

求 $n!$ 可以用递推方法，即从1开始，乘2，再乘3……一直乘到 n。这种方法容易理解，也容易实现。递推法的特点是从一个已知的事实出发，按一定规律推出下一个事实，再从这个新的已知的事实出发，再向下推出一个新的事实。这是和递归不同的。

求 $n!$ 也可以用递归方法，即 $5!=4!\times5$，而 $4!=3!\times4,\cdots,1!=1$。可用下面的递归公式表示：

$$n!=\begin{cases}1 & (n=0,1)\\ n\cdot(n-1)! & (n>1)\end{cases}$$

有了例4.5的基础，很容易写出本题的程序：

```
#include <iostream>
using namespace std;
long fac(int);                                   //函数声明
int main()
{int n;                                          //n为需要求阶乘的整数
  long y;                                        //y为存放n!的变量
  cout<<"please input an integer :";             //输入的提示
  cin>>n;                                        //输入n
  y=fac(n);                                      //调用fac函数以求n!
  cout<<n<<"!="<<y<<endl;                        //输出n!的值
  return 0;
}

long fac(int n)                                  //递归函数
{long f;
 if(n<0)
   {cout<<"n<0,data error!"<<endl;               //如果输入负数，报错并以-1作为返回值
   f=-1;}
 else if (n==0||n==1) f=1;                       // 0!和1!的值为1
 else f=fac(n-1)*n;                              // n>1时，进行递归调用
 return f;                                       // 将f的值作为函数值返回
}
```

运行结果如下：

```
please input an integer：10↙
10!=3628800
```

许多问题既可以用递归方法来处理，也可以用非递归方法来处理。在实现递归时，在时间和空间上的开销比较大，但符合人们的思路，程序容易理解。人们可以不去考虑实现

递归的过程细节，只须写出递归公式和递归结束条件（即边界条件），即可很容易写出递归函数。由于计算机的性能提高很快，人们首先考虑的往往不再是效率问题，而是程序的可读性问题。因此，许多人优先考虑用递归方法编程。

*4.7　内置函数

调用函数时需要一定的时间和空间的开销。图 4.10 表示函数调用的过程：①程序先执行函数调用之前的语句；②流程的控制转移到被调用函数的入口处，同时进行参数传递；③执行被调用函数中函数体的语句；④流程返回调用函数的下一条指令处，将函数返回值带回；⑤接着执行主调函数中未执行的语句。

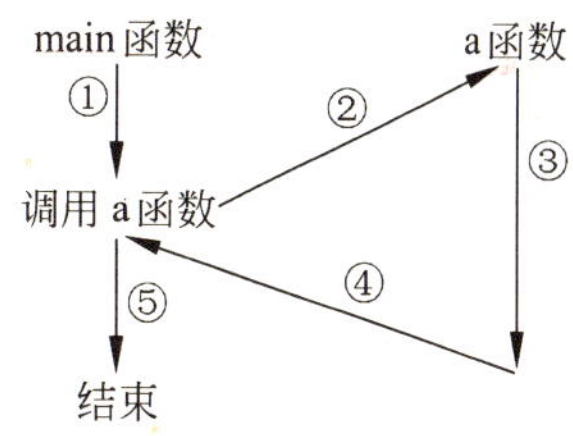

图　4.10

这样就要求在转去被调用函数之前，要记下当时执行的指令的地址，还要“保护现场”（记下当时有关的信息），以便在函数调用之后继续执行。在函数调用之后，流程返回到先前记下的地址处，并且根据记下的信息“恢复现场”，然后继续执行。这些都要花费一定的时间。如果有的函数需要频繁使用，则所用时间会很长，从而降低程序的执行效率。有些实用程序对效率是有要求的，要求系统的响应时间短。这就希望尽量压缩时间的开销。

C++ 提供一种提高效率的方法，即在编译时将所调用函数的代码直接嵌入到主调函数中，而不是将流程转出去。这种嵌入到主调函数中的函数称为**内置函数**（inline function），又称内嵌函数。在有些书中把它译成内联函数。

指定内置函数的方法很简单，只须在函数首行的左端加一个关键字 inline 即可。

例 4.7　函数指定为内置函数。

```
#include <iostream>
using namespace std;
inline int max(int,int, int);                //声明内置函数，注意左端有 inline
int main()
{int i=10,j=20,k=30,m;
 m=max(i,j,k);
 cout<<"max = "<<m<<endl;
 return 0;
}

inline int max(int a,int b,int c)            //定义 max 为内置函数
{if(b>a) a=b;                                //求 a,b,c 中的最大者
 if(c>a) a=c;
 return a;
}
```

由于在定义函数时指定它为内置函数，因此编译系统在遇到函数调用“max(i,j,k)”时，就用 max 函数体的代码代替“max(i,j,k)”，同时将实参代替形参。这样，程序第 6 行

“m = max(i,j,k);”就被置换成

```
if(j>i) i=j;
if(k>i) i=k;
m=i;
```

注意：可以在声明函数和定义函数时同时写 inline，也可以只在函数声明时加 inline，而定义函数时不加 inline。只要在调用该函数之前把 inline 的信息告知编译系统，编译系统就会在处理函数调用时按内置函数处理。

使用内置函数可以节省运行时间，但却增加了目标程序的长度。假设要调用 10 次 max 函数，则在编译时先后 10 次将 max 的代码复制并插入 main 函数，这就增加了目标文件中 main 函数的长度。因此只将规模很小（一般为 5 个语句以下）而使用频繁的函数（如定时采集数据的函数）声明为内置函数。在函数规模很小的情况下，函数调用的时间开销可能相当于甚至超过执行函数本身的时间，把它定义为内置函数，可大大减少程序运行时间。

内置函数中不能包括复杂的控制语句，如循环语句和 switch 语句。

应当说明：对函数作 inline 声明，只是程序设计者对编译系统提出的一个建议，也就是说它是建议性的，而不是指令性的。并非一经指定为 inline，编译系统就必须这样做。编译系统会根据具体情况决定是否这样做。例如对前面提到的包含循环语句和 switch 语句的函数或一个递归函数是无法进行代码置换的，又如一个 1000 行的函数，也不大可能在调用点展开。此时编译系统就会忽略 inline 声明，而按普通函数处理。

归纳起来，只有那些规模较小而又被频繁调用的简单函数，才适合于声明为 inline 函数。

*4.8 函数的重载

在编程时，一般是一个函数对应一种功能。但有时我们要实现的是同一类的功能，只是有些细节不同。例如希望从 3 个数中找出其中的最大者，而每次求最大数时数据的类型不同，可能是 3 个整数、3 个双精度数或 3 个长整数。程序设计者会分别设计出 3 个不同名的函数，其函数原型为

```
int max1(int a,int b, int c);                //求3个整数中的最大者
double max2(double a,double b,double c);    //求3个双精度数中的最大者
long   max3(long a, long b, long c);         //求3个长整数中的最大者
```

以上 3 个函数的函数体是相同的。程序要根据不同的数据类型调用不同名的函数。如果在一个程序中这类情况较多，对程序编写者来说，要分别编写出功能相同而名字不同的函数，这是很不方便的。有人自然会想：能否不用 3 个函数名而用一个统一的函数名呢？

C++允许用同一函数名定义多个函数，而这些函数的参数个数和参数类型可以不相同。这就是函数的重载（**function overloading**）。**即对一个函数名重新赋予它新的含义，使一个函数名可以多用。所谓重载，其实就是“一物多用”**。以后可以看到，不仅函数可

以重载，运算符也可以重载，例如，运算符“<<”和“>>”既可以作为位移运算符，又可以作为输出流中的插入运算符和输入流中的提取运算符。

对上面求最大数的问题可以编写如下的 C++ 程序。

例 4.8 求 3 个数中最大的数（分别考虑整数、双精度数、长整数的情况）。

可用函数模版来简化

```
#include <iostream>
using namespace std;
int main( )
{int max(int a,int b,int c);                    //函数声明
 double max(double a,double b,double c);        //函数声明
 long max(long a,long b,long c);                //函数声明
 int i1,i2,i3,i;
 cin>>i1>>i2>>i3;                               //输入 3 个整数
 i=max(i1,i2,i3);                               //求 3 个整数中的最大者
 cout<<"i_max="<<i<<endl;
 double d1,d2,d3,d;
 cin>>d1>>d2>>d3;                               //输入 3 个双精度数
 d=max(d1,d2,d3);                               //求 3 个双精度数中的最大者
 cout<<"d_max="<<d<<endl;
 long g1,g2,g3,g;
 cin>>g1>>g2>>g3;                               //输入 3 个长整数
 g=max(g1,g2,g3);                               //求 3 个长整数中的最大者
 cout<<"g_max="<<g<<endl;
}

int max(int a,int b,int c)                      //定义求 3 个整数中的最大者的函数
{if(b>a) a=b;
 if(c>a) a=c;
 return a;
}

double max(double a,double b,double c)          //定义求 3 个双精度数中的最大者的函数
{if(b>a) a=b;
 if(c>a) a=c;
 return a;
}

long max(long a,long b,long c)                  //定义求 3 个长整数中的最大者的函数
{if(b>a) a=b;
 if(c>a) a=c;
 return a;
}
```

运行结果如下：

```
185  -76  567↙                （输入 3 个整数）
```

```
i_max = 567                       （输出 3 个整数的最大值）
56.87  90.23  -3214.78↙          （输入 3 个实数）
d_max = 90.23                     （输出 3 个双精度数的最大值）
67854  -912456  673456↙          （输入 3 个长整数）
g_max = 673456                    （输出 3 个长整数的最大值）
```

可以看到：我们用一个函数名 max 分别定义了 3 个函数。那么，在调用时怎样决定选择哪个函数呢？系统会根据调用函数时给出的信息去找与之匹配的函数。上面的 main 函数 3 次调用 max 函数，而每次实参的类型不同。系统就根据实参的类型找到与之匹配的函数，然后调用该函数。

上例 3 个 max 函数的函数体是相同的，其实重载函数并不要求函数体相同。重载函数除了允许参数类型不同以外，还允许参数的个数不同。

例 4.9 编写一个程序，用来求两个整数或 3 个整数中的最大数。如果输入两个整数，程序就输出这两个整数中的最大数，如果输入 3 个整数，程序就输出这 3 个整数中的最大数。

```
#include <iostream>
using namespace std;
int main( )
{int max(int a,int b,int c);                //函数声明
 int max(int a,int b);                      //函数声明
 int a=8,b=-12,c=27;
 cout<<"max(a,b,c)="<<max(a,b,c)<<endl;     //输出 3 个整数中的最大者
 cout<<"max(a,b)="<<max(a,b)<<endl;         //输出两个整数中的最大者
}

int max(int a,int b,int c)                  //此 max 函数的作用是求 3 个整数中的最大者
{if(b>a) a=b;
 if(c>a) a=c;
 return a;
}

int max(int a,int b)                        //此 max 函数的作用是求两个整数中的最大者
{if(a>b) return a;
 else return b;
}
```

运行结果如下：

```
max(a,b,c)=27
max(a,b)=8
```

两次调用 max 函数的参数个数不同，系统就根据参数的个数找到与之匹配的函数并调用它。

参数的个数和类型可以都不同。但不能只有函数的类型不同而参数的个数和类型相同。例如以下的重载是不正确的：

```
int f(int);                    //函数返回值为整型
long f(int);                   //函数返回值为长整型
void f(int);                   //函数无返回值
```

在函数调用时都是同一形式，如“f(10)”。编译系统无法判别应该调用哪一个函数。**重载函数的参数个数、参数类型或参数顺序三者中必须至少有一种不同**，函数返回值类型可以相同也可以不同。

在使用重载函数时，同名函数的功能应当相同或相近，不要用同一函数名去实现完全不相干的功能(如求最大值和求三角形面积)，虽然程序也能运行，但可读性不好，易使人莫名其妙。

*4.9 函数模板

4.8 节介绍的函数的重载可以实现一个函数名多用，将实现相同的或类似功能的函数用同一个函数名来定义。这样使编程者在调用同类函数时感到含义清楚，方法简单。但是在程序中仍然要分别定义每一个函数，如例 4.5 程序中 3 个 max 函数的函数体是完全相同的，只是形参的类型不同，也要分别定义。有些读者自然会想，能否对此再简化呢?

为了解决这个问题，C++ 提供了**函数模板**(function template)。**所谓函数模板，实际上是建立一个通用函数，其函数类型和形参类型不具体指定，用一个虚拟的类型来代表。这个通用函数就称为函数模板**。凡是函数体相同的函数都可以用这个模板来代替，不必定义多个函数，只须在模板中定义一次即可。在调用函数时系统会根据实参的类型来取代模板中的虚拟类型，从而实现不同函数的功能。看下面的例子就清楚了。

例 4.10 将例 4.9 程序改为通过函数模板来实现。

```
#include <iostream>
using namespace std;
template <typename T>          //模板声明，其中 T 为类型参数
T max(T a,T b,T c)             //定义一个通用函数，用 T 作虚拟的类型名
{if(b>a) a=b;
 if(c>a) a=c;
 return a;
}

int main( )
{int i1=185,i2=-76,i3=567,i;
 double d1=56.87,d2=90.23,d3=-3214.78,d;
 long g1=67854,g2=-912456,g3=673456,g;
 i=max(i1,i2,i3);              //调用模板函数，此时 T 被 int 取代
 d=max(d1,d2,d3);              //调用模板函数，此时 T 被 double 取代
 g=max(g1,g2,g3);              //调用模板函数，此时 T 被 long 取代
 cout<<"i_max="<<i<<endl;
```

```
    cout << "f_max = " << f << endl;
    cout << "g_max = " << g << endl;
    return 0;
}
```

运行结果与例4.8相同。为了节省篇幅,数据不用cin语句输入,而在变量定义时初始化。

程序第3~8行是定义函数模板。定义函数模板的一般形式为

template < typename T >
通用函数定义

或

template < class T >
通用函数定义

template的含义是"模板",尖括号中先写关键字typename(或class),后面跟一个类型参数T,这个类型参数实际上是一个虚拟的类型名,表示模板中出现的T是一个类型名,但是现在并未指定它是哪一种具体的类型。在函数定义时用T来定义变量a,b,c,显然变量a,b,c的类型也是未确定的。要等到函数调用时根据实参的类型来确定T是什么类型。其实也可以不用T而用任何一个标识符,许多人习惯用T(T是Type的第1个字母),而且用大写,以与实际的类型名相区别。

class和typename的作用相同,都是表示"类型名",二者可以互换。以前的C++程序员都用class。typename是不久前才被加到标准C++中的,因为用class容易与C++中的类混淆。而用typename的含义很清楚,是类型名(而不是类名)。

有些读者可能对模板中通用函数的表示方法不习惯,其实在建立函数模板时,只要将例4.8程序中定义的第1个函数首部的int改为T即可。即用虚拟的类型名T代替具体的数据类型。在对程序进行编译时,遇到第13行调用函数max(i1,i2,i3),编译系统会将函数名max与函数模板max相匹配,将实参的类型取代了函数模板中的虚拟类型T。此时相当于已定义了一个函数:

```
int max(int a,int b,int c)
{if(b > a) a = b;
 if(c > a) a = c;
 return a;
}
```

然后调用它。后面两行(14,15行)的情况类似。

类型参数可以不只一个,可以根据需要确定个数。如

```
template <class T1,typename T2 >
```

可以看到,用函数模板比函数重载更方便,程序更简洁。但应注意它只**适用于函数体相同、函数的参数个数相同而类型不同的情况**,如果参数的个数不同,则不能用函数模板。

*4.10 有默认参数的函数

一般情况下,在函数调用时形参从实参那里取得值,因此实参的个数应与形参相同。有时多次调用同一函数时用同样的实参,C++ 提供简单的处理办法,给形参一个默认值,这样形参就不必一定要从实参取值了。如有一函数声明

```
float area(float r=6.5);
```

指定 r 的默认值为 6.5,如果在调用此函数时,确认 r 的值为 6.5,则可以不必给出实参的值,如

```
area();                              //相当于 area(6.5);
```

如果不想使形参取此默认值,则通过实参另行给出。如

```
area(7.5);                           //形参得到的值为 7.5,而不是 6.5
```

这种方法比较灵活,可以简化编程,提高运行效率。

如果有多个形参,可以使每个形参有一个默认值,也可以只对一部分形参指定默认值,另一部分形参不指定默认值。如有一个求圆柱体体积的函数,形参 h 代表圆柱体的高,r 为圆柱体半径。函数原型如下:

```
float volume(float h,float r=12.5);   //只对形参 r 指定默认值 12.5
```

函数调用可以采用以下形式:

```
volume(45.6);                        //相当于 volume(45.6,12.5)
volume(34.2,10.4)                    //h 的值为 34.2,r 的值为 10.4
```

实参与形参的结合是从左至右顺序进行的,第 1 个实参必然与第 1 个形参结合,第 2 个实参必然与第 2 个形参结合……因此指定默认值的参数必须放在形参表列中的最右端,否则出错。例如:

```
void f1(float a,int b=0,int c,  char d='a');    //不正确
void f2(float a,int c,  int b=0, char d='a');   //正确
```

如果调用上面的 f2 函数,可以采取下面的形式:

```
f2(3.5, 5, 3, 'x')                   //形参的值全部从实参得到
f2(3.5, 5, 3)                        //最后一个形参的值取默认值'a'
f2(3.5, 5)                           //最后两个形参的值取默认值,b=0,d='a'
```

可以看到,在调用有默认参数的函数时,实参的个数可以与形参不同,实参未给定的,从形参的默认值得到值。利用这一特性,可以使函数的使用更加灵活。例如例 4.7 求两个数或 3 个数中的最大数。也可以不用重载函数,而改用带有默认参数的函数。

例 4.11 求两个或 3 个正整数中的最大数,用带有默认参数的函数实现。

```
#include <iostream>
```

```
using namespace std;
int main( )
{int max(int a, int b, int c =0);                  //函数声明,形参c有默认值
 int a,b,c;
 cin >> a >> b >> c;
 cout << " max(a,b,c) = " << max(a,b,c) << endl;  //输出3个数中的最大者
 cout << " max(a,b) = " << max(a,b) << endl;      //输出两个数中的最大者
 return 0;
}

int max(int a,int b,int c)                         //函数定义
{if(b > a) a = b;
 if(c > a) a = c;
 return a;
}
```

如果想从 3 个数中找大者，可以在调用时写成“max(a,b,c)”形式，如果只想从两个正整数中找大者，则在调用时写成“max(a,b)”形式，此时 c 自动取默认值 0，由于 0 比任何正整数都小，因此从 14，－56，0 中选最大者和从 14，－56 中选大者的结果是一样的。

运行结果如下：

```
14  -56  135↙
max(a,b,c) =135
max(a,b) =14
```

在使用带有默认参数的函数时有两点要注意：

(1) 如果函数的定义在函数调用之前，则应在函数定义中给出默认值。如果函数的定义在函数调用之后，则在函数调用之前需要有函数声明，此时必须在函数声明中给出默认值，在函数定义时可以不给出默认值（如例 4.11）。也就是说必须在函数调用之前将默认值的信息通知编译系统。由于编译是从上到下逐行进行的，如果在函数调用之前未得到默认值信息，在编译到函数调用时，就会认为实参个数与形参个数不匹配而报错。

如果在声明函数时已对形参给出了默认值，而在定义函数时又对形参给出默认值，有的编译系统会给出“重复指定默认值”的报错信息，有的编译系统对此不报错，甚至允许在声明时和定义时给出的默认值不同，此时编译系统以先遇到的为准。由于函数声明在函数定义之前，因此以声明时给出的默认值为准，而忽略定义函数时给出的默认值。例如在函数声明时指定 c 的默认值为 －32767，而在定义函数时指定 c 的默认值为 123，则编译系统取 c 的默认值为 －32767。为了避免混淆，最好只在函数声明时指定默认值。

(2) 一个函数不能既作为重载函数，又作为有默认参数的函数。因为当调用函数时如果少写一个参数，系统无法判定是利用重载函数还是利用默认参数的函数，出现二义性，系统无法执行。

例如将例 4.6 中第 4 行改为

```
int max(int a,int b,int c =100);                   //max是重载函数,又有默认参数
```

如果有一函数调用“max(5,23)”，编译系统无法判定是调用哪一个函数，于是发出编译

出错信息。

注：以上第 4.7 ~ 4.10 节的内容（内置函数、函数的重载、函数模板和有默认参数的函数）在 C 语言中是没有的，是 C++ 增加的。在编写较大的程序时，会用到它们，以提高编程的质量。

4.11　局部变量和全局变量

从前面的介绍中已知：以上的一个程序可以包括若干个源程序文件（即文件模块），每个源程序文件又包括若干个函数，在每个函数中和在函数之外都可以定义变量。这样就会发生一个问题：在不同地方定义的变量是否都在程序的全部范围内有效？如果不是，那么它们在什么范围内有效。

每一个变量都有其有效作用范围，这就是变量的作用域。在作用域以外是不能访问这些变量的。

4.11.1　局部变量

在一个函数内部定义的变量是内部变量，它只在本函数范围内有效，也就是说只有在本函数内才能使用它们，在此函数以外是不能使用这些变量的。同样在复合语句中定义的变量只在本复合语句范围内有效。这些内部变量称为**局部变量**（local variable）。如

```
float f1( int a)                                      //函数 f1
  {
    int b,c;      } b,c 有效      } a 有效
      ⋮
  }

char f2(int x,int y)                                  //函数 f2
  {int i,j;       } i,j 有效      } x,y 有效
     ⋮
  }

int main( )                                           //主函数
  {int m,n;
        ⋮
    {int p,q;     } p,q 在复合     } m,n 有效
        ⋮           语句中有效
    }
  }
```

说明：

(1) 主函数 main 中定义的变量（m,n）也只在主函数中有效，不会因为在主函数中定义而在整个文件或程序中有效。在主函数中也不能使用其他函数中定义的变量。

（2）不同函数中可以使用同名的变量，它们代表不同的对象，互不干扰。例如，在 f1 函数中定义了变量 b 和 c，倘若在 f2 函数中也定义变量 b 和 c，它们在不同的时间段中存在，在内存中占不同的单元，不会混淆。

（3）可以在一个函数内的复合语句中定义变量，这些变量只在本复合语句中有效，这种复合语句也称为分程序或程序块。

（4）形式参数也是局部变量。例如，f1 函数中的形参 a 也只在 f1 函数中有效。其他函数不能调用。

（5）在函数原型声明中出现的参数名，只在原型声明中的括号范围内有效，它并不是实际存在的变量，不能被引用，编译系统对函数声明中的变量名是忽略的，即使在调用函数时也没有为它们分配存储单元。例如：

```
int max(int a,int b);          //函数声明中出现 a,b
    ⋮
int max(int x,int y)           //函数定义,形参是 x,y
{ cout << x << y << endl;;     //合法,x,y 在函数体中有效
  cout << a << b << endl;      //非法,a,b 在函数体中无效
}
```

编译时认为 max 函数体中的 a 和 b 未经定义。

4.11.2 全局变量

在函数内定义的变量是局部变量，而在函数之外定义的变量是外部变量，称为全局变量（global variable，也称全程变量）。全局变量的有效范围为从定义变量的位置开始到本源文件结束。如

```
int p=1,q=5;              //全局变量                  ┐
float f1(a)               //定义函数 f1               │
int a;                                                │
  {int b,c;                                           │
    ⋮                                                 │
  }                                                   │
char c1,c2;               //全局变量    ┐              │ 全局变量 p,q 的
char f2 (int x, int y)    //定义函数 f2 │              │ 作用范围
  {int i,j;                            │              │
    ⋮                                  │ 全局变量 c1,c2 的
  }                                    │ 作用范围      │
int main ()               //主函数      │              │
  {int m,n;                            │              │
    ⋮                                  │              │
  }                                    ┘              ┘
```

p,q,c1,c2 都是全局变量，但它们的作用范围不同，在 main 函数和 f2 函数中可以使用全局变量 p,q,c1,c2，但在函数 f1 中只能使用全局变量 p,q，而不能使用 c1 和 c2。

在一个函数中既可以使用本函数中定义的局部变量，又可以使用有效的全局变量。

打个通俗的比方：国家有统一的法律，各省还可以根据需要制定地方的法律。在甲省，国家统一的法律和甲省的法律都是有效的，而在乙省，则国家统一的法律和乙省的法律有效。显然，甲省的法律在乙省无效。

说明：

(1) 设全局变量的作用是增加了函数间数据联系的渠道。由于同一文件中的所有函数都能使用全局变量的值，因此如果在一个函数中改变了全局变量的值，就能影响到其他函数，使其他函数中引用的同名变量的值也同时改变，这相当于各个函数间有直接的传递通道。由于函数的调用只能带回一个返回值，因此有时可以利用全局变量增加函数间数据传递的渠道。如果在 main 函数中调用 f1 函数，而在执行 f1 函数过程中改变了全局变量 a 和 b 的值，则在调用结束后，在 main 函数中除了得到一个函数返回值外，还可以使用另外两个改变了值的全局变量。相当于向 main 函数传递了 3 个数据。

(2) 建议不在必要时不要使用全局变量，因为：

① 全局变量在程序的全部执行过程中都占用存储单元，而不是仅在需要时才开辟单元。

② 它使函数的通用性降低了，因为在执行函数时要受到外部变量的影响。如果将一个函数移到另一个文件中，还要将有关的外部变量及其值一起移过去。但若该外部变量与其他文件的变量同名，就会出现问题，降低了程序的可靠性和通用性。在程序设计中，在划分模块时要求模块的内聚性强、与其他模块的耦合性弱。即模块的功能要单一（不要把许多互不相干的功能放到一个模块中），与其他模块的相互影响要尽量少，而用全局变量是不符合这个原则的。

一般要求把程序中的函数做成一个封闭体，除了可以通过"实参——形参"的渠道与外界发生联系外，没有其他渠道。这样的程序移植性好，可读性强。

③ 使用全局变量过多，会降低程序的清晰性，人们往往难以清楚地判断出每个瞬时各个全局变量的值。在各个函数执行时都可能改变全局变量的值，程序容易出错。因此，要限制使用全局变量。

(3) 如果在同一个源文件中，全局变量与局部变量同名，则在局部变量的作用范围内，全局变量被屏蔽，即它不起作用，此时可以使用局部变量。

变量的有效范围称为变量的**作用域**（scope）。归纳起来，变量有 4 种不同的作用域：**文件作用域**（file scope）、**函数作用域**（function scope）、**块作用域**（block scope）和**函数原型作用域**（function prototype scope）。文件作用域是全局的，其他三者是局部的。

除了变量之外，任何以标识符代表的实体（如函数、数组、结构体、类等）都有作用域，概念与变量的作用域类似。

4.12　变量的存储类别

4.12.1　动态存储方式与静态存储方式

第 4.11 节已介绍了变量的一种属性——作用域，作用域是从空间的角度来分析的，分为全局变量和局部变量。

变量还有另一种属性——**存储期**(storage duration，也称生命期)。存储期是指变量在内存中的存在周期。这是从变量值存在的时间角度来分析的。存储期可以分为**静态存储期**(static storage duration)和**动态存储期**(dynamic storage duration)。这是由变量的静态存储方式和动态存储方式决定的。

所谓静态存储方式是指在程序运行期间，系统对变量分配固定的存储空间。而动态存储方式则是在程序运行期间，系统对变量动态地分配存储空间。

先看一下内存中的供用户使用的存储空间的情况。这个存储空间可以分为 3 部分，即

(1) 程序区。

(2) 静态存储区。

(3) 动态存储区。

见图 4.11。

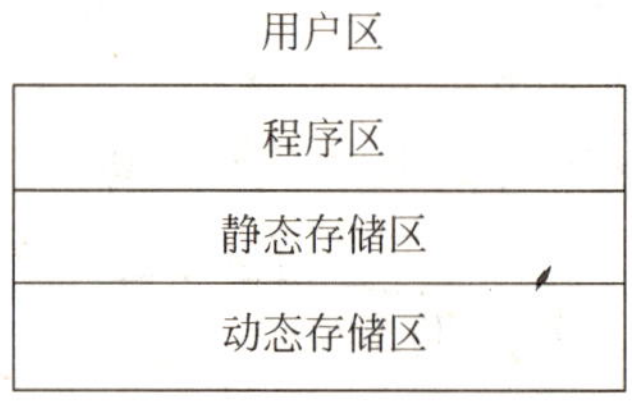

图 4.11

程序中所用的数据分别存放在静态存储区和动态存储区中。全局变量全部存放在静态存储区中，在程序开始执行时给全局变量分配存储单元，程序执行完毕就释放这些空间。在程序执行过程中它们占据固定的存储单元，而不是动态地进行分配和释放。

在动态存储区中存放以下数据：①函数形式参数。在调用函数时给形参分配存储空间。②函数中定义的变量(未加 static 声明的局部变量，详见后面的介绍)。③函数调用时的现场保护和返回地址等。

对以上这些数据，在函数调用开始时分配动态存储空间，函数调用结束时释放这些空间。在程序执行过程中，这种分配和释放是动态的。如果在一个程序中两次调用同一函数，则要进行两次分配和释放，而两次分配给此函数中局部变量的存储空间地址可能是不相同的。

如果在一个程序中包含若干个函数，每个函数中的局部变量的存储期并不等于整个程序的执行周期，它只是整个程序执行周期的一部分。根据函数调用的情况，系统对局部变量动态地分配和释放存储空间。

在 C++ 中变量除了有**数据类型**的属性之外，还有**存储类别**(storage class)的属性。存储类别指的是数据在内存中存储的方法。存储方法分为静态存储和动态存储两大类。**存储类别有 4 种：自动的(auto)，静态的(static)，寄存器的(register)，外部的(extern)**。根据变量的存储类别，可以知道变量的作用域和存储期。下面分别作介绍。

4.12.2 自动变量

函数中的局部变量，如果不用关键字 static 加以声明，编译系统对它们是动态地分配存储空间的。函数的形参和在函数中定义的变量(包括在复合语句中定义的变量)，都属此类。在调用该函数时，系统给形参和函数中定义的变量分配存储空间，数据存储在动态存储区中。在函数调用结束时就自动释放这些空间。如果是在复合语句中定义的变量，则在变量定义时分配存储空间，在复合语句结束时自动释放空间。因此这类局部变量称

为**自动变量**(auto variable)。自动变量用关键字 auto 作存储类别的声明。例如:

```
int f(int a)                //定义 f 函数,a 为形参
  {auto int b,c=3;          //定义 b 和 c 为整型的自动变量
      ⋮
  }
```

a 是形参,b 和 c 是在函数中定义的自动变量,对 c 赋初值 3。执行完 f 函数后,自动释放 a,b,c 所占的存储单元。

存储类别 auto 和数据类型 int 的顺序任意。关键字 auto 可以省略,如果不写 auto,则系统把它默认为自动存储类别,它属于动态存储方式。程序中大多数变量属于自动变量。本书前面各章所介绍的例子,在函数中定义的变量都没有声明为 auto,其实都默认指定为自动变量。在函数体中以下两种写法作用相同:

① auto int b,c=3;
② int b,c=3;

4.12.3　用 static 声明静态局部变量

有时希望函数中的局部变量的值在函数调用结束后不消失而保留原值,即其占用的存储单元不释放,在下一次该函数调用时,该变量保留上一次函数调用结束时的值。这时就应该指定该局部变量为**静态局部变量**(static local varible),通过下面简单的例子可以了解它的特点。

例 4.12　静态局部变量的值。

```
#include <iostream>
using namespace std;
int f(int a)                //定义 f 函数,a 为形参
 {auto int  b=0;            //定义 b 为自动变量
  static int c=3;           //定义 c 为静态局部变量
  b=b+1;
  c=c+1;
  return a+b+c;
 }

int main( )
 {int a=2,i;
  for(i=0;i<3;i++)
    cout<<f(a)<<" ";
  cout<<endl;
  return 0;
 }
```

运行结果为

7 8 9

在第1次调用f函数时,b的初值为0,c的初值为3,第1次调用结束时,b的值等于1,c的值等于4,a+b+c的值等于7。由于c是静态局部变量,在函数调用结束后,它并不释放,仍保留c等于4。在第2次调用f函数时,b的初值为0,而c的初值为4(上次调用结束时的值)。见图4.12。先后3次调用f函数时,b和c的值如表4.1所示。

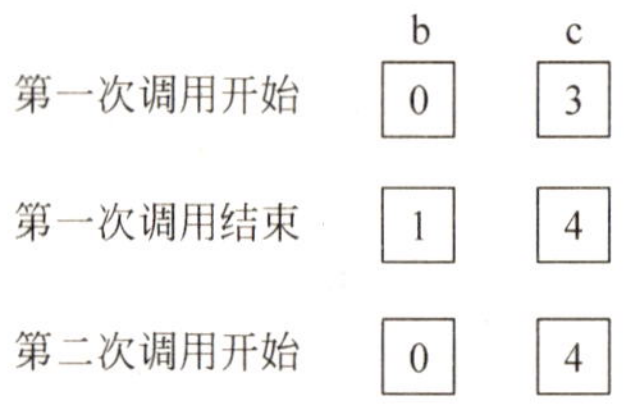

图 4.12

表4.1 调用函数时自动变量和静态局部变量的值

第几次调用	调用时初值		调用结束时的值		
	自动变量b	静态局部变量c	b	c	a+b+c
第1次	0	3	1	4	7
第2次	0	4	1	5	8
第3次	0	5	1	6	9

对静态局部变量的说明:

(1) 静态局部变量在静态存储区内分配存储单元。在程序整个运行期间都不释放。而自动变量(即动态局部变量)属于动态存储类别,存储在动态存储区空间(而不是静态存储区空间),函数调用结束后即释放。

(2) 对静态局部变量是在编译时赋初值的,即只赋初值一次,在程序运行时它已有初值。以后每次调用函数时不再重新赋初值而只是保留上一次函数调用结束时的值。而对自动变量赋初值,不是在编译时进行的,而是在函数调用时进行,每调用一次函数重新给一次初值,相当于执行一次赋值语句。

(3) 如果在定义局部变量时不赋初值的话,对静态局部变量来说,编译时自动赋初值0(对数值型变量)或空字符(对字符变量)。而对自动变量来说,如果不赋初值,则它的值是一个不确定的值。这是由于每次函数调用结束后存储单元已释放,下次调用时又重新另分配存储单元,而所分配的单元中的值是不确定的。

(4) 虽然静态局部变量在函数调用结束后仍然存在,但其他函数是不能引用它的,也就是说,在其他函数中它是“不可见”的。

在什么情况下需要用局部静态变量呢?

(1) 需要保留函数上一次调用结束时的值。例如可以用下面方法求$n!$。

例4.13 输出1~5的阶乘值(即1!,2!,3!,4!,5!)。

先讨论解题思路:这里采用递推的方法,先求出1!,再求2!,3!,4!,5!。用fac函数求阶乘值,第1次调用fac函数求得1!,保留这个值,在第2次调用fac函数时在这个值的基础上乘以2,得到2!,函数调用结束后仍保留此值,在第3次调用fac函数时在这个值的基础上再乘以3,得到3!……,其余类推。依此可编程序如下:

```
#include <iostream>
using namespace std;
int fac(int);                    //函数声明
int main()
{int i;
  for(i=1;i<=5;i++)
   cout<<i<<"!="<<fac(i)<<endl;
```

```
    return 0;
}

int fac(int n)
{static int f=1;                          //f 为静态局部变量,函数结束时 f 的值不释放
    f=f*n;                                //在 f 原值基础上乘以 n
    return f;
}
```

运行结果为

```
1!=1
2!=2
3!=6
4!=24
5!=120
```

每次调用 fac(i),就输出一个 i 同时保留这个 i! 的值,以便下次再乘(i+1)。

(2) 如果初始化后,变量只被引用而不改变其值,则这时用静态局部变量比较方便,以免每次调用时重新赋值。

但是应该看到,用静态存储要多占内存(长期占用不释放,而不能像动态存储那样一个存储单元可先后供多个变量使用,节约内存),而且降低了程序的可读性,当调用次数多时往往弄不清静态局部变量的当前值是什么。因此,如不必要,不要多用静态局部变量。

4.12.4 用 register 声明寄存器变量

一般情况下,变量(包括静态存储方式和动态存储方式)的值是存放在内存中的。当程序中用到哪一个变量的值时,由控制器发出指令将内存中该变量的值送到 CPU 中的运算器。经过运算器进行运算,如果需要存数,再从运算器将数据送到内存存放。见图 4.13。

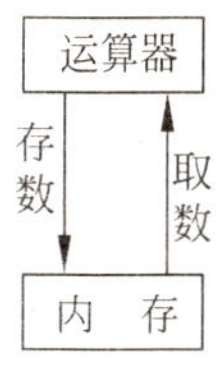

图 4.13

如果有一些变量使用频繁(例如在一个函数中执行 10000 次循环,每次循环中都要引用某局部变量),则为存取变量的值要花不少时间。为提高执行效率,C++ 允许将局部变量的值放在 CPU 的寄存器中,需要用时直接从寄存器取出参加运算,不必再到内存中去存取。由于对寄存器的存取速度远高于对内存的存取速度,因此这样做可以提高执行效率。这种变量叫做寄存器变量,用关键字 register 作声明。例如,可以将例 4.14 中的 fac 函数改写如下:

```
int fac(int n)
{register int i,f=1;                      //定义 i 和 f 是寄存器变量
    for(i=1;i<=n;i++) f=f*i;
    return f;
}
```

定义 f 和 i 是存放在寄存器的局部变量,如果 n 的值大,则能节约许多执行时间。

在程序中定义寄存器变量对编译系统只是建议性（而不是强制性）的。当今的优化编译系统能够识别使用频繁的变量，从而自动地将这些变量放在寄存器中，而不需要程序设计者指定。因此在实际上用 register 声明变量是不必要的。读者对它有一定了解即可。

4.12.5 用 extern 声明外部变量

全局变量（外部变量）是在函数的外部定义的，它的作用域为从变量的定义处开始，到本程序文件的末尾。在此作用域内，全局变量可以为本文件中各个函数所引用。编译时将全局变量分配在静态存储区。

有时需要用 extern 来声明全局变量，以扩展全局变量的作用域。

1. 在一个文件内声明全局变量

如果外部变量不在文件的开头定义，其有效的作用范围只限于定义的位置起到文件终了的位置止。如果在定义点之前的函数想引用该全局变量，则应该在引用之前用关键字 extern 对该变量作外部变量声明，表示该变量是一个将在下面定义的全局变量。有了此声明，就可以从声明的位置起，合法地引用该全局变量，这种声明称为**提前引用声明**。

例 4.14 用 extern 对外部变量作提前引用声明，以扩展程序文件中的作用域。

```
#include <iostream>
using namespace std;
int max(int,int);                    //函数声明
void main()
{extern int a,b;                     //对全局变量 a,b 作提前引用声明
  cout<<max(a,b)<<endl;
}
int a=15,b=-7;                       //定义全局变量 a,b
int max(int x,int y)
{int z;
  z=x>y? x:y;
  return z;
}
```

运行结果如下：

```
15
```

在 main 后面定义了全局变量 a,b，但由于全局变量定义的位置在函数 main 之后，因此如果没有程序的第 5 行，在 main 函数中是不能引用全局变量 a 和 b 的。现在我们在 main 函数第 2 行用 extern 对 a 和 b 作了提前引用声明，表示 a 和 b 是将在后面定义的变量。这样在 main 函数中就可以合法地使用全局变量 a 和 b 了。如果不作 extern 声明，编译时会出错，系统认为 a 和 b 未经定义。一般都把全局变量的定义放在引用它的所有函数之前，这样可以避免在函数中多加一个 extern 声明。

2. 在多文件的程序中声明外部变量

一个 C++程序可以由一个或多个源程序文件组成。如果程序只由一个源文件组成，

使用外部变量的方法前面已经介绍。如果程序由多个源程序文件组成，那么在一个文件中想引用另一个文件中已定义的外部变量，有什么办法呢？

如果一个程序包含两个文件，在两个文件中都要用到同一个外部变量 num，不能分别在两个文件中各自定义一个外部变量 num，否则在进行程序的连接时会出现"重复定义"的错误。正确的做法是：在任一个文件中定义外部变量 num，而在另一文件中用 extern 对 num 作**外部变量声明**。即

```
extern int num;
```

编译系统由此知道 num 是一个已在别处定义的外部变量，它先在本文件中找有无外部变量 num，如果有，则将其作用域扩展到本行开始（如第 4.12.4 节所述）；如果本文件中无此外部变量，则在程序连接时从其他文件中找有无外部变量 num，如果有，则把在另一文件中定义的外部变量 num 的作用域扩展到本文件，在本文件中可以合法地引用该外部变量 num。分析下例：

file1. cpp

```
extern int a,b;
int main( )
{cout << a << " ," << b < endl;
  return 0;
}
```

file2. cpp

```
int a =3,b =4;
    ⋮
```

在源程序文件 file2. cpp 中定义了整型变量 a 和 b，并赋了初值。在 file1. cpp 中用 extern 声明外部变量 a 和 b，未赋值。在编译连接成一个程序后，file2. cpp 中 a 和 b 的作用域扩展到 file2. cpp 文件中，因此 main 函数中的 cout 语句输出 a 和 b 的值 3 和 4。

注意：extern 是用作变量声明，而不是变量定义。它只是对一个已定义的外部变量作声明，以扩展其作用域。

用 extern 扩展全局变量的作用域，虽然能为程序设计带来方便，但应十分慎重，因为在执行一个文件中的函数时，可能会改变了该全局变量的值，从而会影响到另一文件中的函数执行结果。

4.12.6 用 static 声明静态外部变量

有时在程序设计中希望某些外部变量只限于被本文件引用，而不能被其他文件引用。这时可以在定义外部变量时加一个 static 声明。例如：

file1. cpp

```
static int a =3;
int main ( )
{
    ⋮
}
```

file2. cpp

```
extern int a;
int func (int n)
 { ⋮
   a = a * n;
   ⋮
 }
```

在 file1. cpp 中定义了一个全局变量 a，但它用 static 声明，因此只能用于本文件，虽然

在 file2. cpp 文件中用了“extern int a;”,但 file2. cpp 文件中仍然无法使用 file1. cpp 中的全局变量 a。

这种加上 static 声明、只能用于本文件的外部变量(全局变量)称为静态外部变量,在程序设计中,常由若干人分别完成各个模块,各人可以独立地在其设计的文件中使用相同的全局变量名而互不相干。只需在每个文件中的全局变量前加上 static 即可。这就为程序的模块化、通用性提供了方便。如果已知道其他文件不需要引用本文件的全局变量,可以对本文件中的全局变量都加上 static,成为静态外部变量,以免被其他文件误用。

需要指出,不要误认为用 static 声明的外部变量才采用静态存储方式(存放在静态存储区中),而不加 static 的是动态存储(存放在动态存储区)。实际上,两种形式的外部变量都用静态存储方式,只是作用范围不同而已,都是在编译时分配内存的。

4.13 变量属性小结

从前面的介绍中,可以知道,一个变量除了数据类型以外,还有 3 种属性:

(1) **存储类别**:C++ 允许使用 auto,static,register,extern 4 种存储类别。

(2) **作用域**:指在程序中可以引用该变量的区域。

(3) **存储期**:指变量在内存的存储周期。

以上 3 种属性是有联系的,程序设计者只能声明变量的存储类别,通过存储类别可以确定变量的作用域和存储期。

要注意存储类别的用法。auto, static 和 register 3 种存储类别只能用于变量的定义语句中,如

```
auto char c;            //字符型自动变量,在函数内定义
static int a;           //静态局部整型变量或静态外部整型变量
register int d;         //整型寄存器变量,在函数内定义
extern int b;           //声明一个已定义的外部整型变量
```

说明:extern 只能用来声明已定义的外部变量,而不能用于变量的定义。只要看到 extern,就可以判定这是变量声明,而不是定义变量的语句。

下面从不同角度分析它们之间的联系:

(1) 从作用域角度分,有局部变量和全局变量。它们采用的存储类别如下:

- 局部变量
  - 自动变量,即动态局部变量(离开函数,值就消失)
  - 局部变量(离开函数,值仍保留)
  - 寄存器变量(离开函数,值就消失)
  - 形式参数(可以定义为自动变量或寄存器变量)
- 全局变量
  - 静态外部变量(只限本文件引用)
  - 外部变量(即非静态的外部变量,允许其他文件引用)

(2) 从变量存储期(存在的时间)来区分,有动态存储和静态存储两种类型。静态存储是程序整个运行时间都存在,而动态存储则是在调用函数时临时分配单元。

- 动态存储
  - 自动变量(本函数内有效)
  - 寄存器变量(本函数内有效)
  - 形式参数
- 静态存储
  - 静态局部变量(函数内有效)
  - 静态外部变量(本文件内有效)
  - 外部变量(其他文件可引用)

(3) 从变量值存放的位置来区分,可分为

- 内存中静态存储区
  - 静态局部变量
  - 静态外部变量(函数外部静态变量)
  - 外部变量(可为其他文件引用)
- 内存中动态存储区:自动变量和形式参数
- CPU 中的寄存器:寄存器变量

(4) 关于作用域和存储期的概念。从前面叙述可以知道,对一个变量的性质可以从两个方面分析,一是从变量的作用域,一是从变量值存在时间的长短,即存储期。前者是从空间的角度来看,后者是从时间的角度来看。二者有联系但不是同一回事。图 4.14 是作用域的示意图,图 4.15 是存储期的示意图。

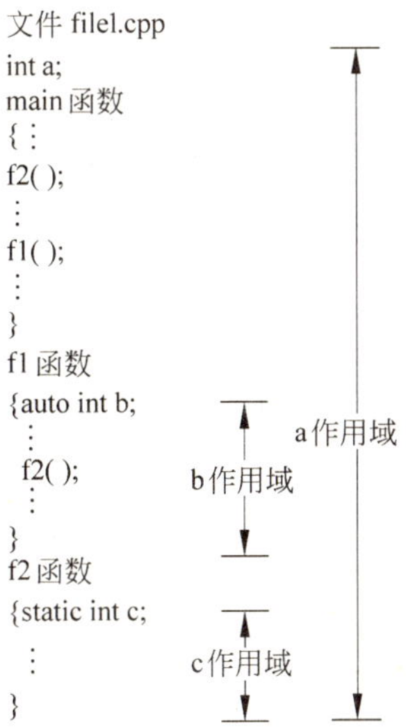

图　4.14

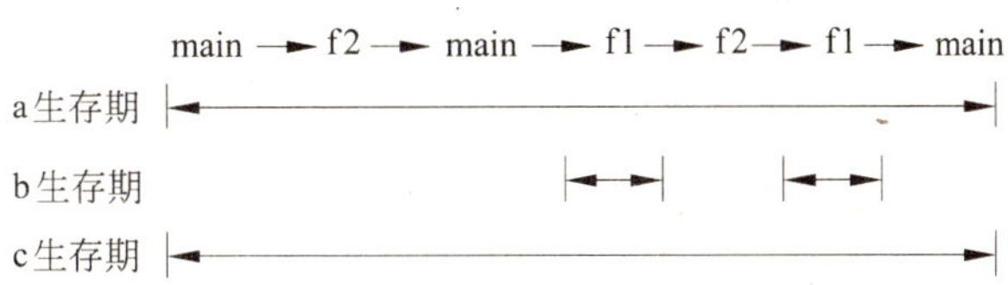

图　4.15

如果一个变量在某个文件或函数范围内是有效的,则称该文件或函数为该变量的作用域,在此作用域内可以引用该变量,所以又称变量在此作用域内“可见”,这种性质又称为**变量的可见性**,例如图 4.14 中变量 a,b 在函数 f1 中可见。

如果一个变量值在某一时刻是存在的,则认为这一时刻属于该变量的存储期,或称该变量在此时刻“**存在**”。表 4.2 表示各种类型变量的作用域和存在性的情况。

表中“√”表示“是”,“×”表示“否”。可以看到自动变量和寄存器变量在函数内的可见性和存在性是一致的,即在函数执行期间,变量是存在的,且可以被引用。在函数外的可见性和存在性也是一致的,即离开函数后,变量不存在,不能被引用。静态局部变量

表 4.2 变量的作用域和存在性

变量存储类别	函数内		函数外	
	作用域(可见性)	存在性	作用域(可见性)	存在性
自动变量和寄存器变量	√	√	×	×
静态局部变量	√	√	×	√
静态外部变量	√	√	√(只限本文件)	√
外部变量	√	√	√	√

在函数外的可见性和存在性不一致,离开函数后,变量值存在,但不能被引用。静态外部变量和外部变量的可见性和存在性是一致的,在离开函数后变量值仍存在,且可被引用。

(5) static 声明使变量采用静态存储方式,但它对局部变量和全局变量所起的作用不同。对局部变量来说,static 使变量由动态存储方式改变为静态存储方式。而对全局变量来说,它使变量局部化(局部于本文件),但仍为静态存储方式。从作用域角度看,凡有 static 声明的,其作用域都是局限的,或者是局限于本函数内(静态局部变量),或者局限于本文件内(静态外部变量)。

4.14 关于变量的声明和定义

在第 2 章中介绍了如何定义一个变量。在本章中又介绍了如何对一个变量的存储类别作声明(如 extern a;)。可能有些读者弄不清楚定义与声明有什么区别,它们是否一回事。在 C 和 C++ 中,关于定义与声明这两个名词的使用上始终存在着混淆。不仅许多初学者没有搞清楚,连不少介绍 C 和 C++ 的教材和书籍也没有给出准确的介绍。

从第 2 章已经知道,一个函数一般由两部分组成:(1)声明部分;(2)执行语句。声明部分的作用是对有关的标识符(如变量、函数、结构体、共用体等)的属性进行说明。对于函数,声明和定义的区别是明显的,在第 4.4.3 节中已说明,**函数的声明是函数的原型,而函数的定义是函数功能的确立**。对函数的声明是可以放在声明部分中的,而函数的定义显然不在函数的声明部分范围内,它是一个文件中的独立模块。

对变量而言,声明与定义的关系稍微复杂一些。在声明部分出现的变量有两种情况:一种是需要建立存储空间的(如 int a;):另一种是不需要建立存储空间的(如 extern int a;)。前者称为**定义性声明**(defining declaration) ,或简称为**定义**(definition)。后者称为**引用性声明**(referenceing declaration)。广义地说,声明包括定义,但并非所有的声明都是定义。对于"int a;" 而言,它是定义性声明,既可说是声明,又可说是定义。而对于"extern int a;"而言,它是声明而不是定义。一般为了叙述方便,**把建立存储空间的声明称为定义**,而**把不需要建立存储空间的声明称为声明**。显然这里指的声明是狭义的,即非定义性声明。例如:

```
int main( )
  {extern int a;              //这是声明不是定义。声明 a 是一个已定义的外部变量
       ⋮
  }
```

```
int a;                    //是定义,定义 a 为整型外部变量
```

外部变量定义和外部变量声明的含义是不同的。外部变量的定义只能有一次,它的位置在所有函数之外,而同一文件中的外部变量的声明可以有多次,它的位置可以在函数之内(哪个函数要用就在哪个函数中声明),也可以在函数之外(在外部变量的定义点之前)。系统根据外部变量的定义(而不是根据外部变量的声明)分配存储单元。对外部变量的初始化只能在定义时进行,而不能在声明中进行。所谓声明,其作用是向编译系统发出一个信息,声明该变量是一个在后面定义的外部变量,仅仅是为了提前引用该变量而作的声明。extern 只用作声明,而不用于定义。

用 static 来声明一个变量的作用有两个:(1)对局部变量用 static 声明,使该变量在本函数调用结束后不释放,整个程序执行期间始终存在,使其存储期为程序的全过程。(2)全局变量用 static 声明,则该变量的作用域只限于本文件模块(即被声明的文件中)。

请注意,用 auto,register,static 声明变量时,是在定义变量的基础上加上这些关键字,而不能单独使用。如"static a;"是不合法的,应写成"static int a;"。

4.15　内部函数和外部函数

函数本质上是全局的,因为一个函数要被另外的函数调用,但是,也可以指定函数只能被本文件调用,而不能被其他文件调用。根据函数能否被其他源文件调用,将函数区分为内部函数和外部函数。

4.15.1　内部函数

如果一个函数只能被本文件中其他函数所调用,它称为内部函数。在定义内部函数时,在函数名和函数类型的前面加 static。函数首部的一般格式为

static 类型标识符 函数名(形参表)

如

```
static int func(int a,int b)
```

内部函数又称静态(static)函数。使用内部函数,可以使函数只局限于所在文件。如果在不同的文件中有同名的内部函数,互不干扰。这样不同的人可以分别编写不同的函数,而不必担心所用函数名是否会与其他文件中的函数相同。通常把只能由同一文件使用的函数和外部变量放在一个文件中,在它们前面都冠以 static 使之局部化,其他文件不能引用。

4.15.2　外部函数

(1) 在定义函数时,**如果在函数首部的最左端冠以关键字 extern,则表示此函数是外部函数,可供其他文件调用**。

如函数首部可以写为

```
extern int func (int a, int b)
```

这样,函数 func 就可以为其他文件调用。如果在定义函数时省略 extern,则默认为外部函数。本书前面所用的函数都是外部函数。

(2) 在需要调用此函数的文件中,用 extern 声明所用的函数是外部函数。

例 4.15 输入两个整数,要求输出将其中的大者。用外部函数实现。

```
file1.cpp(文件 1)
#include <iostream>
using namespace std;
int main()
 {extern int max(int,int);    //声明在本函数中将要调用在其他文件中定义的 max 函数
  int a,b;
  cin>>a>>b;
  cout<<max(a,b)<<endl;
  return 0;
 }
file2.cpp(文件 2)
int max(int x,int y)
{int z;
 z=x>y?x:y;
 return z;
 }
```

运行结果如下:

```
7 -34↙
7
```

整个程序由两个文件组成。每个文件包含一个函数。主函数是主控函数,在 main 函数中用 extern 声明在 main 函数中要用到的 max 函数是在其他文件中定义的外部函数。

在计算机上运行一个含多文件的程序时,需要建立一个项目文件(project file),在该项目文件中包含程序的各个文件。详细情况请参阅本书的配套书《C++程序设计习题解答与上机指导(第2版)》。

通过此例可知:使用 extern 声明就能够在一个文件中调用其他文件中定义的函数,或者说把该函数的作用域扩展到本文件。extern 声明的形式就是在函数原型基础上加关键字 extern。由于函数在本质上是外部的,在程序中经常要调用其他文件中的外部函数,为方便编程,C++允许在声明函数时省写 extern。例 4.15 程序 main 函数中的函数声明可写成

```
int max(int,int);
```

这就是我们多次用过的函数原型。由此可以进一步理解函数原型的作用。用函数原型能够把函数的作用域扩展到定义该函数的文件之外(不必使用 extern)。只要在使用该函数的每一个文件中包含该函数的函数原型即可。函数原型通知编译系统:该函数在本文件中稍后定义,或在另一文件中定义。

利用函数原型扩展函数作用域最常见的例子是#include 指令的应用。在前面几章中曾多次使用过#include 指令,并提到过:在#include 指令所指定的头文件中包含有调用库函数时所需的信息。例如,在程序中需要调用 sin 函数,但三角函数并不是由用户在本文件中定义的,而是存放在数学函数库中的。按以上的介绍,必须在本文件中写出 sin 函数的原型,否则无法调用 sin 函数。sin 函数的原型是

```
double sin(double x);
```

本来应该由程序设计者在调用库函数时先从手册中查出所用的库函数的原型,并在程序中一一写出来,但这显然是麻烦而困难的。为减少程序设计者的困难,在头文件 cmath 中包括了所有数学函数的原型和其他有关信息,用户只须用以下#include 指令:

```
#include <cmath>
```

即可。这时,在该文件中就能合法地调用各数学库函数了。

4.16 头文件

在前面见到的程序中都用#include 指令包含指定的头文件。实际上,#include 指令和头文件已成为源文件中不可缺少的成分。

4.16.1 头文件的内容

许多程序都要使用系统提供的库函数,而 C++ 又规定在调用函数前必须对被调用的函数作原型声明,如果由用户来完成这些工作,是非常麻烦和枯燥的,而且容易遗漏和出错。现在,库函数的开发者把这些信息写在一个文件中,用户只须将该文件"包含"进来即可(如调用数学函数的,应包含 cmath 文件),这就大大简化了程序,写一行#include 指令的作用相当于写几十行、几百行甚至更多行的内容。这种常用在文件头部的被包含的文件称为"标题文件"或"头部文件"。

头文件一般包含以下几类内容:

(1) **对类型的声明**。包括第 7 章介绍的自定义类型和第 8 章介绍的类(class)的声明。

(2) **函数声明**。例如系统函数库包含了各类函数,在程序中要使用这些函数就要对之作函数声明。为方便用户,可以将同一类的函数声明集中在一个头文件中(如头文件 cmath 集中了数学函数的原型声明),用户只要包含了此头文件,就可以在程序中使用该类函数。应特别说明,函数的定义是不放在头文件中的,而是放在函数库中或单独编译成目标文件,在编译连接阶段与用户文件连接组成可执行文件。

(3) **内置(inline)函数的定义**。由于内置函数的代码是要插入用户程序中的,因此它应当与调用它的语句在同一文件中,而不能分别在不同的文件中。

(4) **宏定义**。用#define 定义的符号常量和用 const 声明的常变量。

(5) **全局变量定义**。

(6) **外部变量声明**。如"entern int a;"。

（7）还可以根据需要包含**其他头文件**。

不同的头文件包括以上不同的信息，提供给程序设计者使用，这样，程序设计者不用自己重复书写这些信息，只须用一行#include 指令就把这些信息包含到本文件了，大大地提高了编程效率。**由于有了#include 指令，就可以把不同的文件组合在一起，形成一个文件。因此说，头文件是源文件之间的接口。**

*4.16.2 关于 C++ 标准库和头文件的形式

前面已说明，各种 C++ 编译系统都提供了许多系统函数和宏定义，而对函数的声明则分别存放在不同的头文件中。如果要调用某一个函数，就必须用#include 指令将有关的头文件包含进来。C++ 的库除了保留 C 的大部分系统函数和宏定义外，还增加了预定义的模板和类。但是不同的编译系统的 C++ 库的内容不完全相同，由各 C++ 编译系统自行决定。新的 C++ 标准把库的建设纳入标准，规范化了 C++ 标准库。以便使 C++ 程序能够在不同的 C++ 平台上工作，便于互相移植。新的 C++ 标准库中的头文件不再包括后缀. h，例如：

```
#include <string>
```

但为了使大批已有的 C 程序能继续使用，许多 C++ 编译系统保留了 C 的头文件，即提供两种不同的头文件，由程序设计者选用。如

```
#include <iostream.h>        //C 形式的头文件
#include <iostream>          //C++形式的头文件
```

效果是一样的。建议尽量用符合 C++ 标准的形式，即在包含 C++ 头文件时一般不用后缀。如果用户自己编写头文件，可以用. h 作后缀。这样从#include 指令中即可看出哪些头文件是属于 C++ 标准库的，哪些头文件是用户自编或别人提供的。

习 题

√1. 写两个函数，分别求两个整数的最大公约数和最小公倍数，用主函数调用两个函数，并输出结果，两个整数由键盘输入。

√ 2. 求方程 $ax^2+bx+c=0$ 的根，用 3 个函数分别求当 b^2-4ac 大于 0、等于 0 和小于 0 时的根，并输出结果。从主函数输入 a,b,c 的值。 也有解

√ 3. 写一个判别素数的函数，在主函数中输入一个整数，输出是否为素数的信息。 2~√a

√4. 求 $a!+b!+c!$ 的值，用一个函数 fac(n) 求 $n!$。a,b,c 的值由主函数输入，最终得到的值在主函数中输出。

√ 5. 写一函数求 sinh(x) 的值，求 sinh(x) 的近似公式为

$$\sinh(x)=\frac{e^x-e^{-x}}{2}$$

其中用一个函数求 e^x。

exp(x)
↓
double

6. 用牛顿迭代法求根。方程为 $ax^3+bx^2+cx+d=0$。系数 a,b,c,d 的值依次为 1，2，3，4，由主函数输入。求 x 在 1 附近的一个实根。求出根后由主函数输出。

7. 写一个函数验证哥德巴赫猜想：一个不小于 6 的偶数可以表示为两个素数之和，如 6＝3＋3，8＝3＋5，10＝3＋7，…，在主函数中输入一个不小于 6 的偶数 n，然后调用函数 gotbaha，在 gotbaha 函数中再调用 prime 函数，prime 函数的作用是判别一个数是否为素数。在 godbah 函数中输出以下形式的结果：

34＝3＋31

8. 用递归方法求 n 阶勒让德多项式的值，递归公式为

$$p_n(x)=\begin{cases}1 & (n=0)\\ x & (n=1)\\ ((2n-1)\cdot x\cdot p_{n-1}(x)-(n-1)\cdot p_{n-2}(x))/n & (n\geqslant 1)\end{cases}$$

9. Hanoi（汉诺）塔问题。这是一个经典的数学问题：古代有一个梵塔，塔内有 3 个座 A，B，C，开始时 A 座上有 64 个盘子，盘子大小不等，大的在下，小的在上（见图 4.16）。有一个老和尚想把这 64 个盘子从 A 座移到 C 座，但每次只允许移动一个盘，且在移动过程中在 3 个座上都始终保持大盘在下，小盘在上。在移动过程中可以利用 B 座，要求编程序打印出移动的步骤。

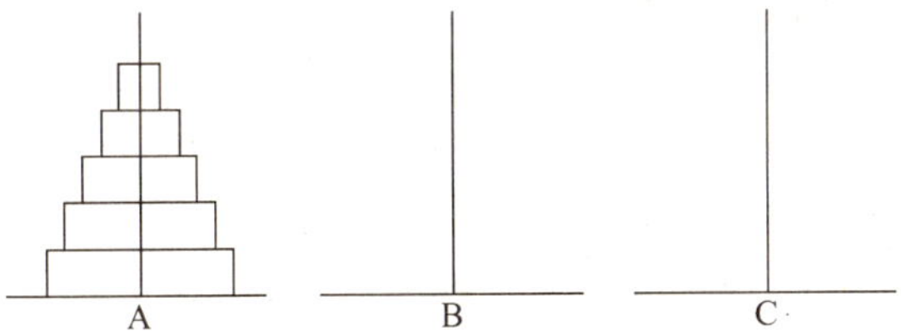

图　4.16

10. 用递归法将一个整数 n 转换成字符串。例如，输入 483，应输出字符串"483"。n 的位数不确定，可以是任意位数的整数。

11. 用递归方法求

$$f(n)=\sum_{i=1}^{n} i^2$$

n 的值由主函数输入。

12. 三角形的面积为

$$area=\sqrt{s\cdot(s-a)\cdot(s-b)\cdot(s-c)}$$

其中，$s=\frac{1}{2}(a+b+c)$，a,b,c 为三角形的三边。定义两个带参数的宏，一个用来求 s，另一个用来求 area。编写程序，在程序中用带实参的宏名来求面积 area。

第 5 章 利用数组处理批量数据

5.1 为什么需要用数组

如果有 100 个互不关联的数据,可以分别把它们存放到 100 个变量中。但是如果这些数据是有内在联系的,是具有相同属性的(如 100 个学生的成绩),就可以把这批数据看做一个整体,称为数组(array)。**所谓数组,就是用一个统一的名字代表这批数据,而用序号或下标来区分各个数据**。例如用 s 代表学生成绩这组数据,s 就是数组名,用 s_1,s_2,s_3 分别代表学生 1、学生 2、学生 3 的成绩,s 右下角的数字 1,2,3 用来表示该数据在数中的序号,称为**下标**(subscript)。数组中的数据称为**数组元素**。

概括地说:**数组是有序数据的集合**。要寻找一个数组中的某一个元素必须给出两个要素,即数组名和下标。数组名和下标唯一地标识一个数组中的一个元素。

数组是有类型属性的,例如可以定义 a 是整型数组,b 是单精度型数组等。同一数组中的每一个元素都必须属于同一数据类型。例如,一个数组不能由 9 个整型数据和 1 个单精度型数据组成。一个数组在内存中占一片连续的存储单元。如果有一个整型数组 a,假设数组的起始地址为 2000,则该数组在内存中的存储情况如图 5.1 所示。

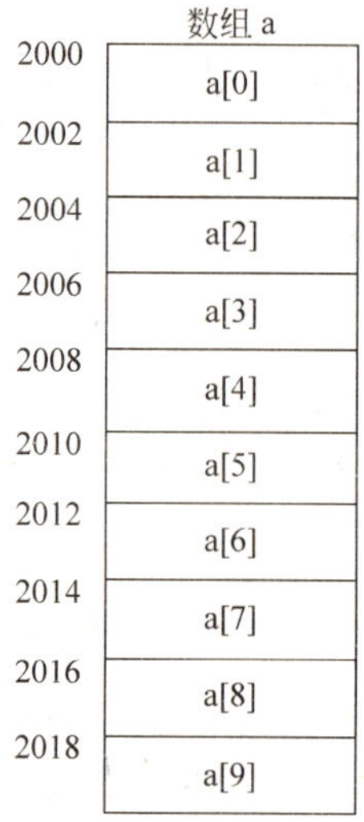

图 5.1

引入数组就不需要在程序中定义大量的变量,大大减少程序中变量的数量,使程序精练,而且数组含义清楚,使用方便,明确地反映了数据间的联系。许多好的算法都与数组有关。熟练地利用数组,可以大大地提高编程和解题的效率,加强了程序的可读性。

由于在程序中无法用下角表示下标,因此在计算机高级语言中都用括号来表示下标,在 BASIC,Pascal,FORTRAN,COBOL 等语言中用圆括号来表示下标,如 s(1),s(2),s(3)。C++ 用方括号来表示下标,如用 s[1],s[2],s[3] 分别代表 s_1,s_2,s_3。

5.2　定义和引用一维数组

5.2.1　定义一维数组

定义一维数组的一般形式为

类型名　数组名[常量表达式];

例如:

```
int a[10];
```

表示数组名为 a,此数组为整型,有 10 个元素。

说明:

(1) 数组名定名规则和变量名相同,遵循标识符定名规则。

(2) 用方括号括起来的常量表达式表示下标值,如下面写法是合法的:

```
int a[10];
int a[2*5];
int a[n*2];                    //假设前面已定义了 n 为常变量
```

(3) 常量表达式的值表示元素的个数,即数组长度。例如,在"int a[10];"中,10 表示 a 数组有 10 个元素,下标从 0 开始,这 10 个元素是 a[0],a[1],a[2],a[3],a[4],a[5],a[6],a[7], a[8],a[9]。注意最后一个元素是 a[9]而不是 a[10]。

(4) 常量表达式中可以包括常量、常变量和符号常量,但不能包含变量。也就是说,不允许对数组的大小作动态定义,即数组的大小不依赖于程序运行过程中变量的值。例如,下面这样定义数组是不行的:

```
int n;
cin>>n;                        // 输入 a 数组的长度
int a[n];                      // 试图根据 n 的值决定数组的长度
```

如果把第 1,2 行改为下一行就合法了。

```
const int n=5;
```

5.2.2　引用一维数组的元素

数组必须先定义,然后使用。只能逐个引用数组元素的值而不能一次引用整个数组中的全部元素的值。

数组元素的表示形式为

数组名[下标]

下标可以是整型常量或整型表达式。例如:

```
a[0] = a[5] + a[7] - a[2*3]
```

例 5.1　定义一个整型数组 a,把 0~9 共 10 个整数赋给数组元素 a[0]~a[9],然后按 a[9],a[8],a[7],…,a[0] 的顺序输出。

利用循环来处理这类问题是轻而易举的。程序如下：

```
#include <iostream>
using namespace std;
int main( )
{int i,a[10];
 for (i=0;i<=9;i++)
     a[i]=i;                //使 a[0]~a[9]的值为 0~9
 for (i=9;i>=0;i--)
cout<<a[i]<<" ";            //按 a[9],a[8],a[7],…,a[0] 的顺序输出
 cout<<endl;                //换行
 return 0;
}
```

运行结果如下：

```
9 8 7 6 5 4 3 2 1 0
```

5.2.3 一维数组的初始化

对数组元素的初始化可以用以下方法实现：

(1) **在定义数组时对全部数组元素赋予初值**。例如：

```
int a[10]={0,1,2,3,4,5,6,7,8,9};
```

中括号

将数组元素的初值依次放在一对花括号内。经过上面的定义和初始化之后，a[0]=0, a[1]=1,a[2]=2,a[3]=3,a[4]=4,a[5]=5,a[6]=6,a[7]=7,a[8]=8,a[9]=9。

(2) **可以只给一部分元素赋值**。例如：

```
int a[10]={0,1,2,3,4};
```

定义 a 数组有 10 个元素，但花括号内只提供 5 个初值，这表示只给前面 5 个元素赋初值，后 5 个元素值默认为 0。

(3) **在对全部数组元素赋初值时，可以不指定数组长度**。例如：

```
int a[5]={1,2,3,4,5};
```

可以写成

```
int a[ ]={1,2,3,4,5};
```

在第 2 种写法中，花括号中有 5 个数，系统就会据此自动定义 a 数组的长度为 5。但若被定义的数组长度与提供初值的个数不相同，则数组长度不能省略。

5.2.4 一维数组程序举例

通过本章的一些例题，读者可以了解不同问题的算法，并学会怎样思考和处理问题，举一反三。

例 5.2 用数组来处理求 Fibonacci 数列问题。

求 Fibonacci 数列问题已在例 3.13 中接触过，现在用数组来处理，可以用 20 个元素代表数列中的 20 个数，从第 3 个数开始，可以直接用表达式 f[i]=f[i-2]+f[i-1]求出各数。请读者比较用数组和不用数组时的两种算法。

程序如下：

```
#include <iostream>
#include <iomanip>
using namespace std;
int main()
  { int i;
    int f[20]={1,1};                    //f[0]=1,f[1]=1
    for(i=2;i<20;i++)
      f[i]=f[i-2]+f[i-1];               //在 i 的值为 2 时,f[2]=f[0]+f[1],其余类推
    for(i=0;i<20;i++)                   //此循环的作用是输出 20 个数
      {if(i%5==0) cout<<endl;           // 控制换行,每行输出 5 个数据
        cout<<setw(8)<<f[i];            // 每个数据输出时占 8 列宽度
      }
    cout<<endl;                         // 最后执行一次换行
    return 0;
}
```

运行结果如下：

```
(空一行)
   1     1     2     3     5
   8    13    21    34    55
  89   144   233   377   610
 987  1597  2584  4181  6765
```

例 5.3 编写程序，用起泡法对 10 个数排序（由小到大）。

起泡法的思路是：将相邻两个数比较，将小的调到前头。若有 6 个数（8,9,5,4,2,0）。第 1 次比较第 1 个数和第 2 个数（8 和 9）的大小，如果第 1 个数大于第 2 个数，就把两个数位置交换，第 2 次将第 2 个数和第 3 个数（9 和 5）进行比较和交换……如此共进行 5 次，得到 8,5,4,2,0,9 的顺序。见图 5.2。可以看到，最大的数 9 已“沉底”，成为最下面一个数，而小的数“上升”。最小的数 0 已向上“浮起”一个位置。经第 1 轮（共 5 次）后，已得到最大的数（在最下面）。

然后进行第 2 轮比较，对余下的前面 5 个数按上法进行比较，见图 5.3。经过 4 次比较，得到次大的数 8（在 5 个数中最下面的位置）。再进行第 3 轮比较，对余下的前面 4 个数进行比较……如此进行下去。不难看出，对 6 个数要比较（和交换）5 轮，才能使 6 个数按大小顺序排列好。在第 1 轮中要对两个数之间的比较（和交换）进行 5 次，在第 2 轮中为 4 次……第 5 轮为 1 次。

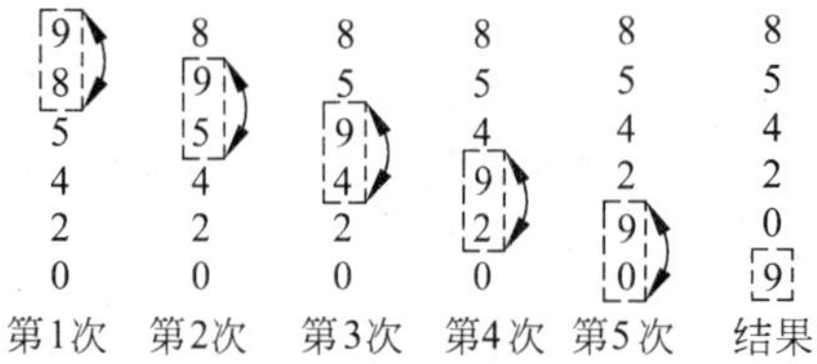

图 5.2

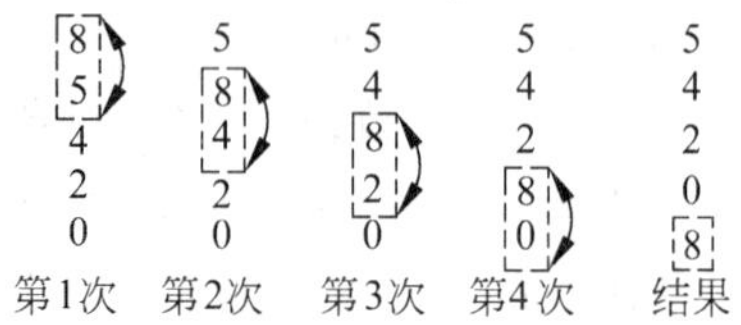

图 5.3

可以推知,如果有 n 个数,则要进行(n-1)轮比较(和交换)。在第 1 轮中要进行(n-1)次两两比较,在第 j 轮中要进行(n-j)次两两比较。

根据以上思路写出程序,今设 n=10,本例定义数组长度为 11,a[0]不用,只用 a[1]~a[10],以符合人们的习惯。从前面的叙述可知,应该进行 9 轮比较和交换。

```
#include <iostream>
using namespace std;
int main()
{
  int a[11];
  int i,j,t;
  cout<<"input 10 numbers :"<<endl;
  for (i=1;i<11;i++)                          //输入 a[1]~a[10]
    cin>>a[i];
  cout<<endl;
  for (j=1;j<=9;j++)                          //共进行 9 轮比较
    for(i=1;i<=10-j;i++)                      //在每轮中要进行(10-j)次两两比较
      if (a[i]>a[i+1])                        //如果前面的数大于后面的数
        {t=a[i];a[i]=a[i+1];a[i+1]=t;}        //交换两个数的位置,使小数上浮
  cout<<"the sorted numbers :"<<endl;
  for(i=1;i<11;i++)                           //输出 10 个数
    cout<<a[i]<<" ";
  cout<<endl;
  return 0;
}
```

运行结果如下:

```
input 10 numbers:
3 5 9 11 33 6 -9 -76 100 123↙
the sorted numbers:
-76 -9 3 5 6 9 11 33 100 123
```

5.3 定义和引用二维数组

具有两个下标的数组称为二维数组。有些数据要依赖于两个因素才能唯一地确定,例如有 3 个学生,每个学生有 4 门课的成绩,显然,成绩数据是一个二维表,如表 5.1

所示。

表 5.1　学生成绩数据表

学生序号	课程 1	课程 2	课程 3	课程 4	课程 5
学生 1	85	78	99	96	88
学生 2	76	89	75	97	75
学生 3	64	92	90	73	56

想表示第 3 个学生第 4 门课的成绩，就需要指出学生的序号和课程的序号两个因素，在数学上以 $S_{3,4}$表示。在 C++ 中以 s[3][4]表示，它代表整数 73。

5.3.1　定义二维数组

定义二维数组的一般形式为

类型名 数组名[常量表达式][常量表达式]

例如：

```
float a[3][4],b[5][10];
```

定义 a 为 3×4(3 行 4 列)的单精度数组，b 为 5×10(5 行 10 列)的单精度数组。注意不能写成“float a[3,4],b[5,10];”。C++ 对二维数组采用这样的定义方式，使我们可以把二维数组看作一种特殊的一维数组：它的元素又是一个一维数组。例如，可以把 a 看作一个一维数组，它有 3 个元素：a[0],a[1],a[2]，每个元素又是一个包含 4 个元素的一维数组。见图 5.4。a[0],a[1],a[2]是 3 个一维数组的名字。

上面定义的二维数组可以理解为定义了 3 个一维数组，即相当于

```
float a[0][4],a[1][4],a[2][4]
```

此处把 a[0],a[1],a[2]作一维数组名，这 3 个一维数组各有 4 个元素。C++ 的这种处理方法在数组初始化和用指针表示时显得很方便，这在以后会体会到。

C++ 中，二维数组中元素排列的顺序是：按行存放，即在内存中先顺序存放第 1 行的元素，再存放第 2 行的元素。图 5.5 表示对 a[3][4]数组存放的顺序。

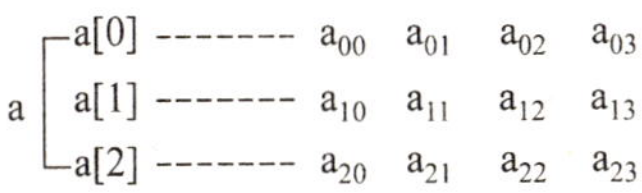

图　5.4

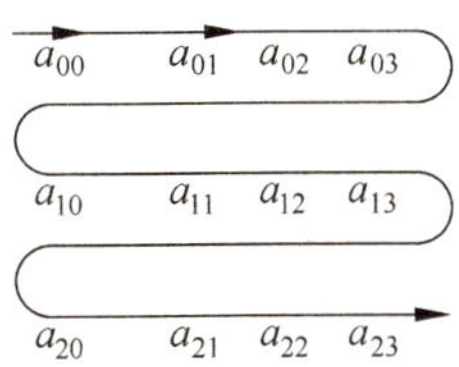

图　5.5

C++ 允许使用多维数组。有了二维数组的基础，再掌握多维数组是不困难的。例如，定义三维数组的方法是

```
float a[2][3][4];
```

定义 float 型三维数组 a，它有 2×3×4 =24 个元素。多维数组元素在内存中的排列顺序：

第 1 维的下标变化最慢，最右边的下标变化最快。例如，上述三维数组的元素排列顺序为

```
a[0][0][0]→a[0][0][1]→a[0][0][2]→a[0][0][3]→a[0][1][0]→a[0][1][1]→
a[0][1][2]→a[0][1][3]→…→a[1][2][3]
```

5.3.2 引用二维数组的元素

引用二维数组的元素的一般形式为

数组名 [下标][下标]

如 a[2][3]。下标可以是整型表达式，如 a[2 - 1][2 * 2 - 1]。不要写成 a[2,3]，a[2 -1,2 * 2 -1]形式。

数组元素是左值，可以出现在表达式中，也可以被赋值，例如：

```
b[1][2] = a[2][3]/2;
```

在使用数组元素时，应该注意下标值应在已定义的数组大小的范围内。常出现的错误是

```
int a[3][4];                          //定义 3 行 4 列的数组
   ⋮
a[3][4] =15;                          //引用 a[3][4]元素
```

定义 a 为 3 ×4 的数组，它可用的行下标值最大为 2，列坐标值最大为 3。最多可以用到 a[2][3]，用 a[3][4]就超过了数组的范围。

请读者严格区分在定义数组时用的 a[3][4]和引用元素时的 a[3][4]的区别。前者 a[3][4]用来定义数组的维数和各维的大小，后者 a[3][4]中的 3 和 4 是下标值，a[3][4]代表某一个元素。

5.3.3 二维数组的初始化

可以用下面的方法对二维数组初始化：

(1) **按行给二维数组全部元素赋初值**。如

```
int a[3][4] = {{1,2,3,4},{5,6,7,8},{9,10,11,12}};
```

这种赋初值方法比较直观，把第 1 个花括号内的数据给第 1 行的元素，第 2 个花括号内的数据赋给第 2 行的元素……即按行赋初值。

(2) **可以将所有数据写在一个花括号内，按数组排列的顺序对全部元素赋初值**。如

```
int a[3][4] = {1,2,3,4,5,6,7,8,9,10,11,12};
```

效果与前相同。但以第 1 种方法为好，一行对一行，界限清楚。如果数据多，用第 2 种方法会写成一大片，容易遗漏，也不易检查。

(3) **可以对部分元素赋初值**。如

```
int a[3][4] = {{1},{5},{9}};
```

它的作用是只对各行第 1 列的元素赋初值，其余元素值自动置为 0。赋初值后数组各元

素为

```
5  0  0  0
1  0  0  0
9  0  0  0
```

也可以对各行中的某一元素赋初值：

```
int a[3][4] = {{1},{0,6},{0,0,11}};
```

初始化后的数组元素如下：

```
1  0  0  0
0  6  0  0
0  0  11 0
```

这种方法对非 0 元素少时比较方便，不必将所有的 0 都写出来，只须输入少量数据。也可以只对某几行元素赋初值：

```
int a[3][4] = {{1},{5,6}};
```

数组元素为

```
1  0  0  0
5  6  0  0
0  0  0  0
```

第 3 行不赋初值。也可以对第 2 行不赋初值：

```
int a[3][4] = {{1},{},{9}};
```

(4) **如果对全部元素都赋初值(即提供全部初始数据)，则定义数组时对第 1 维的长度可以不指定，但第 2 维的长度不能省**。如

```
int a[3][4] = {1,2,3,4,5,6,7,8,9,10,11,12};
```

可以写成

```
int a[][4] = {1,2,3,4,5,6,7,8,9,10,11,12};
```

系统会根据数据总个数分配存储空间，一共 12 个数据，每行 4 列，当然可确定为 3 行。

在定义时也可以只对部分元素赋初值而省略第 1 维的长度，但应分行赋初值。如

```
int a[][4] = {{0,0,3},{},{0,10}};
```

这样的写法，能通知编译系统；数组共有 3 行。数组各元素为

```
0  0  3  0
0  0  0  0
0  10 0  0
```

从本节的介绍中可以看到，C++ 在定义数组和表示数组元素时采用 a[][]这种两个方括号的方式，对数组初始化时十分有用，它使概念清楚，使用方便，不易出错。

5.3.4 二维数组程序举例

例 5.4 将一个 2×3 的二维数组 a 的行和列元素互换，存到一个 3×2 的二维数组 b 中。例如：

$$a = \begin{bmatrix} 1 & 2 & 3 \\ 4 & 5 & 6 \end{bmatrix} \quad \text{行列互换后存放在 b 数组中} \quad b = \begin{bmatrix} 1 & 4 \\ 2 & 5 \\ 3 & 6 \end{bmatrix}$$

程序如下：

```
#include <iostream>
using namespace std;
int main()
{
 int a[2][3] = {{1,2,3},{4,5,6}};
 int b[3][2],i,j;
 cout << "array a:" << endl;
 for (i = 0;i <= 1;i ++)
 {
   for (j = 0;j <= 2;j ++)
   {  cout << a[i][j] << " ";      //输出 a[i][j] 元素
      b[j][i] = a[i][j];           //将 a 数组 j 行 i 列元素的值赋给 b 数组 i 行 j 列元素
   }
   cout << endl;
 }
 cout << "array b:" << endl;
 for (i = 0;i <= 2;i ++)
 {
   for(j = 0;j <= 1;j ++)
     cout << b[i][j] << " ";       //按行输出 b 数组中各元素
   cout << endl;
 }
 return 0;
}
```

运行结果如下：

```
array a:
1  2  3
4  5  6
array b:
1  4
2  5
3  6
```

例 5.5 有一个 3×4 的矩阵，要求编程序求出其中值最大的那个元素的值，以及其所在的行号和列号。

先考虑解此问题的思路。从若干个数中求最大者的方法很多，现在采用“打擂台”的算法。如果有若干人比武，先有一人站在台上，再上去一人与其交手，败者下台，胜者留台上。第 3 个人再上台与在台上者比，同样是败者下台，胜者留台上。如此比下去，直到所有人都上台比过为止。最后留在台上的就是胜者。

程序模拟这个方法，开始时把 a[0][0]的值赋给变量 max，max 就是开始时的擂主，然后让下一个元素与它比较，将二者中值大者保存在 max 中，然后再让下一个元素与新的 max 比，直到最后一个元素比完为止。max 最后的值就是数组所有元素中的最大值。

程序如下：

```
#include <iostream>
using namespace std;
int main( )
{ int i,j,row=0,colum=0,max;
  int a[3][4]={{5,12,23,56},{19,28,37,46},{-12,-34,6,8}};
  max=a[0][0];                    //使 max 开始时取 a[0][0]的值
  for (i=0;i<=2;i++)              //从第 0 行～第 2 行
    for (j=0;j<=3;j++)            //从第 0 列～第 3 列
      if (a[i][j]>max)            //如果某元素大于 max
        {max=a[i][j];             //max 将取该元素的值
         row=i;                   //记下该元素的行号 i
         colum=j;                 //记下该元素的列号 j
        }
  cout<<"max="<<max<<",row="<<row<<",colum="<<colum<<endl;
  return 0;
}
```

输出结果为

```
max=56,row=0,colum=3
```

数组中最大值为 56，位置在 0 行 3 列，即 a[0][3]的值是所有数中最大的。

5.4　用数组作函数参数

常量和变量可以用作函数实参，同样数组元素也可以作函数实参，其用法与变量相同。**数组名也可以作实参和形参，传递的是数组的起始地址**。

1. 用数组元素作函数实参

由于实参可以是表达式，而数组元素可以是表达式的组成部分，因此**数组元素当然可以作为函数的实参，与用变量作实参一样，将数组元素的值传送给形参变量**。

例 5.6　用函数处理例 5.5。有一个 3×4 的矩阵，要求编程序求出其中值最大的那个元素的值，以及其所在的行号和列号。

算法和例5.5是一样的,今设一函数max_value,用来进行比较并返回结果。可编写程序如下:

```
#include <iostream>
using namespace std;
int main( )
{ int max_value(int x,int max);                          //函数声明
  int i,j,row=0,colum=0,max
  int a[3][4]={{5,12,23,56},{19,28,37,46},{-12,-34,6,8}};   //数组初始化
  max=a[0][0];
  for (i=0;i<=2;i++)
    for (j=0;j<=3;j++)
        { max=max_value(a[i][j],max);                  //调用 max_value 函数
          if(max==a[i][j])                              //如果函数返回的是 a[i][j]的值
              {row=i;                                   //记下该元素行号 i
               colum=j;                                 //记下该元素列号 j
              }
        }
  cout<<"max="<<max<<",row="<<row<<",colum="<<colum<<endl;
  }

int max_value(int x,int max)                            //定义 max_value 函数
  {if(x>max) return x;                                  //如果 x>max,函数返回值为 x
   else return max;                                     //如果 x≤max,函数返回值为 max
  }
```

将a[i][j]作为函数max_value的实参,传给形参x,在函数max_value中将x(即a[i][j])与max进行比较,如果x>max,就使函数返回值为x,否则返回max的值。可以看到max_value函数的作用是将max和a[i][j]比较后将大者返回。在主函数中,将得到的函数返回值赋给max,如果该值等于a[i][j],表示a[i][j]大于原来的max,将a[i][j]的行号和列号保存下来。

有的读者可能会想,能否将函数写成

```
void max_value(int x,int max)
{ if(x>max) max=x; }
```

然后通过虚实结合将形参max的值传送回主函数给实参max,然后在主函数中使用max的值。结论是不行的,原因请读者自己分析。

2. 用数组名作函数参数

可以用数组名作函数参数,此时实参与形参都用数组名(也可以用指针变量,见第6章)。

例5.7 用选择法对数组中10个整数按由小到大排序。

所谓选择法就是先将10个数中最小的数与a[0]对换;再将a[1]~a[9]中最小的数与a[1]对换……每比较一轮,找出一个未经排序的数中最小的一个。共比较9轮。

下面以 5 个数为例说明选择法的步骤。

a[0]	a[1]	a[2]	a[3]	a[4]	
3	6	1	9	4	未排序时的情况
1	6	3	9	4	将 5 个数中最小的数 1 与 a[0]对换
1	3	6	9	4	将余下的 4 个数中最小的数 3 与 a[1]对换
1	3	4	9	6	将余下的 3 个数中最小的数 4 与 a[2]对换
1	3	4	6	9	将余下的两个数中最小的数 6 与 a[3]对换

5 个数经过 4 轮比较完成了排序。

根据此思路编写程序如下：

```
#include <iostream>
using namespace std;
int main( )
{void select_sort(int array[ ],int n);            //函数声明
 int a[10],i;
 cout<<"enter the originl array:"<<endl;
 for(i=0;i<10;i++)                                //输入 10 个数
    cin>>a[i];
 cout<<endl;
 select_sort(a,10);                               //函数调用,数组名作实参
 cout<<"the sorted array:"<<endl;
 for(i=0;i<10;i++)                                //输出 10 个已排好序的数
    cout<<a[i]<<"  ";
 cout<<endl;
 return 0;
}

void select_sort(int array[ ],int n)              //形参 array 是数组名
{int i,j,k,t;
 for(i=0;i<n-1;i++)
     { k=i;
       for(j=i+1;j<n;j++)
         if(array[j]<array[k]) k=j;
       t=array[k];array[k]=array[i];array[i]=t;
     }
}
```

运行结果如下：

```
enter the originl array:
6 9 -2 56 87 11 -54 3 0 77↙                      (输入 10 个数)
the sorted array:
-54 -2 0 3 6 9 11 56 77 87                        (输出已排好序的 10 个数)
```

可以看到，调用函数“select_sort(a,10);”之前和之后，a 数组中各元素的值是不同的。原来是无序的，执行“select_sort(a,10);”后，a 数组已经排好序了，这是由于形参数

组 array 已用选择法进行排序了，形参数组改变也使实参数组随之改变。

在执行 select_sort 函数中的 for 循环时，当 i 为 0 时，将 array[0] 与 array[1] ~ array[9] 比较，只要发现某一个数组元素 array[j] 的值大于 array[0]，就将它的下标 j 存放在变量 k 中，执行完内循环（j 循环）后，k 中存放的是 array[1] ~ array[9] 中最大者的下标，然后将该元素与 array[0] 对换。当执行第 2 次外循环时，i 等于 1，将 array[1] 与 array[2] ~ array[9] 比较，最后将 array[2] ~ array[9] 中最大者与 array[1] 对换，其余类推。

关于用数组名作函数参数有两点要说明：

(1) 如果函数实参是数组名，形参也应为数组名（或指针变量，关于指针见第 6 章），形参不能声明为普通变量（如 int array;）。实参数组与形参数组类型应一致（今都为 int 型），如不一致，结果将出错。

(2) 需要特别说明的是：数组名代表数组首元素的地址，并不代表数组中的全部元素。因此用数组名作函数实参时，不是把实参数组各元素的值传递给形参，而只是将实参数组首元素的地址传递给形参。形参可以是数组名，也可以是指针变量，它们用来接收实参传来的地址。如果形参是数组名，它代表的是形参数组首元素的地址。在调用函数时，将实参数组首元素的地址传递给形参数组名。这样，实参数组和形参数组就共占同一段内存单元。见图 5.6。

	a[0]	a[1]	a[2]	a[3]	a[4]	a[5]	a[6]	a[7]	a[8]	a[9]
起始地址1000	2	4	6	8	10	12	14	16	18	20
	b[0]	b[1]	b[2]	b[3]	b[4]	b[5]	b[6]	b[7]	b[8]	b[9]

图 5.6

假设实参数组 a 的起始地址为 1000，则形参数组 b 的起始地址也是 1000，由于实参数组和形参数组类型相同，因此，a[0] 与 b[0] 为同一单元，a[1] 和 b[1] 代表的是同一单元，其余类推。因此，形参数组中各元素的值如发生变化就意味着实参数组元素的值发生变化，从图 5.6 中看是很容易理解的。这一点是与变量作为函数参数的情况不相同的。

在用变量作函数参数时，只能将实参变量的值传给形参变量，在调用函数过程中如果改变了形参的值，对实参没有影响，即实参的值不因形参的值改变而改变。在例 5.6 的最后提出的思考问题就属于这种情况。而**用数组名作函数实参时，如果改变了形参数组元素的值将同时改变实参数组元素的值。在程序设计中往往有意识地利用这一特点改变实参数组元素的值**（如例 5.6）。

实际上，声明形参数组并不意味着真正建立一个包含若干个元素的数组，在调用函数时也不对它分配存储单元，只是用 array[] 这样的形式表示 array 是一维数组的名字，用来接收实参传来的地址。因此 array[] 中方括号内的数值并无实际作用，编译系统对一维数组方括号内的内容不予处理。形参一维数组的声明中可以写元素个数，也可以不写。函数首部的下面几种写法都合法，作用相同。

```
void select_sort(int array[10],int n)      //指定数组元素个数与实参数组相同
void select_sort(int array[],int n)        //不指定元素个数
void select_sort(int array[5],int n)       //指定元素个数与实参数组不同
```

读者在学习第 6 章时会进一步知道,C++ 实际上只**把形参数组名作为一个指针变量来处理,用来接收从实参传过来的地址**。前面提到的一些现象都是由此而产生的。

如果是三维或更多维的数组,处理方法是类似的。

例 5.8 有一个 3×4 的矩阵,求矩阵中所有元素中的最大值。要求用函数处理。

解此题的算法已在例 5.5 中介绍。

程序如下:

```
#include <iostream>
using namespace std;
int main()
{int max_value(int array[][4]);                                    //函数声明
 int a[3][4]={{11,32,45,67},{22,44,66,88},{15,72,43,37}};          //定义数组并初始化
 cout<<"max value is "<<max_value(a)<<endl;                        //输出最大值
 return 0;
}

int max_value(int array[][4])
{int i,j,max;
 max=array[0][0];
 for( i=0;i<3;i++)
       for(j=0;j<4;j++)
          if(array[i][j]>max) max=array[i][j];
 return max;                                                       //返回最大值
}
```

运行结果如下:

```
max value is 88
```

读者可以将 max_value 函数的首部改为以下几种情况,观察编译情况:

```
int max_value(int array[][])
int max_value(int array[3][])
int max_value(int array[3][4])
int max_value(int array[10][10])
int max_value(int array[12])
```

5.5 字符数组

用来存放字符数据的数组是字符数组,字符数组中的一个元素存放一个字符。字符数组具有数组的共同属性。由于字符串应用广泛,C 和 C++ 专门为它提供了许多方便的用法和函数,因此有必要专门介绍字符串和字符数组。

5.5.1 定义和初始化字符数组

定义字符数组的方法与前面介绍的类似。例如:

```
char c[10];
c[0]='I';c[1]=' ';c[2]='a';c[3]='m';c[4]=' ';c[5]='h';c[6]='a';c[7]='p';c[8]='p'; c
    [9]='y';
```

上面定义了 c 为字符数组，包含 10 个元素。在赋值以后数组的状态如图 5.7 所示。

c[0]	c[1]	c[2]	c[3]	c[4]	c[5]	c[6]	c[7]	c[8]	c[9]
I	␣	a	m	␣	h	a	p	p	y

图 5.7

对字符数组进行初始化，最容易理解的方式是逐个字符赋给数组中各元素。如

```
char c[10]={'I',' ','a','m',' ','h','a','p','p','y'};
```

把 10 个字符分别赋给 c[0]～c[9]这 10 个元素。

如果花括号中提供的初值个数(即字符个数)大于数组长度，则按语法错误处理。如果初值个数小于数组长度，则只将这些字符赋给数组中前面那些元素，其余的元素自动定为空字符(即'\0')。如果提供的初值个数与预定的数组长度相同，在定义时可以省略数组长度，系统会自动根据初值个数确定数组长度。如

```
char c[]={'I',' ','a','m',' ','h','a','p','p','y'};
```

数组 c 的长度自动定为 10。用这种方式可以不必人工去数字符的个数，尤其在赋初值的字符个数较多时，比较方便。

也可以定义和初始化一个二维字符数组，如

```
char diamond[5][5]={{' ',' ','*'},{' ', '*', ' ','*'},{'*', ' ',' ',' ','*'},
                    {' ','*', ' ','*'},{' ',' ','*'}};
```

用它代表一个钻石形的平面图形，完整的程序和运行结果见例 5.9。

5.5.2 字符数组的赋值与引用

只能对字符数组的元素赋值，而不能用赋值语句对整个数组赋值。如

```
char c[5];
c={'C','h','i','n','a'};                          //错误,不能对整个数组一次赋值
c[0]='C'; c[1]='h';c[2]='i';c[3]='n';c[4]='a';    //分别对数组元素赋值,正确
```

如果已定义了 a 和 b 是具有相同类型和长度的数组，且 b 数组已被初始化，请分析：

```
a=b;                                              //错误,不能对整个数组整体赋值
a[0]=b[0];                                        //正确,引用数组元素
```

例 5.9 设计和输出一个钻石图形。

```
#include <iostream>
int main()
{char diamond[][5]={{' ',' ','*'},{' ','*',' ','*'},{'*',' ',' ',' ','*'},
                    {' ','*',' ','*'},{' ',' ','*'}};
```

```
    int i,j;
    for (i=0;i<5;i++)
        {for (j=0;j<5;j++)
            cout<<diamond[i][j];        //逐个引用数组元素,每次输出一个字符
        cout<<endl;
        }
}
```

运行结果为

```
  *
 * *
*   *
 * *
  *
```

5.5.3　字符串和字符串结束标志

用一个字符数组可以存放一个字符串中的字符。例如:

```
char str[12]={'I',' ','a','m',' ','h','a','p','p','y'};
```

用一维字符数组 str 来存放一个字符串"I am happy"中的字符。这个字符串的实际长度(10)与数组长度(12)并不相等,在存放上面 10 个字符之外,系统对字符数组最后两个元素自动填补空字符'\0'(注意,不是空格字符)。

人们关心的往往是字符数组中有效字符串的长度,而不是整个字符数组的长度。为了测定字符数组中字符串的实际长度,C++规定了一个"**字符串结束标志**",以字符'\0'代表。在上面的数组中,第 11 个字符为'\0',就表明字符串的有效字符为其前面的 10 个字符。也就是说,**遇到字符'\0'就表示字符串到此结束,由它前面的字符组成有效字符串**。

对一个字符串常量,系统会自动在所有字符的后面加一个'\0'作为结束符,然后再把它存储在字符数组中。例如字符串"I am happy"共有 10 个字符,但在内存中它共占 11 个字节,最后一个字节'\0'是由系统自动加上的。

有了结束标志'\0'后,字符数组的长度就显得不那么重要了。**在程序中往往依靠检测'\0'的位置来判定字符串是否结束,而不是根据数组的长度来决定字符串长度**。当然,在定义字符数组时应估计实际字符串长度,保证数组长度始终大于字符串实际长度。如果在一个字符数组中先后存放多个不同长度的字符串,则应使数组长度大于最长的字符串的长度。

说明: '\0'代表 ASCII 码为 0 的字符,从 ASCII 码表中可以查到,ASCII 码为 0 的字符不是一个能够显示的字符,而是一个"空操作符",即它什么也不干。用它来作为字符串结束标志不会产生附加的操作或增加有效字符,只起一个供辨别的标志。

如果用以下语句输出一个字符串

```
cout<<"How do you do?";
```

系统在执行此语句时逐个地输出字符，那么它怎么判断应该输出到哪个字符就停止了呢？如前所述，系统在内存中存放上面的字符串时，在最后一个字符'？'的后面自动加了一个'\0'作为字符串结束标志，在执行cout输出流时，每输出一个字符之前先检查一下，看它是不是'\0'。如是'\0'就停止输出。

对C++处理字符串的方法有以上的了解后，我们再对字符数组初始化补充一种方法：**可以用字符串常量来初始化字符数组**。例如：

```
char str[ ] = {"I  am  happy"};
```

也可以省略花括号，直接写成

```
char str[ ] = "I am happy";
```

不是用单个字符作为初值，而是用一个字符串（注意字符串的两端是用双撇号而不是单撇号括起来的）作为初值。显然，这种方法直观、方便、符合人们的习惯。注意：数组str的长度不是10，而是11（因为字符串常量的最后由系统加上一个'\0'）。这点我们反复强调，务必注意。因此，上面的初始化与下面的初始化等价：

```
char str[ ] = {'I',' ','a','m',' ','h','a','p','p','y','\0'};
```

而不与下面的等价：

```
char str[ ] = {'I',' ','a','m',' ','h','a','p','p','y'};
```

前者的长度为11，后者的长度为10。如果有

```
char str[10] = "China";
```

数组str的前5个元素为'C','h','i','n','a'，第6个元素为'\0'，后4个元素为空字符。见图5.8。

C	h	i	n	a	\0	\0	\0	\0	\0

图 5.8

需要说明的是：字符数组并不要求它的最后一个字符必须为'\0'，甚至可以不包含'\0'。如以下这样写完全是合法的：

```
char str[5] = {'C','h','i','n','a'};
```

是否需要加'\0'，完全根据程序的需要决定。但是由于C++编译系统对字符串常量自动加一个'\0'。因此，人们为了使处理方法一致，便于测定字符串的实际长度，以及在程序中作相应的处理，在字符数组中有效字符的后面也人为地加上一个'\0'。如

```
char str [6] = {'C','h','i','n','a','\0'};
```

5.5.4 字符数组的输入输出

字符数组的输入输出可以有两种方法：

（1）逐个字符输入输出。如例5.9。

（2）将整个字符串一次输入或输出。例如有以下程序段：

```
char str[20];
cin >> str;                    //用字符数组名输入字符串
cout << str;                   //用字符数组名输出字符串
```

在运行时输入一个字符串,如

China↙

在内存中,数组 str 的状态如图 5.9 所示,在 5 个字符的后面自动加了一个结束符'\0'。输出时,逐个输出字符直到遇结束符'\0',就停止输出。输出结果为

C	h	i	n	a	\0

图 5.9

```
China
```

如前所述,字符数组名 str 代表字符数组第 1 个元素 str[0]的地址,执行“cout << str;”的过程是从 str 所指向的数组第 1 个元素开始逐个输出字符,直到遇到'\0'为止。

请注意:

(1) **输出的字符不包括结束符'\0'**。

(2) **输出字符串时,cout 流中用字符数组名,而不是数组元素名**。如

```
cout << str;                   //用字符数组名,输出一个字符串
cout << str[4];                //用数组元素名,输出一个字符
```

(3) **如果数组长度大于字符串实际长度,输出遇'\0'结束**。如

```
char str[10] = "China";
cout << str;
```

只输出"China" 5 个字符,而不是输出 10 个字符。这就是用字符串结束标志的好处。

(4) **如果一个字符数组中包含一个以上'\0',则遇第 1 个'\0'时输出就结束**。

(5) **用 cin 从键盘向计算机输入一个字符串时,从键盘输入的字符串应短于已定义的字符数组的长度**,否则会出现问题。例如已定义

```
char str[5];
```

用

```
cin >> str;
```

语句输入字符串

Beijing↙

共 7 个字符,再加上结束符'\0',共 8 个字符,超过了 str 数组的长度 5,此时系统并不报错,而是将多余的 3 个字符顺序地存放到 str 数组后面的 3 个字节中,有可能破坏其他数据,甚至会出现无法估计的后果。用户在输入字符串时应格外小心,保证字符串的长度小于字符数组的长度。

C++ 提供了 cin 流中的 getline 函数,用于读入一行字符(或一行字符中前若干个字符),使用安全又方便,请参阅第 13.3.2 节。

5.5.5 使用字符串处理函数对字符串进行操作

由于字符串使用广泛，C 和 C++ 提供了一些字符串函数，使用户能很方便地对字符串进行处理。几乎所有版本的 C++ 都提供下面这些函数，它们是放在函数库中的，在 string 和 string.h 头文件中定义。如果程序中使用这些字符串函数，应该用#include 指令把 string.h 或 string 头文件包含到本文件中。下面介绍几种常用的函数。

1. 字符串连接函数 strcat

其函数原型为

strcat(char[ ],const char[ ]);

strcat 是 string catenate（字符串连接）的缩写。该函数有两个字符数组参数，函数的作用是：将第 2 个字符数组中的字符串连接到前面字符数组的字符串的后面。第 2 个字符数组被声明为 const，以保证该数组中的内容不会在函数调用期间修改（请思考：为什么不把第 1 个字符数组声明为 const）。连接后的字符串放在第一个字符数组中，函数调用后得到的函数值，就是第 1 个字符数组的地址。例如，

```
char str1[30] = "People's Republic of ";
char str2[] = "China";
cout << strcat(str1,str2));          //调用 strcat 函数
```

输出：

```
People's Republic of China
```

连接前后的状况如图 5.10 所示。

tr1:	P	e	o	p	l	e	'	s	␣	R	e	p	u	b	l	i	c	␣	o	f	␣	\0	\0	\0	\0	\0	\0
tr2:	C	h	i	n	a	\0																					
tr3:	P	e	o	p	l	e	'	s	␣	R	e	p	u	b	l	i	c	␣	o	f	␣	C	h	i	n	a	\0

图 5.10

2. 字符串复制函数 strcpy

其函数原型为

strcpy(char[ ],const char[ ]);

strcpy 是 string copy（字符串复制）的缩写。它的作用是将第 2 个字符数组中的字符串复制到第 1 个字符数组中去，将第 1 个字符数组中的相应字符覆盖。第 2 个参数是字符型常数组，它是不能被改变值的。例如：

```
char str1[10],str2[] = "China";
```

```
strcpy(str1,str2);
```

执行后,str2 中的 5 个字符"China"和'\0'(共 6 个字符)复制到数组 str1 中。

说明:

(1) 在调用 strcpy 函数时,第 1 个实参必须是数组名(如 str1),第 2 个实参可以是字符数组名,也可以是一个字符串常量。如

```
strcpy(str1,"China");
```

(2) 可以用 strcpy 函数将一个字符串中前若干个字符复制到一个字符数组中去。例如:

```
strcpy(str1,str2,2);
```

作用是将 str2 中前面 2 个字符复制到 str1 中去,然后再加一个'\0'。

(3) 只能通过调用 strcpy 函数来实现将一个字符串赋给一个字符数组,而不能用赋值语句将一个字符串常量或字符数组直接赋给一个字符数组。如下面是不合法的:

```
str1 = "China";                //不能将一个字符串常量赋给一个字符数组
str1 = str2;                   //不能将一个字符数组的内容赋给另一个字符数组
```

str1 代表数组地址,是常量,不能被赋值,不能作左值。

3. 字符串比较函数 strcmp

其函数原型为

strcmp(const char[ ],const char[ ]);

strcmp 是 string compare(字符串比较)的缩写。作用是比较两个字符串。由于这两个字符数组只参加比较而不应改变其内容,因此两个参数都加上 const 声明。以下写法是合法的:

```
strcmp(str1,str2);
strcmp("China","Korea");
strcmp(str1,"Beijing");
```

比较的结果由函数值带回。

(1) 如果字符串 1 等于字符串 2,函数值为 0。

(2) 如果字符串 1 大于字符串 2,函数值为一正整数。

(3) 如果字符串 1 小于字符串 2,函数值为一负整数。

字符串比较的规则与其他语言中的规则相同,即对两个字符串自左至右逐个字符相比(按 ASCII 码值大小比较),直到出现不同的字符或遇到'\0'为止。如全部字符相同,则认为相等;若出现不相同的字符,则以第一个不相同的字符的比较结果为准。

注意: 对两个字符串比较,不能用以下形式:

```
if(str1 > str2)   cout << "yes";
```

字符数组名 str1 和 str2 代表数组地址,上面写法表示将两个数组地址进行比较,而不是对数组中的字符串进行比较。而应该用

```
if(strcmp(str1,str2)>0) cout<<"yes";
```

4. 字符串长度函数 strlen

其函数原型为

strlen(const char[ ]);

strlen 是 string length(字符串长度)的缩写。它是测试字符串长度的函数。其函数的值为字符串中的实际长度,不包括'\0'在内。如

```
char str[10]="China";
cout<<strlen(str);
```

输出结果不是10,也不是6,而是5。

以上是几种常用的字符串处理函数,除此之外还有其他一些函数,在此不一一介绍,需要时查一下即可。

5.5.6 字符数组应用举例

例 5.10 有 3 个国家名,要求找出按字母顺序排在最前面的国家。要求用函数调用。

此题可以用字符串比较函数处理。比较的结果"最小"的字符串就是按字母顺序排在最前面的字符串。用一个函数 smallest_string 来找出 n 个字符串中"最小"的字符串。在 main 函数中设一个二维的字符数组 str,大小为 3×30,即有 3 行 30 列,每一行可以容纳 30 个字符。如前所述,可以把 str[0],str[1], str[2]看作 3 个一维字符数组,它们各有 30 个元素。可以把它们如同一维数组那样进行处理。用 cin 分别读入 3 个字符串。然后调用 smallest_string 函数,可得到"最小"的字符串,把它放在一维字符数组 string 中,在函数 smallest_string 中输出"最小"的字符串。

程序如下:

```
#include <iostream>
#include <string>
using namespace std;
int main()
{ void smallest_string(char str[][30],int i);  //函数声明
  int i;
  char country_name[3][30];                     //定义二维字符数组
  for(i=0;i<3;i++)
    cin>>country_name[i];                       //输入3个国家名
  smallest_string(country_name,3);              //调用 smallest_string 函数
  return 0;
}

void smallest_string(char str[][30],int n)
{
```

```
    int i;
    char string[30];
    strcpy(string,str[0]);                     //使 string 的值为 str[0]的值
    for(i=0;i<n;i++)
        if(strcmp(str[i],string)<0)            //如果 str[i]<string
            strcpy(string,str[i]);             //将 str[i]中的字符串复制到 string
    cout<<endl<<"the smallest string is:"<<string<<endl;
                                               //输出"最小"的字符串
}
```

运行结果如下:

```
GERMANY↙                           (输入第 1 个国家名)
FRANCH↙                            (输入第 2 个国家名)
CHINA↙                             (输入第 3 个国家名)
the smallest string is:CHINA       (输出按字母排列在最后的国家名)
```

函数 smallest _string 用来找出最小字符串。现在实参 country_name 是 3 行 30 列的字符数组名,它代表二维数组中第 1 行的首地址,第 2 个实参的值为 3,它是需要处理的字符串个数。请注意:形参 str 是二维的字符数组名,在声明时指定了其第 2 维的大小为 30,而没有指定第 1 维的大小。此函数可以从任意个字符串中找出"最小"的字符串,只须在主函数中对二维数组作相应的定义并将字符串个数作为实参传给形参 n 即可,使用比较灵活。

本程序不仅可以处理国家名的比较,它是找"按字母排列在最前面"的字符串的通用程序,可以从多个字符串中找出"最小"的字符串。

*5.6 C++处理字符串的方法——字符串类与字符串变量

第 5.5 节介绍的用字符数组存放字符串,并在此基础上进行字符串运算,是 C 语言的方法,被 C++保留了下来,用这样的方法,字符串总是和字符数组联系在一起的。为了存放字符串,必须定义一个字符数组。但是字符数组是有一定大小的。在进行字符串连接或字符串复制时,如果未能准确计算字符串和字符数组的长度,就会发生将一部分字符存放在字符数组范围之外,从而可能破坏系统的正常工作状态。因此用字符数组来存放字符串并不是最理想和最安全的方法。

在 C++中除了可以使用第 5.5 节介绍的方法外,还可以使用一种更方便、更安全的方法。**C++提供了一种新的数据类型——字符串类型(string 类型)**,在使用方法上,它和 char,int 类型一样,可以用来定义变量,这就是字符串变量——用一个名字代表一个字符序列。

实际上,string 并不是 C++语言本身具有的基本类型(而 char,int,float,double 等是 C++本身提供的基本类型),它是在 C++标准库中声明的一个**字符串类**,用这种类可以

定义对象。每一个字符串变量都是 string 类的一个对象。关于类的概念，在第 1 章中已作了初步介绍，在第 8 章还要作进一步的介绍。在本章中，只从使用的角度来介绍如何使用 string 类对象——字符串变量。

5.6.1 字符串变量的定义和引用

1. 定义字符串变量

和其他类型变量一样，字符串变量必须先定义后使用，定义字符串变量要用类名 string。如

```
string string1;                  //定义 string1 为字符串变量
string string2 = "China";        //定义 string2 同时对其初始化
```

可以看出，这和定义 char，int，float，double 等类型变量的方法是类似的。

应当注意：在使用 string 类的定义变量时，必须在本文件的开头将 C++ 标准库中的 string 头文件包含进来，即应加上

```
#include <string>                //注意头文件名不是 string.h
```

这一点是与定义基本数据类型变量所不同的。

2. 对字符串变量的赋值

在定义了字符串变量后，可以用赋值语句对它赋予一个字符串常量，如

```
string1 = "China";
```

注意：string1 是字符串变量，不是字符数组名，用字符数组时是不能这样做的，如：

```
char str[10];                    //定义字符数组 str
str = "Canada";                  //错误，str 不是字符串变量而是参数组名
```

既可以用字符串常量给字符串变量赋值，也可以用一个字符串变量给另一个字符串变量赋值。如

```
string2 = string1;               //假设 string2 和 string1 均已定义为字符串变量
```

不要求 string2 和 string1 长度相同，假如 string2 原来是"China"，string1 原来是"Canada"，赋值后 string2 也变成"Canada"。在定义字符串变量时不需指定长度，它的长度随其中的字符串长度而改变。如在执行上面的赋值语句前，string1 的长度为 5，赋值后长度为 6。

这就使我们在向字符串变量赋值时不必精确计算字符个数，不必顾虑是否会“超长”而影响系统安全，为使用者提供很大方便。

可以对字符串变量中某一字符进行操作，如

```
string word = "Then";            //定义并初始化字符串变量 word
word[2] = 'a';                   //修改序号为 2 的字符，修改后 word 的值为"Than"
```

3. 字符串变量的输入输出

可以在输入输出语句中用字符串变量名，输入输出字符串，如

```
cin >> string1;                //从键盘输入一个字符串给字符串变量 string1
cout << string2;               //将字符串 string2 中的字符输出
```

5.6.2　字符串变量的运算

在第 5.6.1 节中可以看到：在用字符数组存放字符串时，字符串的运算要用字符串函数，如 strcat（连接）、strcmp（比较）、strcpy（复制），而对 string 类对象，可以不用这些函数，而直接用简单的运算符。

1. 字符串复制直接用赋值号

```
string1 = string2;
```

其作用与"strcpy(string1,string2);"相同。

2. 字符串连接用加号

```
string string1 = "C++ ";           //定义 string1 并赋初值
string string2 = "Language";       //定义 string2 并赋初值
string1 = string1 + string2;       //连接 string1 和 string2
```

连接后 string1 的内容为"C++ Language"。

3. 字符串比较直接用关系运算符

可以直接用 ==（等于）、>（大于）、<（小于）、!=（不等于）、>=（大于或等于）、<=（小于或等于）等关系运算符来进行字符串的比较。

为什么可以直接用以上本来只能用于基本类型的运算符来处理字符串的运算呢？这是因为在 string 头文件中已经对这些运算符进行了重载，使它们能用于 string 类对象的运算（有关运算符的重载请参阅第 10 章。在学完第 10 章后再重新阅读以上内容，会有进一步的体会）。

使用这些运算符比使用第 5.6.1 节介绍的字符串函数直观而方便。因此，C++ 程序员大多乐意用 string 类变量。

5.6.3　字符串数组

不仅可以用 string 定义字符串变量，也可以用 string 定义字符串数组。如

```
string name[5];                    //定义一个字符串数组，它包含 5 个字符串元素
string name[5] = {"Zhang","Li","Sun","Wang","Tan"};
                                   //定义一个字符串数组并初始化
```

此时在字符串数组 name 中存放的字符状况见图 5.11。

可以看到：

(1) 在一个字符串数组中包含若干个（今为5个）元素，每个元素相当于一个字符串变量。

(2) 并不要求每个字符串元素具有相同的长度，即使对同一个元素而言，它的长度也是可以变化的，当向某一个元素重新赋值，其长度就可能发生变化。

name[0]	Z	h	a	n	g
name[1]	L	i			
name[2]	F	S	n		
name[3]	W	a	n	g	
name[4]	T	a	n		

图 5.11

(3) 在字符串数组的每一个元素中存放一个字符串，而不是一个字符，这是字符串数组与字符数组的区别。如果用字符数组存放字符串，一个元素只能存放一个字符，要用一个一维字符数才能存放一个字符串。

(4) 字符串数组中的每一个元素的值只包含字符串本身的字符而不包括'\0'。

可见用字符串数组存放字符串以及对字符串进行处理是很方便的，使用户感到更加直观，简化了操作，提高了效率。

读者可能会有这样的疑问：为什么用字符串变量和字符串数组能有这样的功能呢？为什么可以不用字符数组来存放字符串呢？这是借助了C++的类的功能来实现的。①

5.6.4 字符串运算举例

例5.11 输入3个字符串，要求将字母按由小到大顺序输出。

对于将3个整数按由小到大顺序输出，是很容易处理的。可以按照同样的算法来处理将3个字符串按大小顺序输出。可以直接写出程序。

```
#include <iostream>
#include <string>
int main()
{string string1,string2,string3,temp;
 cout<<"please input three strings:";        //这是对用户输入的提示
 cin>>string1>>string2>>string3;             //输入3个字符串
 if(string2>string3) {temp=string2;string2=string3;string3=temp;}
                                              //使串2≤串3
 if(string1<=string2) cout<<string1<<" "<<string2<<" "<<string3<<endl;
                                              //如果串1≤串2,则串1≤串2≤串3
 else if(string1<=string3) cout<<string2<<" "<<string1<<" "<<string3<<endl;
```

① string并不是C++提供的基本类型，而是在C++类库中已声明的一个类（class），用string类定义的每一个变量的长度是固定不变的。如果已有定义“string string1 = "C++";”，字符串变量string1在内存中所占的空间不是3个字节，不管在这个字符变量中有多少字符，在Visual C++所有字符串变量的长度都是16字节（不同的编译系统有所不同）。这是由string类的声明决定的，在一个类中包含若干个数据成员和成员函数，类的长度是各数据成员的长度之和。读者可以上机试一下，用sizeof(string)和sizeof(name)测定string类和字符串数组的长度（sizeof是测长度运算符），可以看到在Visual C++6.0环境下，string长度为16，name的长度为80（因为name数组有5个string类的元素）。在类中的数据成员包括字符指针变量，在其中不是直接存放字符串本身，而是存放字符串的地址。字符串变量名代表该类对象的起始地址。用“printf("%o",string1)”可以得到字符串变量string1的起始地址。学习第6章（指针）和第8章（类和对象）后，会对指针和类有进一步的了解。

```
    //如果串 1 > 串 2,且串 1≤串 3,则串 2 < 串 1≤串 3
 else cout << string2 << " " << string3 << " " << string1 << endl;
    //如果串 1 > 串 2,且串 1 > 串 3,则串 2 < 串 3 < 串 3
}
```

运行结果如下:

```
please input three strings: China  U. S. A.  Germany ↙
China Germany U. S. A.
```

这个程序是很好理解的。在程序中对字符串变量用关系运算符进行比较,如同对数值型数据进行比较一样方便。

例 5.12 一个班有 n 个学生,需要把每个学生的简单材料(姓名和学号)输入计算机保存。然后可以通过输入某一学生的姓名查找其有关资料。当输入一个姓名后,程序就查找该班中有无此学生,如果有,则输出他的姓名和学号,如果查不到,则输出"本班无此人"。

为解此问题,可以分别编写两个函数,函数 input_data 用来输入 n 个学生的姓名和学号,函数 search 用来查找要找的学生是否在本班。

可编写程序如下:

```
#include <iostream>
#include <string>
using namespace std;
string name[50],num[50];                        //定义两个字符串数组,分别存放姓名和学号
int n;                                          //n 是实际的学生数
int main( )
{void input_data( );                            //函数声明
 void search( string find_name);                //函数声明
 string find_name;                              //定义字符串变量,find_name 是要找的学生
 cout << "please input number of this class:";  //输入提示:请输入本班学生的人数
 cin >> n;                                      //输入学生数
 input_data( );                                 //调用 input_data 函数,输入学生数据
 cout << "please input name you want find:";    //输入提示:请输入你要找的学生姓名
 cin >> find_name;                              //输入要找的学生的姓名
 search(find_name);                             //调用 search 函数,寻找该学生姓名
 return 0;
}

void input_data( )                              //函数首部
{int i;
 for (i =0;i <n;i ++ )
    {cout << "input name and NO. of student " << i + 1 << ":";  //输入提示
     cin >> name[i] >> num[i];}                 //输入 n 个学生的姓名和学号
}

void search( string find_name)                  //函数首部
```

```
{int i;
 bool flag = false;
 for(i = 0;i < n;i ++ )
    if(name[i] == find_name)                        //如果要找的姓名与本班某一学生姓名相同
      { cout << name[i] << " has been found, his number is "  << num[i] << endl;
                                                    //输出姓名与学号
        flag = true;
        break;
      }
 if(flag == false) cout << "can't find this name" ;  //如找不到,输出"找不到"的信息
}
```

运行结果如下：

```
please input number of this class:5↙                        (输入本班学生数)
input name and number of student 1:Li 1001↙                 (以下输入学生数据)
input name and number of student 2:Zhang 1002↙
input name and number of student 3:Wang 1003↙
input name and number of student 4:Tan 1004↙
input name and number of student 5:Sun 1005↙
please input name you want find:Wang↙                       (输入要找的学生名)
Wang has been found,his number is 1003                      (输出要找的学生号)
```

对程序的说明：

程序第4行定义了两个字符串数组 name 和 num,分别存放全班学生的姓名和学号,它们是全局变量(定义的位置在所有函数的前面),这样各函数都可以直接使用这两个数组。读者可以看到：函数 input_data 和 search 都引用了数组 name 和 num,但在这两个函数中并没有定义这两个数组。由于它们是全局变量,因此在 input_data 函数中向 name 和 num 数组输入的数据,search 函数可以直接引用。这里定义 name 和 num 数组的大小为 50(一般班级的人数不会超过 50,因此定为 50 足够了),在运行时,用户输入班级实际人数 n,然后在 input_data 中输入 n 个学生的数据。

在输入学生数据时,为了方便用户,先输出提示“input name and number of student”,然后输出 i+1。例如当 i 为 0 时,输出的提示是：请输入第 1 个学生的姓名和学号。这是考虑到用户的习惯,如果提示用户输入学生 0 的数据,用户显然会感到别扭。在编写应用程序时,一定要考虑程序的使用者是谁,在大多数情况下,程序的使用者并不是程序设计者本人,而是对 C++ 不熟悉、甚至对计算机不熟悉的人,因此程序设计者要设身处地为用户着想,使输入输出的界面对用户友好亲切。

在主函数输入要找的学生的姓名 find_name,然后调用 search 函数进行寻找。在 search 函数中将 find_name 和全班学生姓名逐个相比,如果其中有某一个学生的姓名与 find_name 的值相同,就表示找到了,输出该生的姓名 name[i]和学号 num[i],并使布尔变量 flag 的值由 false 改变为 true,然后用 break 中止循环。如果经过 n 次比较,全班无一学生姓名与 find_name 相同,for 循环就结束了,此时 flag 的值保持为 false。因此在结束循环后,如果测试出 flag 的值为 false,就表示“本班无此人”,输出“找不到”的信息。

请考虑：

（1）程序第 4 行定义全局变量时，数组的大小不指定为 50，而用变量 n，即

```
string name[n],num[n];
```

n 在运行时输入，行不行？为什么？

（2）search 函数 for 循环中最后有一个 break 语句，它起什么作用？不要行不行？

（3）如果不使用全局变量，把变量 n 和数组 name，num 都作为局部变量，通过虚实结合的方法在函数间传递数据，这样行不行？请思考并上机试一下。

这是一个练习程序，所以简单一些。可以对程序稍加修改，使一个学生的数据包括姓名、学号、性别、年龄、各门课的成绩等多个项目，通过姓名的检索，找出一个学生的各种数据。

通过以上两个例子可以看到：由于在 C++ 类库中提供了 string 类，允许程序设计者用 string 定义字符串变量，这就简化了操作，把原来复杂的问题简单化了，这是 C++ 对 C 的一个重要补充。

归纳起来，**C++ 对字符串的处理有两种方法：一种是用字符数组的方法，这是 C 语言采取的方法，一般称为 C-string 方法；一种是用 string 类定义字符串变量，称为 string 方法**。显然，string 方法概念清楚，使用方便，最好采用这种方法。C++ 保留 C-string 方法主要是为了与 C 兼容，使以前用 C 写的程序能用于 C++ 环境。

习　　题

1. 用筛法求 100 之内的素数。

2. 用选择法对 10 个整数排序。

3. 求一个 3×3 矩阵对角线元素之和。

4. 有一个已排好序的数组，今输入一个数，要求按原来排序的规律将它插入数组中。

5. 将一个数组中的值按逆序重新存放。例如，原来顺序为 8,6,5,4,1。要求改为 1,4,5,6,8。

6. 打印出以下的杨辉三角形(要求打印出 10 行)。

```
1
1   1
1   2   1
1   3   3   1
1   4   6   4   1
1   5   10  10  5   1
⋮   ⋮   ⋮   ⋮   ⋮   ⋮
```

7. 找出一个二维数组中的鞍点，即该位置上的元素在该行上最大，在该列上最小(也可能没有鞍点)。

8. 有 15 个数按由大到小顺序存放在一个数组中，输入一个数，要求用折半查找法找

出该数是数组中第几个元素的值。如果该数不在数组中,则打印出“无此数”。

9. 给出年、月、日,计算该日是该年的第几天。

10. 有一篇文章,共有 3 行文字,每行有 80 个字符。要求分别统计出其中英文大写字母、小写字母、数字、空格以及其他字符的个数。

11. 打印以下图案:

```
* * * * *
  * * * * *
    * * * * *
      * * * * *
        * * * * *
```

(1)用字符数组方法;(2)用 string 方法。

12. 有一行电文,已按下面规律译成密码:

A→Z　a→z
B→Y　b→y
C→X　c→x
⋮　　⋮

即第 1 个字母变成第 26 个字母,第 i 个字母变成第(26 - i + 1)个字母……非字母字符不变。要求编程序将密码译回原文,并打印出密码和原文。

13. 编写一程序,将两个字符串连接起来,结果取代第一个字符串。

(1) 用字符数组,不用 strcat 函数(即自己写一个具有 strcat 函数功能的函数);

(2) 用标准库中的 strcat 函数;

(3) 用 string 方法定义字符串变量。

14. 输入 n 个字符串,将它们按字母由小到大的顺序排列并输出。

15. 输入 n 个字符串,把其中以字母 A 打头的字符串输出。

16. 输入一个字符串,把其中的字符按逆序输出。如输入 LIGHT,输出 THGIL。

(1) 用字符数组方法;

(2) 用 string 方法。

17. 输入 10 个学生的姓名、学号和成绩,将其中不及格者的姓名、学号和成绩输出。

第 6 章 善于使用指针与引用

指针是 C 和 C++ 中的一个重要的概念。正确而灵活地运用它,可以使程序简洁、紧凑、高效。每一个学习和使用 C 和 C++ 的人,都应当深入地学习和掌握指针。

指针的概念比较复杂,使用也比较灵活,因此初学时常会出错,务请在学习本章内容时多思考、多比较、多上机,在实践中真正掌握它。本书在叙述时也力图用通俗易懂的方法使读者易于理解。

6.1 什么是指针

为了说清楚什么是指针,必须弄清楚数据在内存中是如何存储的,又是如何读取的。

如果在程序中定义了一个变量,在编译时就给这个变量分配内存单元。系统根据程序中定义的变量类型,分配一定长度的空间。例如,C++ 编译系统一般为整型变量分配 4 个字节,对单精度浮点型变量分配 4 个字节,对字符型变量分配 1 个字节。内存区的每一个字节有一个编号,这就是"**地址**",它相当于旅馆中的房间号。在地址所标识的内存单元中存放数据,这相当于旅馆中各个房间中居住旅客一样。

请务必弄清楚内存单元的**地址**与内存单元的**内容**这两个概念的区别,如图 6.1 所示。假设程序已定义了 3 个整型变量 i,j,k,编译时系统分配 2000,2001,2002,2003 这 4 个字节给变量 i,分配 2004,2005,2006 和 2007 这 4 个字节给 j,分配 2008,2009,2010 和 2011 这 4 个字节给 k。在程序中一般是通过变量名来对内存单元进行存取操作的。其实程序经过编译以后已经将变量名转换为变量的地址,对变量值的存取都是通过地址进行的。

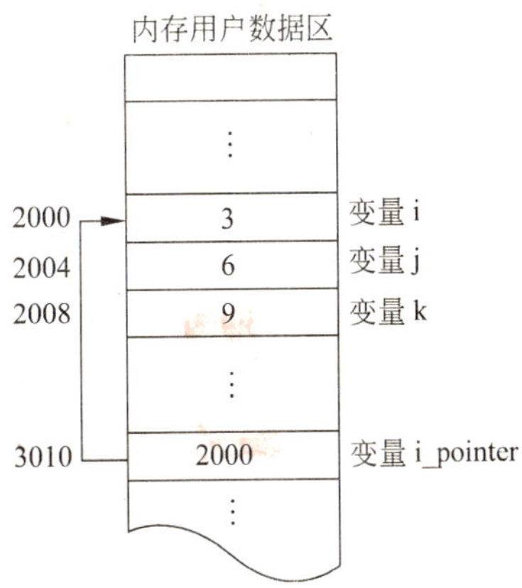

图 6.1

例如,语句"cout << i;"的执行是这样的:根据变量名与地址的对应关系(这个对应关系是在编译时确定的),找到变量 i 的地址 2000,然后从由 2000 开始的 4 个字节中取出数据(即变量的值 3),把它输出。输入时如果用"cin >> i;",在执行时,就把从键盘输入的值送到地址为2000开始的整型存储单元中。如果有语句“k = i + j;”,则从2000字节开始的整型变量存储单元中取出i的值(值为3),从2004字节开始的变量存储单元中取出j的值(值为6),将它们相加后再将其和(9)送到k所占用的2008字节开始的整型存储单元中。这种按变量地址存取变量值的方式称为**直接存取**方式,或**直接访问**方式。

还可以采用另一种称为**间接存取(间接访问)的方式,将变量i的地址存放在另一个变量中。可以定义这样一种特殊的变量,它是专门用来存放地址的**。假设定义了一个变量i_pointer,用来存放一个整型变量的地址。编译系统给这个变量分配4个字节(假设为3010~3013字节)。可以通过下面语句将i的起始地址(2000)存放到i_pointer中。

```
i_pointer = &i;              //&i 是变量 i 的存储单元的起始地址
```

&是**取地址运算符**,&i是变量i地址。执行上面的语句后,i_pointer的值就是2000(即变量i所占用存储单元的起始地址)。若要取变量i的值,除了可以用直接方式外,还可以采用**间接**方式:先找到存放“i的地址”的变量i_pointer,从中取出i的地址(即2000),然后到2000开始的4个字节中取出i的值(3)。

打个比方,为了开一个A抽屉,有两种办法,一种办法是将A钥匙带在身上,需要时直接找出该钥匙打开A抽屉,取出所需的物品,这是**直接访问**。另一种办法是:为安全起见,将该A钥匙放到另一抽屉B中锁起来。如果需要打开A抽屉,就需要先找出B钥匙,打开B抽屉,取出A钥匙,再打开A抽屉,取出A抽屉中之物,这就是**间接访问**。

图6.2是直接访问和间接访问的示意图。为了将数值3送到变量中,可以有两种方法:

(1) 直接将数3送到整型变量i所标识的单元中。见图6.2(a)。

(2) 将3送到指针变量i_pointer所**指向**的单元(这就是变量i所标识的单元)中。见图6.2(b)。图中用单箭头表示“指向”关系。

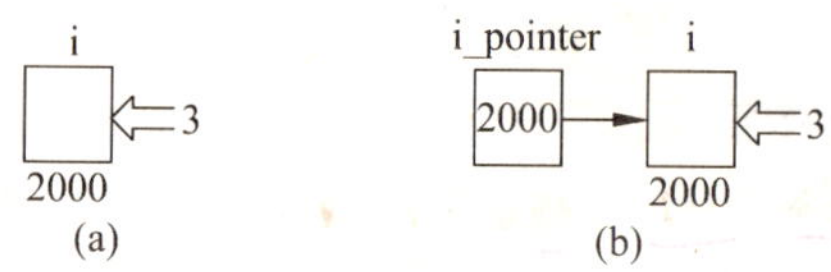

图 6.2

所谓**指向**,就是通过地址来体现的。指针变量i_pointer中的值为2000,它是整型变量i的起始地址,这样就在i_pointer和变量i之间建立起一种联系,即通过指针变量i_pointer能知道i的地址,从而找到变量i的内存单元。

由于通过地址能找到所需的变量单元,因此可以说,地址**指向**该变量单元(如同说旅馆中的房间号**指向**某一房间一样,譬如:房间号1001 **指向** 1001房间,通过1001这个号码就能找到该房间)。因此将地址形象化地称为“**指针**”。意思是通过它能访问以它为地址的内存单元(例如根据地址2000就能访问地址为2000的变量i的存储单元,读取其中的值)。**一个变量的地址称为该变量的指针**。例如,整型变量i的地址是2000,因此2000就是整型变量i的指针。

如果有一个变量是专门用来存放地址(即指针)的,则它称为指针变量。上述的i_pointer就是一个指向整型变量的指针变量。指针变量的值(即指针变量中存放的值)是地址(即指针)。请区分**指针**和**指针变量**这两个概念。例如,可以说变量i的指针是2000,而不能说i的指针变量是2000。

6.2 变量与指针

如前所述，**变量的指针就是变量的地址。用来存放变量地址的变量是指针变量。**指针变量是一种特殊的变量，它和以前学过的其他类型的变量（如整型变量、浮点型变量）的不同之处是：用它来指向另一个变量。为了表示指针变量和它所指向的变量之间的联系，在 C++ 中用“ * ”符号表示**指向**，例如，i_pointer 是一个指针变量，而 * i_pointer 表示 i_pointer 所指向的变量，见图 6.3。

可以看到，* i_pointer 也代表一个变量，它就是 i_pointer 所**指向**的变量 i。在此情况下，下面两个语句作用相同：

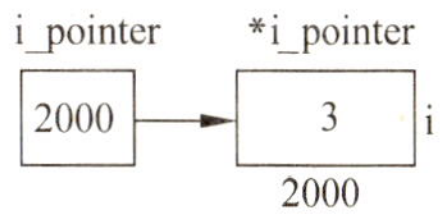

图　6.3

```
① i = 3;
② * i_pointer = 3;
```

第②个语句的含义是将 3 赋给指针变量 i_pointer 所指向的变量（即 i）。

6.2.1 定义指针变量

C++ 规定所有变量在使用前必须先定义，即指定其类型。在编译时按变量类型分配存储空间。在 Visual C++ 中，为每一个指针变量分配 4 个字节的存储空间。对指针变量必须将它定义为**指针类型**。先看一个具体例子：

```
int i,j;                          //定义整型变量 i,j
int  * pointer_1, * pointer_2;    //定义指针变量 pointer_1,pointer_2
```

第 2 行开头的 int 是指：所定义的指针变量是**指向整型数据的**指针变量，或者说，pointer_1 和 pointer_2 中只能存放整型数据（如整型变量或整型数组元素）的地址，而不能存放浮点型或其他类型数据的地址。也就是说，指针变量 pointer_1 和 pointer_2 只能用来指向整型数据（例如 i 和 j），而不能指向浮点型变量 a 和 b。这个 int 就是指针变量的**基类型**。**指针变量的基类型就是该指针变量指向的变量的类型。**

定义指针变量的一般形式为

基类型　*　指针变量名;

下面都是合法的定义：

```
float  * pointer_3;               //定义 pointer_3 为指向 float 型数据的指针变量
char  * pointer_4;                //定义 pointer_4 为指向 char 型数据的指针变量
```

请注意：指针变量名是 pointer_3 和 pointer_4，而不是 * pointer_3 和 * pointer_4，即“ * ”不是指针变量名的一部分。**在变量名前加一个“ * ”表示该变量是指针变量。**

那么，怎样使一个指针变量指向另一个变量呢？只需要把被指向的变量的地址赋给指针变量即可。例如：

```
pointer_1 = &i;                   //将变量 i 的地址存放到指针变量 pointer_1 中
pointer_2 = &j;                   //将变量 j 的地址存放到指针变量 pointer_2 中
```

这样，pointer_1 就指向了变量 i，pointer_2 就指向了变量 j。见图 6.4。

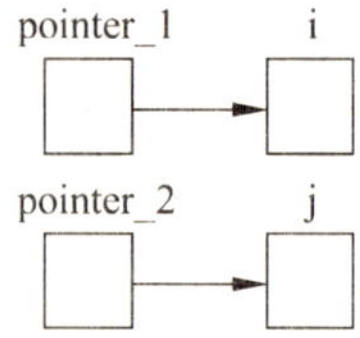

图 6.4

一般的 C++ 编译系统为每一个指针变量分配 4 个字节的存储单元，用来存放变量的地址。

在定义指针变量时注意：

(1) **在定义指针变量时必须指定基类型。** 有的读者认为既然指针变量是存放地址的，那么只需要指定其为“指针型变量”即可，为什么还要指定基类型呢？我们知道，不同类型的数据在计算机系统中的存储方式和所占的字节数是不相同的。因此，如果想通过指针引用一个变量，只知道地址（如 2000）是不够的，因为无法判定是从地址为 2000 的一个字节中取出一个字符数据，还是从 2000 和 2010 两个字节取出 short 型数据，还是从 2000～2003 四个字节取出 int 或 float 型数据？必须知道该数据的类型，才能按存储单元的长度以及数据的存储形式正确地取出该数据。在本章的稍后将要介绍指针的移动和指针的运算（加、减），例如“使指针移动 1 个位置”或“使指针值加 1”，这个 1 代表什么呢？如果指针是指向一个整型变量的，那么“使指针移动 1 个位置”意味着移动 4 个字节，“使指针加 1”意味着使地址值加 4 个字节。如果指针是指向一个双精度型变量的，则增加的不是 4 而是 8。因此必须规定指针变量所指向的变量的类型，即基类型。

一个变量的指针包括两个方面的含义，一是以存储单元编号表示的地址（如编号为 2000 的字节），一是它指向的存储单元的数据类型（如 int，char，float 等），即基类型。

前几章介绍过 C++ 的基本的数据类型（如 int char，float 等），既然有这些类型的变量，就可以有指向这些类型变量的指针，因此说，**指针变量是基本数据类型派生出来的类型，它不能离开基本类型而独立存在。**

(2) **怎么表示指针类型。** 基本类型可以用 char，int，float 等系统已定义的类型标识符来表示，指针类型应当明确指出其基类型。**指向整型数据的指针类型表示为“int *”，读作“指向 int 的指针”或简称“int 指针”。** 可以有 int *，char *，float * 等指针类型。(int *)、(float *)、(char *) 是 3 种不同的类型，不能混淆。

上面定义的指针变量 pointer_1 和 pointer_2 的类型为 (int *)，pointer_3 的类型是“float *”，pointer_4 的类型是“char *”。

(3) **不能用一个整数给一个指针变量赋值。** 例如：

```
int *pointer_1 =2000;
```

是错误的。写此语句者的原意可能是想将地址 2000 作为指针变量 pointer_1 的初值，但编译系统并不把 2000 认为是地址（字节编号），而认为是整数，因此认为是语法错误，显示出错信息。可以将一个已定义的变量的地址作为指针变量的初值，如

```
int i;                    //定义整型变量 i
int *pointer_1 = &i;      //将变量 i 的地址作为指针变量 pointer_1 的初值
```

(4) **一个指针变量只能指向同一个类型的变量。** 不能忽而指向一个整型变量，忽而指向一个双精度型变量。

(5) 在说明变量类型时不能一般地说“a 是一个指针变量”，而应完整地说：“a 是指

向整型数据的指针变量(或 int * 型变量),b 是指向单精度型数据的指针变量(或 float * 型变量),c 是指向字符型数据的指针变量(或 char * 型变量)”等。

6.2.2 引用指针变量

有两个与指针变量有关的运算符:

(1) &: 取地址运算符。

(2) *: 指针运算符(或称间接访问运算符)。

例如: &a 为变量 a 的地址,*p 为指针变量 p 所指向的存储单元。

例 6.1 通过指针变量访问整型变量。

```
#include <iostream>
using namespace std;
int main()
{int a,b;                                   //定义整型变量 a,b
 int *pointer_1, *pointer_2;                //定义 pointer_1,pointer_2 为(int *)型变量
 a=100;b=10;                                //对 a,b 赋值
 pointer_1=&a;                              //把变量 a 的地址赋给 pointer_1
 pointer_2=&b;                              //把变量 a 的地址赋给 pointer_2
 cout<<a<<" "<<b<<endl;                     //输出 a 和 b 的值
 cout<<*pointer_1<<" "<<*pointer_2<<endl;
                                            //输出 *pointer_1 和 *pointer_2 的值
 return 0;
}
```

运行结果为

```
100 10                                      (a 和 b 的值)
100 10                                      (*pointer_1 和 *pointer_2 的值)
```

对程序的说明:

(1) 在程序第 5 行虽然定义了两个指针变量 pointer_1 和 pointer_2,但它们并未指向任何一个整型变量,而只是提供两个基类型为整型的指针变量。它们可以指向整型变量,至于指向哪一个整型变量,要在程序语句中指定。程序第 7 行和第 8 行的作用就是使 pointer_1 指向 a,pointer_2 指向 b,见图 6.5(a)。此时 pointer_1 的值为 &a(即 a 的地址),pointer_2 的值为 &b。

(2) 第 10 行的 *pointer_1 和 *pointer_2 就是变量 a 和 b。最后两个 cout 语句的作用是相同的。

(3) 第 7、8 行“pointer_1 = &a;”和“pointer_2 = &b;”是将 a 和 b 的地址分别赋给 pointer_1 和 pointer_2。注意不应写成“*pointer_1 = &a;”和“*pointer_2 = &b;”。因为 a 的地址是赋给指针变量 pointer_1,而不是赋给 *pointer_1(即变量 a)。请对照图 6.5 分析。

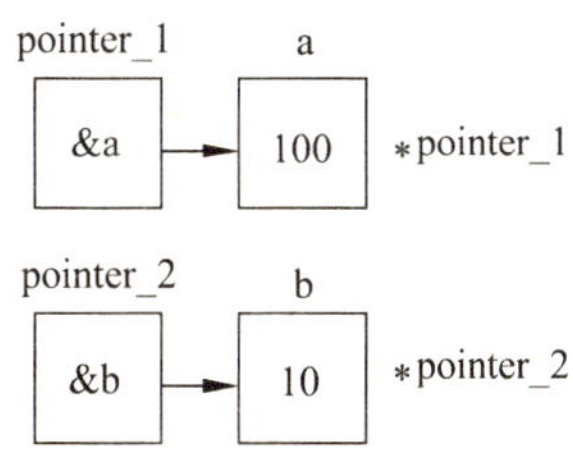

图 6.5

下面对“&”和“*”运算符再做些说明:

（1）如果已执行了“pointer_1 = &a;”语句，请问 &* pointer_1 的含义是什么？“&”和“*”两个运算符的优先级别相同，但按自右而左方向结合，因此先进行 * pointer_1 的运算，它就是变量 a，再执行 & 运算。因此，&* pointer_1 与 &a 相同，即变量 a 的地址。

如果有

```
pointer_2 = &* pointer_1;
```

它的作用是将 &a（a 的地址）赋给 pointer_2，如果 pointer_2 原来指向 b，经过重新赋值后它已不再指向 b 了，而也指向了 a。见图 6.6。图 6.6(a)是原来的情况，图 6.6(b)是执行上述赋值语句后的情况。

（2）* &a 的含义是什么？先进行 &a 的运算，得 a 的地址，再进行 * 运算，即 &a 所指向的变量，* &a 和 * pointer_1 的作用是一样的（假设已执行了“pointer_1 = &a;”），它们等价于变量 a。即 * &a 与 a 等价，见图 6.7。

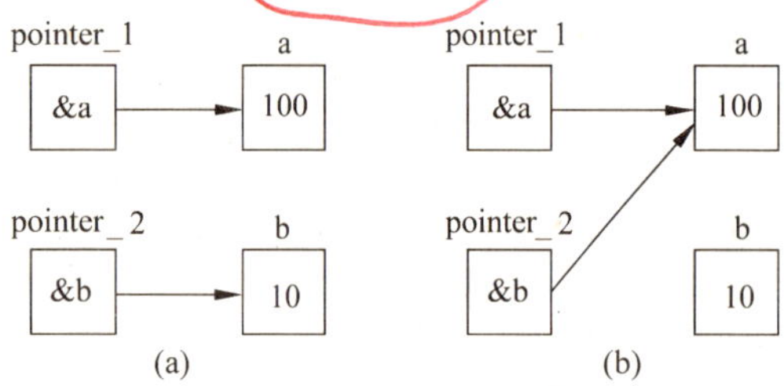

图 6.6

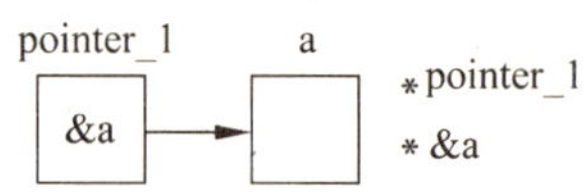

图 6.7

下面举一个指针变量应用的例子。

例 6.2 输入 a 和 b 两个整数，按先大后小的顺序输出 a 和 b（用指针变量处理）。

解此题的思路是：定义两个（int *）型指针变量 p1 和 p2，使它们分别指向 a 和 b。使 p1 指向 a 和 b 中的大者，p2 指向小者，顺序输出 * p1，* p2 就实现了按先大后小的顺序输出 a 和 b。按此思路编写程序如下：

```
#include <iostream>
using namespace std;
int main()
{
  int *p1,*p2,*p,a,b;
  cin >> a >> b;                        //输入两个整数
  p1 = &a;                              //使 p1 指向 a
  p2 = &b;                              //使 p2 指向 b
  if(a < b)                             //如果 a < b 就使 p1 与 p2 的值交换
    {p = p1;p1 = p2;p2 = p;}            //将 p1 的指向与 p2 的指向交换
  cout << "a = " << a << " b = " << b << endl;
  cout << "max = " << *p1 << " min = " << *p2 << endl;
  return 0;
}
```

运行结果如下：

```
45 78↙
a = 45 b = 78
max = 78 min = 45
```

输入 a 的值 45，b 的值 78，由于 a < b，将 p1 的值和 p2 的值交换，即将 p1 的指向与 p2 的指向交换。交换前的情况见图 6.8(a)，交换后的情况见图 6.8(b)。

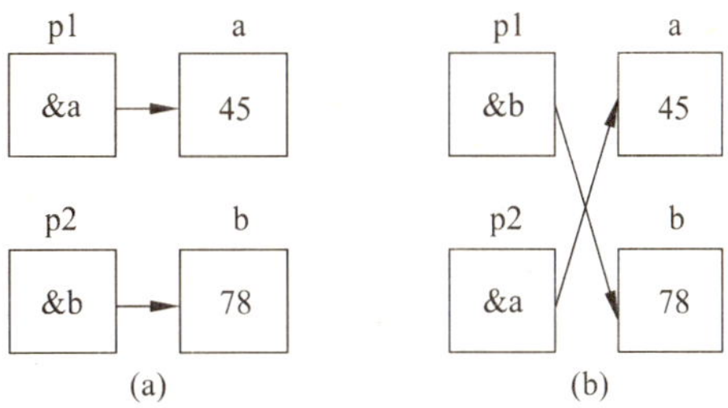

图 6.8

请注意，这个问题的算法是不交换整型变量的值，而是交换两个指针变量的值。变量 a 和 b 的内容并未交换，它们仍保持原值，但 p1 和 p2 的值改变了。p1 的值原为 &a(指向 a)，后来变成 &b(指向 b)。p2 原值为 &b(指向 b)，后来变成 &a(指向 a)。这样在输出 * p1 和 * p2 时，实际上是输出变量 b 和 a 的值，所以先输出 78，然后输出 45。

6.2.3　用指针作函数参数

函数的参数不仅可以是整型、浮点型、字符型等数据，还可以是指针类型。它的作用是将一个变量的地址传送给被调用函数的形参。

例 6.3　题目同例 6.2，即对输入的两个整数按大小顺序输出。

今用函数处理，而且用指针类型的数据作函数参数。

程序如下：

```
#include <iostream>
using namespace std;
int main( )
{ void swap(int * p1,int * p2);               //函数声明
  int * pointer_1, * pointer_2,a,b;           //定义 pointer_1,pointer_2 为 int * 型,a,b 为 int 型变量
  cin >> a >> b;
  pointer_1 = &a;                             //使 pointer_1 指向 a
  pointer_2 = &b;                             //使 pointer_2 指向 b
  if(a < b) swap(pointer_1,pointer_2);        //如果 a < b,使 * pointer_1 和 * pointer_2 互换
  cout << "max = " << a << " min = " << b << endl;     //a 已是大数,b 是小数
  return 0;
}

void swap(int * p1,int * p2)                  //函数的作用是将 * p1 的值与 * p2 的值交换
{ int temp;
  temp = * p1;                                //temp 是整型变量,而不是指针变量
  * p1 = * p2;
  * p2 = temp;
}
```

运行结果如下：

45 78↙ （输入两个整数）
max = 78 min = 45

请注意：不要将 main 函数中的 swap 函数调用写成

```
if(a < b)swap( * pointer_1, * pointer_2);
```

请分析这样写错在哪里？pointer_1 和 pointer_2 是指针变量，其值为地址。* pointer_1 和 * pointer_2 是整型变量，其值为整数，与形参不匹配。

对程序的说明：swap 是用户定义的函数，它的作用是交换两个变量的值。swap 函数的两个形参 p1,p2 是基类型为整型的指针变量。程序运行时，先执行 main 函数，输入 a 和 b 的值（今输入 45 和 78）。然后将 a 和 b 的地址分别赋给指针变量 pointer_1 和 pointer_2，使 pointer_1 指向 a，pointer_2 指向 b，见图 6.9(a)。接着执行 if 语句，由于 a < b，因此执行 swap 函数。注意实参 pointer_1 和 pointer_2 是指针变量，在函数调用时，将实参变量的值传送给形参变量，而现在实参变量的值是地址，通过虚实结合，形参 p1 得到实参 pointer_1 的值 &a，形参 p2 得到实参 pointer_2 的值 &b。这时 p1 和 pointer_1 都指向变量 a，p2 和 pointer_2 都指向变量 b。见图 6.9(b)。接着执行 swap 函数，使 * p1 和 * p2 的值互换，也就是使 a 和 b 的值互换。互换后的情况见图 6.9(c)。函数调用结束后，p1 和 p2 不复存在（已释放），情况如图 6.9(d)所示。最后在 main 函数中输出的 a 和 b 的值已是经过交换的值（a = 78, b = 45）。

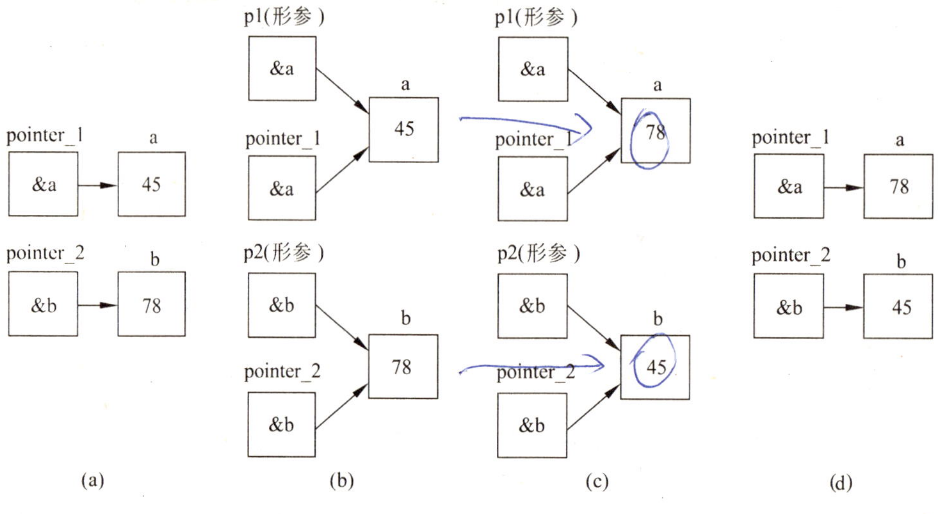

图 6.9

请注意交换 * p1 和 * p2 的值是如何实现的。如果写成以下这样就有问题了：

```
void swap(int * p1,int * p2)
  {int * temp;
   * temp = * p1;                    //此语句有问题
   * p1 = * p2;
   * p2 = * temp;
  }
```

*p1 就是 a,是整型变量。而 *temp 是指针变量 temp 所指向的变量。由于未对 temp 赋值,因此 temp 并无确定的值(它的值是不可预见的),也就是说,temp 所指向的单元是不可预见的。在这样的情况下,对 *temp 赋值是危险的,可能会破坏系统的正常工作状况。应该将 *p1 的值赋给一个整型变量,如例 6.3 程序所示那样,用整型变量 temp 作为临时辅助变量,实现 *p1 和 *p2 的交换。

本例采取的方法是**交换 a 和 b 的值,而 p1 和 p2 的值不变**。这恰和例 6.2 相反。

可以看到,在执行 swap 函数后,主函数中的变量 a 和 b 的值改变了。请仔细分析,这个改变是怎么实现的。这个改变不是通过将形参值传回实参来实现的。请读者考虑一下能否通过调用下面的函数实现 a 和 b 互换。

```
void swap(int x, int y)
  {int temp;
  temp = x;
  x = y;
  y = temp;
  }
```

在 main 函数中用"swap(a,b);"调用 swap 函数,会有什么结果呢?在函数调用时,a 的值传送给 x,b 的值传送给 y,如图 6.10(a)所示。执行完 swap 函数最后一个语句后,x 和 y 的值是互换了,但 main 函数中的 a 和 b 并未互换,如图 6.10(b)所示。也就是说,**由于虚实结合是采取单向的"值传递"方式,只能从实参向形参传数据,形参值的改变无法回传给实参**。

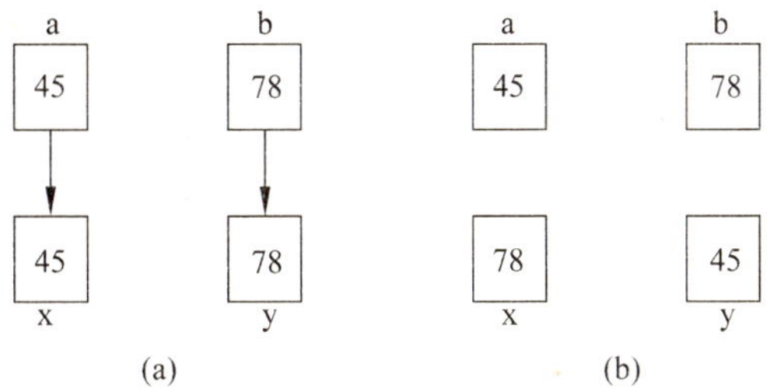

图　6.10

为了使在函数中改变了的变量值能被 main 函数所用,不能采取把要改变值的变量作为实参的办法,而应该用指针变量作为函数实参。在函数执行过程中使指针变量所指向的变量值发生变化,函数调用结束后,这些变量值的变化依然保留下来,这样就实现了"**通过调用函数使变量的值发生变化,在主调函数中使用这些改变了的值**"的目的。

如果想通过函数调用得到 n 个要改变的值,可以采取下面的步骤:

① 在主调函数中设 n 个变量,用 n 个指针变量指向它们;

② 编写被调用函数,其形参为 n 个指针变量,这些形参指针变量应当与主调函数中的 n 个指针变量具有相同的基类型。

③ 在主调函数中将 n 个指针变量作实参,将它们的值(是地址值)传给所调用函数的 n 个形参指针变量,这样,形参指针变量也指向这 n 个变量;

④ 通过形参指针变量的指向,改变该 n 个变量的值;

⑤ 在主调函数中就可以使用这些改变了值的变量。

请读者按此思路仔细理解例6.3程序。

请注意，不能试图通过改变形参指针变量的值而使实参指针变量的值改变。请分析下面程序：

```
#include <iostream>
using namespace std;
int main()
{ void swap(int *p1,int *p2);
  int *pointer_1,*pointer_2,a,b;
  cin>>a>>b;
  pointer_1=&a;
  pointer_2=&b;
  if(a<b)swap(pointer_1,pointer_2);
  cout<<"max="<<a<<" min="<<b<<endl;
  return 0;
}

void swap(int *p1,int *p2)
{ int *temp;
  temp=p1;
  p1=p2;
  p2=temp;
}
```

程序编写者的意图是：交换 pointer_1 和 pointer_2 的值，使 pointer_1 指向值大的变量。其设想是：①先使 pointer_1 指向 a，pointer_2 指向 b，见图6.11(a)。②调用 swap 函数，将 pointer_1 的值传给 p1，将 pointer_2 的值传给 p2，使 p1 指向 a，p2 指向 b，见图6.11(b)。③在 swap 函数中使 p1 与 p2 的值交换，见图6.11(c)。④形参 p1，p2 将地址传回实参 pointer_1 和 pointer_2，使 pointer_1 指向 b，pointer_2 指向 a，见图6.11(d)。然后输出 * pointer_1 和 * pointer_2，想得到输出"max=78 min=45"。

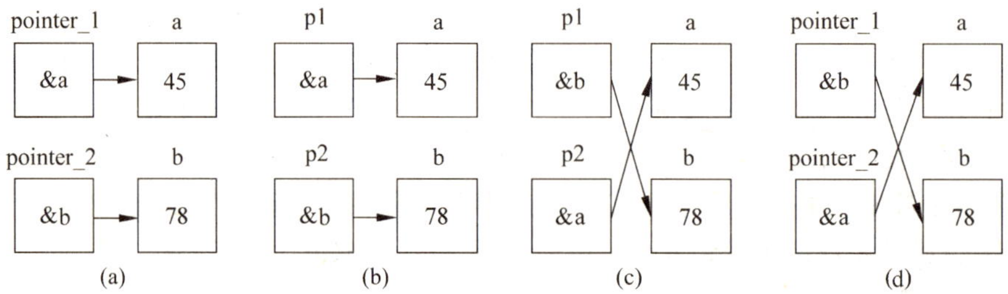

图 6.11

但这是办不到的，程序实际输出为"max=45 min=78"，这显然是不对的。问题出在第④步。实参变量和形参变量之间的数据传递是单向的"值传递"方式。指针变量作函数参数也要遵循这一规则。**调用函数时不会改变实参指针变量的值，但可以改变实参指**

*后面可以加空格，也可以不加空格。

针变量所指向变量的值。

函数的调用可以（而且只可以）得到一个返回值（即函数值），而使用指针变量作函数参数，就可以通过指针变量改变主调函数中变量的值，相当于通过函数调用从被调用的函数中得到多个值。如果不用指针变量是难以做到这一点的。

例6.4 输入a,b,c 3个整数，按由大到小顺序输出。

用上面介绍的方法，用3个指针变量指向3个整型变量，然后用swap函数来实现互换3个整型变量的值。

程序如下：

```
#include <iostream>
using namespace std;
int main( )
{ void exchange(int *,int *,int *);              //对exchange函数的声明
  int a,b,c,*p1,*p2,*p3;
  cin>>a>>b>>c;                                  //输入3个整数
  p1=&a;p2=&b;p3=&c;                             //指向3个整型变量
  exchange(p1,p2,p3);                            //交换p1,p2,p3指向的3个整型变量的值
  cout<<a<<" "<<b<<" "<<c<<endl;                 //按由大到小顺序输出3个整数
}

void exchange(int *q1,int *q2,int *q3)
{ void swap(int *,int *);                        //对swap函数的声明
  if(*q1<*q2)swap(q1,q2);                        //调用swap,将q1与q2所指向的变量的值互换
  if(*q1<*q3)swap(q1,q3);                        //调用swap,将q1与q3所指向的变量的值互换
  if(*q2<*q3)swap(q2,q3);                        //调用swap,将q2与q3所指向的变量的值互换
}

void swap(int *pt1,int *pt2)                     //将pt1与pt2所指向的变量的值互换
{ int temp;
  temp=*pt1;
  *pt1=*pt2;
  *pt2=temp;
}
```

运行结果如下：

```
12 -56 87↙
87 12 -56
```

exchange函数的作用是使指针变量p1,p2,p3所指向的整型变量按由大到小的顺序交换它们的值。在执行exchange函数的过程中执行swap函数，以实现两个变量的值互换。在对函数exchange和swap作原型声明时，在形参表中只写了数据类型（int *），而没有写形参名，这样看起来可能更清晰些。读者在看到数据类型“int *”时，应该很快地判定这是声明基类型为整型的指针变量。

6.3 数组与指针

6.3.1 指向数组元素的指针

一个变量有地址，一个数组包含若干个元素，每个数组元素都在内存中占用存储单元，它们都有相应的地址。指针变量既然可以指向变量，当然也可以指向数组元素（把某一元素的地址放到一个指针变量中）。**所谓数组元素的指针就是数组元素的地址**。

```
int a[10];          //定义一个整型数组a,它有10个元素
int *p;             //定义一个基类型为整型的指针变量p
p=&a[0];            //将元素a[0]的地址赋给指针变量p,使p指向a[0]
```

在C和C++中，数组名代表数组中第1个元素（即序号为0的元素）的地址。因此，下面两个语句等价：

```
p=&a[0];
p=a;
```

注意：数组名a不代表整个数组，上述"p=a;"的作用是把a数组的首元素的地址赋给指针变量p，而不是把数组a各元素的值赋给p。

在定义指针变量时可以对它赋予初值：

```
int *p=&a[0];       //p的初值为a[0]的地址
```

也可以写成

```
int *p=a;           //作用与前一行相同
```

可以通过指针引用数组元素。假设p已定义为一个基类型为整型的指针变量（指针变量的类型为int *），并已将一个整型数组元素的地址赋给了它，使它指向某一个数组元素。如果有以下赋值语句：

```
*p=1;               //对p当前所指向的数组元素赋予数值1
```

如果指针变量p已指向数组中的一个元素，则p+1指向同一数组中的下一个元素（而不是将p值简单地加1）。例如，数组元素是整型，每个元素占4个字节，则p+1意味着使p的值（是一个地址）加4个字节，以使它指向下一元素。p+1所代表的地址实际上是p+1×d，d是一个数组元素所占的字节数。

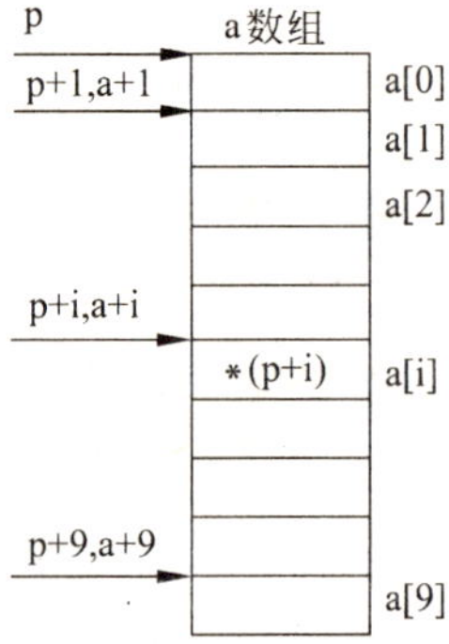

图 6.12

如果p的初值为&a[0]，则：

(1) p+i和a+i就是a[i]的地址，或者说，它们指向a数组的第i个元素，见图6.12。

这里需要说明的是：a代表数组首元素的地址，a+i也是地址，它的计算方法同p+i，即它的实际地址为a+i×d。例如，p+9和a+9的值是&a[9]，它指向a[9]。

②. &E 相当于把 E的管辖范围上升了一个级别
③. *E 相当于把 E的管辖范围下降了一个级别

(2) *(p+i)或*(a+i)是 p+i 或 a+i 所指向的数组元素,即 a[i]。例如,*(p+5)或*(a+5)就是 a[5]。即:*(p+5),*(a+5),a[5]这 3 种表示方法等价,都是 a 数组中序号为 5 的元素。实际上,在编译时,对数组元素 a[i]就是按*(a+i)处理的。即将数组首元素的地址加上相对位移量,得到要找的元素的地址,然后找出该单元中的内容。例如,若整型数组 a 的首元素的地址为 1000,则 a[3]的地址是这样计算出来的:1000+3×2=1006,然后从 1006 地址所指向的整型单元取出元素的值,即 a[3]的值。

可以看出,数组名后面的方括号[ ],实际上是变址运算符。对 a[i]的求解过程是:先按 a+i×d 计算数组元素的地址,然后找出此地址所指向的单元中的值。

(3) 指向数组元素的指针变量也可以带下标,如 p[i]与*(p+i)等价。

根据以上叙述,引用一个数组元素,可以用以下方法:

(1) 下标法,如 a[i]形式;

(2) 指针法,如*(a+i)或*(p+i)。其中 a 是数组名,p 是指向数组元素的指针变量。如果已使 p 的值为 a,则*(p+i)就是 a[i]。可以通过指向数组元素的指针找到所需的元素。使用指针法能使目标程序质量高(占内存少,运行速度快)。

例 6.5　输出数组中的全部元素。

假设有一个整型数组 a,有 10 个元素。要输出各元素的值有 3 种方法:

(1) 下标法

```
#include <iostream>
using namespace std;
int main()
{ int a[10];
  int i;
  for(i=0;i<10;i++)
    cin>>a[i];                    //引用数组元素 a[i]
  cout<<endl;
  for(i=0;i<10;i++)
    cout<<a[i]<<" ";              //引用数组元素 a[i]
  cout<<endl;
  return 0;
}
```

运行结果如下:

```
9 8 7 6 5 4 3 2 1 0↙             (输入 10 个元素的值)
9 8 7 6 5 4 3 2 1 0              (输出 10 个元素的值)
```

(2) 指针法

将上面程序第 7 行和第 10 行的"a[i]"改为"*(a+i)",运行情况与(1)相同。

(3) 用指针变量指向数组元素

```
#include <iostream>
using namespace std;
int main()
```

```
{ int a[10];
  int i, *p=a;                         //指针变量p指向数组a的首元素a[0]
  for(i=0;i<10;i++)
    cin>>*(p+i);                       //输入a[0]~a[9]共10个元素
  cout<<endl;
  for(p=a;p<(a+10);p++)
    cout<<*p<<" ";                     //p先后指向a[0]~a[9]
  cout<<endl;
  return 0;
}
```

运行结果与前相同。请仔细分析p值的变化和*p的值。

对3种方法的比较：

方法(1)和(2)的执行效率是相同的。C++编译系统是将a[i]转换为*(a+1)处理的，对每个a[i]都分别计算地址a+i×d，然后访问该元素。第(3)种方法比方法(1)、(2)快，用指针变量直接指向元素，不必每次都重新计算地址，像p++这样的自加操作是比较快的。这种方法能提高执行效率。

用下标法比较直观，能直接知道是第几个元素。例如，a[5]是数组中序号为5的元素(注意序号从0算起)。用地址法或指针变量的方法都不太直观，难以很快地判断出当前处理的是哪一个元素。例如，对第(3)种方法，阅读者要仔细分析指针变量p的当前指向，才能判断当前输出的是第几个元素。

在用指针变量指向数组元素时要注意：**指针变量p是被定义为指向整型的对象，它可以指向整型的数组元素，也可以指向数组以后的内存单元**。如果有

```
int a[10], *p=a;                       //指针变量p的初值为&a[0]
cout<<*(p+10);                         //要输出a[10]的值
```

数组a最后一个有效的元素是a[9]，现在要求输出a[10]，但C++编译系统并不把它认作非法。系统按p+10×d计算出要访问单元的地址，这显然是a[9]后面一个单元的地址，然后输出这个单元中的内容。如果写成“cout<<a[10];”或“cout<<*(a+10);”，情况也一样。这样做虽然是合法的(在编译时不出错)，但应避免出现这样的情况，这会使程序得不到预期的结果。这种错误比较隐蔽，初学者往往难以发现。在使用指针变量指向数组元素时，应切实保证指向数组中有效的元素。

指向数组元素的指针的运算比较灵活，务必小心谨慎。

6.3.2 用指针变量作函数形参接收数组地址

在第5.4节中介绍过可以用数组名作函数的参数，并多次强调：**数组名代表数组首元素的地址。用数组名作函数的参数，传递的是数组首元素的地址**。很容易推想：用指针变量作函数形参，同样可以接收从实参传递来的数组首元素的地址(此时，实参是数组名)。下面将第5.4节中的例5.7程序改写，用指针变量作函数形参。

例6.6 将10个整数按由小到大的顺序排列。

在例5.7程序的基础上，将形参改为指针变量。

```
#include <iostream>
using namespace std;
int main( )
{void select_sort(int  *p,int n);                    //函数声明
 int a[10],i;
 cout<<"enter the originl array:"<<endl;
 for(i=0;i<10;i++)                                   //输入 10 个数
   cin>>a[i];
 cout<<endl;
 select_sort(a,10);                                  //函数调用,数组名作实参
 cout<<"the sorted array:"<<endl;
 for(i=0;i<10;i++)                                   //输出 10 个已排好序的数
   cout<<a[i]<<" ";
 cout<<endl;
 return 0;
}

void select_sort(int  *p,int n)                      //用指针变量作形参
{int i,j,k,t;
 for(i=0;i<n-1;i++)
   {k=i;
    for(j=i+1;j<n;j++)
      if( *(p+j) < *(p+k))k=j;                       //用指针法访问数组元素
    t= *(p+k); *(p+k) = *(p+i); *(p+i) =t;
   }
}
```

运行结果与例 5.7 相同。

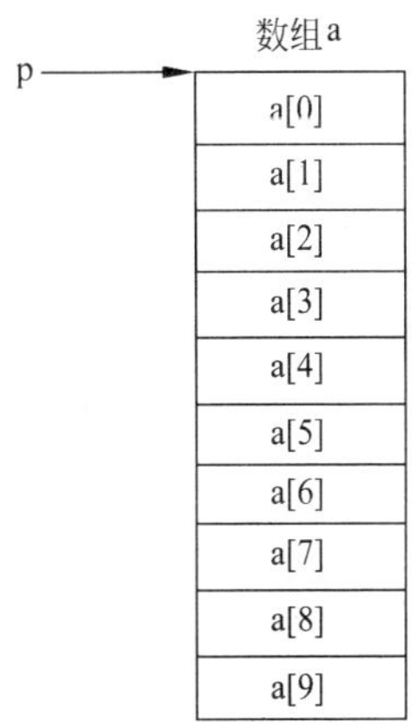

图　6.13

程序中 select_sort 函数的实参是一维数组名 a,形参是基类型为整型的指针变量 p。在调用此函数时,通过虚实结合,将主函数中的数组 a 的首元素地址传递给形参 p,因此 p 就指向数组 a 的首元素,见图 6.13。在 select_sort 函数中通过对指针变量 p 的操作,可以访问 a 数组的各元素,例如 *(p+1)就是 a[1], *(p+j)就是 a[j], *(p+k)就是a[k], *(p+i)就是 a[i]。在执行 select_sort 函数的过程中,依照选择法的算法对数组 a 的元素进行排序。在调用 select_sort 函数结束后,a 数组中的元素已经按由小到大的顺序排列好了。在主函数中顺序输出数组 a 的各元素,就是已排好序的数列。请对照例 5.7 分析本程序。

本例与例 5.7 在程序的表现形式上虽然有所不同,但实际上,这两个程序在编译以后是完全相同的。**C++ 编译系统将形参数组名一律作为指针变量来处理**。例如,例 5.7 的函数 select_sort 的形参是写成数组形式的,函数首部为

```
void select_sort(int array[ ],int n)
```

但在编译时是将形参数组名 array 按指针变量处理的，相当于将函数的首部写成

```
void select_sort(int * array,int n)
```

以上两种写法完全等价。在调用该函数时，系统会建立一个指针变量 array，用来存放从主调函数传递过来的实参数组首元素的地址。为了证明这一结论，可以上机做一个测试：先在 main 函数中用 sizeof(a) 测定数组 a 的长度，结果为 40，表示它有 10 个元素，每个元素占 4 个字节。再在 select_sort 函数中用 sizeof(array) 测定 array 的长度，结果为 4，而不是 40。这证明了系统是把 array 作为指针变量来处理的（一般 C++ 系统对指针变量分配 4 个字节）。

这就清楚地说明：**实际上在函数调用时并不存在一个占有存储空间的形参数组，只有指针变量**。那么为什么允许像例 5.7 那样使用形参数组呢？这是因为用下标法和指针法都可以访问一个数组（如果有一个数组 a，则 a[i] 和 *(a+i) 无条件等价），用下标法表示比较直观，便于理解。有的初学者愿意用数组名作形参，以便与实参数组对应，看起来比较清楚好懂。用户可以认为有一个形参数组，它从实参数组那里得到起始地址，因此形参数组与实参数组共占同一段内存单元，在调用函数期间，如果改变了形参数组的值，也就是改变了实参数组的值，在主调函数中可以利用这些已改变的实参数组的值。这种形象化的方法对初学者是有好处的。专业人员往往喜欢用指针变量作形参，程序显得比较专业和高效。

实参与形参的结合，有以下 4 种形式：

实　参	**形　参**	
数组名	**数组名**	**（如例 5.7）**
数组名	**指针变量**	**（如例 6.6）**
指针变量	**数组名**	
指针变量	**指针变量**	

前两种形式已经学过，请读者把例 6.6 改写成后两种形式。

在此基础上，还要说明一个问题：**实参数组名 a 代表一个固定的地址，或者说是指针型常量，因此要改变 a 的值是不可能的**。如

```
a++;                          //语法错误，a 是常量，不能改变
```

而形参数组名是指针变量，并不是一个固定的地址值。它的值是可以改变的。在函数调用开始时，它接收了实参数组首元素的地址，但在函数执行期间，它可以再被赋值。如

```
f(array[],int n)
  { cout<<array;              //输出 array[0]的值
    array=array+3;            //指针变量 array 的值改变了，指向 array[3]
    cout<< *arr<<endl;        //输出 array[3]的值
  }
```

用指针变量可以指向一维数组中的元素，也可以指向多维数组中的元素。但在概念上和使用上，多维数组的指针比一维数组的指针要复杂一些。在此不作详细介绍，有兴趣的读者可参考作者所著的《C 程序设计（第四版）》（清华大学出版社出版）。

6.4 字符串与指针

在 C++ 中可以用 3 种方法访问一个字符串(在第 5 章介绍了前两种方法)。

1. 用字符数组存放一个字符串

例 6.7 定义一个字符数组并初始化,然后输出其中的字符串。

```
#include <iostream>
using namespace std;
int main()
{ char str[] = "I love CHINA!";
  cout << str << endl;
  return 0;
}
```

运行时输出:

```
I love CHINA!
```

str 是字符数组名,它代表字符数组的首元素的地址,输出时从 str 指向的字符开始,逐个输出字符,直至遇到'\0'为止。

2. 用字符串变量存放字符串

例 6.8 定义一个字符串变量并初始化,然后输出其中的字符串。

```
#include <iostream>
#include <string>
using namespace std;
int main()
{ string str = "I love CHINA!";
  cout << str << endl;
  return 0;
}
```

3. 用字符指针指向一个字符串

例 6.9 定义一个字符指针变量并初始化,然后输出它指向的字符串。

```
#include <iostream>
using namespace std;
int main()
{ char *str = "I love CHINA!";
  cout << str << endl;
  return 0;
}
```

在这里没有定义字符数组，在程序中定义了一个字符指针变量 str，用字符串常量"I love CHINA!"对它初始化。对字符指针变量 str 的初始化，实际上是把字符串中第 1 个字符的地址赋给 str。程序第 4 行定义 str 的语等价于下面两行：

```
char *str;
str = "I love CHINA!";
```

在输出时，系统先输出 str 所指向的第 1 个字符数据，然后使 str 自动加 1，使之指向下一个字符，然后再输出一个字符……如此直至遇到字符串结束标志'\0'为止。注意，在内存中，字符串的最后被自动加了一个'\0'，因此在输出时能确定字符串的终止位置。

对字符串中字符的存取，可以用下标方法，也可以用指针方法。

例 6.10 将字符串 str1 复制为字符串 str2。

定义两个字符数组 str1 和 str2，再设两个指针变量 p1 和 p2，分别指向两个字符数组中的有关字符，通过改变指针变量的值使它们指向字符串中的不同的字符，以实现字符的复制。

```
#include <iostream>
using namespace std;
int main()
{ char str1[] = "I love CHINA!", str2[20], *p1, *p2;
  p1 = str1; p2 = str2;
  for( ; *p1 != '\0'; p1++, p2++)
     *p2 = *p1;
  *p2 = '\0';
  p1 = str1; p2 = str2;
  cout << "str1 is: " << p1 << endl;
  cout << "str2 is: " << p2 << endl;
  return 0;
}
```

运行结果为

```
str1 is: I love CHINA!
str2 is: I love CHINA!
```

p1，p2 是指向字符型数据的指针变量。先使 p1 和 p2 分别指向字符数组元素 str1[0]和 str2[0]。此时 *p1 的值为'I'，赋值语句"*p2 = *p1;"的作用是将 str1[0]（字符'I'）赋给 p2 所指向的元素，即 str2[0]。然后 p1 和 p2 分别加 1，各自指向其下面的一个元素，再将 str1[1]的值赋给 str2[1]……如此进行到 *p1 的值等于'\0'为止。注意 p1 和 p2 的值是不断在改变的，见图 6.14 中的虚线和 p1'，p2'。程序必须使 p1 和 p2 同步移动（这是在 for 语句中实现的）。

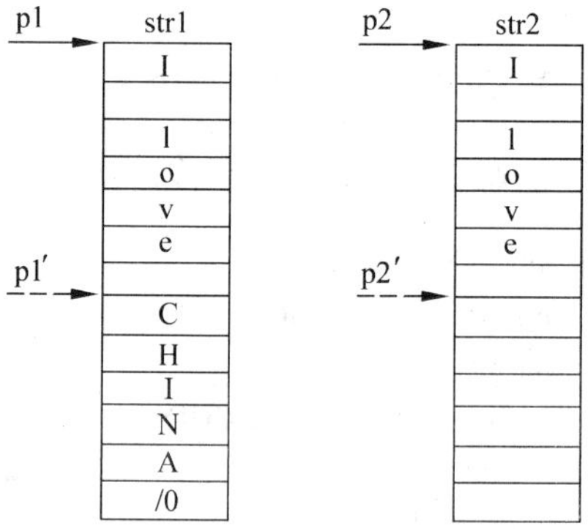

图 6.14

这个例子用来说明怎样使用字符指针，其实，对于例 6.10 来说，用 string 变量来处理是十分简单的：

```
string str1 = "I love CHINA!",str2;        //定义 string 变量 str1 和 str2
str2 = str1;                                //将 str1 复制到 str2
```

6.5 函数与指针

6.5.1 用函数指针调用函数

指针变量也可以指向一个函数。一个函数在编译时被分配给一个入口地址。这个**函数入口地址就称为函数的指针**。可以用一个指针变量指向函数，然后通过该指针变量调用此函数。

先看一个简单的例子。

例 6.11 求 a 和 b 中的大者。

先按一般方法写程序。

```
#include <iostream>
using namespace std;
int main()
{int max(int x,int y);                    //函数声明
 int a,b,m;
 cin >>a >>b;
 m = max(a,b);                            //调用函数 max,求出最大值,赋给 m
 cout << " max = " << m << endl;
 return 0;
}

int max(int x,int y)
{int z;
 if(x >y)z = x;
 else z = y;
 return(z);
}
```

可以用一个指针变量指向 max 函数，然后通过该指针变量调用此函数。定义指向 max 函数的指针变量的方法是：

int (* p)(int,int);

- int,int ——p 所指向的函数中的形参的类型
- p ——p 是指向函数的指针变量
- int ——指针变量 p 指向的函数的类型

指向函数的指针变量的一般定义形式为

函数类型 (* 变量名)(函数形参表);

请将上面定义的指向函数的指针变量和上面程序中的函数 max 的原型作比较：

```
int max(int,int);                     //max 函数原型
```

可以看出，只是用(*p)取代了max，其他都一样。将上面程序的主函数修改如下：

```
#include <iostream>
using namespace std;
  int main()
  { int max(int x,int y);                   //函数声明
    int(*p)(int,int);                       //定义指向函数的指针变量 p
    int a,b,m;
    p=max;                                  //使 p 指向函数 max
    cin>>a>>b;
    m=p(a,b);
    cout<<"max="<<m<<endl;
    return 0;
  }
```

注意在定义指向函数的指针变量p时，(*p)两侧的括号不可省略，表示p先与*结合，它是指针变量，然后再与后面的()结合，表示此指针变量指向函数，这个函数值（即函数返回的值）是整型的。如果写成"int *p(int,int);"，则由于()优先级高于*，它就成了声明一个函数了（这个函数的返回值是指向整型变量的指针）。

请注意第7行的赋值语句"p=max;"。此语句千万不要漏写，它的作用是将函数max的入口地址赋给指针变量p。这时，p才指向函数max。见图6.15。注意：只须将函数名max赋给p，不能写成"p=max(a,b);"形式。函数名代表函数入口地址，而max(a,b)则是函数调用了。

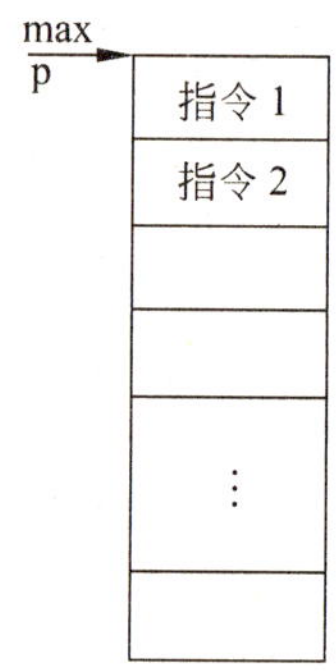

图 6.15

在main函数中的第9行：

```
m=p(a,b);
```

赋值号的右侧是函数的调用，此赋值语句和"m=max(a,b);"等价，调用*p就是调用函数max。这就是用指针形式实现函数的调用。以上用两种方法实现函数的调用，运行结果是完全一样的。

6.5.2 用指向函数的指针作函数参数

函数指针变量常用的用途之一是作为函数的参数，将函数名传给其他函数的形参。这样就可以在调用一个函数的过程中根据给定的不同实参调用不同的函数。

例如，利用这种方法可以编写一个求定积分的通用函数，用它分别求以下5个函数的定积分：

$$\int_a^b (1+x)\mathrm{d}x,\quad \int_a^b (2x+3)\mathrm{d}x,\quad \int_a^b (\mathrm{e}^x+1)\mathrm{d}x,\quad \int_a^b (1+x)^2\mathrm{d}x,\quad \int_a^b x^3\mathrm{d}x$$

可以看出，每次需要求定积分的函数是不一样的（分别是$1+x$，$2x+3$，e^x+1，$(1+x)^2$，x^3。可以编写一个求定积分的通用函数integral，它有3个形参：下限a、上限b以及指向

函数的指针变量 fun。函数原型可写为

```
double integral(double a,double b,double( * fun)(double));
```

分别编写 5 个函数 f1,f2,f3,f4,f5,用来求上面 5 个函数 $1+x$,$2x+3$,e^x+1,$(1+x)^2$,x^3。然后先后调用 integral 函数 5 次,每次调用时把 a,b 以及 f1,f2,f3,f4,f5 之一作为实参,即把上限、下限以及有关函数的入口地址传送给形参 fun。在执行 integral 函数过程中求出各函数定积分的值。

在面向对象的 C++ 程序设计中,这种用法就比较少了,因此在本书中不作详细介绍了。有兴趣的读者可参阅作者所著的《C 程序设计(第四版)》一书有关章节。

6.6　返回指针值的函数

一个函数可以带回一个整型值、字符值、实型值等,也可以带回指针型的数据,即地址。其概念与以前类似,只是带回的值的类型是指针类型而已。返回指针值的函数简称为**指针函数**。

定义指针函数的一般形式为

类型名 * 函数名(参数表列);

例如:

```
int * a(int x,int y);
```

a 是函数名,调用它以后能得到一个指向整型数据的指针(地址)。x,y 是函数 a 的形参,为整型。请注意在 * a 两侧没有括号(如果有括号,就成了第 6.5 节介绍的指向函数的指针变量了)。在 a 的两侧分别为 * 运算符和( )运算符。而( )优先级高于 *,因此 a 先与( )结合。显然这是函数形式。这个函数前面有一个 *,表示此函数是指针型函数(函数值是指针)。最前面的 int 表示返回的指针指向整型变量。对初学者来说,这种定义形式可能不大习惯,容易弄错,用时要十分小心。

6.7　指针数组和指向指针的指针

6.7.1　指针数组

如果一个数组,其**元素均为指针类型数据,该数组称为指针数组**,也就是说,指针数组中的每一个元素相当于一个指针变量,它的值都是地址。一维指针数组的定义形式为

类型名 * 数组名[数组长度];

例如:

```
int * p[4];
```

由于[ ]比 * 优先级高,因此 p 先与[4]结合,形成 p[4]形式,这显然是数组形式,它有

4个元素。然后再与p前面的“ * ”结合，“ * ”表示此数组是指针类型的，每个数组元素（相当于一个指针变量）都可指向一个整型变量。

注意：不要写成“int(* p)[4];”，这是指向一维数组的指针变量。

可以用指针数组中各个元素分别指向若干个字符串，使字符串处理更加方便灵活。

例6.12 若干字符串按字母顺序（由小到大）输出。

```
#include <iostream>
using namespace std;
int main( )
{ void sort(char * name[ ],int n);                                        //声明函数
  void print(char * name[ ],int n);                                       //声明函数
  char * name[ ] = {"BASIC","FORTRAN","C++","Pascal","COBOL"};  //定义指针数组
  int n=5;
  sort(name,n);
  print(name,n);
  return 0;
}
void sort(char * name[ ],int n)
{char * temp;
 int i,j,k;
 for(i=0;i<n-1;i++)
 {k=i;
  for(j=i+1;j<n;j++)
    if(strcmp(name[k],name[j])>0)k=j;
  if(k!=i)
  { temp=name[i];name[i]=name[k];name[k]=temp;}
 }
}

void print(char * name[ ],int n)
{int i;
 for(i=0;i<n;i++)
    cout<<name[i]<<endl;
}
```

运行结果为

```
BASIC
COBOL
C++
FORTRAN
Pascal
```

在main函数中定义指针数组name。它有5个元素，其初值分别是字符串"BASIC","FORTRAN","C++","Pascal","COBOL"的起始地址。见图6.16。这些字

符串是不等长的。sort 函数的作用是对字符串排序。sort 函数的形参 name 是指针数组名,接受实参数组 name 的首元素的地址,因此形参 name 和实参 name 指的是同一数组。用选择法对字符串排序。strcmp 是字符串比较函数,name[k]和 name[j]是第 k 个和第 j 个字符串的起始地址。strcmp(name[k],name[j])的值为:如果 name[k]所指的字符串大于 name[j]所指的字符串,则此函数值为正值;若相等,则函数值为 0;若小于,则函数值为负值。if 语句的作用是将两个串中“小”的那个串的序号(k 或 j 之一)保留在变量 k 中。当执行完内循环 for 语句后,从第 i 个串到第 n 个串各字符串中,第 k 个串最“小”。若 k≠i 就表示最小的串不是第 i 串。故将 name[i]和 name[k]对换,也就是将指向第 i 个串的数组元素(是指针型元素)与指向第 k 个串的数组元素对换。执行完 sort 函数后指针数组的情况如图 6.17 所示。

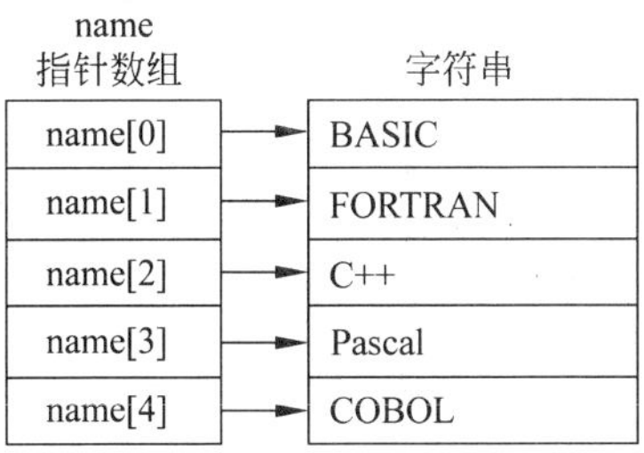

图　6.16

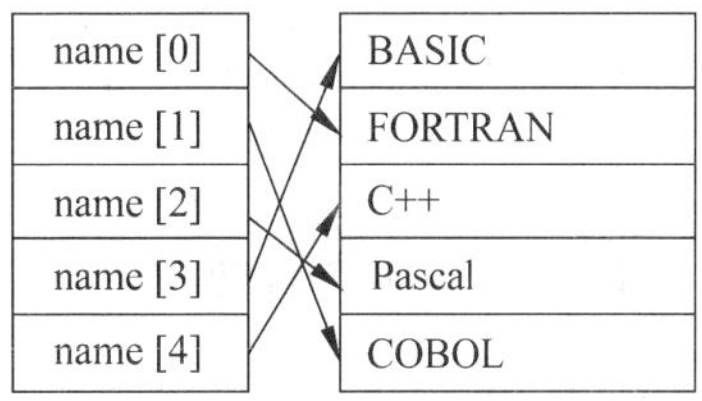

图　6.17

print 函数的作用是输出各字符串。name[0] ~ name[4]分别是各字符串(按从小到大顺序排好序的各字符串)的首地址(按字符串从小到大顺序,name[0]指向最小的串)。

print 函数也可改写为以下形式:

```
void print(char *name[],int n)
  {int i=0
   char *p;
   p=name[0];
   while(i<n)
     {p=*(name+i++);
      cout<<p<<endl;
     }
  }
```

其中,“*(name+i++)”表示先求 *(name+i)的值,即 name[i](它是一个地址)。将它赋给 p,然后 i 加 1。最后输出以 p 地址开始的字符串。

指针数组在 C++ 中是很有用的。

6.7.2　指向指针的指针

在掌握了指针数组的概念的基础上,下面介绍**指向指针数据的指针,简称为指向指针的指针**。从图 6.17 可以看到,name 是一个指针数组,它的每一个元素是一个指针型数据(其值为地址),分别指向不同的字符串。数组名 name 代表该指针数组首元素的地址。

name +i 是 name[i]的地址。由于 name[i]的值是地址(即指针),因此 name +i 就是指向**指针型数据**的指针。还可以设置一个指针变量 p,它指向指针数组的元素(见图 6.18)。p 就是指向**指针型数据**的指针变量。

怎样定义一个指向指针数据的指针变量呢？如下：

```
char *( *p);
```

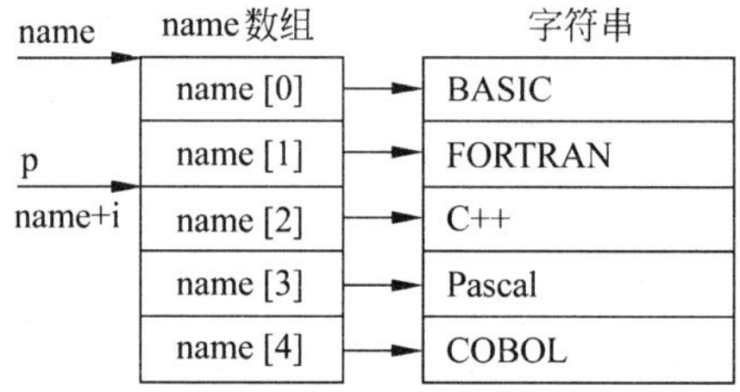

图 6.18

先分析“char *p;”,这显然是定义 p 为指向字符型数据的指针变量(即字符指针变量)。现在在(*p)的前面又有一个 * 号,成了“char *(*p);”,表示 p 指向的是字符指针数据。*p 就代表 p 所指向的字符指针(如图 6.18 的 name[2])。从附录 B 可以知道,* 运算符的结合性是从右到左,因此“char *(*p);”可写成

```
char **p;
```

例 6.13 指向字符型数据的指针变量。

```
#include <iostream>
using namespace std;
int main()
  { char **p;                        //定义指向字符指针数据的指针变量 p
    char *name[] = {"BASIC","FORTRAN","C++","Pascal","COBOL"};
    p = name +2;                     //见图 6.18 中 p 的指向
    cout << *p << endl;              //输出 name[2]指向的字符串
    cout << **p << endl;             //输出 name[2]指向的字符串中的第 1 个字符
  }
```

运行结果为

```
C++
C
```

由于 *p 代表 name[2],它指向字符串"C++",或者说在 name[2]中存放了字符串"C++"第 1 个字符的地址,因此“cout << *p”就从第 1 个字符开始输出字符串"C++"。第 2 个 cout 中的 **p 是 *p(值为 name[2])指向的"C++"第 1 个字符元素的内容,即字符"C"。因此“cout << **p”输出字符"C"。

指针数组的元素也可以不指向字符串,而指向整型数据或单精度型数据等。

在本章开头已经提到了“间接访问”一个变量的方式。利用指针变量访问另一个变量就是“间接访问”。如果在一个指针变量中存放一个目标变量的地址,这就是“单级间址”,见图 6.19(a)。指向指针的指针用的是“二级间址”方法。见图 6.19(b)。从理论上说,间址方法可以延伸到更多的级,见图 6.19(c)。但实际上在程序中很少有超过二级间址的。级数愈多,可读性愈差,愈难理解,愈容易产生混乱和出错。

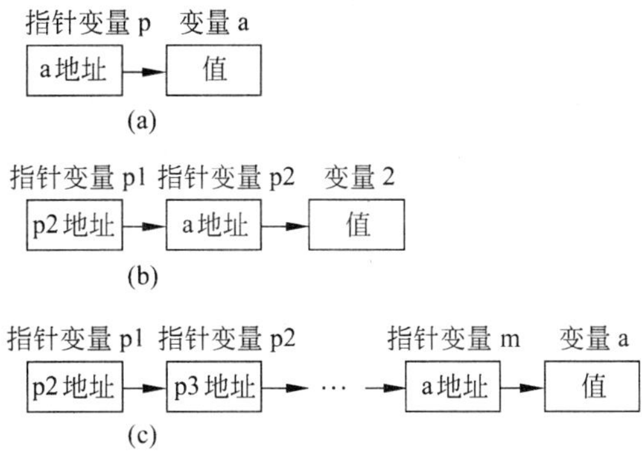

图　6.19

*6.8　const 指针

可以指定指针变量是一个常量,或者指定指针变量指向的对象是一个常量。有以下几种情况:

1. 指向常量的指针变量

定义这种指针变量的一般形式为

const 类型名 ＊ 指针变量名;

不允许通过指针变量改变它指向的对象的值。例如:

```
int a = 12,b = 15;
const int * p = &a;           //定义了 p 为指向整型变量 a 的 const 指针变量
*p = 15;                      //试图通过 p 改变它指向的对象 a 的值,非法
```

上面定义了 p 为(const int ＊)型的指针变量,并使其指向变量 a。不能通过 p 来改变 a 的值。但是指针变量 p 的值(即 p 的指向)是可以改变的。例如:

```
p = &b;                       //p 改为指向 b,合法
```

不要以为只要定义了(const int ＊)型指针变量,就能保证其所指向的对象的值无法改变。例如:

```
a = 15;                       //直接改变 a 的值,合法
```

从上面一行可以看到:可以不通过 p 直接对 a 再赋值。**用指向常量的指针变量只是限制了通过指针变量改变它指向的对象的值。**

如果想绝对保证 a 的值始终不变,应当把 a 定义为常变量:

```
const int a = 12;
```

这样 p 就成为**指向常变量的指针变量**。无论用直接访问方式或间接访问方式都无法改变 a 的值。

指向常量的指针变量常用于作函数形参，以防止指针形参所指对象的值改变影响实参。

例 6.14 在函数中改变指针形参所指对象的值。分析下面程序：

```
#include <iostream>
using namespace std;
void fun(int *p)                    //形参是指向整型变量的指针变量
  { *p=5*(*p);                      //使 p 所指的变量为原值的 5 倍
  }
int main()
  {int a=10;
   fun(&a);                         //用 a 的地址作为实参
   cout<<a<<" "<<endl;
   return 0;
  }
```

运行结果为

```
50
```

这是第 6.2.3 节介绍过的，可以通过改变指针形参所指对象的值，影响主函数中变量的值。

如果不想在调用函数时改变指针形参所指对象的值，可以将形参改为指向常量的指针变量，fun 函数改为

```
void fun(const int *p)              //形参是指向常量的指针变量
{ *p=5*(*p);                        //试图使 p 所指的变量为原值的 5 倍，错误
}
```

其他部分不改。在编译时出错，原因是不允许通过指针变量 p 改变 *p 的值。用这种方法就使在函数中只可以使用 *p 的值，而不能改变 *p 的值，显然不能通过调用函数来改变主调函数中变量的值。

2. 常指针

指定指针变量的值是常量。即指针变量的指向不能改变。例如：

```
char *const p1="China";             //p1 是字符指针变量，其指向不能改变
p1="Canada";                        //试图改变 p1 的指向，不合法
```

又如：

```
int a=4;
int b=6;
int *const p2=&a;                   //指定 p2 只能指向变量 a
p2=&b;                              //试图改变 p2 的指向，不合法
```

定义这种指针变量的一般形式是

类型名 * const 指针变量名;

说明:

(1) 这种指针变量称为**常指针变量**,简称**常指针**,即指针值不能改变。

(2) 必须在定义时初始化,指定其指向。

(3) 指针变量的指向(如 p1,p2 的值)不能改变,但指针变量的指向变量的值可以改变。如

```
*p2 = 12;                              //合法
```

(4) 注意 const 和 * 的位置。const 在"*"之后,请与定义指向常变量的指针变量的形式比较(const 在类型名前面)。

3. 指向常量的常指针

把以上两种作用叠加在一起,就是**指向常量的常指针变量**。**即指针变量指向一个固定的对象,该对象的值不能改变(指不能通过指针变量改变该对象的值**。如

```
int a = 10;
int b = 20;
const int * const pt = &a;             //用了两个 const
pt = &b;                               //试图改变指针变量 pt 的值,错误
*pt = 30;                              //试图通过 pt 改变 a 的值,错误
a = 30;                                //直接改变 a 的值,合法
```

如果要完全禁止改变 a 的值,可把 a 定义为常变量。即

```
const int a = 10;
```

定义这种指针变量的一般形式为

const 基本类型名 * const 指针变量名;

如果没有第 1 个 const,就成了上面第 2 种指针变量,即常指针(指针的值不变)。如果有第 1 个 const,而没有第 2 个 const,就成了上面第 1 种指针变量,即限制通过该指针变量改变其所指向的对象的值。

在 C++ 中,常常会用到 const 指针,以保证某些数据不被改变。

6.9 void 指针类型

可以定义一个基类型为 void 的指针变量(即(void *)型变量),它不指向任何类型的数据。请注意:**不要把"指向 void 类型"理解为能指向"任何的类型"的数据,而应理解为"指向空类型"或"不指向确定的类型"的数据**。

前面已说明,如果指针变量不指定一个确定的数据类型,它是无法访问任何一个具体的数据的,它只提供一个地址。在 C 中用 malloc 函数开辟动态存储空间,函数的返回值是该空间的起始地址,由于该空间尚未使用,其中没有数据,谈不上指向什么类型的数据,故返回一个 void * 型的指针,表示它不指向确定的具有类型的数据。显然这种指针是过

渡型的，它必须转换为指定一个确定的数据类型的数据，才能访问实际存在的数据，否则它是没有任何用处的。在实际使用该指针变量时，要对它进行类型转换，使之适合于被赋值的变量的类型。例如：

```
int a =3;                    //定义 a 为整型变量
int  * p1 = &a;              //p1 指向 int 型变量
char  * p2 = " new" ;        //p2 指向 char 型变量
void  * p3;                  //p3 为无类型指针变量(基类型为 void 型)
p3 = ( void  * )p1;          //将 p1 的值转换为 void * 类型，然后赋值给 p3
cout << * p3 << endl;        //p3 不能指向确定类型的变量，* p3 非法
cout << * ( int * ) p3 << endl; //把 p3 的值转换为(int * )型，可以指向变量 a
p2 = ( char * ) p3;          //将 p3 的值转换为 char * 类型，然后赋值给 p2，输出 3
printf( " %d" , * p2);       //合法，输出 a 的值
```

说明：可以把非 void 型的指针赋给 void 型指针变量，但不能把 void 指针直接赋给非 void 型指针变量，必须先进行强制转换。例如：

```
p3 = p1;          //把非 void 型的指针赋给 void 型指针变量，p3 得到 a 的纯地址，但不指向 a
p2 = p3;                     //把 void 型指针直接赋给非 void 型指针变量，不合法
p2 = ( char * ) p3;          //先把 p3 强制转换为 char * 型，再赋给 p2，合法
```

6.10 有关指针的数据类型和指针运算的小结

前面已经用到了有关指针的数据类型和指针的运算，为使读者有一系统完整的概念，现在作一小结。

6.10.1 有关指针的数据类型的小结

表 6.1 是有关指针的数据类型的小结，为便于比较，这里把其他一些类型的定义也列在一起。

表 6.1 有关指针变量的类型及含义

变量定义	类型表示	含义
int i;	int	定义整型变量 i
int * p;	int *	定义 p 为指向整型数据的指针变量
int a[5]	int [5]	定义整型数组 a，它有 5 个元素
int * p[4];	int * [4]	定义指针数组 p，它由 4 个指向整型数据的指针元素组成
int (* p)[4];	int(*)[4]	p 为指向包含 4 个元素的一维数组的指针变量
int f( );	int ( )	f 为返回整型函数值的函数
int * p( );	int * ( )	p 为返回一个指针的函数，该指针指向整型数据

续表

变量定义	类型表示	含　义
int (* p)();	int (*)()	p 为指向函数的指针,该函数返回一个整型值
int ** p;	int **	p 是一个指针变量,它指向一个指向整型数据的指针变量
int const * p	int const *	p 是常指针,其值是固定的,即其指向不能变
const int * p	const int *	p 是指向常量的指针变量,不能通过 p 改变其指向的对象的值
const int * const p	const int * const	p 是指向常量的常指针,其指向不能改变,且不能通过 p 改变其指向的变量的值
void * p;	void *	p 是一个指针变量,基类型为 void(空类型),不指向具体的对象

6.10.2 指针运算小结

前面已用过一些指针运算(如 p ++ ,p + i 等),现在把全部的指针运算列出如下。

(1) **指针变量加/减 一个整数**

例如: p ++ ,p -- ,p + i,p - i,p +- i,p -= i 等。

C ++ 规定,一个指针变量加/减一个整数是将该指针变量的原值(是一个地址)和它指向的变量所占用的内存单元字节数相加或相减。如 p + i 代表这样的地址计算: p + i * d,d 为 p 所指向的变量单元所占用的字节数。这样才能保证 p + i 指向 p 下面的第 i 个元素。

(2) **指针变量赋值**

将一个变量地址赋给一个指针变量。如

```
p = &a;              //将变量 a 的地址赋给 p
p = array;           //将数组 array 首元素的地址赋给 p
p = &array[i];       //将数组 array 第 i 个元素的地址赋给 p
p = max;             //max 为已定义的函数,将 max 的入口地址赋给 p
p1 = p2;             //p1 和 p2 都是同类型的指针变量,将 p2 的值赋给 p1
```

(3) **指针变量可以有空值,即该指针变量不指向任何变量**,可以这样表示:

```
p = NULL;
```

在 Visual C ++ 以及其他一些编译系统中,在 iostream 头文件中已定义了符号常量 NULL 代表整数 0:

```
#define NULL 0
```

因此,“p = NULL” 就是使 p 指向地址为 0 的单元,即指针不指向任何有效的单元。

请注意,**p 的值等于 NULL 和 p 未被赋值是两个不同的概念。前者是有值的(值为 0),不指向任何变量,后者虽未对 p 赋值但并不等于 p 无值,只是它的值是一个无法预料的值,也就是 p 可能指向某一个未指定的单元。这种情况是很危险的。因此,在引用指针变量之前应对它赋值。**

任何指针变量或地址都可以与NULL作相等或不相等的比较，如

```
if(p==NULL)p=p1;
```

但是应当注意，在有的编译系统中，NULL并不代表0，而取其他值。

（4）**两个指针变量可以相减**

如果两个指针变量指向同一个数组的元素，则两个指针变量值之差是两个指针之间的元素个数，见图6.20。

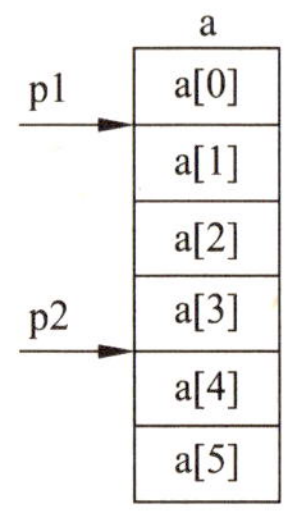

图 6.20

假如p1指向a[1]，p2指向a[4]，则p2－p1＝(a＋4)－(a＋1)＝4－1＝3。

但p1＋p2并无实际意义。

（5）**两个指针变量比较**

若两个指针指向同一个数组的元素，则可以进行比较。指向前面的元素的指针变量小于指向后面元素的指针变量。如图6.24中，p1＜p2，或者说，表达式"p1＜p2"的值为真，而"p2＜p1"的值为假。注意，如果p1和p2不指向同一数组则比较是无意义的。

（6）**对指针变量的赋值应注意类型问题**。假如p1，p2，p3被分别定义为指向整型、字符型、浮点型的指针变量，则下面的赋值是不合法的：

```
p1=p2;p2=p3;p3=p1;
```

在编译时将出错。如果一定要对不同类型的指针变量赋值，可以用强制类型转换，如

```
p1=(int*)p2;        //将p2的值强制转换为指向整型数据的指针类型，然后赋给p1
p2=(char*)p3;       //将p3的值强制转换为指向字符型数据的指针类型，然后赋给p2
p3=(float*)p1;      //将p1的值强制转换为指向浮点型数据的指针类型，然后赋给p3
```

这样，编译时不出错，但不能保证运行结果符合用户的愿望。读者可以上机试一下。

在本章前几节中介绍了指针的基本概念和初步应用。应该说明，指针是C和C++中重要的概念，是C和C++的一个特色。使用指针的优点是：①提高程序效率；②在调用函数时，如果改变被调用函数中某些变量的值，这些值能为主调函数使用，即可以通过函数的调用，得到多个可改变的值；③可以实现动态存储分配。

但是同时应该看到，指针使用实在太灵活，对熟练的程序人员来说，可以利用它编写出颇有特色的、质量优良的程序，实现许多用其他高级语言难以实现的功能，但也十分容易出错，而且这种错误往往难以发现。比如未对指针变量p赋值就向*p赋值，或者赋予指针变量一个错误的值时，就可能破坏了有用的单元的内容，会成为一个极其隐蔽的、难以发现和排除的故障。因此，使用指针要十分小心谨慎，要多上机调试程序，以弄清一些细节，并积累经验。

*6.11 引用

6.11.1 什么是变量的引用

在本书的前面曾把**引用**作为一般意义上的动词使用，如"引用一个变量"，它的含义

相当于“使用”或“调用”。而本章中说的**引用**(reference)不是一个动词,而是C++中的一个专门名词,有特定的含义,请读者注意。

对一个数据可以建立一个“引用”,它的作用是为一个变量起一个别名。这是C++对C的一个重要扩充,假如有一个变量a,想给它起一个别名b,可以这样写:

```
int a;                          //定义a是整型变量
int &b = a;                     //声明b是a的“引用”
```

以上声明了b是a的**引用**,即b是a的**别名**。经过这样的声明后,使用a或b的作用相同,都代表同一变量。**可以这样理解“引用”:通过b可以引用a**。注意:在上述声明中,&是**引用声明符**,并不代表地址。不要理解为“把a的值赋给b的地址”。在数据类型名后面出现的&是引用声明符,在其他场合出现的都是地址符,如

```
char &d = c;                    //此处的&是引用声明符
int  * p = &a;                  //此处的&是地址符
```

声明变量b为“引用”,并不需要另外开辟内存单元来存放b的值。b和a占内存中的同一个存储单元,它们具有同一地址。声明b是a的引用,可以理解为:**使变量b具有变量a的地址**。见图6.21,如果a的值是20,则b的值也是20。

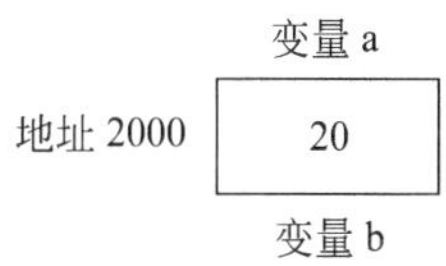

图　6.21

注意:

(1) **引用不是一种独立的数据类型。对引用只有声明,没有定义**。必须先定义一个变量,然后声明对该变量建立一个引用(别名)。

(2) **声明一个引用时,必须同时使之初始化,即声明它代表哪一个变量**。当引用作为函数形参时不必在声明中初始化,它的初始化是在函数调用时的虚实结合实现的,即作为形参的引用是实参的别名。

(3) **在声明一个引用后,不能再使之作为另一变量的引用**。比如声明了b是变量a的引用后,在其有效作用范围内,b始终与其代表的变量a相联系,不能再作为其他变量的引用(别名)。下面的用法不对:

```
int a1,a2;
int &b = a1;                    //声明b是a1的引用(别名)
int &b = a2;                    //试图使b又变成a2的引用(别名),不合法
```

(4) **不能建立引用数组**。如

```
int a[5];
int &b[5] = a;                  //错误,不能建立引用数组
int &b = a[0];                  //错误,不能作为数组元素的别名
```

(5) **不能建立引用的引用**。如

```
int a = 3;
int &b = a;                     //声明b是a的别名,正确
int &c = b;                     //试图建立引用的引用,错误
```

也没有引用的指针。如

```
int *p=b;                     //不能建立指向引用的指针
```

(6) **可以取引用的地址**。如已声明 b 是 a 的引用，则 &b 就是变量 a 的地址 &a。

```
int *pt;
pt=&b;                        //把变量 a 的地址 &a 赋给指针变量 pt
```

(7) **区别引用声明符 & 和地址运算符 &**。出现在声明中的 & 是引用声明符，其他情况下的 & 是地址运算符。

```
int &b=a;                     //声明 b 是 a 的引用
cout<<&b<<endl;               //输出 b 的地址，此处 &a 不是引用
```

二者形式相同，含义不同。在声明了引用后，在使用它时不带 &，而只用引用的名字（如 b，而不是 &b）。

6.11.2 引用的简单使用

通过下面的例子可以了解引用的简单使用。

例 6.15 引用和变量的关系。

```
#include<iostream>
#include<iomanip>                  //用输出格式函数 setw 需要用 iomanip 头文件
using namespace std;
int main()
 {int a=10;
  int &b=a;                        //声明 b 是 a 的引用
  a=a*a;                           //a 的值变化了，b 的值也应一起变化
  cout<<a<<setw(6)<<b<<endl;
  b=b/5;                           //b 的值变化了，a 的值也应一起变化
  cout<<b<<setw(6)<<a<<endl;
  return 0;
 }
```

a 的值开始为 10，b 是 a 的引用，它的值当然也应该是 10，当 a 的值变为 100（a*a 的值）时，b 的值也随之变为 100。在输出 a 和 b 的值后，b 的值变为 20，显然 a 的值也应为 20。

运行结果如下：

```
100   100                     (a 和 b 的值都是 100)
20    20                      (a 和 b 的值都是 20)
```

6.11.3 引用作为函数参数

有了变量名，为什么还需要一个别名呢？C++ 之所以增加引用机制，主要是把它作为函数参数，以扩充函数传递数据的功能。

到目前为止,本书介绍过函数参数传递的两种情况。

(1) 将变量名作为实参和形参。这时传给形参的是变量的值,传递是单向的。如果在执行函数期间形参的值发生变化,并不传回给实参。因为在调用函数时,形参和实参不是同一个存储单元。

例6.16 要求将变量i和j的值互换。下面的程序无法实现此要求。

```
#include <iostream>
using namespace std;
int main()
  {void swap(int,int);              //函数声明
   int i=3,j=5;
   swap(i,j);                       //调用函数swap
   cout<<i<<" "<<j<<endl;           //i和j的值未互换
   return 0;
  }

void swap(int a,int b)              //试图通过形参a和b的值互换,实现实参i和j的值互换
  {int temp;
   temp=a;                          //以下3行用来实现a和b的值互换
   a=b;
   b=temp;
  }
```

运行时输出

3 5

i和j的值并未互换。见图6.22。图6.22(a)表示调用函数时的数据传递,图6.22(b)是执行swap函数体后的情况,a和b值的改变不会改变i和j的值。

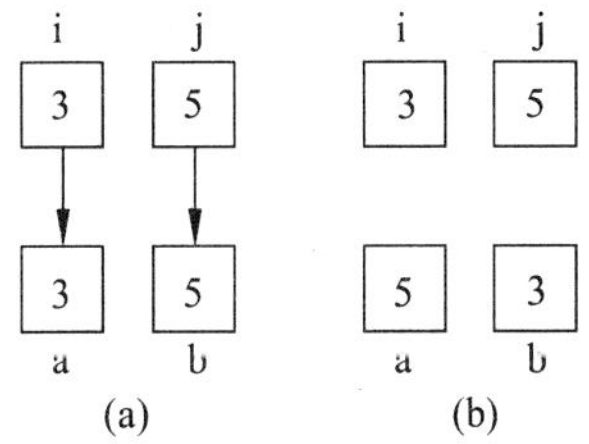

图 6.22

为了解决这个问题,采用传递变量地址的方法。

(2) 传递变量的地址。形参是指针变量,实参是一个变量的地址,调用函数时,形参(指针变量)得到实参变量的地址,因些指向实参变量单元。见例6.17。

例6.17 使用指针变量作形参,实现两个变量的值互换。

```
#include <iostream>
using namespace std;
int main()
  {void swap(int *,int *);
   int i=3,j=5;
   swap(&i,&j);                     //实参是变量的地址
   cout<<i<<" "<<j<<endl;           //i和j的值已互换
   return 0;
  }

void swap(int *p1,int *p2)          //形参是指针变量
```

```
{int temp;
 temp = *p1;                          //以下3行用来实现i和j的值互换
 *p1 = *p2;
 *p2 = temp;
}
```

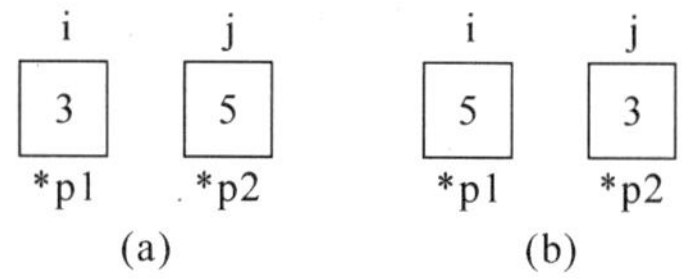

图 6.23

形参与实参的结合见图6.23。调用函数时把变量i和j的地址传送给形参p1和p2(它们是int *型指针变量),因此*p1和i为同一内存单元,*p2和j为同一内存单元,图6.23(a)表示刚调用swap函数时的情况,图6.23(b)表示执行完函数体时的情况。显然,i和j的值改变了。

这种虚实结合的方法仍然是"值传递"方式,只是实参的值是变量的地址而已。通过形参指针变量访问主函数中的变量(i和j),并改变它们的值。这样就能得到正确结果,但是在概念上却是兜了一个圈子,不那么直截了当。

在Pascal语言中有"值形参"和"变量形参"(即var形参),对应两种不同的传递方式,前者采用**值传递**方式,后者采用**地址传递**方式(传送的是变量的地址而不是变量的值,使形参变量与实参变量具有同一地址)。在C语言中,只有"值形参"而无"变量形参",全部采用值传递方式。C++把**引用**作为函数形参,提供了向函数传递数据的第(3)种方法,就弥补了这个不足。

(3) 以引用作为形参,在虚实结合时建立变量的引用,使形参名作为实参的"引用",即形参成为实参的引用。先分析例6.18。

例6.18 实现两个变量的值互换,用"引用"作形参。

```
#include <iostream>
using namespace std;
int main()
  {void swap(int &,int &);
   int i=3,j=5;
   swap(i,j);                                  //实参为整型变量
   cout<<"i="<<i<<" "<<"j="<<j<<endl;
   return 0;
  }

void swap(int &a,int &b)                       //形参是"引用"
  {int temp;
   temp=a;
   a=b;
   b=temp;
  }
```

输出结果为

```
i=5 j=3
```

在定义swap函数声明形参时,指定a和b是整型变量的**引用**。请注意:在此处&a

不是“a 的地址”,而是指“a 是一个整型变量的引用(别名),& 是引用声明符。由于是形参,不必对它初始化,即未指定它们是哪个变量的别名。当 main 函数调用 swap 函数时,进行虚实结合,把实参变量 i 和 j 的地址传给形参 a 和 b。这样 i 和 a 的地址相同,二者是同一变量,即 a 成为 i 的别名。同理,b 成为 j 的别名。在 swap 函数中使 a 和 b 的值对换,显然,i 和 j 的值同时改变了(见图 6.24,其中(a)是刚开始执行 swap 函数时的情况,(b)是执行完函数体语句时的情况)。在 main 函数中输出 i 和 j 已改变了的值。

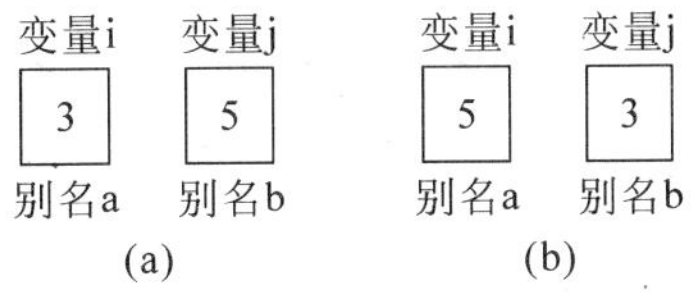

图 6.24

这就是**地址传递方式**。

请思考:这种传递方式和(1)和(2)方式有什么不同?分析例 6.16、例 6.17 和例 6.19,可以发现:

① **前两种方式传递的是实参的值**,例如在例 6.16 程序中,在调用 swap 函数时,把变量 i 和 j 的值传递给形参 a 和 b。在例 6.17 程序中,把 &i 和 &j 的**值**传递给指针型形参 p1 和 p2(从而使 p1 指向 a,p2 指向 b)。而在例 6.18 程序中,是把实参 i 和 j 的**地址**(而不是它们的**值**)传递给形参 a 和 b(形参 a 和 b 是引用),从而使 a 和 b 成为实参 i 和 j 的别名。

② **前两种方式在调用 swap 函数时,对形参要分配存储单元**,如例 6.16 建立临时的整型变量 a 和 b(各分配 4 个字节),它们用来存放从实参传递来的整型值。例 6.17 则是建立临时的整型指针变量 p1 和 p2(各分配 4 个字节),它们用来存放从实参传递来的值(&i 和 &j)。而例 6.18 对引用型形参 a 和 b 不分配存储单元,它们分别与实参 i 和 j 共享同一存储单元。

③ 在例 6.17 中,swap 函数的实参用变量 a 和 b 的地址(&i,&j),把它们传递给(int *)型形参 p1 和 p2。而在例 6.18 中,实参不是地址而是整型变量名,由于形参是引用,系统会自动将实参的地址传递给形参。注意:**此时传送的是实参变量的地址而不是实参变量的值**。

综上可知,C++ 在调用函数时有两种方式:**传值方式**(上面的方式(1)和(2))和**传址方式**(上面的(3))。注意:在方式(2)中实参是地址(如 &i),传递的是地址,故仍然是传值方式,不要把它误认为是传址方式。**在方式(3)中,实参是变量名,而传递的是变量的地址,这才是传址方式**。

可以看到,用引用型形参的方法比使用指针型形参的方法简单、直观、方便,可以部分代替指针的操作。有些过去只能用指针来处理的问题,现在可以用引用来代替,从而减小了程序设计的难度。

例 6.19 对 3 个变量按由小到大的顺序排序。

```
#include <iostream>
using namespace std;
int main()
{ void sort(int &,int &,int &);              //函数声明,形参是引用
  int a,b,c;                                  //a,b,c 是需排序的变量
  cout << "Please enter 3 integers:";
```

```
    cin >> a >> b >> c;                          //输入 a,b,c
    sort(a,b,c);                                 //调用 sort 函数,以 a,b,c 为实参
    cout << "sorted order is " << a << " " << b << " " << c << endl;
                                                 //此时 a,b,c 已排好序
    return 0;
  }
  void sort(int &i,int &j,int &k)                //对 i,j,k 3 个数排序
  { void change(int &,int &);                    //函数声明,形参是引用
    if(i > j) change(i,j);                       //使 i <= j
    if(i > k) change(i,k);                       //使 i <= k
    if(j > k) change(j,k);                       //使 j <= k
  }
  void change(int &x,int &y)                     //使 x 和 y 互换
  { int temp;
    temp = x;
    x = y;
    y = temp;
  }
```

运行结果如下：

```
Please enter 3 integers: 23 12 -345↙
sorted order is -345 12 23
```

读者可以看到：这个程序很容易理解，不易出错。由于在调用 sort 函数时虚实结合使形参 i,j,k 成为实参 a,b,c 的**引用**，因此通过调用函数 sort(a,b,c) 即实现了对 i,j,k 排序，也就是实现了对 a,b,c 排序。同样，执行 change(i,j) 函数，可以实现对实参 i 和 j 的值的互换。

引用不仅可以用于变量，也可以用于类对象。例如实参可以是一个类对象名，在虚实结合时传递类对象的起始地址。在 C++ 面向对象的程序设计中常用到引用，希望读者很好地理解和掌握它。

习　题

本章习题要求用指针或引用方法处理。

1. 输入 3 个整数，按由小到大的顺序输出。

2. 输入 3 个字符串，按由小到大的顺序输出。

3. 输入 10 个整数，将其中最小的数与第 1 个数对换，把最大的数与最后一个数对换。写 3 个函数：①输入 10 个数；②进行处理；③输出 10 个数。

4. 有 n 个整数，使前面各数顺序向后移 m 个位置，最后 m 个数变成最前面 m 个数，见图 6.25。写一函数实现以上功能，在主函数中输入 n 个整数，并输出调整后的 n 个数。

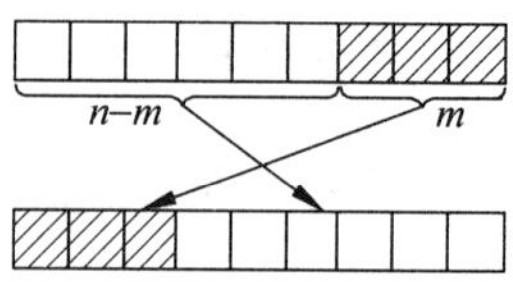

图　6.25

5. 有 n 个人围成一圈，顺序排号。从第 1 个人开始报数

(从 1 ~3 报数),凡报到 3 的人退出圈子,问最后留下的人原来排在第几号。

6. 写一函数,求一个字符串的长度。在 main 函数中输入字符串,并输出其长度。

7. 有一字符串,包含 n 个字符。写一函数,将此字符串中从第 m 个字符开始的全部字符复制成为另一个字符串。

8. 输入一行文字,找出其中大写字母、小写字母、空格、数字以及其他字符各有多少。

9. 写一函数,将一个 3 ×3 的整型矩阵转置。

10. 将一个 5 ×5 的矩阵中最大的元素放在中心,4 个角分别放 4 个最小的元素(按从左到右、从上到下顺序依次从小到大存放),写一函数实现。用 main 函数调用。

11. 在主函数中输入 10 个等长的字符串。用另一函数对它们排序。然后在主函数输出这 10 个已排好序的字符串。

12. 用指针数组处理第 11 题,字符串不等长。

13. 写一个用矩形法求定积分的通用函数,分别求 $\int_0^1 \sin x\mathrm{d}x$, $\int_{-1}^1 \cos x\mathrm{d}x$, $\int_0^2 \mathrm{e}^x\mathrm{d}x$(说明: sin,cos,exp 已在系统的数学函数库中,程序开头要用#include <cmath>)。

14. 将 n 个数按输入时顺序的逆序排列,用函数实现。

15. 有一个班 4 个学生,5 门课。①求第 1 门课的平均分;②找出有两门以上课程不及格的学生,输出他们的学号和全部课程成绩和平均成绩;③找出平均成绩在 90 分以上或全部课程成绩在 85 分以上的学生。分别编 3 个函数实现以上 3 个要求。

16. 输入一个字符串,内有数字和非数字字符,如

```
a123x456 _17960?302tab5876
```

将其中连续的数字作为一个整数,依次存放到一数组 a 中。例如,123 放在 a[0],456 放在 a[1]……统计共有多少个整数,并输出这些数。

17. 写一函数,实现两个字符串的比较。即自己写一个 strcmp 函数,函数原型为

```
int strcmp(char *p1,char *p2);
```

设 p1 指向字符串 s1,p2 指向字符串 s2。要求当 s1 =s2 时,返回值为 0,若 s1 ≠s2,返回它们二者第 1 个不同字符的 ASCII 码差值(如"BOY"与"BAD",第 2 个字母不同,"O"与"A"之差为 79 -65 =14)。如果 s1 >s2,则输出正值,如 s1 <s2,则输出负值。

18. 编写一程序,输入月份号,输出该月的英文月名。例如,输入 3,则输出 March,要求用指针数组处理。

19. 用指向指针的指针的方法对 5 个字符串排序并输出。

20. 用指向指针的指针的方法对 n 个整数排序并输出。要求将排序单独写成一个函数。整数和 n 在主函数中输入。最后在主函数中输出。

第 7 章 用户自定义数据类型

C++提供了一些基本的数据类型(如 int,float,double,char 等)供用户使用。但是由于程序需要处理的问题往往比较复杂,而且呈多样化,已有的数据类型显得不能满足使用要求。因此 C++允许用户根据需要自己声明一些类型,例如第 5 章介绍的数组就是用户自己声明的数据类型。此外,用户可以自己声明的类型还有结构体(structure)类型、共用体(union)类型、枚举(enumeration)类型、类(class)类型等。这些统称为**用户自定义类型**(user-defined type,UDT)。本章介绍结构体类型和枚举类型,第 8 章将介绍类类型。

7.1 结构体类型

7.1.1 为什么需要用结构体类型

在第 5 章介绍了用户自己建立的数据类型——数组,**数组中的各元素是属于同一个类型的**。但是在处理任务时只有数组还是不够的。有时需要将不同类型的数据组合成一个有机的整体,以供用户方便地使用。这些组合在一个整体中的数据是互相联系的。例如,一个学生的学号、姓名、性别、年龄、成绩、家庭地址等项,都是这个学生的属性。见图 7.1。

num	name	sex	age	score	addr
10010	Li Fang	M	18	87.5	Beijing

图 7.1

可以看到学号(num)、性别(sex)、年龄(age)、成绩(score)、地址(addr)是与姓名为"Li Fang"的学生有关的。如果在程序中将 num,name,sex,age,score,addr 分别定义为互相独立的变量,就难以反映出它们之间的内在联系。应当把它们组织成一个组合项,**在一个组合项中包含若干个类型不同(当然也可以相同)的数据项。C 和 C++允许用户自己指定这样一种数据类型,它称为结构体**。它相当于其他高级语言中的**记录**(record)。

例如,可以通过下面的声明来建立如图 7.1 所示的数据类型。

```
struct Student                    //声明一个结构体类型 Student
```

```
{ int num;                  //包括一个整型变量 num
  char name[20];            //包括一个字符数组 name,可以容纳 20 个字符
  char sex;                 //包括一个字符变量 sex
  int age;                  //包括一个整型变量 age
  float score;              //包括一个单精度型变量
  char addr[30];            //包括一个字符数组 addr,可以容纳 30 个字符
};                          //最后有一个分号
```

这样,程序设计者就声明了一个新的结构体类型 Student①。struct 是声明结构体类型时所必须使用的关键字,它向编译系统声明:这是一种**结构体类型**,它包括 num, name, sex, age, score, addr 等不同类型的数据项。在经过上面的声明后,Student 就成为一个在本程序文件中可以使用的类型名。它和系统提供的基本类型(如 int,char, float,double 等)一样,都可以用来定义变量,只不过结构体类型需要事先由用户自己声明而已。

声明一个结构体类型的一般形式为

struct 结构体类型名

　{成员表};

结构体类型名用来作结构体类型的标志。上面的声明中 Student 是结构体类型名。大括号内是该结构体中的全部成员(member),由它们组成一个特定的结构体。上例中的 num,name,sex,score 等都是结构体中的成员。在声明一个结构体类型时必须对各成员都应进行类型声明,即

类型名 成员名;

每一个成员也称为结构体中的一个域(field)。成员表又称为域表。成员名定名规则与变量名相同。

声明结构体类型的位置一般在文件的开头,在所有函数(包括 main 函数)之前,以便本文件中所有的函数都能利用它来定义变量。当然也可以在函数中声明结构体类型。

在 C 语言中,结构体的成员只能是数据(如上面例子所表示的那样)。C++ 对此加以扩充,结构体的成员既可以包括数据(即数据成员),又可以包括函数(即函数成员),以适应面向对象的程序设计。但是由于 C++ 提供了类(class)类型,一般情况下,不必使用带函数的结构体,因此在本章中只介绍只含数据成员的结构体,有关包含函数成员的结构体将在第 8 章中介绍类类型时一并介绍。

7.1.2　结构体类型变量的定义方法及其初始化

前面只是指定了一种结构体类型,它相当于一个模型,但其中并无具体数据,系统对之也不分配实际内存单元。为了能在程序中使用结构体类型的数据,应当定义结构体类型的变量,并在其中存放具体的数据。

---

① 在 C 语言中,结构体类型名包括关键字 struct,如 struct Student 是一个结构体类型名,在用结构体类型名定义变量时,必须包括关键字 struct。如"struct Student stud1,stud2;"。C++ 则作了简化,结构体类型名可以不包括关键字 struct,如 Student 是一个结构体类型名。定义变量的形式为"Student stud1,stud2;"。

1. 定义结构体类型变量的方法

可以采取以下3种方法定义结构体类型变量。

(1) 先声明结构体类型再定义变量

如上面已定义了一个结构体类型 Student，可以用它来定义结构体变量。如

```
Student      student1,   student2;
   |            |           |
结构体类型名   结构体变量名
```

在C语言中，在定义结构体变量时，要在结构体类型名前面加上关键字 struct，C++ 保留了C的用法，如

struct Student student1，student2；

提倡读者在编写 C++ 程序时，使用 C++ 新提出来的方法，即不必在定义结构体变量时加关键字 struct，这样使用更方便，而且与第8章中介绍的用类(class)名定义类对象的用法一致。

以上定义了 student1 和 student2 为结构体类型 Student 的变量，即它们具有 Student 类型的结构。如图7.2所示。

student1:	10001	Zhang Xin	M	19	90.5	Shanghai
student2:	10002	Wang Li	F	20	98	Beijing

图 7.2

在定义了结构体变量后，系统会为之分配内存单元。例如 student1 和 student2 在内存中各占63个字节(4+20+1+4+4+30=63)①。

(2) 在声明类型的同时定义变量

例如：

```
struct Student                    //声明结构体类型 Student
  { int num;
    char name[20];
    char sex;
    int age;
    float score;
    char addr[30];
  } student1,student2;            //定义两个结构体类型 Student 的变量 student1,student2
```

这种形式的定义的一般形式为

struct 结构体名

{

① 实际上，在分配存储单元时，是以字(word)为单位的，一个字一般包括4个字节。因此 student1 和 student2 实际占64个字节。用 sizeof(student1)可以测出到结构体变量 student1 的长度，它的值为64。

```
    成员表
  } 变量名表;
```

(3) 直接定义结构体类型变量

其一般形式为

```
struct              //注意没有结构体类型名
  {
    成员表
  } 变量名表;
```

这种方法虽然合法,但很少使用。提倡先定义类型后定义变量的第(1)种方法。将声明结构体类型和定义结构体变量分开,便于不同的函数甚至不同的文件都能使用所声明的结构体类型。若程序规模比较大,往往将若干个结构体类型的声明集中放到一个头文件中。如果哪个源文件需要用到此结构体类型,则用#include 指令将该文件包含到本文件中。这样做便于装配,也便于修改和使用。在程序比较简单,结构体类型只在本文件中使用的情况下,也可以用第(2)种方法。

关于结构体类型,有几点要说明:

(1) 结构体类型的结构根据需要进行设计,可以设计出许多种不同的结构体类型。不要误认为凡是结构体类型都有相同的结构。实际上每一种结构体类型都有自己的具体的结构。

(2) 类型与变量是不同的概念,不要混淆。只能对结构体变量中的成员赋值,而不能对结构体类型赋值。在编译时,对类型是不分配空间的,只对变量分配空间。

(3) 对结构体中的成员(即"域"),可以单独使用,它的作用与地位相当于普通变量。关于对成员的引用方法见 7.3 节。

(4) 成员也可以是一个结构体变量。如

```
struct Date              //声明一个结构体类型 Date
  {int month;
   int day;
   int year;
  };
struct Student           //声明一个结构体类型 Student
  {int num;
   char name[20];
   char sex;
   int age;
   Date birthday;        //Date 是结构体类型,birthday 是 Date 类型的成员
   char addr[30];
  }student1,student2;    //定义 student1 和 student2 为结构体类型 Student 的变量
```

上面先声明一个 Date 类型,它代表"日期",包括 3 个成员:month(月)、day(日)、year(年)。然后在声明 Student 类型时,将成员 birthday 指定为 Date 类型。Student 的结构见图 7.3。已声明的类型 Date 与其他类型(如 int,char)一样可以用来定义成员的类型。

<table>
<tr><td rowspan="2">num</td><td rowspan="2">name</td><td rowspan="2">sex</td><td rowspan="2">age</td><td colspan="3">birthday</td><td rowspan="2">addr</td></tr>
<tr><td>month</td><td>day</td><td>year</td></tr>
</table>

图 7.3

(5) 结构体中的成员名可以与程序中的变量名相同,二者没有关系。例如,程序中可以另定义一个整型变量 num,它与 student 中的 num 是两回事,互不影响。

2. 结构体变量的初始化

和其他类型变量一样,对结构体变量可以在定义时指定初始值。如

```
struct Student
  {int num;
   char name[20];
   char sex;
   int age;
   float score;
   char addr[30];
  }student1 = {10001,"Zhang Xin",'M',19,90.5,"Shanghai"};      //初始化
```

这样,变量 student1 中的数据如图 7.2 所示。

也可以采取声明类型与定义变量分开的形式,在定义变量时进行初始化:

```
Student student2 = {10002,"Wang Li",'F',20,98,"Beijing";      //Student 是已声明的结构体类型
```

7.1.3 引用结构体变量

在定义了结构体变量以后,当然可以引用这个变量。

(1) 可以将一个结构体变量的值赋给另一个具有相同结构的结构体变量。如上面的 student1 和 student2 都是 student 类型的变量,可以互相赋值:

```
student1 = student2;
```

赋值时,结构体变量 student2 中的各个成员的值分别赋给结构体变量 student1 中相应的成员。

(2) 可以引用一个结构体变量中的一个成员的值。例如: student1.num 表示结构体变量 student1 中的成员 num 的值,如果 student1 的值如图 7.2 所示,则 student1.num 的值为 10001。

引用结构体变量中成员的一般形式为

结构体变量名.成员名

例如可以这样对变量的成员赋值:

```
student1.num = 10010;
```

“.”是成员运算符,它在所有的运算符中优先级最高,因此可以把 student1.num 作为一个

整体来看待。上面赋值语句的作用是将整数10010赋给student1变量中的整型成员num。

(3) 如果成员本身也是一个结构体类型,则要用若干个成员运算符,一级一级地找到最低一级的成员。例如,已定义结构体变量student1,如果想引用student1变量中的birthday成员中的month成员,不能写成student1.month,必须逐级引用,即

```
student1.birthday.month      (引用结构体变量student1中的birthday成员中的month成员)
```

(4) 不能将一个结构体变量作为一个整体进行输入和输出。例如,已定义student1和student2为结构体变量,并且它们已有值。不能试图这样输出结构体变量中的各成员的值:

```
cout << student1;
```

只能对结构体变量中的各个成员分别进行输入和输出(除非用第10章介绍的运算符重载的方法,使运算符"<<"和">>"也能用于此类结构体类型的输入和输出)。

(5) 对结构体变量的成员可以像普通变量一样进行有关的运算(根据其类型决定可以进行的运算种类)。例如:

```
student2.score = student1.score;
sum = student1.score + student2.score;
student1.age ++;
++student1.age;
```

由于"."运算符的优先级最高,因此student1.age ++相当于(student1.age) ++ 。++是对student1.age进行自加运算,而不是先对age进行自加运算。

(6) 可以引用结构体变量成员的地址,也可以引用结构体变量的地址。如

```
cout << &student1;                    //输出结构体变量student1的起始地址
cout << &student1.age;                //输出student1.age的地址
```

结构体变量的地址主要用作函数参数,将结构体变量的地址传递给形参。

例7.1 定义两个结构体变量student1和student2,成员包括学号、姓名、性别、出生日期、成绩。对student2初始化,再把student2的值赋给student1。输出student1的各成员。

```
#include <iostream>
using namespace std;
struct Date                           //声明结构体类型Date
  {int month;
   int day;
   int year;
  };
struct Student                        //声明结构体类型Student
  {int num;
   char name[20];
   char sex;
```

```
    Date birthday;                          //声明 birthday 为 Date 类型的成员
    float score;
  }student1,student2 = {10002,"Wang Li",'f',5,23,1992,89.5};
    //定义 Student 类型的变量 student1,student2,并对 student2 初始化
int main( )
  {student1 = student2;                     //将 student2 各成员的值赋予 student1 的相应成员
    cout << student1.num << endl;           //输出 student1 中的 num 成员的值
    cout << student1.name << endl;          //输出 student1 中的 name 成员的值
    cout << student1.sex << endl;           //输出 student1 中的 sex 成员的值
    cout << student1.birthday.month << '/' << student1.birthday.day << '/'
     << student1.birthdayyear << endl;      //输出 student1 中的 birthday 各成员的值
    cout << student1.score << endl;
    return 0;
  }
```

运行时输出：

```
10002
Wang Li
f
5/23/1992
89.5
```

7.1.4 结构体数组

一个结构体变量中可以存放一组数据（如一个学生的学号、姓名、成绩等数据）。如果有10个学生的数据需要参加运算，显然应该用数组，这就是结构体数组。结构体数组与以前介绍过的数值型数组不同之处在于：每个数组元素都是一个结构体类型的数据，它们都分别包括各个成员项。

1. 定义结构体数组

和定义结构体变量的方法相仿，只须指出其为数组即可。如

```
struct Student                      //声明结构体类型 Student
  {int num;
   char name[20];
   char sex;
   int age;
   float score;
   char addr[30];
  };
 Student stu[3];                    //定义 Student 类型的数组 stu
```

也可以直接定义一个结构体数组，如

```
struct Student
```

```
  {int num;
   char name[20];
   char sex;
   int age;
   float score;
   char addr[30];
  }stu[3];
```

或

```
struct
  {int num;
   char name[20];
   char sex;
   int age;
   float score;
   char addr[30];
  }stu[3];
```

见图7.4。

	num	name	sex	age	score	addr
stu[0]	10101	Li Lin	M	18	87.5	103 Beijing Road
stu[1]	10102	Zhang Fang	M	19	99	130 Shanghai Road
stu[2]	10104	Wang Min	F	20	78.5	1010 Zhongshan Road

图 7.4

数组各元素在内存中连续存放,见图7.5。

2. 结构体数组的初始化

与其他类型的数组一样,对结构体数组可以初始化。如

```
struct Student
  {int num;
   char name[20];
   char sex;
   int age;
   float score;
   char addr[30];
  }stu[3] = {{10101,"Li Lin",'M',18,87.5,"103 Beijing Road"},
    {10102,"Zhang Fang",'M',19,99,"130 Shanghai Road"},
    {10104,"Wang Min",'F',20,78.5,"1010,Zhongshan Road"}};
```

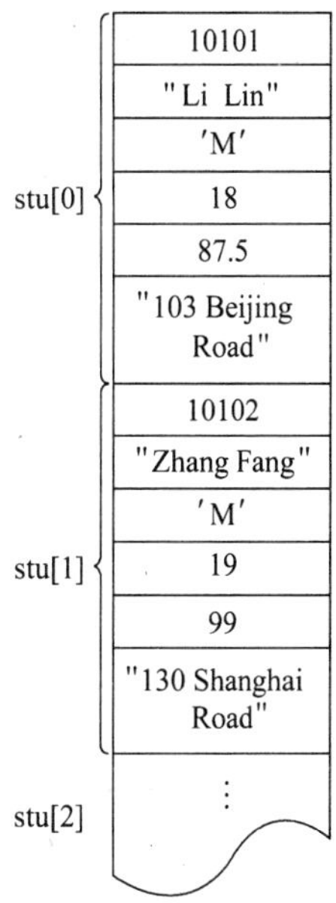

图 7.5

一个结构体常量应包括结构体中全部成员的值。以上是把声明结构体类型和定义结构体数组以及对数组初始化这3项工作同时完成的。

定义数组stu时,也可以不指定元素个数,即把上面第8行

“}”后面的部分写成以下形式：

```
stu[ ] = {{…},{…},{…}};
```

编译时,系统会根据给出初值的结构体常量的个数来确定数组元素的个数(例如上面外层“{}”中有3个大括号,提供了3组初值,系统会把stu数组的元素个数定为3)。

当然,声明结构体类型和定义结构体数组及其初始化也可以分开进行,如

```
Student stu[ ] = {{…},{…},{…}};            //已事先声明了结构体类型 Student
```

从以上可以看出,结构体数组初始化的一般形式是在所定义的数组的后面加上

```
= {初值表};
```

3. 结构体数组应用举例

下面举一个简单的例子来说明结构体数组的定义和引用。

例7.2 对候选人得票的统计程序。设有3个候选人,最终只能有1个人当选为领导。今有10个人参加投票,从键盘先后输入这10个人所投候选人的名字,要求最后输出各候选人得票结果。

可以定义一个候选人结构体数组,包括10个元素,在每个元素中存放有关的数据。

程序如下:

```
#include <iostream>
using namespace std;
struct Person                                    //声明结构体类型 Person
  {char name[20];
   int count;
  };
int main( )
  {Person leader[3] = {"Li",0,"Zhang",0,"Sun",0};
                             //定义 Person 类型的数组,内容为3个候选人的姓名和当前的得票数
   int i,j;
   char leader_name[20];                         //leader_name 为投票人所选的人的姓名
   for(i=0;i<10;i++)
     {cin>>leader_name;                          //先后输入10张票上所写的姓名
      for(j=0;j<3;j++)                           //将票上姓名与3个候选人的姓名比较
        if(strcmp(leader_name,leader[j].name)==0)leader[j].count++;
                                                 //如果与某一候选人的姓名相同,就给他加一票
     }
   cout<<endl;
   for(i=0;i<3;i++)                              //输出3个候选人的姓名与最后得票数
     {cout<<leader[i].name<<":"<<leader[i].count<<endl;}
   return 0;
  }
```

运行结果如下:

```
Zhang↙                    (每次输入一个被选人的姓名)
Li↙
Sun↙
Li↙
Zhang↙
Li↙
Zhang↙
Li↙
Sun↙
Wang↙

Li:4                      (输出3个候选人的姓名与最后得票数)
Zhang:3
Sun:2
```

程序定义一个全局的结构体数组 leader,它有3个元素,每一元素包含两个成员 name(姓名)和 count(得票数)。在定义数组时使之初始化,使3位候选人的票数都先置零。见图7.6。

name	count
Li	0
Zhang	0
Sun	0

图　7.6

在主函数中定义字符数组 leader_name,它代表选票上被选人的姓名。在10次循环中每次输入一张选票上的信息(一个被选人的姓名),然后把它与3个候选人姓名一一相比,看它和哪一个候选人的名字相同。注意 leader_name 是和 leader[j].name 相比,leader[j]是数组 leader 的第 j 个元素,它包含两个成员项,leader_name 应该和 leader 数组第 j 个元素的 name 成员相比。当 j 为某一值时,若输入的姓名与 leader[j].name 相等,就执行"leader[j].count ++"。使 leader[j]的成员 count 的值加1,表示此人又得了一票。在输入和统计结束之后,将3人的名字和得票数输出。

在这个例子中,也可以不用字符数组而用 string 方法的字符串变量来存放姓名数据,程序可修改如下

```
#include <iostream>
#include <string>
using namespace std;
struct person
  { string name;                                   //成员 name 为字符串变量
    int count;
  }leader[3] = {"Li",0,"Zhang",0,"Sun",0};
int main()
  {int i,j;
   string leader_name;                             //leader_name 为字符串变量
   for(i=0;i<10;i++)
     {cin>>leader_name;
      for(j=0;j<3;j++)
        if(leader_name==leader[j].name)leader[j].count++;          //用"=="进行比较
     }
```

```
    cout << endl;
    for(i = 0;i < 3;i ++ )
      {cout << leader[i].name << " :" << leader[i].count << endl;}
    return 0;
  }
```

运行结果与前相同。显然后一个程序使用更方便，易读性更好①。

7.1.5 指向结构体变量的指针

一个结构体变量的指针就是该变量所占据的内存段的起始地址。可以设一个指针变量，用来指向一个结构体变量，此时该指针变量的值是结构体变量的起始地址。指针变量也可以用来指向结构体数组中的元素。

1. 通过指向结构体变量的指针引用结构体变量中的成员

下面通过一个简单例子来说明指向结构体变量的指针变量的应用。

例7.3 定义一个结构体变量 stu，成员包括学号、姓名、性别、成绩。定义一个指针变量 p 指向该结构体变量 stu，通过该指针变量输出各成员的值。

```
#include < iostream >
#include < string >
using namespace std;
int main( )
  {struct Student                //声明结构体类型 student
    {int num;
     string name;
     char sex;
     float score;
  };
  Student stu;                   //定义 Student 类型的变量 stu
  student  * p = &stu;           //定义 p 为指向 Student 类型数据的指针变量并指向 stu
  stu. num = 10301;              //对 stu 中的成员赋值
  stu. name = " Wang Fang" ;     //对 string 变量可以直接赋值
  stu. sex = 'f';
  stu. score = 89. 5;
  cot << stu.  num << "  " << stu. name << "  " << stu. sex << "  " << stu. score << endl;
  cout << ( * p) > num << "  " << ( * p). name << "  " << ( * p). sex << "  " << ( * p). score << endl;
```

---

① 上面的程序在 GCC 等环境下能够正常运行，但是有些 C++ 编译系统（例如 Visual C++ 6.0）不提供对包含字符串变量成员的结构体变量进行初始化的支持，因此上面的程序在这些编译环境下编译时会出错，需要作一些修改才能运行（把在定义时进行初始化改为用赋值语句分别对结构体数组中的成员进行赋值），如

```
leader[0]. name = " Li" ;
leader[0] = count = 0;
```

读者可上机试一下。

```
    return 0;
}
```

在主函数中声明了 Student 类型,然后定义一个 Student 类型的变量 stu。同时又定义一个指针变量 p,它指向一个 Student 类型的数据。将结构体变量 stu 的起始地址赋给指针变量 p,也就是使 p 指向 stu(见图 7.7),然后对 stu 中的各成员赋值。第 1 个 cout 语句的作用是输出 stu 的各个成员的值。用 stu. num 表示 stu 中的成员 num,其余类推。第 2 个 cout 语句用(*p)和成员运算符"."输出 stu 各成员的值,(*p)表示 p 指向的结构体变量,(*p). num 是 p 指向的结构体变量中的成员 num,即 stu. num。注意 *p 两侧的括号不可省,因为成员运算符"."优先于"*"运算符,*p. num 就等价于*(p. num)了。

运行结果如下:

```
10301 Wang Fang f 89.5          (通过结构体变量名引用成员)
10301 Wang Fang f 89.5          (通过指针引用结构体变量中的成员)
```

两个 cout 语函数输出的结果是相同的。

为了使用方便和使之直观,C 和 C++ 提供了指向结构体变量的运算符"->",形象地表示"指向"的关系。例如,p->num 表示指针 p 当前指向的结构体变量中的成员 num。p->num 和(*p). num 等价。同样,p->name 等价于(*p). name。也就是说,以下 3 种形式等价:

① **结构体变量. 成员名**。如 stu. num。

② **(*p). 成员名**。如(*p). num。

③ **p->成员名**。如 p->num。"->"称为**指向运算符**。

请分析以下几种运算:

p->n　　　得到 p 指向的结构体变量中的成员 n 的值。

p->n++　　得到 p 指向的结构体变量中的成员 n 的值,用完该值后使它加 1。

++p->n　　得到 p 指向的结构体变量中的成员 n 的值,并使之加 1,然后再使用它。

2. 用结构体变量和指向结构体变量的指针构成链表

链表是一种常见的重要的数据结构。图 7.8 表示最简单的一种链表(单向链表)的结构。

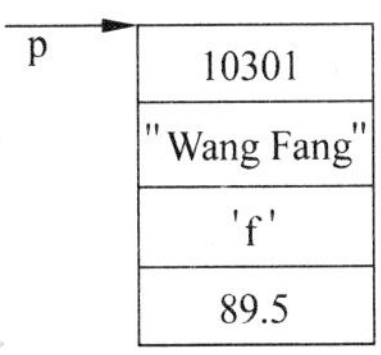

图 7.7

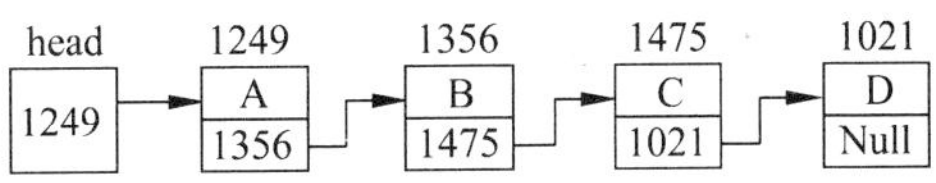

图 7.8

链表有一个"头指针"变量,图中以 head 表示,它存放一个地址。该地址指向一个元素。链表中的每一个元素称为"结点",每个结点都应包括两个部分:第 1 部分为用户需要用的实际数据,第 2 部分为下一个结点的地址。可以看出,head 指向第 1 个元素;在第

1 个元素中存放了第 2 个元素的地址，因此，它指向第 2 个元素，同样，第 2 个元素指向第 3 个元素……直到最后一个元素。最后一个元素不再指向其他元素，它称为“表尾”，它的地址部分放一个“NULL”（表示“空地址”），链表到此结束。

可以看到，链表中各元素在内存中的存储单元可以是不连续的。要找某一元素，可以先找到上一个元素，根据它提供的下一元素地址找到下一个元素。打个通俗的比方：幼儿园的老师带领孩子出来散步，老师牵着第 1 个小孩的手，第 1 个小孩的另一只手牵着第 2 个孩子……这就是一个“链”，最后一个孩子有一只手空着，他是“链尾”。要找这个队伍，必须先找到老师，然后顺序找到每一个孩子。

可以看到，这种链表的数据结构，必须利用结构体变量和指针才能实现。可以声明一个结构体类型，包含两种成员，一种是用户需要用的实际数据，另一种是用来存放下一结点地址的指针变量。例如，可以设计这样一个结构体类型：

```
struct Student
  {int num;
   float score;
   Student  * next;                    //next 指向 Student 结构体变量
  };
```

其中成员 num 和 score 是用户需要用到的数据，相当于图 7.8 结点中的 A,B,C,D。next 是指针类型的成员，它指向 Student 类型数据（就是 next 所在的结构体类型）。用这种方法就可以建立链表。见图 7.9。

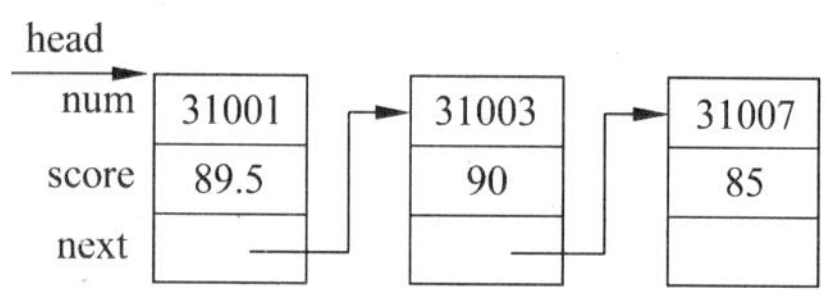

图 7.9

图中每一个结点都属于 Student 类型，在它的成员 next 中存放下一个结点的地址，程序设计者不必具体知道各结点的具体地址，只要保证能将下一个结点的地址放到前一结点的成员 next 中即可。

下面通过一个例子来说明如何建立和输出一个简单链表。

例 7.4 建立一个如图 7.9 所示的简单链表，它由 3 个学生数据的结点组成。输出各结点中的数据。

```
#define NULL 0                        //此行可省略，因为在头文件 iostream 中已有此定义
#include <iostream>
struct student
  {int num;
   float score;
   struct student  * next;
  };
int main( )
{student a,b,c, * head, * p;
 a. num =31001;a. score =89.5;        //对结点 a 的 num 和 score 成员赋值
 b. num =31003;b. score =90;          //对结点 b 的 num 和 score 成员赋值
 c. num =31007;c. score =85;          //对结点 c 的 num 和 score 成员赋值
 head = &a;                           //将结点 a 的起始地址赋予头指针 head
```

```
  a.next = &b;                              //将结点 b 的起始地址赋予 a 结点的 next 成员
  b.next = &c;                              //将结点 c 的起始地址赋予 b 结点的 next 成员
  c.next = NULL;                            //结点的 next 成员不存放其他结点地址
  p = head;                                 //使 p 指针指向 a 结点
  do
    {cout << p -> num << "  " << p -> score << endl;     //输出 p 指向的结点的数据
     p = p -> next;                                      //使 p 指向下一个结点
    } while(p! = NULL);                                  //输出完 c 结点后 p 的值为 NULL
    return 0;
}
```

请读者考虑：①各个结点是怎样构成链表的？②p 起什么作用？

开始时使 head 指向 a 结点，a.next 指向 b 结点，b.next 指向 c 结点，这就构成链表关系。第 1 行用#define 指令定义了符号常量 NULL 代表 0，在 16 行将 0 地址赋给 c.next。"c.next = NULL"的作用是使 c.next 不指向任何有用的存储单元。其实第 1 行可以省写，因为在头文件中已包含了此定义了。本程序有此行，目的是使程序更清晰。

在输出链表时要借助指针变量 p，第 17 行"p = head;"使 p 指向 a 结点（因为 head 已指向 a），然后输出 a 结点中的数据。"p = p -> next;"是为输出下一个结点做准备。此时 p -> next 的值是 b 结点的地址，因此执行"p = p -> next;"后，p 就指向 b 结点，所以在下一次循环时输出的是 b 结点中的数据。同理，接着输出 c 结点中的数据。可以看到：p 的指向并不是固定的，开始时指向 a，输出 a 结点中的数据后，p 就向后移动，指向了 b，输出 b 结点中的数据后，又向后移动，指向了 c。实现移动的语句是"p = head;"。在输出 c 结点的数据后，执行"p = p -> next;"的结果就不再是使 p 后移了，因为 c 已是最后一个结点，此时的 p -> next 就是 c.next，其值为 NULL，把它赋给 p 后，p 的值为 NULL，循环条件不再满足，循环终止。

本例是比较简单的，所有结点（结构体变量）都是在程序中定义的，不是临时开辟的，也不能用完后释放，这种链表称为**静态链表**。对各结点既可以通过上一个结点的 next 指针访问，也可以直接通过结构体变量名 a，b，c 访问。

动态链表则是指各结点是可以随时插入和删除的，这些结点并没有变量名，只能先找到上一个结点，才能根据它提供的下一结点的地址找到下一个结点。只有提供第 1 个结点的地址，即**头指针** head，才能访问整个链表。如同一条铁链一样，一环扣一环，中间是不能断开的。建立动态链表，要用到第 7.1.7 节介绍的动态分配内存的运算符 new 和动态撤销内存的运算符 delete。

7.1.6　结构体类型数据作为函数参数

将一个结构体变量中的数据传递给另一个函数，有下面 3 种方法：

(1) **用结构体变量名作参数**。例如，用结构体变量 stu 作函数实参，将实参值传给形参。用结构体变量作实参时，采取的是"值传递"的方式，将结构体变量所占的内存单元的内容全部顺序传递给形参。形参也必须是同类型的结构体变量。在函数调用期间形参也要占用内存单元。这种传递方式在空间和时间上开销较大，如果结构体的规模很大时，开销是很可观的。此外，由于采用值传递方式，如果在执行被调用函数期间改变了形参（是结构体变量）的值，该值不能返回主调函数，这往往不能满足使用要求。因此一般较少用这种方法。

（2）用指向结构体变量的指针作实参，将结构体变量的地址传给形参。

（3）用结构体变量的引用作函数形参，它就成为实参（是结构体变量）的别名。

下面通过一个简单的例子来说明，并对它们进行比较。

例7.5 有一个结构体变量stu，内含学生学号、姓名和3门课的成绩。要求在main函数中为各成员赋值，在另一函数print中将它们的值输出。

（1）用结构体变量作函数参数

```
#include <iostream>
#include <string>
using namespace std;
struct Student                          //声明结构体类型Student
{int num;
 char name[20];
 float score[3];
};

int main()
{void print(Student);                   //函数声明,形参类型为结构体Student
 Student stu;                           //定义结构体变量
 stu.num=12345;                         //以下5行对结构体变量各成员赋值
 stu.name="Li Fang";
 stu.score[0]=67.5;
 stu.score[1]=89;
 stu.score[2]=78.5;
 print(stu);                            //调用print函数,输出stu各成员的值
 return 0;
}

void print(Student stu)
{cout<<stu.num<<" "<<stu.name<<" "<<stu.score[0]<<" "
     <<stu.score[1]<<" "<<stu.score[2]<<endl;
}
```

运行结果为

```
12345 Li Fang 67.5 89 78.5
```

（2）用指向结构体变量的指针作实参

可以在上面程序的基础上稍作修改即可。请注意程序注释。

```
#include <iostream>
#include <string>
using namespace std;
```

```
struct Student
{int num;
 string name;                           //用 string 类型定义字符串变量
 float score[3];
}stu = {12345,"Li Fang",67.5,89,78.5};  //定义结构体 student 变量 stu 并赋初值

int main( )
{void print(Student *);           //函数声明,形参为指向 Student 类型数据的指针变量
 Student *pt = &stu;              //定义基类型为 Student 的指针变量 pt,并指向 stu
 print(pt);                       //实参为指向结构体变量 stu 指针变量
 return 0;
}
void print(Student *p)            //定义函数,形参 p 是基类型为 Student 的指针变量
{cout<<p->num<<" "<<p->name<<" "<<p->score[0]<<" "
    <<p->score[1]<<" "<<p->score[2]<<endl;
}
```

此程序在定义结构体变量 stu 时赋初值,这样程序可简化些(注意:有的 C++ 系统不允许在定义含有字符串变量成员的结构体变量时进行初始化)。print 函数中的形参 p 被定义为指向 Student 类型数据的指针变量。在 main 函数中定义指针变量 pt,并将 stu 的起始地址赋给 pt,这样 pt 就指向 stu。调用 print 函数时,实参指针变量 pt 将 stu 的起始地址传送给形参 p(p 也是基类型为 student 的指针变量)。这样形参 p 也就指向 stu,见图 7.10。在 print 函数中输出 p 所指向的结构体变量的各个成员值,也就是 stu 的成员值。

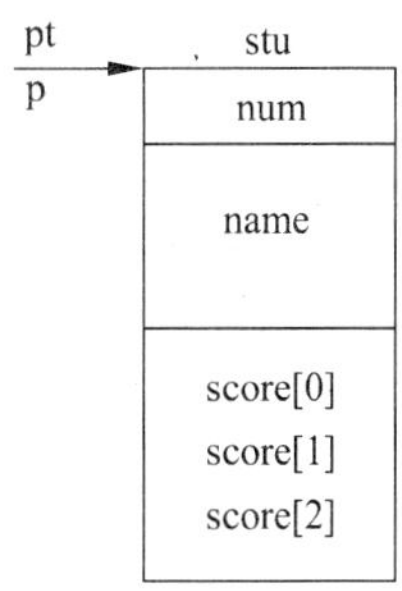

图 7.10

在 main 函数中也可以不定义指针变量 pt,而在调用 print 函数时以 &stu 作实参,把 stu 的起始地址传给实参 p。

(3) 用结构体变量的引用作函数参数

```
#include <iostream>
#include <string>
using namespace std;
struct Student
{int num;
 string name;
 float score[3];
}stu = {12345,"Li Li",67.5,89,78.5};

int main( )
{void print(Student &);           //函数声明
 print(stu);                      //实参为结构体 Student 变量
 return 0;
}
```

```
void print(Student &stud)              //函数定义,形参为结构体 Student 变量的引用
{cout << stud.num << " " << stud.name << " " << stud.score[0] << " "
      << stud.score[1] << " " << stud.score[2] << endl;
}
```

运行结果与前两个程序相同。

3 种方法的比较:

程序(1)用结构体变量作实参和形参,程序直观易懂,但是在调用函数时形参要单独开辟内存单元,实参中全部内容通过值传递方式一一传给形参,如果结构体变量占的存储空间很大,则在虚实结合时空间和时间的开销都比较大。效率是不高的。

程序(2)采用指针变量作为实参和形参,在调用函数时形参只占用 4 个字节,实参只是将 stu 的起始地址传给形参,而不是将结构体变量的各成员的值一一传给形参,因而空间和时间的开销都很小,效率较高。但看程序时不如程序(1)那样直观。

程序(3)的实参是结构体 Student 类型变量,而形参用 Student 类型的引用,虚实结合时传递的是 stu 的地址,因而效率较高。在执行 print 函数期间,实参 stu 和形参 stud 是同一对象,stu.num 就是 stud.num,程序比较直观易懂,它兼有(1)和(2)的优点。

通过本例可以体会到 C++ 为什么要增设变量的引用。引用主要用作函数参数,它可以提高效率,而且保持程序良好的可读性。

*7.1.7 用 new 和 delete 运算符进行动态分配和撤销存储空间

在软件开发中,常常需要动态地分配和撤销内存空间,例如对动态链表中结点的插入与删除。在 C 语言中是利用库函数 malloc 和 free 来分配和撤销内存空间的。C++ 提供了较简便而功能较强的运算符 new 和 delete 来取代 malloc 和 free 函数。注意: **new 和 delete 是运算符**,不是函数,因此执行效率高。虽然为了与 C 语言兼容,C++ 仍保留 malloc 和 free 函数,但建议用户不用 malloc 和 free 函数,而用 new 和 delete 运算符。

new 运算符的例子:

```
new int;        //开辟一个存放整数的存储空间,返回一个指向该存储空间的地址(即指针)
new int(100);   //开辟存放一个整数的空间,并指定该整数的初值为 100,返回一个指向该存储空
                  间的地址
new char[10];   //开辟一个存放字符数组(包括 10 个元素)的空间,返回字符数组首元素的地址
new int[5][4];  //开辟一个存放二维整型数组(大小为 5 * 4)的空间,返回首元素的地址
float *p = new float(3.14159)    //开辟一个存放单精度数的空间,并指定该数的初值为
                                   3.14159,将返回的该空间的地址赋给指针变量 p
```

new 运算符使用的一般格式为

new 类型 [初值]

注意: 用 new 分配数组空间时不能指定初值。如果由于内存不足等原因而无法正常分配空间,则 new 会返回一个空指针 NULL,用户可以根据该指针的值判断分配空间是否成功。

delete 运算符使用的一般格式为

delete 指针变量　　　　(对变量)

或

　　delete [ ] 指针变量　　　（对数组）

例如要撤销上面用 new 开辟的存放单精度数的空间（上面第 5 个例子），应该用

```
delete p;
```

前面第 3 个例子用“new char[10];”开辟了字符数组空间，如果把 new 返回的地址赋给了指针变量 pt，则应该用以下形式的 delete 运算符撤销该空间：

```
delete [ ] pt;                    //在指针变量前面加一对方括号，表示是对数组空间的操作
```

例 7.6 临时开辟一个存储空间以存放一个结构体数据。

```
#include <iostream>
#include <string>
using namespace std;
struct Student           //声明结构体类型 Student
{ string name;
  int num;
  char sex;
};
int main( )
  { Student  * p;       //定义指向结构体类型 Student 的数据的指针变量 p
    p = new Student; //用 new 运算符开辟一个存放 Student 型数据的空间，把地址赋给 p
    p -> name = "Wang Fang";           //向结构体变量的成员赋值
    p -> num = 10123;
    p -> sex = 'm';
    cout << p -> name << endl << p -> num << endl << p -> sex << endl;          //输出各成员的值
    delete p;                                                                   //撤销该空间
    return 0;
  }
```

运行结果为

```
Wang Fang
10123
m
```

程序声明了一个结构体类型 Student。注意：并没有定义结构体变量，而是定义了一个基类型为 Student 的指针变量 p，用 new 开辟一段空间以存放一个 Student 类型的数据，空间的大小由系统根据 Student 自动算出，不必用户指定。执行 new 得到一个指向 Student 类型数据的指针（即所开辟空间的起始地址），把它赋给 p。这样 p 就指向该空间（见图 7.11）。虽然没有定义结构体变量，但是可以通过指针变量 p 访问该空间。可以对该空间中各成员赋值，并输出它们的值。最后用 delete 撤销该空间。可以认为这是对一个无名的结构体变量进行操作。

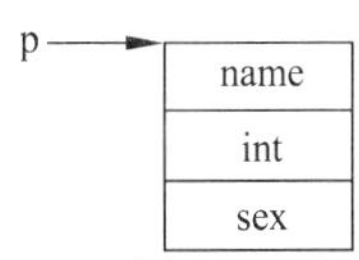

用 new student 开辟的空间

图 7.11

在动态分配/撤销空间时，往往将这两个运算符和结构体结合起来使用，是很有效的。

可以看到：想访问用 new 所开辟的结构体空间，无法直接通过变量名进行，只能通过指针 p 进行访问。如果要建立一个**动态链表**，必须从第 1 个结点开始，逐个地开辟结点并输入各结点数据，通过指针建立起前后相链的关系。

由于篇幅关系，本书不准备介绍动态链表的操作，有兴趣的读者可以参考《C++程序设计题解与上机指导（第 2 版）》中第 1 部分第 7 章的第 6～10 题的解答（编程序实现动态链表的建立、插入、删除和输出），进一步理解怎样处理动态的数据结构。

本节简要地介绍了结构体类型，这是一种很重要的类型，C++的类（class）类型就是在结构体类型基础上扩充发展而成的。有了结构体的基础，再进一步学习和掌握类，就比较容易了。

7.2 共用体类型

C++除了允许用户自己声明结构体类型外，还可以声明**共用体**（union）类型（有的书中直译为“联合”类型）。从形式上看，它与结构体有些相似，如下面是声明一个名为 Data 的共用体类型并定义了 3 个共用体变量 a，b，c：

```
union Data
  {int i;
   char ch;
   double d;
  }a,b,c;
```

共用体与结构体的不同在于：系统为结构体中各成员分别分配存储单元，而共用体则是各成员共占一段存储单元，例如上面的定义是把一个整型成员、一个字符型成员、一个双精度型成员安排在同一个地址开始的内存单元中（见图 7.12）。

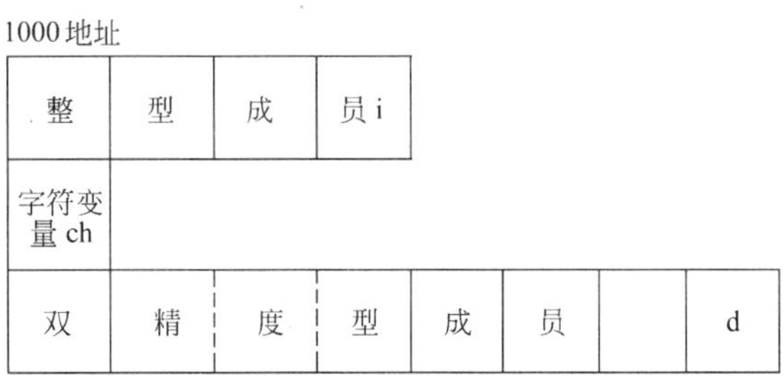

图 7.12

由于共用体在实际上使用不多，本书不单独介绍。读者知道有这样一种自定义的类型即可。

7.3 枚举类型

如果一个变量只能有几种可能的值，可以定义为枚举（enumeration）类型。所谓“枚举”是指将变量的值一一列举出来，变量的值只能在列举出来的值的范围内。

声明枚举类型用 enum 开头。例如：

```
enum weekday{sun,mon,tue,wed,thu,fri,sat};
```

上面声明了一个枚举类型 weekday，花括号中 sun，mon，…，sat 等称为**枚举元素**或**枚举常量**。表示这个类型的变量的值只能是以上 7 个值之一，它们是用户自己定义的标识符。

声明枚举类型的一般形式为

enum　枚举类型名　{枚举常量表}；

在声明了枚举类型之后，可以用它来定义变量。如

```
weekday  workday,week_end;
```

这样，workday 和 week_end 被定义为枚举类型 weekday 的变量。

在 C 语言中，枚举类型名包括关键字 enum，以上的定义可写为

```
enum weekday workday,week_end;
```

在 C++ 中允许不写 enum，但保留了 C 的用法。

根据以上对枚举类型 weekday 的声明，枚举变量的值只能是 sun 到 sat 之一。例如：

```
workday = mon;
week_end = sun;
```

是正确的。也可以在声明枚举类型的同时定义枚举变量，如

```
enum{sun,mon,tue,wed,thu,fri,sat} workday,week_end;
```

需要指出的是：枚举元素的名字本身并没有特定的含义。例如不因写成 sun 或 sunday 就自动代表“星期天”，它只是一个符号，究竟用来代表什么含义，完全由程序员考虑，并在程序中对它们作相应的处理。

说明：

(1) 枚举元素按常量处理，故称枚举常量。它们不是变量，不能对它们赋值，即枚举元素的值是固定的。例如：

```
sum =0;mon =0;          //错误,不能用赋值语句对枚举常量赋值
```

(2) 枚举元素作为常量，它们是有值的，其值是一个整数，编译系统按定义时的顺序对它们赋值为 0，1，2，3，…。在上面的声明中，sum 的值为 0，mon 的值为 1……sat 为 6。如果有赋值语句：

```
workday = mon;          //把枚举常量 mon 的值赋给枚举变量 workday,workday 的值等于 1
```

这个值是可以输出的。如

```
cout << workday;        //输出整数 1,而不是字符 mon
```

也可以在声明枚举类型时自己指定枚举元素的值，如

```
enum weekday{sun =7,mon =1,tue,wed,thu,fri,sat};
```

指定 sun 为 7，mon = 1，以后按顺序加 1，sat 为 6。

(3) 枚举值可以用来做判断比较，按整数比较规则进行比较。如

```
if(workday == mon)…              //判定 workday 的值是否等于 mon
if(workday > sun)…               //判定 workday 的值是否大于 sun
```

按其在声明枚举类型时的顺序号比较。如果定义时未另行指定，则第 1 个枚举元素的值为 0。故 mon > sun，sat > fri。

(4) 不能把一个整数直接赋给一个枚举变量，枚举变量只能接受枚举类型数据。如

```
workday = tue;                   //正确，把枚举常量赋给枚举变量
workday = 2;                     //错误，它们属于不同的类型
```

应先进行强制类型转换才能赋值。如

```
workday = (weekday)2;            //这是从 C 语言继承下来的强制类型转换形式
```

或

```
workday = weekday(2);            //这是 C++ 风格的强制类型转换形式
```

以上语句的作用是将顺序号为 2 的枚举元素赋给 workday。相当于

```
workday = tue;
```

例 7.7 口袋中有红、黄、蓝、白、黑 5 种颜色的球若干个。每次从口袋中任意取出 3 个球，问得到 3 种不同颜色的球的可能取法，输出每种排列的情况。

分析：球的颜色只有 5 种，每一个球的颜色只能是这 5 种之一，因此可以用枚举类型变量来处理。

设某一次取出的球的颜色为 i，j，k。显然，i，j，k 都是以上 5 种颜色之一，根据题意，要求 i，j，k 三者互不相等。可以用穷举法，对每一种可能分别进行测试，看哪一组符合条件。

程序如下：

```
#include <iostream>
#include <iomanip>                              //在输出时要用到 setw 控制符
using namespace std;
int main()
{enum color{red,yellow,blue,white,black};       //声明枚举类型 color
 color pri;                                     //定义 color 类型的变量 pri
 int i,j,k,n=0,loop;                            //n 是累计不同颜色的组合数
 for(i=red;i<=black;i++)                        //当 i 为某一颜色时
   for(j=red;j<=black;j++)                      //当 j 为某一颜色时
     if(i!=j)                                   //若前两个球的颜色不同
       {for(k=red;k<=black;k++)  //只有前两个球的颜色不同，才需要检查第 3 个球的颜色
         if((k!=i)&&(k!=j))                     //3 个球的颜色都不同
           {n=n+1;                              //使累计值 n 加 1
            cout<<setw(3)<<n;                   //输出当前的 n 值，字段宽度为 3
```

```
            for(loop =1;loop <=3;loop ++)            //先后对 3 个球作处理
              {switch(loop)                          //loop 的值先后为 1,2,3
                {case 1: pri =color(i);break;        //color(i)是强制类型转换,使 pri 的值为 i
                 case 2: pri =color(j);break;        //使 pri 的值为 j
                 case 3: pri =color(k);break;        //使 pri 的值为 k
                 default:break;
                }
            switch(pri)                              //判断 pri 的值,输出相应的"颜色"
              {case red: cout << setw(8) << "red";break;
               case yellow: cout << setw(8) << "yellow";break;
               case blue: cout << setw(8) << "blue";break;
               case white: cout << setw(8) << "white";break;
               case black: cout << setw(8) << "black";break;
               default : break;
              }
            }
          cout << endl;
        }
      }
    cout << "total:" << n << endl;                   //输出符合条件的组合的个数
    return 0;
  }
```

用 n 累计得到 3 种不同色球的次数。外循环使第 1 个球 i 从 red 变到 black。中循环使第 2 个球 j 也从 red 变到 black。如果 i 和 j 同色则不可取,只有 i,j 不同色(i≠j)时才需要继续找第 3 个球,此时第 3 个球 k 也有 5 种可能(red 到 black),但要求第 3 个球不能与第 1 个球或第 2 个球同色,即 k≠i,k≠j。满足此条件就得到 3 种不同色的球。使 n 加 1,输出 n 和这组 3 色组合方案。

问题是如何根据 i,j,k 的值输出 red,blue 等单词。不能写成"cout << red;"来输出"red"字符串。为了输出 3 个球的颜色,显然应经过 3 次循环,第 1 次输出 i 的颜色,第 2 次输出 j 的颜色,第 3 次输出 k 的颜色。在 3 次循环中先后将 i,j,k 的值赋予 pri。然后根据 pri 的值输出相应的颜色信息。前面已指出:枚举常量只是一个符号,本身并无任何含义,必须由程序编制者在程序中对它作相应的处理,以体现人们心目中的含义。在第 1 次循环时,pri 的值为 i,如果 i 的值为 red,则输出字符串"red",表示我们心目中以枚举常量 red 代表"红色",其余类推。执行程序第 12 ~ 29 行输出一组信息,外循环全部执行完后,全部方案就已输出完了。最后输出总数 n。

运行结果如下:

```
 1      red   yellow     blue
 2      red   yellow    white
 3      red   yellow    black
          ⋮       ⋮        ⋮
58    black    white      red
59    black    white   yellow
60    black    white     blue
```

total:60

有人说,不用枚举常量而用常数0代表“红”,1代表“黄”……不也可以吗?是的,完全可以。但显然用枚举变量更直观,因为枚举元素都选用了令人“见名知意”的标识符,而且枚举变量的值限制在定义时规定的几个枚举元素范围内,如果赋予它一个其他的值,就会出现出错信息,便于检查。

7.4 用 typedef 声明新的类型名

除了可以用以上方法声明结构体、共用体、枚举等类型外,还可以用 typedef 声明一个新的类型名来代替已有的类型名。如

```
typedef int INTEGER;          //指定用标识符 INTEGER 代表 int 类型
typedef float REAL;           //指定用 REAL 代表 float 类型
```

这样,以下两行等价:

```
① int i,j;float a,b;
② INTEGER i,j;REAL a,b;
```

这样可以使熟悉 FORTRAN 的人能用 INTEGER 和 REAL 定义变量,以适应它们的习惯。

如果在一个程序中,整型变量是专门用来计数的,可以用 COUNT 来作为整型类型名:

```
typedef int COUNT;            //指定用 COUNT 代表 int 类型
COUNT i,j;                    //将变量 i,j 定义为 COUNT 类型,即 int 类型
```

在程序中将变量 i,j 定为义 COUNT 类型,可以使人更一目了然地知道它们是用于计数的。

也可以对一个结构体类型声明一个新的名字:

```
typedef struct                //注意在 struct 之前用了关键字 typedef,表示是声明新类型名
  {int month;
   int day;
   int year;
  }DATE;                      //注意 DATE 是新类型名,而不是结构体变量名
```

所声明的新类型名 DATE 代表上面指定的一个结构体类型。这样就可以用 DATE 定义变量:

```
DATE birthday;
DATE *p;                      //p 为指向此结构体类型数据的指针
```

还可以进一步用 typedef 声明一个新的类型名,例如:

```
① typedef int NUM[100];       //声明 NUM 为整型数组类型,包含 100 个元素
   NUM n;                     //定义 n 为包含 100 个整型元素的数组
```

```
② typedef char * STRING;       //声明 STRING 为 char * 类型,即字符指针类型
   STRING p,s[10];             //定义 p 为 char * 型指针变量,s 为 char * 类型的指针数组(有
                                 10 个元素)
③ typedef int( * POINTER)()    //声明 POINTER 为指向函数的指针类型,函数返回整型值
   POINTER p1,p2;              // p1,p2 为 POINTER 类型的指针变量
```

归纳起来,声明一个新的类型名的方法是:

① 先按定义变量的方法写出定义语句(如 int i;)。

② 将变量名换成新类型名(如将 i 换成 COUNT,即 int COUNT;)。

③ 在最前面加 typedef(如 typedef int COUNT)。

④ 然后可以用新类型名(如 COUNT)去定义变量。

再以声明上述的数组类型为例来说明:

① 先按定义数组形式书写: int n[100];

② 将变量名 n 换成自己指定的类型名: int NUM[100];

③ 在前面加上 typedef,得到 typedef int NUM[100];

④ 用新类型名 NUM 来定义变量: NUM n;(n 是包含 100 个整型元素的数组)

习惯上常把用 typedef 声明的类型名用大写字母表示,以便与系统提供的标准类型标识符相区别。

说明:

(1) 用 typedef 声明的新类型名又称为 typedef 类型名,或 typedef 名字。

(2) 用 typedef 只是对已经存在的类型增加一个类型名,而没有创造新的类型。例如,前面声明的整型类型 COUNT,它无非是对 int 型另加一个新名字。又如

```
typedef int NUM[10];
```

无非是把原来用"int n[10];"声明的数组变量的类型用一个新的名字 NUM 明显地表示出来。无论用哪种方式定义变量,效果都是一样的。

(3) 可以用 typedef 声明新类型名,但不能用来定义变量。如

```
typedef int a;                    //试图用 typedef 定义变量 a,非法
```

(4) 用 typedef 可以声明数组类型、字符串类型,使用比较方便。如原来这样定义数组:

```
int a[10],b[10],c[10],d[10];
```

由于都是一维数组,大小也相同,可以将大小为 10 的一维整型数组声明为一个新类型:

```
typedef int ARR[10];
```

然后用 ARR 去定义数组变量:

```
ARR a,b,c,d;
```

ARR 为一维整型数组类型,它包含 10 个元素。因此,a,b,c,d 都被定义为一维整型数组,含 10 个元素。

可以看到,用 typedef 可以将声明数组类型和定义数组变量分离开来,即先声明数组

类型,再利用数组类型定义数组变量。

同样可以定义字符串类型、指针类型等。如

```
int( *p)();
```

p 是指向函数的指针,该函数为整型(函数返回一个整数)。这种形式不容易记忆,且易和其他的指针类型混淆。可以用 typedef 声明一个新类型名:

```
typedef int( *Pointer_to_function)();
```

声明 Pointer_to_function 是指向 int 型函数的指针类型。这样就可以在程序中这样定义指向 int 型函数的指针变量:

```
Pointer_to_function pt1,pt2;            //定义指向 int 型函数的指针变量 pt1,pt2
```

写程序时容易使用,不易写错。

(5) 一个软件开发单位中的程序员往往会在不同源文件中用到一些类型(尤其是像数组、指针、结构体、共用体等类型数据)时,常用 typedef 声明这些数据类型,把它们单独放在一个头文件中,程序员在写程序时只须用#include 指令把该头文件包括到本文件中,就可以使用这些 typedef 类型名,以方便编程,提高编程效率。

(6) 使用 typedef 类型名,有利于程序的通用与移植。有时程序会依赖硬件特性,用 typedef 便于移植。假如在某个 C++ 系统中用两个字节来存放一个 int 数据,数值范围为 −32768 ~ 32767,用 4 个字节来存放 long 型数据,而另一个 C++ 系统则以 4 个字节存放一个整数,数值范围为 ±21 亿。如果把一个程序从一个以 4 个字节存放整数的 C++ 系统移植到以两个字节存放整数的 C++ 系统,按一般办法需要将定义变量中的每个 int 改为 long,这样才能在移植后使原来的整型变量保持 4 个字节。例如将"int a,b,c;"改为"long a,b,c;"。如果程序中有多处用 int 定义变量,则要改动多处。现可以用一个 INTEGER 来声明 int:

```
typedef int INTEGER;                    //原来这样写
```

在程序中所有整型变量都用 INTEGER 定义,这样这些变量都是 int 类型的,按两个字节分配空间。在移植时只须改动 typedef 定义语句即可,可改为

```
typedef long INTEGER;                   //在移植后改为这样
```

在新的编译系统中,把用 INTEGER 定义的变量作为 long 类型处理,按 4 个字节分配空间。

说明: 本书第 3 ~ 7 章介绍了 C++ 用于基于过程的程序设计,这是程序设计的基础知识。在这个基础上,从第 8 章开始将开始学习 C++ 基于对象和面向对象的程序设计。

习　　题

1. 定义一个结构体变量(包括年、月、日),编写程序,要求输入年、月、日,程序能计算并输出该日在本年中是第几天。注意闰年问题。

2. 编写一个函数 days,实现上面的计算。由主函数将年、月、日传递给函数 days,计算出该日在本年中是第几天并将结果传回主函数输出。

3. 编写一个函数 print,打印一个学生的成绩数组,该数组中有 5 个学生的数据,每个学生的数据包括 num(学号)、name(姓名)、score[3](3 门课的成绩)。用主函数输入这些数据,用 print 函数输出这些数据。

4. 在第 3 题的基础上,编写一个函数 input,用来输入 5 个学生的数据。

5. 有 10 个学生,每个学生的数据包括学号、姓名、3 门课的成绩,从键盘输入 10 个学生数据,要求打印出 3 门课总平均成绩,以及最高分的学生的数据(包括学号、姓名、3 门课成绩、平均分数)。

6. 编写一个函数 creat,用来建立一个动态链表。所谓建立动态链表是指在程序执行过程中从无到有地建立起一个链表,即一个一个地开辟结点和输入各结点数据,并建立起前后相连的关系。各结点的数据由键盘输入。

7. 编写一个函数 print,将第 6 题建立的链表中各结点的数据依次输出。

8. 编写一个函数 del,用来删除动态链表中一个指定的结点(由实参指定某一学号,表示要删除该学生结点)。

9. 编写一个函数 insert,用来向动态链表插入一个结点。

10. 将以上 4 个函数组成一个程序,由主程序先后调用这些函数,实现链表的建立、输出、删除和插入,在主程序中指定需要删除和插入的结点。

11. 医院内科有 A,B,C,D,E,F,G 共 7 位医生,每人在一周内要值一次夜班,排班的要求是:

(1) A 医生值班日比 C 医生晚 1 天;

(2) D 医生值班日比 E 医生晚两天;

(3) B 医生值班日比 G 医生早 3 天;

(4) F 医生值班日在 B 医生和 C 医生值班日之间,且在星期四。

请编写程序,输出每位医生的值班日。值班日以 Sunday, Monday, Tuesday, Wednesday, Thurday, Friday, Saturday 分别表示星期日到星期六(提示:用枚举变量)。

第 3 篇

基于对象的程序设计

第8章 类和对象的特性

8.1 面向对象程序设计方法概述

C++并不是一个纯粹的面向对象的语言,而是一种基于过程和面向对象的混合型的语言。由于C++是在C的基础上发展而成的,因此保留了C的绝大部分的功能和运行机制。C语言是基于过程的语言,C++自然保留了基于过程语言的特征。本书前几章就是介绍C++在基于过程程序设计中的应用。对于规模比较小的程序,编程者可以直接编写出一个基于过程的程序,详细地描述程序中的数据结构及对数据的操作过程。但是当程序规模较大时,就显得力不从心了。C++面向对象的机制就是为了解决编写大程序中的困难而产生的。

从程序结构角度看,C++基于过程的程序和面向对象的程序是不同的。在基于过程的程序中,函数是构成程序的基本部分,程序面对的是一个个函数。每个函数都是独立存在于程序中,除了主函数只能被操作系统调用外,各函数可以互相调用。而在面向对象的程序中,除主函数外,其他函数基本上都是出现在"类"中的,只有通过类才能调用类中的函数。程序的基本构成单位是类,程序面对的是一个一个的类和对象。程序设计的主要工作是设计类、定义和使用类对象。显然,这时的程序设计是基于类(即基于对象)的,而不是基于函数或基于过程的。

凡是以类对象为基本构成单位的程序称为基于对象的程序。而面向对象程序设计则还有更多的要求。面向对象程序设计有4个主要特点:抽象、封装、继承和多态性。C++的类对象体现了抽象和封装的特性,在此基础上再利用继承和多态性,就成为真正的面向对象的程序设计。在本篇的3章中,介绍面向对象的基本知识和基于对象的程序设计,它是面向对象程序设计的基础。第4篇进一步介绍面向对象的程序设计。

为了与基于过程作比较,往往**把基于对象程序设计和面向对象程序设计统称为面向对象程序设计**。

8.1.1 什么是面向对象的程序设计

面向对象的程序设计思路和人们日常生活中处理问题的思路是相似的。在自然世界和社会生活中,一个复杂的事物总是由许多部分组成的。譬如,一辆汽车是由发动机、底盘、车身和轮子等部件组成的;一套住房是由客厅、卧室、厨房和卫生间等组成的;一个学校是由许多学院、行政科室和学生班级组成的。

当人们生产汽车时,并不是先设计和制造发动机,再设计和制造底盘,然后设计和制造车身和轮子,而是分别设计和制造发动机、底盘、车身和轮子,每一种部件分别用来实现不同的功能。在制造出所有的部件后,把它们组装在一起,就成为一辆汽车。在组装时,各部分之间有一定的联系,以便协调工作。例如装好传动系统,接通电路、油路。驾驶员踩油门,就能调节油路,控制发动机的转速,驱动车轮转动。

这就是面向对象的程序设计的基本思路。

为了进一步说明问题,下面先讨论几个有关的概念。

1. 对象

客观世界中任何一个事物都可以看成一个对象(Object)。或者说,客观世界是由千千万万个对象组成的。对象可以是自然物体(如汽车、房屋、狗熊),也可以是社会生活中的一种逻辑结构(如班级、支部、连队),甚至一篇文章、一个图形、一项计划等都可视作对象。

对象可大可小,例如,学校是一个对象,一个班级也是一个对象,一个学生也是对象。同样,军队中的一个师、一个团、一个连、一个班都是对象。对象是构成系统的基本单位。在实际社会生活中,人们都是在不同的对象中活动的。例如学生在一个班级中进行上课、开会、文体活动等。

可以看到,一个班级作为一个对象时有两个要素:一是班级的**静态特征**,如班级所属系和专业、学生人数、所在的教室等,这种静态特征称为**属性**;二是班级的**动态特征**,如学习、开会、体育比赛等,这种动态特征称为**行为**。如果想从外部控制班级中学生的活动,可以从外界向班级发一个信息(如听到广播声就去上早操,打铃就下课等),一般称它为**消息**(messege)。

任何一个对象都应当具有两个要素,即属性(attribute)和行为(behavior)。对象是由一组属性和一组行为构成的。对象能根据外界给的信息进行相应的操作。一个录像机是一个对象,它的属性是生产厂家、牌子、重量、体积、颜色、价格等。它的行为是它的功能,例如可以根据外界给它的信息进行录像、放像、快进、倒退、暂停、停止等操作。一般来说,凡是具备属性和行为这两种要素的,都可作为对象。一个数也是一个对象,因为它有值,对它能进行各种算术运算,可以输出其值。一个单词也可以作为对象,它有长度、字符种类等属性,可以对它进行插入、删除、输出等操作。

在一个系统中的多个对象之间通过一定的渠道相互联系,见图8.1。**要使某一个对象实现某一种行为(即操作),应当向它传送相应的消息。**例如想让录像机开始放像,必须由人去按录像机的按键,或者用遥控器向录像机发一个电信号。对象之间就是这样通过发送和接收消息互相联系的。

面向对象的程序设计采用了以上人们所熟悉的这种思路。使用面向对象的程序设计方法设计一个复杂的软件系统时,首要的问题是确定该系统是由哪些对象组成的,并且设计这些对象。在C++中,每个对象都是由**数据**和**函数**(即操作代码)这两部分组成的。见图8.2。**数据体现了前面提到的"属性"**,如一个三角形对象,它的三个边长就是它的属性。**函数是用来对数据进行操作的，以便实现某些功能**，例如，可以通过边长计算出三角形的面积，并且输出三角形的边长和面积。计算三角形面积和输出有关数据，就是前面提到的**行为**，在程序设计方法中也称为**方法**(method)。调用对象中的函数就是向该对象传送一个消息(函数名和实参)，要求该对象执行指定的函数以实现某一行为(功能)。

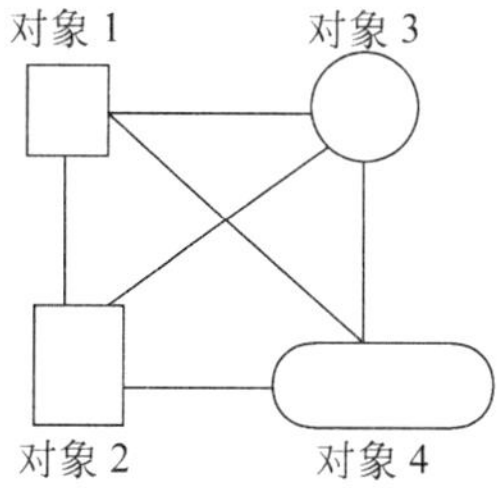

图 8.1

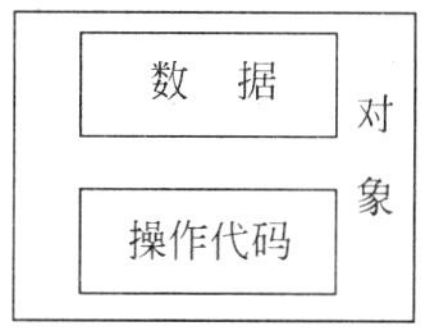

图 8.2

2. 封装与信息隐蔽

可以对一个对象进行封装处理，把它的一部分属性和功能对外界屏蔽，也就是说从外界是看不到的、甚至是不可知的。例如录像机里有电路板和机械控制部件，但是外面是看不到的，从外面看它只是一个“黑箱子”，在它的表面有几个按键，这就是录像机与外界的**接口**，人们不必了解录像机里面的结构和工作原理，只须知道按下某一个键就能使录像机执行相应的操作。

这样做的好处是大大降低了人们操作对象的复杂程度，使用对象的人完全可以不必知道对象内部的具体细节，只须了解其外部功能即可自如地操作对象。在日常生活中，“傻瓜相机”就是运用封装原理的典型，使用者可以对照相机的工作原理和内部结构一无所知，只须知道按下快门就能照相即可。在设计一个对象时，要周密地考虑如何进行封装，把不必让外界知道的部分“隐蔽”起来。也就是说，**把对象的内部实现和外部行为分隔开来**。人们在外部进行控制，而具体的操作细节是在内部实现的，对外界是不透明的。

面向对象程序设计方法的一个重要特点就是“封装性”(encapsulation)，所谓“封装”，指两方面的含义：一是将有关的数据和操作代码封装在一个对象中，形成一个基本单位，各个对象之间相对独立，互不干扰。二是将对象中某些部分对外隐蔽，即隐蔽其内部细节，只留下少量接口，以便与外界联系，接收外界的消息。这种对外界隐蔽的做法称为信息隐蔽(imformation hiding)。信息隐蔽还有利于数据安全，防止无关的人了解和修改数据。

C++的对象中的**函数名**就是对象的对外接口，外界可以通过函数名调用这些函数来实现某些行为(功能)。这些将在以后详细介绍。

3. 抽象

在程序设计方法中，常用到**抽象**(abstraction)这一名词。其实“抽象”这一概念并不抽象，而是很具体的，人们对之是司空见惯的。例如，我们常用的名词“**人**”，就是一种抽象。因为世界上只有具体的人，如张三、李四、王五。把所有国籍为中国的人归纳为一类，称为“中国人”，这就是一种“抽象”。再把中国人、美国人、日本人等所有国家的人抽象为

“人”。在实际生活中，你只能看到一个一个具体的人，而看不到抽象的人。抽象的过程是将有关事物的共性归纳、集中的过程。例如凡是有轮子、能滚动前进的统称为“车子”。把其中用汽油发动机驱动的抽象为“汽车”，把用马拉的抽象为“马车”。“整数”是对 1，2，3 等所有不带小数的数的抽象。

抽象的作用是表示同一类事物的本质。如果你会使用自己家里的电视机，你到别人家里看到即使是不同牌子的电视机，肯定也能对它进行操作，因为它具有所有电视机所共有的特性。C 和 C++ 中的数据类型就是对一批具体的数的抽象。例如，“整型数据”是对所有整数的抽象。

对象是具体存在的，如一个三角形可以作为一个对象，10 个不同尺寸的三角形是 10 个三角形对象。这 10 个三角形对象具有相同的属性和行为（只是具体边长值不同），可以将它们抽象为一种类型，称为三角形类型。在 C++ 中，这种类型就称为“**类**（class）”。这 10 个三角形就是属于同一“类”的对象。正如 10 个中国人属于“中国人”类，另外10 个美国人属于“美国人”类一样。**类是对象的抽象，而对象则是类的特例，即类的具体表现形式**。

4. 继承与重用

如果汽车制造厂想生产一款新型汽车，一般是不会全部从头开始设计的，而是选择已有的某一型号汽车为基础，再增加一些新的功能，就研制成了新型号的汽车。这是提高生产效率的常用方法。

如果在软件开发中已经建立了一个名为 A 的“类”，又想另外建立一个名为 B 的“类”，而后者与前者内容基本相同，只是在前者的基础上增加一些属性和行为，显然不必再从头设计一个新类，而只须在类 A 的基础上增加一些新内容即可。这就是面向对象程序设计中的**继承**机制。利用继承可以简化程序设计的步骤。举个例子：如果大家都已经充分认识了马的特征，现在要叙述“白马”的特征，显然不必从头介绍什么是马，而只要说明“白马是白色的马”即可。这就简化了人们对事物的认识和叙述，简化了工作程序。

“白马”继承了“马”的基本特征，又增加了新的特征（颜色），“马”是**父类，或称为基类**，“白马”是从“马”派生出来的，称为**子类或派生类**。如果还想定义“白公马”，只须说明“白公马是雄性的白马”。“白公马”又是“白马”的子类或派生类。

C++ 提供了继承机制，采用继承的方法可以很方便地利用一个已有的类建立一个新的类，这就可以重用已有软件中的一部分甚至大部分，大大节省了编程工作量。这就是常说的“**软件重用**”（software reusability）的思想，不仅可以利用自己过去所建立的类，而且可以利用别人使用的类或存放在类库中的类，对这些类作适当加工即可使用，大大缩短了软件开发周期，对于大型软件的开发具有重要意义。

5. 多态性

如果有几个相似而不完全相同的对象，有时人们要求在向它们发出同一个消息时，它们的反应各不相同，分别执行不同的操作。这种情况就是**多态现象**。例如甲、乙、丙 3 个班都是高二年级，他们有基本相同的属性和行为，在同时听到上课铃声时，他们会分别走进 3 个教室，而不会走向同一个教室。同样，如果有两支军队，当在战场上同时听到一种号声，由于事先约定不同，A 军队可能实施进攻，而 B 军队可能准备开饭。又如，在 Windows 环境下，双击一个文件对象（这就是向对象传送一个消息），如果对象是一个可执行文件，则会执行此程序，如果对象是一个文本文件，则启动文本编辑器并打开该文件。类似这样的情况是很多的。

在 C++ 中，所谓**多态性**（polymorphism）是指：**由继承而产生的不同的派生类，其对象对同一消息会作出不同的响应。多态性是面向对象程序设计的一个重要特征，能增加程序的灵活性。**

8.1.2　面向对象程序设计的特点

传统的基于过程程序设计是围绕功能进行的，用一个函数实现一个功能。所有的数据都是公用的，一个函数可以使用任何一组数据，而一组数据又能被多个函数所使用（见图 8.3）。

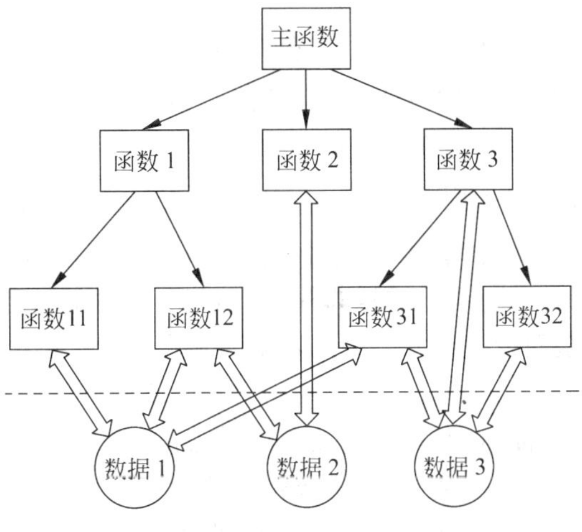

图　8.3

图中虚线上面体现算法，虚线下面表示数据。单箭头表示调用函数，双箭头表示在执行函数时数据的输入和输出。

程序设计者必须考虑每一个细节，什么时候对什么数据进行操作。当程序规模较大、数据很多、操作种类繁多时，程序设计者往往感到难以应付。就如工厂的厂长直接指挥每一个工人的工作一样，一会儿让某车间的某工人在 A 机器上用 X 材料生产轴承，一会儿又让另一车间的某工人在 B 机器上用 Y 材料生产滚珠……显然这是非常劳累的，而且往往会遗漏或搞错。

面向对象程序设计采取的是另一种思路。它面对的是一个个对象。实际上，每一组数据都是有特定的用途的，是某种操作的对象。也就是说，一组操作调用一组数据。例如 a，b，c 是三角形的三边，只与计算三角形面积和输出三角形的操作有关，与其他操作无关。我们就把这 3 个数据和对三角形的操作代码放在一起，封装成一个对象，与外界相对分隔，正如一个家庭的人生活在一起，与外界相对独立一样。这是符合客观世界本来面目的。

把数据和有关操作封装成一个对象,好比工厂把材料、机器和工人承包给车间,厂长只要向车间下达命令:“一车间生产 10 台发动机”,“二车间生产 100 个轮胎”,“三车间生产 15 个车身”,车间就会运作起来,调动工人选择有关材料,在某些机器上完成有关的操作,把指定的材料变成产品。厂长可以不必过问车间内运作的细节。对厂长来说,车间就如同一个“黑箱”,只要给它一个命令或通知,它能按规定完成任务就可以了。

程序设计者的任务包括两个方面:一是设计所需的各种类和对象,即决定把哪些数据和操作封装在一起;二是考虑怎样向有关对象发送消息,以完成所需的任务。这时他如同一个总调度,不断地向各个对象发出命令,让这些对象活动起来(或者说激活这些对象),完成自己范围内的工作。各个对象的操作完成了,整体任务也就完成了。显然,对一个大型任务来说,面向对象的程序设计方法是十分有效的,它能大大降低程序设计人员的工作难度,减少出错机会。

8.1.3 类和对象的作用

类是 C++ 中十分重要的概念,它是实现面向对象程序设计的基础。C++ 对 C 的改进,最重要的就是增加了“类”这样一种类型。所以 C++ 开始时被称为“带类的 C”。**类**是所有面向对象的语言的共同特征,所有面向对象的语言都提供了这种类型。如果一种计算机语言中不包含类,它就不能称为面向对象的语言。一个有一定规模的 C++ 程序是由许多**类**所构成的。可以说,**类**是 C++ 的灵魂,如果不真正掌握类,就不能真正掌握 C++。

基于对象就是基于类。与**基于过程**的程序不同,基于对象的程序是以类和对象为基础的,程序的操作是围绕对象进行的。在此基础上利用了继承机制和多态性,就是**面向对象**的程序设计。

基于对象程序设计所面对的是对象。所有的数据分别属于不同的对象。基于过程的程序中数据是公用的,或者说是共享的,假如有变量 a,b,c,可以被不同的函数所调用,也就是说这些数据是缺乏保护的。数据的交叉使用很容易出现程序的错误。而实际上,程序中的每一组数据都是有特定用途的,是为某种操作而准备的,也就是说,**一组数据是与一组操作相对应的。因此人们把相关的数据和操作放在一起,形成一个整体,与外界相对分隔。这就是面向对象的程序设计中的对象。**

在基于过程的结构化程序设计中,人们常使用这样的公式来表述程序:

程序 = 算法 + 数据结构

算法和数据结构两者是互相独立、分开设计的,基于过程的程序设计是以算法为主体的。在实践中人们逐渐认识到算法和数据结构是互相紧密联系不可分的,应当把一个算法和一组数据捆绑在一起,即一个算法对应一组数据结构,而不是一个算法对应多组数据结构和一组数据结构对应多个算法。基于对象和面向对象程序设计就是把一个算法和一组数据结构封装在一个对象中。因此,就形成了新的观念:

对象 = 算法 + 数据结构

程序 =(对象 + 对象 + 对象 + …) + 消息

或

程序 = 对象 s + 消息

"对象 s"表示多个对象。**消息的作用就是对对象的控制。程序设计的关键是设计好每一个对象以及确定向这些对象发出的命令,使各对象完成相应的操作。**

8.1.4 面向对象的软件开发

在以前,软件开发所面临的问题比较简单,从任务分析到编写程序再到程序的调试,难度都不太大,可以由一个人或一个小组来完成。随着软件规模的迅速增大,软件人员面临的问题十分复杂,需要考虑的因素很多,在一个软件中所产生的错误和隐藏的错误可能达到惊人的程度,这不是程序设计阶段所能解决的。需要规范整个软件开发过程,明确软件开发过程中每个阶段的任务,在保证前一个阶段工作的正确性的情况下,再进行下一阶段的工作。这就是软件工程学需要研究和解决的问题。

面向对象的软件工程包括以下几个部分:

1. 面向对象分析(Object Oriented Analysis,简称 OOA)

软件工程中的系统分析阶段,系统分析员要和用户结合在一起,对用户的需求作出精确的分析和明确的描述,从宏观的角度概括出系统应该做什么(而不是怎么做)。面向对象分析,要按照面向对象的概念和方法,在对任务的分析中,从客观存在的事物和事物之间的关系,归纳出有关的对象(包括对象的属性和行为)以及对象之间的联系,并将具有相同属性和行为的对象用一个类(class)来表示。建立一个能反映真实工作情况的需求模型。在这个阶段所形成的模型是比较粗略(而不是精细的)。

2. 面向对象设计(Object Oriented Design,简称 OOD)

根据面向对象分析阶段形成的需求模型,对每一部分分别进行具体的设计,首先是进行类的设计,类的设计可能包含多个层次(利用继承与派生)。然后以这些类为基础提出程序设计的思路和方法,包括对算法的设计。在设计阶段,并不牵涉到某一种具体的计算机语言,而是用一种更通用的描述工具(如伪代码或流程图)来描述。

3. 面向对象编程(Object Oriented Programming,简称 OOP)

根据面向对象设计的结果,用一种计算机语言把它写成程序,显然应当选用支持面向对象程序设计的计算机语言(例如 C++),否则是无法实现面向对象设计的要求的。

4. 面向对象测试(Object Oriented Test,简称 OOT)

在写好程序后交给用户使用前,必须对程序进行严格的测试。测试的目的是发现程序中的错误并改正它。面向对象测试是用面向对象的方法进行测试,以类作为测试的基本单元。

5. 面向对象维护(Object Oriented Soft Maintenance,简称 OOSM)

正如任何产品都需要进行售后服务和维护一样,软件在使用中会出现一些问题,或者软件商想改进软件的性能,这就需要修改程序。由于使用了面向对象的方法开发程序,使得程序的维护比较容易了。因为对象的封装性，修改一个对象对其他对象影响很小。利用面向对象的方法维护程序，大大提高了软件维护的效率。

在面向对象方法中，最早发展的是面向对象编程（OOP），那时 OOA 和 OOD 还未发展起来，因此程序设计者为了写出面向对象的程序，还必须向前引伸到分析和设计领域（尤其是设计领域），那时的 OOP 实际上包括了现在的 OOD 和 OOP 两个阶段。对程序设计者要求比较高，许多人感到很难掌握。

现在设计一个大的软件，是严格按照面向对象软件工程的 5 个阶段进行的，这 5 个阶段的工作不是由一个人从头到尾完成的，而是由不同的人分别完成的。这样，OOP 阶段的任务就比较简单了，程序编写者只需要根据 OOD 提出的思路用面向对象语言编写出程序即可。在一个大型软件的开发中，OOP 只是面向对象开发过程中的一个很小的部分。

如果所处理的是一个较简单的问题，可以不必严格按照以上 5 个阶段进行，往往由程序设计者按照面向对象的方法进行程序设计，包括类的设计（或选用已有的类）和程序的设计。

8.2 类的声明和对象的定义

8.2.1 类和对象的关系

第 8.1 节已说明了什么是对象。每一个实体都是对象。有一些对象是具有相同的结构和特性的。例如高炮一连、高炮二连、高炮三连是 3 个不同的对象。但它们是属于同一类型的，具有完全相同的结构和特性。而民兵一连、民兵二连、民兵三连这 3 个对象的类型也是相同的，但它们与高炮连的类型并不相同。每个对象都属于一个特定的类型。

在 C++ 中对象的类型称为**类**（class）。**类**代表了某一批对象的共性和特征。前面已说明：**类是对象的抽象，而对象是类的具体实例**（instance）。正如同结构体类型和结构体变量的关系一样，人们先声明一个结构体类型，然后用它去定义结构体变量。同一个结构体类型可以定义出多个不同的结构体变量。在 C++ 中也是先声明一个**类类型**，然后用它去定义若干个同类型的对象。对象就是**类**类型的一个变量。好比建造房屋先要设计图纸，然后按图纸在不同的地方建造若干幢同类的房屋。可以说类是对象的**模板**，是用来定义对象的一种抽象类型。

类是抽象的，不占用内存，而对象是具体的，占用存储空间。在一开始时弄清对象和类的关系是十分重要的。

8.2.2 声明类类型

类是用户建立的类型。如果程序中要用到类类型，必须自己根据需要进行声明，或者使用别人已设计好的类。C++ 标准本身并不提供现成的类的名称、结构和内容。

在 C++ 中怎样声明一个**类**类型呢？其方法和声明一个结构体类型是相似的。下面是我们已熟悉的声明一个结构体类型：

```
struct Student                          //声明了一个名为 Student 的结构体类型
{int num;
 char name[20];
 char sex;
};
Student stud1,stud2;                    //定义了两个结构体变量 stud1 和 stud2
```

上面声明了一个名为 Student 的结构体类型并定义了两个结构体变量 stud1 和 stud2。可以看到它只包括数据(变量),没有包括操作。现在声明一个类:

```
class Student                           //以 class 开头,类名为 Student
  {int num;
   char name[20];
   char sex;                            //以上 3 行是数据成员
   void display( )                      //这是成员函数
     {cout << "num:" << num << endl;
      cout << "name:" << name << endl;
      cout << "sex:" << sex << endl;    //以上 3 行是函数中的操作语句
     }
  };
Student stud1,stud2;                    //定义了两个 Student 类的对象 stud1 和 stud2
```

可以看到,声明类的方法是由声明结构体类型的方法发展而来的。第 1 行(class Student)是类头(class head),由关键字 class 与类名 Student 组成,class 是声明类时必须使用的关键字,相当于声明结构体类型时必须用 struct 一样。从第 2 行开头的左花括号起到倒数第 2 行的右花括号是类体(class body)。也就是说,类体是用一对花括号括起来的。类的声明以分号结束。

在类体中是类的成员表(class member list),列出类中的全部成员。可以看到除了数据部分以外,还包括了对这些数据操作的函数。这就体现了**把数据和操作封装在一起**。display 是一个函数,用来对本对象中的数据进行操作,其作用是输出本对象中学生的学号、姓名和性别。

现在封装在类对象 stud1 和 stud2 中的成员都对外界隐蔽,外界不能调用它们。只有本对象中的函数 display 可以引用本对象中的数据。也就是说,在类外不能直接调用类中的成员。这当然“安全”了,但是在程序中怎样才能执行对象 stud1 的 display 函数呢? 它无法启动,因为缺少对外界的接口,外界不能调用类中的成员函数,完全与外界隔绝了。这样的类有什么用处呢? 显然是毫无实际作用的。因此,不能把类中的全部成员与外界隔离,一般是把数据隐蔽起来,而把成员函数作为对外界的接口。譬如可以从外界发出一个命令,通知对象 stud1 执行其中的 display 函数,输出某一学生的有关数据。

可以将上面类的声明改为

```
class Student                           //声明类类型
{private:                               //声明以下部分为私有的
   int num;
   char name[20];
```

```
    char sex;
  public:                                    //声明以下部分为公用的
    void display( )
    {cout << "num:" << num << endl;
     cout << "name:" << name << endl;
     cout << "sex:" << sex << endl;}
    };
Student stud1,stud2;                         //定义了 Student 类的对象 stud1 和 stud2
```

现在声明了 display 函数是公用的，外界就可以调用该函数了。

如果在类的定义中既不指定 private，也不指定 public，则系统就默认为是私有的（第 1 次的类声明就属此情况）。

归纳以上对类类型的声明，可以得到其一般形式为

class 类名
  { private：
    私有的数据和成员函数；
  public：
    公用的数据和成员函数；
  }；

private 和 public 称为**成员访问限定符**（member access specifier）。用它们来声明各成员的访问属性。被声明为**私有的**（private）成员，只能被本类中的成员函数引用，类外不能调用（友元类除外，有关友元类的概念在第 9 章介绍）。被声明为**公用的**（public）成员，既可以被本类中的成员函数所引用，也可以被类的作用域内的其他函数引用。有的书中将 public 译为“公有的”，即公开的，外界可以调用。关于私有的（private）和公用的（public）概念，可以打个比方：一个家庭的住宅，客厅一般是允许任何来访客人进入的，而卧室一般是不希望外人进入的，只允许自己的家人进入。每个家庭都会有这种“开放区”和“内部区”之分的。这样就会有一个与外界相对隔绝的、不受外人打扰的隐私的“小天地”。

除了 private 和 public 之外，还有一种成员访问限定符 protected（受保护的），用 protected 声明的成员称为受保护的成员，它不能被类外访问（这点与私有成员类似），但可以被派生类的成员函数访问。有关派生类的知识将在第 10 章介绍。

在声明类类型时，声明为 private 的成员和声明为 public 的成员的次序是任意的，既可以先出现 private 部分，也可以先出现 public 部分。在一个类体不一定都必须包含 private 和 public 部分，可以只有 private 或 public 部分。前面已说明：如果在类体中既不写关键字 private 又不写 public，就默认为 private。在一个类体中，关键字 private 和 public 可以分别出现多次，即一个类体可以包含多个 private 和 public 部分。每个部分的有效范围到出现另一个访问限定符或类体结束（最后一个右花括号）为止。但是为了使程序清晰，应该养成这样的习惯：使每一种成员访问限定符在类定义体中只出现一次。

在以前的 C++ 程序中，常先出现 private 部分，后出现 public 部分，如上面所示。现在

的 C++ 程序多数先写 public 部分,把 private 部分放在类体的后部。这样可以使用户将注意力集中在能被外界调用的成员上,使阅读者的思路更清晰一些。不论先出现 private 还是 public,类的作用是完全相同的。

在 C++ 程序中,经常用到类。为了用户方便,C++ 编译系统往往向用户提供**类库**(但不属于 C++ 语言的组成部分),内装常用的基本的类,供用户使用。不少用户也把自己或本单位经常用到的类放在一个专门的类库中,需要用时直接调用,这样就减少了程序设计的工作量。

8.2.3　定义对象的方法

在 8.2.2 节列出的程序段中,最后一行用已声明的 Student 类来定义对象,这种方法是很容易理解的。经过定义后,stud1 和 stud2 就成为具有 Student 类特征的对象。stud1 和 stud2 这两个对象都分别包括以上的数据和函数。

实际上,如同定义结构体变量有多种方法一样,定义对象也可以有 3 种方法。

1. 先声明类类型,然后再定义对象

前面用的就是这种方法,如

```
Student stud1,stud2;                    //Student 是已经声明的类类型
```

在 C++ 中,在声明了类类型后,定义对象有两种形式。

(1) **class 类名 对象名;**

如

```
class Student stud1,stud2;
```

把 class 和 Student 合起来作为一个类名,用来定义对象。

(2) **类名 对象名;**

如

```
Student stud1,stud2;
```

不必写 class,而直接用类名定义对象。这两种方法是等效的。第 1 种方法是从 C 语言继承下来的,第 2 种方法是 C++ 的特色,显然第 2 种方法使用更简捷方便。

2. 在声明类的同时定义对象

```
class Student                           //声明类类型
{ public:                               //先声明公用部分
  void display( )
    {cout << " num:" << num << endl;
     cout << " name:" << name << endl;
     cout << " sex:" << sex << endl;
    }
  private:                              //后声明私有部分
```

```
    int num;
    char name[20];
    char sex;
} stud1,stud2;                           //定义了两个 Student 类的对象
```

在定义 Student 类的同时,定义了两个 Student 类的对象。

3. 不出现类名,直接定义对象

```
class                                    //无类名
  {private:                              //声明以下部分为私有的
      ⋮
   public:                               //声明以下部分为公用的
      ⋮
} stud1,stud2;                           //定义了两个无类名的类对象
```

直接定义对象,在 C++ 中是合法的、允许的,但却是很少用的,不提倡用的。因为在面向对象程序设计和 C++ 程序中,类的声明和类的使用是分开的,类并不只为一个程序服务,人们常把一些常用的功能封装成类,并放在类库中。因此,在实际的程序开发中,一般都采用上面 3 种方法中的第 1 种方法。在小型程序中或所声明的类只用于本程序时,也可以用第 2 种方法。本书的例题基本上都是示例性的小程序,为简化和方便,在定义对象时常用第 2 种方法。

在定义一个对象时编译系统会为这个对象分配存储空间,以存放对象中的成员。

8.2.4 类和结构体类型的异同

C++ 增加了 class 类型后,仍保留了结构体类型(struct),而且把它的功能也扩展了。在第 7 章中曾提到过,结构体类型中也可以包括成员函数。在介绍了类类型之后,现在再介绍结构体类型的这一特性就比较好理解了。C++ 允许用 struct 来声明一个类。例如可以将前面用关键字 class 声明的类类型改为用关键字 struct:

```
struct Student                           //用关键字 struct 来声明一个类类型
  {private:                              //声明以下部分为私有的
      int num;                           //以下 3 行为数据成员
      char name[20];
      char sex ;
   public:                               //声明以下部分为公用的
      void display( )                    //成员函数
        {cout << " num:" << num << endl;
         cout << " name:" << name << endl;
         cout << " sex:" << sex << endl;
        }
  };
Student stud1,stud2;                     //定义了两个 Student 类的对象
```

有人自然会问：这二者有什么区别呢？何必多此一举、功能重复呢？这是由于

C++语言在设计时所定下的一项原则：C++必须兼容C，使得大量过去用C编写的已在广泛使用的C程序能够不加修改地在C++的环境下使用。可以设想，如果C++是从零开始设计（而不是以C为基础），很有可能不会提供结构体这种数据类型，因为类类型已经包括了结构体类型的所有功能，而且功能更强，更符合面向对象程序设计的要求。为了使结构体类型也具有封装的特征，C++不是简单地继承C的结构体，而是使它也具有类的特点，以便于用于面向对象程序设计。用 struct 声明的结构体类型实际上也就是类。

但是，用 struct 声明的类和 class 声明的类有所区别。**用 struct 声明的类，如果对其成员不作 private 或 public 的声明，系统将其默认为 public（公用的）**。如果想分别指定私有成员和公用成员，则应用 private 或 public 作显式声明。而**用 class 定义的类，如果不作 private 或 public 的声明，系统将其成员默认为 private（私有的）**，在需要时也可以自己用显式声明改变。

请对比下面两个例子：

(1)

```
struct Student                              //以 struct 开头
  {int num;
   char name[20];
   char sex ;                               //以上 3 行是数据成员
   void display( )                          //这是成员函数
     {cout << "num:" << num << endl;
      cout << "name:" << name << endl;
      cout << "sex:" << sex << endl;
     }
  }
```

由于没有用 private 或 public 对其成员作显式声明，系统将全部成员默认为 public（公用的），外界可以任意引用其中的数据成员和成员函数。它不具有信息隐蔽的特征，除非对其中某些成员显式声明为 private。

(2)

```
class Student                               //以 class 开头
  {int num;
   char name[20];
   char sex;                                //以上 3 行是数据成员
   void display( )                          //这是成员函数
     {cout << "num:" << num << endl;
      cout << "name:" << name << endl;
      cout << "sex:" << sex << endl;
     }
  };
```

由于没有用 private 或 public 对其成员作显式声明，系统将全部成员默认为 private（私有的），外界不可以引用其中的数据成员和成员函数。它具有信息隐蔽的特征，除非对其中某些成员显式声明为 public。

那么，什么时候宜用 struct，什么时候宜用 class 呢？如果希望成员是公用的，使用 struct 比较方便，如果希望部分成员是私有的，宜用 class。建议尽量使用 class 来建立类，写出完全体现 C++ 风格的程序。

8.3 类的成员函数

8.3.1 成员函数的性质

类的成员函数（简称类函数）是函数的一种，它的用法和作用和第 4 章介绍过的函数基本上是一样的，它也有返回值和函数类型，它与一般函数的区别只是：它是属于一个类的成员，出现在类体中。它可以被指定为 private（私有的），public（公用的）或 protected（受保护的）。

在使用类函数时，要注意调用它的权限（它能否被调用）以及它的作用域（函数能使用什么范围中的数据和函数）。例如，私有的成员函数只能被本类中的其他成员函数所调用，而不能被类外调用。成员函数可以访问本类对象中任何成员（包括私有的和公用的），可以引用在本作用域中有效的数据。

一般的做法是将需要被外界调用的成员函数指定为 public，它们是类的对外接口。但应注意，并非要求把所有成员函数都指定为 public。有的函数并不是准备为外界调用的，而是为本类中的成员函数所调用的，就应该将它们指定为 private。这种函数的作用是支持其他函数的操作，是类中其他成员的**工具函数**（utility function），用户不能调用这些私有的工具函数。

类的成员函数是类体中十分重要的部分。如果一个类中不包含成员函数，就等同于 C 语言中的结构体了，体现不出类在面向对象程序设计中的作用。

8.3.2 在类外定义成员函数

在前面已经看到成员函数是在类体中定义的。也可以在类体中只对成员函数进行声明，而在类的外面进行函数定义。如

```
class Student
  { public:
        void display();                       //公用成员函数原型声明
    private:
        int num;
        string name;
        char sex;                             //以上 3 行是私有数据成员
  };
void Student::display()                       //在类外定义 display 类函数
   {cout << "num:" << num << endl;            //函数体
    cout << "name:" << name << endl;
```

```
    cout << " sex:" << sex << endl;
  }
Student stud1,stud2;                                    //定义两个类对象
```

注意：在类体中直接定义函数时，不需要在函数名前面加上类名，因为函数属于哪一个类是不言而喻的。但成员函数在类外定义时，必须在函数名前面加上类名，予以**限定**（qualifed），"::"是**作用域限定符**（field qualifier）或称**作用域运算符**，用它声明函数是属于哪个类的。Student :: display( ) 表示 Student 类的作用域中的 display 函数，也就是 Student 类中的 display 函数。如果没有"Student ::"的限定，则不是 Student 类中的 display 函数。由于不同的类中可能有同名的函数（但功能可能不同），用作用域限定符加以限定，就明确地指明了是哪一个作用域的函数，也就是哪一个类的函数。

如果在作用域运算符 :: 的前面没有类名，或者函数名前面既无类名又无作用域运算符 ::，如

```
::display( )
```

或

```
display( )
```

则表示 display 函数不属于任何类，这个函数不是成员函数，而是全局函数，即第 4 章介绍过的普通函数。

类函数必须先在类体中作原型声明，然后在类外定义，也就是说类体的位置应在函数定义之前，否则编译时会出错。

虽然函数在类的外部定义，但在调用成员函数时会根据在类中声明的函数原型找到函数的定义（函数代码），从而执行该函数。

在类的内部对成员函数作声明，而在类体外定义成员函数，这是程序设计的一种良好习惯。如果一个函数，其函数体只有两、三行，一般可在声明类时在类体中定义。多于 3 行的函数，一般在类体内声明，在类外定义。这样不仅可以减少类体的长度，使类体清晰，便于阅读，而且能使类的接口和类的实现细节分离。因为从类的定义体中用户只看见函数的原型，而看不到函数执行的细节，从类的使用者的角度来看，更像一个黑箱子，隐藏了执行的细节。这样做，提高了软件工程的质量。

8.3.3　内置成员函数

关于内置（inline）函数，已在第 4.5 节作过介绍。类的成员函数也可以指定为内置函数。

在类体中定义的成员函数的规模一般都很小，而系统调用函数的过程所花费的时间开销相对是比较大的。调用一个函数的时间开销远远大于小规模函数体中全部语句的执行时间。为了减少时间开销，如果**在类体中定义**的成员函数中不包括循环等控制结构，C++ 系统自动地对它们作为**内置**（inline）函数来处理。也就是说，在程序调用这些成员函数时，并不是真正地执行函数的调用过程（如保留返回地址等处理），而是把函数代码嵌入程序的调用点。这样可以大大减少调用成员函数的时间开销。

C++要求对一般的内置函数要用关键字 inline 声明,但对类内定义的成员函数,可以省略 inline,因为这些成员函数已被隐含地指定为内置函数。如

```
class Student
  {public:
     void display( )
       {cout << " num:" << num << endl;
        cout << " name:" << name << endl;
        cout << " sex:" << sex << endl;
       }
     private:
       int num;
       string name;
       char sex;
  };
```

其中第3行

```
void display( )
```

也可以写成

```
inline void display( )
```

将 display 函数显式地声明为内置函数。以上两种写法是等效的。对在类体内定义的函数,人们一般都省写 inline。

应该注意的是:如果成员函数不在类体内定义,而在类体外定义,系统并不把它默认为内置函数,调用这些成员函数的过程和调用一般函数的过程是相同的。如果想将这些成员函数指定为内置函数,应当用 inline 作显式声明。如

```
class Student
  { public:
      inline void display( );                //声明此成员函数为内置函数
    private:
      int num;
      string name;
      char sex;
  };
inline void Student :: display( )            //在类外定义 display 函数为内置函数
     {cout << " num:" << num << endl;
      cout << " name:" << name << endl;
      cout << " sex:" << sex << endl;
     }
```

在第4.5节曾提到过,在函数的声明时或函数的定义时作 inline 声明均可(二者有其一即可)。值得注意的是:如果在类体外定义 inline 函数,则必须将类定义和成员函数的定义都放在同一个头文件中(或者写在同一个源文件中),否则编译时无法进行置换(将

函数代码的拷贝嵌入到函数调用点)。但是这样做不利于类的接口与类的实现分离,不利于信息隐蔽。虽然程序的执行效率提高了,但从软件工程质量的角度来看,这样做并不是好的办法。

只有在类外定义的成员函数规模很小而调用频率较高时,才指定为内置函数。

8.3.4　成员函数的存储方式

用类去定义对象时,系统会为每一个对象分配存储空间。如果一个类包括了数据和函数,按理说,要分别为数据和函数代码(指经过编译的目标代码)分配存储空间。如果用同一个类定义了 10 个对象,那么是否为每一个对象的数据和函数代码分别分配存储单元,并把它们“封装”在一起(如图 8.4 所示的那样)呢?

事实上不是这样的。经过分析可知:**同一类的不同对象中的数据成员的值一般是不相同的,而不同对象的函数的代码是相同的,不论调用哪一个对象的函数的代码,其实调用的都是同样内容的代码**。既然这样,在内存中开辟 10 段空间来分别存放 10 个相同内容的函数代码段,显然是不必要的。人们自然会想:能否只用一段空间来存放这个共同的函数的目标代码,在调用各对象的函数时,都去调用这个公用函数代码。如图 8.5 所示。

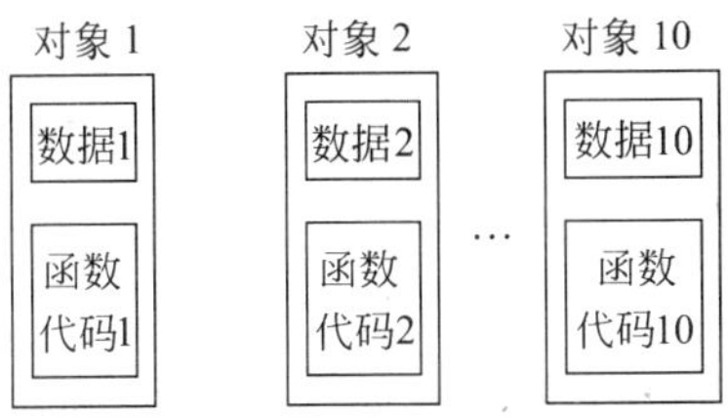

图　8.4

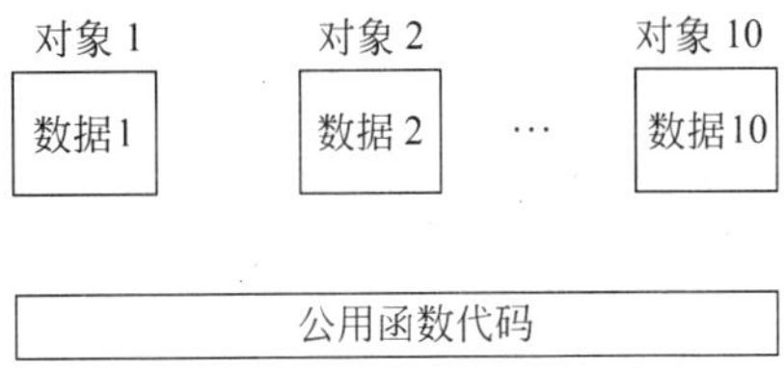

图　8.5

显然,这样做会大大节约存储空间。C++ 编译系统正是这样做的,因此每个对象所占用的存储空间只是该对象的数据成员所占用的存储空间,而不包括函数代码所占用的存储空间。如果声明了以下一个类:

```
class Time
  {public:
     int hour;
     int minute;
     int sec;
     void set( )
       {cin >> a >> b >> c;}
  };
```

可以用下面的语句来输出该类对象所占用的字节数。

```
cout << sizeof(Time) << endl;
```

在 Visual C++ 环境下,输出的值是 12。这就证明了一个对象所占的空间大小只取决于该对象中数据成员所占的空间,而与成员函数无关。函数的目标代码是存储在对象空间之外的。如果对同一个类定义了10个对象,这些对象的成员函数对应的是同一个函数代码段,而不是10个不同的函数代码段。

需要注意的是:虽然调用不同对象的成员函数时都是执行同一段函数代码,但是执行结果一般是不相同的。例如,在调用stud1对象的成员函数display时,输出的是对象stud1的数据num,name和sex的值,在调用stud2对象的成员函数display时,输出的是对象stud2的数据num,name和sex的值,结果是不同的。因为对象stud1的成员函数访问的是本对象中的成员。

那么,就发生了一个问题:不同的对象使用的是同一个函数代码段,它怎么能够分别对不同对象中的数据进行操作呢?原来C++为此专门设立了一个名为**this**的指针,用来指向不同的对象,当调用对象stud1的成员函数时,this指针就指向stud1,成员函数访问的就是stud1的成员。当调用对象stud2的成员函数时,this指针就指向stud2,此时成员函数访问的就是stud2的成员。关于this指针,在第9章中会作更详细的介绍。

需要说明:

(1) **不论成员函数在类内定义还是在类外定义,成员函数的代码段的存储方式是相同的,都不占用对象的存储空间**。不要误以为在类内定义的成员函数的代码段占用对象的存储空间,而在类外定义的成员函数的代码段不占用对象的存储空间。

(2) **不要将成员函数的这种存储方式和inline(内置)函数的概念混淆**。不要误以为用inline声明(或默认为inline)的成员函数,其代码段占用对象的存储空间,而不用inline声明的成员函数,其代码段不占用对象的存储空间。

不论是否用inline声明,成员函数的代码段都不占用对象的存储空间(读者可以上机验证一下)。用inline声明的作用是在调用该函数时,将函数的代码段复制插入到函数调用点,而若不用inline声明,在调用该函数时,流程转去函数代码段的入口地址,在执行完该函数代码段后,流程返回函数调用点。**inline函数只影响程序的执行效率,而与成员函数是否占用对象的存储空间无关**,它们不属于同一范畴,不应搞混。

(3) 有人可能会问:既然成员函数的代码并不放在对象的存储空间中,那么前面说的"对象stud1的成员函数display"是否不对呢?应当说明:常说的"某某对象的成员函数",是从**逻辑**的角度而言的、而成员函数的存储方式(不存放在对象的空间内),是从**物理**的角度而言的,是由计算机根据优化的原则实现的,二者是不矛盾的。物理上的实现必须保证逻辑上的实现。例如某人有钱若干,可以放在家中,也可以放在银行中租用的保险箱中,虽然在物理上保险箱并不在他家中,但保险箱是他租用的,这笔钱无疑是属于他的,这是从**逻辑**的角度而言的。同样,**虽然成员函数并没有放在对象的存储空间中,但从逻辑的角度,成员函数是和数据一起封装在一个对象中的,只允许本对象中成员的函数访问同一对象中的私有数据**。所以完全可以说"调用对象stud1的成员函数display,输出对象stud1中的数据hour和minute",是不会引起误解的。

作为程序设计人员,了解一些物理实现方面的知识是有好处的,可以加深对问题的理解。

8.4　对象成员的引用

在程序中经常需要访问对象中的成员。访问对象中的成员可以有 3 种方法：

- 通过对象名和成员运算符访问对象中的成员；
- 通过指向对象的指针访问对象中的成员；
- 通过对象的引用访问对象中的成员。

8.4.1　通过对象名和成员运算符访问对象中的成员

例如在程序中可以写出以下语句：

```
stud1.num = 1001;                 //假设 num 已定义为类对象 stud1 的公用的整型数据
成员
```

表示将整数 1001 赋给对象 stud1 中的数据成员 num。其中"."是**成员运算符**，用来对成员进行限定，指明所访问的是哪一个对象中的成员。注意不能只写成员名而忽略对象名，不应该这样写：

```
num = 1001;                       //没有指出是哪个对象中的 num
```

如果在程序中已另外定义了一个整型变量 num，则此语句意味着将 1001 赋给该普通变量 num，如果在程序中未另外定义普通变量 num，则会在编译时出错。

访问对象中成员的一般形式为

对象名.成员名

不仅可以在类外引用对象的公用数据成员，而且还可以调用对象的公用成员函数，但同样必须指出对象名，如

```
stud1.display();                  //正确，调用对象 stud1 的公用成员函数
display();                        //没有指明是哪一个对象的 display 函数
```

由于没有指明对象名，编译时把 display 作为普通函数处理。

应该注意所访问的成员是公用的（public）还是私有的（private）。在类外只能访问 public 成员，而不能访问 private 成员，如果已定义 num 为私有数据成员，下面的语句是错误的：

```
stud1.num = 10101;                //num 是私有数据成员，不能被外界引用
```

在类外只能调用公用的成员函数。**在一个类中应当至少有一个公用的成员函数，作为对外的接口，否则就无法对对象进行任何操作。**

8.4.2　通过指向对象的指针访问对象中的成员

在第 7.1.5 节介绍了指向结构体变量的指针，可以通过指针去引用结构体中的成员。用指针访问对象中的成员的方法与此类似。如果有以下程序段：

```
class Time
  {public:                              //数据成员是公用的
   int hour;
   int minute;
  };
Time t, *p;                             //定义对象t和指针变量p
p=&t;                                   //使p指向对象t
cout<<p->hour;                          //输出p指向的对象中的成员hour
```

p->hour 表示 p 当前指向的对象 t 中的成员 hour,(*p).hour 也是对象 t 中的成员 hour,因为(*p)就是对象 t。在 p 指向 t 的前提下,p->hour,(*p).hour 和 t.hour 三者等价。

8.4.3 通过对象的引用来访问对象中的成员

如果为一个对象定义了一个引用,实际上它们是同一个对象,只是用不同的名字表示而已。因此完全可以通过引用来访问对象中的成员,其概念和方法与通过对象名来引用对象中的成员是相同的。

如果已声明了 Time 类,并有以下定义语句:

```
Time t1;                                //定义对象t1
Time &t2=t1;                            //定义Time类引用t2,并使之初始化为t1
cout<<t2.hour;                          //输出对象t1中的成员hour
```

由于 t2 与 t1 共占同一段存储单元(即 t2 是 t1 的别名),因此 t2.hour 就是 t1.hour。

第8.6节例8.2中程序(b),介绍的是引用作为形参的情况,读者可以参考。

8.5 类的封装性和信息隐蔽

8.5.1 公用接口与私有实现的分离

从前面的介绍已知:C++通过类来实现封装性,把数据和与这些数据有关的操作封装在一个类中,或者说,类的作用是把数据和算法封装在用户声明的抽象数据类型中。在面向对象的程序设计中,在声明类时,一般都是把所有的数据指定为私有的,使它们与外界隔离。把需要让外界调用的成员函数指定为公用的。在类外虽然不能直接访问私有数据成员,但可以通过调用公用成员函数来引用甚至修改私有数据成员。

外界只能通过公用成员函数来实现对类中的私有数据的操作,因此,外界与对象唯一的联系渠道就是调用公用的成员函数。这样就使类与外界的联系减少到最低限度。**公用成员函数是用户使用类的公用接口(public interface),或者说是类的对外接口。**

在声明了一个类以后,用户的主要工作就是通过调用其公用的成员函数来实现类提供的功能(例如对数据成员设置值,显示数据成员的值,对数据进行加工等)。这些功能是在声明类时已确定的,用户可以使用它们而不应改变它们。实际上用户往往并不关心这些功能实现的细节，而只须知道调用哪个函数能会得到什么结果，能实现什么功能即可。如同使用照相机一样，只须知道按下快门就能照相即可，不必了解其实现细节，那是设计师和制造商的事。照相机的快门就是公用接口，用户通过使用快门实现照相的目的，但不能改变相机的结构和功能。一切与用户操作无关的部分都封装在机箱内，用户看不见，摸不着，改不了，这就是**接口与实现分离**。

通过成员函数对数据成员进行操作称为类的功能的**实现**，为了防止用户任意修改公用成员函数，改变对数据进行的操作，往往不让用户看到公用成员函数的源代码，显然更不能修改它，用户只能接触到公用成员函数的目标代码（详见第 8.5.2 节）。可以看到：类中被操作的数据是私有的，类的功能的实现细节对用户是隐蔽的，这种实现称为**私有实现**（private implementation）。这种"**类的公用接口与私有实现的分离**"形成了**信息隐蔽**（information hiding）。用户接触到的是公用接口，而不能接触被隐蔽的数据和实现的细节。

软件工程的一个最基本的原则就是**将接口与实现分离**，信息隐蔽是软件工程中一个非常重要的概念。它的好处在于：

(1) 如果想修改或扩充类的功能，只须修改该类中有关的数据成员和与它有关的成员函数，程序中类以外的部分可以不必修改。例如，想在 8.2.3 节中声明的 Student 类中增加一项数据成员"年龄"，只须这样改：

```
class Student
  {private:
      int num;
      string name;
      int age;                                          //此行是新增的
      char sex;
   public:
      void display( )
         {cout << " num:" << num << endl;
          cout << " name:" << name << endl;
          cout << " age:" << age << endl;               //此行是新增的
          cout << " sex:" << sex << endl; }
   };
Student stud;
```

注意：虽然类中的数据成员改变了，成员函数 display 的定义改变了，但是类的对外接口没有改变，外界仍然通过公用的 display 函数访问类中的数据。程序中其他任何部分均无须修改。当然，类的功能改变了，在调用 stud 对象的 display 时，输出该学生的学号、姓名、年龄和性别的值。

可以看出，**当接口与实现（对数据的操作）分离时，只要类的接口没有改变，对私有实现的修改不会引起程序的其他部分的修改**。对用户来说，类的实现方法的改变，不会影响用户的操作，只要保持类的接口不变即可。譬如，软件开发商想对以前提供给客户的类库进行修改升级，只要保持类的接口不变，即用户调用成员函数的方法（包括函数参数的类型和个数）不变，用户的程序就不必修改。

（2）如果在编译时发现类中的数据读写有错，不必检查整个程序，只须检查本类中访问这些数据的少数成员函数。

这样，就使得程序（尤其是大程序）的设计、修改和调试都显得方便简单了。

8.5.2 类声明和成员函数定义的分离

如果一个类只被一个程序使用，那么类的声明和成员函数的定义可以直接写在程序的开头，但是如果一个类被多个程序使用，这样做的重复工作量就很大了，效率就太低了。在面向对象的程序开发中，往往把类的声明（其中包含成员函数的声明）放在指定的头文件中，用户如果想用该类，只要把有关的头文件包含进来即可，不必在程序中重复书写类的声明，以减少工作量，节省篇幅，提高编程的效率。

由于在头文件中包含了类的声明，因此在程序中就可以用该类来定义对象。由于在类体中包含了对成员函数的原型声明，在程序中就可以调用这些对象的公用成员函数。因此，在程序中包含类声明头文件，才使得在程序中使用这些类成为可能，因此，可以认为类声明头文件是**用户使用类库的公用接口**。

为了实现第 8.5.1 节所叙述的信息隐蔽，对类成员函数的定义一般不放在头文件中，而另外放在一个文件中。**包含成员函数定义的文件就是类的实现**。请特别注意：**类声明和函数定义是分别放在两个文件中的**。

本教材的例子由于比较简单，为了阅读程序方便，把类的声明、类成员函数的定义和主函数都写在同一个程序中了。实际上，**一个 C++ 程序是由 3 个部分组成的**：（1）**类声明头文件（后缀为.h）**；（2）**类实现文件（后缀为.cpp），它包括类成员函数的定义**；（3）**类的使用文件（后缀为.cpp），即主函数文件**。在程序中用#include 指令包含类声明头文件，并且在编译时把类的使用文件和类实现文件按多文件程序的规定组成一个统一的程序，经过编译连接后运行。

实际上可以不必每次都对类实现文件（成员函数）重复进行编译，只须编译一次即可。把第 1 次编译后所形成的**目标文件保存起来**，以后在需要时把它直接与程序的目标文件相连接即可。这和使用函数库中的函数是类似的。

在系统提供的头文件中只包括对成员函数的声明，而不包括成员函数的定义。如果对成员函数的定义也放在类声明的头文件中，那么，在对使用这些类的程序的每一次编译时都必然包括对成员函数定义的编译，即同一个成员函数的定义会多次被重复编译。只有把对成员函数的定义单独放在另一文件中，单独编译，才能做到不重复编译。

在实际工作中，并不是将一个类声明做成一个头文件，而是将若干个常用的功能相近的类声明集中在一起，形成各种类库。类库有两种：一种是 C++ 编译系统提供的标准类库；另一种是用户根据自己的需要做成的用户类库，提供给自己和自己授权的人使用，这称为自定义类库。在程序开发工作中，类库是很有用的，它可以减少用户自己对类和成员函数进行定义的工作量。

类库包括两个组成部分：（1）**包括类声明的头文件**；（2）**已经过编译的成员函数的定义，它是目标文件**。用户只须把类库装入到自己的计算机系统中（一般装到 C++ 编译系统所在的子目录下)，并在程序中用#include 指令将有关的类声明的头文件包含到程序中，就可以使用这些类和其中的成员函数，顺利地运行程序。

这和在程序中使用 C++ 系统提供的标准函数的方法是一样的，例如用户在调用 sin 函数时只须将包含声明此函数的头文件 cmath 包含到程序中，即可调用该库函数，而不必了解 sin 函数是怎么实现的(函数值是怎样计算出来的)。当然，前提是系统已装了标准函数库。在用户源文件经过编译后，与系统库(是目标文件)相连接。

由于接口与实现分离，就为软件开发商向用户提供类库创造了很好的条件。开发商把用户所需的各种类的声明分类放在不同的头文件中，并对包含成员函数定义的源文件进行编译，得到成员函数定义的目标代码。软件商向用户提供这些头文件和类的实现的目标代码(不提供函数定义的源代码)。用户在使用类库中的类时，只须将有关头文件包含到自己的程序中，并且在编译后与成员函数的目标代码相连接即可。这样，用户可以看到头文件中类的声明和成员函数的原型声明，但看不到定义成员函数的源代码，更无法修改成员函数的定义，开发商的权益得到保护。

由于类库的出现，用户像使用零件一样方便地使用在实践中积累的通用的或专用的类，这就大大减少了程序设计的工作量，有效地提高了工作效率。

8.5.3　面向对象程序设计中的几个名词

顺便介绍面向对象程序设计中的几个名词：类的成员函数在面向对象程序理论中被称为“**方法**”(method)，“方法”是指对数据的操作。一个“方法”对应一种操作。显然，只有被声明为**公用**的方法(成员函数)才能被对象外界所激活。外界是通过发“**消息**”(message)来激活有关方法的。所谓“消息”，其实就是一个命令，由程序语句来实现。前面见过的

```
stud.display();
```

就是向对象 stud 发出的一个“消息”，通知对象 stud 执行其中的 display“方法”(即 display 函数)。上面这个语句涉及 3 个术语：**对象**、**方法**和**消息**。stud 是**对象**，display()是**方法**，调用一个对象的方法(如 stud.display();)就是一个发给对象的**消息**，要求对象执行一个操作。

面向对象的理论涉及很多新的术语，读者不要被它吓住和难倒，其实从实际应用的角度来看并不复杂。学习应用课程和学习理论课程的要求和方法是不一样的。对一般初学 C++ 的非专业的读者来说，学习的重点应该放在掌握实际的应用上，而不要一开始就陷入抽象的名词术语汪洋大海之中，也不要不分主次地死抠语法细节。到以后根据工作需要进一步深入学习和使用时，自然会逐步深入地掌握。

8.6　类和对象的简单应用举例

在本节中将通过几个简单的例子来说明怎样使用类来设计程序，以及使用类的好处。

例 8.1 用类来实现输入和输出时间(时：分：秒)。

```
#include <iostream>
using namespace std;
class Time                                          //定义 Time 类
  {public:                                          //数据成员为公用的
   int hour;
   int minute;
   int sec;
  };

int main()
  {Time t1;                                         //定义 t1 为 Time 类对象
   cin >>t1.hour;                                   //以下 3 行的作用是输入设定的时间
   cin >>t1.minute;
   cin >>t1.sec;
   cout <<t1.hour <<":" <<t1.minute <<":" <<t1.sec <<endl;        //输出时间
   return 0;
  }
```

这是一个很简单的例子。类 Time 中只有数据成员,而且它们被定义为公用的,因此可以在类的外面对这些成员进行操作。t1 被定义为 Time 类的对象。在主函数中向 t1 对象的数据成员输入用户指定的时、分、秒的值,然后输出这些值。

运行结果如下:

```
12  32  43↙
12:32:43
```

注意:

(1) 在引用数据成员 hour,minute,sec 时不要忘记在前面指定对象名。

(2) 不要错写为类名,如写成 Time.hour,Time.minute,Time.sec 是不对的。因为类是一种抽象的数据类型,并不是一个实体,也不占存储空间,而对象是实际存在的实体,是占存储空间的,其数据成员是有值的,可以被引用的。

(3) 如果删去主函数的 3 个输入语句,即不向这些数据成员赋值,则它们的值是不可预知的。读者可以上机试一下。

例 8.2 用例 8.1 中的 Time 类,定义多个类对象,分别输入和输出各对象中的时间(时：分：秒)。

像例 8.1 的程序是最简单的情况,类中只有公用数据而无成员函数,而且只有 1 个对象。可以直接在主函数中进行输入和输出。若有多个对象,需要分别引用多个对象中的数据成员,可以写出如下程序:

(1) **程序(a)**:

```
#include <iostream>
using namespace std;
class Time
  {public:
```

```
    int hour;
    int minute;
    int sec;
  };
int main( )
  {Time t1;                                         //定义对象 t1
    cin >> t1.hour;                                 //向 t1 的数据成员输入数据
    cin >> t1.minute;
    cin >> t1.sec;
    cout << t1.hour << ":" << t1.minute << ":" << t1.sec << endl;
                                                    //输出 t1 中数据成员的值
    Time t2;                                        //定义对象 t2
    cin >> t2.hour;                                 //向 t2 的数据成员输入数据
    cin >> t2.minute;
    cin >> t2.sec;
    cout << t2.hour << ":" << t2.minute << ":" << t2.sec << endl;
                                                    //输出 t2 中数据成员的值
    return 0;
  }
```

运行结果如下：

```
10  32  43↙
10:32:43
22  32  43↙
22:32:43
```

程序是清晰易懂的，但是在主函数中对不同的对象一一写出有关操作，会使程序冗长，如果有 10 个对象，那么主函数会有多长呢？这样会降低程序的清晰性，使阅读困难。为了解决这个问题，可以使用函数来进行输入和输出。见程序(b)。

(2) **程序(b)：**

```
#include <iostream>
using namespace std;
class Time
  {public:
    int hour;
    int minute;
    int sec;
  };

int main( )
  {
    void set_time(Time&);           //函数声明
    void show_time(Time&);          //函数声明
    Time t1;                        //定义 t1 为 Time 类对象
    set_time(t1);                   //调用 set_time 函数，向 t1 对象中的数据成员输入数据
```

```
    show_time(t1);                  //调用show_time函数,输出t1对象中的数据
    Time t2;                        //定义t2为Time类对象
    set_time(t2);                   //调用set_time函数,向t2对象中的数据成员输入数据
    show_time(t2);                  //调用show_time函数,输出t2对象中的数据
    return 0;
  }

void set_time(Time& t)              //定义函数set_time,形参t是引用变量
  {
    cin >> t.hour;                  //输入设定的时间
    cin >> t.minute;
    cin >> t.sec;
  }

void show_time(Time& t)             //定义函数show_time,形参t是引用变量
  {
    cout << t.hour << ":" << t.minute << ":" << t.sec << endl;    //输出对象中的数据
  }
```

运行结果与程序(a)相同。

函数set_time和show_time是普通函数,而不是成员函数。函数set_time用来给数据成员赋值,函数show_time用来显示数据成员的值。函数的形参t是Time类对象的引用t,当主函数调用函数

```
set_time(t1);
```

时,由于set_time函数中的形参t是Time类对象的引用,因此它与实参t1共占同一段内存单元(所以说t是t1的别名)。调用set_time(t1)相当于执行以下语句:

```
cin >> t1.hour;
cin >> t1.minute;
cin >> t1.sec;
```

向t1中的hour,minute和sec输入数值。

调用show_time(t1)时,输出对象t1中的数据。用t2作实参时情况类似。

请注意:在程序中对类对象t1和t2的定义是分别用两个语句完成的,并未写在一行上。C语言要求所有的声明必须集中写在本模块的开头,因此熟悉C语言的程序编写人员往往养成一个习惯,把所有声明集中写在本模块的开头。但是在C++编程中并不提倡这样做。在C++中,声明是作为语句处理的,可以出现在程序中的任何行。因此,C++的编程人员习惯不把声明写在开头,而是用到时才进行声明(如同本程序那样),这样程序比较清晰,阅读方便。

(3) **程序(c)**:

可以对上面的程序作一些修改,数据成员的值不再由键盘输入,而在调用函数时由实参给出,并在函数中使用默认参数。将程序(b)第8行以下的部分修改为

```
int main()
  {
    void set_time(Time&,int hour=0,int minute=0,int sec=0);
                                                           //函数声明,指定了默认参数
    void show_time(Time&);                                 //函数声明
    Time t1;
    set_time(t1,12,23,34);                                 //通过实参传递时分秒的值
    show_time(t1);
    Time t2;
    set_time(t2);                                          //使用默认的时分秒的值
    show_time(t2);
    return 0;
  }

void set_time(Time& t,int hour,int minute,int sec)         //定义函数时不必再指定默认参数
  {
    t.hour=hour;
    t.minute=minute;
    t.sec=sec;
  }

void show_time(Time& t)
  {
    cout<<t.hour<<":"<<t.minute<<":"<<t.sec<<endl;
  }
```

在执行

```
set_time(t1,12,23,34);
```

时,将 12,23,34 分别传递给形参 hour,minute 和 sec,然后再赋予 t. hour,t. minute,t. sec,由于 t 是 t1 的引用,因此相当于赋给 t1. hour,t1. minute,t1. sec,即对象 t1 中的数据成员 hour,minute 和 sec。因此在执行 show_time(t1)时输出“12:23:34”。

在执行下面语句

```
set_time(t2);
```

时,由于只给出第 1 个参数 t2,后面的 3 个参数未给定,因此形参采用定义函数时指定的默认值。

运行时输出为

```
12:23:34            (t1 中的时、分、秒)
0:0:0               (t2 中的时、分、秒)
```

说明:在 main 函数中对 set_time 函数作原型声明时指定了默认参数,在定义 set_time 函数时不必重复指定默认参数。如果在定义函数时也指定默认参数,其值应与函数声明时一致,如果不一致,编译系统以函数声明时指定的默认参数值为准,在定义函数时

指定的默认参数值不起作用。例如将定义 set_time 函数的首行改为

```
void set_time(Time& t,int hour =9,int minute =30,int sec =0)
```

在编译时上行指定的默认参数值不起作用,运行结果仍为

```
12:23:34
0:0:0
```

以上两个程序中定义的类都只有数据成员,没有成员函数,这显然没有体现出使用类的优越性。之所以举这两个例子,主要想从最简单的情况开始逐步熟悉有关类的使用。在下面的例子中,类体中就包含成员函数。

例 8.3 将例 8.2 的程序改用含成员函数的类来处理。

```
#include <iostream>
using namespace std;
class Time
  {public:
     void set_time();    //公用成员函数
     void show_time();   //公用成员函数
   private:              //数据成员为私有的
     int hour;
     int minute;
     int sec;
  };

int main()
  {
   Time t1;              //定义对象 t1
   t1.set_time();        //调用对象 t1 的成员函数 set_time,向 t1 的数据成员输入数据
   t1.show_time();       //调用对象 t1 的成员函数 show_time,输出 t1 的数据成员的值
   Time t2;              //定义对象 t2
   t2.set_time();        //调用对象 t2 的成员函数 set_time,向 t2 的数据成员输入数据
   t2.show_time();       //调用对象 t2 的成员函数 show_time,输出 t2 的数据成员的值
   return 0;
  }

void Time::set_time()    //在类外定义 set_time 函数
  {
   cin >> hour;
   cin >> minute;
   cin >> sec;
  }

void Time::show_time() //在类外定义 show_time 函数
  {
    cout << hour << ":" << minute << ":" << sec << endl;
  }
```

运行结果与例 8.2 中的程序(a)相同。

注意：

(1) 在主函数中调用两个成员函数时,应指明对象名(t1,t2)。表示调用的是哪一个对象的成员函数。t1.display()和 t2.display()虽然都是调用同一个 display 函数,但是结果是不同的。函数 t1.display()只能引用对象 t1 中的数据成员,t2.display()只能引用对象 t2 中的数据成员。尽管 t1 和 t2 都属于同一类,但 t1 的成员函数只能访问 t1 中的成员,而不能访问 t2 中的成员。反之亦然。

(2) 在类外定义函数时,应指明函数在哪个作用域中(如 void Time :: set_time())。在成员函数引用本对象的数据成员时,只须直接写数据成员名,这时 C++ 系统会把它默认为本对象的数据成员。也可以显式地写出类名并使用域运算符。如上面最后一个函数的定义也可以写成

```
void Time :: show_time()
{
  cout << Time :: hour << ":" << Time :: minute << ":" << Time :: sec << endl;        //加了类名限定
}
```

在执行时,会根据 this 指针的指向,输出当前对象中的数据成员的值。

(3) 应注意区分什么场合用域运算符"::",什么场合用成员运算符".",不要搞混。例如在主函数中调用 set_time 函数,不能写成

```
Time :: set_time();                        //错误
```

类型是抽象的,对象是具体的。定义成员函数时应该指定类名,因为定义的是该类中的成员函数,而调用成员函数时应该指定具体的对象名。后面不是跟域运算符"::",而是成员运算符"."。如

```
t1.set_time();
```

或

```
t2.set_time();
```

例 8.4　找出一个整型数组中的元素的最大值。

这个问题可以不用类的方法来解决,现在用类来处理,读者可以比较不同方法的特点。

可编写程序如下：

```
#include <iostream>
using namespace std;
class Array_max                            //声明类
{public:                                   //以下 3 行为成员函数原型声明
    void set_value();                      //对数组元素设置值
    void max_value();                      //找出数组中的最大元素
    void show_value();                     //输出最大值
  private:
    int array[10];                         //整型数组
```

```
    int max;                              //max 用来存放最大值
};

void Array_max::set_value()               //成员函数定义,向数组元素输入数值
  { int i;
    for(i=0;i<10;i++)
        cin>>array[i];
  }

void Array_max::max_value()               //成员函数定义,找数组元素中的最大值
  {int i;
    max=array[0];
    for(i=1;i<10;i++)
      if(array[i]>max) max=array[i];
  }

void Array_max::show_value()              //成员函数定义,输出最大值
  {cout<<"max="<<max;}

int main()
  {Array_max arrmax;       //定义对象 arrmax
    arrmax.set_value();    //调用 arrmax 的 set_value 函数,向数组元素输入数值
    arrmax.max_value();    //调用 arrmax 的 max_value 函数,找出数组元素中的最大值
    arrmax.show_value();   //调用 arrmax 的 show_value 函数,输出数组元素中的最大值
    return 0;
  }
```

运行结果如下：

```
12 12 39 -34 17 134 0 45 -91 76↙          (输入10个元素的值)
max=134                                  (输入10个元素中的最大值)
```

请注意成员函数定义与调用成员函数的关系，定义成员函数只是设计了一组操作代码，并未实际执行，只有在被调用时才真正地执行这一组操作。

可以看出，在主函数中做的事是：(1)定义对象；(2)向各对象发出“消息”，通知各对象完成有关任务。即调用有关对象的成员函数，去完成相应的操作。主函数很简单，语句很少，在大多数情况下，主函数中甚至不出现控制结构(判断结构和循环结构)，而在成员函数中常会使用控制结构。在面向对象的程序设计中，最关键的工作是类的设计。所有的数据和对数据的操作都体现在类中。只要把类定义好，编写程序的工作就显得很简单了。

习　　题

1. 请检查下面的程序，找出其中的错误(先不要上机，在纸面上作人工检查)，并改正。然后上机调试，使之能正常运行。运行时从键盘输入时、分、秒的值，检查输出是否

正确。

```
#include <iostream>
using namespace std;
class Time
   {void set_time(void);
    void show_time(void);
    int hour;
    int minute;
    int sec;
   };
Time t;
int main()
   {
    set_time();
    show_time();
    return 0;
   }

int set_time(void)
   {
    cin >> t.hour;
    cin >> t.minute;
    cin >> t.sec;
   }

int show_time(void)
   {
    cout << t.hour << ":" << t.minute << ":" << t.sec << endl;
   }
```

2. 改写例 8.1 程序,要求:

(1) 将数据成员改为私有的;

(2) 将输入和输出的功能改为由成员函数实现;

(3) 在类体内定义成员函数。

3. 在第 2 题的基础上进行如下修改:在类体内声明成员函数,而在类外定义成员函数。

4. 在第 8.3.3 节中分别给出了包含类定义的头文件 student.h,包含成员函数定义的源文件 student.cpp 以及包含主函数的源文件 main.cpp。请对该程序完善化,在类中增加一个对数据成员赋初值的成员函数 set_value。上机调试并运行。

5. 将例 8.4 改写为一个多文件的程序:

(1) 将类定义放在头文件 arraymax.h 中;

(2) 将成员函数定义放在源文件 arraymax.cpp 中;

（3）主函数放在源文件 file1. cpp 中。

请编写完整的程序，上机调试并运行。

6. 需要求 3 个长方柱的体积，请编写一个基于对象的程序。数据成员包括 length（长）、width（宽）、height（高）。要求用成员函数实现以下功能：

（1）由键盘分别输入 3 个长方柱的长、宽、高。

（2）计算长方柱的体积；

（3）输出 3 个长方柱的体积。

请编写程序，上机调试并运行。

第9章 怎样使用类和对象

通过第8章的学习,已经对类和对象有了初步的了解。在本章中将进一步说明怎样使用类和对象。在这一章中将会遇到一些稍微复杂的概念,我们尽量用读者容易理解的方式进行介绍,也请读者细心阅读。

9.1 利用构造函数对类对象进行初始化

9.1.1 对象的初始化

在程序中常常需要对变量赋初值,即对其初始化。这在面向过程的程序中是很容易实现的,在定义变量时赋以初值。如

```
int a = 10;                    //定义整型变量a,a的初值为10
```

在基于对象的程序中,在定义一个对象时,也需要作初始化的工作,即对数据成员赋初值。对象代表一个实体,每一个对象都有它确定的属性。例如有一个 Time 类(时间),用它定义对象 t1,t2,t3。显然,t1,t2,t3 分别代表3个不同的时间(时、分、秒)。每一个对象都应当在它建立之时就有确定的内容,否则就失去对象的意义了。在系统为对象分配内存时,应该同时对有关的数据成员赋以初始值。

那么,怎样使它们得到初值呢? 有人试图在声明类时对数据成员初始化。如

```
class Time
  { hour = 0;                  //不能在类声明中对数据成员初始化
    minute = 0;
    sec = 0;
  };
```

这是错误的。因为类并不是一个实体,而是一种抽象类型,并不占存储空间,显然无处容纳数据。

如果一个类中所有的成员都是公用的,则可以在**定义对象**时对数据成员进行初始化。如

```
class Time
  {public:                              //声明为公用成员
   hour;
   minute;
   sec;
  };
Time t1 = {14,56,30};                   //将 t1 初始化为 14:56:30
```

这种情况和结构体变量的初始化是类似的，在一个花括号内顺序列出各公用数据成员的值，两个值之间用逗号分隔。但是，如果数据成员是私有的，或者类中有 private 或 protected 的数据成员，就不能用这种方法初始化。

在第 8 章的几个例子中，是用成员函数来对对象中的数据成员赋初值的（如例 8.3 中的 set_time 函数）。从例 8.3 中可以看到，用户在主函数中调用 set_time 函数来为数据成员赋值。如果对一个类定义了多个对象，而且类中的数据成员比较多，那么，程序就显得非常臃肿烦琐，这样的程序哪里还有质量和效率？应当找到一种方便的方法对类对象中的数据成员进行初始化。

9.1.2 用构造函数实现数据成员的初始化

在 C++ 程序中，对象的初始化是一个不可缺少而十分重要的问题。不应该让程序员在这个问题上花过多的精力，C++ 在类的设计中提供了较好的处理方法。

为了解决这个问题，**C++ 提供了构造函数（constructor）来处理对象的初始化。构造函数是一种特殊的成员函数，与其他成员函数不同，不需要用户来调用它，而是在建立对象时自动执行**。构造函数是在声明类的时候由类的设计者定义的，程序用户只须在定义对象的同时指定数据成员的初值即可。

构造函数的名字必须与类名同名，而不能任意命名，以便编译系统能识别它并把它作为构造函数处理。它不具有任何类型，不返回任何值。

先观察下面的例子。

例 9.1 在例 8.3 的基础上，用构造函数为对象的数据成员赋初值。

```
#include <iostream>
using namespace std;
class Time                              //声明 Time 类
  {public:                              //以下为公用函数
     Time()                             //定义构造成员函数，函数名与类名相同
       {hour =0;                        //利用构造函数对对象中的数据成员赋初值
        minute =0;
        sec =0;
       }
     void set_time();                   //成员函数声明
     void show_time();                  //成员函数声明
   private:                             //以下为私有数据
     int hour;
     int minute;
```

```
        int sec;
    };

void Time :: set_time( )          //定义成员函数,向数据成员赋值
{cin >> hour;
 cin >> minute;
 cin >> sec;
}
void Time :: show_time( )         //定义成员函数,输出数据成员的值
  {
    cout << hour << ":" << minute << ":" << sec << endl;
  }

int main( )
  {
   Time t1;                       //建立对象 t1,同时调用构造函数 t1.Time( )
   t1.set_time( );                //对 t1 的数据成员赋值
   t1.show_time( );               //显示 t1 的数据成员的值
   Time t2;                       //建立对象 t2,同时调用构造函数 t2.Time( )
   t2.show_time( );               //显示 t2 的数据成员的值
   return 0;
  }
```

在类中定义了构造函数 Time,它和所在的类同名。在建立对象时自动执行构造函数,根据构造函数 Time 的定义,其作用是对该对象中的全部数据成员赋予初值 0。请不要误认为是在声明类时直接对程序数据成员赋初值(那是不允许的),赋值语句是写在构造函数的函数体中的,只有在调用构造函数时才执行这些赋值语句,对当前对象中的数据成员赋值。

程序运行时首先建立对象 t1,在执行构造函数过程中对 t1 中的数据成员赋予初值 0。然后再执行主函数中的 t1.set_time 函数,从键盘输入新值赋给对象 t1 的数据成员,再输出 t1 的数据成员的值。接着建立对象 t2,同时对 t2 中的数据成员赋予初值 0,但对 t2 的数据成员不再赋予新值,直接输出数据成员的初值。

运行结果为

```
10 25 54↙                    (从键盘输入新值赋给 t1 的数据成员)
10:25:54                     (输出 t1 的时、分、秒值)
0:0:0                        (输出 t2 的时、分、秒值)
```

上面是在类内定义构造函数的,也可以只在类内对构造函数进行声明而在类外定义构造函数。将程序中的第 5 ~ 9 行改为下面一行:

```
Time( );                      //对构造函数进行声明
```

在类外定义构造函数:

```
Time :: Time( )               //在类外定义构造成员函数,要加上类名 Time 和域限定符"::"
  {hour = 0;
```

```
    minute = 0;
    sec = 0;
  }
```

有关构造函数的使用,有以下说明:

(1) 什么时候调用构造函数呢? 在建立类对象时会自动调用构造函数。在建立对象时系统为该对象分配存储单元,此时执行构造函数,就把指定的初值送到有关数据成员的存储单元中。每建立一个对象,就调用一次构造函数。在上面的程序中,在主函数中定义了一个对象 t1,在此时,就会自动调用 t1 对象中的构造函数 Time,使各数据成员的值为 0。

(2) 构造函数没有返回值,因此也没有类型,它的作用只是对对象进行初始化。因此也不需要在定义构造函数时声明类型,这是它和一般函数的一个重要的不同之点。不能写成

```
int Time( )
  {…}
```

或

```
void ?time( )
  {…}
```

(3) 构造函数不需用户调用,也不能被用户调用。下面用法是错误的:

```
t1. Time( );                    //试图用调用一般成员函数的方法来调用构造函数
```

构造函数是在定义对象时由系统自动执行的,而且只能执行一次。构造函数一般声明为 public。

(4) 可以用一个类对象初始化另一个类对象,如

```
Time t1;                        //建立对象 t1,同时调用构造函数 t1. Time( )
Time t2 = t1;                   //建立对象 t2,并用一个 t1 初始化 t2
```

此时,把对象 t1 的各数据成员的值复制到 t2 相应各成员,而不调用构造函数 t2. Time( )。

(5) 在构造函数的函数体中不仅可以对数据成员赋初值,而且可以包含其他语句,例如 cout 语句。但是一般不提倡在构造函数中加入与初始化无关的内容,以保持程序的清晰。

(6) 如果用户自己没有定义构造函数,则 C++ 系统会自动生成一个构造函数,只是这个构造函数的函数体是空的,也没有参数,不执行初始化操作。

9.1.3 带参数的构造函数

在例 9.1 中构造函数不带参数,在函数体中对数据成员赋初值。这种方式使该类的每一个对象的数据成员都得到同一组初值(例如例 9.1 中各个对象的数据成员的初值均为 0)。但有时用户希望对不同的对象赋予不同的初值,这时就无法使用上面的办法来解决了。

可以采用**带参数的构造函数**,在调用不同对象的构造函数时,从外面将不同的数据传递给构造函数,以实现不同的初始化。构造函数首部的一般形式为

构造函数名(类型 1 形参 1,形参 2 形参 2,…)

前面已说明:用户是不能调用构造函数的,因此无法采用常规的调用函数的方法给出实参(如 fun(a,b);)。实参是在定义对象时给出的。定义对象的一般形式为

类名 对象名(实参 1,实参 2,…);

在建立对象时把实参的值传递给构造函数相应的形参,把它们作为数据成员的初值。

例 9.2 有两个长方柱,其高、宽、长分别为(1)12,20,25;(2)10,14,20。求它们的体积。编写一个基于对象的程序,在类中用带参数的构造函数对数据成员初始化。

可编写程序如下:

```
#include <iostream>
using namespace std;
class Box                                 //声明 Box 类
  {public:
      Box(int,int,int);                   //声明带参数的构造函数
      int volume();                       //声明计算体积的函数
   private:
      int height;                         //高
      int width;                          //宽
      int length;                         //长
  };
Box::Box(int h,int w,int len)             //在类外定义带参数的构造函数
  {height = h;
   width = w;
   length = len;
  }

int Box::volume()                         //定义计算体积的函数
  {return(height * width * length);
  }

int main()
  {Box box1(12,25,30);                    //建立对象 box1,并指定 box1 的高、宽、长的值
   cout << "The volume of box1 is " << box1.volume() << endl;
   Box box2(15,30,21);                    //建立对象 box2,并指定 box2 的高、宽、长的值
   cout << "The volume of box2 is " << box2.volume() << endl;
   return 0;
  }
```

构造函数 Box 有 3 个参数(h,w,l),分别代表高、宽、长。在主函数中定义对象 box1 时,同时给出函数的实参 12,25,30。然后在 cout 语句中调用函数 box1.volume(),并输出 box1 的体积。对 box2 也类似。

运行结果如下:

```
The volume of box1 is 9000
The volume of box2 is 9450
```

注意:定义对象的语句形式是

Box box1(12,25,30);

可以知道:

(1) 带参数的构造函数中的形参,其对应的实参是在建立对象时给定的。即在建立对象时同时指定数据成员的初值。

(2) 定义不同对象时用的实参是不同的,它们反映不同对象的属性。用这种方法可以方便地实现对不同的对象进行不同的初始化。

这种初始化对象的方法,使用起来很方便,很直观。从定义语句中直接看到数据成员的初值。

9.1.4 用参数初始化表对数据成员初始化

在9.1.3节中介绍的是在构造函数的函数体内通过赋值语句对数据成员实现初始化。C++还提供另一种初始化数据成员的方法——**参数初始化表**来实现对数据成员的初始化。这种方法不在函数体内对数据成员初始化,而是在函数首部实现。如例9.2中定义构造函数可以改用以下形式:

```
Box::Box(int h,int w,int len):height(h),width(w),length(len){}
```

即在原来函数首部的末尾加一个冒号,然后列出参数的初始化表。上面的初始化表表示:用形参h的值初始化数据成员height,用形参w的值初始化数据成员width,用形参len的值初始化数据成员length。后面的花括号是空的,即函数体是空的,没有任何执行语句。这种形式的构造函数的作用和例9.2中在类外定义的Box构造函数相同。用参数的初始化表法可以减少函数体的长度,使结构函数显得精练简单。这样就可以直接在类体中(而不是在类外)定义构造函数。尤其当需要初始化的数据成员较多时更显其优越性。许多C++程序人员喜欢用这种方法初始化所有数据成员。

带有参数初始化表的构造函数的一般形式如下:

类名::构造函数名([参数表])[:成员初始化表]

```
{
  [构造函数体]
}
```

其中方括号内为可选项(可有可无)。

说明:如果数据成员是数组,则应当在构造函数的函数体中用语句对其赋值,而不能在参数初始化表中对其初始化。如

```
class Student
{public:
   Student(int n,char char s, nam[]):num(n),sex(s)          //定义构造函数
```

```
    {strcpy(name,mam);}                                 //函数体
 private:
    int num;
    char sex;
    char name[20];
};
```

可以这样定义对象 stud1：

```
Student stud1(10101,'m',"Wang_li");
```

利用初始化表，把形参 n 得到的值 10101 赋给私有数据成员 num，把形参 s 得到的值'm'赋给 sex，把形参数组 nam 的各元素的值通过 strcpy 函数复制到 name 数组中。这样对象 stud1 中所有的数据成员都初始化了，此对象是有确定内容的。

9.1.5　构造函数的重载

在一个类中可以定义多个构造函数，以便为对象提供不同的初始化的方法，供用户选用。这些构造函数具有相同的名字，而参数的个数或参数的类型不相同。这称为构造函数的**重载**。在第 4.6 节中所介绍的函数重载的知识也适用于构造函数。

通过下面的例子可以了解怎样应用构造函数的重载。

例 9.3　在例 9.2 的基础上，定义两个构造函数，其中一个无参数，一个有参数。

```
#include <iostream>
using namespace std;
class Box
  {public:
     Box();                                             //声明一个无参的构造函数 Box
     Box(int h,int w,int len):height(h),width(w),length(len){ }
                                   //定义一个有参的构造函数，用参数的初始化表对数据成员初始化
     int volume();                                      //声明成员函数 volume
   private:
     int height;
     int width;
     int length;
  };
Box::Box()                                              //在类外定义无参构造函数 Box
  {height=10;
   width=10;
   length=10;
  }

int Box::volume()                                       //在类外定义声明成员函数 volume
  {return(height*width*length);
  }
```

```
int main( )
  {Box box1;                                          //建立对象box1,不指定实参
   cout<<"The volume of box1 is "<<box1.volume( )<<endl;
   Box box2(15,30,25);                                //建立对象box2,指定3个实参
   cout<<"The volume of box2 is "<<box2.volume( )<<endl;
   return 0;
  }
```

在类中声明了一个无参数构造函数Box( ),在类外定义的函数体中对私有数据成员赋值。第2个构造函数是直接在类体中定义的,用参数初始化表对数据成员初始化,函数有3个参数,需要3个实参与之对应。这两个构造函数同名(都是Box),那么系统怎么辨别调用的是哪一个构造函数呢？编译系统是根据函数调用的形式去确定对应哪一个构造函数。

在主函数中,建立对象box1时没有给出参数,系统找到与之对应的无参构造函数Box,执行此构造函数的结果是使3个数据成员的值均为10。然后输出box1的体积。建立对象box2时给出3个实参,系统找到有3个形参的构造函数Box与之对应,执行此构造函数的结果是使3个数据成员的值为15,30,25。然后输出box2的体积。

在本程序中定义了两个同名的构造函数,其实还可以定义更多的重载构造函数。例如还可以有以下的构造函数原型：

```
Box::Box(int h);                                      //有一个参数的构造函数
Box::Box(int h,int w);                                //有两个参数的构造函数
```

在建立对象时可以给出一个参数和两个参数,系统会分别调用相应的构造函数。

说明：

(1) 在建立对象时不必给出实参的构造函数,称为默认构造函数(default constructor)。显然,无参构造函数属于默认构造函数。一个类只能有一个默认构造函数。如果用户未定义构造函数,则系统会自动提供一个默认构造函数,但它的函数体是空的,不起初始化作用。如果用户希望在创建对象时就能使数据成员有初值,就必须自己定义构造函数。

(2) 如果在建立对象时选用的是无参构造函数,应注意正确书写定义对象的语句。如本程序中有以下定义对象的语句：

```
Box box1;                                             //建立对象的正确形式
```

注意不要写成

```
Box box1( );                                          //建立对象的错误形式,不应该有括号
```

上面的语句并不是定义Box类的对象box1,而是声明一个普通函数box1,此函数的返回值为Box类型。在程序中不应出现调用无参构造函数(如Box( )),请记住：构造函数是不能被用户显式调用的。

(3) 尽管在一个类中可以包含多个构造函数,但是对于每一个对象来说,建立对象时只执行其中一个构造函数,并非每个构造函数都被执行。

9.1.6 使用默认参数的构造函数

构造函数中参数的值既可以通过实参传递,也可以指定为某些默认值,即如果用户不指定实参值,编译系统就使形参取默认值。在实际生活中常有一些这样的初始值:计数器的初始值一般默认为0,战士的性别一般默认为"男",天气默认为"晴"等,如果实际情况不是这些值,则由用户另行指定。这样可以减少输入量。

在第4.8节中介绍过,在函数中可以使用有默认值的参数。在构造函数中也可以采用这样的方法来实现初始化。

例9.3的问题也可以使用包含默认参数的构造函数来处理。

例9.4 将例9.3程序中的构造函数改用含默认值的参数,宽、高、长的默认值均为10。

在例9.3程序的基础上改写如下:

```
#include <iostream>
using namespace std;
class Box
{public:
    Box(int h=10,int w=10,int len=10);          //在声明构造函数时指定默认参数
    int volume();
  private:
    int height;
    int width;
    int length;
};
Box::Box(int h,int w,int len)                   //在定义函数时可以不指定默认参数
   {height=h;
    width=w;
    length=len;
   }

int Box::volume()
   {return(height*width*length);
   }

int main()
   {
    Box box1;                                   //没有给实参
    cout<<"The volume of box1 is "<<box1.volume()<<endl;
    Box box2(15);                               //只给定一个实参
    cout<<"The volume of box2 is "<<box2.volume()<<endl;
    Box box3(15,30);                            //只给定两个实参
    cout<<"The volume of box3 is "<<box3.volume()<<endl;
    Box box4(15,30,20);                         //给定3个实参
```

```
    cout << "The volume of box4 is " << box4.volume() << endl;
    return 0;
}
```

由于在定义对象 box1 时没有给实参，系统就调用默认构造函数，各形参的值均取默认值 10。即

```
box1.height = 10; box1.width = 10; box1.length = 10
```

在定义对象 box2 时只给定一个实参 15，它传给形参 h（长方柱的高），形参 w 和 len 未得到实参过来的值，就取默认值 10。即

```
box2.height = 15; box2.width = 10; box2.length = 10;
```

同理：

```
box3.height = 15; box3.width = 30; box3.length = 10;
box4.height = 15; box4.width = 30; box4.length = 20;
```

运行结果为

```
The volume of box1 is 1000
The volume of box2 is 1500
The volume of box3 is 4500
The volume of box4 is 9000
```

程序中对构造函数的定义（第 12～16 行）也可以改写成参数初始化表的形式：

```
Box::Box(int h, int w, int len):height(h), width(w), length(len){}
```

只需一行就够了，简单方便。

可以看到，在构造函数中使用默认参数是方便而有效的，它提供了建立对象时的多种选择，它的作用相当于好几个重载的构造函数。它的好处是：即使在调用构造函数时没有提供实参值，不仅不会出错，而且还确保按照默认的参数值对对象进行初始化。尤其在希望对每一个对象都有同样的初始化状况时用这种方法更为方便，不需输入数据，对象全按事先指定的值进行初始化。

说明：

（1）应该在什么地方指定构造函数的默认参数？**应在声明构造函数时指定默认值，而不能只在定义构造函数时指定默认值**。因为类声明是放在头文件中的，它是类的对外接口，用户是可以看到的，而函数的定义是类的实现细节，用户往往是看不到的。在声明构造函数时指定默认参数值，使用户知道在建立对象时怎样使用默认参数。

（2）程序第 5 行在声明构造函数时，形参名可以省略，即写成

```
Box(int = 10, int = 10, int = 10);
```

（3）如果构造函数的全部参数都指定了默认值，则在定义对象时可以给一个或几个实参，也可以不给出实参。由于不需要实参也可以调用构造函数，因此全部参数都指定了默认值的构造函数也属于默认构造函数。前面曾提到过：**一个类只能有一个默认构造函**

数,也就是说,**可以不用参数而调用的构造函数,一个类只能有一个**。其道理是显然的,是为了避免调用时的歧义性。如果同时定义了下面两个构造函数,是错误的。

```
Box();                                //声明一个无参的构造函数
Box(int =10,int =10,int =10);         //声明一个全部参数都指定了默认值的构造函数
```

在建立对象时,如果写成

```
Box box1;
```

编译系统无法识别应该调用哪个构造函数,出现歧义性,编译时报错。应该避免这种情况。

(4) 在一个类中定义了全部是默认参数的构造函数后,不能再定义重载构造函数。例如在一个类中有以下构造函数的声明:

```
Box(int =10,int =10,int =10);         //指定全部为默认参数
Box();                                //声明无参的构造函数
Box(int,int);                         //声明有两个参数的构造函数
```

若有以下定义语句:

```
Box box1;                    //是调用上面第1个构造函数,还是调用第2个构造函数
Box box2(15,30)              //是调用上面第1个构造函数,还是调用第3个构造函数
```

应该执行哪一个构造函数呢? 出现歧义性。但如果构造函数中的参数并非全部为默认值时,就要分析具体情况。如有以下 3 个原型声明:

```
Box();                       //无参的构造函数
Box(int,int =10,int =10);    //有一个参数不是默认参数
Box(int,int);                //有两个参数的构造函数
```

若有以下定义对象的语句:

```
Box box1;                    //正确,不出现歧义性,调用第1个构造函数
Box box2(15);                //调用第2个构造函数
Box box3(15,30);             //错误,出现歧义性
```

很容易出错,要十分仔细。因此,一般不应同时使用构造函数的重载和有默认参数的构造函数。

9.2　析构函数

析构函数(destructor)也是一个特殊的成员函数,它的作用与构造函数相反,它的名字是类名的前面加一个“ ~ ”符号。在 C++ 中“ ~ ”是位**取反**运算符,从这点也可以想到:**析构函数是与构造函数作用相反的函数**。

当对象的生命期结束时,会自动执行析构函数。具体地说如果出现以下 4 种情况,程序就会执行析构函数:

① 如果在一个函数中定义了一个对象(假设是自动局部对象),当这个函数被调用结

束时，对象应该释放，在对象释放前自动执行析构函数。

② **静态**（static）局部对象在函数调用结束时对象并不释放，因此也不调用析构函数，只在 main 函数结束或调用 exit 函数结束程序时，才调用 static 局部对象的析构函数。

③ 如果定义了一个全局的对象，则在程序的流程离开其作用域时（如 main 函数结束或调用 exit 函数）时，调用该全局的对象的析构函数。

④ 如果用 new 运算符动态地建立了一个对象，当用 delete 运算符释放该对象时，先调用该对象的析构函数。

析构函数的作用并不是删除对象，而是在撤销对象占用的内存之前完成一些清理工作，使这部分内存可以被程序分配给新对象使用。程序设计者事先设计好析构函数，以完成所需的功能，只要对象的生命期结束，程序就自动执行析构函数来完成这些工作。

析构函数不返回任何值，没有函数类型，也没有函数参数。由于没有函数参数，因此它**不能被重载**。一个类可以有多个构造函数，但是**只能有一个析构函数**。

实际上，析构函数的作用并不仅限于释放资源方面，它还可以被用来执行“**用户希望在最后一次使用对象之后所执行的任何操作**”，例如输出有关的信息。这里说的用户是指类的设计者，因为，析构函数是在声明类时定义的。也就是说，析构函数可以完成类的设计者所指定的任何操作。

一般情况下，类的设计者应当在声明类的同时定义析构函数，以指定如何完成“清理”的工作。如果用户没有定义析构函数，C++ 编译系统会自动生成一个析构函数，但它只是徒有析构函数的名称和形式，实际上什么操作都不进行。想让析构函数完成任何工作，都必须在定义的析构函数中指定。

例 9.5 包含构造函数和析构函数的 C++ 程序。

```
#include <string>
#include <iostream>
using namespace std;
class Student                                          //声明 Student 类
  {public:
    Student(int n,string nam,char s)                   //定义有参数的构造函数
      {num = n;
       name = nam;
       sex = s;
       cout << "Constructor called. " << endl;         //输出有关信息
      }
    ~Student()                                         //定义析构函数
      {cout << "Destructor called. " << endl;}         //输出有关信息
    void display()                                     //定义成员函数
      {cout << "num: " << num << endl;
       cout << "name: " << name << endl;
       cout << "sex: " << sex << endl << endl; }
    private:
     int num;
```

```
        char name[10];
        char sex ;
    };

    int main()                                          //主函数
      {Student stud1(10010,"Wang_li",'f');              //建立对象 stud1
       stud1.display();                                 //输出学生 1 的数据
       Student stud2(10011,"Zhang_fang",'m');           //定义对象 stud2
       stud2.display();                                 //输出学生 2 的数据
       return 0;
      }
```

在 main 函数的前面声明类,它的作用域是全局的。这样做可以使 main 函数更简练一些。在 Student 类中定义了构造函数和析构函数。在执行 main 函数时先建立对象 stud1,在建立对象时调用对象的构造函数,给该对象中数据成员赋初值。然后调用 stud1 的 display 函数,输出 stud1 的数据成员的值。接着建立对象 stud2,在建立对象时调用 stud2 的构造函数,然后调用 stud2 的 display 函数,输出 stud2 的数据成员的值。

至此,主函数中的语句已执行完毕,对主函数的调用结束了,在主函数中建立的对象是局部的,它的生命期随着主函数的结束而结束,在撤销对象之前的最后一项工作是调用析构函数。在本例中,析构函数并无任何实质上的作用,只是输出一个信息。在这里使用它,只是为了说明析构函数的使用方法。

运行结果如下:

```
Constructor called.                          (执行 stud1 的构造函数)
num: 10010                                   (执行 stud1 的 display 函数)
name: Wang_li
sex: f

Constructor called.                          (执行 stud2 的构造函数)
num: 10011                                   (执行 stud2 的 display 函数)
name: Zhang_fang
sex: m

Destructor called.                           (执行 stud2 的析构函数)
Destructor called.                           (执行 stud1 的析构函数)
```

最后两行是哪一个对象的析构函数所输出的呢?在行右侧的括号内作了说明,请读者先考虑一下,在第 9.3 节中将作进一步的说明。

9.3 调用构造函数和析构函数的顺序

在使用构造函数和析构函数时,需要特别注意对它们的调用时间和调用顺序。

有的读者在看到第 9.2 节例 9.5 程序输出结果的最后两行时,还以为该两行右侧括号内的说明是印错了。许多人会自然地认为:应该是先执行 stud1 的析构函数,然后再执行 stud2 的析构函数啊。是不是书上把 stud1 和 stud2 印反了？然而，恰恰是这些读者弄错了。在一般情况下，调用析构函数的次序正好与调用构造函数的次序相反：最先被调用的构造函数，其对应的（同一对象中的）析构函数最后被调用，而最后被调用的构造函数，其对应的析构函数最先被调用。见图 9.1。可简记为：**先构造的后析构，后构造的先析构**。它相当于一个栈，**先进后出**。

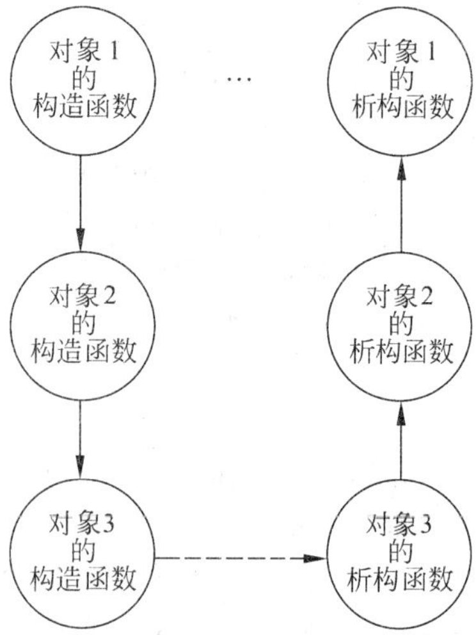

图 9.1

读者可能还不放心：你怎么知道先执行的是 stud2 的析构函数呢？请读者自己先想出一种方法来验证。

这里提供一个简单的方法：将 Student 类中定义的析构函数的函数体改为

```
cout << " Destructor called. " << num << endl;
```

即在输出时增加一项 num，输出本对象中数据成员 num 的值（学号）。这样就可以从输出结果中分析出输出的是哪个对象中学生的学号，从而确定执行的是哪个对象的析构函数。

修改后的运行结果的最后两行为

```
Destructor called. 10011          （可见执行的是 stud2 的析构函数）
Destructor called. 10010          （可见执行的是 stud1 的析构函数）
```

10011 是对象 stud2 中的成员 num 的值，10010 是对象 stud1 中的成员 num 的值。这就清楚地表明了：**先构造的后析构，后构造的先析构**。

上面曾提到：在一般情况下，调用析构函数的次序与调用构造函数的次序相反。这是对同一类存储类别的对象而言的。如例 9.5 程序中的 stud1 和 stud2 是在同一个函数中定义的局部函数，它们的特性相同，按照“先构造的后析构，后构造的先析构”的原则处理。

但是，并不是在任何情况下都是按这一原则处理的。在第 4.11 节和 4.12 节中曾介绍过作用域和存储类别的概念，这些概念对于对象也是适用的。对象可以在不同的作用域中定义，可以有不同的存储类别。这些会影响调用构造函数和析构函数的时机。

下面归纳一下系统在什么时候调用构造函数和析构函数：

(1) 如果在全局范围中定义对象（即在所有函数之外定义的对象），那么它的构造函数在本文件模块中的所有函数（包括 main 函数）执行之前调用。但如果一个程序包含多个文件，而在不同的文件中都定义了全局对象，则这些对象的构造函数的执行顺序是不确定的。当 main 函数执行完毕或调用 exit 函数时（此时程序终止），调用析构函数。

(2) 如果定义的是局部自动对象（例如在函数中定义对象），则在建立对象时调用其构造函数。如果对象所在的函数被多次调用，则在每次建立对象时都要调用构造函数。在函数调用结束、对象释放时先调用析构函数。

(3) 如果在函数中定义**静态**（static）局部对象，则只在程序第 1 次调用此函数定义对象时调用构造函数一次，在调用函数结束时对象并不释放，因此也不调用析构函数，只在

main 函数结束或调用 exit 函数结束程序时，才调用析构函数。

例如，在一个函数中定义了两个对象：

```
void fn()
{ Student stud1;                          //定义自动局部对象
  static Student stud2;                   //定义静态局部对象
   ⋮
}
```

在调用 fn 函数时，先建立 stud1 对象、调用 stud1 的构造函数，再建立 stud2 对象、调用 stud2 的构造函数。在 fn 调用结束时，对象 stud1 是要释放的（因为它是自动局部对象），因此调用 stud1 的析构函数。而 stud2 是静态局部对象，在 fn 调用结束时并不释放，因此不调用 stud2 的析构函数。直到程序结束释放 stud2 时，才调用 stud2 的析构函数。可以看到 stud2 是后调用构造函数的，但并不先调用其析构函数。原因是两个对象的存储类别不同、生命周期不同。

构造函数和析构函数在面向对象的程序设计中是相当重要的，是类的设计中的一个重要部分。以上介绍了最基本的、使用最多的普通构造函数，在第 9.8 节中将会介绍**复制构造函数**，在第 10.7 节中还要介绍**转换构造函数**。在以后深入的学习和编程实践中将会进一步掌握它们的应用。

说明：在上面几节中介绍了通过构造函数给类对象中的数据成员赋初值的方法（在第 11 章还要介绍对派生类对象的初始化，更复杂一些）。有的读者可能觉得太复杂了，难以掌握。应当说明，构造函数是由类的设计者定义的，或者说，是声明一个类的一部分。在一般情况下，类的设计（声明）者和类的使用者不是同一个人。在头文件中声明了一个类（包括定义构造函数）后，用户只要用#include 指令包含了此文件，就可以用这个类来定义对象。在定义对象时进行初始化，是比较简单的，如

```
Box box(15,30,20);                        //定义对象 box 时给出 3 个初值
```

作为用户可以不关心构造函数的具体写法和在构造函数中如何赋初值的细节，只要知道构造函数的原型（知道有几个形参、形参的类型以及顺序）以及使用的方式即可，并不需要 C++ 的编程人员都自己写构造函数。

9.4　对象数组

数组的概念已经在第 5 章中介绍过了。数组不仅可以由简单变量组成（例如整型数组的每一个元素都是整型变量），也可以由类对象组成（**对象数组的每一个元素都是同类的对象**）。

在日常生活中，有许多实体的属性是共同的，只是属性的具体内容不同。例如一个班有 50 个学生，其属性包括姓名、性别、年龄、成绩等。如果为每一个学生建立一个对象，需要分别取 50 个对象名。用程序处理很不方便。这时可以定义一个“学生类”对象数组，每一个数组元素是一个“学生类”对象。例如

```
Student stud[50];                    //假设已声明了 Student 类,定义 stud 数组,有 50 个元素
```

在建立数组时，同样要调用构造函数。如果有 50 个元素，需要调用 50 次构造函数。在需要时可以在定义数组时提供实参以实现初始化。如果构造函数只有一个参数，在定义数组时可以直接在等号后面的花括号内提供实参。如

```
Student stud[3] = {60,70,78};      //合法,3 个实参分别传递给 3 个数组元素的构造函数
```

如果构造函数有多个参数，则不能用在定义数组时直接提供所有实参的方法，因为一个数组有多个元素，对每个元素要提供多个实参，如果再考虑到构造函数有默认参数的情况，很容易造成实参与形参的对应关系不清晰，出现歧义性。例如，类 Student 的构造函数有多个参数，且为默认参数：

```
Student::Student(int = 1001,int = 18,int = 60);
                                          //定义构造函数,有多个参数,且为默认参数
```

如果定义对象数组的语句为

```
Student stud[3] = {1005,60,70};
```

请问：这 3 个实参与形参的对应关系是怎样的？是为每个对象各提供第 1 个实参，还是全部作为第 1 个对象的 3 个实参呢？编译系统是这样处理的：这 3 个实参分别作为 3 个元素的第 1 个实参。读者可以上机验证一下。在程序中最好不要采用这种容易引起歧义性的方法。

编译系统只为每个对象元素的构造函数传递一个实参，所以在定义数组时提供的实参个数不能超过数组元素个数，如

```
Student stud[3] = {60,70,78,45};         //不合法,实参个数超过对象数组元素个数
```

那么，如果构造函数有多个参数，在定义对象数组时应当怎样实现初始化呢？回答是：在花括号中分别写出构造函数名并在括号内指定实参。如果构造函数有 3 个参数，分别代表学号、年龄、成绩。则可以这样定义对象数组：

```
Student Stud[3] = {                      //定义对象数组
  Student(1001,18,87),                   //调用第 1 个元素的构造函数,向它提供 3 个实参
  Student(1002,19,76),                   //调用第 2 个元素的构造函数,向它提供 3 个实参
  Student(1003,18,72)                    //调用第 3 个元素的构造函数,向它提供 3 个实参
  };
```

在建立对象数组时，分别调用构造函数，对每个元素初始化。每一个元素的实参分别用括号括起来，对应构造函数的一组形参，不会混淆。

例 9.6　对象数组的使用方法。

```
#include <iostream>
using namespace std;
class Box
  {public:
    Box(int h = 10,int w = 12,int len = 15):height(h),width(w),length(len){}
```

```
        //声明有默认参数的构造函数,用参数初始化表对数据成员初始化
      int volume( );
    private:
      int height;
      int width;
      int length;
  };

int Box :: volume( )
  {return(height * width * length);
  }


int main( )
  { Box a[3] = {                  //定义对象数组
      Box(10,12,15),              //调用构造函数 Box,提供第 1 个元素的实参
      Box(15,18,20),              //调用构造函数 Box,提供第 2 个元素的实参
      Box(16,20,26)               //调用构造函数 Box,提供第 3 个元素的实参
  };
  cout<<"volume of a[0] is "<<a[0].volume( )<<endl;     //调用 a[0]的 volume 函数
  cout<<"volume of a[1] is "<<a[1].volume( )<<endl;     //调用 a[1] 的 volume 函数
  cout<<"volume of a[2] is "<<a[2].volume( )<<endl;     //调用 a[2] 的 volume 函数
  }
```

运行结果为

```
volume of a[0] is 1800
volume of a[1] is 5400
volume of a[2] is 8320
```

9.5 对象指针

在第 6 章中介绍了指针,在第 7 章中介绍了结构体指针。在此基础上再理解有关对象的指针就很容易了。

9.5.1 指向对象的指针

在建立对象时,编译系统会为每一个对象分配一定的存储空间,以存放其数据成员。**对象空间的起始地址就是对象的指针**。可以定义一个指针变量,用来存放对象的地址,这就是指向对象的指针变量。如果有一个类:

```
class Time
{public:
   int hour;
   int minute;
```

```
    int sec;
    void get_time( );              //在类中声明成员函数
};
void Time::get_time( )             //在类外定义成员函数
    {cout << hour << ":" << minute << ":" << sec << endl;}
```

在此基础上有以下语句：

```
Time *pt;                          //定义 pt 为指向 Time 类对象的指针变量
Time t1;                           //定义 t1 为 Time 类对象
pt = &t1;                          //将 t1 的起始地址赋给 pt
```

这样，pt 就是指向 Time 类对象的指针变量，它指向对象 t1。

定义指向类对象的指针变量的一般形式为

类名 * 对象指针名;

可以通过对象指针访问对象和对象的成员。如

```
*pt                    pt 所指向的对象，即 t1
(*pt).hour             pt 所指向的对象中的 hour 成员，即 t1.hour
pt->hour               pt 所指向的对象中的 hour 成员，即 t1.hour
(*pt).get_time( )      调用 pt 所指向的对象中的 get_time 函数，即 t1.get_time
pt->get_time( )        调用 pt 所指向的对象中的 get_time 函数，即 t1.get_time
```

上面第2,3两行的作用是等价的，第4,5两行也是等价的。

9.5.2 指向对象成员的指针

对象有地址，存放对象的起始地址的指针变量就是**指向对象的指针变量**。对象中的成员也有地址，存放对象成员地址的指针变量就是**指向对象成员的指针变量**。

1. 指向对象数据成员的指针

定义指向对象数据成员的指针变量的方法和定义指向普通变量的指针变量方法相同。例如，

```
int *p1;                           //定义指向整型数据的指针变量
```

定义指向对象数据成员的指针变量的一般形式为

数据类型名 *指针变量名;

如果 Time 类的数据成员 hour 为公用的整型数据，则可以在类外通过指向对象数据成员的指针变量访问对象数据成员 hour。

```
p1 = &t1.hour;                     //将对象 t1 的数据成员 hour 的地址赋给 p1,p1 指向 t1.hour
cout << *p1 << endl;               //输出 t1.hour 的值
```

2. 指向对象成员函数的指针

需要提醒读者注意：**定义指向对象成员函数的指针变量的方法和定义指向普通函数**

的指针变量方法有所不同。这里重温指向**普通函数**的指针变量的定义方法：

　　类型名（ * 指针变量名）（参数表列）；

如

```
void( * p)();                    //p 是指向 void 型函数的指针变量
```

可以使它指向一个函数,并通过指针变量调用函数：

```
p = fun;                         //将 fun 函数的入口地址赋给指针变量 p,p 就指向函数 fun
( * p)();                        //调用 fun 函数
```

而定义一个指向**对象成员函数**的指针变量则比较复杂一些。如果模仿上面的方法将对象 t1 的成员函数名赋给指针变量 p：

```
p = t1.get_time;
```

则会出现编译错误。为什么呢？成员函数与普通函数有一个最根本的区别：它是类中的一个成员。编译系统要求在上面的赋值语句中,指针变量的类型必须与赋值号右侧函数的类型相匹配,要求在以下 3 方面都要匹配：①函数参数的类型和参数个数；②函数返回值的类型；③所属的类。

现在 3 点中第①②两点是匹配的,而第③点不匹配。指针变量 p 与类无关,而 get_time 函数却属于 Time 类。因此,要区别普通函数和成员函数的不同性质,不能在类外直接用成员函数名作为函数入口地址去调用成员函数。

那么,应该怎样定义指向成员函数的指针变量呢？应该采用下面的形式：

```
void(Time:: * p2)();             //定义 p2 为指向 Time 类中公用成员函数的指针变量
```

注意：(Time :: * p2)两侧的括号不能省略,因为()的优先级高于 * 。如果无此括号,即

```
void Time:: * p2();
```

就相当于

```
void(Time:: * (p2()));           //这是返回值为 void 型指针的函数
```

定义指向公用成员函数的指针变量的一般形式为

　　数据类型名（类名 :: * 指针变量名）（参数表列）；

可以让它指向一个公用成员函数,只须把公用成员函数的入口地址赋给一个指向公用成员函数的指针变量即可。如

```
p2 = &Time::get_time;
```

使指针变量指向一个公用成员函数的一般形式为

　　指针变量名 = & 类名 :: 成员函数名；

在 Visual C++,也可以不写 &,以和 C 语言的用法一致,但建议在写 C++ 程序时不要省略 &。

例 9.7　有关对象指针的使用方法。

```
#include <iostream>
```

```
using namespace std;
class Time
  {public:
      Time(int,int,int);                        //声明结构成员函数
      int hour;
      int minute;
      int sec;
      void get_time();                          //声明公有成员函数
  };
  Time::Time(int h,int m,int s)                 //定义结构成员函数
      {hour = h;
      minute = m;
      sec = s;
      }
void Time::get_time()                           //定义公有成员函数
      {cout << hour << ":" << minute << ":" << sec << endl;}

int main()
  {Time t1(10,13,56);          //定义 Time 类对象 t1 并初始化
   int *p1 = &t1.hour;         //定义指向整型数据的指针变量 p1,并使 p1 指向 t1.hour
   cout << *p1 << endl;        //输出 p1 所指的数据成员 t1.hour
   t1.get_time();              //调用对象 t1 的成员函数 get_time
   Time *p2 = &t1;             //定义指向 Time 类对象的指针变量 p2,并使 p2 指向 t1
   p2 -> get_time();           //调用 p2 所指向对象(即 t1)的 get_time 函数
   void(Time::*p3)();          //定义指向 Time 类公用成员函数的指针变量 p3
   p3 = &Time::get_time;       //使 p3 指向 Time 类公用成员函数 get_time
   (t1.*p3)();                 //调用对象 t1 中 p3 所指的成员函数(即 t1.get_time())
  }
```

在 main 函数中,定义了 Time 类对象 t1,并使之初始化。定义 p1 为指向整型数据的指针变量,并使它指向 t1.hour。然后输出 p1 所指的整型数据(即 t1.hour)。main 函数第 5 行调用对象 t1 的成员函数 get_time,输出 t1 中 hour,minute 和 sec 的值。第 6 行定义指向 Time 类对象的指针变量 p2,并使 p2 指向对 t1。第 7 行调用 p2 所指向对象(即 t1)的 get_time 函数,同样输出 t1 中 hour,minute 和 sec 的值。第 8 行定义指向 Time 类公用成员函数的指针变量 p3,第 9 行使 p3 指向 Time 类公用成员函数 get_time ,第 10 行调用对象 t1 中 p3 所指的成员函数,即 t1.get_time(),输出 t1 中 hour,minute 和 sec 的值。运行结果为

```
10                    (main 函数第 4 行的输出)
10:13:56              (main 函数第 5 行的输出)
10:13:56              (main 函数第 7 行的输出)
10:13:56              (main 函数第 10 行的输出)
```

可以看到为了输出 t1 中 hour,minute 和 sec 的值,可以采用 3 种不同的方法。

说明：

(1) 从 main 函数第 9 行可以看出：成员函数的入口地址的正确写法是

& 类名 :: 成员函数名

不应写成

```
p3 = &t1. get_time;                          //t1 为对象名而不是类名
```

在第 8.3.5 节中已介绍：成员函数不是存放在对象的空间中的，而是存放在对象外的空间中的。如果有多个同类的对象，它们共用同一个函数代码段。因此赋给指针变量 p3 的应是这个公用的函数代码段的入口地址。

调用 t1 的 get_time 函数可以用 t1. get_time( ) 形式，那是从逻辑的角度而言的，通过对象名能调用成员函数。而现在程序语句中需要的是地址，它是物理的，具体地址是和类而不是对象相联系的。

(2) main 函数第 8,9 两行可以合写为一行：

```
void(Time :: * p3)( ) = &Time :: get_time;          //定义指针变量时指定其指向
```

9.5.3 this 指针

在第 8 章中曾经提到过：每个对象中的数据成员都分别占有存储空间，如果对同一个类定义了 n 个对象，则有 n 组同样大小的空间以存放 n 个对象中的数据成员。但是，不同的对象都调用同一个函数的目标代码。

那么，当不同对象的成员函数引用数据成员时，怎么能保证引用的是所指定的对象的成员呢？假如，对于例 9.6 程序中定义的 Box 类，定义了 3 个同类对象 a,b,c。如果有a. volume( )，应该是引用对象 a 中的 height,width 和 length，计算出长方体 a 的体积。如果有 b. volume( )，应该是引用对象 b 中的 height,width 和 length，计算出长方体 b 的体积。而现在都用同一个函数代码，系统怎样使它分别引用 a 或 b 中的数据成员呢？

在每一个成员函数中都包含一个特殊的指针，这个指针的名字是固定的，称为 **this**。它是**指向本类对象的指针，它的值是当前被调用的成员函数所在的对象的起始地址**。例如，当调用成员函数 a. volume 时，编译系统就把对象 a 的起始地址赋给 this 指针，于是在成员函数引用数据成员时，就按照 this 的指向找到对象 a 的数据成员。例如 volume 函数要计算 height * width * length 的值，实际上是执行：

```
(this -> height) * (this -> width) * (this -> length)
```

由于当前 this 指向 a，因此相当于执行：

```
(a. height) * (a. width) * (a. length)
```

这就计算出长方体 a 的体积。同样如果有 b. volume( )，编译系统就把对象 b 的起始地址赋给成员函数 volume 的 this 指针，此时的(this -> height) * (this -> width) * (this -> length)就是(b. height) * (b. width) * (b. length)，显然计算出的是长方体 b 的体积。以上两个表达式中的括号并不是必要的，只是为了便于阅读才加上括号。

this 指针是隐式使用的，它是作为参数被传递给成员函数的。本来，成员函数 volume 的定义是

```
int Box :: volume( )
  {return( height * width * length) ;
  }
```

C++ 把它处理为

```
int Box :: volume( Box  * this)
  {return( this -> height * this -> width * this -> length) ;
  }
```

即在成员函数的形参表列中增加一个 this 指针。在调用该成员函数时，实际上是用以下的方式调用的：

```
a. volume( &a) ;
```

将对象 a 的地址传给形参 this 指针。然后按 this 的指向去引用其他成员。

需要说明：这些都是编译系统自动实现的，编程序者不必人为地在形参中增加 this 指针，也不必将对象 a 的地址传给 this 指针。这里写出以上过程，只是为了使读者理解 this 指针的作用和实现的机理。

在需要时也可以显式地使用 this 指针。例如在 Box 类的 volume 函数中，下面两种表示方法都是合法的、相互等价的。

```
return( height * width * length) ;                          //隐含使用 this 指针
return( this -> height * this -> width * this -> length) ;  //显式使用 this 指针
```

可以用 * this 表示被调用的成员函数所在的对象，* this 就是 this 所指向的对象，即当前的对象。例如在成员函数 a. volume( ) 的函数体中，如果出现 * this，它就是本对象 a。上面的 return 语句也可写成

```
return( ( * this). height * ( * this). width * ( * this). length) ;
```

注意 * this 两侧的括号不能省略，不能写成 * this. height。因为成员运算符“. ”的优先级别高于指针运算符“ * ”，因此，* this. height 就相当于 * (this. height)，而 this. height 是不合法的，编译出错。

通过上面的叙述可以知道：所谓“调用对象 a 的成员函数 f”，实际上是在调用成员函数 f 时使 this 指针指向对象 a，从而访问对象 a 的成员。在说“调用对象 a 的成员函数 f”时，应当对它的含义有正确的理解。

9.6 共用数据的保护

C++ 虽然采取了不少有效的措施（如设 private 保护）以增加数据的安全性，但是有些数据却往往是共享的，例如实参与形参，变量与其引用，数据及其指针等，人们可以在不同的场合通过不同的途径访问同一个数据对象。有时在无意之中的误操作会改变有关数

据的状况，而这是人们所不希望出现的。

既要使数据能在一定范围内共享，又要保证它不被任意修改，这时可以把有关的数据定义为常量。

9.6.1 常对象

可以在定义对象时加关键字 const，指定对象为**常对象**。常对象必须要有初值，如

```
Time const t1(12,34,46);              //定义 t1 是常对象
```

这样，在 t1 的生命周期中，对象 t1 中的所有数据成员的值都不能被修改。凡希望保证数据成员不被改变的对象，可以声明为常对象。

定义常对象的一般形式为

类名 const 对象名[(实参表)]；

也可以把 const 写在最左面：

const 类名 对象名[(实参表)]；

二者等价。在定义常对象时，必须同时对之初始化，之后不能再改变。

说明：

(1) 如果一个对象被声明为常对象，则通过该对象只能调用它的常成员函数，而不能调用该对象的普通成员函数(除了由系统自动调用的隐式的构造函数和析构函数)。常成员函数是常对象唯一的对外接口。

对于例 9.7 中已定义的 Time 类，如果有

```
const Time t1(10,15,36);              //定义常对象 t1
t1.get_time();                        //试图调用常对象 t1 中的普通成员函数，非法
```

这是为了防止普通成员函数会修改常对象中数据成员的值。有人可能会提出这样一个问题：在 get_time 函数中并没有修改常对象中数据成员的值啊，为什么也不允许呢？因为不能仅依靠编程者的细心检查来保证程序不出错，编译系统充分考虑到可能出现的情况，对不安全的因素予以拦截。

有人问：为什么编译系统不专门检查函数的代码，看它是否修改了常对象中数据成员的值呢？实际上，函数的定义与函数的声明可能不在同一个源程序文件中。而编译则是以一个源程序文件为单位的，无法测出两个源程序文件之间是否有矛盾。如果有错，只有在连接或运行阶段才能发现。这就给调试程序带来不便。

现在，编译系统只检查函数的声明，只要发现调用了常对象的成员函数，而且该函数未被声明为 const，就报错，请编程者注意。

那么，怎样才能引用常对象中的数据成员呢？很简单，只须将该成员函数声明为 const 即可。如

```
void get_time() const;                //将函数声明为 const
```

这表示 get_time 是一个 const 型函数，即**常成员函数**。

(2) 常成员函数可以**访问**常对象中的数据成员，但仍然不允许**修改**常对象中数据成员的值。

以上两点(不能调用常对象中的普通成员函数和常成员函数不能修改对象的数据成员),就保证了常对象中的数据成员的值绝对不会改变。

有时在编程时有要求,一定要修改常对象中的某个数据成员的值(例如类中有一个用于计数的变量 count,其值应当能不断变化),C++ 考虑到实际编程时的需要,对此作了特殊的处理,对该数据成员声明为 **mutable**,如

```
mutable int count;
```

把 count 声明为**可变的数据成员**,这样就可以用声明为 const 的成员函数来修改它的值。

有关常成员函数的作用和用法请看第 9.6.2 节的介绍。

9.6.2 常对象成员

可以将对象的成员声明为 const,包括常数据成员和常成员函数。

1. 常数据成员

其作用和用法与一般常变量相似,用关键字 const 来声明常数据成员。常数据成员的值是不能改变的。有一点要注意：**只能通过构造函数的参数初始化表对常数据成员进行初始化,任何其他函数都不能对常数据成员赋值**。

如在类体中定义了常数据成员 hour：

```
const int hour;                    //定义 hour 为常数据成员
```

不能采用在构造函数中对常数据成员赋初值的方法,下面的用法是非法的：

```
Time :: Time(int h)
{hour = h;}                        //非法,不能对之赋值
```

因为常数据成员是不能被赋值的。

如果在类外定义构造函数,应写成以下形式：

```
Time :: Time(int h):hour(h){}      //通过参数初始化表对常数据成员 hour 初始化
```

常对象的数据成员都是常数据成员,因此在定义常对象时,**构造函数只能用参数初始化表对常数据成员进行初始化**。

2. 常成员函数

前面已提到：一般的成员函数可以引用本类中的非 const 数据成员,也可以修改它们。**如果将成员函数声明为常成员函数,则只能引用本类中的数据成员,而不能修改它们**,例如只用于输出数据等。如

```
void get_time()const;              //注意 const 的位置在函数名和括号之后
```

声明常成员函数的一般形式为

类型名 函数名(参数表)const

const 是函数类型的一部分,在声明函数和定义函数时都要有 const 关键字,在调用时不必

加 const。常成员函数可以引用 const 数据成员,也可以引用非 const 的数据成员。const 数据成员可以被 const 成员函数引用,也可以被非 const 的成员函数引用。具体情况可以用表 9.1 表示。

表　9.1

数据成员	非 const 的普通成员函数	const 成员函数
非 const 的普通数据成员	可以引用,也可以改变值	可以引用,但不可以改变值
const 数据成员	可以引用,但不可以改变值	可以引用,但不可以改变值
const 对象	不允许	可以引用,但不可以改变值

怎样利用常成员函数呢?

(1) 如果在一个类中,有些数据成员的值允许改变,另一些数据成员的值不允许改变,则可以将一部分数据成员声明为 const,以保证其值不被改变,可以用非 const 的成员函数引用这些数据成员的值,并修改非 const 数据成员的值。

(2) 如果要求所有的数据成员的值都不允许改变,则可以将所有的数据成员声明为 const,或将对象声明为 const(常对象),然后用 const 成员函数引用数据成员,这样起到"双保险"的作用,切实保证了数据成员不被修改。

(3) 如果已定义了一个常对象,只能调用其中的 const 成员函数,而不能调用非 const 成员函数(不论这些函数是否会修改对象中的数据)。这是为了保证数据的安全。如果需要访问常对象中的数据成员,可将常对象中所有成员函数都声明为 const 成员函数,并确保在函数中不修改对象中的数据成员。

不要误认为常对象中的成员函数都是常成员函数。常对象只保证其数据成员是常数据成员,其值不被修改。如果在常对象中的成员函数未加 const 声明,编译系统把它作为非 const 成员函数处理。

还有一点要指出: 常成员函数不能调用另一个非 const 成员函数。

9.6.3　指向对象的常指针

将指针变量声明为 const 型,这样指针变量始终保持为初值,不能改变,即其指向不变。如

```
Time t1(10,12,15),t2;          //定义对象
Time * const ptr1;             //const 位置在指针变量名前面,指定 ptr1 是常指针变量
ptr1 = &t1;                    //ptr1 指向对象 t1,此后不能再改变指向
ptr1 = &t2;                    //错误,ptr1 不能改变指向
```

定义指向对象的常指针变量的一般形式为

类名 * const 指针变量名;

也可以在定义指针变量时使之初始化,如将上面第 2,3 行合并为

```
Time * const ptr1 = &t1;       //指定 ptr1 指向 t1
```

请注意: 指向对象的常指针变量的值不能改变,即始终指向同一个对象,但可以改变其所指向对象(如 t1)的值。

什么时候需要用指向对象的常指针呢？如果想将一个指针变量固定地与一个对象相联系(即该指针变量始终指向一个对象)，可以将它指定为 const 型指针变量。这样可以防止误操作，增加安全性。

往往用常指针作为函数的形参，目的是不允许在函数执行过程中改变指针变量的值，使其始终指向原来的对象。如果在函数执行过程中修改了该形参的值，编译系统就会发现错误，给出出错信息，这样比用人工来保证形参值不被修改更可靠。

9.6.4 指向常对象的指针变量

为了使读者更容易理解指向常对象的指针变量的概念和使用，首先复习一下第6章介绍过的指向常变量的指针变量，然后再进一步讨论指向常对象的指针变量。

下面定义了一个指向常变量的指针变量 ptr：

```
const char *ptr;
```

注意 const 的位置在最左侧，它与类型名 char 紧连，表示指针变量 ptr 指向的 char 变量是常变量，不能通过 ptr 来改变其值的。

定义指向常变量的指针变量的一般形式为

const 类型名 * 指针变量名；

说明：

(1) **如果一个变量已被声明为常变量，只能用指向常变量的指针变量指向它**，而不能用一般的(指向非 const 型变量的)指针变量去指向它。

如

```
const char c[] ="boy";      //定义 const 型的 char 数组
const char *p1;             //定义 p1 为指向 const 型的 char 变量的指针变量
p1 =c;                      //合法，p1 指向常变量(char 数组的首元素)
char *p2 =c;                //不合法，p2 不是指向常变量的指针变量
```

(2) 指向常变量的指针变量除了可以指向常变量(如上面(1)所示)外，还可以指向未被声明为 const 的变量。此时不能通过此指针变量改变该变量的值。如

```
char c1 ='a';               //定义字符变量 c1，它并未声明为 const
const char *p;              //定义了一个指向常变量的指针变量 p
p =&c1;                     //使 p 指向字符变量 c1
*p ='b';                    //非法，不能通过 p 改变变量 c1 的值
c1 ='b';                    //合法，没有通过 p 访问 c1，c1 不是常变量
```

由上可知，指向常变量的指针变量可以指向一个非 const 变量。这时可以通过指针变量访问该变量，但不能改变该变量的值。如果不是通过指针变量访问，则变量的值是可以改变的。请注意：定义了指向常变量的指针变量 p 并使它指向 c1，并不意味着把 c1 也声明为常变量，而只是在**用指针变量访问 c1 期间，c1 具有常变量的特征**，其值不能改变。在其他情况下，c1 仍然是一个普通的变量，其值是可以改变的。

如果希望在任何情况下都不能改变 c1 的值，则应把它定义为 const 型，如

```
const char c1 ='a';
```

(3) 如果函数的形参是指向普通(非 const)变量的指针变量,实参只能用指向普通(非 const)变量的指针,而不能用指向 const 变量的指针,这样,在执行函数的过程中可以改变形参指针变量所指向的变量(也就是实参指针所指向的变量)的值。

使用形参和实参的对应关系见表9.2。

表9.2 用指针变量作形参时形参和实参的对应关系

形　　参	实　　参	合法否	改变指针所指向的变量的值
指向非 const 型变量的指针	非 const 变量的地址	合法	可以
指向非 const 型变量的指针	const 变量的地址	非法	/
指向 const 型变量的指针	const 变量的地址	合法	不可以
指向 const 型变量的指针	非 const 变量的地址	合法	不可以

以上的对应关系与在(2)中所介绍的指针变量和其所指向的变量的关系是一致的:指向常变量的指针变量可以指向 const 和非 const 型的变量,而指向非 const 型变量的指针变量只能指向非 const 的变量。

以上介绍的是指向常变量的指针变量,指向常对象的指针变量的概念和使用是与此类似的,只要将"变量"换成"对象"即可。

(1) 如果一个对象已被声明为常对象,只能用指向常对象的指针变量指向它,而不能用一般的(指向非 const 型对象的)指针变量去指向它。

(2)如果定义了一个指向常对象的指针变量,并使它指向一个非 const 的对象,则其指向的对象是不能通过该指针变量来改变的。如

```
Time t1(10,12,15);          //定义 Time 类对象 t1,它是非 const 型对象
const Time *p=&t1;          //定义 p 是指向常对象的指针变量,并指向 t1
t1.hour=18;                 //合法,t1 不是常变量
(*p).hour=18;               //非法,不能通过指针变量改变 t1 的值
```

如果希望在任何情况下 t1 的值都不能改变,则应把它定义为 const 型,如

```
const Time t1(10,12,15);
```

请注意:指向常对象的指针变量与9.6.3节中介绍的指向对象的常指针变量在形式上和作用上的区别。

```
Time * const p;             //指向对象的常指针变量
const Time *p;              //指向常对象的指针变量
```

(3) 指向常对象的指针最常用于函数的形参,目的是在保护形参指针所指向的对象,使它在函数执行过程中不被修改。如

```
  ⋮
int main()
{void fun(const Time *);     //函数声明,形参是指向常对象的指针变量
 Time t1(10,13,56);         //定义 Time 类对象 t1,它不是常对象
```

```
    fun(&t1);                    //实参是对象t1的地址
    return 0;
}

void fun(const Time *p)          //定义fun函数
{p->hour=18;                     //错误
 cout<<p->hour<<endl;
}
```

这是一个简单的程序段。fun函数的形参p是指向Time类常对象的指针变量,根据表9.2,实参可以是const或非const对象的地址。main函数第4行在语法上是合法的,但是形参的性质不允许改变p所指向的对象的值。因此,在fun函数中试图改变p所指向的对象(即t1)的数据成员的值是非法的。

如果形参不是指向const型Time对象的指针变量,即函数首行形式为

```
void fun(Time *p)
```

则t1的值可以在fun函数中被修改。现在main函数中的t1虽未定义为const型,但由于形参是指向const型Time对象的指针变量,所以t1就成为只读的对象而不能被函数修改。

读者可以思考并上机试验:(1)形参有const或无const;(2)t1是const型或非const型。在不同组合的情况下的运行情况,从而加深对用指向常对象的指针作为函数的形参的作用的理解。

有人可能会想:能否不将形参定义为指向常对象的指针变量,而只将t1定义为const,不也可以保证t1不被修改吗?读者可以上机试一下,会发现编译时出错。因为指向非const对象的指针是不能指向const对象的,同理,若形参是指向非const对象的指针变量,实参不能是const型的对象,这在前面第(2)和(3)点中已说明。

请记住这样一条规则:**当希望在调用函数时对象的值不被修改,就应当把形参定义为指向常对象的指针变量,同时用对象的地址作实参(对象可以是const或非const型)**。如果要求该对象不仅在调用函数过程中不被改变,而且要求它在程序执行过程中都不改变,则应把它定义为const型。

能否不用指针而直接用对象名作为形参和实参,达到同样目的呢?如

```
int main()
{void fun(Time t);
 Time t1(10,13,56);
 fun(t1);
 cout<<t1.hour<<endl;            //输出t1.hour的值为10
 return 0;
}

void fun(Time t)                 //形参t是Time类对象
{t.hour=18;                      //可以修改形参t的值
}
```

在函数中可以修改形参 t 的值,但不能改变其对应的实参 t1 的值。这是因为用对象作函数参数时,在函数调用时将建立一个新的对象 t,它是实参对象 t1 的拷贝。实参把值传给形参,二者分别占有不同的存储空间。无论形参是否修改都不会影响实参的值。这种形式的虚实结合,要产生实参的拷贝,当对象的规模比较大时,则时间开销和空间开销都可能比较大。因此常用指针作函数参数。

(4) 如果定义了一个指向常对象的指针变量,是不能通过它改变所指向的对象的值的,但是指针变量本身的值是可以改变的。如

```
const Time  *p = &t1;          //定义指向常对象的指针变量 p,并指向对象 t1
p = &t2;                       //p 改为指向 t2,合法
```

这时,同样不能通过指针变量 p 改变 t2 的值。

9.6.5　对象的常引用

过去曾介绍:一个变量的引用就是变量的别名。实质上,变量名和引用名都指向同一段内存单元。如果形参为变量的引用名,实参为变量名,则在调用函数进行虚实结合时,并不是为形参另外开辟一个存储空间(常称为建立实参的一个**拷贝**),而是把实参变量的地址传给形参(引用名),这样引用名也指向实参变量。对象的引用也是与此类似的。也可以把引用声明为 const,即常引用。

例 9.8　对象的引用和常引用。

```
#include <iostream>
using namespace std;
class Time
  {public:
    Time(int,int,int);
    int hour;
    int minute;
    int sec;
  };
  Time::Time(int h,int m,int s)          //定义构造函数
  {hour = h;
    minute = m;
    sec = s;
  }

void fun(Time &t)                        //形参 t 是 Time 类对象的引用
{t.hour = 18;}

int main()
{Time t1(10,13,56);            // t1 是 Time 类对象
  fun(t1);                     //实参是 Time 类对象,可以通过引用来修改实参 t1 的值
  cout << t1.hour << endl;     //输出 t1.hour 的值为 18
```

```
    return 0;
}
```

如果不希望在函数中修改实参 t1 的值，可以把 fun 函数的形参 t 声明为 const（常引用），函数原型为

```
void fun(const Time &t);
```

则在函数中不能改变 t 的值，也就是不能改变其对应的实参 t1 的值。

在 C++ 面向对象程序设计中，经常用**常指针**和**常引用**作函数参数。这样既能保证数据安全，使数据不能被随意修改，在调用函数时又不必建立实参的拷贝。在学习 9.8 节时会知道，每次调用函数建立实参的拷贝时，都要调用复制构造函数，要有时间开销。用常指针和常引用作函数参数，可以提高程序运行效率。

9.6.6 const 型数据的小结

在第 9.5 节和 9.6 节两节中，介绍了常数据，由于与对象有关的 const 型数据种类较多，形式又有些相似，往往难以记住，容易混淆，因此在本节中集中归纳一下。为便于理解，以具体的形式表示，对象名设为 Time。读者通过表 9.3 可以对几种 const 型数据的用法和区别一目了然，需要时也便于查阅。

表 9.3

形　式	含　义
Time const t;	t 是常对象，其值在任何情况下都不能改变
void Time :: fun( ) const;	fun 是 Time 类中的常成员函数，可以引用，但不能修改本类中的数据成员
Time * const p;	p 是指向 Time 类对象的常指针变量，p 的值（p 的指向）不能改变
const Time * p;	p 是指向 Time 类常对象的指针变量，p 指向的类对象的值不能通过 p 来改变
const Time &t1 = t;	t1 是 Time 类对象 t 的引用，二者指向同一存储空间，t 的值不能改变

const 数据是很重要的，在 C++ 编程中常常用到。因此这里作了简单的介绍，目的是使读者有一些基本的了解，在以后的学习和使用时不致感到陌生和产生困惑。这部分内容比较烦琐难记，光靠看书和听课是难以真正掌握它的。在学习时不必死记，对它有一定了解即可，在以后编程实践中用到时可以回顾和查阅本书的叙述，以加深理解，熟练掌握。

9.7 对象的动态建立和释放

用前面介绍的方法定义的对象是静态的，在程序运行过程中，对象所占的空间是不能随时释放的。例如在一个函数中定义了一个对象，只有在该函数结束时，该对象才释放。但有时人们希望在需要用到对象时才建立对象，在不需要用该对象时就撤销它，释放它所占的内存空间以供别的数据使用。这样可以提高内存空间的利用率。

在第 7.1.7 节中介绍了用 new 运算符动态地分配内存，用 delete 运算符释放这些内存空间。这也适用于对象，可以用 new 运算符动态建立对象，用 delete 运算符撤

销对象。

如果已经定义了一个 Box 类,可以用下面的方法动态地建立一个对象:

```
new Box;
```

执行此语句时,系统开辟了一段内存空间,并在此内存空间中存放一个 Box 类对象,同时调用该类的构造函数,以使该对象初始化(如果已对构造函数赋予此功能的话)。但此时用户还无法访问这个对象,因为这个对象既没有对象名,用户也不知道它的地址。这种对象称为无名对象,它确实是存在的,但它没有名字。

用 new 运算符动态地分配内存后,将返回一个指向新对象的指针,即所分配的内存空间的起始地址。用户可以获得这个地址,并通过这个地址来访问这个对象。这样就需要定义一个指向本类的对象的指针变量来存放该地址。如

```
Box * pt;                    //定义一个指向 Box 类对象的指针变量 pt
pt = new Box;                //在 pt 中存放了新建对象的起始地址
```

在程序中就可以通过 pt 访问这个新建的对象。如

```
cout << pt -> height;        //输出该对象的 height 成员
cout << pt -> volume( );     //调用该对象的 volume 函数,计算并输出体积
```

可以在执行 new 时,对新建立的对象进行初始化。如

```
Box * pt = new Box(12,15,18);
```

这种写法是把上面两个语句(定义指针变量和用 new 建立新对象)合并为一个语句,并指定初值。这样更精练。新对象中的 height,width 和 length 分别获得初值 12,15,18。

调用对象既可以通过对象名,也可以通过指针。用 new 建立的动态对象一般是不用对象名的,是通过指针访问的,它主要应用于动态的数据结构,如链表。访问链表中的结点,并不需要通过对象名,而是在上一个结点中存放下一个结点的地址,从而由上一个结点找到下一个结点,构成链接的关系。

在执行 new 运算时,如果内存量不足,无法开辟所需的内存空间,目前大多数 C++ 编译系统都使 new 返回一个 0 指针值(NULL)。只要检测返回值是否为 0,就可判断分配内存是否成功。C++ 标准提出,在执行 new 出现故障时,就"抛出"一个"异常",用户可根据异常进行有关处理(关于异常处理可参阅第 14 章)。但 C++ 标准仍然允许在出现 new 故障时返回 0 指针值。当前,不同的编译系统对 new 故障的处理方法是不同的。

在不再需要使用由 new 建立的对象时,可以用 delete 运算符予以释放。如

```
delete pt;                   //释放 pt 指向的内存空间
```

这就撤销了 pt 指向的对象。此后程序不能再使用该对象。如果用一个指针变量 pt 先后指向不同的动态对象,应注意指针变量的当前指向,以免删错对象。

在执行 delete 运算符时,在释放内存空间之前,自动调用析构函数,完成有关善后清理工作。

9.8 对象的赋值和复制

9.8.1 对象的赋值

如果对一个类定义了两个或多个对象，则这些同类的对象之间可以互相赋值，或者说，一个对象的值可以赋给另一个同类的对象。这里所指的对象的值是指对象中所有数据成员的值。

对象之间的赋值也是通过赋值运算符“=”进行的。本来，赋值运算符“=”只能用来对单个的变量赋值，现在被扩展为两个同类对象之间的赋值，这是通过对赋值运算符的重载实现的（关于运算符的重载将在第 10 章中介绍）。实际上这个过程是通过成员复制（memberwise copy）来完成的，即将一个对象的成员值一一复制给另一对象的对应成员。对象赋值的一般形式为

对象名 1 = 对象名 2；

注意对象名 1 和对象名 2 必须属于同一个类。

例如

```
Student stud1,stud2;                    //定义两个同类的对象
   ⋮
stud2 = stud1;                          //将 stud1 赋给 stud2
```

通过下面的例子可以了解怎样进行对象的赋值。

例 9.9 将一个对象的值赋给另一个对象。

```
#include <iostream>
using namespace std;
class Box
  {public:
     Box(int =10,int =10,int =10);      //声明有默认参数的构造函数
     int volume();
   private:
     int height;
     int width;
     int length;
  };

Box::Box(int h,int w,int len)           //定义构造函数
  {height =h;
   width =w;
   length =len;
  }

int Box::volume()                       //定义 volume 函数
```

```
    {return(height * width * length);            //返回体积
    }

int main()
    {Box box1(15,30,25),box2;                    //定义两个对象 box1 和 box2
     cout << "The volume of box1 is " << box1.volume() << endl;
     box2 = box1;                                //将 box1 的值赋给 box2
     cout << "The volume of box2 is " << box2.volume() << endl;
     return 0;
    }
```

运行结果如下:

```
The volume of box1 is 11250
The volume of box2 is 11250
```

说明:

(1) 对象的赋值只对其中数据成员赋值,而不对成员函数赋值。数据成员是占存储空间的,不同对象的数据成员占有不同的存储空间,赋值的过程是将一个对象的数据成员在存储空间的状态复制给另一个对象的数据成员的存储空间。而不同对象的成员函数是同一个函数代码段,不需要,也无法对它们赋值。

(2) 类的数据成员中不能包括动态分配的数据,否则在赋值时可能出现严重后果(在此不作详细分析,只须记住这一结论即可)。

9.8.2 对象的复制

有时需要用到多个完全相同的对象,例如同一型号的每一个产品从外表到内部属性都是一样的,如果要对每一个产品分别进行处理,就需要建立多个同样的对象,并要进行相同的初始化。用以前的办法定义对象(同时初始化)比较麻烦。此外,有时需要将对象在某一瞬时的状态保留下来。在现实生活中可以用"克隆"的方法,C++有没有提供克隆对象的方便易行的方法呢?

有! 这就是对象的复制机制。用一个已有的对象快速地复制出多个完全相同的对象。如

```
Box box2(box1);
```

其作用是用已有的对象 box1 去克隆出一个新对象 box2。

其一般形式为

类名 对象2(对象1);

用对象1复制出对象2。

可以看到,它与前面介绍过的定义对象方式类似,但是括号中的参数不是一般的变量,而是对象。在建立对象时调用一个特殊的构造函数——**复制构造函数**(copy constructor)。这个函数的形式是这样的:

```
//The copy constructor definition
```

```
Box :: Box(const Box& b)
  {height = b.height;
   width = b.width;
   length = b.length;
  }
```

复制构造函数也是构造函数，但它只有一个参数，这个参数是本类的对象（不能是其他类的对象），而且采用对象的引用的形式（一般约定加 const 声明，使参数值不能改变，以免在调用此函数时因不慎而使实参对象被修改）。此复制构造函数的作用就是将实参对象的各成员值一一赋给新的对象中对应的成员。

回顾复制对象的语句：

```
Box box2(box1);
```

这实际上也是建立对象的语句，建立一个新对象 box2。由于在括号内给定的实参是对象，因此编译系统就调用**复制构造函数**（它的形参也是对象），而不会去调用其他构造函数。实参 box1 的地址传递给形参 b（b 就成为 box1 的引用），在执行复制构造函数的函数体时，将 box1 对象中各数据成员的值赋给 box2 中各数据成员。

如果用户未定义复制构造函数，则编译系统会自动提供一个默认的复制构造函数，其作用只是简单地复制类中每个数据成员。

C++还提供另一种方便用户的复制形式，用赋值号代替括号，如

```
Box box2 = box1;                          //用 box1 初始化 box2
```

其一般形式为

类名 对象名1 = 对象名2;

可以在一个语句中进行多个对象的复制。如

```
Box box2 = box1, box3 = box2;
```

按 box1 复制 box2 和 box3。可以看出，这种形式与变量初始化语句类似，请与下面定义变量的语句作比较：

```
int a = 4, b = a;
```

这种形式看起来很直观，用起来很方便。但是其作用都是调用复制构造函数。

请注意**对象的复制**和第9.8.1节介绍的**对象的赋值**在概念上和语法上的不同。

对象的赋值是对一个已经存在的对象赋值，因此必须先定义被赋值的对象，才能进行赋值。而对象的复制则是从无到有地建立一个新对象，并使它与一个已有的对象完全相同（包括对象的结构和成员的值）。

可以对例9.9程序中的主函数作一些修改：

```
int main()
  {Box box1(15,30,25);                               //定义 box1
   cout << "The volume of box1 is " << box1.volume() << endl;
   Box box2 = box1, box3 = box2;                     //按 box1 复制 box2, box3
```

```
    cout << " The volume of box2 is " << box2. volume( ) << endl;
    cout << " The volume of box3 is " << box3. volume( ) << endl;

  }
```

执行完第 4 行后,3 个对象的状态完全相同。请读者运行程序,观察并分析结果。

请读者区别普通构造函数和复制构造函数的区别。

(1) 在形式上

```
类名(形参表列);              //普通构造函数的声明,如 Box(int h,int w,int len);
类名(类名 & 对象名);         //复制构造函数的声明,如 Box(Box &b);
```

(2) 在建立对象时,实参类型不同。系统会根据实参的类型决定调用普通构造函数或复制构造函数。如

```
Box box1(12,15,16);          //实参为整数,调用普通构造函数
Box box2(box1);              //实参是对象名,调用复制构造函数
```

(3) 在什么情况下被调用

普通构造函数在程序中建立对象时被调用。

复制构造函数在用已有对象复制一个新对象时被调用,在以下 3 种情况下需要复制对象:

① 程序中需要新**建立一个对象**,并用另一个同类的对象对它初始化,如前面介绍的那样。

② **当函数的参数为类的对象时**。在调用函数时需要将实参对象完整地传递给形参,也就是需要建立一个实参的拷贝,这就是按实参复制一个形参,系统是通过调用复制构造函数来实现的,这样能保证形参具有和实参完全相同的值。如

```
void fun(Box b)              //形参是类的对象
{    }

int main( )
{Box box1(12,15,18);
 fun(box1);                  //实参是类的对象,调用函数时将复制一个新对象 b
 return 0;
}
```

③ **函数的返回值是类的对象**。在函数调用完毕将返回值带回函数调用处时。此时需要将函数中的对象复制一个临时对象并传给该函数的调用处。如

```
Box f( )                     //函数 f 的类型为 Box 类类型
{Box box1(12,15,18);
 return box1;                //返回值是 Box 类的对象
}

int main( )
{Box box2;                   //定义 Box 类的对象 box2
```

```
  box2 = f();                    //调用 f 函数,返回 Box 类的临时对象,并将它赋值给 box2
}
```

由于 box1 是在函数 f 中定义的,在调用 f 函数结束时,box1 的生命周期就结束了,因此并不是将 box1 带回 main 函数,而是在函数 f 结束前执行 return 语句时,调用 Box 类中的复制构造函数,按 box1 复制一个新的对象,然后将它赋值给 box2。

以上几种调用复制构造函数,都是由编译系统自动实现的,不必由用户自己去调用,读者只要知道在这些情况下需要调用复制构造函数就可以了。

9.9 静态成员

前面提到过,如果有 n 个同类的对象,那么每一个对象都分别有自己的数据成员,不同对象的数据成员各自有值,互不相干。但是有时人们希望有某一个或几个数据成员为所有对象所共有。这样可以实现数据共享。打个比方,有几个相邻的学校,各校分别有自己的教学楼、实验室、办公楼、宿舍、食堂、图书馆等,为了节约开支,共用资源,这几个学校共建礼堂和运动场。每个学校都可以认为本校既有教学楼、实验室、办公楼、宿舍、食堂、图书馆,又有礼堂和运动场。如果改变礼堂和运动场的大小和功能,不仅影响一个学校的办学条件,而且影响到每一个学校。

在第 7 章中曾介绍过全局变量,它能够实现数据共享。如果在一个程序文件中有多个函数,在每一个函数中都可以改变全局变量的值,全局变量的值为各函数共享。但是用全局变量的安全性得不到保证,由于在各处都可以自由地修改全局变量的值,很有可能偶一失误,全局变量的值就被修改,导致程序的失败。因此在实际工作中很少使用全局变量。

如果想在同类的多个对象之间实现数据共享,也不要用全局对象,可以用静态的数据成员。

9.9.1 静态数据成员

静态数据成员是一种特殊的数据成员。它以关键字 static 开头。例如

```
class Box
  {public:
     int volume();
   private:
     static int height;          //把 height 定义为静态的数据成员
     int width;
     int length;
  };
```

如果希望各对象中的数据成员的值是一样的,就可以把它定义为静态数据成员,这样它就为各对象所共有,而不只属于某个对象的成员,所有对象都可以引用它。静态的数据成员在内存中只占一份空间(而不是每个对象都分别为它保留一份空间)。每

个对象都可以引用这个静态数据成员。静态数据成员的值对所有对象都是一样的。如果改变它的值,则在各对象中这个数据成员的值都同时改变了。这样可以节约空间,提高效率。

说明:

(1) 在第 8 章中我们曾强调:如果只声明了类而未定义对象,则类的一般数据成员是不占内存空间的,只有在定义对象时,才为对象的数据成员分配空间。但是静态数据成员不属于某一个对象,在为对象所分配的空间中不包括静态数据成员所占的空间。静态数据成员是在所有对象之外单独开辟空间。只要在类中指定了静态数据成员,即使不定义对象,也为静态数据成员分配空间,它可以被引用。

在一个类中可以有一个或多个静态数据成员,所有的对象都共享这些静态数据成员,都可以引用它。

(2) 在第 7 章中曾介绍了静态变量的概念:如果在一个函数中定义了静态变量,在函数结束时该静态变量并不释放,仍然存在并保留其值。现在讨论的静态数据成员也是类似的,它不随对象的建立而分配空间,也不随对象的撤销而释放(一般数据成员是在对象建立时分配空间,在对象撤销时释放)。静态数据成员是在程序开始运行时被分配空间的,到程序结束时才释放空间。

(3) 静态数据成员可以初始化,但只能在类体外进行初始化。如

```
int Box::height=10;                    //表示对Box类中的数据成员初始化
```

其一般形式为

数据类型 类名::静态数据成员名=初值;

只在类体中声明静态数据成员时加 static,不必在初始化语句中加 static。

注意:不能用参数初始化表对静态数据成员初始化。如在定义 Box 类中这样定义构造函数是错误的:

```
Box(int h,int w,int len):height(h){}      //错误,height是静态数据成员
```

如果未对静态数据成员赋初值,则编译系统会自动赋予初值 0。

(4) 静态数据成员既可以通过对象名引用,也可以通过类名来引用。

请观察下面的程序。

例 9.10 引用静态数据成员。

```
#include <iostream>
using namespace std;
class Box
  {public:
    Box(int,int);
    int volume();
    static int height;                 //把height定义为公用的静态数据成员
    int width;
    int length;
  };
```

```
Box :: Box(int w,int len)                    //通过构造函数对 width 和 length 赋初值
   {width = w;
    length = len;
   }
int Box :: volume( )                         //定义成员函数 volume
   {return(height * width * length);
   }
int Box :: height = 10;                      //对静态数据成员 height 初始化

int main( )
   {
    Box a(15,20),b(20,30);                   //建立两个对象
    cout << a.height << endl;                //通过对象名 a 引用静态数据成员
    cout << b.height << endl;                //通过对象名 b 引用静态数据成员
    cout << Box :: height << endl;           //通过类名引用静态数据成员
    cout << a.volume( ) << endl;             //调用 volume 函数,计算体积,输出结果
   }
```

上面3个输出语句的输出结果相同(都是10)。这就验证了所有对象的静态数据成员实际上是同一个数据成员。

这只是一个供初学者分析静态数据成员用法的教学示例,比较简单。

注意:在上面的程序中将 height 定义为**公用**的静态数据成员,所以在类外可以直接引用。可以看到,**在类外可以通过对象名引用公用的静态数据成员,也可以通过类名引用静态数据成员**。即使没有定义类对象,也可以通过类名引用静态数据成员。这说明静态数据成员并不是属于对象的,而是属于类的,但类的对象可以引用它。

如果静态数据成员被定义为私有的,则不能在类外直接引用,而必须通过公用的成员函数引用,如例9.9程序中的 volume 函数。

(5) 有了静态数据成员,各对象之间的数据有了沟通的渠道,实现数据共享,因此可以不使用全局变量。全局变量破坏了封装的原则,不符合面向对象程序的要求。

但是也要注意公用静态数据成员与全局变量的不同,静态数据成员的作用域只限于定义该类的作用域内(如果是在一个函数中定义类,那么其中静态数据成员的作用域就是此函数内)。在此作用域内,可以通过类名和域运算符“::”引用静态数据成员,而不论类对象是否存在。

9.9.2 静态成员函数

成员函数也可以定义为静态的,在类中声明函数的前面加 static 就成了静态成员函数。如

```
static int volume( );
```

和静态数据成员一样,**静态成员函数是类的一部分而不是对象的一部分。如果要在类外调用公用的静态成员函数,要用类名和域运算符“::”**。如

```
Box :: volume( );
```

实际上也允许通过对象名调用静态成员函数,如

```
a. volume( );
```

但这并不意味着此函数是属于对象 a 的,而只是用 a 的类型而已。

与静态数据成员不同,静态成员函数的作用不是为了对象之间的沟通,而是为了能处理静态数据成员。

前面曾指出:当调用一个对象的成员函数(非静态成员函数)时,系统会把该对象的起始地址赋给成员函数的 this 指针。而静态成员函数并不属于某一对象,它与任何对象都无关,因此静态成员函数没有 this 指针。既然它没有指向某一对象,就无法对一个对象中的非静态成员进行默认访问(即在引用数据成员时不指定对象名)。

可以说,静态成员函数与非静态成员函数的根本区别是:非静态成员函数有 this 指针,而**静态成员函数没有 this 指针**。由此决定了静态成员函数不能访问本类中的非静态成员。

静态成员函数可以直接引用本类中的**静态成员**,因为静态成员同样是属于类的,可以直接引用。在 C++ 程序中,**静态成员函数主要用来访问静态数据成员,而不访问非静态成员**。假如在一个静态成员函数中有以下语句:

```
cout << height << endl;          //若 height 已声明为 static,则引用本类中的静态成员,合法
cout << width << endl;           //若 width 是非静态数据成员,不合法
```

但是,并不是绝对不能引用本类中的非静态成员,只是不能进行默认访问,因为无法知道应该去找哪个对象。如果一定要引用本类的非静态成员,应该加对象名和成员运算符“.”。如

```
cout << a. width << endl;        //引用本类对象 a 中的非静态成员
```

假设 a 已定义为 Box 类对象,且在当前作用域内有效,则此语句合法。

通过例 9.11 可以具体了解有关引用非静态成员的具体方法。

例 9.11 统计学生平均成绩。使用静态成员函数。

```
#include <iostream>
using namespace std;
class Student                                                    //定义 Student 类
  {public:
     Student(int n,int a,float s):num(n),age(a),score(s){ }      //定义构造函数
     void total( );                                              //声明成员函数
     static float average( );                                    //声明静态成员函数
   private:
     int num;
     int age;
     float score;
     static float sum;                                           //静态数据成员 sum(总分)
     static int count;                                           //静态数据成员 count(计数)
```

```
};

void Student::total()                          //定义非静态成员函数
  {sum += score;                               //累加总分
   count ++;                                   //累计已统计的人数
  }

float Student::average()                       //定义静态成员函数
  {return(sum/count);
  }

float Student::sum = 0;                        //对静态数据成员初始化
int Student::count = 0;                        //对静态数据成员初始化

int main()
  {Student stud[3] = {                         //定义对象数组并初始化
      Student(1001,18,70),
      Student(1002,19,78),
      Student(1005,20,98)
   };
   int n;
   cout << "please input the number of students:";
   cin >> n;                          //输入需要求前面多少名学生的平均成绩
   for(int i = 0;i < n;i ++)          //调用3次total函数
      stud[i].total();
   cout << "the average score of " << n << " students is " << Student::average() << endl;
                                      //调用静态成员函数
   return 0;
  }
```

运行结果为

```
please input the number of students:3↙
the average score of 3 students is 82.3333
```

说明:

(1) 在主函数中定义了stud对象数组,为了使程序简练,只定义它含3个元素,分别存放3个学生的数据(每个学生的数据包括学号、年龄,成绩)。程序的作用是先求用户指定的n名学生的总分,然后求平均成绩(n由用户输入)。

(2) 在Student类中定义了两个静态数据成员sum(总分)和count(累计需要统计的学生人数),这是由于这两个数据成员的值是需要进行累加的,它们并不是只属于某一个对象元素,而是由各对象元素共享的,可以看出,它们的值是在不断变化的,而且无论对哪个对象元素而言,都是相同的,而且始终不释放内存空间。

(3) total是公用的成员函数,其作用是将一个学生的成绩累加到sum中。**公用的成**

员函数可以引用本对象中的一般数据成员(非静态数据成员),也可以引用类中的静态数据成员。score 是非静态数据成员,sum 和 count 是静态数据成员。

(4) average 是静态成员函数,它可以直接引用私有的静态数据成员(不必加类名或对象名),函数返回成绩的平均值。

(5) 在 main 函数中,引用 total 函数要加对象名(今用对象数组元素名),引用静态成员函数 average 函数要用类名或对象名。

(6) 请思考:如果不将 average 函数定义为静态成员函数行不行?程序能否通过编译?需要作什么修改?为什么要用静态成员函数?请分析其理由。

(7) 如果想在 average 函数中引用 stud[1]的非静态数据成员 score,应该怎样处理?有人在上面的程序基础上将静态成员函数 average 改写为

```
float Student :: average( )                    //定义静态成员函数
  {cout << stud[1]. score << endl;             //引用非静态数据成员
   return( sum/count);
  }
```

结果发现在编译时出错。许多人对此感到不可理解,认为已指明了对象,为什么会出错呢?经反复检查思考,发现原来对象数组 stud 是在 main 函数中定义的,是局部变量,它的作用域只限于 main 函数,不包括成员函数 average。如果将对象数组 stud 改在 main 函数之外定义,将它定义为全局数组,则问题就解决了。

还有一种解决此问题的办法,将对象作为 average 函数的形参,在调用 average 函数时将一个实参对象传给 average 函数,这样就可以在 average 函数中引用形参对象了。可以将 average 函数的定义改为

```
float Student :: average( Student stu)         //函数参数为对象
  {cout << stu. score << endl;                 //通过对象名引用非静态数据成员
     return( sum/count);
}
```

当然,在类中对 average 函数的声明也应相应改变。在 main 函数中调用 average 函数的语句可以改为

```
cout << Student :: average( stud[1]) << endl;
```

则可在 average 函数中输出 stud[1]. score 的值。用对象作参数的好处是实参可以改变,在 average 函数中可以输出不同对象的非静态数据成员。

average 函数的形参可以写成不同形式,函数首部可以写成

```
float Student :: average( Student &stu)              //函数参数为对象的引用
float Student :: average( const Student stu)         //函数参数为常对象
float Student :: average( const Student &stu)        //函数参数为常对象的引用
```

效果相同。

以上是在例 9.11 的基础上顺便说明静态成员函数引用非静态数据成员的方法,以帮助读者理解。但是在 C++ 程序中最好养成这样的习惯:**只用静态成员函数引用静态数**

据成员,而不引用非静态数据成员。这样思路清晰,逻辑清楚,不易出错。

9.10 友元

在学习第 8 章时已知：在一个类中可以有公用的(public)成员和私有的(private)成员,我们曾用客厅比喻公用部分,用卧室比喻私有部分。在类外可以访问公用成员,只有本类中的函数可以访问本类的私有成员。现在,我们来补充介绍一个例外——**友元**(friend)。

friend 的意思是**朋友**,或者说是好友,与好友的关系显然要比一般人亲密一些。有的家庭可能会这样处理;客厅对所有来客开放,而卧室除了本家庭的成员可以进入以外,还允许好朋友进入。在 C++ 中,这种关系以关键字 friend 声明。中文多译为**友元**。友元可以访问与其有好友关系的类中的私有成员。友元包括友元函数和友元类。有的初学者可能对友元这个名词不习惯,其实,就按原文 friend 理解为朋友即可。

9.10.1 友元函数

如果在本类以外的其他地方定义了一个函数(这个函数可以是不属于任何类的非成员函数,也可以是其他类的成员函数),在类体中用 friend 对其进行声明,此函数就称为本类的友元函数。友元函数可以访问这个类中的私有成员。正如把本家庭以外的某人确认为好友,允许他进入家里的各房间。

1. 将普通函数声明为友元函数

通过下面的例子可以了解友元函数的性质和作用。

例 9.12 友元函数的简单例子。

```
#include <iostream>
using namespace std;
class Time
  {public:
     Time(int,int,int);                    //声明构造函数
     friend void display(Time &);          //声明 display 函数为 Time 类的友元函数
   private:                                //以下数据是私有数据成员
     int hour;
     int minute;
     int sec;
  };

  Time::Time(int h,int m,int s)            //定义构造函数,给 hour,minute,sec 赋初值
  {hour = h;
   minute = m;
   sec = s;
```

```
  }

void display(Time& t)                  //这是普通函数,形参 t 是 Time 类对象的引用
  {cout << t.hour << ":" << t.minute << ":" << t.sec << endl;}

int main()
{Time t1(10,13,56);
 display(t1);                          //调用 display 函数,实参 t1 是 Time 类对象
 return 0;
}
```

输出结果如下:

```
10:13:56
```

请注意,display 是一个在类外定义的且未用类 Time 作限定的函数,它是非成员函数,不属于任何类。它的作用是输出时间(时、分、秒)。如果在 Time 类的定义体中未声明 display 函数为 friend 函数,它是不能引用 Time 中的私有成员 hour,minute,sec 的(读者可以上机试一下:将上面程序中的第 6 行删去,观察编译时的信息)。

现在,由于声明了 display 是 Time 类的 friend 函数,所以 display 函数可以引用 Time 中的私有成员 hour,minute,sec。但注意在引用这些私有数据成员时,必须加上对象名,不能写成

```
cout << hour << ":" << minute << ":" << sec << endl;
```

因为 display 函数不是 Time 类的成员函数,没有 this 指针,不能默认引用 Time 类的数据成员,必须指定要访问的对象。例如,有一个人是两家人的邻居,被两家人都确认为好友,可以访问两家的各房间,但他在访问时理所当然地要指出他要访问的是哪家。

2. 友元成员函数

friend 函数不仅可以是一般函数(非成员函数),而且可以是另一个类中的成员函数。见例 9.13。

例 9.13 有一个日期(Date)类的对象和一个时间(Time)类的对象,均已指定了内容,要求一次输出其中的日期和时间。

可以使用友元成员函数。在本例中除了介绍有关友元成员函数的简单应用外,还将用到类的**提前引用声明**,请读者注意。

请阅读下面的程序:

```
#include <iostream>
using namespace std;
class Date;                            //对 Date 类的提前引用声明
class Time                             //声明 Time 类
  {public:
     Time(int,int,int);                //声明构造函数
     void display(Date &);             //display 是成员函数,形参是 Date 类对象的引用
```

```
    private:
      int hour;
      int minute;
      int sec;
    };

    class Date                          //声明 Date 类
    {public:
        Date(int,int,int);              //声明构造函数
        friend void Time::display(Date &); //声明 Time 中的 display 函数为本类的友元成员函数
      private:
        int month;
        int day;
        int year;
    };

    Time::Time(int h,int m,int s)       //定义类 Time 的构造函数
    {hour = h;
      minute = m;
      sec = s;
    }

void Time::display(Date &d)             //display 的作用是输出年、月、日和时、分、秒
  {cout << d.month << "/" << d.day << "/" << d.year << endl;
                                        //引用 Date 类对象中的私有数据
    cout << hour << ":" << minute << ":" << sec << endl;   //引用本类对象中的私有数据
  }

Date::Date(int m,int d,int y)           //类 Date 的构造函数
  {month = m;
    day = d;
    year = y;
  }

int main()
{Time t1(10,13,56);                     //定义 Time 类对象 t1
 Date d1(12,25,2004);                   //定义 Date 类对象 d1
 t1.display(d1);                        //调用 t1 中的 display 函数,实参是 Date 类对象 d1
 return 0;
}
```

运行时输出:

```
12/25/2004                              (输出 Date 类对象 d1 中的私有数据)
10:13:56                                (输出 Time 类对象 t1 中的私有数据)
```

说明：在一般情况下，两个不同的类是互不相干的。display 函数是 Time 类中的成员函数，它本来只可以用来输出 Time 类对象中的数据成员 hour，minute，sec。现在在 Date 类中把它声明为“朋友”，因此也可以访问 Date 类对象中的数据成员 mouth，day，year。所以在 display 函数中既可以输出 Time 类的时、分、秒，又可以输出其“朋友”类的对象中的年、月、日。注意：在输出本类对象的时、分、秒时，不必使用对象名，而在输出 Date 类的对象中的年、月、日时，就必须加上对象名（如 d. month）。如果不用友元函数，为了实现题目要求，就要在两个类中分别包括两个输出函数（如 display1，display2），在主函数中分别调用这两个函数，先后输出日期和时间。显然用友元函数方便。

请注意在本程序中调用友元函数访问有关类的私有数据方法：

(1) 在函数名 display 的前面要加 display 所在的对象名（如 t1）；

(2) display 成员函数的实参是 Date 类对象 d1，否则就不能访问对象 d1 中的私有数据；

(3) 在 Time :: display 函数中引用 Date 类私有数据时必须加上对象名，如 d. month。

注意：在本例中声明了两个类 Time 和 Date。程序第 3 行是对 Date 类的声明，因为在第 7 行和第 16 行中对 display 函数的声明和定义中要用到类名 Date，而对 Data 类的定义却在其后面。能否将 Date 类的声明提到前面来呢？也不行，因为在 Date 类中第 4 行又用到了 Time 类，也要求先声明 Time 类才能使用它。这就形成了“连环套”，类似于“鸡生蛋，蛋生鸡”的问题。为了解决这个问题，C++ 允许对类作“**提前引用**”的声明，即在正式声明一个类之前，先声明一个类名，表示此类将在稍后声明。程序第 3 行就是**提前引用**声明，它**只包含类名，不包括类体**。如果没有第 3 行，程序编译就会出错。有了第 3 行，在编译时，编译系统会从中得知 Date 是一个类名，此类将在稍后定义。

有关对象提前引用的知识：在一般情况下，对象必须先声明，然后才能使用它。但是在特殊情况下（如上面例子所示的那样），在正式声明类之前，需要使用该类名。但是应当注意：类的提前声明的使用范围是有限的。只有在正式声明一个类以后才能用它去定义类对象。如果在上面程序第 3 行后面增加一行：

```
Date d1;                    //试图定义一个对象
```

会在编译时出错。因为在定义对象时是要为这些对象分配存储空间的，在正式声明类之前，编译系统无法确定应为对象分配多大的空间。编译系统只有在“见到”类体后，才能确定应该为对象预留多大的空间。在对一个类作了提前引用声明后，可以用该类的名字去定义指向该类型对象的指针变量或对象的引用（如在本例中，display 的形参是 Date 类对象的引用）。这是因为指针变量和引用与它所指向的类对象的大小无关。

请注意程序是在定义 Time :: display 函数之前正式声明 Date 类的。如果将对 Date 类的声明的位置（程序 13 ~ 21 行）改到定义 Time :: display 函数之后，编译就会出错，因为在 Time :: display 函数体中要用到 Date 类的成员 month，day，year。如果不事先声明 Date 类，编译系统无法识别成员 month，day，year 等成员。读者可以上机试一下。

说明：一个函数（包据普通函数和成员函数）可以被多个类声明为“朋友”，这样就可以引用多个类中的私有数据。

9.10.2 友元类

不仅可以将一个函数声明为一个类的“朋友”，而且可以将一个类（例如B类）声明为另一个类（例如A类）的“朋友”。这时B类就是A类的友元类。友元类B中的所有函数都是A类的友元函数，可以访问A类中的所有成员。正像一个家庭不仅允许一个好朋友可以进入他们的卧室，还允许他全家的人都可以进入他们的卧室。

在A类的定义体中用以下的语句声明B类为其友元类：

```
friend B;
```

声明友元类的一般形式为

friend 类名；

例如，可以将例9.13中的Time类声明为Date类的友元类，这样Time中的所有函数都可以访问Date类中的所有成员。读者可以自己修改并上机试验。

关于友元类，有两点要说明；

(1) 友元的关系是单向的而不是双向的。如果声明了B类是A类的友元类，不等于A类是B类的友元类，A类中的成员函数不能访问B类中的私有数据。

(2) 友元的关系不能传递，如果B类是A类的友元类，C类是B类的友元类，不等于C类是A类的友元类。如同张三的好友是李四，而李四有好友王五，显然，王五不一定是张三的好友。如果想让C类是A类的友元类，应在A类中另外声明。

在实际工作中，除非确有必要，一般并不把整个类声明为友元类，而只将确实有需要的成员函数声明为友元函数，这样更安全一些。

关于友元利弊的分析：面向对象程序设计的一个基本原则是封装性和信息隐蔽，而友元却可以访问其他类中的私有成员，不能不说这是对封装原则的一个小的破坏。但是它能有助于数据共享，能提高程序的效率，在使用友元时，要注意到它的副作用，不要过多地使用友元，只有在使用它能使程序精练，较大地提高程序效率时才用友元。也就是说，要在数据共享与信息隐蔽之间选择一个恰当的平衡点。

9.11 类模板

在第4.7节中曾介绍了函数模板，对于功能相同而数据类型不同的一些函数，不必一一定义各个函数，可以定义一个可对任何类型变量进行操作的函数模板，在调用函数时，系统会根据实参的类型，取代函数模板中的类型参数，得到具体的函数。这样可以简化程序设计。

对于类的声明来说，也有同样的问题，有时，有两个或多个类，其**功能是相同的，仅仅是数据类型不同**，如下面声明了一个类：

```
class Compare_int
  {public:
     Compare_int(int a,int b)                    //定义构造函数
       {x=a;y=b;}
```

```
     int max( )
       {return(x > y)?x:y;}
     int min( )
       {return(x < y)?x:y;}
   private:
       int x,y;
  };
```

其作用是对两个整数作比较,可以通过调用成员函数 max 和 min 得到两个整数中的大者和小者。

如果想对两个浮点数(float 型)作比较,需要另外声明一个类:

```
class Compare_float
  {public:
     Compare_float(float a,float b)
       {x = a;y = b;}
     float max( )
       {return(x > y)?x:y;}
     float min( )
       {return(x < y)?x:y;}
   private:
       float x,y;
  }
```

显然这基本上是重复性的工作,应该有办法减少重复的工作。C ++ 在发展的过程中增加了模板(template)的功能,提供了解决这类问题的途径。

可以声明一个通用的类模板,它可以有一个或多个虚拟的类型参数,如对以上两个类可以综合写出以下的类模板:

```
template <class numtype>              //声明一个模板,虚拟类型名为 numtype
class Compare                         //类模板名为 Compare
  {public:
     Compare(numtype a,numtype b)     //定义构造函数
       {x = a;y = b;}
     numtype max( )
       {return(x > y)?x:y;}
     numtype min( )
       {return(x < y)?x:y;}
   private:
     numtype x,y;
  };
```

请将此类模板和前面第 1 个 Compare_int 类作一比较,可以看到有两处不同:

(1) 声明类模板时要增加一行

template <class 类型参数名>

template 意思是"**模板**",是声明类模板时必须写的关键字。在 template 后面的尖括号内

的内容为模板的参数表,关键字 class 表示其后面的是类型参数。在本例中 numtype 就是一个类型参数名。这个名字是可以任意取的,只要是合法的标识符即可。这里取 numtype 只是表示“数据类型”的意思而已。此时,numtype 并不是一个已存在的实际类型名,它只是一个虚拟类型参数名。在以后将被一个实际的类型名取代。

(2) 原有的类型名 int 换成虚拟类型参数名 numtype(为醒目起见,上面的 numtype 用黑体字印出)。在建立类对象时,如果将实际类型指定为 int 型,编译系统就会用 int 取代所有的 numtype,如果指定为 float 型,就用 float 取代所有的 numtype。这样就能实现**一类多用**。

由于类模板包含类型参数,因此又称为**参数化的类**。如果说类是对象的抽象,对象是类的实例。则**类模板是类的抽象,类是类模板的实例**。利用类模板可以建立含各种数据类型的类。

读者最关心的一个问题是:在声明了一个类模板后,怎样使用它?怎样使它变成一个实际的类?

先回顾一下用类来定义对象的方法:

```
Compare_int cmp1(4,7);                //Compare_int 是已声明的类
```

其作用是建立一个 Compare_int 类的对象,并将实参 4 和 7 分别赋给形参 a 和 b,作为进行比较的两个整数。

用类模板定义对象的方法与此相似,但是不能直接写成

```
Compare cmp(4,7);                     //Compare 是类模板名
```

Compare 是类模板名,而不是一个具体的类,类模板体中的类型 numtype 并不是一个实际的类型,只是一个虚拟的类型,无法用它去定义对象。必须用实际类型名去取代虚拟的类型,具体的做法是:

```
Compare <int> cmp(4,7);
```

即在类模板名之后在尖括号内指定实际的类型名,在进行编译时,编译系统就用 int 取代类模板中的类型参数 numtype,这样就把类模板具体化,或者说实例化了。它相当于最早介绍的 Compare_int 类了。

其一般形式为

类模板名 <实际类型名> 对象名(参数表);

例 9.14 是一个完整的例子。

例 9.14 声明一个类模板,利用它分别实现两个整数、浮点数和字符的比较,求出大数和小数。

```
#include <iostream>
using namespace std;
template <class numtype>                  //声明类模板,虚拟类型名为 numtype
class Compare                             //类模板名为 Compare
  {public:
     Compare(numtype a,numtype b)         //定义构造函数
```

```
        {x = a;y = b;}
      numtype max( )                    //函数类型暂定为 numtype
        {return( x > y) ?x:y;}
      numtype min( )
        {return( x < y) ?x:y;}
    private:
        numtype x,y;                    //数据类型暂定为 numtype
  };

int main( )
{Compare < int > cmp1(3,7);             //定义对象 cmp1,用于两个整数的比较
 cout << cmp1. max( ) << " is the Maximum of two integer numbers. " << endl;
 cout << cmp1. min( ) << " is the Minimum of two integer numbers. " << endl << endl;
 Compare < float > cmp2(45.78,93.6);    //定义对象 cmp2,用于两个浮点数的比较
 cout << cmp2. max( ) << " is the Maximum of two float numbers. " << endl;
 cout << cmp2. min( ) << " is the Minimum of two float numbers. " << endl << endl;
 Compare < char > cmp3('a','A');        //定义对象 cmp3,用于两个字符的比较
 cout << cmp3. max( ) << " is the Maximum of two characters. " << endl;
 cout << cmp3. min( ) << " is the Minimum of two characters. " << endl;
 return 0;
}
```

运行结果如下:

```
7 is the Maximum of two integers.
3 is the Minimum of two integers.

93.6 is the Maximum of two float numbers.
45.78 is the Minimum of two float numbers.

a is the Maximum of two characters.
A is the Minimum of two characters.
```

有了以上介绍的基础,读者是不难看懂这个程序的。

还有一个问题要说明:上面列出的类模板中的成员函数是在类模板内定义的。如果改为在类模板外定义,不能用一般定义类成员函数的形式:

```
numtype Conpare :: max( ) {…}           //不能这样定义类模板中的成员函数
```

而应当写成类模板的形式:

```
template < class numtype >
numtype Compare < numtype > :: max( )
  {return( x > y) ?x:y;}
```

上面第 1 行表示是类模板. 第 2 行左端的 numtype 是虚拟类型名. 后面的 Compare < numtype >是一个整体,是带参的类。表示所定义的 max 函数是在类 Compare

< numtype >的作用域内的。在定义对象时，用户当然要指定实际的类型（如 int），进行编译时就会将类模板中的虚拟类型名 numtype 全部用实际的类型代替。这样 Compare < numtype >就相当于一个实际的类。请读者将例 9.14 改写为在类模板外定义各成员函数。

归纳以上的介绍，可以这样声明和使用类模板：

（1）先写出一个实际的类（如本节开头的 Compare_int）。由于其语义明确，含义清楚，一般不会出错。

（2）将此类中准备改变的类型名（如 int 要改变为 float 或 char）改用一个自己指定的虚拟类型名（如上例中的 numtype）。

（3）在类声明前面加入一行，格式为

template < class 虚拟类型参数 >

如

```
template < class numtype >              //注意本行末尾无分号
class Compare
{…};                                    //类体
```

（4）用类模板定义对象时用以下形式：

类模板名 < 实际类型名 > 对象名；

类模板名 < 实际类型名 > 对象名（实参表）；

如

```
Compare < int > cmp;
Compare < int > cmp(3,7);
```

（5）如果在类模板外定义成员函数，应写成类模板形式：

template < class 虚拟类型参数 >

函数类型 类模板名 < 虚拟类型参数 > :: 成员函数名（函数形参表）{…}

说明：

（1）类模板的类型参数可以有一个或多个，每个类型前面都必须加 class，如

```
template < class T1, class T2 >
class someclass
{…};
```

在定义对象时分别代入实际的类型名，如

```
someclass < int, double > obj;
```

（2）和使用类一样，使用类模板时要注意其作用域，只能在其有效作用域内用它定义对象。如果类模板是在 A 文件开头定义的，则 A 文件范围内为有效作用域，可以在其中的任何地方使用类模板，但不能在 B 文件中用类模板定义对象。

（3）模板可以有层次，一个类模板可以作为基类，派生出派生模板类。关于这方面的内容不在本书中阐述，以后用到时可参阅专门的书籍或手册。

习　　题

1. 构造函数和析构函数的作用是什么？什么时候需要自己定义构造函数和析构函数？

2. 分析下面的程序，写出其运行时的输出结果。

```
#include <iostream.h>
class Date
  {public:
      Date(int,int,int);
      Date(int,int);
      Date(int);
      Date();
      void display();
   private:
      int month;
      int day;
      int year;
  };

Date::Date(int m,int d,int y):month(m),day(d),year(y)
{ }

Date::Date(int m,int d):month(m),day(d)
  {year=2005;}

Date::Date(int m):month(m)
  {day=1;
   year=2005;
  }

Date::Date()
  {month=1;
   day=1;
   year=2005;
  }

void Date::display()
  {cout<<month<<"/"<<day<<"/"<<year<<endl;}

int main()
{Date d1(10,13,2005);
```

```
  Date d2(12,30);
  Date d3(10);
  Date d4;
  d1.display();
  d2.display();
  d3.display();
  d4.display();
  return 0;
}
```

3. 如果将第 2 题中程序的第 5 行改为用默认参数，即

```
Date(int =1,int =1,int =2005);
```

分析程序有无问题。上机编译，分析出错信息，修改程序使之能通过编译。要求保留上面一行给出的构造函数，同时能输出与第 2 题程序相同的输出结果。

4. 建立一个对象数组，内放 5 个学生的数据（学号、成绩），用指针指向数组首元素，输出第 1,3,5 学生的数据。

5. 建立一个对象数组，内放 5 个学生的数据（学号、成绩），设立一个函数 max，用指向对象的指针作函数参数，在 max 函数中找出 5 个学生中成绩最高者，并输出其学号。

6. 阅读下面程序，分析其执行过程，写出输出结果。

```
#include <iostream.h>
class Student
  {public:
   Student(int n,float s):num(n),score(s){ }
   void change(int n,float s){num=n;score=s;}
   void display(){cout<<num<<" "<<score<<endl;}
  }
    private:
    int num;
    float score;
  };

int main()
{Student stud(101,78.5);
 stud.display();
 stud.change(101,80.5);
 stud.display();
 return 0;
}
```

7. 将第 6 题程序分别作以下修改，分析所修改部分的含义以及编译和运行的情况。

(1) 将 main 函数第 2 行改为

```
const Student stud(101,78.5);
```

（2）在（1）的基础上修改程序，使之能正常运行，用 change 函数修改数据成员 num 和 score 的值。

（3）将 main 函数改为

```
int main( )
{Student stud(101,78.5);
 Student *p = &stud;
 p->display( );
 p->change(101,80.5);
 p->display( );
 return 0;
}
```

其他部分仍同第 6 题程序。

（4）在（2）的基础上将 main 函数第 3 行改为

```
const Student *p = &stud;
```

（5）再把 main 函数第 3 行改为

```
Student *const p = &stud;
```

8. 修改第 6 题程序，增加一个 fun 函数，改写 main 函数。改为在 fun 函数中调用 change 和 display 函数。在 fun 函数中使用**对象的引用**（Student &）作形参。

9. 商店销售某一商品，每天公布统一的折扣（discount）。同时允许销售人员在销售时灵活掌握售价（price），在此基础上，一次购 10 件以上者，还可以享受 9.8 折优惠。现已知当天 3 个销货员销售情况为

销货员号（num）	销货件数（quantity）	销货单价（price）
101	5	23.5
102	12	24.56
103	100	21.5

请编写程序，计算出当日此商品的总销售款 sum 以及每件商品的平均售价。要求用静态数据成员和静态成员函数。

（提示：将折扣 discount，总销售款 sum 和商品销售总件数 n 声明为静态数据成员，再定义静态成员函数 average（求平均售价）和 display（输出结果）。

10. 将例 9.13 程序中的 display 函数不放在 Time 类中，而作为类外的普通函数，然后分别在 Time 和 Date 类中将 display 声明为友元函数。在主函数中调用 display 函数，display 函数分别引用 Time 和 Date 两个类的对象的私有数据，输出年、月、日和时、分、秒。请读者完成并上机调试。

11. 将例 9.13 中的 Time 类声明为 Date 类的友元类，通过 Time 类中的 display 函数引用 Date 类对象的私有数据，输出年、月、日和时、分、秒。

12. 将例 9.14 改写为在类模板外定义各成员函数。

第10章 运算符重载

10.1 什么是运算符重载

在第4.6节中介绍过函数重载,已经接触到**重载**(overloading)这个名词。所谓重载,就是重新赋予新的含义。函数重载就是对一个已有的函数赋予新的含义,使之实现新的功能。因此,同一个函数名就可以用来代表不同功能的函数,也就是**一名多用**。

运算符也可以重载。实际上,我们已经在不知不觉之中使用了运算符重载。例如,大家都已习惯于用加法运算符"+"对整数、单精度数和双精度数进行加法运算,如5+8,5.8+3.67等,其实,计算机处理整数、单精度数和双精度数加法的操作方法是不同的,由于C++已经对运算符"+"进行了重载,使"+"能适用于int,float,double类型的不同的运算。

又如,"<<"是C++的位运算中的**位移运算符**(左移),但在输出操作中又是与流对象cout配合使用的**流插入运算符**,">>"也是位移运算符(右移),但在输入操作中又是与流对象cin配合使用的**流提取运算符**。这就是**运算符重载**(operator overloading)。C++系统对"<<"和">>"进行了重载,用户在不同的场合下使用它们时,作用是不同的。对"<<"和">>"的重载处理是放在头文件stream中的。因此,如果要在程序中用<<和>>作流插入运算符和流提取运算符,必须在本文件模块中包含头文件stream(当然还应当包括"using namespace std;")。

现在要讨论的问题是:用户能否根据自己的需要对C++已提供的运算符进行重载,赋予它们新的含义,使之一名多用。譬如,能否用"+"号进行两个复数的相加。若有c1=(3+4i),c2=(5-10i),在数学中可以直接用"+"号实现c3=c1+c2,即将c1和c2的实部和虚部分别相加,c3=(3+5,(4-10)i)=(8,-6i)。但在C++中不能在程序中直接用运算符"+"对复数进行相加运算。用户必须自己设法实现复数相加。

最容易想到的方法是:用户可以自己定义一个专门的函数来实现复数相加。见例10.1。

例10.1 通过函数来实现复数相加。

```
#include <iostream>
using namespace std;
```

```
class Complex                                          //定义 Complex 类
  {public:
     Complex(){real=0;imag=0;}                         //定义构造函数
     Complex(double r,double i){real=r;imag=i;}        //构造函数重载
     Complex complex_add(Complex &c2);                 //声明复数相加函数
     void display();                                   //声明输出函数
   private:
     double real;                                      //实部
     double imag;                                      //虚部
  };

Complex Complex::complex_add(Complex &c2)              ///定义复数相加函数
  {Complex c;
   c.real=real+c2.real;
   c.imag=imag+c2.imag;
   return c;}

void Complex::display()                                //定义输出函数
  {cout<<"("<<real<<","<<imag<<"i)"<<endl;}

int main()
  {Complex c1(3,4),c2(5,-10),c3;                       //定义3个复数对象
   c3=c1.complex_add(c2);                              //调用复数相加函数
   cout<<"c1=";c1.display();                           //输出 c1 的值
   cout<<"c2=";c2.display();                           //输出 c2 的值
   cout<<"c1+c2=";c3.display();                        //输出 c3 的值
   return 0;
  }
```

在 Complex 类中定义一个 complex_add 函数,其作用是将两个复数相加,在该函数体中定义一个 Complex 类对象 c 作为临时对象。其后的两个赋值语句相当于

```
c.real=this->real+c2.real;
c.imag=this->imag+c2.imag;
```

this 是当前对象的指针。this->real 也可以写成(*this).real。现在,在 main 函数中是通过对象 c1 调用 complex_add 函数的,因此,以上两个语句相当于

```
c.real=c1.real+c2.real;
c.imag=c1.imag+c2.imag;
```

注意函数的返回值是 Complex 类对象 c 的值。

运行结果如下:

```
c1=(3+4i)
c2=(5-10i)
c1+c2=(8,-6i)
```

结果无疑是正确的，但调用方式不直观、太烦琐，使人感到很不方便。人们自然会想：能否也和整数的加法运算一样，直接用加号“+”来实现复数运算，如

```
c3 = c1 + c2;
```

编译系统就会自动完成 c1 和 c2 两个复数相加的运算。如果能做到，就为对象的运算提供很大的方便。这就需要对运算符“+”进行重载。

10.2 运算符重载的方法

运算符重载的方法是**定义一个重载运算符的函数**，使指定的运算符不仅能实现原有的功能，而且能实现在函数中指定的新的功能。在使用被重载的运算符时，系统就自动调用该函数，以实现相应的功能。也就是说，运算符重载是通过定义函数实现的。**运算符重载实质上是函数的重载。**

重载运算符的函数一般格式如下：

函数类型 operator 运算符名称（形参表）

{ 对运算符的重载处理 }

例如，想将“+”用于 Complex 类（复数）的加法运算，函数的原型可以是这样的：

```
Complex operator + (Complex& c1,Complex& c2);
```

在上面的一般格式中，**operator** 是关键字，是专门用于定义重载运算符的函数的，**运算符名称**就是 C++ 已有的运算符。注意：**函数名是由 operator 和运算符组成**。上面的“**operator +**”就是函数名，意思是“对运算符 + 重载的函数”。只要掌握这点，就可以发现，这类函数和其他函数在形式上没有什么区别。两个形参是 Complex 类对象的引用，要求实参为 Complex 类对象。

在定义了重载运算符的函数后，可以说：**函数“operator +”重载了运算符 +**。在执行复数相加的表达式 c1 + c2 时（假设 c1 和 c2 都已被定义为 Complex 类对象），系统就会调用 operator + 函数，把 c1 和 c2 作实参，与形参进行虚实结合。

为了说明在运算符重载后，执行表达式就是调用函数的过程，可以把两个整数相加也想象为调用下面的函数：

```
int operator + (int a,int b)
  {return(a + b);}
```

如果有表达式 5+8，就调用此函数，将 5 和 8 作为调用函数时的实参，函数的返回值为 13。这就是用函数的方法理解运算符。

可以在例 10.1 程序的基础上重载运算符“+”，使之用于复数相加。

例 10.2 改写例 10.1，对运算符“+”实行重载，使之能用于两个复数相加。

可编写程序如下：

```
#include <iostream>
using namespace std;
```

```
class Complex
  {public:
     Complex(){real=0;imag=0;}
     Complex(double r,double i){real=r;imag=i;}
     Complex operator+(Complex &c2);                //声明重载运算符+的函数
     void display();
   private:
     double real;
     double imag;
};
Complex Complex::operator+(Complex &c2)             //定义重载运算符+的函数
{ Complex c;
  c.real=real+c2.real;                              //实现两个复数的实部相加
  c.imag=imag+c2.imag;                              //实现两个复数的虚部相加
  return c;}

void Complex::display()
{ cout<<"("<<real<<","<<imag<<"i)"<<endl;}         //输出复数形式

int main()
{ Complex c1(3,4),c2(5,-10),c3;
  c3=c1+c2;                                         //运算符+用于复数运算
  cout<<"c1=";c1.display();                         //输出 c1
  cout<<"c2=";c2.display();                         //输出 c2
  cout<<"c1+c2=";c3.display();                      //输出 c1+c2
  return 0;
}
```

运行结果为

```
c1=(3+4i)
c2=(5-10i)
c1+c2=(8,-6i)
```

与例 10.1 相同。

请比较例 10.1 和例 10.2,只有两处不同:

(1) 在例 10.2 中以 operator+函数取代了例 10.1 中的 complex_add 函数,而且只是函数名不同,函数体和函数返回值的类型都是相同的。

(2) 在 main 函数中,以"c3=c1+c2;"取代了例 10.1 中的"c3=c1.complex_add(c2);"。在将运算符+重载为类的成员函数后,C++编译系统将程序中的表达式 c1+c2 解释为

```
c1.operator+(c2)                //其中 c1 和 c2 是 Complex 类的对象
```

上面的表达式中有下划线的"operator+"是一个函数名,c1.operator+(c2)表示以 c2 为

实参调用 c1 的运算符重载函数 operator +，进行两个复数相和。

关于运算符重载函数用作类成员函数，在第 10.4 节还要作进一步的讨论。

可以看到：两个程序的结构和执行过程基本上是相同的，作用相同，运行结果也相同。重载运算符是由相应的函数实现的。有人可能说，既然一样何必对运算符重载呢？我们要从用户的角度来看问题，虽然重载运算符所实现的功能完全可以用函数实现，但是使用运算符重载能使用户程序易于编写、阅读和维护。在实际工作中，类的声明和类的使用往往是分离的。假如在声明 Complex 类时，对运算符 +，-，*，/都进行了重载，那么使用这个类的用户在编程时可以完全不考虑函数是怎么实现的，放心大胆地直接使用 +，-，*，/进行复数的运算即可，显然十分方便。

对上面的运算符重载函数 operator + 还可以改写得更简练一些：

```
Complex Complex :: operator + (Complex &c2)
  {return Complex(real + c2. real,imag + c2. imag);}
```

return 语句中的 Complex(real + c2. real, imag + c2. imag)是建立一个临时对象，它没有对象名，是一个无名对象。在建立临时对象过程中调用构造函数。return 语句将此临时对象作为函数返回值。

请思考：在例 10.2 中能否将一个常量和一个复数对象相加？如

```
c3 =3 + c2;                                //错误，与形参类型不匹配
```

应写成对象形式，如

```
c3 = Complex(3,0) + c2;                    //正确，类型均为对象
```

需要说明的是；运算符被重载后，其原有的功能仍然保留，没有丧失或改变。例如运算符“+”仍然可以用于 int，float，double，char 类型数据的运算，同时又增加了用于复数的功能。那么，同一个运算符可以代表不同的功能，编译系统是怎样判别该执行哪一个功能呢？是根据表达式的上下文决定的，即根据运算符两侧（如果是单目运算符则为一侧）的数据类型决定的，如对 3 +5，则执行整数加法，对 2.6 +4.5，则执行双精度数加法，对两个复数对象，则执行复数加法。

通过以上例子，可以看到重载运算符的明显好处。本来，C ++ 提供的运算符只能用于 C ++ 的标准类型数据的运算，但 C ++ 程序设计的重要基础是类和对象，如果 C ++ 的运算符都无法用于类对象（对于类对象不能直接进行赋值运算、数值运算、关系运算、逻辑运算和输入输出操作），则类和对象的应用将会受到很大限制，影响了类和对象的使用。

为了解决这个问题，使类和对象有更强的生命力，C ++ 采取的方法不是为类对象另外定义一批新的运算符，而是允许重载现有的运算符，使这些简单易用、众所周知的运算符能直接应用于自己定义的类对象。通过运算符重载，扩大了 C ++ 已有运算符的作用范围，使之能用于类对象。

运算符重载对 C ++ 有重要的意义，把运算符重载和类结合起来，可以在 C ++ 程序中定义出很有实用意义而使用方便的新的数据类型。运算符重载使 C ++ 具有更好的扩充性和适应性。这是 C ++ 功能强大和最吸引人的一个特点。

10.3 重载运算符的规则

(1) **C++不允许用户自己定义新的运算符,只能对已有的C++运算符进行重载。**例如,有人觉得BASIC中用 ** 作为幂运算符很方便,也想在C++中将 ** 定义为幂运算符,用3 ** 5表示3的5次方,这是不行的。

(2) **C++允许重载的运算符。**

C++中绝大部分的运算符允许重载。具体规定见表10.1。

表10.1 C++允许重载的运算符

双目算术运算符	+(加),-(减),*(乘),/(除),%(取模)
关系运算符	==(等于),!=(不等于),<(小于),>(大于),<=(小于等于),>=(大于等于)
逻辑运算符	||(逻辑或),&&(逻辑与),!(逻辑非)
单目运算符	+(正),-(负),*(指针),&(取地址)
自增自减运算符	++(自增),--(自减)
位运算符	|(按位或),&(按位与),~(按位取反),^(按位异或),<<(左移),>>(右移)
赋值运算符	=,+=,-=,*=,/=,%=,&=,|=,^=,<<=,>>=
空间申请与释放	new,delete,new[ ],delete[ ]
其他运算符	()(函数调用),->(成员访问),->*(成员指针访问),,(逗号),[ ](下标)

不能重载的运算符只有5个:

.　　(成员访问运算符)

*　　(成员指针访问运算符)

::　　(域运算符)

sizeof　　(长度运算符)

?:　　(条件运算符)

前两个运算符不能重载是为了保证访问成员的功能不能被改变,域运算符和sizeof运算符的运算对象是类型而不是变量或一般表达式,不具备重载的特征。

(3) **重载不能改变运算符运算对象(即操作数)的个数。**如关系运算符“>”和“<”等是双目运算符,重载后仍为双目运算符,需要两个参数。运算符+,-,*,&等既可以作为单目运算符,也可以作为双目运算符,可以分别将它们重载为单目运算或双目运算符。

(4) **重载不能改变运算符的优先级别。**例如*和/优先于+和-,不论怎样进行重载,各运算符之间的优先级别不会改变。有时在程序中希望改变某运算符的优先级,也只能使用加圆括号的办法强制改变重载运算符的运算顺序。

(5) **重载不能改变运算符的结合性。**如赋值运算符“=”是右结合性(自右至左),重载后仍为右结合性。

(6) **重载运算符的函数不能有默认的参数,**否则就改变了运算符参数的个数,与前面第(3)点矛盾。

(7) **重载的运算符必须和用户定义的自定义类型的对象一起使用,其参数至少应有**

一个是类对象(或类对象的引用)。也就是说,参数不能全部是C++的标准类型,以防止用户修改用于标准类型数据的运算符的性质,如下面这样是不对的:

```
int operator + (int a,int b)
  {return(a - b);}
```

原来运算符+的作用是对两个数相加,现在试图通过重载使它的作用改为两个数相减。如果允许这样重载的话,如果有表达式4+3,它的结果是7还是1呢?显然,这是绝对禁止的。

如果有两个参数,这两个参数可以都是类对象,也可以一个是类对象,一个是C++标准类型的数据,如

```
Complex operator + (int a,Complex& c)
  {return Complex(a + c.real,c.imag);}
```

它的作用是使一个整数和一个复数相加。

(8) **用于类对象的运算符一般必须重载,但有两个例外,运算符"="和"&"不必用户重载**。

① 赋值运算符(=)可以用于每一个类对象,可以利用它在同类对象之间相互赋值。在第8章已经介绍了可以用赋值运算符"="对类的对象赋值,这是因为系统已为每一个新声明的类重载了一个赋值运算符,它的作用是逐个复制类的数据成员。用户可以认为它是系统提供的默认的对象赋值运算符,可以直接用于对象间的赋值,不必自己进行重载。但是有时系统提供的默认的对象赋值运算符不能满足程序的要求,例如,数据成员中包含指向动态分配内存的指针成员时,在复制此成员时就可能出现危险。在这种情况下,就需要自己重载赋值运算符。

② 地址运算符&也不必重载,它能返回类对象在内存中的起始地址。

(9) **从理论上说,可以将一个运算符重载为执行任意的操作**,如可以将加法运算符重载为输出对象中的信息,将">"运算符重载为"小于"运算。但这样违背了运算符重载的初衷,非但没有提高可读性,反而使人莫名其妙,无法理解程序。**应当使重载运算符的功能类似于该运算符作用于标准类型数据时所实现的功能**(如用"+"实现加法,用">"实现"大于"的关系运算)

以上这些规则是很容易理解的,不必死记。把它们集中在一起介绍,只是为了使读者有一个整体的概念,也便于查阅。

10.4 运算符重载函数作为类成员函数和友元函数

对运算符重载的函数有两种处理方式:(1)把运算符重载的函数作为类的成员函数;(2)运算符重载的函数不是类的成员函数(可以是一个普通函数),在类中把它声明为友元函数。

在例10.2程序中的运算符重载函数operator+属于第(1)种方式,它是Complex类中的**成员函数**。下面对这种方式的特点作一些分析。

有的读者可能对例10.2程序中的运算符重载的函数提出这样的问题:"+"是双目

运算符,为什么重载函数中只有一个参数呢?实际上,运算符重载函数应当有两个参数,但是,由于重载函数是 Complex 类中的成员函数,因此有一个参数是隐含的,运算符函数是用 this 指针隐式地访问类对象的成员。可以看到,重载函数 operator + 访问了两个对象中的成员,一个是 this 指针指向的对象中的成员,一个是形参对象中的成员。如 this -> real + c2. real。this -> real 就是 c1. real。

在 10.2 节中已说明,在将运算符函数重载为成员函数后,如果出现含该运算符的表达式,如 c1 + c2,编译系统把它解释为

```
c1.operator+(c2)
```

即通过对象 c1 调用运算符重载函数"operator +",并以表达式中第 2 个参数(运算符右侧的类对象 c2)作为函数实参。运算符重载函数的返回值是 Complex 类型,返回值是复数 c1 和 c2 之和(Complex(c1. real + c2. real, c1. imag + c2. imag))。

运算符重载函数除了可以作为类的成员函数外,还可以是非成员函数。在有关的类中把它声明为友元函数。这就是本节开头提到的第(2)种方式,即**友元运算符重载函数**。请分析例 10.3。

例 10.3 将运算符 + 重载为适用于复数加法,重载函数不作为成员函数,而放在类外,作为 Complex 类的友元函数。

程序如下:

```
#include <iostream>
using namespace std;
class Complex
  {public:
     Complex( ){real =0;imag =0;}
     Complex(double r,double i){real =r;imag =i;}
     friend Complex operator + (Complex &c1,Complex &c2);          //重载函数作为友元函数
     void display( );
   private:
     double real;
     double imag;
  };

Complex operator + (Complex &c1,Complex &c2)                     //定义运算符 + 重载函数
  {return Complex(c1.real +c2.real,c1.imag +c2.imag);}

void Complex::display( )
{cout <<"(" <<real <<"," <<imag <<"i)" <<endl;}

int main( )
{Complex c1(3,4),c2(5,-10),c3;
 c3 =c1 +c2;
 cout <<"c1 =";c1.display( );
 cout <<"c2 =";c2.display( );
```

```
    cout<<"c1 +c2 =";c3.display();
}
```

此程序是正确的,但如果在 Visual C++6.0 环境下运行要作些修改[①]。

与例 10.2 相比较,只作了一处改动,将运算符函数不作为成员函数,而是类外的普通函数,在 Complex 类中声明它为友元函数。可以看到运算符重载函数有两个参数。在将运算符 + 重载为非成员函数后,C++编译系统将程序中的表达式 c1 +c2 解释为

operator + (c1,c2)

即执行 c1 +c2 相当于调用以下函数:

```
Complex operator +(Complex &c1,Complex &c2)
  {return Complex(c1.real +c2.real,c1.imag +c2.imag);}
```

求出两个复数之和。运行结果同例 10.2。

有的读者会提这样的问题:为什么把运算符函数作为友元函数呢?理由很简单,因为运算符函数要访问 Complex 类对象中的成员。如果运算符函数不是 Complex 类的友元函数,而是一个普通的函数,它是没有权利访问 Complex 类的私有成员的。

既然运算符重载函数可以作为类的成员函数,也可以作为类的友元函数,那么什么情况下用成员函数方式,什么情况下用友元函数方式?二者有什么区别呢?

如果将运算符重载函数作为成员函数,它可以通过 this 指针自由地访问本类的数据成员,因此可以少写一个函数的参数。但必须要求运算表达式(如 c1 +c2)中第 1 个参数(即运算符左侧的操作数)是一个类对象,而且与运算符函数的类型相同。因为必须通过类的对象去调用该类的成员函数,而且只有运算符重载函数返回值与该对象同类型,运算结果才有意义。在例 10.2 中,表达式 c1 +c2 中第 1 个参数 c1 是 Complex 类对象,运算符函数返回值的类型也是 Complex,这是正确的。如果 c1 不是 Complex 类,它就无法通过隐式 this 指针访问 Complex 类的成员了。如果函数返回值不是 Complex 类复数,显然这种运算是没有实际意义的。

如想将一个复数和一个整数相加,如 c1 +i,可以将运算符 + 作为成员函数,如下面的形式:

```
Complex Complex::operator +(int &i)   //运算符重载函数作为 Complex 类的成员函数
  {return Complex(real +i,imag);}
```

注意在表达式中重载的运算符 + 左侧应为 Complex 类的对象,如

```
c3 =c2 +i;
```

---

① 有的 C++编译系统(如 Visual C++ 6.0)没有完全实现 C++标准,它所提供的不带后缀.h 的头文件不支持把运算符重载函数作为友元函数。上面例 10.3 程序在 GCC 中能正常运行,而在 Visual C++ 6.0 中编译出错。但是 Visual C++所提供的老版本的带后缀.h 的头文件可以支持此项功能,因此可以将程序头两行改为以下一行,即可顺利运行:

```
#include <iostream.h>
```

以后如遇到类似情况,也可照此办理。

不能写成

```
c3 = i + c2;                                //运算符 + 的左侧不是类对象,编译出错
```

如果出于某种考虑,要求在使用重载运算符时运算符左侧的操作数是整型量,如表达式 i + c2,运算符左侧的操作数 i 是整数,这时是无法利用前面定义的重载运算符的,因为无法调用 i. operator + 函数。可想而知,如果运算符左侧的操作数属于 C++ 标准类型(如 int)或是一个其他类(在本例中是非 Complex 类)的对象,则运算符重载函数不能作为成员函数,只能作为非成员函数。如果函数需要访问类的私有成员,则必须声明为**友元函数**。可以在 Complex 类中声明:

```
friend Complex operator + (int &i,Complex &c);      //第 1 个参数可以不是类对象
```

在类外定义友元函数:

```
Complex operator + (int &i,Complex &c)              //运算符重载函数不是成员函数
  {return Complex(i + c. real,c. imag);}
```

将**双目运算符重载为友元函数时,由于友元函数不是该类的成员函数,因此在函数的形参表列中必须有两个参数,不能省略**,形参的顺序任意,不要求第 1 个参数必须为类对象。但在使用运算符的表达式中,要求运算符左侧的操作数与函数第 1 个参数对应,运算符右侧的操作数与函数的第 2 个参数对应。如

```
c3 = i + c2;                                        //正确,类型匹配
c3 = c2 + i;                                        //错误,类型不匹配
```

请注意,数学上的交换律在此不适用。如果希望适用交换律,则应再重载一次运算符"+"。如

```
Complex operator + (Complex &c, int &i)             //此时第 1 个参数为类对象
  {return Complex(i + c. real,c. imag);}
```

这样,使用表达式 i + c2 和 c2 + i 都合法,编译系统会根据表达式的形式选择调用与之匹配的运算符重载函数。可以将以上两个运算符重载函数都作为友元函数,也可以将一个运算符重载函数(运算符左侧为对象名的)作为成员函数,另一个(运算符左侧不是对象名的)作为友元函数。但不可能将两个都作为成员函数,原因是显然的。

究竟把运算符重载函数作为类的成员函数好,还是友元函数好?由于友元的使用会破坏类的封装,因此从原则上说,要尽量将运算符函数作为成员函数。但还应考虑到各方面的因素和程序员的习惯,以下可供参考:

(1) C++ 规定,赋值运算符"="、下标运算符"[ ]"、函数调用运算符"( )"、成员运算符"->"必须作为成员函数。

(2) 流插入"<<"和流提取运算符">>"、类型转换运算符不能定义为类的成员函数,只能作为友元函数。

(3) 一般将单目运算符和复合运算符(+=, -=, /=, *=, &=, != , ^=, %=, >>=, <<=)重载为成员函数。

(4) 一般将双目运算符重载为友元函数。

在学习了第10.7节的讨论后，读者对此会有更深入的认识。

10.5 重载双目运算符

双目运算符(或称二元运算符)是C++中最常用的运算符。双目运算符有两个操作数，通常在运算符的左右两侧，如3+5，a=b，i<10等。在重载双目运算符时，不言而喻在函数中应该有两个参数。前面举的都是双目运算符的例子。下面再举一个例子说明重载双目运算符的应用。

例10.4 定义一个字符串类String，用来存放不定长的字符串，重载运算符"=="，"<"和">"，用于两个字符串的等于、小于和大于的比较运算。

为了使读者便于理解程序，同时也使读者了解建立程序的步骤，下面分几步来介绍编程过程。

(1) 先建立一个String类：

```
#include <iostream>
using namespace std;
class String
  {public:
     String( ){p=NULL;}                          //定义默认构造函数
     String(char *str);                           //声明构造函数
     void display( );
   private:
     char *p;                                     //字符型指针,用于指向字符串
};
String::String(char *str)                         //定义构造函数
{p=str;}                                          //使p指向实参字符串

void String::display( )                           //输出p所指向的字符串
{cout<<p;}

int main( )
  {String string1("Hello"),string2("Book");       //定义对象
   string1.display( );                            //调用公用成员函数
   cout<<endl;                                    //换行
   string2.display( );                            //调用公用成员函数
   return 0;
  }
```

先编写出最简单的程序框架，这是一个可供运行的程序。编写和调试都比较容易。

在定义对象string1时以字符串"Hello"作为实参，它的起始地址传递给构造函数的形参指针str。在构造函数中，使p指向"Hello"。执行main函数中的string1.display()时，就输出p指向的字符串"Hello"。在定义对象string2时给出字符串"Book"作为实参，

同样,执行 main 函数中的 string2. display( )时,就输出 p 指向的字符串"Book"。运行结果为

```
Hello
Book
```

(2) 有了这个基础后,再增加其他必要的内容。现在增加对运算符重载的部分。为便于编写和调试,先重载运算符 >,使之能用于字符串的比较。程序如下:

```
#include <iostream>
#include <string>
using namespace std;
class String
  {public:
      String( ){p = NULL;}
      String(char  * str);
      friend bool operator > (String &string1,String &string2);      //声明运算符函数为友元函数
      void display( );
    private:
      char  * p;                                                      //字符型指针,用于指向字符串
};
String :: String(char  * str)
{p = str;}

void String :: display( )                                             //输出 p 所指向的字符串
{cout << p;}

bool operator > (String &string1,String &string2)                     //定义运算符重载函数
  {if(strcmp(string1. p,string2. p) >0)
      return true;
    else return false;
}

int main( )
{String string1("Hello"),string2("Book");
 cout << (string1 > string2) << endl;
}
```

程序所增加的部分是很容易看懂的。将运算符重载函数声明为 String 类的友元函数。运算符重载函数为 bool 型(逻辑型),它的返回值是一个逻辑值(true 或 false)。在函数中调用库函数中的 strcmp 函数,string1. p 指向"Hello",string2. p 指向"Book",如果"Hello" >"Book",则返回 true(以 1 表示),否则返回 false(以 0 表示)。在 main 函数中输出比较结果。程序运行结果为 1。

这只是一个并不很完善的程序,但是,已经完成实质性的工作了,运算符重载成功了。既然对运算符" >"的重载成功了,其他两个运算符的重载如法炮制即可。

（3）扩展到对3个运算符重载。

在String类体中声明3个友元成员函数：

```
friend bool operator >(String &string1,String &string2);
friend bool operator <(String &string1,String &string2);
friend bool operator ==(String &string1,String &string2);
```

在类外分别定义3个运算符重载函数：

```
Sbool operator >(String &string1, String &string2)        //对运算符">"重载
  {if(strcmp(string1.p,string2.p) >0)
     return true;
   else
     return false;
  }

bool operator <(String &string1, String &string2)        //对运算符"<"重载
  {if(strcmp(string1.p,string2.p) <0)
     return true;
   else
     return false;
  }

bool operator ==(String &string1, String &string2)       //对运算符"=="重载
  {if(strcmp(string1.p,string2.p) ==0)
     return true;
   else
     return false;
  }
```

再修改主函数：

```
int main()
  {String string1("Hello"),string2("Book"),string3("Computer");
   cout <<(string1 >string2) <<endl;            //比较结果应该为true(即1)
   cout <<(string1 <string3) <<endl;            //比较结果应该为false(即0)
   cout <<(string1 ==string2) <<endl;           //比较结果应该为false(即0)
   return 0;
  }
```

运行结果为

```
1
0
0
```

结果显然是对的。到此为止，主要任务基本完成。

（4）再进一步修饰完善，使输出结果更直观。下面给出最后的程序。

```
#include <iostream>
using namespace std;
class String
  {public:
      String(){p=NULL;}
      String(char *str);
      friend bool operator >(String &string1,String &string2);
      friend bool operator <(String &string1,String &string2);
      friend bool operator ==(String &string1,String &string2);
      void display();
   private:
      char *p;
};

String::String(char *str)
  {p=str;}

void String::display()                          //输出p所指向的字符串
  {cout<<p;}

bool operator >(String &string1,String &string2)
  {if(strcmp(string1.p,string2.p)>0)
      return true;
   else
      return false;
  }

bool operator <(String &string1,String &string2)
  {if(strcmp(string1.p,string2.p)<0)
      return true;
   else
      return false;
  }

bool operator ==(String &string1,String &string2)
  {if(strcmp(string1.p,string2.p)==0)
      return true;
   else
      return false;
}

void compare(String &string1,String &string2)
  {if(operator >(string1,string2)==1)
      {string1.display();cout<<" > ";string2.display();}
```

```
      else
        if(operator < (string1,string2) ==1)
          {string1.display();cout<<" < ";string2.display();}
        else
          if(operator == (string1,string2) ==1)
            {string1.display();cout<<" = ";string2.display();}
      cout<<endl;
}

int main()
  {String string1("Hello"),string2("Book"),string3("Computer"),string4("Hello");
   compare(string1,string2);
   compare(string2,string3);
   compare(string1,string4);
   return 0;
  }
```

运行结果为

```
Hello > Book
Book < Computer
Hello == Hello
```

增加了一个 compare 函数,用来对两个字符串进行比较,并输出相应的信息。这样可以减轻主函数的负担,使主函数简明易读。

通过这个例子,不仅可以学习到怎样对一个双目运算符进行重载,而且还可以学习怎样去编写 C++程序。由于 C++程序包含类,一般都比较长,有的初学 C++的读者见到比较长的程序就发怵,不知该怎样着手阅读和分析。轮到自己编程序,更不知道从何入手,往往未经深思熟虑,想到什么就写什么,一口气把程序写了出来,结果一上机调试,错误百出,光为找错误位置就花费了大量的时间。根据许多初学者的经验,上面介绍的方法是很适合没有编程经验的初学者的,能使人以清晰的思路进行程序设计,减少出错机会,提高调试效率。

这种方法的指导思想是:**先搭框架,逐步扩充,由简到繁,最后完善。边编程,边调试,边扩充**。千万不要想在一开始时就解决所有的细节。类是可扩充的,一步一步地扩充它的功能。最好直接在计算机上编写程序,每一步都要上机调试,调试通过了前面一步再做下一步,步步为营。这样的编程和调试的效率是比较高的。读者可以试一下。

10.6 重载单目运算符

单目运算符只有一个操作数,如!a, -b,&c, *p,还有最常用的 ++i 和 --i 等。重载单目运算符的方法与重载双目运算符的方法是类似的。但由于单目运算符只有一个操作数,因此运算符重载函数只有一个参数,如果运算符重载函数作为成员函数,则还可省略此参数。

下面以自增运算符 ++ 为例,介绍单目运算符的重载。

例 10.5 有一个 Time 类,包含数据成员 minute(分)和 sec(秒),模拟秒表,每次走 1 秒,满 60 秒进 1 分钟,此时秒又从 0 起算。要求输出分和秒的值。

注意:本题的要求是对 Time 类使用运算符 ++,时钟的特点是 60 秒为 1 分,当秒数自加到 60 时,就应使秒数为 0,分数加 1。

可以编写程序如下:

```
#include <iostream>
using namespace std;
class Time
{public:
    Time(){minute=0;sec=0;}                              //默认构造函数
    Time(int m,int s):minute(m),sec(s){ }                //构造函数重载
    Time operator++();                                   //声明运算符重载成员函数
    void display(){cout<<minute<<":"<<sec<<endl;}        //定义输出时间函数
  private:
    int minute;
    int sec;
};
Time Time::operator++()                                  //定义运算符重载成员函数
{if(++sec>=60)
  {sec-=60;                                              //满 60 秒进 1 分钟
    ++minute;}
    return *this;                                        //返回当前对象值
}
int main()
{Time time1(34,0);
  for(int i=0;i<61;i++)
    {++time1;
    time1.display();}
  return 0;
}
```

运行结果如下:

```
34:1
34:2
 ⋮
34:59
35:0
35:1     (共输出 61 行)
```

可以看到,在程序中对运算符"++"进行了重载,使它能用于 Time 类对象。细心的读者可能会提出一个问题:"++"和"--"运算符有两种使用方式,**前置**自增运算符和**后置**自增运算符,它们的作用是不一样的,在重载时怎样区别这二者呢?

针对"++"和"--"这一特点,C++约定:在自增(自减)运算符重载函数中,增加一

个 int 型形参,就是后置自增(自减)运算符函数。

例 10.6 在例 10.5 程序的基础上增加对后置自增运算符的重载。修改后的程序如下：

```
#include <iostream>
using namespace std;
class Time
  {public:
     Time(){minute=0;sec=0;}
     Time(int m,int s):minute(m),sec(s){}
     Time operator++();                       //声明前置自增运算符"++"重载函数
     Time operator++(int);                    //声明后置自增运算符"++"重载函数
     void display(){cout<<minute<<":"<<sec<<endl;}
   private:
     int minute;
     int sec;
  };

Time Time::operator++()                       //定义前置自增运算符"++"重载函数
  {if(++sec>=60)
      {sec-=60;
        ++minute;}
   return *this;                              //返回自加后的当前对象
  }

Time Time::operator++(int)                    //定义后置自增运算符"++"重载函数
  {Time temp(*this);                          //建立临时对象 temp
   sec++;
   if(sec>=60)
      {sec-=60;
        ++minute;}
   return temp;                               //返回的是自加前的对象
  }

int main()
  {Time time1(34,59),time2;
   cout<<" time1: ";
   time1.display();
   ++time1;
   cout<<" ++time1: ";
   time1.display();
   time2=time1++;                             //将自加前的对象的值赋给 time2
   cout<<"time1++: ";
   time1.display();
   cout<<" time2: ";
```

```
    time2.display();                                    //输出 time2 对象的值
}
```

请注意前置自增运算符"++"和后置自增运算符"++"二者作用的区别。前者是先自加,返回的是修改后的对象本身。后者返回的是自加前的对象,然后对象自加。请仔细分析后置自增运算符重载函数。

运行结果如下:

```
time1:    34:59        (time1 原值)
++time1: 35:0          (执行 ++time1 后 time1 的值)
time1++: 35:1          (再执行 time1++后 time1 的值)
time2:    35:0         (time2 保存的是执行 time1++前 time1 的值)
```

可以看到,重载后置自增运算符时,多了一个 int 型的参数,增加这个参数只是为了与前置自增运算符重载函数有所区别,此外没有任何作用,在定义函数时也不必使用此参数,因此可省写参数名,只须在括号中写 int 即可。编译系统在遇到重载后置自增运算符时,会自动调用此函数。

10.7　重载流插入运算符"<<"和流提取运算符">>"

C++的流插入运算符"<<"和流提取运算符">>"是 C++编译系统在类库中提供的。所有 C++编译系统都在其类库中提供输入流类 istream 和输出流类 ostream。cin 和 cout 分别是 istream 类和 ostream 类的对象。C++编译系统已经对"<<"和">>"进行了重载,使之作为流插入运算符和流提取运算符,能用来输出和输入 C++标准类型的数据。因此,在本书前面几章中,凡是用"cout <<"和"cin >>"对标准类型数据进行输入输出的,都要用#include <iostream>把头文件包含到本程序文件中。

用户自己定义的类型的数据(如类对象),是不能直接用"<<"和">>"来输出和输入的。如果想用它们输出和输入自己声明的类型的数据,必须对它们**重载**。

对"<<"和">>"重载的函数形式如下:

istream & operator >> (istream &,自定义类 &);

ostream & operator << (ostream &,自定义类 &);

重载运算符">>"的函数的第 1 个参数和函数的类型都必须是 istream& 类型(即 istream 类对象的引用),第 2 个参数是要进行输入操作的类。重载"<<"的函数的第 1 个参数和函数的类型都必须是 ostream& 类型,函数第 2 个参数是要进行输入操作的类。重载"<<"的函数的第 1 个参数和函数的类型都必须是 ostream& 类型(即 ostream 类对象的引用),第 2 个参数是要进行输入操作的类。因此,**只能将重载">>"和"<<"的函数作为友元函数,而不能将它们定义为成员函数**(请读者思考这是为什么)。

10.7.1　重载流插入运算符"<<"

在程序中,人们希望能用插入运算符"<<"来输出用户自己声明的类的对象的信息,

这就需要重载流插入运算符“<<”。

例 10.7 在例 10.2 的基础上，用重载的运算符“<<”输出复数。

```
#include <iostream>
using namespace std;
class Complex
  {public:
     Complex(){real=0;imag=0;}
     Complex(double r,double i){real=r;imag=i;}
     Complex operator+(Complex &c2);                          //运算符"+"重载为成员函数
     friend ostream& operator<<(ostream&,Complex&);           //运算符"<<"重载为友元函数
   private:
     double real;
     double imag;
};

Complex Complex::operator+(Complex &c2)                       //定义运算符"+"重载函数
  {return Complex(real+c2.real,imag+c2.imag);}
ostream & operator<<(ostream & output,Complex& c)             //定义运算符"<<"重载函数
  {output<<"("<<c.real<<"+"<<c.imag<<"i)"<<endl;
  return output;
}

int main()
  {Complex c1(2,4),c2(6,10),c3;
   c3=c1+c2;
   cout<<c3;
   return 0;
  }
```

在 Visual C++ 6.0 环境下运行时，需将第 1 行改为#include <iostream.h>，并删去第 2 行。

运行结果为

```
(8+14i)
```

可以看到在对运算符“<<”重载后，在程序中用“<<”不仅能输出标准类型数据，而且可以输出用户自己定义的类对象。本题是用“<<”输出复数类对象，用“cout<<c3”即能以复数形式输出复数对象 c3 的值。形式直观，可读性好，易于使用。

下面对怎样实现运算符重载作一些说明。程序中重载了运算符“<<”，运算符重载函数“operator<<”中的形参 output 是 ostream 类对象的引用，形参名 output 是用户任意起的。分析 main 函数最后第 2 行：

```
cout<<c3;
```

运算符“ << ”的左面是 cout,前面已提到 cout 是在头文件 iostream 中声明的 ostream 类对象。“ << ”的右面是 c3,它是 Complex 类对象。由于已将运算符“ << ”的重载函数声明为 Complex 类的友元函数,编译系统把 cout << c3 解释为

```
operator << (cout,c3)
```

即以 cout 和 c3 作为实参,调用下面的“operator << ”函数:

```
ostream& operator << (ostream& output,Complex& c)
  {output << "(" << c.real << " +" << c.imag << "i)" << endl;
   return output;}
```

调用函数时,形参 output 成为实参 cout 的引用,形参 c 成为 c3 的引用。因此调用函数的过程相当于执行

```
cout << "(" << c3.real << " +" << c3.imag << "i)" << endl; return cout;
```

注意: 上一行中的“ << ”是 C ++ 预定义的流插入符,因为它右侧的操作数是字符串常量和 double 类型数据。执行上面的 cout 语句就会输出复数形式的信息。然后执行 return 语句。

思考:return output 的作用是什么? 回答是能连续向输出流插入信息。output 是 ostream 类的对象的引用(它是实参 cout 的引用,或者说 output 是 cout 的别名),cout 通过传送地址给 output,使它们二者共享同一段存储单元,因此,return output 就是 return cout,将输出流 cout 的现状返回,即保留输出流的现状。

请问返回到哪里? 刚才是在执行

```
cout << c3;
```

现在已知 cout << c3 的返回值是 cout 的当前值。如果有以下输出:

```
cout << c3 << c2;
```

先处理 cout << c3,即

```
(cout << c3) << c2;
```

而执行(cout << c3)得到的结果就是具有新内容的流对象 cout,因此,(cout << c3) << c2 相当于 cout(新值) << c2。运算符“ << ”左侧是 ostream 类对象 cout,右侧是 Complex 类对象 c2,则再次调用运算符“ << ”重载函数,接着向输出流插入 c2 的数据。现在可以理解为什么 C ++ 规定运算符“ << ”重载函数的第 1 个参数和函数的类型都必须是 ostream 类型的**引用**,就是为了返回 cout 的当前值以便连续输出。

请读者注意区分什么情况下的“ << ”是标准类型数据的流插入符,什么情况下的“ << ”是重载的流插入符。如

```
cout << c3 << 5 << endl;
```

有下划线的是调用重载的流插入符,后面两个“ << ”不是重载的流插入符,因为它的右侧不是 Complex 类对象而是标准类型的数据,是用预定义的流插入符处理的。

还有一点要说明:在本程序中,在 Complex 类中定义了运算符"<<"重载函数为友元函数,因此只有在输出 Complex 类对象时才能使用重载的运算符,对其他类型的对象是无效的。如

```
cout << time1;                    //time1 是 Time 类对象,不能使用用于 Complex 类的重载运算符
```

10.7.2 重载流提取运算符">>"

学习了重载流插入运算符以后,再理解重载流提取运算符">>"就不难了。C++预定义的运算符">>"的作用是从一个输入流中提取数据,如"cin >> i;"表示从输入流中提取一个整数赋给变量 i(假设已定义 i 为 int 型)。重载流提取运算符的目的是希望将">>"用于输入自定义类型的对象的信息。

请阅读下面的程序,了解使用重载流提取运算符的方法。

例 10.8 在例 10.7 的基础上,增加重载流提取运算符">>",用"cin >>"输入复数,用"cout <<"输出复数。

程序如下:

```
#include <iostream>
using namespace std;
class Complex
  {public:
     friend ostream& operator << (ostream&,Complex&);      //声明友元重载运算符"<<"函数
     friend istream& operator >> (istream&,Complex&);      //声明友元重载运算符">>"函数
   private:
     double real;
     double imag;
  };
ostream& operator << (ostream& output,Complex& c)           //定义重载运算符"<<"函数
{output << "(" << c.real << " + " << c.imag << "i)";
 return output;
}
istream& operator >> (istream& input,Complex& c)            //定义重载运算符">>"函数
{cout << "input real part and imaginary part of complex number:";
 input >> c.real >> c.imag;
 return input;
}
int main()
{Complex c1,c2;
 cin >> c1 >> c2;
 cout << "c1 = " << c1 << endl;
 cout << "c2 = " << c2 << endl;
 return 0;S
}
```

运行结果如下：

```
input real part and imaginary part of complex number:3 6↙
input real part and imaginary part of complex number:4 10↙
c1 = (3 +6i)
c2 = (4 +10i)
```

与第 10.7.1 节的介绍相仿，运算符“ >> ”重载函数中的形参 input 是 istream 类的对象的引用，在执行 cin >> c1 时，调用“operator >> ”函数，将 cin 地址传递给 input，input 是 cin 的引用，同样 c 是 c1 的引用。因此，“input >> c. real >> c. imag;”相当于“cin >> c1. real >> c1. imag;”。函数返回 cin 的新值。用 cin 和“ >> ”可以连续从输入流提取数据给程序中的 Complex 类对象，或者说，用 cin 和“ >> ”可以连续向程序输入 Complex 类对象的值。在 main 函数中用了“cin >> c1 >> c2;”连续输入 c1 和 c2 的值。

请注意：cin 语句中有两个“ >> ”，每遇到一次“ >> ”就调用一次重载运算符“ >> ”的函数，因此，两次输出提示输入的信息，然后要求用户输入对象的值。

以上运行结果无疑是正确的，但并不完善。在输入复数的虚部为正值时，输出的结果是没有问题的，但是虚部如果是负数，就不理想，请观察输出结果。

```
input real part and imaginary part of complex number:3 6↙
input real part and imaginary part of complex number:4  -10↙
c1 = (3 +6i)
c2 = (4 +-10i)
```

最后一行在 -10 前面又加了一个“ + ”号，这显然是不理想的。这是编程时只考虑虚部为正数而不考虑负数而引起的。在初学者编程时往往会出现这种疏忽。一个好的程序应当考虑到可能出现的各种情况。根据前面提到过的先调试通过，最后完善的原则，可对程序作必要的修改。将重载运算符“ >> ”函数修改如下：

```
ostream& operator << (ostream& output,Complex& c)
{output << " (" << c.real;
 if(c.imag >= 0) output << " + ";                //虚部为正数时，在虚部前加" + "号
 output << c.imag << "i)" << endl;               //虚部为负数时，在虚部前不加" + "号
 return output;
}
```

这样，运行时输出的最后一行为

```
c2 = (4 -10i)
```

这就对了。请读者按此修改本程序和例 10.7 程序，分析运行结果。

10.8 有关运算符重载的归纳

(1) 通过本章前面几节的讨论，可以看到：在 C++ 中，运算符重载是很重要的、很有实用意义的。它使类的设计更加丰富多彩，扩大了类的功能和使用范围，使程序易

于理解，易于对对象进行操作，它体现了为用户着想、方便用户使用的思想。有了运算符重载，在声明了类之后，人们就可把用于标准类型的运算符用于自己声明的类。类的声明往往是一劳永逸的，有了好的类，用户在程序中就不必定义许多成员函数去完成某些运算和输入输出的功能，使主函数更加简单易读。好的运算符重载能体现面向对象的程序设计思想。

(2) 使用运算符重载的具体做法是：

① 先确定要重载的是哪一个运算符，想把它用于哪一个类。重载运算符只能把一个运算符用于一个指定的类。不要误以为用一个运算符重载函数就可以适用于所有的类。若想对复数类数据使用加、减、乘、除运算，就应当分别对运算符 +，-，*，/进行重载。

② 设计运算符重载函数和有关的类（在该类中包含运算符重载成员函数或友元重载函数）。函数的功能完全由设计者指定，目的是实现用户对使用运算符的要求。

③ 在实际工作中，一般并不要求最终用户自己编写每一个运算符重载函数，往往是有人事先把本领域或本单位工作中需要用重载的运算符统一编写好一批运算符重载函数（如本章中的例题），把它们集中放在一个头文件（头文件的名字自定），放在指定的文件目录中，提供给有关的人使用。

④ 使用者需要了解在该头文件包含哪些运算符的重载，适用于哪些类，有哪些参数。也就是需要了解运算符的重载函数的原型（如 bool operator >（String &string1，String &string2）），就可以方便地使用该运算符了。例如上一行给出的运算符的重载函数原型表示：可以用“>”运算符对两个字符串进行“>”的运算，返回的结果是布尔型数据（是或非）。使用形式是“Boy”>“Girl”。

⑤ 如果有特殊的需要，并无现成的重载运算符可用，就需要自己设计运算符重载函数。应当注意把每次设计的运算符重载函数保留下来，以免下次用到时重新设计。

(3) 在本章的例子中读者应当注意到，在运算符重载中使用**引用**（reference）的重要性。利用引用作函数的形参可以在调用函数的过程中不用传递值的方式进行虚实结合，而通过传址方式使形参成为实参的别名，因此不生成临时变量（实参的副本），减少了时间和空间的开销。此外，如果重载函数的返回值是对象的引用时，返回的不是常量，而是引用所代表的对象，它可以出现在赋值号的左侧而成为**左值**（left value），可以被赋值或参与其他操作（如保留 cout 流的当前值以便能连续使用 << 输出）。但使用引用时要特别小心，因为修改了引用就等于修改了它所代表的对象。

(4) C++ 中大多数的运算符都可以重载（见 10.3 节表 10.1），在本章中只介绍了几种常用的运算符的重载，不可能涉及全部运算符的重载。希望读者能通过这几个例子了解运算符重载的思路和方法，能够举一反三，在需要时很快地掌握其他运算符的重载，例如，可以重载赋值运算符“=”，使之能实现不同类的对象间的赋值；将逻辑运算符用于类对象。关于运算符重载，还有许多细节，不可能在本书中详细介绍，留待在今后实际应用中深入学习，在长期的实践中累积经验，不断提高。

10.9 不同类型数据间的转换

10.9.1 标准类型数据间的转换

在C++中,某些不同类型数据之间可以自动转换,例如,

```
int i=6;                    //i为整型
i=7.5+i;
```

编译系统对7.5是作为double型数处理的,在求解表达式时,先将i的值6转换成double型,然后与7.5相加,得到和为13.5,在向整型变量i赋值时,将13.5转换为整数13,然后赋给i。这种转换是由C++编译系统自动完成的,用户无须干预。这种转换称为**隐式类型转换**。

C++还提供**显式类型转换**,程序人员在程序中指定将一种指定的数据转换成另一指定的类型,其形式为

类型名(数据)

如int(89.5)。其作用是将89.5转换为整型数89。在C语言中采用的形式为

(类型名)数据

如(int)89.5。C++保留了C语言的这种用法,但提倡采用C++提供的方法。

以前我们接触的是标准类型之间的转换,现在用户自己定义了类,就提出了一个问题:一个自定义类的对象能否转换成标准类型?一个类的对象能否转换成另一个类的对象?譬如,能否将一个复数类数据转换成整数或双精度数?能否将Date类的对象转换成Time类的对象?

对于标准类型的转换,编译系统有章可循,知道怎样进行转换。而对于用户自己声明的类型,编译系统并不知道怎样进行转换。解决这个问题的关键是让编译系统知道怎样去进行这些转换,需要定义专门的函数来处理。下面就讨论这个问题。

10.9.2 用转换构造函数进行不同类型数据的转换

转换构造函数(conversion constructor function)的作用是**将一个其他类型的数据转换成一个类的对象**。

先回顾一下以前学习过的几种构造函数:

- **默认构造函数**。以Complex类为例,函数原型的形式为

```
Complex();                    //没有参数
```

- **用于初始化的构造函数**。函数原型的形式为

```
Complex(double r,double i);   //形参表列中一般有两个以上参数
```

- **用于复制对象的复制构造函数**。函数原型的形式为

```
Complex(Complex &c);          //形参是本类对象的引用
```

- 现在又要介绍一种新的构造函数——**转换构造函数**。

  转换构造函数只有一个形参，如

```
Complex(double r) {real = r;imag = 0;}
```

其作用是将 double 型的参数 r 转换成 Complex 类的对象，将 r 作为复数的实部，虚部为 0。用户可以根据需要定义转换构造函数，在函数体中告诉编译系统怎样去进行转换。

在类体中，可以有转换构造函数，也可以没有转换构造函数，视需要而定。以上几种构造函数可以同时出现在同一个类中，它们是构造函数的重载。编译系统会根据建立对象时给出的实参的个数与类型选择形参与之匹配的构造函数。

假如在 Complex 类中定义了上面的转换构造函数，在 Complex 类的作用域中有以下定义：

```
Complex c1(3.5);                    //建立对象 c1，由于只有一个参数，调用转换构造函数
```

建立 Complex 类对象 c1，其 real(实部)的值为 3.5，imag(虚部)的值为 0。它的作用就是将 double 型常数转换成一个名为 c1 的 Complex 类对象。也可以建立一个无名的 Complex 类对象。如

```
Complex(3.6);                       //建立一个无名的对象，合法，但无法使用它
```

可以在一个表达式中使用无名对象，如

```
c1 = Complex(3.6);                  //假设 c1 已被定义为 Complex 类对象
```

其作用是建立一个无名的 Complex 类对象，其值为(3.6 +0i)，然后将此无名对象的值赋给 c1，c1 在赋值后的值是(3.6 +0i)。

如果已对运算符“ + ”进行了重载，使之能进行两个 Complex 类对象的相加，若在程序中有以下表达式

```
c = c1 +2.5;
```

编译出错，因为不能用运算符“ + ”将一个 Complex 类对象和一个浮点数相加。可以先将 2.5 转换为 Complex 类无名对象，然后相加，即

```
c = c1 + Complex(2.5);              //合法
```

请对比 Complex(2.5)和 int(2.5)。二者形式类似，int(2.5)是强制类型转换，将 2.5 转换为整数，int()是强制类型转换运算符。可以认为 Complex(2.5)的作用也是强制类型转换，将 2.5 转换为 Complex 类对象。

转换构造函数也是一种构造函数，它遵循构造函数的一般规则。通常把有一个参数的构造函数用作类型转换，所以，称为转换构造函数。其实，有一个参数的构造函数也可以不用作类型转换，如

```
Complex(double r) {cout<<r;}        //这种用法毫无意义，没有人会这样用
```

转换构造函数的函数体是根据需要由用户而确定的，务必使其有实际意义。例如也可以这样定义转换构造函数：

```
Complex(double r){real=0;imag=r;}
```

即实部为0,虚部为r。这并不违反语法,但没有人会这样做。应该符合习惯,合乎情理。

注意:转换构造函数只能有一个参数。如果有多个参数的,它就不是转换构造函数。原因是显然的:如果有多个参数的话,究竟是把哪个参数转换成Complex类的对象呢?

归纳起来,使用转换构造函数将一个指定的数据转换为类对象的方法如下:

(1) 先声明一个类(如上面的Complex)。

(2) 在这个类中定义一个只有一个参数的构造函数,参数的类型是需要转换的类型,在函数体中指定转换的方法。

(3) 在该类的作用域内可以用以下形式进行类型转换:

类名(指定类型的数据)

就可以将指定类型的数据转换为此类的对象。

不仅可以将一个标准类型数据转换成类对象,也可以将另一个类的对象转换成转换构造函数所在的类对象。例如,可以将一个学生类对象转换为教师类对象(学生毕业后当了老师),要求把某学生的编号、姓名、性别复制到一个教师类对象中,可以在**Teacher**类中写出下面的转换构造函数:

```
Teacher(Student& s){num=s.num;strcpy(name,s.name);sex=s.sex;}
```

但应注意:对象s中的num,name,sex必须是公用成员,否则不能被类外引用。

10.9.3 类型转换函数

用前面介绍的转换构造函数可以将一个指定类型的数据转换为类的对象。但是不能反过来将一个类的对象转换为一个其他类型的数据(例如将一个Complex类对象转换成double类型数据)。请读者思考为什么?用什么办法可以解决这个问题?

C++提供**类型转换函数**(type conversion function)来解决这个问题。**类型转换函数的作用是将一个类的对象转换成另一类型的数据。**如果已声明了一个Complex类,可以在Complex类中这样定义类型转换函数:

```
operator double()
  {return real;}
```

函数返回double型变量real的值。它的作用是将一个Complex类对象转换为一个double型数据,其值是Complex类中的数据成员real的值。请注意:函数名是operator double。这点是和运算符重载时的规律一致的(在定义运算符+的重载函数时,函数名是operator +)。类型转换函数的一般形式为

operator 类型名()

    {实现转换的语句}

在函数名前面不能指定函数类型,函数没有参数。其返回值的类型是由函数名中指定的类型名来确定的(例如前面定义的类型转换函数operator double,其返回值的类型是

double）。**类型转换函数只能作为成员函数，因为转换的主体是本类的对象。不能作为友元函数或普通函数。**

从函数形式可以看到，它与运算符重载函数相似，都是用关键字 operator 开头，只是被重载的是类型名。double 类型经过重载后，除了原有的含义外，还获得新的含义（将一个 Complex 类对象转换为 double 类型数据，并指定了转换方法）。这样，编译系统不仅能识别原有的 double 型数据，而且还会把 Complex 类对象作为 double 型数据处理。正如不仅把具有中国血统的人认为是中国人，还把原来是外国血统而加入了中国国籍的人认为是中国人一样。

那么程序中的 Complex 类对象是不是一律都转换为 double 类型数据呢？不是的，它们具有双重身份，既是 Complex 类对象，又可作为 double 类型数据。相当于一个人具有双重国籍，在不同的场合下以不同的面貌出现。Complex 类对象只有在需要时才进行转换，要根据表达式的上下文来决定。

转换构造函数和类型转换运算符有一个共同的功能：当需要的时候，编译系统会自动调用这些函数，建立一个无名的临时对象（或临时变量）。例如，若已定义 d1，d2 为 double 型变量，c1，c2 为 Complex 类对象，如类中已定义了类型转换函数，若在程序中有以下表达式：

```
d1 = d2 + c1
```

编译系统发现“+”的左侧 d2 是 double 型，而右侧的 c1 是 Complex 类对象，如果没有对运算符 + 进行重载，就会检查有无类型转换函数，结果发现了有对 double 的重载函数，就调用该函数，把 Complex 类对象 c1 转换为 double 型数据，建立了一个临时的 double 数据，并与 d2 相加，最后将一个 double 的值赋给 d1。

如果类中已定义了转换构造函数并且又重载了运算符“+”（作为 Complex 类的友元函数），但未对 double 定义类型转换函数（或者说未对 double 重载），若有以下表达式

```
c2 = c1 + d2
```

编译系统怎样处理呢？它发现运算符“+”左侧的 c1 是 Complex 类对象，右侧的 d2 是 double 型。编译系统寻找有无对“+”的重载，发现有 operator + 函数，但它是 Complex 类的友元函数，要求两个 Complex 类的形参，即只能实现两个 Complex 类对象相加，而现在 d2 是 double 型，不符合要求。在类中又没有对 double 进行重载，因此不可能把 c1 转换为 double 型数据然后相加。编译系统就去找有无转换构造函数，发现有，就调用转换构造函数 Complex(d2)，建立一个临时的 Complex 类对象，再调用 operator + 函数，将两个复数相加，然后赋给 c2。相当于执行表达式：

```
c2 = c1 + Complex(d2)
```

例 10.9 将一个 double 数据与 Complex 类数据相加。

这是一个简单的问题，可以使用类型转换函数处理。程序如下：

```
#include <iostream>
using namespace std;
```

```
class Complex
  {public:
      Complex(){real=0;imag=0;}
      Complex(double r,double i){real=r;imag=i;}
      operator double(){return real;}        //定义类型转换函数
   private:
      double real;
      double imag;
};

int main()
{Complex c1(3,4),c2(5,-10),c3;    //建立3个Complex类对象
 double d;
 d=2.5+c1;                         //要求将一个double数据与Complex类数据相加
 cout<<d<<endl;
 return 0;
}
```

分析：

(1) 如果在Complex类中没有定义类型转换函数operator double,程序编译将出错。因为不能实现double型数据与Complex类对象的相加。现在,已定义了成员函数operator double,就可以利用它将Complex类对象转换为double型数据。请注意,程序中不必显式地调用类型转换函数,它是自动被调用的,即隐式调用。在什么情况下调用类型转换函数呢？编译系统在处理表达式2.5+c1时,发现运算符"+"的左侧是double型数据,而右侧是Complex类对象,又无运算符"+"重载函数,不能直接相加,编译系统发现有对double的重载函数,因此调用这个函数,返回一个double型数据,然后与2.5相加。

(2) 如果在main函数中加一个语句:

```
c3=c2;
```

请问此时编译系统是把c2按Complex类对象处理呢,还是按double型数据处理？由于赋值号两侧都是同一类的数据,是可以合法进行赋值的,没有必要把c2转换为double型数据。

(3) 如果在Complex类中声明了重载运算符"+"函数作为友元函数:

```
Complex operator+(Complex c1,Complex c2)          //定义运算符+重载函数
  {return Complex(c1.real+c2.real,c1.imag+c2.imag);}
```

若在main函数中有语句

```
c3=c1+c2;
```

由于已对运算符+重载,使之能用于两个Complex类对象的相加,因此将c1和c2按Complex类对象处理,相加后赋值给同类对象c3。

如果改为

```
d=c1+c2;                                          //d为double型变量
```

将c1与c2两个类对象相加,得到一个临时的Complex类对象,由于它不能赋值给double型变量,而又有对double的重载函数,于是调用此函数,把临时类对象转换为double数据,然后赋给d。

从前面的介绍可知:对类型的重载和本章开头所介绍的对运算符的重载的概念和方法都是相似的。重载函数都使用关键字operator,它的意思是"运算符"。因此,通常把类型转换函数也称为**类型转换运算符函数**,由于它也是重载函数,因此也称为**类型转换运算符重载函数**(或称强制类型转换运算符重载函数)。

用类型转换函数有什么好处呢?假如程序中需要对一个Complex类对象和一个double型变量进行+,-,*,/等算术运算以及关系运算和逻辑运算,如果不用类型转换函数,就要对多种运算符进行重载,以便能进行各种运算。这样是十分麻烦的,工作量较大,程序显得冗长。如果用类型转换函数对double进行重载(使Complex类对象转换为double型数据),就不必对各种运算符进行重载,因为Complex类对象可以被自动地转换为double型数据,而标准类型的数据的运算,是可以使用系统提供的各种运算符的。

例10.10 包含转换构造函数、运算符重载函数和类型转换函数的程序。

先阅读以下程序,在这个程序中只包含转换构造函数和运算符重载函数。

```
#include <iostream>
using namespace std;
class Complex
  {public:
     Complex(){real=0;imag=0;}                          //默认构造函数,无形参
     Complex(double r){real=r;imag=0;}                  //转换构造函数,一个形参
     Complex(double r,double i){real=r;imag=i;}
                                                        //实现初始化的构造函数,两个形参
     friend Complex operator+(Complex c1,Complex c2);
                                                        //重载运算符"+"的友元函数
     void display();
   private:
     double real;
     double imag;
  };

Complex operator+(Complex c1,Complex c2)                //定义运算符"+"重载函数
  {return Complex(c1.real+c2.real, c1.imag+c2.imag);}

void Complex::display()                                 //定义输出函数
  {cout<<"("<<real<<","<<imag<<"i)"<<endl;}

int main()
{Complex c1(3,4),c2(5,-10),c3;                          //建立3个对象
 c3=c1+2.5;                                             //复数与double数据相加
 c3.display();
 return 0;
}
```

分析：

(1) 如果没有定义转换构造函数，则此程序编译出错，因为没有重载运算符使之能将Complex类对象与double数据相加。由于c3是Complex类对象，必须设法先将2.5转换为Complex类对象，然后与c1相加，再赋值给c3。

(2) 现在，在类Complex中定义了转换构造函数，并具体规定了怎样构成一个复数。由于已重载了运算符"+"，在处理表达式c1+2.5时，编译系统把它解释为

```
operator+(c1,2.5)
```

由于2.5不是Complex类对象，系统先调用转换构造函数Complex(2.5)，建立一个临时的Complex类对象，其值为(2.5+0i)。上面的函数调用相当于

```
operator+(c1,Complex(2.5))
```

将c1与(2.5+0i)相加，赋给c3。运行结果为

```
(5.5+4i)
```

(3) 如果把"c3=c1+2.5;"改为

```
c3=2.5+c1;
```

请分析程序能否通过编译和正常运行。读者可先上机试一下。结论是可以的。过程与前相同。这个结果对用户很重要，加法应该能适用交换律。如果只能用"c1+2.5"形式而不能用"2.5+c1"形式，就会使用户感到很不方便，很不适应。

从中得到一个重要结论：**在已定义了相应的转换构造函数情况下，将运算符"+"函数重载为友元函数，在进行两个复数相加时，可以用交换律。**

如果运算符"+"重载函数不作为Complex类的友元函数，而作为Complex类的成员函数，能否得到同样的结果呢？请先思考一下。

结论是不行的。请看成员函数的原型：

```
operator+(Complex c2);                 //Complex类的成员函数对象
```

函数第1个参数省略了，它隐指this所指的对象。因此函数只有一个参数。如果表达式是

```
c1+2.5                                 //运算符+的左侧是Complex类对象
```

C++编译系统把它解释为

```
c1.operator+(2.5)
```

通过调用转换构造函数Complex(2.5)，建立一个临时的Complex类对象。这样，上面的函数调用相当于

```
c1.operator+(Complex(2.5))
```

执行c1.operator+的函数体中的语句，能正确实现两个复数相加。

但是，对表达式

```
2.5 + c1                                    //运算符" + "的左侧是 double 数据
```

C++ 编译系统把它解释为

```
(2.5).operator + (c1)
```

显然这是错误的、无法实现的。

结论：如果运算符函数重载为成员函数，它的第 1 个参数必须是本类的对象。当第 1 个操作数不是类对象时，不能将运算符函数重载为成员函数。如果将运算符“ + ”函数重载为类的成员函数，交换律不适用。

由于这个原因，一般情况下**将双目运算符函数重载为友元函数。单目运算符则多重载为成员函数。**

(4) 如果一定要将运算符函数重载为成员函数，而第 1 个操作数又不是类对象时，只有一个办法能够解决，再重载一个运算符“ + ”函数，其第 1 个参数为 double 型。当然此函数只能是**友元**函数，函数原型为

```
friend operator + (double,Complex &);
```

显然这样做不太方便，还是将双目运算符函数重载为**友元**函数方便些。

(5) 在上面程序的基础上**增加类型转换函数：**

```
operator double( ){return real;}
```

此时 Complex 类的公用部分为

```
public:
  Complex( ){real = 0;imag = 0;}                        //默认构造函数,无形参
  Complex(double r){real = r;imag = 0;}                 //转换构造函数,一个形参
  Complex(double r,double i){real = r;imag = i;}        //实现初始化的构造函数,两个形参
  operator double( ){return real;}                      //类型转换函数,无形参
  friend Complex operator + (Complex c1,Complex c2);    //重载运算符" + "的友元函数
  void display( );
```

增加了一个类型转换函数 operator double，其余部分不变。这时，类中包含转换构造函数、运算符“ + ”重载函数和类型转换函数，请分析它们之间的关系，如何执行，有无矛盾？

程序在编译时出错，原因是出现二义性。在处理 c1 +2.5 时出现二义性。一种理解是，调用转换构造函数，把 2.5 变成 Complex 类对象，然后调用运算符“ + ”重载函数，与 c1 进行复数相加。另一种理解是，调用类型转换函数，把 c1 转换为 double 型数，然后与 2.5 进行相加。系统无法判定，这二者是矛盾的。如果要使用类型转换函数，就应当删去运算符“ + ”重载函数。请读者自己完成并上机调试。

习　题

1. 定义一个复数类 Complex，重载运算符“ + ”，使之能用于复数的加法运算。将运算符函数重载为非成员、非友元的普通函数。编写程序，求两个复数之和。

2. 定义一个复数类Complex，重载运算符“+”，“-”，“*”，“/”，使之能用于复数的加、减、乘、除。运算符重载函数作为Complex类的成员函数。编写程序，分别求两个复数之和、差、积和商。

3. 定义一个复数类Complex，重载运算符“+”，使之能用于复数的加法运算。参加运算的两个运算量可以都是类对象，也可以其中有一个是整数，顺序任意。例如，c1+c2，i+c1，c1+i均合法（设i为整数，c1，c2为复数）。编写程序，分别求两个复数之和、整数和复数之和。

4. 有两个矩阵a和b，均为2行3列。求两个矩阵之和。重载运算符“+”，使之能用于矩阵相加（如c=a+b）。

5. 在第4题的基础上，重载流插入运算符“<<”和流提取运算符“>>”，使之能用于该矩阵的输入和输出。

6. 请编写程序，处理一个复数与一个double数相加的运算，结果存放在一个double型的变量d1中，输出d1的值，再以复数形式输出此值。定义Complex（复数）类，在成员函数中包含重载类型转换运算符：

```
operator double( ){return real;}
```

7. 定义一个Teacher（教师）类和一个Student（学生）类，二者有一部分数据成员是相同的，例如num（号码），name（姓名），sex（性别）。编写程序，将一个Student对象（学生）转换为Teacher（教师）类，只将以上3个相同的数据成员移植过去。可以设想为：一位学生大学毕业了，留校担任教师，他原有的部分数据对现在的教师身份来说仍然是有用的，应当保留并成为其教师数据的一部分。

第 4 篇

面向对象的程序设计

第 11 章 继承与派生

通过第 3 篇(第 8 ~ 10 章)的学习,了解了面向对象程序设计的两个重要特征——数据抽象与封装,学会了在程序中使用类和对象,写出基于对象的程序,这是面向对象程序设计的基础。

面向对象程序设计有 4 个主要特点: **抽象**、**封装**、**继承**和**多态性**。要较好地进行面向对象程序设计,还必须了解面向对象程序设计另外两个重要特征——继承性和多态性。第 4 篇介绍有关面向对象程序设计的知识。在本章中介绍有关继承的知识,在第 12 章将介绍多态性。

继承性是面向对象程序设计最重要的特征,可以说,如果不掌握继承性,就等于不掌握类和对象的精华,就是没有掌握面向对象程序设计的真谛。

在传统的程序设计中,人们往往要为每一种应用项目单独地进行一次程序的开发,因为每一种应用有不同的目的和要求,程序的结构和具体的编码是不同的,人们无法使用已有的软件资源。即使两种应用具有许多相同或相似的特点,程序设计者可以吸取已有程序的思路,作为自己开发新程序的参考,但是人们仍然不得不重起炉灶,重写程序或者对已有的程序进行较大的改写。显然,这种方法的重复工作量是很大的,这是因为过去的程序设计方法和计算机语言缺乏**软件重用**的机制。人们无法利用现有的丰富的软件资源,这就造成软件开发中人力、物力和时间的巨大浪费,效率较低。

面向对象技术强调**软件的可重用性**(software reusability)。C++ 语言提供了类的继承机制,解决了软件重用问题。

11.1 继承与派生的概念

在 C++ 中可重用性是通过"**继承**(inheritance)"这一机制来实现的。因此,继承是 C++ 的一个重要组成部分。

前面介绍了类,一个类中包含了若干个数据成员和成员函数。在不同的类中,数据成员和成员函数是不相同的。但有时两个类的内容基本相同或有一部分相同。例如声明了学生基本数据的类 Student:

```
class Student
```

```
{ public:
    void display( )                                    //对成员函数 display 的定义
      {cout << " num: " << num << endl;
       cout << " name: " << name << endl;
       cout << " sex: " << sex << endl; }
  private :
      int num;
      string name;
      char sex;
};
```

如果学校的某一部门除了需要用到学号、姓名和性别以外，还需要用到年龄、地址等信息。当然可以重新声明另一个类 class Student1：

```
class Student1
{ public:
    void display( ) ;                                  //此行原来已有
      {cout << " num: " << num << endl;                //此行原来已有
       cout << " name: " << name << endl;              //此行原来已有
       cout << " sex: " << sex << endl;                //此行原来已有
       cout << " age: " << age << endl;
       cout << " address: " << addr << endl;}
    private :
        int num;                                       //此行原来已有
        string name;                                   //此行原来已有
        char sex;                                      //此行原来已有
    int age;
    char addr[20];
};
```

可以看到有相当一部分是原来已有的。很多人自然会想到能否利用原来声明的类 Student 作为基础，再加上新的内容即可，以减少重复的工作量。C++提供的**继承**机制就是为了解决这个问题。

第8章已列举了马的例子来说明继承的概念。"公马"继承了"马"的全部特征，增加了"雄性"的新特征。"白公马"继承了"公马"的全部特征，再增加"白色"的特征。"公马"是"马"派生出来的一个分支，"白公马"是"公马" 派生出来的一个分支。见图11.1。

在C++中所谓"继承"就是在一个已存在的类的基础上建立一个新的类。已存在的类(例如"马")称为"基类(base class)"或"父类(father class)"。新建立的类(例如"公马")称为"派生类(derived class)"或"子类(son class)"。见图11.2。

一个新类从已有的类那里获得其已有特性，这种现象称为**类的继承**。通过继承，一个新建子类从已有的父类那里获得父类的特性。从另一角度来说，从已有的类(父类)产生一个新的子类，称为类的**派生**。类的继承是用已有的类来建立专用类的编程技术。

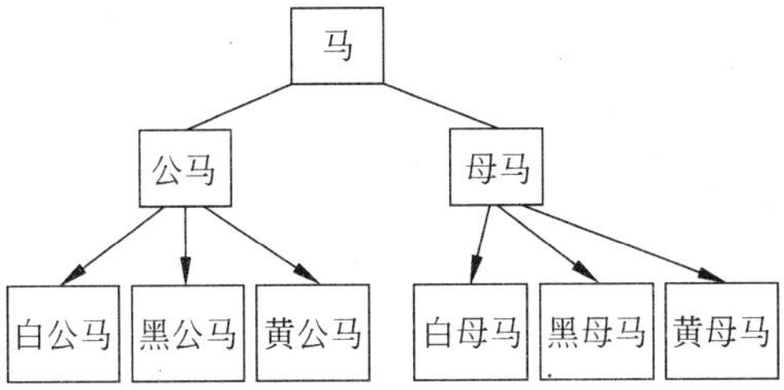

图 11.1

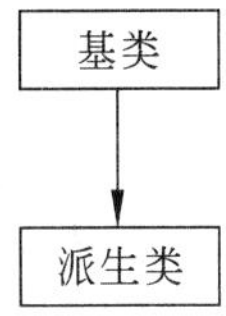

图 11.2

派生类继承了基类的所有数据成员和成员函数,并可以对成员作必要的增加或调整。一个基类可以派生出多个派生类,每一个派生类又可以作为基类再派生出新的派生类,因此基类和派生类是相对而言的。一代一代地派生下去,就形成类的**继承层次结构**。相当于一个大的家族,有许多分支,所有的子孙后代都继承了祖辈的基本特征,同时又有区别和发展。与之相仿,类的每一次派生,都继承了其基类的基本特征,同时又根据需要调整和扩充原有特征。

以上介绍的是最简单的情况:一个派生类只从一个基类派生,这称为**单继承**(single inheritance),这种继承关系所形成的层次是一个树形结构,可以用图11.3表示。

请注意图中箭头的方向,在本书中约定,箭头表示继承的方向,从派生类指向基类。

一个派生类不仅可以从一个基类派生,也可以从多个基类派生,也就是说,一个派生类可以有两个或多个基类(或者说,一个子类可以有两个或多个父类)。例如马与驴杂交所生下的骡子,就有两个基类——马和驴。骡子既继承了马的一些特征,也继承了驴的一些特征。又如"计算机专科",是从"计算机专业"和"大专层次"派生出来的子类,它具备两个基类的特征。一个派生类有两个或多个基类的称为**多重继承**(multiple inheritance),这种继承关系所形成的结构如图11.4所示。

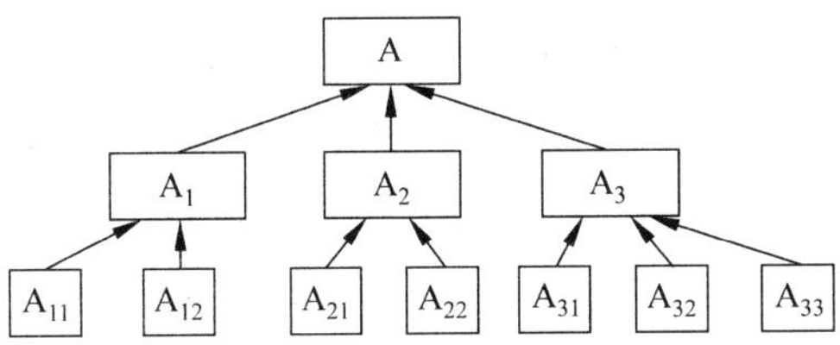

图 11.3

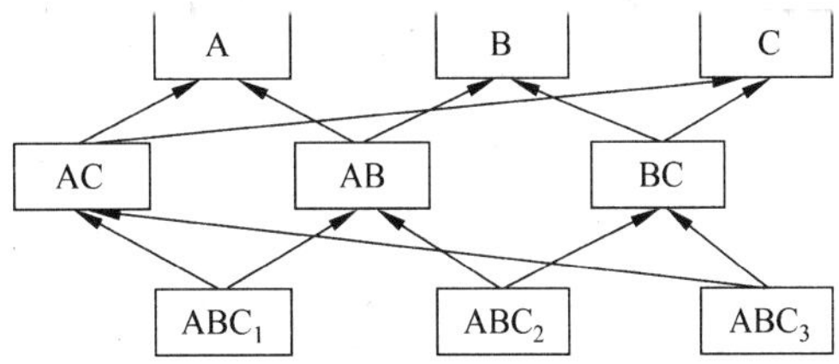

图 11.4

关于基类和派生类的关系,可以表述为:**派生类是基类的具体化,而基类则是派生类的抽象**。从图11.5中可以看出,小学生、中学生、大学生、研究生和留学生是学生的具体

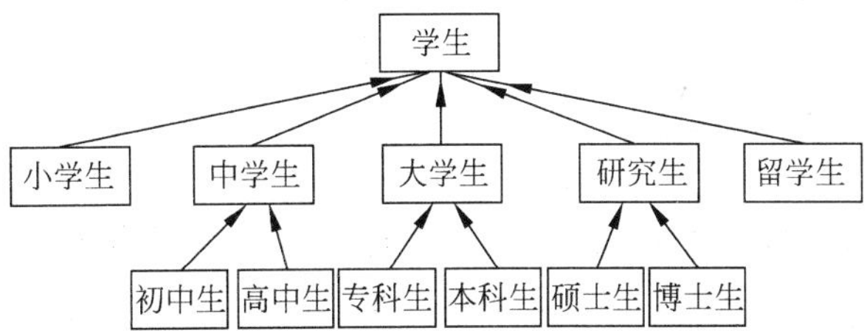

图 11.5

化，他们是在学生的共性基础上加上某些特点形成的子类。而**学生**则是对各类学生共性的综合，是对各类具体学生特点的抽象。基类综合了派生类的公共特征，派生类则在基类的基础上增加某些特性，把抽象类变成具体的、实用的类型。

11.2 派生类的声明方式

先通过一个例子说明怎样通过继承来建立派生类，从最简单的单继承开始。

假设已经声明了一个基类 Student（见前面的介绍），在此基础上通过单继承建立一个派生类 Student1：

```
class Student1: public Student                       //声明基类是 Student
  { public:
        void display_1()                             //新增加的成员函数
          {cout << " age: " << age << endl;
           cout << " address: " << addr << endl;}
    private:
          int age;                                   //新增加的数据成员
          string addr;                               //新增加的数据成员
  };
```

仔细观察第 1 行：

```
class Student1 : public Student
```

在 class 后面的 Student1 是新建的类名。冒号后面的 Student 表示是已声明的基类。在 Student 之前有一关键字 public，用来表示基类 Student 中的成员在派生类 Sudent1 中的**继承方式**。基类名前面有 public 的称为"**公用继承**(public inheritance)"。

请读者仔细阅读以上声明的派生类 Student1 和第 11.1 节中给出的基类 Student，并将它们放在一起进行分析。

声明派生类的一般形式为

class 派生类名：［继承方式］基类名

{

派生类新增加的成员

}；

继承方式包括：**public**（**公用的**），**private**（**私有的**）和 **protected**（**受保护的**），继承方式是可选的，如果不写此项，则默认为 private（私有的）。

11.3 派生类的构成

派生类中的成员包括从基类继承过来的成员和自己增加的成员两大部分。从基类继承的成员体现了派生类从基类继承而获得的共性，而新增加的成员体现了派生类的个性。正是这些新增加的成员体现了派生类与基类的不同，体现了不同派生类之间的区别。为了形象地表示继承关系,本书采用如图 11.6 形式的图来示意。在基类中包括数据成员和成员函数(或称数据与方法)两部分,派生类分为两大部分:一部分是从基类继承来的成员,另一部分是在声明派生类时增加的部分。每一部分均分别包括数据成员和成员函数。

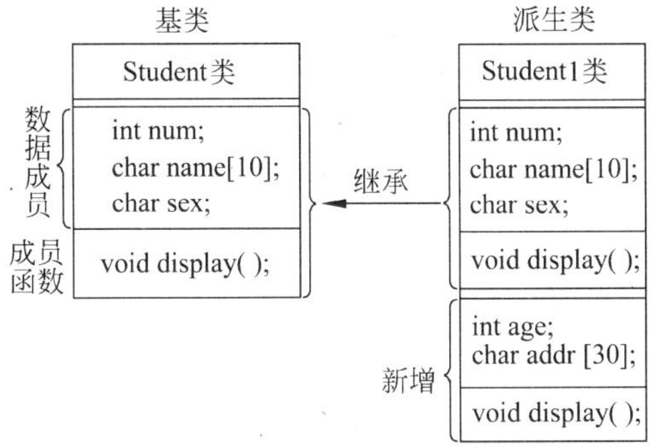

图 11.6

实际上,并不是把基类的成员和派生类自己增加的成员简单地加在一起就成为派生类。构造一个派生类包括以下 3 部分工作。

(1) **从基类接收成员**。派生类把基类**全部**的成员(不包括构造函数和析构函数)接收过来,也就是说是没有选择的,不能选择接收其中一部分成员,而舍弃另一部分成员。从定义派生类的一般形式中可以看出是不可选择的。

这样就可能出现一种情况:有些基类的成员,在派生类中是用不到的,但是也必须继承过来。这就会造成数据的冗余,尤其是在多次派生之后,会在许多派生类对象中存在大量无用的数据,不仅浪费了大量的空间,而且在对象的建立、赋值、复制和参数的传递中,花费了许多无谓的时间,从而降低了效率。这在目前的 C ++ 标准中是无法解决的,要求我们根据派生类的需要慎重选择基类,使冗余量最小。不要随意地从已有的类中找一个作为基类去构造派生类,应当考虑怎样能使派生类有更合理的结构。事实上,有些类是专门作为基类而设计的,在设计时充分考虑到派生类的要求。

(2) **调整从基类接收的成员**。接收基类成员是程序员不能选择的,但是程序员可以对这些成员作某些调整。例如可以改变基类成员在派生类中的访问属性,这是通过指定继承方式来实现的。如可以通过继承把基类的公用成员指定为在派生类中的访问属性为私有(派生类外不能访问)。此外,可以在派生类中声明一个与基类成员同名的成员,则派生类中的新成员会覆盖基类的同名成员,但应注意:如果是成员函数,不仅应使函数名相同,而且函数的参数表(参数的个数和类型)也应相同,如果不相同,就成为函数的重载而不是覆盖了。用这样的方法可以用新成员取代基类的成员。

(3) **在声明派生类时增加的成员**。这部分内容是很重要的,它体现了派生类对基类功能的扩展。要根据需要仔细考虑应当增加哪些成员,精心设计。例如在第 11.2 节的例子中,基类的 display 函数的作用是输出学号、姓名和性别,在派生类中要求输出学号、姓名、性别、年龄和地址,不必单独另写一个输出这 5 个数据的函数,而要利用基类的 display 函数输出学号、姓名和性别,另外再定义一个 display_1 函数输出年龄和地址,先后执行这两个函数。也可以在 display_1 函数中调用基类的 display 函数,再输出另外两个数据,在主函数中只须调用一个 display_1 函数即可，这样可能更清晰一些，易读性更好。

此外，在声明派生类时，一般还应当自己定义派生类的构造函数和析构函数，因为构造函数和析构函数是不能从基类继承的。

通过以上的介绍，可以看到：派生类是基类定义的延续。可以先声明一个基类，在此基类中只提供某些最基本的功能，而另外有些功能并未实现，然后在声明派生类时加入某些具体的功能，形成适用于某一特定应用的派生类。通过对基类声明的延续，将一个抽象的基类转化成具体的派生类。因此，**派生类是抽象基类的具体实现**。

11.4 派生类成员的访问属性

既然派生类中包含基类成员和派生类自己增加的成员，就产生了这两部分成员的关系和访问属性的问题。在建立派生类的时候，并不是简单地把基类的私有成员直接作为派生类的私有成员，把基类的公用成员直接作为派生类的公用成员。实际上，对基类成员和派生类自己增加的成员是按不同的原则处理的。

具体来说，在讨论访问属性时，需要考虑以下几种情况：

(1) 基类的成员函数访问基类成员。

(2) 派生类的成员函数访问派生类自己增加的成员。

(3) 基类的成员函数访问派生类的成员。

(4) 派生类的成员函数访问基类的成员。

(5) 在派生类外访问派生类的成员。

(6) 在派生类外访问基类的成员。

对于第(1)和第(2)种情况，比较简单，按第8章介绍过的规则处理，即基类的成员函数可以访问基类成员，派生类的成员函数可以访问派生类成员。私有数据成员只能被同一类中的成员函数访问，公用成员可以被外界访问。第(3)种情况也比较明确，基类的成员函数只能访问基类的成员，而不能访问派生类的成员。第(5)种情况也比较明确，在派生类外可以访问派生类的公用成员，而不能访问派生类的私有成员。

对于第(4)和第(6)种情况，就稍微复杂一些，也容易混淆。譬如，有人提出这样的问题：

① 基类中的成员函数是可以访问基类中的任一成员的，那么派生类中新增加的成员(如 display1 函数)是否可以同样地访问基类中的私有成员；

② 在派生类外，能否通过派生类的对象名访问从基类继承的公用成员(如已定义 stud1 是 Sudent1 类的对象，能否用 stud1. display( )调用基类的 display 函数)。

这些牵涉到如何确定基类的成员在派生类中的访问属性的问题，不仅要考虑对基类成员所声明的访问属性，还要考虑派生类所声明的对基类的继承方式，根据这两个因素共同决定基类成员在派生类中的访问属性。

前面已提到：在派生类中，对基类的继承方式可以有 public(公用的)，private(私有的)和 protected(保护的)三种。不同的继承方式决定了基类成员在派生类中的访问属性。

简单地说：

(1) **公用继承**(public inheritance)

基类的公有成员和保护成员在派生类中保持原有访问属性，其私有成员仍为基类私有。

(2) **私有继承**(private inheritance)

基类的公有成员和保护成员在派生类中成了私有成员。其私有成员仍为基类私有。

(3) **受保护的继承**(protected inheritance)

基类的公有成员和保护成员在派生类中成了保护成员，其私有成员仍为基类私有。保护成员的意思是：不能被外界引用，但可以被派生类的成员引用，具体的用法将在稍后介绍。

11.4.1 公用继承

在定义一个派生类时将基类的继承方式指定为 public 的，称为**公用继承**，用公用继承方式建立的派生类称为**公用派生类**(public derived class)，其基类称为**公用基类**(public base class)。

前面已指出：采用公用继承方式时，基类的公用成员和保护成员在派生类中仍然保持其公用成员和保护成员的属性，而基类的私有成员在派生类中并没有成为派生类的私有成员，它仍然是基类的私有成员，只有基类的成员函数可以引用它，而不能被派生类的成员函数引用，因此就成为派生类中的**不可访问的成员**。

公用基类的成员在派生类中的访问属性见表 11.1。

表 11.1 公用基类的成员在派生类中的访问属性

在基类的访问属性	继承方式	在派生类中的访问属性
private(私有)	public(公用)	不可访问
public(公用)	public(公用)	public(公用)
protected(保护)	public(公用)	protected(保护)

例如，派生类 Student1 中的 display_1 函数不能访问公用基类的私有成员 num，name，sex。在派生类外，可以访问公用基类中的公用成员函数(如 stud1. display())。

有人问，既然是公用继承，为什么不让访问基类的私有成员呢？要知道，这是 C++ 中一个重要的软件工程观点。因为私有成员体现了数据的封装性，隐藏私有成员有利于测试、调试和修改系统。如果把基类所有成员的访问权限都原封不动地继承到派生类，使基类的私有成员在派生类中仍保持其私有性质，派生类成员能访问基类的私有成员，那么岂非基类和派生类没有界限了？这就破坏了基类的封装性。如果派生类再继续派生一个新的派生类，也能访问基类的私有成员，那么在这个基类的所有派生类的层次上都能访问基类的私有成员，这就完全丢弃了封装性带来的好处。保护私有成员是一条重要的原则。

例 11.1 访问公有基类的成员。

下面写出类的声明部分：

```
Class Student                              //声明基类
{public:                                   //基类公用成员
  void get_value()                         //输入基类数据的成员函数
```

```
    {cin >> num >> name >> sex;}
  void display()                          //输出基类数据的成员函数
    {cout << " num: " << num << endl;
     cout << " name: " << name << endl;
     cout << " sex: " << sex << endl;}
private :                                 //基类私有成员
   int num;
   string name;
   char sex;
};

class Student1: public Student            //以 public 方式声明派生类 Student1
  {public:
      void get_value_1()                  //输入派生类数据
         {cin >> age >> addr;}
      void display_1()
         {cout << " num: " << num << endl;        //试图引用基类的私有成员,错误
          cout << " name: " << name << endl;      //试图引用基类的私有成员,错误
          cout << " sex: " << sex << endl;        //试图引用基类的私有成员,错误
          cout << " age: " << age << endl;        //引用派生类的私有成员,正确
          cout << " address: " << addr << endl;}  //引用派生类的私有成员,正确
  Private:
      int age;
      string addr;
  };
```

由于基类的私有成员对派生类来说是不可访问的,因此在派生类中的 display_1 函数中直接引用基类的私有数据成员 num,name 和 sex 是不允许的。只能通过基类的公用成员函数来引用基类的私有数据成员。

可以将派生类 Student1 的声明改为

```
class Student1: public Student          //以 public 方式声明派生类 Student1
    {public:
      void get_value_1()
         {cin >> age >> addr;}
      void display_1()
         {cout << " age: " << age << endl;              //引用派生类的私有成员,正确
          cout << " address: " << addr << endl;         //引用派生类的私有成员,正确
         }
      private:
        int age;
        string addr;
    };
```

然后在 main 函数中分别调用基类的 display 函数和派生类中的 display_1 函数,先后输出 5 个数据。

可以这样写 main 函数(假设对象 stud 中已有数据):

```
int main( )
  { Student1   stud;              //定义派生类 Student1 的对象 stud
    stud.get_value( );            //调用基类的公有成员函数,输入基类中 3 个数据成员的值
    stud.get_value_1( );          //调用派生类的公有成员函数,输入派生类两个数据成员的值
    stud.display( );              //调用基类的公有成员函数,输出基类中 3 个数据成员的值
    stud.display_1( );            //调用派生类的公有成员函数,输出派生类中两个数据成员的值
    return 0;
  }
```

请读者根据上面的分析,编写完整的程序。

运行结果为

```
1001 Zhang m 21 Shanghai ↙          (输入 5 个数据)
name: Zhang                         (输出 5 个数据)
num: 1001
sex: m
age: 21
address:Shanghai
```

请分析在主函数中能否出现以下语句:

```
stud.age = 18;                      //错误,在类外不能引用派生类的私有成员
stud.num = 10020;                   //错误,在类外不能引用基类的私有成员
```

实际上,程序还可以改进,在派生类的 display_1 函数中调用基类的 display 函数,这样,在主函数中只要写一行:

```
stud.display_1( );
```

即可输出 5 个数据。以上只是为了说明派生类成员的引用方法。在学习了下面的例 11.2 后就清楚了。

11.4.2 私有继承

在声明一个派生类时将基类的继承方式指定为 private 的,称为**私有继承**,用私有继承方式建立的派生类称为**私有派生类**(private derived class),其基类称为**私有基类**(private base class)。

私有基类的公用成员和保护成员在派生类中的访问属性相当于派生类中的**私有成员**,即派生类的成员函数能访问它们,而在派生类外不能访问它们。**私有基类的私有成员在派生类中成为不可访问的成员**,只有基类的成员函数可以引用它们。一个基类成员在基类中的访问属性和在派生类中的访问属性可能是不同的。私有基类的成员可以被基类的成员函数访问,但不能被派生类的成员函数访问。私有基类的成员在私有派生类中的访问属性见表 11.2。

表 11.2　私有基类在派生类中的访问属性

在基类的访问属性	继 承 方 式	在派生类中的访问属性
private(私有)	private(私有)	不可访问
public(公用)	private(私有)	private(私有)
protected(保护)	private(私有)	private(私有)

图 11.7 表示了各成员在派生类中的访问属性。若基类 A 有公用数据成员 i 和 j,私有数据成员 k(见图 11.7(a)),采用私有继承方式声明了派生类 B,新增加了公用数据成员 m 和 n,私有数据成员 p(见图 11.7(b))。在派生类 B 作用域内,基类 A 的公用数据成员 i 和 j 呈现私有成员的特征,在派生类 B 内可以访问它们,而在派生类 B 外不可访问它们。在派生类内不可访问基类 A 的私有数据成员 k。此时,从派生类的角度来看,相当于有公用数据成员 m 和 n,私有成员 i,j,p(见图 11.7(c))。基类 A 的私有数据成员 k 在派生类 B 中成为"不可见"的。

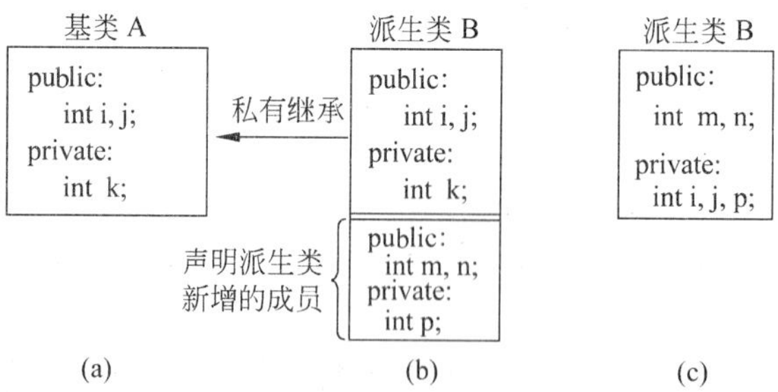

图　11.7

对表 11.2 的规定不必死记,只须理解:既然声明为私有继承,就表示将原来能被外界引用的成员隐藏起来,不让外界引用,因此私有基类的公用成员和保护成员理所当然地成为派生类中的私有成员。私有基类的私有成员按规定只能被基类的成员函数引用,在基类外当然不能访问它们,因此它们在派生类中是隐蔽的,不可访问的。

对于不需要再往下继承的类的功能可以用私有继承方式把它隐蔽起来,这样,下一层的派生类无法访问它的任何成员。

可以知道:一个成员在不同的派生层次中的访问属性可能是不同的。它与继承方式有关。

例 11.2　将例 11.1 中的公用继承方式改为用私有继承方式(基类 Student 不改)。

可以写出私有派生类如下:

```
class Student1: private Student                    //用私有继承方式声明派生类 Student1
  {public:
      void get_value_1()                                 //输入派生类数据
      {cin >> num >> name >> sex;}
      void display_1()                                   //输出两个数据成员的值
      { cout << " age: " << age << endl;                 //引用派生类的私有成员
       cout << " address: " << addr << endl;}            //引用派生类的私有成员
   private:
```

```
    int age;
    string addr;
  };
```

请分析下面的主函数：

```
int main()
  {Student1   stud1;                  //定义一个 Student1 类的对象 stud1
   stud1.display();                   //错误,私有基类的公用成员函数在派生类中是私有函数
   stud1.display_1();                 //正确,display_1 函数是 Student1 类的公用函数
   stud1.age = 18;                    //错误,外界不能引用派生类的私有成员
   return 0;
  }
```

main 函数的第 3 行试图在类外调用派生类 Student1 中私有基类的 display 函数，该函数虽然在 Student 类中是公用函数，但由于在声明派生类 Student1 时对基类 Student 采用私有继承方式，因此它在派生类中的访问属性为私有，可以把它看作派生类 Student1 的私有成员函数，不能在类外调用它。这样就无法调用它输出基类的私有数据成员。main 函数的第 4 行是正确的，因为 display_1 函数是 Student1 类的公用函数，可以在类外调用。

结论：

(1) 不能通过派生类对象（如 stud1）引用从私有基类继承过来的任何成员（如 stud1.display()或 stud1.num）。

(2) 派生类的成员函数不能访问私有基类的私有成员，但可以访问私有基类的公用成员（如 stud1.display_1 函数可以调用基类的公用成员函数 display，但不能引用基类的私有成员 num）。

不少读者提出这样一个问题：私有基类的私有成员 num 等数据成员只能被基类的成员函数引用，而私有基类的公用成员函数又不能被派生类外调用，那么，有没有办法调用私有基类的公用成员函数，从而引用私有基类的私有成员呢？有。应当注意到：虽然在派生类外不能通过派生类对象调用私有基类的公用成员函数（如 stud1.display()形式），但可以通过派生类的成员函数调用私有基类的公用成员函数（此时它是派生类中的私有成员函数，可以被派生类的任何成员函数调用）。

可将上面的私有派生类的两个成员函数定义改写为

```
void get_value_1()                         //输入 5 个数据的函数
  {get_value();                            //调用基类的公用函数输入基类 3 个数据
   cin >> age >> addr;}                    //输入派生类两个数据
void display_1()                           //输出 5 个数据成员的值
  {display();                              //调用基类的公用成员函数,输出 3 个数据成员的值
   cout << "age: " << age << endl;         //输出派生类的私有数据成员 age
   cout << "address: " << addr << endl;}   //输出派生类的私有数据成员 addr
```

main 函数可改写为

```
int main()
  {Student1 stud1;
```

```
    stud1.get_value_1();              //get_value_1 是派生类 Student1 类的公用函数
    stud1.display_1();                //display_1 是派生类 Student1 类的公用函数
    return 0;
}
```

这样就能正确地引用私有基类的私有成员。可以看到,本例采用的方法是:

① 在 main 函数中调用派生类中的公用成员函数 stud1.display_1;

② 通过该公用成员函数调用基类的公用成员函数 display(它在派生类中是私有函数,可以被派生类中的任何成员函数调用);

③ 通过基类的公用成员函数 display 引用基类中的数据成员。

请读者根据上面的要求,写出完整、正确的程序。程序运行结果与例 11.1 相同。

由于私有派生类限制太多,使用不方便,一般不常使用。

11.4.3 保护成员和保护继承

前面已接触过"受保护"(protected)这一名词。它与 private 和 public 一样是用来声明成员的访问权限的。由 protected 声明的成员称为"**受保护的成员**",或简称"**保护成员**"。受保护成员不能被类外访问,这点和私有成员类似,可以认为保护成员对类的用户来说是私有的。从类的用户角度来看,保护成员等价于私有成员。但有一点与私有成员不同,**保护成员可以被派生类的成员函数引用**。见图 11.8。

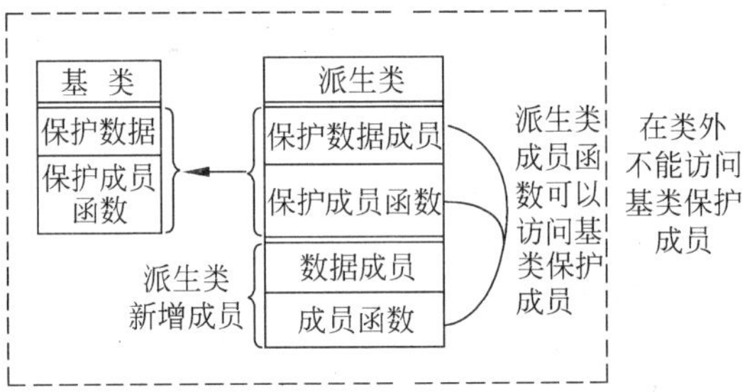

图 11.8

以前曾将友元(friend)比喻为朋友,可以允许好朋友进入自己的卧室,而保护成员相当于保险箱,任何外人均不得窥视,只有子女(即其派生类)才能打开。

如果基类声明了**私有成员**,那么任何派生类都是不能访问它们的,若希望在派生类中能访问它们,应当把它们声明为**保护成员**。如果在一个类中声明了保护成员,就意味着该类可能要用作基类,在它的派生类中会访问这些成员。

在定义一个派生类时将基类的继承方式指定为 protected 的,称为**保护继承**,用保护继承方式建立的派生类称为**保护派生类**(protected derived class),其基类称为受保护的基类(protected base class),简称**保护基类**。

保护继承的特点是:保护基类的公有成员和保护成员在派生类中都成了保护成员,其私有成员仍为基类私有,也就是把基类原有的公有成员也保护起来,不让类外任意访问。

将表 11.1 和表 11.2 综合表示并增加保护继承的内容,见表 11.3。

表 11.3　基类成员在派生类中的访问属性

在基类的访问属性	继承方式	在派生类中的访问属性
private(私有)	public(公用)	不可访问
private(私有)	private(私有)	不可访问
private(私有)	protected(保护)	不可访问
public(公用)	public(公用)	public(公用)
public(公用)	private(私有)	private(私有)
public(公用)	protected(保护)	protected(保护)
protected(保护)	public(公用)	protected(保护)
protected(保护)	private(私有)	private(私有)
protected(保护)	protected(保护)	protected(保护)

分析：

(1) 保护基类的所有成员在派生类中都被保护起来，类外不能访问，其公用成员和保护成员可以被其派生类的成员函数访问，私有成员则不可访问。

(2) 比较一下私有继承和保护继承（也就是比较在私有派生类和保护派生类中的访问属性），可以发现，在直接派生类中，以上两种继承方式的作用实际上是相同的，即在类外不能访问任何成员，而在派生类中可以通过成员函数访问基类中的公用成员和保护成员。但是如果继续派生，在新的派生类中，两种继承方式的作用就不同了。例如，如果以公用继承方式派生出一个新派生类，原来私有基类中的成员在新派生类中都成为不可访问的成员，无论在派生类内或外都不能访问，而原来保护基类中的公用成员和保护成员在新派生类中为保护成员，可以被新派生类的成员函数访问。

(3) 基类的私有成员被派生类继承（不论是私有继承、公用继承还是保护继承）后变为不可访问的成员，派生类中的一切成员均无法访问它们。如果需要在派生类中引用基类的某些成员，应当将基类的这些成员声明为 protected，而不要声明为 private。

如果善于利用保护成员，可以在类的层次结构中找到数据共享与成员隐蔽之间的结合点。既可实现某些成员的隐蔽，又可方便地继承，能实现代码重用与扩充。

(4) 在派生类中，成员有 4 种不同的访问属性。

① 公用的，派生类内类外都可以访问。

② 受保护的，派生类内可以访问，派生类外不能访问，其下一层的派生类可以访问。

③ 私有的，派生类内可以访问，派生类外不能访问。

④ 不可访问的，派生类内类外都不能访问。

可以用表 11.4 表示。

表 11.4　派生类中的成员的访问属性

派生类中访问属性	在派生类中	在派生类外部	在下一层公用派生类中
公用	可以	可以	可以
保护	可以	不可以	可以
私有	可以	不可以	不可以
不可访问	不可以	不可以	不可以

说明：

① 这里所列出的成员的访问属性是指在派生类中所获得的访问属性，例如，某一数据成员在基类是私有成员，在派生类中其访问属性是不可访问的，因此在派生类中它是不可访问的成员；

② 所谓在派生类外部，是指在建立派生类对象的模块中，在派生类范围之外；

③ 如果本派生类继续派生，则在不同的继承方式下，成员所获得的访问属性是不同的，在表11.4中只列出在下一层公用派生类中的情况，如果是私有继承或保护继承，读者可以从表11.3中找到答案。

(5) 类的成员在不同作用域中有不同的访问属性，对这一点要十分清楚。一个成员的访问属性是有前提的，就是在哪一个作用域中。有的读者会问，"一个基类的公用成员，在派生类中变成保护的，究竟它本身是公用的还是保护的？"应当说，这是同一个成员在不同的作用域中所表现出的不同特征。例如，学校人事部门掌握了全校师生员工的资料，学校的领导可以查阅任何人的材料，学校下属的系只能从全校的资料中得到本系师生员工的资料，而不能查阅其他部门任何人的材料。如果要问能否查阅张某某的材料，则无法一概而论，必须查明你的身份，才能决定该人的材料能否被你"访问"。

在未介绍派生类之前，类的成员只属于其所属的类，不涉及其他类，不会引起歧义。在介绍派生类后，就存在一个问题：在哪个范围内讨论成员的特征。同一个成员在不同的继承层次中有不同的特征。为了说明这个概念，可以打个比方，汽车驾驶证是按地区核发的，北京的驾驶证在北京市范围内畅通无阻，如果到了外地，可能会受到某些限制，到了外国就无效了。同一个驾驶员在不同地区的权利是不同的。又譬如，到医院探视病人，如果允许你进入病房近距离地看望和交谈，可以比较深入地了解病人的状况；如果只允许你在玻璃门窗外探视，在一定距离外看到病人，只能对病人状况有粗略的印象；如果只允许在病区的走廊里通过电视看病人活动的片段镜头，那就更间接了。人们在不同的场合下对同一个病人，得到不同的信息，或者说，这个病人在不同的场合下的"可见性"不同。

平常，人们常习惯说某类的公有成员如何如何，这在一般不致引起误解的情况下是可以的。但是决不要误认为该成员的访问属性只能是公有的而不能改变。在讨论成员的访问属性时，一定要说明是在什么范围而言的，如，基类的成员a，在基类中的访问属性是公有的，在私有派生类中的访问属性是私有的。

下面通过一个例子说明怎样访问保护成员。

例11.3 在派生类中引用保护成员。

```
#include <iostream>
#include <string>
using namespace std;
class Student                              //声明基类
{public:                                   //基类无公用成员

 protected:                                //基类保护成员
  int num;
  string name;
  char sex;
```

```
};

class Student1: protected Student               //用 protected 方式声明派生类 Student1
{public:
    void get_value1();                           //派生类公用成员函数
    void display1();                             //派生类公用成员函数
 private:
    int age;                                     //派生类私有数据成员
    string addr;                                 //派生类私有数据成员
};
void get_value1()                                //定义派生类公用成员函数
  {cin >> num >> bame >> sex;                    //输入保护基类数据成员
   cin >> age >> addr;}                          //输入派生类数据成员

void Student1 :: display1()                      //定义派生类公用成员函数
    {cout << "num: " << num << endl;             //引用基类的保护成员
     cout << "name: " << name << endl;           //引用基类的保护成员
     cout << "sex: " << sex << endl;             //引用基类的保护成员
     cout << "age: " << age << endl;             //引用派生类的私有成员
     cout << "address: " << addr << endl;        //引用派生类的私有成员
    }

int main()
{Student1 stud1;                 //stud1 是派生类 Student1 类的对象
 stud1.get_value1();             //get_value1 是派生类中的公用成员函数,输入数据
 stud1.display1();               //display1 是派生类中的公用成员函数,输出数据
 return 0;
}
```

在基类 Student 中只有被保护的数据成员,没有成员函数。Student1 是保护派生类。在主函数中调用派生类的公用成员函数 stud1. get_value1,输入基类和派生类的 5 个数据,调用派生类的公用成员函数 stud1. display1 输出基类和派生类的 5 个数据。在派生类的成员函数中引用基类的保护成员,这是合法的。基类的保护成员对派生类的外界来说是不可访问的(例如,num 是基类 Student 中的保护成员,由于派生类是保护继承,因此它在派生类中仍然是受保护的,外界不能用 stud1. num 来引用它),但在派生类内,它相当于私有成员,可以通过派生类的成员函数访问。请与例 11.2 对比分析。可以看到,保护成员和私有成员不同之处,在于把保护成员的访问范围扩展到派生类中。

注意:在程序中通过派生类 Student1 的对象 stud1 的公用成员函数 display1 去访问基类的保护成员 num. name 和 sex,不要误认为可以通过派生类对象名去访问基类的保护成员,例如写成 stud1. num =1001 是错误的,外界不能访问保护成员。

程序运行结果与例 11.1 相同。

在本例中,在声明派生类 Student1 时采用了 protected 继承方式,请读者思考并上机验证:

（1）如果改用 public 继承方式，程序能否通过编译和正确运行。结论是可以。请读者对这两种继承方式作比较分析，考虑在什么情况下二者不能互相代替。

（2）对例 11.1 程序改用 protected 继承方式，其他不改。程序能否正常运行？结论是不行的，因为基类的公有成员函数在保护派生类中的属性是“被保护”的，外界不能调用，而且派生类的成员函数不能引用基类的私有数据成员。请修改程序，使之能正常运行。

私有继承和保护继承方式使用时需要十分小心，很容易搞错，一般不常用。前面只作了简单的介绍，以便在阅读别人写的程序时能正确理解。在本书后面的例子中主要介绍公用继承方式。

11.4.4 多级派生时的访问属性

以上介绍了只有一级派生的情况，实际上，常常有多级派生的情况，例如图 11.1 和图 11.5 所示的那样。如果有图 11.9 所示的派生关系：类 A 为基类，类 B 是类 A 的派生类，类 C 是类 B 的派生类，则类 C 也是类 A 的派生类。类 B 称为类 A 的**直接派生类**，类 C 称为类 A 的**间接派生类**。类 A 是类 B 的**直接基类**，是类 C 的**间接基类**。在多级派生的情况下，各成员的访问属性仍按以上原则确定。

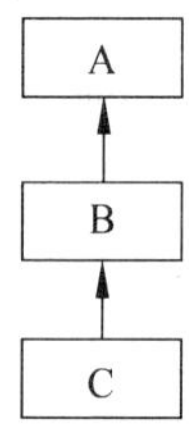

图 11.9

例 11.4 多级派生的访问属性。

如果声明了以下类：

```
class A                                    //基类
{public:
    int i;
 protected:
    void f1( );
    int j;
 private:
    int k;
};

class B: public A                          //public 派生类
{public:
    void f2( );
 protected:
    void f3( );
 private:
    int m;
};

class C: protected B                       //protected 派生类

{public:
    void f4( );
```

```
private:
    int n;
};
```

类 A 是类 B 的公用基类,类 B 是类 C 的保护基类。各成员在不同类中的访问属性见表 11.5。

表 11.5 各成员在不同类中的访问属性

	i	f1()	j	k	f2()	f3()	m	f4()	n
基类 A	公用	保护	保护	私有					
公用派生类 B	公用	保护	保护	不可访问	公用	保护	私有		
保护派生类 C	保护	保护	保护	不可访问	保护	保护	不可访问	公用	私有

根据以上分析,在派生类 C 的外面只能访问类 C 的成员函数 f4,不能访问其他成员。派生类 C 的成员函数 f4 能访问基类 A 的成员 i,f2,j 和派生类 B 的成员 f2,f3。派生类 B 的成员函数 f2,f3 能访问基类 A 的成员 i,j 和成员函数 f1。

可以看到: 无论哪一种继承方式,在派生类中是不能访问基类的私有成员的,私有成员只能被本类的成员函数所访问,毕竟派生类与基类不是同一个类。

如果在多级派生时都采用公有继承方式,那么直到最后一级派生类都能访问基类的公用成员和保护成员。如果采用私有继承方式,经过若干次派生之后,基类的所有的成员已经变成不可访问的了。如果采用保护继承方式,在派生类外是无法访问派生类中的任何成员的。而且经过多次派生后,人们很难清楚地记住哪些成员可以访问,哪些成员不能访问,很容易出错。因此,在实际中,常用的是公用继承。

11.5 派生类的构造函数和析构函数

在第 9 章曾介绍过,用户在声明类时可以不定义构造函数,系统会自动设置一个默认的构造函数,在定义类对象时会自动调用这个默认的构造函数。这个构造函数实际上是一个空函数,不执行任何操作。如果需要对类中的数据成员初始化,应自己定义构造函数。

构造函数的主要作用是对数据成员初始化。前面已提到过,基类的构造函数是不能继承的,在声明派生类时,派生类并没有把基类的构造函数继承过来,因此,对继承过来的基类成员初始化的工作也要由派生类的构造函数承担。所以在设计派生类的构造函数时,不仅要考虑派生类所增加的数据成员的初始化,还应当考虑基类的数据成员初始化。也就是说,希望在执行派生类的构造函数时,使派生类的数据成员和基类的数据成员同时都被初始化。解决这个问题的思路是: 在执行派生类的构造函数时,调用基类的构造函数。

11.5.1 简单的派生类的构造函数

任何派生类都包含基类的成员,简单的派生类只有一个基类,而且只有一级派生(只有直接派生类,没有间接派生类),在派生类的数据成员中不包含基类的对象(即子对象,有关子对象的问题将在第 11.5.2 节中介绍)。下面先介绍在简单的派生类中怎样定义构造函数。

先看一个具体的例子。

例 11.5 定义简单的派生类的构造函数。

```
#include <iostream>
#include <string>
using namespace std;
class Student                                    //声明基类 Student
{public:
   Student(int n,string nam,char s)              //定义基类构造函数
     {num = n;
      name = nam;
      sex = s; }
   ~Student(){ }                                 //基类析构函数
   protected:                                    //保护部分
    int num;
    string name;
    char sex ;
};

class Student1: public Student               //声明公用派生类 Student1
{public:                                      //派生类的公用部分
   Student1(int n,string nam,char s,int a,string ad):Student(n,nam,s)
                                              //定义派生类构造函数
     {age = a;                                //在函数体中只对派生类新增的数据成员初始化
      addr = ad;
     }
   void show()
     {cout << "num: " << num << endl;
      cout << "name: " << name << endl;
      cout << "sex: " << sex << endl;
      cout << "age: " << age << endl;
      cout << "address: " << addr << endl << endl;
     }
   ~Student1(){}                              //派生类析构函数
  private:                                    //派生类的私有部分
   int age;
   string addr;
};

int main()
{Student1 stud1(10010,"Wang-li",'f',19,"115 Beijing Road,Shanghai");
 Student1 stud2(10011,"Zhang-fang",'m',21,"213 Shanghai Road,Beijing");
 stud1.show();                                //输出第1个学生的数据
 stud2.show();                                //输出第2个学生的数据
 return 0;
}
```

运行结果为

```
num:10010
name:Wang - li
sex:f
address: 115 Beijing Road,Shanghai

num:10011
name:Zhang - fang
sex:m
address: 213 Shanghai Road,Beijing
```

请注意派生类构造函数首行的写法：

```
Studentl(int n,string nam,char s,int a,string ad):Student(n,nam,s)
```

派生类构造函数一般形式为

派生类构造函数名(总参数表)：基类构造函数名(参数表)

{派生类中新增数据成员初始化语句}

冒号“:”前面部分是派生类构造函数的主干，它和以前介绍过的构造函数的形式相同，但它的总参数表中包括基类构造函数所需的参数和对派生类新增的数据成员初始化所需的参数。冒号“:”后面部分是要调用的基类构造函数及其参数。

从上面列出的派生类 Studentl 构造函数首行中可以看到，派生类构造函数名(Studentl)后面括号内的参数表中包括参数的类型和参数名(如 int n)，而基类构造函数名后面括号内的参数表列只有参数名而不包括参数类型(如 n,nam,s)，因为在这里**不是定义基类构造函数，而是调用基类构造函数，因此这些参数是实参而不是形参**。它们可以是常量、全局变量和派生类构造函数总参数表中的参数。

从上面列出的派生类 Studentl 构造函数中可以看到：调用基类构造函数 Student 时给出 3 个参数(n,nam,s)，这是和定义基类构造函数时指定的参数相匹配的。派生类构造函数 studentl 有 5 个参数，其中前 3 个是用来传递给基类构造函数的，后面两个(a 和 ad)是用来对派生类所增加的数据成员初始化的。

在 main 函数中定义对象 studl 时指定了 5 个实参。它们按顺序传递给派生类构造函数 Studentl 的形参(n,nam,s,a,ad)。然后，派生类构造函数将前面 3 个(n,nam,s)传递给基类构造函数的形参。见图 11.10。

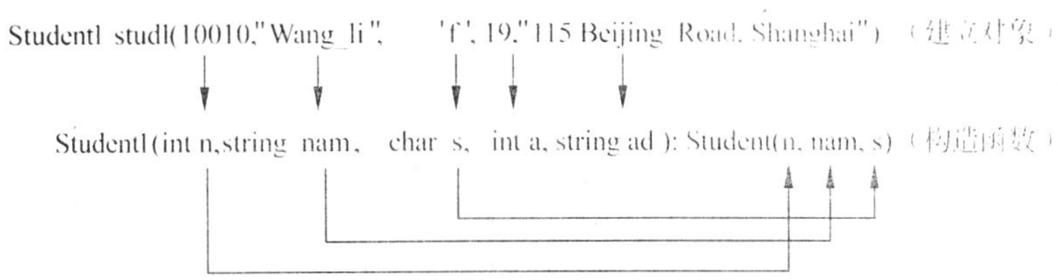

图 11.10

通过 Student (n,nam,s)把3个值再传给基类构造函数的形参,见图11.11。

```
Student(      n,         nam,        s)
              ↓           ↓           ↓
Student(int   n,string   nam,char    s)       //这是基类构造函数的首部
```

图 11.11

在上例中也可以将派生类构造函数在类外面定义,而在类体中只写该函数的声明:

```
Student1(int n,string nam,char s,int a,string ad);
```

在类的外面定义派生类构造函数:

```
Student1::Student1(int n,string nam,char s,int a,string ad):Student(n,nam,s)
  {age=a;
   addr=ad);
}
```

请注意:在类中对派生类构造函数作声明时,不包括上面给出的一般形式中的“基类构造函数名(参数表)”部分,即 Student(n,nam,s)。只在定义函数时才将它列出。

在以上例子中,调用基类构造函数时的实参是从派生类构造函数的总参数表中得到的,也可以不从派生类构造函数的总参数表中传递过来,而直接使用常量或全局变量。例如,派生类构造函数首行可以写成以下形式:

```
Student1(string nam,char s,int a,string ad):Student(10010,nam,s)
```

即,基类构造函数3个实参中,有一个是常量10010,另外两个从派生类构造函数的总参数表传递过来。

有些读者在看到上面介绍的派生类构造函数的定义形式时,可能会感到有些眼熟,它不是和第9.1.4节介绍的构造函数的初始化表的形式很类似吗?请回顾一下在第9章介绍过的构造函数初始化表的例子:

```
Box::Box(int h,int w,int len):height(h),width(w),length(len)
{ }
```

它也有一个冒号,在冒号后面的是对数据成员初始化表。实际上,在本章介绍的在派生类构造函数中对基类成员初始化,就是在第9章介绍的构造函数初始化表。也就是说,不仅可以利用初始化表对构造函数的数据成员初始化,而且可以利用初始化表调用派生类的基类构造函数,实现对基类数据成员的初始化。也可以在同一个构造函数的定义中同时实现这两种功能。例如,例11.5中派生类的基类构造函数的定义采用了下面的形式:

```
Student1(int n, string nam,char s,int a, string ad):Student(n,nam,s)
    {age=a;                              //在函数体中对派生类数据成员初始化
     addr=ad;
    }
```

可以将对 age 和 addr 的初始化也用初始化表处理,将构造函数改写为以下形式:

```
Student1(int n, string nam,char s,int a, string ad):Student(n,nam,s),age(a),addr(ad){}
```

这样函数体为空,更显得简单和方便。

在建立一个对象时,执行构造函数的顺序是: ①派生类构造函数先调用基类构造函数; ②再执行派生类构造函数本身(即派生类构造函数的函数体)。对上例来说,先初始化 num,name,sex,然后再初始化 age 和 addr。

在派生类对象释放时,先执行派生类析构函数 ~Student1(),再执行其基类析构函数 ~Student()。

11.5.2 有子对象的派生类的构造函数

以前介绍过的类,其数据成员都是标准类型(如 int,char)或系统提供的类型(如 string),实际上,类中的数据成员中还可以包含类对象,如可以在声明一个类时包含这样的数据成员:

```
Student s1;                    // Student 是已声明的类名,s1 是 Student 类的对象
```

这时,s1 就是类对象中的内嵌对象,称为**子对象**(subobject),即**对象中的对象**。读者可能会联想到结构体类型的成员可以是结构体变量,现在的情况与之相似。

通过例子来说明问题。在例 11.5 中的派生类 Student1 中,除了可以在派生类中要增加数据成员 age 和 address 外,还可以增加"班长"一项,即学生数据中包含他们的班长的姓名和其他基本情况,而班长本身也是学生,他也属于 Student 类型,有学号和姓名等基本数据,这样班长项就是派生类 Student1 中的子对象。在下面程序的派生类的数据成员中,有一项 monitor(班长),它是基类 Student 的对象,也就是派生类 Student1 的子对象。

那么,在对数据成员初始化时怎样对子对象初始化呢? 请仔细分析程序,特别注意派生类构造函数的写法。

例 11.6 包含子对象的派生类的构造函数。

为了简化程序以易于阅读,在基类 Student 中的数据成员只有两个,即 num 和 name。

```
#include <iostream>
#include <string>
using namespace std;
class Student                              //声明基类
{public:                                   //公用部分
   Student(int n, string nam)              //基类构造函数,与例 11.5 相同
     {num = n;
      name = nam;
     }
   void display()                          //成员函数,输出基类数据成员
     {cout << "num:" << num << endl << "name:" << name << endl;}
  protected:                               //保护部分
    int num;
    string name;
};
```

```
class Student1: public Student                    //声明公用派生类 student1
{public:
  Student1(int n, string nam,int n1, string nam1,int a, string ad)
      :Student(n,nam),monitor(n1,nam1)     //派生类构造函数
    {age = a;
     addr = ad;
    }
  void show()
    {cout << "This student is:" << endl;
     display();                                    //输出 num 和 name
     cout << "age: " << age << endl;               //输出 age
     cout << "address: " << addr << endl << endl;  //输出 addr
    }

  void show_monitor()                              //成员函数,输出子对象
    {cout << endl << "Class monitor is:" << endl;
     monitor.display();                            //调用基类成员函数
    }
  private:                                         //派生类的私有数据
   Student monitor;                                //定义子对象(班长)
   int age;
   string addr;
 };

int main()
{Student1 stud1(10010,"Wang_li",10001,"Li_sun",19,"115 Beijing Road,Shanghai");
 stud1.show();                                     //输出学生的数据
 stud1.show_monitor();                             //输出子对象的数据
 return 0;
}
```

运行时输出如下：

```
This student is:
num: 10010
name: Wang_li
age: 19
address:115 Beijing Road,Shanghai

Class monitor is:
num:10001
name:Li_sun
```

请注意在派生类 Student1 中有一个数据成员：

```
Student monitor;          //定义子对象 monitor(班长)
```

“班长”的类型不是简单类型(如 int,char,float 等),它是 Student 类的对象。前面已说明,应当在建立对象时对它的数据成员初始化。那么,怎样对子对象初始化呢？显然不能在声明派生类时对它初始化(如 Student monitor(10001,"Li_sun");),因为类是抽象类型,只是一个模型,是不能有具体的数据的,而且每一个派生类对象的子对象一般是不相同的(例如学生 A,B,C 的班长是 A,而学生 D,E,F 的班长是 F)。因此子对象的初始化是在建立派生类时通过调用派生类构造函数来实现的。

派生类构造函数的任务应该包括 3 个部分：

(1) 对基类数据成员初始化；

(2) 对子对象数据成员初始化；

(3) 对派生类数据成员初始化。

程序中派生类构造函数首部是

```
Student1(int n, string nam,int n1, string nam1,int a, string ad):
    Student(n,nam),monitor(n1,nam1)
```

在上面的构造函数中有 6 个形参,前两个是作为基类构造函数的参数,第 3,4 个是作为子对象构造函数的参数,第 5,6 个是用作派生类数据成员初始化的,见图 11.12。应当说明,这只适用于本程序的特定情况,并不是每个构造函数都需要 6 个形参,也不是每一项都需要两个参数。在本例中基类 Student 的构造函数需要两个参数,子对象的初始化也需要两个参数(因为子对象也是 Student 类,在建立对象时也是调用基类构造函数),对派生类数据成员初始化也需要两个参数。

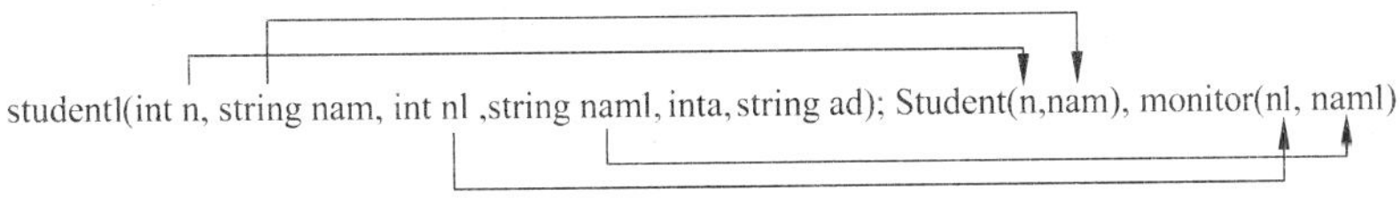

图　11.12

归纳起来,定义派生类构造函数的一般形式为

派生类构造函数名(总参数表):基类构造函数名(参数表),子对象名(参数表)

{派生类中新增数据成员初始化语句}

执行派生类构造函数的顺序是：

(1) 调用基类构造函数,对基类数据成员初始化；

(2) 调用子对象构造函数,对子对象数据成员初始化；

(3) 再执行派生类构造函数本身,对派生类数据成员初始化。

对上例来说,先初始化基类中的数据成员 num,name,然后再初始化子对象的数据成员 num,name,最后初始化派生类中的数据成员 age 和 addr。

派生类构造函数的总参数表中的参数,应当包括基类构造函数和子对象的参数表中的参数。基类构造函数和子对象的次序可以是任意的,如上面的派生类构造函数首部可以写成

```
Student1(int n, string nam,int n1, string nam1,int a, string ad):
```

monitor(n1,nam1),Student(n,nam)

编译系统是根据相同的参数名(而不是根据参数的顺序)来确立它们的传递关系的。如总参数表中的 n 传给基类构造函数 Student 的参数 n,总参数表中的 n1 传给子对象的参数 n1。但是习惯上一般先写基类构造函数,以与调用的顺序一致,看起来清楚一些。

如果有多个子对象,派生类构造函数的写法依此类推,应列出每一个子对象名及其参数表列。

11.5.3 多层派生时的构造函数

一个类不仅可以派生出一个派生类,派生类还可以继续派生,形成派生的层次结构。在上面叙述的基础上,不难写出在多级派生情况下派生类的构造函数。

通过例 11.7 程序,读者可以了解在多级派生情况下怎样定义派生类的构造函数。

例 11.7 多级派生情况下派生类的构造函数。

```
#include <iostream>
#include <string>
using namespace std;
class Student                                   //声明基类
{public:                                        //公用部分
   Student(int n, string nam)                   //基类构造函数
     {num = n;
      name = nam;
     }
   void display()                               //输出基类数据成员
     {cout << "num:" << num << endl;
      cout << "name:" << name << endl;
     }
  protected:                                    //保护部分
    int num;                                    //基类有两个数据成员
    string name;
};

class Student1: public Student                  //声明公用派生类 Student1
{public:
   Student1(int n,char nam[10],int a):Student(n,nam)     //派生类构造函数
     {age = a; }                                 //在此处只对派生类新增的数据成员初始化
   void show()                                   //输出 num,name 和 age
     {display();                                 //输出 num 和 name
      cout << "age: " << age << endl;
     }
   private:                                      //派生类的私有数据
    int age;                                     //增加一个数据成员
 };
```

```
class Student2:public Student1                        //声明间接公用派生类 student2
{public:
                                                      //下面是间接派生类构造函数
   Student2(int n, string nam,int a,int s):Student1(n,nam,a)
     {score=s;}
   void show_all()                                    //输出全部数据成员
     {show();                                         //输出 num 和 name
      cout<<"score:"<<score<<endl;                    //输出 age
     }
  private:
   int score;                                         //增加一个数据成员
};

int main()
{Student2 stud(10010,"Li",17,89);
 stud.show_all();                                     //输出学生的全部数据
 return 0;
}
```

运行时输出如下：

```
num:10010
name:Li
age:17
score:89
```

其派生关系如图 11.13 所示。

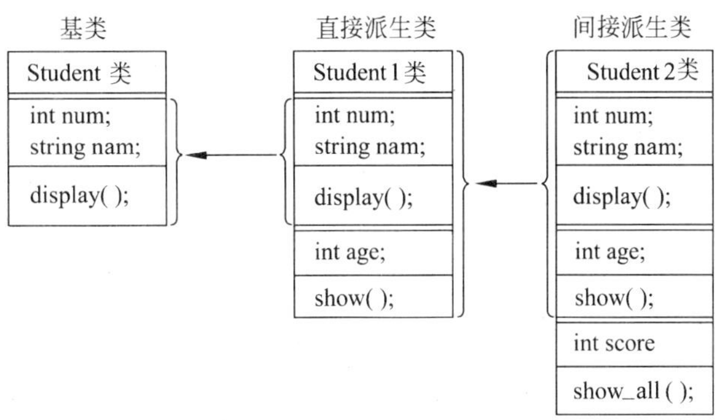

图 11.13

请注意基类和两个派生类的构造函数的写法。

基类的构造函数首部：

```
Student(int n, string nam)
```

派生类 Student1 的构造函数首部：

```
Student1(int n, string nam],int a):Student(n,nam)
```

派生类 Student2 的构造函数首部：

```
Student2(int n, string nam,int a,int s):Student1(n,nam,a)
```

注意不要写成：

```
Student2(int n, string nam,int a,int s):Student(n,nam),Student1(n,nam,a)
```

不要列出每一层派生类的构造函数，只须写出其上一层派生类（即它的直接基类）的构造函数即可。在声明 Student2 类对象时，调用 Student2 构造函数；在执行 Student2 构造函数时，先调用 Student1 构造函数；在执行 Student1 构造函数时，先调用基类 Student 构造函数。初始化的顺序是：① 先初始化基类的数据成员 num 和 name；② 再初始化 Student1 的数据成员 age；③ 最后再初始化 Student2 的数据成员 score。

11.5.4 派生类构造函数的特殊形式

在使用派生类构造函数时，可以有以下两种特殊的形式。

(1) 当不需要对派生类新增的成员进行任何初始操作时，派生类构造函数的函数体可以为空，即构造函数是空函数，如例 11.6 程序中派生类 Student1 构造函数可以改写为

```
Student1(int n, string nam,int n1, string nam1):Student(n,nam),monitor(n1,
  nam1) { }
```

可以看出，函数体为空。此时，派生类构造函数的参数个数等于基类构造函数和子对象的参数个数之和，派生类构造函数的全部参数都传递给基类构造函数和子对象，在调用派生类构造函数时不对派生类的数据成员初始化。此派生类构造函数的作用只是为了将参数传递给基类构造函数和子对象，并在执行派生类构造函数时调用基类构造函数和子对象构造函数。在实际工作中常见这种用法。

(2) 如果在基类中没有定义构造函数，或定义了没有参数的构造函数，那么，在定义派生类构造函数时可以不写基类构造函数。因为此时派生类构造函数没有向基类构造函数传递参数的任务。在调用派生类构造函数时，系统会自动首先调用基类的默认构造函数。

如果在基类和子对象类型的声明中都没有定义带参数的构造函数，而且也不需对派生类自己的数据成员初始化，则可以不必显式地定义派生类构造函数。因为此时派生类构造函数既没有向基类构造函数和子对象构造函数传递参数的任务，也没有对派生类数据成员初始化的任务。在建立派生类对象时，系统会自动调用系统提供的派生类的默认构造函数，并在执行派生类默认构造函数的过程中，调用基类的默认构造函数和子对象类型默认构造函数。

如果在基类或子对象类型的声明中定义了带参数的构造函数，那么就必须显式地定义派生类构造函数，并在派生类构造函数中写出基类或子对象类型的构造函数及其参

数表。

如果在基类中既定义无参的构造函数,又定义了有参的构造函数(构造函数重载),则在定义派生类构造函数时,既可以包含基类构造函数及其参数,也可以不包含基类构造函数。在调用派生类构造函数时,根据构造函数的内容决定调用基类的有参的构造函数还是无参的构造函数。编程者可以根据派生类的需要决定采用哪一种方式。

11.5.5 派生类的析构函数

在第 9 章中已经介绍,析构函数的作用是在对象撤销之前,进行必要的清理工作。当对象被删除时,系统会自动调用析构函数。析构函数比构造函数简单,没有类型,也没有参数。

在派生时,派生类是不能继承基类的析构函数的,也需要通过派生类的析构函数去调用基类的析构函数。在派生类中可以根据需要定义自己的析构函数,用来对派生类中所增加的成员进行清理工作。基类的清理工作仍然由基类的析构函数负责。在执行派生类的析构函数时,系统会自动调用基类的析构函数和子对象的析构函数,对基类和子对象进行清理。

调用的顺序与构造函数正好相反:先执行派生类自己的析构函数,对派生类新增加的成员进行清理,然后调用子对象的析构函数,对子对象进行清理,最后调用基类的析构函数,对基类进行清理。

本节对此只作简单的介绍,读者可以在今后的编程实践中逐步掌握它的使用方法。

11.6 多重继承

前面讨论的是单继承,即一个类是从一个基类派生而来的。实际上,常常有这样的情况:一个派生类有两个或多个基类,派生类从两个或多个基类中继承所需的属性。例如,不少学校的领导干部同时也是教师,他们既有干部的属性(职务、党政部门),又有教师的属性(职称、专业、授课名称)。又如,有些学生是青年团的干部,同时兼有学生和青年团干部的属性。C++ 为了适应这种情况,允许一个派生类同时继承多个基类。这种行为称为**多重继承**(multiple inheritance)。

11.6.1 声明多重继承的方法

如果已声明了类 A、类 B 和类 C,可以声明多重继承的派生类 D:

```
class D:public A,private B,protected C
  {类 D 新增加的成员}
```

D 是多重继承的派生类,它以公用继承方式继承类 A,以私有继承方式继承类 B,以保护继承方式继承类 C。D 按不同的继承方式的规则继承 A,B,C 的属性,确定各基类的成员在派生类中的访问权限。

11.6.2 多重继承派生类的构造函数

多重继承派生类的构造函数形式与单继承时的构造函数形式基本相同，只是在初始表中包含多个基类构造函数。如

派生类构造函数名(总参数表)：基类 1 构造函数(参数表)，基类 2 构造函数(参数表)，
基类 3 构造函数（参数表列）
{派生类中新增数据成员初始化语句}

各基类的排列顺序任意。派生类构造函数的执行顺序同样为先调用基类的构造函数，再执行派生类构造函数的函数体。调用基类构造函数的顺序是按照声明派生类时基类出现的顺序。如，上面声明派生类 D 时，基类出现的顺序为 A，B，C，则先调用基类 A 的构造函数，再调用基类 B 的构造函数，然后调用基类 C 的构造函数。

例 11.8 声明一个**教师**(**Teacher**)类和一个**学生**(**Student**)类，用多重继承的方式声明一个在职研究生(Graduate)派生类(在职教师攻读研究生)。教师类中包括数据成员 name(姓名)、age(年龄)、title(职称)。学生类中包括数据成员 name1(姓名)、age(性别)、score(成绩)。在定义派生类对象时给出初始化的数据，然后输出这些数据。

```
#include <iostream>
#include <string>
using namespace std;
class Teacher                                  //声明类 Teacher(教师)类
{public:                                       //公用部分
   Teacher(string nam,int a, string t)         //构造函数
     {name = nam;
      age = a;
      title = t;}
   void display()                              //输出教师有关数据
     {cout << "name:" << name << endl;
      cout << "age" << age << endl;
      cout << "title:" << title << endl;
     }
  protected:                                   //保护部分
    string name;
    int age;
    string title;                              //职称
};

class Student                                  //定义类 Student(学生)
{public:
   Student(char nam[],char s,float sco)
     {strcpy(name1,nam);
      sex = s;
      score = sco;}                            //构造函数
   void display1()                             //输出学生有关数据
    {cout << "name:" << name1 << endl;
```

```
        cout << " sex:" << sex << endl;
        cout << " score:" << score << endl;
      }
  protected:                                     //保护部分
   string name1;
   char sex;
   float score;                                  //成绩
};

class Graduate:public Teacher,public Student            //声明多重继承的派生类 Graduate
{public:
   Graduate(string nam,int a,char s, string t,float sco,float w):
         Teacher(nam,a,t),Student(nam,s,sco),wage(w){ }
   void show()                                          //输出研究生的有关数据
     {cout << " name:" << name << endl;
      cout << " age:" << age << endl;
      cout << " sex:" << sex << endl;
      cout << " score:" << score << endl;
      cout << " title:" << title << endl;
      cout << " wages:" << wage << endl;
      }
  private:
     float wage;                                        //津贴
};

int main()
{Graduate grad1(" Wang_li",24,'f'," assistant",89.5,1200);
 grad1.show();
 return 0;
}
```

运行结果如下:

```
name: Wang_li
age: 24
sex:f
score: 89.5
title:; assistance
wages: 1200
```

由于程序的目的只是说明多重继承的使用方法,因此对各类的成员尽量简化(例如没有部门、专业、授课名称等项目),以减少篇幅。有了此基础,读者就可以举一反三,根据实际需要写出更复杂的程序。

请注意:由于在两个基类中把数据成员声明为 protected,因此可以通过派生类的成员函数引用基类的成员。如果在基类中把数据成员声明为 private,则派生类成员函数不能引用这些数据。

有些读者可能已注意到。在两个基类中分别用 name 和 name1 来代表姓名,其实这是同一个人的名字，从Graduate类的构造函数中可以看到总参数表中的参数nam分别传递给两个基类的构造函数，作为基类构造函数的实参。现在两个基类都需要有姓名这一项，能否用同一个名字name来代表？读者可以上机试一下。答案是在本程序中只作这样的修改是不行的，因为在同一个派生类中存在着两个同名的数据成员，在用派生类的成员函数show中引用name时就会出现二义性，编译系统无法判定应该选择哪一个基类中的name。这就是第11.6.4节要讨论的问题。

为了解决这个矛盾，程序中分别用name和name1来代表两个基类中的姓名，这样程序能通过编译，正常运行。但是应该说这是为了通过编译而采用的并不高明的方法。虽然在本程序中这是可行的，但它没有实际意义，因为绝大多数的基类都是已经编写好的、已存在的，用户可以利用它而无法修改它。解决这个问题有一个好方法：在两个基类中可以都使用同一个数据成员名name，而在show函数中引用数据成员时指明其作用域，如

```
cout << "name:" << Teacher :: name << endl;
```

这就是唯一的，不致引起二义性，能通过编译，正常运行。

通过这个程序还可以发现一个问题：在多重继承时，从不同的基类中会继承重复的数据，例如在本例中姓名就是重复的，实际上会有更多的重复的数据（如两个基类中都有年龄、性别、住址、电话等），这是很常见的，因为一般情况下使用的是现成的基类。如果有多个基类，问题会更突出。在设计派生类时要细致考虑其数据成员，尽量减少数据冗余。事实上，基类为用户提供了不同的"菜盘子"，用户应当善于选择所需的基类，并对它们作某些加工（选择继承方式），还要善于从基类中选用所需的成员，再加上自己增加的成员，组成自己的"盘子"。

11.6.3 多重继承引起的二义性问题

多重继承可以反映现实生活中的情况，能够有效地处理一些较复杂的问题，使编写程序具有灵活性，但是多重继承也引起了一些值得注意的问题，它增加了程序的复杂度，使程序的编写和维护变得相对困难，容易出错。其中最常见的问题就是继承的成员同名而产生的**二义性**（ambiguous）问题。

在第11.6.2节中已经初步地接触到这个问题了。现在作进一步的讨论。

如果类A和类B中都有成员函数display和数据成员a，类C是类A和类B的直接派生类。下面分别讨论3种情况。

（1）两个基类有同名成员。如图11.14所示。

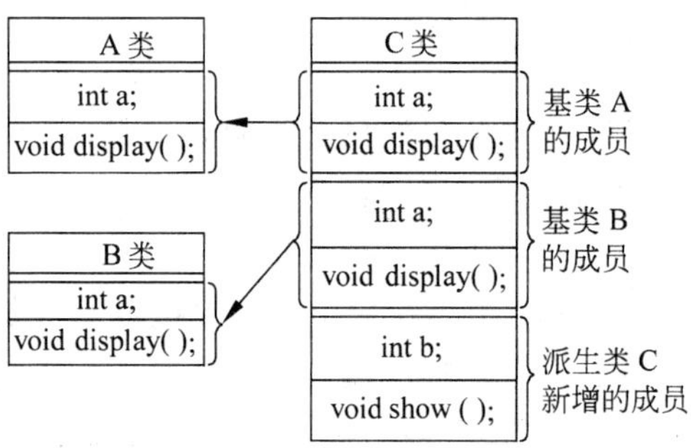

图 11.14

```
class A
{public:
  int a;
  void display( );
};
class B
{public:
  int a;
```

```
  void display( );
};
class C :public A,public B          //公用继承
{public :
  int b;
  void show( );
};
```

以上只是一个示意的框架，为了简化，没有写出对成员函数的定义部分。

如果在 main 函数中定义 C 类对象 c1，并调用数据成员 a 和成员函数 display：

```
C c1;                    //定义 C 类对象 c1
c1.a=3;                  //引用 c1 的数据成员 a
c1.display( );           //调用 c1 的成员函数 display
```

由于基类 A 和基类 B 都有数据成员 a 和成员函数 display，编译系统无法判别要访问的是哪一个基类的成员，因此，程序编译出错。那么，应该怎样解决这个问题呢？可以用基类名来限定：

```
c1.A::a=3;               //引用 c1 对象中的基类 A 的数据成员 a
c1.A::display( );        //调用 c1 对象中的基类 A 的成员函数 display
```

如果派生类 C 中的成员函数 show 访问基类 A 的 display 和 a，可以不必写对象名而直接写

```
A::a=3;                  //指当前对象
A::display( );
```

如同第 11.6.2 节最后所介绍的那样。为清楚起见，图 11.14 应改用图 11.15 形式表示。

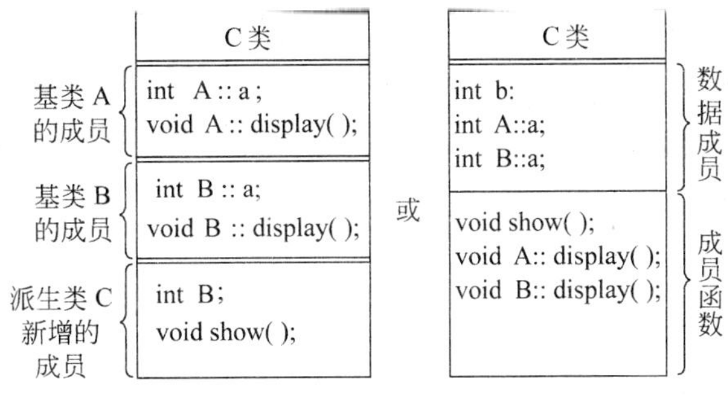

图 11.15

(2) 两个基类和派生类三者都有同名成员。将上面的 C 类声明改为

```
class C :public A,public B
{int a;
 void display( );
};
```

见图 11.16。即有 3 个 a，3 个 display 函数。

如果在 main 函数中定义 C 类对象 c1，并调用数据成员 a 和成员函数 display：

```
C c1;
c1.a=3;
c1.display();
```

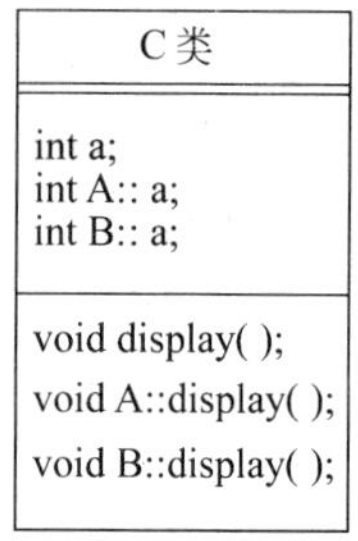

图 11.16

此时，程序能通过编译，也可以正常运行。请问：执行时访问的是哪一个类中的成员？答案是：访问的是派生类 C 中的成员。规则是：基类的同名成员在派生类中被屏蔽，成为“不可见”的，或者说，派生类新增加的同名成员覆盖了基类中的同名成员。因此如果在定义派生类对象的模块中通过对象名访问同名的成员，则访问的是派生类的成员。请注意：不同的成员函数，只有在函数名和参数个数相同、类型相匹配的情况下才发生同名覆盖，如果只有函数名相同而参数不同，不会发生同名覆盖，而属于函数重载。

有些读者可能对同名覆盖感到不大好理解。为了说明问题，举个例子：在图 11.17 中，中国是基类，四川是中国的派生类，成都是四川的派生类。基类是相对抽象的，派生类是相对具体的，基类处于外层，具有较广泛的作用域，派生类处于内层，具有局部的作用域。若“中国”类中有平均温度这一属性，四川和成都也都有平均温度这一属性，如果没有四川和成都这两个派生类，谈平均温度显然是指全国平均温度。如果在四川，谈论当地的平均温度是指四川的平均温度。如果在成都，谈论当地的平均温度是指成都的平均温度。这就是说，全国的“平均温度”在四川省被四川的“平均温度”屏蔽了，或者说，四川的“平均温度”在当地屏蔽了全国的“平均温度”。四川人最关心的是四川的温度，当然不希望用全国温度覆盖四川的平均温度。

如果在四川要查全国平均温度，一定要声明：我要的是**全国**的平均温度。同样，要在派生类外访问基类 A 中的成员，应指明作用域 A，写成以下形式：

```
c1.A::a=3;              //表示派生类对象 c1 中的基类 A 中的数据成员 a
c1.A::display();        //表示派生类对象 c1 中的基类 A 中的成员函数 display
```

(3) 如果类 A 和类 B 是从同一个基类派生的，如图 11.18 所示。

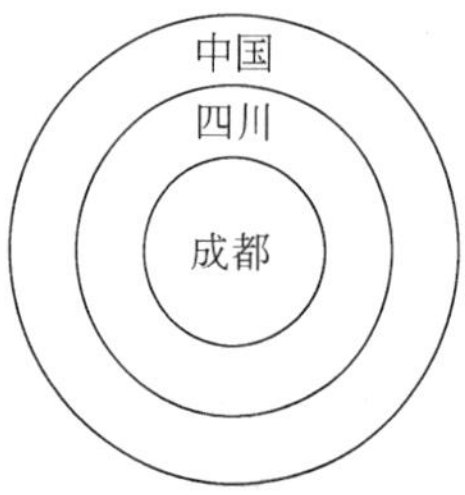

图 11.17

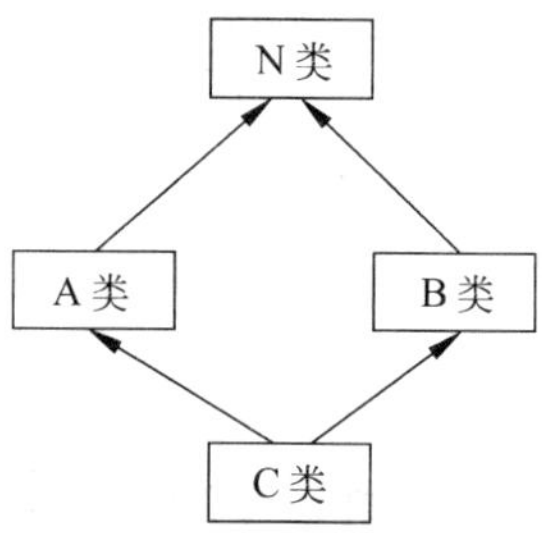

图 11.18

```
class N
{public:
  int a;
  void display(){cout<<A::a=" <<a<<endl;}
};
```

```
class A:public N
{public:
    int a1;
};
class B:public N
{public:
  int a2;
};
class C :public A,public B
{public :
  int a3;
  void show(){cout<<"a3 ="<<a3<<endl;
};
int main()
{C c1;                              //定义 C 类对象 c1
 ⋮
}
```

在类 A 和类 B 中虽然没有定义数据成员 a 和成员函数 display,但是它们分别从类 N 继承了数据成员 a 和成员函数 display,这样在类 A 和类 B 中同时存在着两个同名的数据成员 a 和成员函数 display。它们是类 N 成员的拷贝。类 A 和类 B 中的数据成员 a 代表两个不同的存储单元,可以分别存放不同的数据。在程序中可以通过类 A 和类 B 的构造函数去调用基类 N 的构造函数,分别对类 A 和类 B 的数据成员 a 初始化。

图 11.19 和图 11.20 表示了派生类 C 中成员的情况。

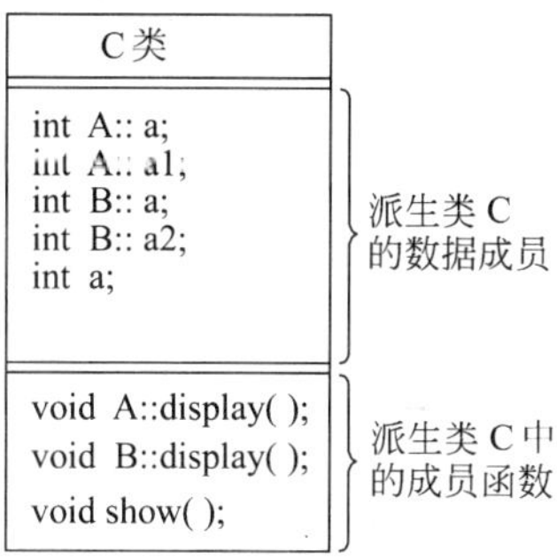

图 11.19

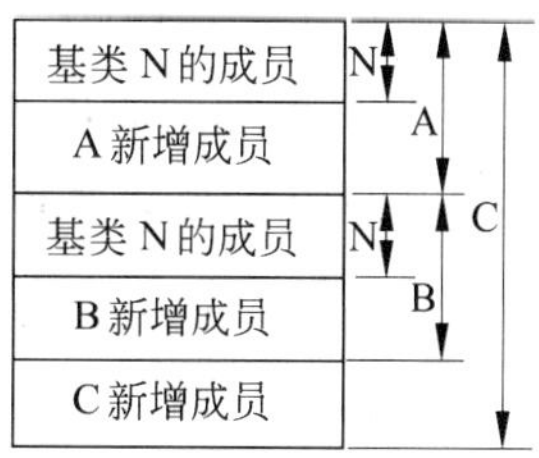

图 11.20

怎样才能访问类 A 中从基类 N 继承下来的成员呢？显然不能用

```
c1.a=3;c1.display();
```

或

```
c1.N::a=3; c1.N::display();
```

因为这样依然无法区别是类 A 中从基类 N 继承下来的成员,还是类 B 中从基类N 继承下来的成员。应当通过类 N 的**直接派生类**名来指出要访问的是类 N 的哪一个派生类中的基类成员。如

```
c1.A::a=3; c1.A::display();          //要访问的是类 N 的派生类 A 中的基类成员
```

11.6.4 虚基类

1. 虚基类的作用

从上面的介绍可知：如果一个派生类有多个直接基类，而这些直接基类又有一个共同的基类，则在最终的派生类中会保留该间接共同基类数据成员的多份同名成员。如图 11.19和图 11.20 所示。在引用这些同名的成员时，必须在派生类对象名后增加直接基类名，以避免产生二义性，使其唯一地标识一个成员，如 c1.A::display()。

在一个类中保留间接共同基类的多份同名成员，虽然有时是有必要的，可以在不同的数据成员中分别存放不同的数据，也可以通过构造函数分别对它们进行初始化。但是在大多数情况下，这种现象是人们不希望出现的。因为保留多份数据成员的拷贝，不仅占用较多的存储空间，还增加了访问这些成员时的困难，容易出错。而且在实际上，并不需要有多份拷贝。

C++ 提供**虚基类**（virtual base class）的方法，使得**在继承间接共同基类时只保留一份成员**。

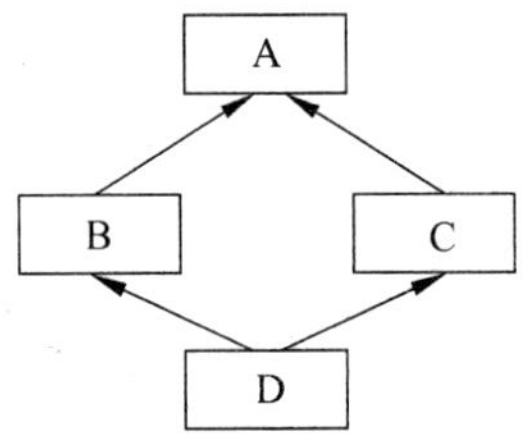

图 11.21

假设类 D 是类 B 和类 C 公用派生类，而类 B 和类 C 又是类 A 的派生类，如图 11.21 所示。设类 A 有数据成员 data 和成员函数 fun，见图 11.22(a)。派生类 B 和 C 分别从类 A 继承了 data 和 fun，此外类 B 还增加了自己的数据成员 data_b，类 C 增加了数据成员 data_c。如图 11.22(b) 所示。如果不用虚基类，根据前面学过的知识，在类 D 中保留了类 A 成员 data 的两份拷贝，在图 11.22(c) 中表示为 int B::data 和 int C::data。同样有两个同名的成员函数，表示为 void B::fun() 和 void C::fun()。类 B 中增加的成员 data_b 和类 C 中增加的成员 data_c 不同名，不必用类名限定。此外，类 D 还增加了自己的数据成员 data_d 和成员函数 fun_d。

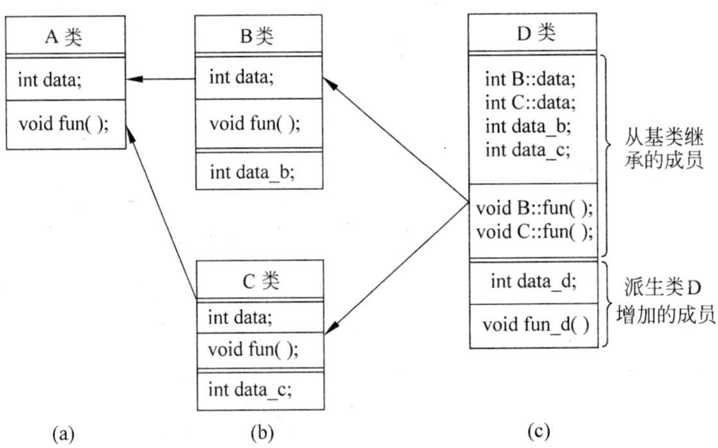

图 11.22

现在,将类 A 声明为虚基类,方法如下:

```
class A                              //声明基类 A
{…};
class B :virtual public A            //声明类 B 是类 A 的公用派生类,A 是 B 的虚基类
{…};
class C :virtual public A            //声明类 C 是类 A 的公用派生类,A 是 C 的虚基类
{…};
```

注意:虚基类并不是在声明基类时声明的,而是在声明派生类时,指定继承方式时声明的。因为一个基类可以在生成一个派生类时作为虚基类,而在生成另一个派生类时不作为虚基类。声明虚基类的一般形式为

class 派生类名:virtual 继承方式 基类名

即在声明派生类时,将关键字 virtual 加到相应的继承方式前面。经过这样的声明后,当基类通过多条派生路径被一个派生类继承时,该派生类只继承该基类一次,也就是说,基类成员只保留一次。

在派生类 B 和类 C 中作了上面的虚基类声明后,派生类 D 中的成员如图 11.23 所示。

需要注意:为了保证虚基类在派生类中只继承一次,应当在该基类的所有直接派生类中声明为虚基类。否则仍然会出现对基类的多次继承。

如果像图 11.24 所示的那样,在派生类 B 和为类 C 中将类 A 声明为虚基类,而在派生类 D 中没有将类 A 声明为虚基类,则在派生类 E 中,从类 B 和类 C 路径派生的部分只保留一份基类成员,而从类 D 路径派生的部分还保留一份基类成员。

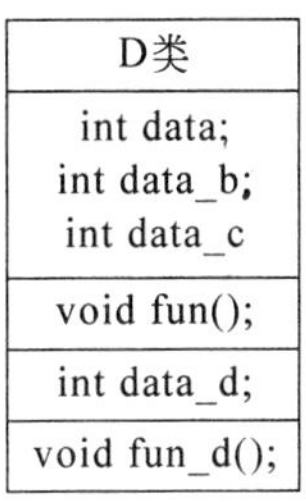

图　11.23

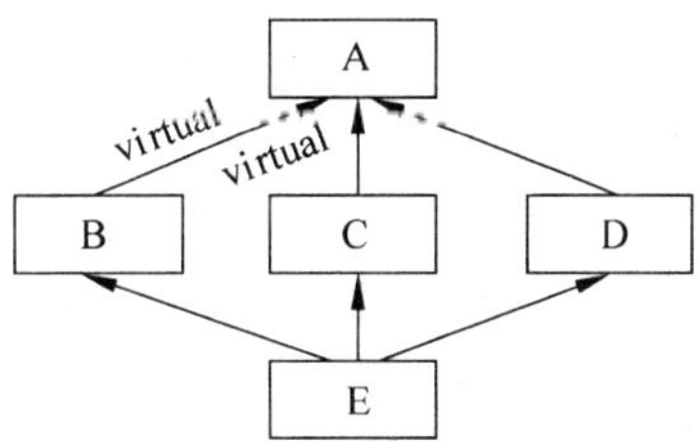

图　11.24

2. 虚基类的初始化

如果在虚基类中定义了带参数的构造函数,而且没有定义默认构造函数,则在其所有派生类(包括直接派生或间接派生的派生类)中,通过构造函数的初始化表对虚基类进行初始化。例如,

```
class A                              //定义基类 A
{A(int i){}                          //基类构造函数,有一个参数
 …};
class B :virtual public A            //A 作为 B 的虚基类
{B(int n):A(n){}                     //B 类构造函数,在初始化表中对虚基类初始化
```

```
 …};
class C :virtual public A                //A作为C的虚基类
{C(int n):A(n){}                         //C类构造函数,在初始化表中对虚基类初始化
 …};
class D :public B,public C               //D类构造函数,在初始化表中对所有基类初始化
{D(int n):A(n),B(n),C(n){}
 …};
```

注意:在定义D类构造函数时,与以往使用的方法有所不同。以前,在派生类的构造函数中只须负责对其直接基类初始化,再由其直接基类负责对间接基类初始化。现在,由于虚基类在派生类中只有一份数据成员,所以这份数据成员的初始化必须由派生类直接给出。如果不由最后的派生类(如图11.21所示的类D)直接对虚基类初始化,而由虚基类的直接派生类(如类B和类C)对虚基类初始化,就有可能由于在类B和类C的构造函数中对虚基类给出不同的初始化参数而产生矛盾。所以规定:**在最后的派生类中不仅要负责对其直接基类进行初始化,还要负责对虚基类初始化。**

有的读者会提出:类D的构造函数通过初始化表调用了虚基类的构造函数A,而类B和类C的构造函数也通过初始化表调用了虚基类的构造函数A,这样虚基类的构造函数岂非被调用了3次?大家不必过虑,**C++编译系统只执行最后的派生类对虚基类的构造函数的调用,而忽略虚基类的其他派生类(如类B和类C)对虚基类的构造函数的调用,这就保证了虚基类的数据成员不会被多次初始化。**

3. 虚基类的简单应用举例

例11.9 在例11.8的基础上,在Teacher类和Student类之上增加一个共同的基类Person,如图11.25所示。作为人员的一些基本数据都放在Person中,在Teacher类和Student类中再增加一些必要的数据。

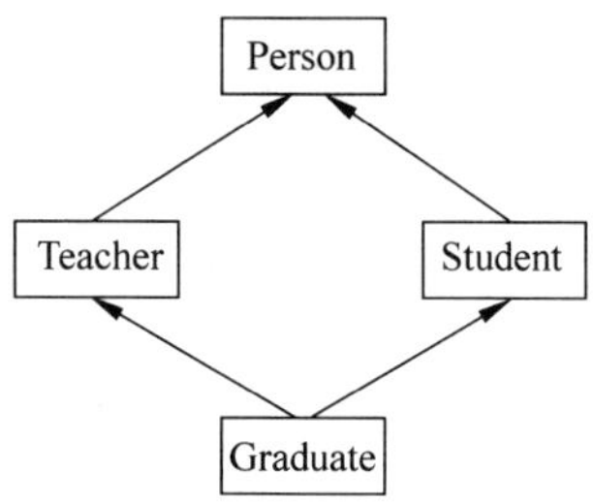

图 11.25

可编写如下程序:

```
#include <iostream>
#include <string>
using namespace std;
//声明公共基类Person
class Person
{public:
  Person(string nam,char s,int a)         //构造函数
   {name=nam;sex=s;age=a;}
protected:                                //保护成员
   string name;
   char sex;
   int age;
};

//声明Person的直接派生类Teacher
class Teacher:virtual public Person              //声明Person为公用继承的虚基类
```

```
{public:
   Teacher(string nam,char s,int a, string t):Person(nam,s,a)      //构造函数
     {title = t;
     }
   protected:                                                        //保护成员
     string title;                                                   //职称
};

//声明 Person 的直接派生类 Student
class Student:virtual public Person              //声明 Person 为公用继承的虚基类
{public:
   Student(string nam,char s,int a,float sco)    //构造函数
       :Person(nam,s,a),score(sco){}              //初始化表
  protected:                                      //保护成员
     float score;                                 //成绩
};

//声明多重继承的派生类 Graduate
class Graduate:public Teacher,public Student     //Teacher 和 Student 为直接基类
{public:
   Graduate(string nam,char s,int a, string t,float sco,float w)     //构造函数
     :Person(nam,s,a),Teacher(nam,s,a,t),Student(nam,s,a,sco),wage(w){}
                                                  //初始化表
    void show()                                   //输出研究生的有关数据
    {cout<<"name:"<<name<<endl;
     cout<<"age:"<<age<<endl;
     cout<<"sex:"<<sex<<endl;
     cout<<"score:"<<score<<endl;
     cout<<"title:"<<title<<endl;
     cout<<"wages:"<<wage<<endl;
     }
  private:
    float wage;                                   //津贴
};

//主函数
int main()
{Graduate grad1("Wang_li",'f',24,"assistant",89.5,1200);
 grad1.show();
 return 0;
}
```

运行结果为

```
name: Wang_li
age:24
sex:f
score:89.5
```

title:assistant
wages:1200

说明：

（1）Person 类是表示一般人员属性的公用类，其中包括人员的基本数据，现在只包含了3个数据成员：name（姓名）、sex（性别）、age（年龄）。Teacher 和 Student 类是 Person 的公用派生类，在 Teacher 类中增加 title（职称），在 Student 类中增加 score（成绩）。Graduate（研究生）是 Teacher 类和 Student 类的派生类，在 Graduate 类中增加 wage（津贴）。一个研究生应当包含以上全部数据。为简化程序，除了最后的派生类 Graduate 外，在其他类中均不包含成员函数。

（2）请注意各类的构造函数的写法。在 Person 类中定义了包含3个形参的构造函数，用它对数据成员 name，sex 和 age 进行初始化。在 Teacher 和 Student 类的构造函数中，按规定要在初始化表中包含对基类的初始化，尽管对虚基类来说，编译系统不会由此调用基类的构造函数，但仍然应当按照派生类构造函数的统一格式书写。在最后派生类 Graduate 的构造函数中，既包括对虚基类构造函数的调用，也包括对其直接基类的初始化。

（3）在 Graduate 类中，只保留了一份基类的成员，因此可以用 Graduate 类中的 show 函数引用 Graduate 类对象中的公共基类 Person 的数据成员 name，sex，age 的值，不需要加基类名和域运算符（::），不会产生二义性。

可以看出，使用多重继承时要十分小心，经常会出现二义性问题。前面介绍的例子是简单的，如果派生的层次再多一些，多重继承更复杂一些，程序人员很容易陷入迷魂阵，给程序的编写、调试和维护都带来许多困难。因此，许多专业人员认为：不提倡在程序中使用多重继承，只有在比较简单和不易出现二义性的情况或实在必要时才使用多重继承，**如果能用单一继承解决的问题不要使用多重继承**。也是这个原因，有些面向对象的程序设计语言（如 Java，Smalltalk）并不支持多重继承。

11.7 基类与派生类的转换

在前面的介绍中可以看出，3种继承方式中，只有公有继承能较好地保留了基类的特征，它保留了除构造函数和析构函数以外的基类所有成员，基类的公有或保护成员的访问权限在派生类中全部都按原样保留下来了，在派生类外可以调用基类的公有成员函数以访问基类的私有成员。因此，公用派生类具有基类的全部功能，所有基类能够实现的功能，公用派生类都能实现。而非公用派生类（私有或保护派生类）不能实现基类的全部功能（例如在派生类外不能调用基类的公有成员函数访问基类的私有成员）。因此，**只有公有派生类才是基类真正的子类型**，它完整地继承了基类的功能。

前面已说明，不同类型数据之间在一定条件下可以进行类型的转换，例如整型数据可以赋给双精度型变量，在赋值之前，先把整型数据转换成为双精度型数据，但是不能把一个整型数据赋给指针变量。这种不同类型数据之间的自动转换和赋值，称为**赋值兼容**。

现在要讨论的问题是：基类与派生类对象之间是否也有赋值兼容的关系，可否进行类型间的转换？

回答是可以的。基类与派生类对象之间有赋值兼容关系，由于派生类中包含从基类继承的成员，因此可以将派生类的值赋给基类对象，在用到基类对象的时候可以用其子类对象代替。具体表现在以下几个方面：

(1) 派生类对象可以向基类对象赋值。

可以用子类（即公用派生类）对象对其基类对象赋值。如

```
A a1;     //定义基类A对象a1
B b1;     //定义类A的公用派生类B的对象b1
a1=b1;    //用派生类B对象b1对基类对象a1赋值
```

在赋值时舍弃派生类自己的成员，也就是"大材小用"，见图11.26。实际上，所谓赋值只是对数据成员赋值，对成员函数不存在赋值问题。

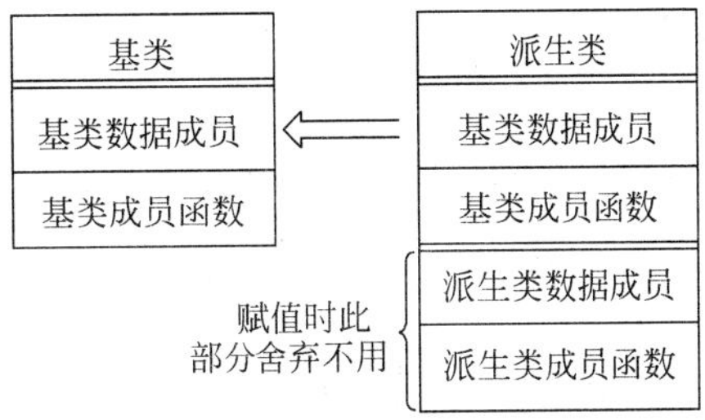

图 11.26

请注意：赋值后不能试图通过对象a1去访问派生类对象b1的成员，因为b1的成员与a1的成员是不同的。假设age是派生类B中增加的公用数据成员，分析下面的用法：

```
a1.age=23;          //错误,a1中不包含派生类中增加的成员
b1.age=21;          //正确,b1中包含派生类中增加的成员
```

应当注意，子类型关系是单向的、不可逆的。B是A的子类型，而不能说A是B的子类型。**只能用子类对象对其基类对象赋值，而不能用基类对象对其子类对象赋值**。理由是显然的，因为基类对象不包含派生类的成员，无法对派生类的成员赋值。同理，**同一基类的不同派生类对象之间也不能赋值**。

(2) 派生类对象可以替代基类对象向基类对象的引用进行赋值或初始化。

如已定义了基类A对象a1，可以定义a1的引用变量：

```
A a1;              //定义基类A对象a1
B b1;              //定义公用派生类B对象b1
A& r=a1;           //定义基类A对象的引用r,并用a1对其初始化
```

这时，r是a1的引用（别名），r和a1共享同一段存储单元。

也可以用子类对象初始化r，将上面最后一行改为

```
A& r=b1;           //定义基类A对象的引用r,并用派生类B对象b1对其初始化
```

或者保留上面第3行"A& r=a1;"，而对r重新赋值：

```
r=b1;              //用派生类B对象b1对a1的引用r赋值
```

注意：此时r并不是b1的别名，也不是与b1共享同一段存储单元。它只是b1中基类部分的别名，r与b1中基类部分共享同一段存储单元，r与b1具有相同的起始地址。见图11.27。

(3) 如果函数的参数是基类对象或基类对象的引用,相应的实参可以用子类对象。

如有一函数 fun:

```
void fun(A& r)                     //形参是 A 类对象的引用
{cout << r.num << endl;}           //输出该引用中的数据成员 num
```

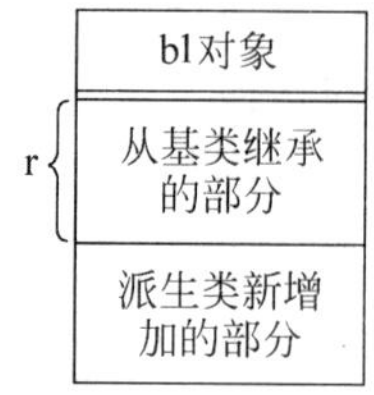

图 11.27

函数的形参是 A 类对象的引用,本来实参应该为 A 类的对象。由于子类对象与派生类对象赋值兼容,派生类对象能自动转换类型,在调用 fun 函数时可以用派生类 B 的对象 b1 作实参:

```
fun(b1);
```

输出 B 类对象 b1 的基类数据成员 num 的值。

与前面相同,在 fun 函数中只能输出派生类中基类成员的值。

(4) 派生类对象的地址可以赋给指向基类对象的指针变量,也就是说,指向基类对象的指针变量也可以指向派生类对象。

例 11.10 声明一个基类 Student(学生),再声明 Student 类的公用派生类 Graduate(研究生),用指向基类对象的指针输出数据。

本例主要说明用指向基类对象的指针指向派生类对象,为了减少程序长度,便于阅读,在每个类中只设很少成员。学生类只设 num(学号),name(名字),score(成绩)3 个数据成员,Graduate 类只增加一个数据成员 wage(津贴)。

程序如下:

```
#include <iostream>
#include <string>
using namespace std;
class Student                                  //声明 Student 类
{public:
   Student(int, string,float);                 //声明构造函数
   void display();                             //声明输出函数
  private:
   int num;
   string name;
   float score;
};

Student::Student(int n, string nam,float s)    //定义构造函数
{num = n;
 name = nam;
 score = s;
}

void Student::display()                        //定义输出函数
{cout << endl << "num:" << num << endl;
```

```
  cout << " name:" << name << endl;
  cout << " score:" << score << endl;
}

class Graduate:public Student                   //声明公用派生类 Graduate
{public:
    Graduate(int,string,float,float);           //声明构造函数
    void display();                             //声明输出函数
  private:
    float wage;                                 //津贴
};

Graduate::Graduate(int n, string nam,float s,float w):Student(n,nam,s),wage(w){}
                                                //定义构造函数
void Graduate::display()                        //定义输出函数
{Student::display();                            //调用 Student 类的 display 函数
 cout << " wage = " << wage << endl;
}

int main()
{Student stud1(1001,"Li",87.5);                 //定义 Student 类对象 stud1
 Graduate grad1(2001,"Wang",98.5,1000);         //定义 Graduate 类对象 grad1
 Student *pt = &stud1;             //定义指向 Student 类对象的指针并指向 stud1
 pt -> display();                  //调用 stud1.display 函数
 pt = &grad1;                      //指针指向 grad1
 pt -> display();                  //调用 grad1.display 函数
}
```

程序中定义了指向 Student 类对象的指针变量 pt,并使其指向 stud1,然后通过 pt 调用 display 函数,由于 pt 当前指向 stud1,因此 pt -> display()就是 stud1.display()。执行此函数输出 stud1 中的 num,name,score 的值。然后再使 pt 指向 grad1,调用 pt -> display 函数,即 pt 当前指向的对象中的 display 函数。

下面的分析很重要,请仔细阅读思考。很多读者会认为:在派生类中有两个同名的 display 成员函数,根据同名覆盖的规则,被调用的应当是派生类 Graduate 对象的 display 函数,在执行 Graduate::display 函数过程中调用 Student::display 函数,输出 num,name,score,然后再输出 wage 的值。事实上这种推论是错误的,让我们先看看程序输出结果吧:

```
num:1001
name:Li
score:87.5

num:2001
name:Wang
score:98.5
```

前3行是学生 stud1 的数据,后3行是研究生 grad1 的3个数据,并没有输出 wage 的值。问题出在什么地方呢？问题在于 pt 是指向 Student 类对象的指针变量,即使让它指向了 grad1,但实际上 pt 指向的是 grad1 中从基类继承的部分。**通过指向基类对象的指针,只能访问派生类中的基类成员,而不能访问派生类增加的成员**。所以 pt->display()调用的不是派生类 Graduate 对象所增加的 display 函数,而是基类的 display 函数,所以只输出研究生 grad1 的 num,name,score 3个数据。如果想通过指针输出研究生 grad1 的 wage,可以另设一个指向派生类对象的指针变量 ptr,使它指向 grad1,然后用 ptr->display()调用派生类对象的 display 函数。但这不大方便。

通过本例可以看到：用指向基类对象的指针变量指向子类对象是合法的、安全的,不会出现编译上的错误。但在应用上有时却不能满足人们的希望,人们希望通过使用基类指针能够调用基类和子类对象的成员。如果能做到这点,程序人员会感到方便。在第12章就要解决这个问题,方法是使用虚函数和多态性。

11.8 继承与组合

在第11.5.2节中已经说明：在一个类中可以用类对象作为数据成员,即子对象。在第11.5.2节中的例11.6中,对象成员的类型是基类。实际上,对象成员的类型可以是本派生类的基类,也可以是另一个已定义的类。在一个类中以另一个类的对象作为数据成员的,称为**类的组合**(composition)。

例如,声明 Professor(教授)类是 Teacher(教师)类的派生类,另有一个类 BirthDate(生日),包含 year,month,day 等数据成员。我们可以将教授生日的信息加入到 Professor 类的声明中。如

```
class Teacher                          //声明教师类
{public:
     ⋮
  private:
   int num;
   string name;
   char sex;
  };

class BirthDate                        //声明生日类
{ public:
     ⋮
  private:
   int year;
   int month;
   int day;
};

class Professor:public Teacher                  //声明教授类
```

```
{public:
    ⋮
  private:
    BirthDate birthday;                    //BirthDate 类的对象作为数据成员
};
```

类的组合和继承一样，是软件重用的重要方式。组合和继承都是有效地利用已有类的资源。但二者的概念和用法不同。**通过继承**建立了**派生类与基类**的关系，它是一种"**是**"的关系，如"白猫是猫"，"黑人是人"，派生类是基类的具体化实现，是基类中的一种。**通过组合建立了成员类与组合类（或称复合类）的关系**，在本例中 BirthDate 是成员类，Professor 是组合类（在一个类中又包含另一个类的对象成员）。它们之间**不是"是"的关系，而是"有"的关系**。不能说教授（Professor）是一个生日（BirthDate），只能说教授（Professor）有一个生日（BirthDate）的属性。

Professor 类通过继承，从 Teacher 类得到了 num，name，age，sex 等数据成员，通过组合，从 BirthDate 类得到了 year，month，day 等数据成员。**继承是纵向的，组合是横向的**。

如果定义了 Professor 对象 prof1，显然 prof1 包含了生日的信息。通过这种方法有效地组织和利用现有的类，改变了程序人员"一切都要自己干"的工作方式，大大减少了工作量。

如果有以下两个函数：

```
void fun1(Teacher &);
void fun2(BirthDate &);
```

在 main 函数中调用这两个函数：

```
fun1(prof1);              //正确，形参为 Teacher 类对象的引用，实参为 Teacher 类的子类
                            对象，与之赋值兼容
fun2(prof1.birthday);     //正确，实参与形参类型相同，都是 BirthDate 类对象
fun2(prof1);              //错误，形参要求 BirthDate 类对象，prof1 是 Professor 类型，不
                            匹配
```

对象成员的初始化的方法已在第 11.5.2 节中作过介绍。如果修改了成员类的部分内容，只要成员类的公用接口（如头文件名）不变，如无必要，组合类可以不修改。但组合类需要重新编译。

11.9　继承在软件开发中的重要意义

在本章的开头已经提出，继承是面向对象技术的一个重要内容。有了继承，使软件的重用成为可能。在学习完本章之后，读者肯定对此会有更深刻而具体的体会。

过去，软件人员开发新的软件，能从已有的软件中直接选用完全符合要求的部件不多，一般都要进行许多修改才能使用，实际上有相当部分要重新编写，工作量很大。

缩短软件开发过程的关键是鼓励**软件重用**。继承机制解决了这个问题。编写面向对象的程序时要把注意力放在实现对自己有用的类上面，对已有的类加以整理和分类，进行

剪裁和修改，在此基础上集中精力编写派生类新增加的部分，使这些类能够被程序设计的许多领域使用。**继承**是 C++ 和 C 的最重要的区别之一。

由于 C++ 提供了继承的机制，这就吸引了许多厂商开发各类实用的类库。用户将它们作为基类来建立适用于自己的类（即派生类），并在此基础上设计自己的应用程序。类库的出现使得软件的重用更加方便，现在有一些类库是随着 C++ 编译系统提供给用户的。读者不要认为类库是 C++ 编译系统的一部分。不同的 C++ 编译系统提供的，由不同厂商开发的类库一般是不同的。在一个 C++ 编译系统环境下利用类库开发的程序，在另一种 C++ 编译系统环境下可能不能工作，除非把类库也移植过去。考虑到广大用户使用的情况，目前随 C++ 编译系统提供的类库是比较通用的，但它的针对性和实用范围也随之受到限制。随着 C++ 在全球的迅速推广，在世界范围内开发用于各个领域的类库的工作正日益兴旺。

对类库中类的声明一般是放在头文件中，类的实现（函数的定义部分）是单独编译的，以目标代码形式存放在系统某一目录下。用户使用类库时，不需要了解源代码，但必须知道头文件的使用方法和怎样去连接这些目标代码（在哪个子目录中，一般与编译程序在同一子目录中），以便源程序在编译后与之连接。

由于基类是单独编译的，在程序编译时只须对派生类新增的功能进行编译，这就大大提高了调试程序的效率。如果在必要时修改了基类，只要基类的公用接口不变，派生类不必修改，但基类需要重新编译，派生类也必须重新编译，否则不起作用。

下面再来讨论一下，人们为什么这么看重继承，要求在软件开发中使用继承机制，尽可能地通过继承建立一批新的类。为什么不是将已有的类加以修改，使之满足自己应用的要求呢？归纳起来，有以下几个原因：

(1) 有许多基类是被程序的其他部分或其他程序使用的，这些程序要求保留原有的基类不受破坏。使用继承是建立新的数据类型，它继承了基类的所有特征，但不改变基类本身。基类的名称、构成和访问属性丝毫没有改变，不会影响其他程序的使用。

(2) 用户往往得不到基类的源代码。如果想修改已有的类，必须掌握类的声明和类的实现（成员函数的定义）的源代码。但是，如果使用类库，用户是无法知道成员函数的代码的，因此也就无法对基类进行修改，保证了基类的安全。

(3) 在类库中，一个基类可能已被指定与用户所需的多种组件建立了某种关系，因此在类库中的基类是不容许修改的（即使用户知道了源代码，也决不允许修改）。

(4) 实际上，许多基类并不是从已有的其他程序中选取来的，而是专门作为基类设计的。有些基类可能并没有什么独立的功能，只是一个框架，或者说是抽象类。人们根据需要设计了一批能适用于不同用途的通用类，目的是建立通用的数据结构，以便用户在此基础上添加各种功能建立各种功能的派生类。

(5) 在面向对象程序设计中，需要设计类的层次结构，从最初的抽象类出发，每一层派生类的建立都逐步地向着目标的具体实现前进，换句话说，是不断地从抽象到具体的过程。每一层的派生和继承都需要站在整个系统的角度统一规划，精心组织。

习 题

1. 将例 11.1 的程序片段补充和改写成一个完整、正确的程序,用**公用**继承方式。在程序中应包括输入数据的函数,在程序运行时输入 num,name,sex,age,addr 的值,程序应输出以上 5 个数据的值。

2. 将例 11.2 的程序片段补充和改写成一个完整、正确的程序,用私有继承方式。在程序中应包括输入数据的函数,在程序运行时输入 num,name,sex,age,addr 的值,程序应输出以上 5 个数据的值。

3. 将例 11.3 的程序修改、补充,写成一个完整、正确的程序,用保护继承方式。在程序中应包括输入数据的函数。

4. 修改例 11.3 的程序,改为用公用继承方式。上机调试程序,使之能正确运行并得到正确的结果。对这两种继承方式作比较分析,考虑在什么情况下二者不能互相代替。

5. 有以下程序结构,请分析访问属性。

```
class A                        //A 为基类
{public:
   void f1( );
   int i;
  protected:
   void f2( );
   int j;
  private:
   int k;
};

class B: public A              //B 为 A 的公用派生类
{public:
   void f3( );
  protected:
   int m;
  private:
   int n;
};

class C: public B              //C 为 B 的公用派生类
{public:
   void f4( );
  private:
   int p;
};

int main( )
```

```
{A a1;                        //a1 是基类 A 的对象
 B b1;                        //b1 是派生类 B 的对象
 C c1;                        //c1 是派生类 C 的对象
}
```

问：

（1）在 main 函数中能否用 b1. i,b1. j 和 b1. k 引用派生类 B 对象 b1 中基类 A 的成员？

（2）派生类 B 中的成员函数能否调用基类 A 中的成员函数 f1 和 f2？

（3）派生类 B 中的成员函数能否引用基类 A 中的数据成员 i,j,k？

（4）能否在 main 函数中用 c1. i,c1. j,c1. k,c1. m,c1. n,c1. p 引用基类 A 的成员 i,j,k,派生类 B 的成员 m,n,以及派生类 C 的成员 p？

（5）能否在 main 函数中用 c1. f1( ),c1. f2( ),c1. f3( )和 c1. f4( )调用 f1,f2,f3,f4 成员函数？

（6）派生类 C 的成员函数 f4 能否调用基类 A 中的成员函数 f1,f2 和派生类中的成员函数 f3？

6. 有以下程序结构,请分析所有成员在各类的范围内的访问属性。

```
class A
{public:
   void f1( );
 protected:
   void f2( );
 private:
   int i;
};

class B: public A
{public:
   void f3( );
   int k;
 private:
   int m;
};

class C: protected B
{public:
   void f4( );
 protected:
   int m;
 private:
   int n;
};
```

```
class D: private C
{public:
   void f5();
 protected:
   int p;
 private:
   int q;
};
int main()
{ A a1;
  B b1;
  C c1;
  D d1;
 ⋮
}
```

7. 有以下程序，请完成下面工作：
(1) 阅读程序，写出运行时输出的结果。
(2) 然后上机运行，验证结果是否正确。
(3) 分析程序执行过程，尤其是调用构造函数的过程。

```
#include <iostream>
using namespace std;
class A
{public:
    A(){a=0;b=0;}
    A(int i){a=i;b=0;}
    A(int i,int j){a=i;b=j;}
    void display(){cout<<"a="<<a<<" b="<<b;}
  private:
    int a;
    int b;
};

class B: public A
{public:
    B(){c=0;}
    B(int i):A(i){c=0;}
    B(int i,int j):A(i,j){c=0;}
    B(int i,int j,int k):A(i,j){c=k;}
    void display1()
      {display();
       cout<<" c="<<c<<endl;
      }
  private:
     int c;
```

```
};

int main()
{   B b1;
    B b2(1);
    B b3(1,3);
    B b4(1,3,5);
    b1.display1();
    b2.display1();
    b3.display1();
    b4.display1();
    return 0;
}
```

8. 有以下程序,请完成下面工作:

(1) 阅读程序,写出运行时输出的结果。

(2) 然后上机运行,验证结果是否正确。

(3) 分析程序执行过程,尤其是调用构造函数和析构函数的过程。

```
#include <iostream>
using namespace std;
class A
{public:
   A(){cout<<"constructing A "<<endl;}
   ~A(){cout<<"destructing A "<<endl;}
};

class B: public A
{public:
   B(){cout<<"constructing B "<<endl;}
   ~B(){cout<<"destructing B "<<endl;}
};

class C: public B
{public:
   C(){cout<<"constructing C "<<endl;}
   ~C(){cout<<"destructing C "<<endl;}
};
void main()
{C c1;
return 0;
}
```

9. 分别声明Teacher(教师)类和Cadre(干部)类,采用多重继承方式由这两个类派生出新类Teacher_Cadre(教师兼干部)类。要求:

(1) 在两个基类中都包含姓名、年龄、性别、地址、电话等数据成员。

（2）在 Teacher 类中还包含数据成员 title（职称），在 Cadre 类中还包含数据成员 post（职务）。在 Teacher_Cadre 类中还包含数据成员 wages（工资）。

（3）对两个基类中的姓名、年龄、性别、地址、电话等数据成员用相同的名字，在引用这些数据成员时，指定作用域。

（4）在类体中声明成员函数，在类外定义成员函数。

（5）在派生类 Teacher_Cadre 的成员函数 show 中调用 Teacher 类中的 display 函数，输出姓名、年龄、性别、职称、地址、电话，然后再用 cout 语句输出职务与工资。

10. 将第 11.8 节中的程序段加以补充完善，使之成为一个完整的程序。在程序中使用继承和组合。在定义 Professor 类对象 prof1 时给出所有数据的初值，然后修改 prof1 的生日数据，最后输出 prof1 的全部最新数据。

第 12 章 多态性与虚函数

12.1 多态性的概念

多态性(polymorphism)是面向对象程序设计的一个重要特征。如果一种语言只支持类而不支持多态,是不能称为面向对象语言的,只能说是基于对象的,如 Ada,Visual Basic 就属此类。C++ 支持多态性,在 C++ 程序设计中能够实现多态性。利用多态性可以设计和实现一个易于扩展的系统。

顾名思义,多态的意思是一个事物有多种形态。多态性的英文单词 polymorphism 来源于希腊词根 poly(意为"很多")和 morph(意为"形态")。

在面向对象方法中一般是这样表述多态性的:**向不同的对象发送同一个消息,不同的对象在接收时会产生不同的行为(即方法)**。也就是说,每个对象可以用自己的方式去响应共同的消息。所谓消息,就是调用函数,不同的行为就是指不同的实现,即执行不同的函数。

其实,我们已经多次接触过多态性的现象,例如函数的重载、运算符重载都是多态现象。只是那时没有用到**多态性**这一专门术语而已。例如,使用运算符"+"使两个数值相加,就是发送一个消息,它要调用 operator + 函数。实际上,整型、单精度型、双精度型的加法操作过程是互不相同的,是由不同内容的函数实现的。显然,它们以不同的行为或方法来响应同一消息。

在现实生活中可以看到许多多态性的例子。如学校校长向社会发布一个消息:9 月 1 日新学年开学。不同的对象会作出不同的响应:学生要准备好课本准时到校上课;家长要筹集学费;教师要备好课;后勤部门要准备好教室、宿舍和食堂……由于事先对各种人的任务已作了规定,因此,在得到同一个消息时,各种人都知道自己应当怎么做,这就是多态性。可以设想,如果不利用多态性,那么校长就要分别给学生、家长、教师、后勤部门等许多不同的对象分别发通知,分别具体规定每一种人接到通知后应该怎么做。显然这是一件十分复杂而细致的工作。一人包揽一切,吃力还不讨好。现在,利用了多态性机制,校长在发布消息时,不必一一具体考虑不同类型人员是怎样执行的。至于各类人员在接到消息后应当做什么,并不是临时决定的,而是学校的工作机制事先安排决定好的。校长只须不断发布各种消息,各种人员就会按预定方案有条不紊地工作。

在 C++ 中,多态性表现形式之一是：具有不同功能的函数可以用同一个函数名,这样就可以实现用一个函数名调用不同内容的函数。如有一些函数,它们的功能类似但不完全相同,譬如计算工资的函数,有的是用来求工人按工时的工资,有的是求职员的效益工资,有的是求公务员的等级工资,他们的计算方法是不同的。按常规应当分别设计多个函数,分别定义他们的实现方法,但是这样比较麻烦,最好用一个函数名统一代表各不同功能的计算工资的函数,可以设计"职工类"作为基类,然后分别声明不同的派生类(如工人派生类、职员派生类、公务员派生类),在类中分别定义同名而不同内容的计算工资的方法。在程序中只要发出一个消息(给出函数名),就可以调用不同功能的工资函数。可以说,多态性是"一个接口,多种方法"。不论对象千变万化,用户都是用同一形式的信息去调用它们,使它们根据事先的安排作出反应。

从系统实现的角度来看,多态性分为两类：**静态多态性**和**动态多态性**。

静态多态性是通过函数重载实现的。由函数重载和运算符重载(运算符重载实质上也是函数重载)形成的多态性属于静态多态性,要求在程序编译时就知道调用函数的全部信息,因此,在程序编译时系统就能决定要调用的是哪个函数。静态多态性又称**编译时的多态性**。静态多态性的函数调用速度快、效率高,但缺乏灵活性,在程序运行前就已决定了执行的函数和方法。

动态多态性的特点是：不在编译时确定调用的是哪个函数,而是在程序运行过程中才动态地确定操作所针对的对象。它又称**运行时的多态性**。动态多态性是通过**虚函数**(virtual function)实现的。

有关静态多态性的应用(函数的重载和运算符重载)已经介绍过了,在本章中主要介绍动态多态性和虚函数。要研究的问题是：当一个基类被继承为不同的派生类时,各派生类可以使用与基类成员相同的成员名,如果在运行时用同一个成员名调用类对象的成员,会调用哪个对象的成员呢?

在本章中主要讨论这些问题。

12.2 一个典型的例子

下面是一个承上启下的例子。一方面它是有关继承和运算符重载内容的综合应用的例子,通过这个例子可以进一步融会贯通前面所学的内容,另一方面又是作为讨论多态性的一个基础用例。希望读者耐心地、深入地阅读和消化这个程序,弄清其中的每一个细节,进一步掌握编写面向对象程序的方法。

例 12.1 先建立一个 Point(点)类,包含数据成员 x,y(坐标点)。以它为基类,派生出一个 Circle(圆)类,增加数据成员 r(半径),再以 Circle 类为直接基类,派生出一个 Cylinder(圆柱体)类,再增加数据成员 h(高)。要求编写程序,重载运算符"<<"和">>",使之能用于输出以上类对象。

这个题目难度并不大,但程序比较长。对于一个比较大的程序,应当分成若干步骤进行。先声明基类,再声明派生类,逐级进行,分步调试。

（1）声明基类 Point 类

可写出声明基类 Point 的部分如下：

```
#include  < iostream >
//声明类 Point
class Point
{public:
   Point(float x =0,float y =0);                    //有默认参数的构造函数
   void setPoint(float,float);                      //设置坐标值
   float getX() const {return x;}                   //读 x 坐标,getX 函数为常成员函数
   float getY() const {return y;}                   //读 y 坐标,getY 函数为常成员函数
   friend ostream & operator << (ostream &,const Point &);   //友元重载运算符 <<
 protected:                                                  //受保护成员
   float x,y;
};

//下面是定义 Point 类的成员函数
//Point 的构造函数
Point::Point(float a,float b)                               //对 x,y 初始化
  {x = a;y = b;}
//设置 x 和 y 的坐标值
void Point::setPoint(float a,float b)                       //对 x,y 赋予新值
  {x = a;y = b;}
//重载运算符"<<",使之能输出点的坐标
ostream & operator << (ostream &output,const Point &p)
{output << "[" << p.x << "," << p.y << "]" << endl;
 return output;
}
```

以上完成了基类 Point 类的声明。为了提高程序调试的效率，提倡对程序分步调试，不要将一个长的程序都写完以后才统一调试，那样在编译时可能会同时出现大量的编译错误，面对一个长的程序，程序人员往往难以迅速准确地找到出错位置。要善于将一个大的程序分解为若干个文件，分别编译，或者分步调试，先通过最基本的部分，再逐步扩充。

现在要对上面写的基类声明进行调试，检查它是否有错，为此要写出下面的 main 函数。实际上它是一个测试程序。

```
int main()
{Point p(3.5,6.4);                       //建立 Point 类对象 p,对 x,y 初始化
 cout << "x =" << p.getX() << ",y =" << p.getY() << endl;   //输出 p 的坐标值 x,y
 p.setPoint(8.5,6.8);                                        //重新设置 p 的坐标值
 cout << "p(new):" << p << endl;                          //用重载运算符 << 输出 p 点坐标
}
```

说明：getX 和 getY 函数声明为常成员函数，作用是只允许函数引用类中的数据，而不允许修改它们，以保证类中数据的安全。数据成员 x 和 y 声明为 protected，这样可以被派生类访问（如果声明为 private，派生类是不能访问的）。

程序编译通过,运行结果为

```
x=3.5,y=6.4
p(new):[8.5,6.8]
```

测试程序检查了基类中各函数的功能,以及运算符重载的作用,证明程序是正确的。

(2) 声明派生类 Circle

在上面的基础上,再写出声明派生类 Circle 的部分:

```
class Circle:public Point                          //circle 是 Point 类的公用派生类
{public:
  Circle(float x=0,float y=0,float r=0);           //构造函数
  void setRadius(float);                           //设置半径值
  float getRadius() const;                         //读取半径值
  float area () const;                             //计算圆面积
  friend ostream &operator<<(ostream &,const Circle &);      //重载运算符"<<"
private:
    float radius;
};

//定义构造函数,对圆心坐标和半径初始化
Circle::Circle(float a,float b,float r):Point(a,b),radius(r){}
//设置半径值
void Circle::setRadius(float r)
  {radius=r;}
//读取半径值
float Circle::getRadius() const {return radius;}
//计算圆面积
float Circle::area() const
  {return 3.14159*radius*radius;}
//重载运算符"<<",使之按规定的形式输出圆的信息
ostream &operator<<(ostream &output,const Circle &c)
  {output<<"Center=["<<c.x<<","<<c.y<<"],r="<<c.radius<<",area="<<c.area
   ()<<endl;
   return output;
  }
```

为了测试以上 Circle 类的定义,可以写出下面的主函数:

```
int main()
{Circle c(3.5,6.4,5.2);                    //建立 Circle 类对象 c 并指定圆心坐标和半径
  cout<<"original circle:\nx="<<c.getX()<<", y="<<c.getY()<<",
  r="<<c.getRadius()<<", area="<<c.area()<<endl;      //输出圆心坐标、半径和面积
  c.setRadius(7.5);                                    //设置半径值
  c.setPoint(5,5);                                     //设置圆心坐标值 x,y
  cout<<"new circle:\n"<<c;                //用重载运算符"<<"输出圆对象的信息
  Point &pRef=c;                           //pRef 是 Point 类的引用,被 c 初始化
```

```
    cout << " pRef:" << pRef;                    //输出 pRef 的信息
    return 0;
}
```

程序编译通过,运行结果为

```
original circle:                              (输出原来的圆的数据)
x =3.5, y =6.4, r =5.2, area =84.9486
new circle:                                   (输出修改后的圆的数据)
Center =[5,5], r =7.5, area =176.714
PRef:[5,5]                                    (输出圆的圆心"点"的数据)
```

可以看到,在 Point 类中声明了一次运算符“ << ”重载函数,在 Circle 类中又声明了一次运算符“ << ”,两次重载的运算符“ << ”内容是不同的,在编译时编译系统会根据输出项的类型确定调用哪一个运算符重载函数。main 函数第 7 行用“cout << ”输出 c,调用的是在 Circle 类中声明的运算符重载函数。

请注意 main 函数第 8 行:

```
Point & pRef = c;
```

定义了 Point 类的引用 pRef,并用派生类 Circle 对象 c 对其初始化。在第 11.7 节中曾说明:**派生类对象可以替代基类对象向基类对象的引用初始化或赋值**。现在 Circle 是 Point 的公用派生类,因此,pRef 不能认为是 c 的别名,它只是 c 中基类部分的别名,得到了 c 的起始地址,与 c 中基类部分共享同一段存储单元。所以用“cout << pRef”输出时,调用的不是在 Circle 中声明的运算符重载函数,而是在 Point 中声明的运算符重载函数,输出的是“点”的信息,而不是“圆”的信息。

(3) 声明 Circle 的派生类 Cylinder

前面已从基类 Point 派生出 Circle 类(圆),现在再从 Circle 派生出 Cylinder 类(圆柱体)。

```
class Cylinder:public Circle                  // Cylinder 是 Circle 的公用派生类
{public:
   Cylinder (float x =0,float y =0,float r =0,float h =0);    //构造函数
   void setHeight(float);                                      //设置圆柱高
   float getHeight() const;                                    //读取圆柱高
   float area() const;                                         //计算圆表面积
   float volume() const;                                       //计算圆柱体积
   friend ostream& operator << (ostream&,const Cylinder&);    //重载运算符" <<"
protected:
   float height;                                               //圆柱高
};
//定义构造函数
Cylinder::Cylinder(float a,float b,float r,float h)
     :Circle(a,b,r),height(h){}
//定义设置圆柱高的函数
void Cylinder::setHeight(float h){height =h;}
```

```
//定义读取圆柱高的函数
float Cylinder::getHeight() const {return height;}
//定义计算圆表面积的函数
float Cylinder::area() const
{ return 2 * Circle::area() +2 * 3.14159 * radius * height;}
//定义计算圆柱体积的函数
float Cylinder::volume() const
{return Circle::area() * height;}
//重载运算符"<<"的函数
ostream &operator<<(ostream &output,const Cylinder& cy)
{output<<"Center=["<<cy.x<<","<<cy.y<<"],r="<<cy.radius<<",h="<<cy.height
        <<"\narea="<<cy.area()<<", volume="
        <<cy.volume()<<endl;
   return output;
}
```

可以写出下面的主函数：

```
int main()
{Cylinder cy1(3.5,6.4,5.2,10);      //定义 Cylinder 类对象 cy1,并初始化
 cout<<"original cylinder:\nx="<<cy1.getX()<<", y="<<cy1.getY()<<", r=
     "<<cy1.getRadius()<<", h="<<cy1.getHeight()<<"\narea="<<cy1.area()
     <<",volume="<<cy1.volume()<<endl;
                                     //用系统定义的运算符"<<"输出圆柱 cy1 的数据
 cy1.setHeight(15);                  //设置圆柱高
 cy1.setRadius(7.5);                 //设置圆半径
 cy1.setPoint(5,5);                  //设置圆心坐标值 x,y
 cout<<"\nnew cylinder:\n"<<cy1;     //用重载运算符"<<"输出 cy1 的数据
 Point &pRef=cy1;                    //pRef 是 Point 类对象的引用
 cout<<"\npRef as a point:"<<pRef;   //pRef 作为一个"点"输出
 Circle &cRef=cy1;                   //cRef 是 Circle 类对象的引用
 cout<<"\ncRef as a Circle:"<<cRef;  //cRef 作为一个"圆"输出
 return 0;
}
```

运行结果如下：

```
original cylinder:                          (输出 cy1 的初始值)
x=3.5, y=6.4, r=5.2, h=10                   (输出圆心坐标 x,y,半径 r,高 h)
area=496.623, volume=849.486                (输出圆柱表面积 area 和体积 volume)

new cylinder:                               (输出 cy1 的新值)
Center=[5,5], r=7.5, h=15                   (以[5,5]形式输出圆心坐标)
area=1060.29, volume=2650.72                (输出圆柱表面积 area 和体积 volume)

pRef as a point:[5,5]                       (pRef 作为一个"点"输出)
cRef as a Circle: Center=[5,5], r=7.5, area=176.714    (cRef 作为一个"圆"输出)
```

说明：在 Cylinder 类中定义了 area 函数，它与 Circle 类中的 area 函数同名，根据第

11.6.3节中叙述的同名覆盖的原则，cy1. area( )调用的是Cylinder类的area函数（求圆柱表面积），而不是Circle类的area函数（圆面积）。请注意，这两个area函数不是重载函数，它们不仅函数名相同，而且函数类型和参数个数都相同，两个同名函数不在同一个类中，而是分别在基类和派生类中，属于同名覆盖。重载函数的参数个数和参数类型必须至少有一个不同，否则系统无法确定调用其中哪一个函数。

main函数第9行用“cout << cy1”来输出cy1，由于“ << ”后面是Cylinder类的对象cy1，显然，不是使用系统提供的输出标准数据的运算符，此时系统会根据cy1的类型调用重载的“ << ”，读者可以从重载“ << ”的函数中看到，它有一个形参是Cylinder类对象的引用。因此用重载的运算符“ << ”，按在重载时规定的方式输出圆柱体cy1的有关数据。

main函数中最后4行的含义与在定义Circle类时的情况类似。pRef是Point类的引用，用cy1对其初始化，但它不是cy1的别名，只是cy1中基类Point部分的别名，在输出pRef时是作为一个Point类对象输出的，也就是说，它是一个“点”。同样，cRef是Circle类的引用，用cy1对其初始化，但cRef只是cy1中的直接基类Circle部分的别名，在输出cRef时是作为Circle类对象输出的，它是一个“圆”，而不是一个“圆柱体”。这从输出的结果可以看出调用的是哪个运算符函数。

在本例中存在静态多态性，这是运算符重载引起的（注意3个运算符函数是重载而不是同名覆盖，因为有一个形参类型不同）。读者可以看到，在编译时编译系统即可以判定应调用哪个重载运算符函数。稍后将在此基础上讨论动态多态性问题。

12.3 利用虚函数实现动态多态性

12.3.1 虚函数的作用

我们已经知道，在同一类中是不能定义两个名字相同、参数个数和类型都相同的函数的，否则就是“重复定义”。但是在类的继承层次结构中，在不同的层次中可以出现名字相同、参数个数和类型都相同而功能不同的函数。例如在例12.1程序中，在Circle类中定义了area函数，在Circle类的派生类Cylinder中也定义了一个area函数。这两个函数不仅名字相同，而且参数个数相同（均为0），但功能不同，函数体是不同的。前者的作用是求圆面积，后者的作用是求圆柱体的表面积。这是合法的，因为它们不在同一个类中。编译系统按照**同名覆盖**的原则决定调用的对象。在例12.1程序中用cy1. area( )调用的是派生类Cylinder中的成员函数area。如果想调用cy1中的直接基类Circle的area函数，应当表示为“cy1. Circle :: area( )”。用这种方法来区分两个同名的函数。但是这样做很不方便。

人们提出这样的设想，能否用同一个调用形式来调用派生类和基类的同名函数。在程序中不是通过不同的对象名去调用不同派生层次中的同名函数，而是**通过指针**调用它们。例如，用同一个语句“pt -> displaya( )；”可以调用不同派生层次中的display函数，只须在调用前临时给指针变量pt赋予不同的值（使之指向不同的类对象）即可。

打个比方，你要去某一地方办事，如果乘坐公交车，必须事先确定目的地，然后乘坐能够到达目的地的公交车。如果改为乘出租车，就简单多了，不必查行车路线，因为出租车什么地方都能去，只要在上车后**临时**告诉司机要到哪里即可。如果想访问多个目的地，只要在到达一个目的地后再告诉司机下一个目的地即可，显然，“打的”要比乘公交车方便。无论到什么地方去都可以乘同一辆出租车。这就是通过同一种形式能达到不同目的的例子。前面那种上车前已确定路线的就是静态多态，而出租车临时决定行程的相当于动态多态。

C++ 中的虚函数就是用来解决动态多态问题的。所谓虚函数，就是在基类声明函数是虚拟的，并不是实际存在的函数，然后在派生类中才正式定义此函数。在程序运行期间，用指针指向某一派生类对象，这样就能调用指针指向的派生类对象中的函数，而不会调用其他派生类中的函数。这就如同上车后才临时告诉司机要去的目的地。

注意： 虚函数的作用是允许在派生类中重新定义与基类同名的函数，并且可以通过基类指针或引用来访问基类和派生类中的同名函数。

请分析例 12.2。这个例子开始时没有使用虚函数，然后再讨论使用虚函数的情况。

例 12.2　基类与派生类中有同名函数。

在下面的程序中 Student 是基类，Graduate 是派生类，它们都有 display 这个同名的函数。

```
#include <iostream>
#include <string>
using namespace std;
//声明基类 Student
class Student
{public:
    Student(int, string,float);                          //声明构造函数
    void display();                                      //声明输出函数
  protected:                                             //受保护成员，派生类可以访问
    int num;
    string name;
    float score;
};

//Student 类成员函数的实现
Student::Student(int n, string nam,float s)             //定义构造函数
{num = n;name = nam;score = s;}
void Student::display()                                 //定义输出函数
{cout << "num:" << num << "\nname:" << name << "\nscore:" << score << "\n\n";}
//声明公用派生类 Graduate
class Graduate:public Student
{public:
    Graduate(int, string, float, float);                 //声明构造函数
    void display();                                      //与基类的输出函数同名
private:
    float wage;
};
```

```
// Graduate 类成员函数的实现
Graduate::Graduate(int n, string nam,float s,float w):Student(n,nam,s),wage(w){}
void Graduate::display()                              //定义输出函数
{cout<<"num:"<<num<<"\nname:"<<name<<"\nscore:"<<score<<"\nwage="<<wage
<<endl;}

//主函数
int main()
{Student stud1(1001,"Li",87.5);                  //定义 Student 类对象 stud1
 Graduate grad1(2001,"Wang",98.5,1200);          //定义 Graduate 类对象 grad1
 Student *pt=&stud1;                              //定义指向基类对象的指针变量 pt,指向 stud1
 pt->display();                                   //输出 Student(基类)对象 stud1 中的数据
 pt=&grad1;                                       //pt 指向 Graduate 类对象 grad1
 pt->display();                                   //希望输出 Graduate 类对象 grad1 中的数据
 return 0;
}
```

这个程序和第 11 章中的例 11.9 基本上是相同的，在第 11.7 节中对该程序作过一些分析。Student 类中的 display 函数的作用是输出学生的数据，Graduate 类中的 display 函数的作用是输出研究生的数据，二者的作用是不同的。在主函数中定义了指向基类对象的指针变量 pt，并先使 pt 指向 stud1，用 pt->display()输出基类对象 stud1 的全部数据成员，然后使 pt 指向 grad1，再调用 pt->display()，试图输出 grad1 的全部数据成员，但实际上只输出了 grad1 中的基类的数据成员，说明它并没有调用 grad1 中的 display 函数，而是调用了 stud1 的 display 函数。

运行结果如下，请仔细分析。

```
num:1001                    (stud1 的数据)
name:Li
score:87.5

num:2001                    (grad1 中基类部分的数据)
name:Wang
score:98.5
```

假如想输出 grad1 的全部数据成员，当然也可以采用这样的方法：通过对象名调用 display 函数，如 grad1.display()，或者定义一个指向 Graduate 类对象的指针变量 ptr，然后使 ptr 指向 grad1，再用 ptr->display()调用。这当然是可以的，但是如果该基类有多个派生类，每个派生类又产生新的派生类，形成了同一基类的**类族**。每个派生类都有同名函数 display，在程序中要调用同一类族中不同类的同名函数，就要定义多个指向各派生类的指针变量。这两种办法都不方便，它要求在调用不同派生类的同名函数时采用不同的调用方式，正如前面所说的那样，到不同的目的地要乘坐指定的不同的公交车，一一对应，不能搞错。如果能够用同一种方式去调用同一类族中不同类的所有的同名函数，那就好了。

用虚函数就能顺利地解决这个问题。下面对程序作一点修改，在 Student 类中声明 display 函数时，在最左面加一个关键字 virtual，即

```
virtual void display();
```

这样就把 Student 类的 display 函数声明为**虚函数**。程序其他部分都不改动。再编译和运行程序,请注意分析运行结果:

```
num:1001                        (stud1 的数据)
name:Li
score:87.5

num:2001                        (grad1 中基类部分的数据)
name:Wang
score:98.5
wage = 1200                     (这一项以前是没有的)
```

看！这就是虚函数的奇妙作用。现在用同一个指针变量(指向基类对象的指针变量),不但输出了学生 stud1 的全部数据,而且还输出了研究生 grad1 的全部数据,说明已调用了 grad1 的 display 函数。用同一种调用形式 **pt -> display()**,而且 pt 是同一个基类指针,可以调用同一类族中不同类的虚函数。这就是**多态性**,对同一消息,不同对象有不同的响应方式。

说明:本来,基类指针是用来指向基类对象的,如果用它指向派生类对象,则自动进行指针类型转换,将派生类的对象的指针先转换为基类的指针,这样,基类指针指向的是派生类对象中的基类部分。在程序修改前,是无法通过基类指针去调用派生类对象中的成员函数的。

虚函数突破了这一限制,在基类中的 display 被声明为虚函数,在声明派生类时被重载,这时派生类的同名函数 display 就取代了其基类中的虚函数。因此在使基类指针指向派生类对象后,调用 display 函数时就调用了派生类的 display 函数。要注意的是,只有用 virtual 声明了函数为虚函数后才具有以上作用。如果不声明为虚函数,试图通过基类指针调用派生类的非虚函数是不行的。在这前面的例子中已经说明了。

虚函数的以上功能是很有实际意义的。在面向对象程序设计中,经常会用到类的继承,目的是保留基类的特性,以减少新类开发的时间。但是,从基类继承来的某些成员函数不完全适应派生类的需要,如在例 12.2 中,基类的 display 函数只输出基类的数据,而派生类的 display 函数需要输出派生类的数据。过去曾经使派生类的输出函数与基类的输出函数不同名(如 display 和 display1),但如果派生的层次多,就要起许多不同的函数名,很不方便。如果采用同名函数,又会发生同名覆盖。

利用虚函数就很好地解决了这个问题。可以看到:当把基类的某个成员函数声明为虚函数后,允许在其派生类中对该函数重新定义,赋予它新的功能,并且可以通过指向基类的指针指向同一类族中不同类的对象,从而调用其中的同名函数。

注意:由虚函数实现的动态多态性就是:同一类族中不同类的对象,对同一函数调用作出不同的响应。

虚函数的使用方法是:

(1) 在基类中用 virtual 声明成员函数为虚函数。在类外定义虚函数时,不必再加 virtual。

（2）在派生类中重新定义此函数，函数名、函数类型、函数参数个数和类型必须与基类的虚函数相同，根据派生类的需要重新定义函数体。

当一个成员函数被声明为虚函数后，其派生类中的同名函数都自动成为虚函数。因此在派生类重新声明该虚函数时，可以加 virtual，也可以不加，但习惯上一般在每一层声明该函数时都加 virtual，使程序更加清晰。

如果在派生类中没有对基类的虚函数重新定义，则派生类简单地继承其直接基类的虚函数。

（3）定义一个指向基类对象的指针变量，并使它指向同一类族中需要调用该函数的对象。

（4）通过该指针变量调用此虚函数，此时调用的就是指针变量指向的对象的同名函数。

通过虚函数与指向基类对象的指针变量的配合使用，就能实现动态的多态性。如果想调用同一类族中不同类的同名函数，只要先用基类指针指向该类对象即可。如果指针先后指向同一类族中不同类的对象，就能不断地调用这些对象中的同名函数。这就如同前面说的，不断地告诉出租车司机要去的目的地，然后司机把你送到你要去的地方。

需要说明，有时在基类中定义的**非虚函数**会在派生类中被重新定义（如例 12.1 中的 area 函数），如果用**基类指针**调用该成员函数，则系统会调用对象中基类部分的成员函数；如果用**派生类指针**调用该成员函数，则系统会调用派生类对象中的成员函数，这并不是多态性行为（使用的是不同类型的指针），没有用到虚函数的功能。

以前介绍的函数重载处理的是同一层次上的同名函数问题，而虚函数处理的是不同派生层次上的同名函数问题，前者是**横向重载**，后者可以理解为**纵向重载**。但与重载不同的是：同一类族的虚函数的首部是相同的，而函数重载时函数的首部是不同的（参数个数或类型不同）。

12.3.2 静态关联与动态关联

下面进一步探讨 C++ 是怎样实现多态性的。从例 12.2 中修改后的程序可以看到，同一个 display 函数在不同对象中有不同的作用，呈现了多态。计算机系统应该能正确地选择调用对象。

在现实生活中，多态性的例子是很多的。分析一下人是怎样处理多态性的。例如，新生被录取入大学，在入学报到时，先有一名工作人员审查材料，他的职责是甄别资格，然后根据录取通知书上注明的录取的系和专业，将材料转到有关的系和专业，办理具体的注册入学手续，或者说调用不同部门的处理程序办理入学手续。在学生眼里，这名工作人员是总的入口，所有新生办入学手续都要经过他。学生拿的是统一的录取通知书，但实际上分属不同的系，要进行不同的注册手续，这就是多态。那么，这名工作人员怎么处理多态呢？凭什么把它分发到哪个系呢？就是根据录取通知书上的一个信息（你被录取入本校某某专业）。可见，要区分就必须要有相关的信息，否则是无法判别的。

同样，编译系统要根据已有的信息，对于同名函数的调用作出判断。例如函数的重载，系统是根据参数的个数和类型的不同去找与之匹配的函数的。对于调用同一类族中的虚函数,应当在调用时用一定的方式告诉编译系统,你要调用的是哪个类对象中的函数。例如可以直接提供对象名,如 stud1. display( ) 或 grad1. display( )。这样编译系统在对程序进行编译时,即能确定调用的是哪个类对象中的函数。

确定调用的具体对象的过程称为**关联**(binding)。binding 原意是捆绑或连接,即把两样东西捆绑(或连接)在一起。在这里是指把一个函数名与一个类对象捆绑在一起,建立关联。一般来说,关联指把一个标识符和一个存储地址联系起来。在计算机字典中可以查到,所谓关联,是指计算机程序中不同的部分互相连接的过程。有些书中把 binding 译为联编、编联、束定,或兼顾音和意,称为绑定。作者认为:从意思上说,关联比较确切,也好理解,意思是建立两者之间的关联关系。但目前在有些书刊中用了联编这个术语。读者在看到这个名词时,应当知道就是本书中介绍的关联。

顺便说一句题外话,计算机领域中大部分术语是从外文翻译过来的,有许多译名是译得比较好的,能见名知意的。但也有一些则令人费解,甚至不大确切。例如在某些计算机语言的书籍和应用中,把 project 译为"工程",使人难以理解,其实译为"项目"比较确切。有些介绍计算机应用的书中充斥大量的术语,初听起来好像很唬人、很难懂,许多学习 C ++ 的人往往被大量的专门术语吓住了,又难以理解其真正含义,不少人见难而退。这个问题成为许多人学习 C ++ 的拦路虎。因此,应当提倡用通俗易懂的方法阐明复杂的概念。其实,有许多看起来深奥难懂的概念和术语,捅破窗户纸后是很简单的。建议读者在初学时千万不要纠缠于名词术语的字面解释上,而要掌握其精神实质和应用方法。

前面所提到的函数重载和通过对象名调用的虚函数,在编译时即可确定其调用的虚函数属于哪一个类,其过程称为**静态关联**(static binding),由于是在运行前进行关联的,又称为**早期关联**(early binding)。函数重载属静态关联。

在第 12.3.3 节程序中看到了怎样使用虚函数,在调用虚函数时并没有指定对象名,那么系统是怎样确定关联的呢? 读者可以看到,是通过基类指针与虚函数的结合来实现多态性的。先定义了一个指向基类的指针变量,并使它指向相应的类对象,然后通过这个基类指针去调用虚函数(例如 pt -> display( ))。显然,对这样的调用方式,编译系统在编译该行时是无法确定调用哪一个类对象的虚函数的。因为编译只作静态的语法检查,光从语句形式(例如"pt -> display( );")是无法确定调用对象的。

在这种情况下,编译系统把它放到运行阶段处理,在运行阶段确定关联关系。在运行阶段,基类指针变量先指向了某一个类对象,然后通过此指针变量调用该对象中的函数。此时调用哪一个对象的函数无疑是确定的。例如,先使 pt 指向 grad1,再执行 pt -> display( ),当然是调用 grad1 中的 display 函数。由于是在运行阶段把虚函数和类对象"绑定"在一起的,因此,此过程称为**动态关联**(dynamic binding)。这种多态性是**动态的多态性**,即**运行阶段的多态性**。

在运行阶段,指针可以先后指向不同的类对象,从而调用同一类族中不同类的虚函数。由于动态关联是在编译以后的运行阶段进行的,因此也称为**滞后关联**(late binding)。

12.3.3　在什么情况下应当声明虚函数

使用虚函数时,有两点要注意:

（1）只能用 virtual 声明类的成员函数，把它作为虚函数，而不能将类外的普通函数声明为虚函数。因为虚函数的作用是允许在派生类中对基类的虚函数重新定义。显然，它只能用于类的继承层次结构中。

（2）一个成员函数被声明为虚函数后，在同一类族中的类就不能再定义一个非 virtual 的但与该虚函数具有相同的参数（包括个数和类型）和函数返回值类型的同名函数。

根据什么考虑是否把一个成员函数声明为虚函数呢？主要考虑以下几点：

（1）首先看成员函数所在的类是否会作为基类。然后看成员函数在类的继承后有无可能被更改功能，如果希望更改其功能的，一般应该将它声明为虚函数。

（2）如果成员函数在类被继承后功能无须修改，或派生类用不到该函数，则不要把它声明为虚函数。不要仅仅考虑到要作为基类而把类中的所有成员函数都声明为虚函数。

（3）应考虑对成员函数的调用是通过对象名还是通过基类指针或引用去访问，如果是通过基类指针或引用去访问的，则应当声明为虚函数。

（4）有时，在定义虚函数时，并不定义其函数体，即函数体是空的。它的作用只是定义了一个虚函数名，具体功能留给派生类去添加。在 12.4 节中将详细讨论此问题。

需要说明的是：使用虚函数，系统要有一定的空间开销。当一个类带有虚函数时，编译系统会为该类构造一个虚函数表（virtual function table，简称 vtable），它是一个指针数组，存放每个虚函数的入口地址。系统在进行动态关联时的时间开销是很少的，因此，多态性是高效的。

12.3.4 虚析构函数

以前曾经介绍过，析构函数的作用是在对象撤销之前做必要的“清理现场”的工作。当派生类的对象从内存中撤销时一般先调用派生类的析构函数，然后再调用基类的析构函数。但是，如果用 new 运算符建立了临时对象，若基类中有析构函数，并且定义了一个指向该基类的指针变量。在程序用带指针参数的 delete 运算符撤销对象时，会发生一个情况：系统会只执行基类的析构函数，而不执行派生类的析构函数。

例 12.3 基类中有非虚析构函数时的执行情况。

为简化程序，只列出最必要的部分。

```
#include <iostream>
using namespace std;
class Point                                                  //定义基类 Point 类
{public:
  Point(){}                                                  //Point 类构造函数
  ~Point(){cout<<"executing Point destructor"<<endl;}        //Point 类析构函数
};

class Circle:public Point                                    //定义派生类 Circle 类
{public:
  Circle(){}                                                 //Circle 类构造函数
  ~Circle(){cout<<"executing Circle destructor"<<endl;}      //Circle 类析构函数
```

```
private:
  int radus;
};

int main()
{ Point  * p = new Circle;                //用 new 开辟动态存储空间
  delete p;                               //用 delete 释放动态存储空间
  return 0;
}
```

这只是一个示意的程序。p 是指向基类的指针变量,指向 new 开辟的动态存储空间,希望用 detele 释放 p 所指向的空间。但运行结果为

```
executing Point destructor
```

表示只执行了基类 Point 的析构函数,而没有执行派生类 circle 的析构函数。原因是以前介绍过的。如果希望能执行派生类 circle 的析构函数,可以将基类的析构函数声明为虚析构函数,如

```
virtual  ~Point(){cout << " executing Point destructor" << endl;}
```

程序其他部分不改动,再运行程序,结果为

```
executing Circle destructor
executing Point destructor
```

先调用了派生类的析构函数,再调用了基类的析构函数。符合人们的愿望。当基类的析构函数为虚函数时,无论指针指的是同一类族中的哪一个类对象,系统都会采用动态关联,调用相应类的析构函数,对该对象进行清理工作。

如果将基类的析构函数声明为虚函数时,由该基类所派生的所有派生类的析构函数也都自动成为虚函数,即使派生类的析构函数与基类的析构函数名字不相同。

最好把基类的析构函数声明为虚函数。这将使所有派生类的析构函数自动成为虚函数。这样,如果程序中显式地用了 delete 运算符准备删除一个对象,而 delete 运算符的操作对象用了指向派生类对象的基类指针,则系统会调用相应类的析构函数。

虚析构函数的概念和用法很简单,但它在面向对象程序设计中却是很重要的技巧。专业人员一般都习惯声明虚析构函数,即使基类并不需要析构函数,也显式地定义一个函数体为空的虚析构函数,以保证在撤销动态分配空间时能得到正确的处理。

构造函数不能声明为虚函数。这是因为在执行构造函数时类对象还未完成建立过程,当然谈不上把函数与类对象的绑定。

12.4 纯虚函数与抽象类

12.4.1 纯虚函数

前面已经提到: 有时在基类中将某一成员函数定为虚函数,并不是基类本身的要求,

而是考虑到派生类的需要,在基类中预留了一个函数名,具体功能留给派生类根据需要去定义。例如在例12.1程序中,基类Point中没有求面积的area函数,因为"点"是没有面积的,也就是说,基类本身不需要这个函数,所以在例12.1的Point类中没有定义area函数。但是,在其直接派生类Circle和间接派生类Cylinder中都需要有area函数,而且这两个area函数的功能不同,一个是求圆面积,另一个是求圆柱体表面积。有的读者自然会想到,在这种情况下应当将area声明为虚函数。可以在基类Point中加一个area函数,并声明为虚函数:

```
virtual float area( ) const {return 0;}
```

其返回值为0,表示"点"是没有面积的。其实,在基类中并不使用这个函数,其返回值也是没有意义的。为了简化,可以不要写出这种无意义的函数体。只给出函数的原型,并在后面加上" =0",如

```
virtual float area( ) const =0;                //纯虚函数
```

这就将area声明为一个**纯虚函数**(pure virtual function)。纯虚函数是在声明虚函数时被"初始化"为0的函数。声明纯虚函数的一般形式是

virtual 函数类型 函数名（参数表列）=0;

注意:①纯虚函数没有函数体;②最后面的" =0"并不表示函数返回值为0,它只起形式上的作用,告诉编译系统"这是纯虚函数";③这是一个声明语句,最后应有分号。

纯虚函数只有函数的名字而不具备函数的功能,不能被调用。可以说它是"徒有其名,而无其实"。它只是通知编译系统:"在这里声明一个虚函数,留待派生类中定义"。在派生类中对此函数提供定义后,它才能具备函数的功能,可以被调用。

纯虚函数的作用是在基类中为其派生类保留一个函数的名字,以便派生类根据需要对它进行定义。如果在基类中没有保留函数名字,则无法实现多态性。

如果在一个类中声明了纯虚函数,而在其派生类中没有对该函数定义,则该虚函数在派生类中仍然为纯虚函数。

12.4.2 抽象类

如果声明了一个类,一般可以用它定义对象。但是在面向对象程序设计中,往往有一些类,它们不用来生成对象。**定义这些类的唯一目的是用它作为基类去建立派生类**。它们作为一种基本类型提供给用户,用户在这个基础上根据自己的需要定义出功能各异的派生类。用这些派生类去建立对象。

打个比方,汽车制造厂往往向客户提供卡车的底盘(包括发动机、传动部分、车轮等),组装厂可以把它组装成货车、公共汽车、工程车或客车等不同功能的车辆。底盘本身不是车辆,要经过加工才能成为车辆,但它是车辆的基本组成部分。它相当于基类。在现代化的生产中,大多采用专业化的生产方式,充分利用专业化工厂生产的部件,加工集成为新品种的产品。生产公共汽车的厂家决不会从制造发动机到生产轮胎、制造车厢都由本厂完成。不同品牌计算机的基本部件是一样的或相似的。这种观念对软件开发是十分重要的。一个优秀的软件工作者在开发一个大的软件时,决不会从头到尾都由自己编

写程序代码,他会充分利用已有资源(例如类库)作为自己工作的基础。

这种不用来定义对象而只作为一种基本类型用作继承的类,称为**抽象类**(abstract class),由于它常用作基类,通常称为**抽象基类**(abstract base class)。凡是包含纯虚函数的类都是抽象类。因为纯虚函数是不能被调用的,包含纯虚函数的类是无法建立对象的。抽象类的作用是作为一个类族的共同基类,或者说,为一个类族提供一个公共接口。

一个类层次结构中当然也可以不包含任何抽象基类,每一层次的类都是实际可用的,可以用来建立对象的。但是,许多好的面向对象的系统,其层次结构的顶部是一个抽象基类,甚至顶部有好几层都是抽象类。

如果在抽象类所派生出的新类中对基类的所有纯虚函数进行了定义,那么这些函数就被赋予了功能,可以被调用。这个派生类就不是抽象类,而是可以用来定义对象的**具体类**(concrete class)。如果在派生类中没有对所有纯虚函数进行定义,则此派生类仍然是抽象类,不能用来定义对象。

虽然抽象类不能定义对象(或者说抽象类不能实例化),但是可以定义指向抽象类数据的指针变量。当派生类成为具体类之后,就可以用这种指针指向派生类对象,然后通过该指针调用虚函数,实现多态性的操作。

12.4.3　应用实例

例 12.4　虚函数和抽象基类的应用。

在例 12.1 中介绍了以 Point 为基类的"点—圆—圆柱体"类的层次结构。现在要对它进行改写,在程序中使用虚函数和抽象基类。类的层次结构的顶层是抽象基类 Shape(形状)。Point(点), Circle(圆), Cylinder(圆柱体)都是 Shape 类的直接派生类和间接派生类。

下面是一个完整的程序,为了便于阅读,分段插入了一些文字说明。

程序如下:

第(1)部分

```
#include <iostream>
using namespace std;
//声明抽象基类 Shape
class Shape
{public:
  virtual float area() const {return 0.0;}              //虚函数
  virtual float volume() const {return 0.0;}            //虚函数
  virtual void shapeName() const =0;                    //纯虚函数
};
```

Shape 类有 3 个成员函数,没有数据成员。3 个成员函数都声明为虚函数,其中 shapeName 声明为纯虚函数,因此 Shape 是一个抽象基类。shapeName 函数的作用是输出具体的形状(如点、圆、圆柱体)的名字,这个信息是与相应的派生类密切相关的,显然这不应在基类中定义,而应在派生类中定义。所以把它声明为纯虚函数。Shape 虽然是抽象基类,但是也可以包括某些成员的定义部分。类中两个函数 area(面积)和 volume

（体积）包括函数体，使其返回值为 0（因为可以认为点的面积和体积都为 0）。由于考虑到在 Point 类中不再对 area 和 volume 函数重新定义，因此没有把 area 和 volume 函数也声明为纯虚函数。在 Point 类中继承了 Shape 类的 area 和 volume 函数。这 3 个函数在各派生类中都要用到。

第（2）部分

```
//声明 Point 类
class Point:public Shape                                    //Point 是 Shape 的公用派生类
{public:
   Point(float =0,float =0);                                //声明构造函数
   void setPoint(float,float);
   float getX() const {return x;}                           //设定点的 x 坐标
   float getY() const {return y;}                           //设定点的 y 坐标
   virtual void shapeName() const {cout<<"Point:";}        //对虚函数进行再定义
   friend ostream & operator<<(ostream &,const Point &);   //运算符重载
  protected:
   float x,y;
};
//定义 Point 类成员函数
Point::Point(float a,float b)                              //定义构造函数
{x=a;y=b;}

void Point::setPoint(float a,float b)
{x=a;y=b;}

ostream & operator<<(ostream &output,const Point &p)
{output<<"["<<p.x<<","<<p.y<<"]";
 return output;
}
```

Point 从 Shape 继承了 3 个成员函数，由于“点”是没有面积和体积的，因此不必重新定义 area 和 volume。虽然在 Point 类中用不到这两个函数，但是 Point 类仍然从 Shape 类继承了这两个函数，以便其派生类继承它们。shapeName 函数在 Shape 类中是纯虚函数，在 Point 类中要进行定义。Point 类还有自己的成员函数（setPoint，getX，getY）和数据成员（x 和 y）。

第（3）部分

```
//声明 Circle 类
class Circle:public Point
{public:
   Circle(float x=0,float y=0,float r=0);                  //声明构造函数
   void setRadius(float);                                   //设定半径
   float getRadius() const;                                 //取半径的值
   virtual float area() const;                              //对虚函数进行再定义
   virtual void shapeName() const {cout<<"Circle:";}       //对虚函数进行再定义
```

```
  friend ostream &operator << ( ostream &,const Circle &) ;      //运算符重载
protected:
   float radius;
};
//声明 Circle 类成员函数
Circle::Circle(float a,float b,float r):Point(a,b),radius(r){}      //定义构造函数

void Circle::setRadius(float r):radius(r){}

float Circle::getRadius() const {return radius;}

float Circle::area() const {return 3.14159 * radius * radius;}

ostream &operator << (ostream &output,const Circle &c)
{output << "[" << c.x << "," << c.y << "], r=" << c.radius;
 return output;
}
```

在 Circle 类中要重新定义 area 函数,因为需要指定求圆面积的公式。由于圆没有体积,因此不必重新定义 volume 函数,而是从 Point 类继承 volume 函数。shapeName 函数是虚函数,需要重新定义,赋予新的内容(如果不重新定义,就会继承 Point 类中的 shapeName 函数)。此外,Circle 类还有自己新增加的成员函数(setRadius,getRadius)和数据成员(radius)。

第(4)部分

```
//声明 Cylinder 类
class Cylinder:public Circle
{public:
    Cylinder (float x=0,float y=0,float r=0,float h=0);      //声明构造函数
    void setHeight(float);                                    //设定圆柱高
    virtual float area() const;                               //重载虚函数
    virtual float volume() const;                             //重载虚函数
    virtual void shapeName() const {cout << "Cylinder:";}     //重载虚函数
    friend ostream& operator << (ostream&,const Cylinder&);   //运算符重载
  protected:
    float height;
};
//定义 Cylinder 类成员函数
Cylinder::Cylinder(float a,float b,float r,float h)
    :Circle(a,b,r),height(h){}                                //定义构造函数

void Cylinder::setHeight(float h){height=h;}                  //设定圆柱高

float Cylinder::area() const                                  //计算圆柱表面积
{ return 2 * Circle::area() +2 * 3.14159 * radius * height;}
```

```
float Cylinder :: volume( ) const                          //计算圆柱体积
{return Circle :: area( ) * height;}

ostream &operator << ( ostream &output,const Cylinder& cy)
{output << "[" << cy.x << "," << cy.y << "], r =" << cy.radius << ", h =" << cy.height;
 return output;
}
```

Cylinder 类是从 Circle 类派生的。由于圆柱体有表面积和体积,所以要对 area 和 volume 函数重新定义。虚函数 shapeName 也需要重新定义。此外,Cylinder 类还有自己的成员函数 setHeight 和数据成员 radius。

第(5)部分

```
//main 函数
int main( )
{Point point(3.2,4.5);                          //建立 Point 类对象 point
 Circle circle(2.4,1.2,5.6);                    //建立 Circle 类对象 circle
 Cylinder cylinder(3.5,6.4,5.2,10.5);           //建立 Cylinder 类对象 cylinder
 point.shapeName( );                            //用对象名建立静态关联
 cout << point << endl;                         //输出点的数据

 circle.shapeName( );                           //静态关联
 cout << circle << endl;                        //输出圆的数据

 cylinder.shapeName( );                         //静态关联
 cout << cylinder << endl << endl;              //输出圆柱的数据

 Shape  *pt;                                    //定义基类指针

 pt = &point;                                   //使指针指向 Point 类对象
 pt -> shapeName( );                            //用指针建立动态关联
 cout << "x =" << point.getX( ) << ",y =" << point.getY( ) << "\narea =" << pt -> area( )
  << "\nvolume =" << pt -> volume( ) << "\n\n";    //输出点的数据

 pt = &circle;                                     //指针指向 Circle 类对象
 pt -> shapeName( );                               //动态关联
 cout << "x =" << circle.getX( ) << ",y =" << circle.getY( ) << "\narea =" << pt -> area( ) << "\
nvolume =" << pt -> volume( ) << "\n\n";           //输出圆的数据

 pt = &cylinder;                                   //指针指向 Cylinder 类对象
 pt -> shapeName( );                               //动态关联
 cout << "x =" << cylinder.getX( ) << ",y =" << cylinder.getY( ) << "\narea =" << pt -> area( )
  << "\nvolume =" << pt -> volume( ) << "\n\n";    //输出圆柱的数据
```

```
return 0;
}
```

在主函数中先后用静态关联和动态关联的方法输出结果。

先分别定义了 Point 类对象 point, Circle 类对象 circle 和 Cylinder 类对象 cylinder。然后分别通过对象名 point,circle 和 cylinder 调用了 shapeName 函数,这属于静态关联,在编译阶段就能确定应调用哪一个类的 shapeName 函数。同时用重载的运算符"<<"来输出各对象的信息,可以验证对象初始化是否正确。

再定义一个指向基类 Shape 对象的指针变量 pt,使它先后指向 3 个派生类对象 point, Circle 和 cylinder,然后通过指针调用各函数,如 pt->shapeName(), pt->area(), pt->volume()。这时是通过动态关联分别确定应该调用哪个函数。分别输出不同类对象的信息。

运行结果如下。请读者对照程序分析。

```
Point:[3.2,4.5]                     //Point 类对象 point 的数据:点的坐标
Circle:[2.4,1.2], r=5.6             //Circle 类对象 circle 的数据:圆心和半径
Cylinder:[3.5,6.4], r=5.5, h=10.5
                                    //Cylinder 类对象 cylinder 的数据圆心、半径和高

Point:x=3.2,y=4.5                   //输出 Point 类对象 point 的数据:点的坐标
area=0                              //点的面积
volume=0                            //点的体积

Circle:x=2.4,y=1.2                  //输出 Circle 类对象 circle 的数据:圆心坐标
area=98.5203                        //圆的面积
volume=0                            //圆的体积

Cylinder:x=3.5,y=6.4                //输出 Cylinder 类对象 cylinder 的数据:圆心坐标
area=512.595                        //圆的面积
volume=891.96                       //圆柱的体积
```

以上是一个简单而完整的 C++ 程序,只要细心阅读,应当是不难理解的。读者也可以通过分析此程序学习怎样编写一个 C++ 程序。

通过本例可以进一步明确以下结论:

(1) 一个基类如果包含一个或一个以上纯虚函数的,就是抽象基类。抽象基类不能也不必要定义对象。

(2) 抽象基类与普通基类不同,它一般并不是现实存在的对象的抽象(例如圆形(Circle)就是千千万万个实际的圆的抽象),它可以没有任何物理上的或其他实际意义方面的含义。例如 Shape 类,只有 3 个成员函数,没有数据成员。它既不代表点,也不代表圆。

(3) 在类的层次结构中,顶层或最上面的几层可以是抽象基类。抽象基类体现了本类族中各类的共性,把各类中共有的成员函数集中在抽象基类中声明。例如,area(面积)、volume(体积)、shapename(形状名)是本类族中各类中都用到的成员函数(可以认

为，点也有面积和体积，圆也有体积，它们的值为0），把它们集中在抽象基类中声明为虚函数，然后在派生类中重新定义，这样可以利用多态性，方便地调用各类中的虚函数。可以看到，用基类指针调用虚函数能使程序简明、灵活。

(4) 抽象基类是本类族的公共接口，或者说，从同一基类派生出的多个类有同一接口，因此能响应同一形式的消息（例如各类对象都能对用基类指针调用虚函数作出响应），但是响应的方式因对象不同而异（在不同的类中对虚函数的定义不同）。在通过虚函数实现动态多态性时，可以不必考虑对象是哪一个类的，都用同一种方式调用（因为基类指针可以指向同一类族的所有类，因而可通过基类指针调用不同类中的虚函数）。就是说，程序员即使不了解类的定义细节，也能够调用其中的函数。

(5) 区别静态关联和动态关联。如果是通过对象名调用虚函数（如 point.shapeName()），在编译阶段就能确定调用的是哪一个类的虚函数，所以属于静态关联。如果是通过基类指针调用虚函数（如 pt->shapeName()），在编译阶段无法从语句本身确定调用哪一个类的虚函数，只有在运行时，pt 指向某一类对象后，才能确定调用的是哪一个类的虚函数。故为动态关联。

(6) 如果在基类声明了虚函数，则在派生类中凡是与该函数有相同的函数名、函数类型、参数个数和参数类型的函数，均为虚函数（不论在派生类中是否用 virtual 声明）。但是同一虚函数在不同的类中可以有不同的定义。纯虚函数是在抽象基类中声明的，只是在抽象基类中才称为纯虚函数，在其派生类中虽然继承了该函数，但除非再次用“=0”把它声明为纯虚函数，否则它就不是也不能称为纯虚函数。如程序中 Shape 类中的 shapeName 函数是纯虚函数，它没有函数体，而 Point 类中的 shapeName 函数不能称为纯虚函数，它是虚函数。

(7) 使用虚函数提高了程序的可扩充性。在上面的程序中有3个派生类，假如想将 Circle 类更换为 Globe（圆球）类，要求得到圆球的面积和体积，是很简单的。只要在 main 函数中，把出现 Circle 类对象的地方改成 Globe 类对象即可。如原来为

```
Circle circle(2.4,1,2,5.6);          //改为 Globe globe(2.4,1.2,5.6);
pt = &circle;                        //改为 pt -> &globe;
pt -> shapeName();                   //不必改
cout << "x = " << circle.getX() << ",y = " << circle.getY() << "\narea = " << pt -> area() <<
"\nvolume = " << pt -> volume() << "\n\n";
```

改为

```
cout << "x = " << globe.getX() << ",y = " << globe.getY() << "\narea = " << pt -> area() <<
"\nvolume = " << pt -> volume() << "\n\n";
```

主函数中其他部分不必改动。十分方便，相当于换个零件。当然要重新定义 Globe 类，使它能计算。

如果要增加一个新的类（例如保留 Circle 类，增加 Globe 类），也同样很简单。甚至可以在不知道类的声明或未对该类进行声明时，就在程序中写出对它进行操作的语句（如同上面对 Circle 的修改一样），只需要知道新的类名和使用方法即可。这样，无须修改基

本系统就可以将一个新的类增加到系统中。

由于在调用虚函数时,是在运行阶段才确定调用哪一个函数的,因此有可能在写程序时要调用某一类的虚函数,而该函数所在的类还未声明呢!正如上面写出调用 Globe 类对象的虚函数时并未声明 Globe 类一样。这是可以的、正常的,只要在运行前把该类声明好,在运行时能保证动态关联即可。

这一点对于软件开发是很有意义的,把类的声明与类的使用分离。这对于设计类库的软件开发商来说尤为重要。开发商设计了各种各样的类,但不向用户提供源代码,用户可以不知道类是怎样声明的,但是可以使用这些类来派生出自己的类。当然开发商要向用户提供类的接口(类所在的文件和类成员函数定义的目标文件的路径和文件名),以及使用说明(例如可以调用类中的虚函数 area 计算出面积)。

利用虚函数和多态性,程序员的注意力集中在处理普遍性,而让执行环境处理特殊性。例如,抽象基类 Shape 派生出 4 个派生类 Sqaure(正方形)、Circle(圆形)、Rectangle(矩形)、Triangle(三角形),在每一个派生类中都包含一个虚函数 draw,其作用是在屏幕上分别画出正方形、圆形、矩形和三角形的图形。程序员只需要进行宏观的操作,让程序调用各对象的 draw 函数即可。他使用基类指针来控制有关对象。不论对象在继承层次中处于哪一层,都可以用基类指针来指向它,并调用其中的 draw 函数,画出需要的图形。每个对象的 draw 函数都知道应怎样工作,这是在类中指定的,这就是执行环境。程序员不必考虑这些细节,他只要简单地告诉每个对象"绘制自己"即可。

多态性把操作的细节留给类的设计者(他们多为专业人员)去完成,而使程序人员(类的使用者)只需要作一些宏观性的工作,告诉系统**做什么**,而不必考虑**怎么做**,这就极大地简化了应用程序的编码工作,大大减轻了程序员的负担,也减小了学习和使用 C++ 编程的难度,使更多的人能更快地进入 C++ 程序设计的大门。有人说,多态性是开启继承功能的钥匙。

习 题

1. 在例 12.1 程序基础上作一些修改。声名 Point(点)类,由 Point 类派生出 Circle(圆)类,再由 Circle 类派生出 Cylinder(圆柱体)类。将类的声明部分分别作为 3 个头文件,对它们的成员函数的声明部分分别作为 3 个源文件(.cpp 文件),在主函数中用"#include"命令把它们包含进来,形成一个完整的程序,并上机运行。

2. 请比较函数重载和虚函数在概念上和使用方式有什么区别。

3. 在例 12.3 的基础上作以下修改,并作必要的讨论。

(1) 把构造函数修改为带参数的函数,在建立对象时初始化。

(2) 先不将析构函数声明为 virtual,在 main 函数中另设一个指向 Circle 类对象的指针变量,使它指向 grad1。运行程序,分析结果。

(3) 不作第(2)点的修改而将析构函数声明为 virtual,运行程序,分析结果。

4. 编写一个程序,声明抽象基类 Shape,由它派生出 3 个派生类: Circle(圆形)、

Rectangle（矩形）、Triangle（三角形），用一个函数 printArea 分别输出以上三者的面积，3 个图形的数据在定义对象时给定。

5. 编写一个程序，定义抽象基类 Shape，由它派生出 5 个派生类：Circle（圆形）、Square（正方形）、Rectangle（矩形）、Trapezoid（梯形）、Triangle（三角形）。用虚函数分别计算几种图形面积，并求它们之和。要求用基类指针数组，使它每一个元素指向一个派生类对象。

第 13 章 输入输出流

13.1 C++的输入和输出

13.1.1 输入输出的含义

以前所用到的输入和输出,都是以终端为对象的,即从键盘输入数据,运行结果输出到显示器屏幕上。从操作系统的角度来看,每一个与主机相连的输入输出设备都看作一个文件。例如,终端键盘是输入文件,显示屏和打印机是输出文件。除了以终端为对象进行输入和输出外,还经常用磁盘或光盘作为输入输出对象,这时,磁盘文件既可以作为输入文件,也可以作为输出文件。

程序的输入指的是从输入文件将数据传送给程序,程序的输出指的是从程序将数据传送给输出文件。C++的输入与输出包括以下3方面的内容:

(1) 对系统指定的标准设备的输入和输出。即从键盘输入数据,输出到显示器屏幕。这种输入输出称为**标准的输入输出,简称标准 I/O**。

(2) 以外存(磁盘、光盘)为对象进行输入和输出,例如从磁盘文件输入数据,数据输出到磁盘文件。近年来已用光盘文件作为输入文件。这种以外存文件为对象的输入输出称为文件的输入输出,简称文件 I/O。

(3) 对内存中指定的空间进行输入和输出。通常指定一个字符数组作为存储空间(实际上可以利用该空间存储任何信息)。这种输入和输出称为字符串输入输出,简称串 I/O。

C++采取不同的方法来实现以上3种输入输出。

为了实现数据的有效流动,C++系统提供了庞大的 I/O 类库,调用不同的类去实现不同的功能。

13.1.2 C++的 I/O 对 C 的发展——类型安全和可扩展性

在 C 语言中,用 printf 和 scanf 进行输入输出,往往不能保证所输入输出的数据是可靠的、安全的。学过 C 语言的读者可以分析下面的用法,想用格式符%d 输出一个整数,但不小心用它输出了单精度变量和字符串,会出现什么情况?

```
printf("%d",i);                //i为整型变量,正确,输出i的值
printf("%d",f);                //把单精度变量f在存储单元中的信息按整数解释并输出
printf("%d","C++");            //输出字符串"C++"的起始地址
```

编译系统认为以上语句都是合法的，而不对数据类型的合法性进行检查，显然所得到的结果不是人们所期望的，在用scanf输入时，有时出现的问题是很隐蔽的。如

```
scanf("%d",&i);                //正确,输入一个整数,赋给整型变量i
scanf("%d",i);                 //漏写&
```

假如已定义i为整型变量，编译系统不认为上面的scanf语句出错，而是把i的值作为地址处理，把读入的值存放到该地址所代表的内存单元中，这个错误可能产生严重的后果。

C++为了与C兼容，保留了用printf和scanf进行输出和输入的方法，以便使过去所编写的大量的C程序仍然可以在C++的环境下运行，但是希望读者在编写新的C++程序中不要用C的输入输出机制，而要用C++自己特有的输入输出方法。在C++的输入输出中，编译系统对数据类型进行严格的检查，凡是类型不正确的数据是不可能通过编译的。因此C++的I/O操作是**类型安全**(type safe)的。

此外，用printf和scanf只可以输出和输入标准类型的数据(如int，float double，char)，而无法输出用户自己声明的类型(如数组、结构体、类)的数据。在C++中，会经常遇到对类对象的输入输出，显然，在用户声明了一个新类后，是无法用printf和scanf函数直接输出和输入这个类的对象的。C++提供了一套面向对象的输入输出系统。

C++的类机制使得它能建立了一套可扩展的I/O系统，可以通过修改和扩充，能用于用户自己声明的类型的对象的输入输出。它对标准类型数据和对用户声明类型数据的输入输出，采用同样的方法处理，使用十分方便。第10章介绍的对运算符“>>”和“<<”的重载就是扩展的例子。可扩展性是C++输入输出的重要特点之一，它能提高软件的重用性，加快软件的开发过程。

C++通过I/O类库来实现丰富的I/O功能。这样使C++的输入输出明显地优于C语言中的printf和scanf，但是也为之付出了代价，C++的I/O系统变得比较复杂，要掌握许多细节。在本章中只介绍其基本的概念和基本的操作，有些具体的细节可在日后实际深入应用时再进一步掌握。

注意：C语言采用函数实现输入输出(如scanf和printf函数)，C++采用类对象来实现输入输出(如cin，cout)。

13.1.3 C++的输入输出流

输入和输出是数据传送的过程，数据如流水一样从一处流向另一处。C++形象地将此过程称为**流**(stream)。C++的输入输出流是指由若干个字节组成的字节序列，这些字节中的数据按顺序从一个对象传送到另一个对象。流表示了信息从源到目的端的流动。在输入操作时，字节流从输入设备(如键盘、磁盘)流向内存，在输出操作时，字节流从内存流向输出设备(如屏幕、打印机、磁盘等)。流中的内容可以是ASCII字符、二进制形式的数据、图形图像、数字音频视频或其他形式的信息。

实际上，在内存中为每一个数据流开辟一个内存缓冲区，用来存放流中的数据。当用

cout 和插入运算符“<<”向显示器输出数据时,先将这些数据插入到输出流(cout 流),送到程序中的输出缓冲区保存,直到缓冲区满了或遇到 endl,就将缓冲区中的全部数据送到显示器显示出来。在输入时,从键盘输入的数据先放在键盘的缓冲区中,当按回车键时,键盘缓冲区中的数据输入到程序中的输入缓冲区,形成 cin 流,然后用提取运算符“>>”从输入缓冲区中提取数据送给程序中的有关变量。总之,流是与内存缓冲区相对应的,或者说,**缓冲区中的数据就是流**。

在 C++ 中,输入输出流被定义为类。C++ 的 I/O 库中的类称为**流类**(stream class)。用流类定义的对象称为**流对象**。

前面曾多次说明,cout 和 cin 并不是 C++ 中提供的语句,它们是 iostream 类的对象,在未学习类和对象时,在不致引起误解的前提下,为叙述方便,把它们称为 cout 语句和 cin 语句。正如 C++ 并未提供赋值语句,只提供赋值表达式,在赋值表达式后面加分号就成了 C++ 的语句,为方便起见,习惯称之为赋值语句。又如,在 C 语言中常用 printf 和 scanf 进行输出和输入,printf 和 scanf 是 C 语言库函数中的输入输出函数,人们一般也习惯地将由 printf 和 scanf 函数构成的语句称为 printf 语句和 scanf 语句。在使用它们时,对其本来的概念应该有准确的理解。

在学习了类和对象后,对 C++ 的输入输出应当有更深刻的认识。

1. C++ 的流库

C++ 提供了一些类,专门用于输入输出。这些类组成一个流类库(简称流库)。这个流类库是用继承方法建立起来的用于输入输出的类库。这些类有两个基类:ios 类和 streambuf 类,所有其他流类都是从它们直接或间接派生出来的。

顾名思义,ios 是“输入输出流”。ios 类是输入输出操作在用户端的接口,为用户的输入输出提供服务,streambuf 是处理“流缓冲区”的类,包括缓冲区起始地址、读写指针和对缓冲区的读写操作,是数据在缓冲区中的管理和数据输入输出缓冲区的实现。streambuf 是输入输出操作在物理设备一方的接口。可以说,ios 负责高层操作,streambuf 负责低层操作,为 ios 提供低级(物理级)的支持。

对用户来说,接触较多的是 ios 类,因此下面主要介绍有关 ios 类的情况和应用。

在流类库中包含许多用于输入输出的类。常用的见表 13.1。

表 13.1　I/O 类库中的常用流类

类名	作　　用	在哪个头文件中声明
ios	抽象基类	iostream
istream	通用输入流和其他输入流的基类	iostream
ostream	通用输出流和其他输出流的基类	iostream
iostream	通用输入输出流和其他输入输出流的基类	iostream
ifstream	输入文件流类	fstream
ofstream	输出文件流类	fstream
fstream	输入输出文件流类	fstream
istrstream	输入字符串流类	strstream
ostrstream	输出字符串流类	strstream
strstream	输入输出字符串流类	strstream

iso是抽象基类，由它派生出istream类和ostream类，其中第1个字母i和o分别代表输入(input)和输出(output)。istream类支持输入操作，ostream类支持输出操作，iostream类支持输入输出操作。iostream类是从istream类和ostream类通过多重继承而派生的类。其继承层次见图13.1。

C++对文件的输入输出需要用ifstream和ofstream类，类名中第1个字母i和o分别代表输入和输出，第2个字母f代表文件(file)。ifstream支持对文件的输入操作，ofstream支持对文件的输出操作。类ifstream继承了类istream，类ofstream继承了类ostream，类fstream继承了类iostream。见图13.2。

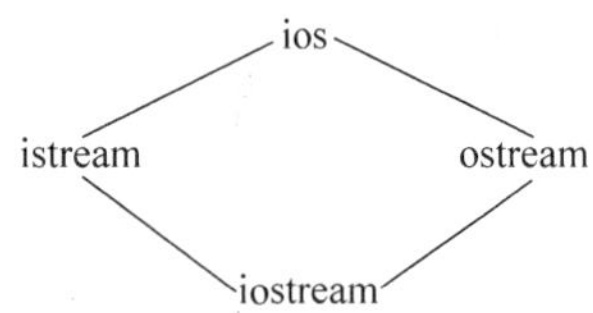

图 13.1

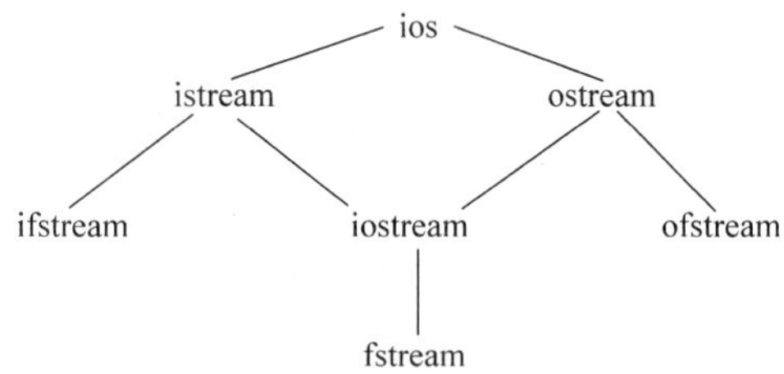

图 13.2

I/O类库中还有其他类，见图13.3。

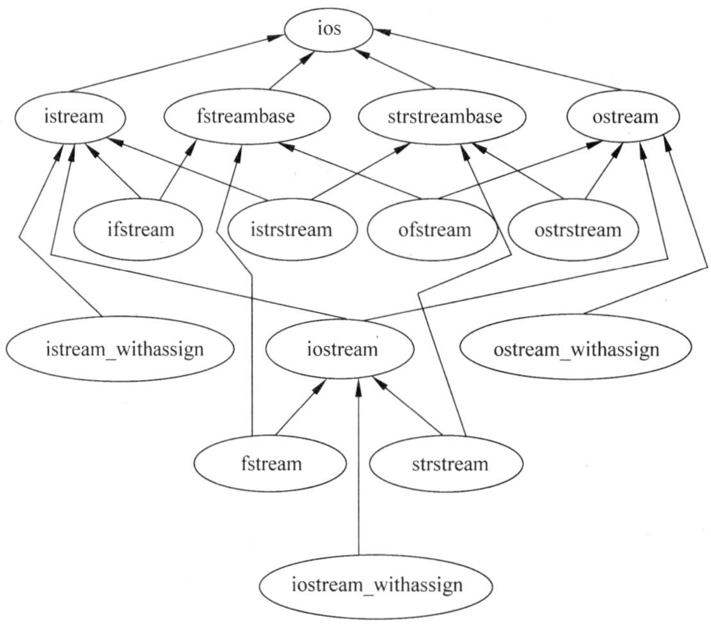

图 13.3

可以看到，由抽象基类iso直接派生出4个派生类，即istream(输入流类)，ostream(输出流类)，fstreambase(文件流类基类)和strstreambase(字符串流类基类)。由fstreambase(文件流类基类)再派生出ifstream(输入文件流类)，ofstream(输出文件流类)和fstream(输入输出文件流类)。由strstreambase(字符串流类基类)再派生出istrstream(输入串流类)，ostrstream(输出串流类)和strstream(输入输出串流类)等。

派生类的对象可以继承和访问其基类的成员,例如从图 13.3 的继承关系可以看到,iostream 类对象可以访问 istream,ostream 和 ios 类的所有公有成员(包括数据成员和成员函数)。

在 istream 类的基础上重载赋值运算符"=",就派生出 istream_withassgign,即

```
class istream_withassgign:public istream;              //公用派生类
```

类似地,在 ostream 类和 iostream 类的基础上分别重载赋值运算符"=",就派生出 ostream_withassgign 类和 iostream_withassgign 类。

I/O 类库中还有其他一些类,但是对于一般用户来说,以上这些已能满足需要了。如果想深入了解类库的内容和使用,可参阅所用的 C++ 系统的类库手册。在本章将陆续介绍有关的类。

2. 与流类库有关的头文件

流类库中不同的类的声明被放在不同的头文件中,用户在自己的程序中要用#include 指令包含有关的头文件,相当于在本程序中声明了所需要用到的类。可以换一种说法:头文件是程序与类库的接口,I/O 流类库的接口分别由不同的头文件来实现。常用的有:

- iostream 包含了对输入输出流进行操作所需的基本信息。
- fstream 用于用户管理的文件的 I/O 操作。
- strstream 用于字符串流 I/O。
- stdiostream 用于混合使用 C 和 C++ 的 I/O 机制时,例如想将 C 程序转变为 C++ 程序。
- iomanip 在使用格式化 I/O 时应包含此头文件。

3. 在 iostream 头文件中定义的流对象

在 iostream 头文件中声明的类有 ios, istream, ostream, iostream, istream _withassign, ostream_withassign, iostream_withassign 等。

iostream 头文件包含了对输入输出流进行操作所需的基本信息。因此大多数 C++ 程序都包括 iostream。在 iostream 头文件中不仅定义了有关的类,还定义了 4 种流对象,见表 13.2。

表 13.2 iostream 头文件中定义的 4 种流对象

对象	含义	对应设备	对应的类	C 语言中相应的标准文件
cin	标准输入流	键盘	istream_withassign	stdin
cout	标准输出流	屏幕	ostream_withassign	stdout
cerr	标准错误流	屏幕	ostream_withassign	stderr
clog	标准错误流	屏幕	ostream_withassign	stderr

cin 是 istream 的派生类 istream_withassign 的对象,它是从标准输入设备(键盘)输入到内存的数据流,称为 cin 流或标准输入流。cout 是 ostream 的派生类 ostream_withassign 的对象,它是从内存输入到标准输出设备(显示器) 的数据流,称为 cout 流或标准输出

流。cerr 和 clog 作用相似,均为向输出设备(显示器)输出出错信息。因此用键盘输入时用 cin 流,向显示器输出时用 cout 流。向显示器输出出错信息时用 cerr 和 clog 流。

在 iostream 头文件中定义以上 4 个流对象用以下形式(以 cout 为例):

```
ostream_withassign   cout (stdout);
```

在定义 cout 为 ostream_withassign 流类对象时,把标准输出设备 stdout 作参数,这样它就与标准输出设备(显示器)联系起来,如果有

```
cout <<3;
```

就会在显示器的屏幕上输出 3。

如果在程序中包含 iostream 头文件,在程序开始运行时,会自动建立以上 4 个标准流对象,分别执行这 4 个流对象的构造函数,把流和一种标准设备相联系。

4. 在 iostream 头文件中重载运算符

"<<"和">>"本来是 C++ 定义为左位移运算符和右位移运算符的,由于在 iostream 头文件中对它们进行了重载,使它们能用作标准类型数据的输入和输出运算符。所以,在用它们的程序中必须用#include 指令把 iostream 包含到程序中,即

```
#include <iostream>
```

在 istream 和 ostream 类(这两个类都是在 iostream 头文件中声明的)中分别有一组成员函数对位移运算符"<<"和">>"进行重载,以便能用它输入或输出各种标准数据类型的数据。对于不同的标准数据类型要分别进行重载,如

```
ostream operator << (int);          //用于向输出流插入一个 int 数据
ostream operator << (float);        //用于向输出流插入一个 float 数据
ostream operator << (char);         //用于向输出流插入一个 char 数据
ostream operator << (char *);       //用于向输出流插入一个字符串数据
```

等。如果在程序中有下面的表达式:

```
cout <<"C++";
```

根据第 11 章所介绍的知识,上面的表达式相当于

```
cout.operator <<("C++")
```

"C++"的值是其首字节地址,是字符型指针(char *)类型,因此选择调用上面最后一个运算符重载函数,通过重载函数的函数体,将字符串插入到 cout 流中,函数返回流对象 cout。

在 istream 类中已将运算符">>"重载为对以下标准类型的提取运算符:char, signed char, unsigned char, short, unsigned short, int, unsigned int, long, unsigned long, float, double, long double, char *, signed char *, unsigned char * 等。

在 ostream 类中将"<<"重载为插入运算符,其适用的类型除了以上的标准类型外,还增加了一个 void * 类型。

如果想将“ << ”和“ >> ”用于自己声明的类型的数据，就不能简单地采用包含 iostream 头文件来解决，必须自己用第 11 章介绍的方法对“ << ”和“ >> ”进行重载。

怎样理解运算符“ << ”和“ >> ”的作用呢？有一个简单而形象的方法：它们指出了数据移动的方向，例如，

```
cin >> a;
```

箭头方向表示把输入流 cin 中的数据放入 a 中。而

```
cout << a;
```

箭头方向表示从 a 中拿出数据放到输出流中。

13.2 标准输出流

标准输出流是流向标准输出设备(显示器)的数据。

13.2.1 cout，cerr 和 clog 流

ostream 类定义了 3 个输出流对象，即 cout，cerr，clog。分述如下。

1. cout 流对象

cout 是 console output 的缩写，意为在控制台(终端显示器)的输出。在第 13.1 节已对 cout 作了一些介绍。在此再强调几点。

(1) cout 不是 C++ 预定义的关键字，它是 ostream 流派生类的对象，在 iostream 头文件中定义。顾名思义，流是流动的数据，cout 流是流向显示器的数据。cout 流中的数据是用流插入运算符“ << ”顺序加入的。如果有

```
cout << "I " << "study C++  " << "very hard. ";
```

按顺序将字符串"I "，"study C++ "和"very hard. "插入到 cout 流中，cout 就将它们送到显示器，在显示器上输出字符串“I study C++ very hard. ”。cout 流是容纳数据的载体，它并不是一个运算符。人们关心的是 cout 流中的内容，也就是向显示器输出什么。

(2) 用“cout”和“ << ”输出标准类型的数据时，由于系统已进行了定义，可以不必考虑数据是什么类型，系统会判断数据的类型并根据其类型选择调用与之匹配的运算符重载函数。如

```
cout << 'I' << 10 << "C++" << f;
```

编译系统先处理 cout << 'I'，由于'I'是 char 类型，就调用前面运算符重载的第 3 个函数，将'I'插入cout 流，返回此 cout 流。接着再处理 cout << 10，调用前面运算符重载的第 1 个函数，将整数 10 插入 cout 流，如此继续下去，又先后调用了运算符重载的第 4 个函数和第 2 个函数，把字符串"C++"和单精度数 f 的值都送到 cout 流中。

这个过程都是自动的，用户不必干预。如果在 C 语言中用 prinf 函数输出不同类型的

数据，必须分别指定相应的输出格式符，十分麻烦，而且容易出错。C++ 的 I/O 机制对用户来说，显然是方便而安全的。

（3）cout 流在内存中对应开辟了一个缓冲区，用来存放流中的数据，当向 cout 流插入一个 endl 时，不论缓冲区是否已满，都立即输出流中所有数据，然后插入一个换行符，并刷新流（清空缓冲区）。注意如果插入一个换行符'\n'（如"cout << a << '\n';"），则只输出 a 和换行，而不刷新 cout 流（但并不是所有编译系统都体现出这一区别）。

（4）在 iostream 中只对" << "和" >> "运算符用于标准类型数据的输入输出进行了重载，但未对用户声明的类型数据的输入输出进行重载。如果用户声明了新的类型，并希望用" << "和" >> "运算符对其进行输入输出，应该按照第 11 章介绍的方法，对" << "和" >> "运算符另作重载。

2. cerr 流对象

cerr 流对象是**标准错误流**。cerr 流已被指定为与显示器关联。cerr 的作用是向标准错误设备（standard error device）输出有关出错信息。cerr 是 console error 的缩写，意为"在控制台（显示器）显示出错信息"。cerr 与标准输出流 cout 的作用和用法差不多。但有一点不同：cout 流通常是传送到显示器输出，但也可以被重定向输出到磁盘文件，而 cerr 流中的信息只能在显示器输出。当调试程序时，往往不希望程序运行时的出错信息被送到其他文件，而要求在显示器上及时输出，这时应该用 cerr。cerr 流中的信息是用户根据需要指定的。

例 13.1 有一元二次方程 $ax^2+bx+c=0$，其一般解为

$x_{1,2}=\dfrac{-b\pm\sqrt{4ac}}{2a}$，但若 $a=0$，或 $b^2-4ac<0$ 时，用此公式出错，用 cerr 流输出有关信息。

编写程序，从键盘输入 a,b,c 的值，求 x_1 和 x_2。如果 $a=0$ 或 $b^2-4ac<0$，输出出错信息。

可编写如下程序：

```
#include <iostream>
#include <cmath>
using namespace std;
int main()
{float a,b,c,disc;
 cout << "please input a,b,c:";
 cin >> a >> b >> c;
 if (a == 0)
      cerr << "a is equal to zero,error!" << endl;
                                              //将有关出错信息插入 cerr 流，在屏幕输出
  else
  if ((disc = b * b - 4 * a * c) < 0)
      cerr << "disc = b * b - 4 * a * c < 0" << endl;
                                              //将有关出错信息插入 cerr 流，在屏幕输出
  else
```

```
    {cout << " x1 = " << ( - b + sqrt( disc ) )/(2 * a) << endl;
     cout << " x2 = " << ( - b - sqrt( disc ) )/(2 * a) << endl;
    }
return 0;
}
```

运行结果如下：

```
① please input a,b,c:0 2 3↙
a is equal to zero,error!
② please input a,b,c:5 2 3↙
disc = b * b - 4 * a * c < 0
③ please input a,b,c:1  2.5  1.5↙
x1 = -1
x2 = -1.5
```

可以看出，在 $a=0$ 和 $b^2-4ac<0$ 时，用 cerr 流输出事先指定的信息。

3. clog 流对象

clog 流对象也是**标准错误流**，它是 console log 的缩写。它的作用和 cerr 相同，都是在终端显示器上显示出错信息。它们之间只有一个微小的区别：cerr 是不经过缓冲区直接向显示器上输出有关信息，而 clog 中的信息存放在缓冲区中，缓冲区满后或遇 endl 时向显示器输出。

13.2.2　标准类型数据的格式输出

C++ 提供预定义类型的输入输出系统，用来处理标准类型数据的输入输出。所谓预定义类型的输入输出，是指对 C++ 系统定义的标准类型数据对标准设备（键盘、屏幕、打印机等）的输入输出。这种标准输入输出使用方便，不必用户自己定义。

有两种输入输出方式：

（1）无格式输入输出。对于简单的程序和数据，为简便起见，往往不指定输出的格式，由系统根据数据的类型采取默认的格式。例 13.1 程序中用的就是无格式输出。

（2）有格式输入输出。有时希望数据按用户指定的格式输出，如要求以十六进制或八进制形式输出一个整数，或对输出的小数只保留两位小数等。有两种方法可以达到此目的，分别叙述如下：

1. 使用控制符控制输出格式

在第 3 章中已介绍了怎样在输入和输出中使用控制符，读者在使用时可以查阅第 3 章的表 3.1。应注意，这些控制符是在头文件 iomanip 中定义的，因而程序中应当包含 iomanip 头文件。例如：

```
cout << setfill('*') << setw(10) << "China" << endl;
```

输出字符串“China”，域宽为 10 列，空白处以“ * ”填充。输出结果为

```
*****China
```

2. 用流对象的成员函数控制输出格式

除了可以用控制符来控制输出格式外，还可以通过调用流对象 cout 中用于控制输出格式的成员函数来控制输出格式。用于控制输出格式的流成员函数见表 13.3。

表 13.3 用于控制输出格式的流成员函数

流成员函数	与之作用相同的控制符	作　用
precision(n)	setprecision(n)	设置实数的精度为 n 位
width(n)	setw(n)	设置字段宽度为 n 位
fill(c)	setfill(c)	设置填充字符 c
setf()	setiosflags()	设置输出格式状态，括号中应给出格式状态，内容与控制符 setiosflags 括号中的内容相同，如表 13.4 所示
unsetf()	resetioflags()	终止已设置的输出格式状态，在括号中应指定内容

流成员函数 setf 和控制符 setiosflags 括号中的参数表示格式状态，它是通过格式标志来指定的。格式标志在类 ios 中被定义为枚举值。因此在引用这些格式标志时要在前面加上类名 iso 和域运算符“::”。格式标志见表 13.4。

表 13.4 设置格式状态的格式标志

格式标志	作　用
iso::left iso::right iso::internal	输出数据在本域宽范围内向左对齐 输出数据在本域宽范围内向右对齐 数值的符号位在域宽内左对齐，数值右对齐，中间由填充字符填充
iso::dec iso::oct iso::hex	设置整数的基数为 10 设置整数的基数为 8 设置整数的基数为 16
iso::showbase iso::showpoint iso::uppercase iso::showpos	强制输出整数的基数(八进制数以 0 打头，十六进制数以 0x 打头) 强制输出浮点数的小点和尾数 0 在以科学记数法格式 E 和以十六进制输出字母时以大写表示 对正数显示“+”号
iso::scientific iso::fixed	浮点数以科学记数法格式输出 浮点数以定点格式(小数形式)输出
ios::unitbuf ios::stdio	每次输出之后刷新所有的流 每次输出之后清除 stdout，stderr

例 13.2 用流对象的成员函数控制输出数据格式。

```
#include <iostream>
using namespace std;
int main()
{int a =21
 cout.setf(ios::showbase);                    //显示基数符号(0x 或 0)
```

```
    cout << " dec:" << a << endl;              //默认以十进制形式输出 a
    cout. unsetf(ios :: dec);                  //终止十进制的格式设置
    cout. setf(ios :: hex);                    //设置以十六进制输出的状态
    Bcout << " hex:" << a << endl;             //以十六进制形式输出 a
    cout. unsetf(ios :: hex);                  //终止十六进制的格式设置
    cout. setf(ios :: oct);                    //设置以八进制输出的状态
    cout << " oct:" << a << endl;              //以八进制形式输出 a
    char  * pt = " China";                     //pt 指向字符串" China"
    cout. width(10);                           //指定域宽为 10
    cout << pt << endl;                        //输出字符串
    cout. width(10);                           //指定域宽为 10
    cout. fill('*');                           //指定空白处以'*'填充
    cout << pt << endl;                        //输出字符串
    double pi =22.0/7.0;                       //输出 pi 值
    cout. setf(ios :: scientific);             //指定用科学记数法输出
    cout << " pi = ";                          //输出" pi = "
    cout. width(14);                           //指定域宽为 14
    cout << pi << endl;                        //输出 pi 值
    cout. unsetf(ios :: scientific);           //终止科学记数法状态
    cout. setf(ios :: fixed);                  //指定用定点形式输出
    cout. width(12);                           //指定域宽为 12
    cout. setf(ios :: showpos);                //正数输出" + "号
    cout. setf(ios :: internal);               //数符出现在左侧
    cout. precision(6);                        //保留 6 位小数
    cout << pi << endl;                        //输出 pi,注意数符" + "的位置
    return 0;
}
```

运行结果如下：

```
dec:21                  (十进制形式)
hex:0x15                (十六进制形式,以 0x 开头)
oct:025                 (八进制形式,以 0 开头)
     China              (域宽为 10)
*****China              (域宽为 10,空白处以'*'填充)
pi = **3.142857e+00     (指数形式输出,域宽 14,默认 6 位小数,空白处以'*'填充)
+ ***3.142857           (小数形式输出,精度为 6,最左侧输出数符" + ")
```

说明：

(1) 成员函数 width(n)和控制符 setw(n)只对其后的第 1 个输出项有效。如

```
cout. width(6);
cout << 20 << 3.14 << endl;
```

输出结果为

```
    203.14
```

在输出第 1 个输出项 20 时,域宽为 6,因此在 20 前面有 4 个空格,在输出 3.14 时,width(6)

已不起作用，此时按系统默认的域宽输出（按数据实际长度输出）。如果要求在输出数据时都按指定的同一域宽 n 输出，不能只调用一次 width(n)，而必须在输出每一项前都调用一次 width(n)。读者可以看到在程序中就是这样做的。

(2) 在表13.5中的输出格式状态分为5组，每一组中同时只能选用一种（例如，dec，hex 和 oct 中只能选一，它们是互相排斥的）。在用成员函数 setf 和控制符 setiosflags 设置输出格式状态后，如果想改设置为同组的另一状态，应当调用成员函数 unsetf（对应于成员函数 setf）或 resetiosflags（对应于控制符 setiosflags），先终止原来设置的状态。然后再设置其他状态。读者可从本程序中看到这点。程序在开始虽然没有用成员函数 setf 和控制符 setiosflags 设置用 dec 输出格式状态，但系统默认指定为 dec，因此要改变为 hex 或 oct，也应当先用 unsetf 函数终止原来设置。如果删去程序中的第7行和第10行，虽然在第8行和第11行中用成员函数 setf 设置了 hex 和 oct 格式，由于未终止 dec 格式，因此 hex 和 oct 的设置均不起作用，系统依然以十进制形式输出。读者可上机试一下。

同理，程序倒数第6行的 unsetf 函数的调用也是不可缺少的。读者也不妨上机试一试。

(3) 用 setf 函数设置格式状态时，可以包含两个或多个格式标志，由于这些格式标志在 ios 类中被定义为枚举值，每一个格式标志以一个二进位代表，因此可以用位或运算符"|"组合多个格式标志。如倒数第5,6行可以用下面一行代替：

```
cout.setf(ios::internal|ios::showpos);        //包含两个状态标志,用"|"组合
```

(4) 可以看出，对输出格式的控制，既可以用控制符（如例13.2），也可以用 cout 流的有关成员函数（如例13.3），二者的作用是相同的。控制符是在头文件 iomanip 中定义的，因此用控制符时，必须包含 iomanip 头文件。cout 流的成员函数是在头文件 iostream 中定义的，因此只须包含头文件 iostream，不必包含 iomanip。许多程序人员感到使用控制符方便简单，可以在一个 cout 输出语句中连续使用多种控制符。

(5) 关于输出格式的控制，在使用中还会遇到一些细节问题，不可能在这里全部涉及。在遇到问题时，请查阅专门手册或上机试一下即可解决。

13.2.3 用流成员函数 put 输出字符

在程序中一般用 cout 和插入运算符"<<"实现输出，cout 流在内存中有相应的缓冲区。有时用户还有特殊的输出要求，例如只输出一个字符。ostream 类除了提供上面介绍过的用于格式控制的成员函数外，还提供了专用于输出单个字符的成员函数 put。如

```
cout.put('a');
```

调用该函数的结果是在屏幕上显示一个字符 a。put 函数的参数可以是字符或字符的 ASCII 代码（也可以是一个整型表达式）。如

```
cout.put(65+32);
```

也显示字符 a，因为97是字符 a 的 ASCII 代码。

可以在一个语句中连续调用 put 函数。如

```
cout.put(71).put(79).put(79).put(68).put('\n');
```

在屏幕上显示GOOD。

例13.3 有一个字符串"BASIC",要求把它们按相反的顺序输出。

程序如下:

```
#include <iostream>
using namespace std;
int main( )
{char *p = "BASIC";                    //字符指针指向'B'
 for(int i =4;i >=0;i --)
   cout.put( *(p+i));                  //从最后一个字符开始输出
 cout.put('\n');
 return 0;
}
```

运行时在屏幕上输出:

```
CISAB
```

字符指针变量p指向第1个字符'B',p+4是第5个字符'C'的地址,*(p+4)的值就是字符'C'。当i由4变到0时,*(p+i)的值就是'C','I','S','A','B'。

除了可以用cout.put函数输出一个字符外,还可以用putchar函数输出一个字符。putchar函数是C语言中使用的,在stdio.h头文件中定义。C++保留了这个函数,在iostream头文件中定义。例13.3也可以改用putchar函数实现。

程序如下:

```
#include <iostream>          //也可以用#include <stdio.h>,同时不要下一行
using namespace std;
int main( )
{char *p = "BASIC";
 for(int i =4;i >=0;i --)
   putchar( *(p+i));
 putchar('\n');
}
```

运行结果与前相同。

成员函数put不仅可以用cout流对象来调用,而且也可以用ostream类的其他流对象调用,在13.4节中会对此进行进一步的讨论。

13.3 标准输入流

标准输入流是从标准输入设备(键盘)流向程序的数据。

13.3.1 cin流

在第13.2节中已知,在头文件iostream中定义了cin,cout,cerr,clog 4个流对象,其

中 cin 是输入流，cout，cerr，clog 是输出流。

cin 是 istream 类的派生类的对象，它从标准输入设备（键盘）获取数据，程序中的变量通过流提取符“ >> ”从流中提取数据。流提取符“ >> ”从流中提取数据时通常跳过输入流中的空格、Tab 键、换行符等空白字符。

注意：只有在键盘输入完数据并按 Enter 键后，该行数据才被送入键盘缓冲区，形成输入流，提取运算符“ >> ”才能从中提取数据。

在遇到无效字符或文件结束符（不是换行符，是文件中的数据已读完）时，输入流 cin 就处于出错状态，即无法正常提取数据。此时对 cin 流的所有提取操作将终止。一般以 Ctrl + Z 或 Ctrl + D 表示文件结束符。当输入流 cin 处于出错状态时，如果测试 cin 的值，可以发现它的值为 false（假），即 cin 为 0 值。如果输入流在正常状态，cin 的值为 true（真），即 cin 为一个非 0 值。可以通过测试 cin 的值，判断流对象是否处于正常状态和提取操作是否成功。如

```
if(!cin)                          //流 cin 处于出错状态，无法正常提取数据
  cout << "error";
```

13.3.2 用于字符输入的流成员函数

除了可以用 cin 输入标准类型的数据外，还可以用 istream 类流对象的一些成员函数，实现字符的输入。

1. 用 get 函数读入一个字符

流成员函数 get 有 3 种形式：无参数的、有一个参数的，有 3 个参数的。

（1）无参数的 get 函数

其调用形式为

cin.get()

用来从指定的输入流中提取一个字符（包括空白字符），函数的返回值就是读入的字符。若遇到输入流中的文件结束符，则函数返回值 EOF（EOF 是在 iostream 头文件中定义的符号常量，代表 -1）。

例 13.4 用 get 函数读入字符。

```
#include <iostream>
int main()
{int c;
 cout << "enter a sentence:" << endl;
 while((c = cin.get())! = EOF)
   cout.put(c);
 return 0;
}
```

从键盘输入一行字符，用 cin.get() 逐个读入字符，将读入字符赋给字符变量 c。

如果 c 的值不等于 EOF，表示已成功地读入一个有效字符，然后通过 put 函数输出该字符。

运行结果如下：

```
enter a sentence:
I study C++  very hard.↙            (输入一行字符)
I study C++  very hard.             (输出该行字符)
^Z↙                                 (程序结束)
```

C 语言中的 getchar 函数与流成员函数 cin. get( ) 的功能相同，C++ 保留了 C 的这种用法，可以用 getchar(c) 从键盘读取一个字符赋给变量 c。

(2) 有一个参数的 get 函数

其调用形式为

cin. get(ch)

其作用是从输入流中读取一个字符，赋给字符变量 ch。如果读取成功则函数返回非 0 值(真)，如失败(遇文件结束符) 则函数返回 0 值(假)。

(3) 有 3 个参数的 get 函数

其调用形式为

cin. get(字符数组，字符个数 n，终止字符)

或

cin. get(字符指针，字符个数 n，终止字符)

其作用是从输入流中读取 n－1 个字符，赋给指定的字符数组(或字符指针指向的数组)，如果在读取 n－1 个字符之前遇到指定的终止字符，则提前结束读取。如果读取成功则函数返回非 0 值(真)，如失败(遇文件结束符) 则函数返回 0 值(假)。

2. 用成员函数 getline 函数读入一行字符

getline 函数的作用是从输入流中读取一行字符，其用法与带 3 个参数的 get 函数类似。即

cin. getline(字符数组(或字符指针)，字符个数 n，终止标志字符)

如

```
cin. getline(ch,20,'/');
```

作用是读入 19 个字符(或遇'/'结束)，然后加一个'\0'共 20 个字符存放到字符数组 ch 中。

13.3.3　istream 类的其他成员函数

除了以上介绍的用于读取数据的成员函数外，istream 类还有其他在输入数据时用得着的一些成员函数。常用的有以下几种。

1. eof 函数

eof 是 end of file 的缩写，表示“文件结束”。从输入流读取数据，如果到达文件末尾

（遇到文件结束符），eof 函数值为非零值（表示真），否则为0（假）。这个函数是很有用的，经常会用到。

例13.5 逐个读入一行字符，将其中的非空格字符输出。

可编写如下程序：

```
#include <iostream>
using namespace std;
int main()
{char c;
 while(!cin.eof())                    //eof()为假表示未遇到文件结束符
   if((c=cin.get())!=' ')             //检查读入的字符是否空格字符
     cout.put(c);
 return 0;
}
```

运行结果如下：

```
C++ is very interesting.↙
C++ isveryinteresting.
^Z(结束)
```

2. peek 函数

peek 是"观察"的意思，peek 函数的作用是观测下一个字符。其调用形式为

```
c=cin.peek();
```

cin.peek 函数的返回值是指针指向的当前字符，但它只是观测，指针仍停留在当前位置，并不后移。如果要访问的字符是文件结束符，则函数值是EOF(-1)。

3. putback 函数

其调用形式为

```
cin.putback(ch);
```

其作用是将前面用 get 或 getline 函数从输入流中读取的字符 ch 返回到输入流，插入到当前指针位置，以供后面读取。

例13.6 peek 函数和 putback 函数的用法。

```
#include <iostream>
using namespace std;
int main()
{char c[20];
 int ch;
 cout<<"please enter a sentence:"<<endl;
 cin.getline(c,15,'/');
 cout<<"The first part is:"<<c<<endl;
```

```
    ch = cin.peek();                                  //观看当前字符
    cout << "The next character(ASCII code) is:" << ch << endl;
    cin.putback(c[0]);                                //将'I'插入到指针所指处
    cin.getline(c,15,'/');
    cout << "The second part is:" << c << endl;
    return 0;
}
```

运行结果如下:

```
please enter a sentence:
I am a boy./ am a student./↙
The first part is:I am a boy.
The next character(ASCII code) is:32          (下一个字符是空格)
The second part is:I am a student.
```

开始时指针位置如图 13.4(a)中的①所示。第 1 个 getline 函数读入字符串"I am a boy."(遇'/'结束),此时指针的位置在第 1 个'/'之后,如图 13.4(a)中的②所示。用 peek 函数测出下一个字符的 ASCII 代码为 32(是空格),用 putback 函数将 c[0]的值(字符'I')放回指针所指处,即放在第 1 个'/'之后,如图 13.4(b)中的③所示。第 1 个'/'之后的字符为" I am a student./",再用第 1 个 getline 函数读入 14 个字符,故输出" I am a student"。

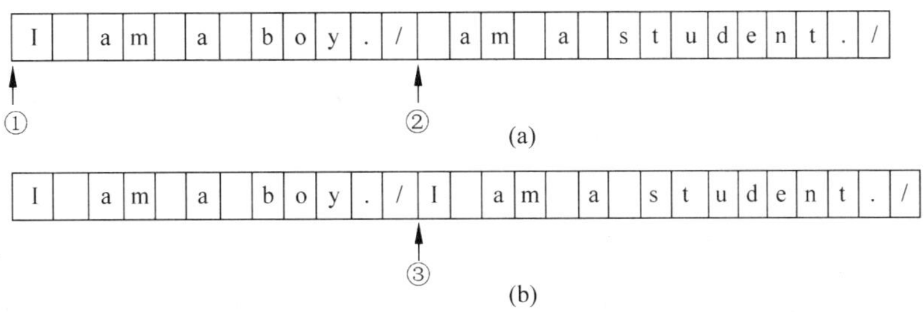

图　13.4

4. ignore 函数

其调用形式为

```
cin,ignore(n, 终止字符)
```

函数作用是跳过输入流中 n 个字符,或在遇到指定的终止字符时提前结束(此时跳过包括终止字符在内的若干字符)。如

```
cin.ighore(5, 'A')             //跳过输入流中 5 个字符,或遇到'A'后就不再跳了
```

也可以不带参数或只带一个参数。如

```
ignore()                       (n 默认值为 1,终止字符默认为 EOF)
```

相当于

ignore(1,EOF)

例 13.7 用 ignore 函数跳过输入流中的字符。

先看不用 ignore 函数的情况：

```
#include <iostream>
using namespace std;
int main()
{char ch[20];
 cin.get(ch,20,'/');
 cout<<"The first part is:"<<ch<<endl;
 cin.get(ch,20,'/');
 cout<<"The second part is:"<<ch<<endl;
 return 0;
}
```

运行结果如下：

```
I like C++./I study C++./I am happy.↙
The first part is:I like C++.
The second part is:                    (字符数组 ch 中没有从输入流中读取有效字符)
```

前面已对此作过说明。如果希望第 2 个 cin.get 函数能读取"I study C++.",就应该设法跳过输入流中第 1 个'/',可以用 ignore 函数来实现此目的,将程序改为

```
#include <iostream>
using namespace std;
int main()
{char ch[20];
 cin.get(ch,20,'/');
   cout<<"The first part is:"<<ch<<endl;
 cin.ignore();                                           //跳过输入流中一个字符
 cin.get(ch,20,'/');
 cout<<"The second part is:"<<ch<<endl;
 return 0;
}
```

运行结果如下：

```
I like C++./I study C++./I am happy.↙
The first part is:I like C++.
The second part is:I study C++.
```

以上介绍的各个成员函数,不仅可以用 cin 流对象来调用,而且也可以用 istream 类的其他流对象调用。

13.4 对数据文件的操作与文件流

13.4.1 文件的概念

迄今为止,我们讨论的输入输出是以系统指定的标准设备(输入设备为键盘,输出设备为显示器)为对象的。在实际应用中,常以磁盘文件作为对象。即从磁盘文件读取数据,将数据输出到磁盘文件。磁盘是计算机的外部存储器,它能够长期保留信息,能读能写,可以刷新重写,方便携带因而得到广泛使用。

文件(file)是程序设计中一个重要的概念。所谓"文件"一般指存储在外部介质上数据的集合。一批数据是以文件的形式存放在外部介质(如磁盘、光盘和U盘)上的。**操作系统是以文件为单位对数据进行管理的**,也就是说,如果想找存在外部介质上的数据,必须先按文件名找到所指定的文件,然后再从该文件中读取数据。要向外部介质上存储数据也必须先建立一个文件(以文件名标识),才能向它输出数据。

外存文件包括磁盘文件、光盘文件和U盘文件等。目前使用最广泛的是磁盘文件,为叙述方便,在本章中凡用到外存文件的地方均以磁盘文件来代表,在程序中对光盘文件和U盘文件的使用方法与磁盘文件相同。

对用户来说,常用到的文件有两大类,一类是**程序文件**(program file),如C++的源程序文件(.cpp)、目标文件(.obj)、可执行文件(.exe)等。另一类是**数据文件**(data file),在程序运行时,常常需要将一些数据(运行的最终结果或中间数据)输出到磁盘上存放起来,以后需要时再从磁盘中输入到计算机内存。这种磁盘文件就是数据文件。程序中的输入和输出的对象就是数据文件。

根据文件中数据的组织形式,可分为ASCII文件和二进制文件。ASCII文件又称文本(text)文件或字符文件,它的每一个字节放一个ASCII代码,代表一个字符。二进制文件又称内部格式文件或字节文件,是把内存中的数据按其在内存中的存储形式原样输出到磁盘上存放。

对于字符信息,在内存中是以ASCII代码形式存放的,因此,无论用ASCII文件输出和用二进制文件输出,其数据形式是一样的。但是对于数值数据,二者是不同的。例如有一个整数100000,在内存中占4个字节,如果按内部格式直接输出,在磁盘文件中占4个字节,如果将它转换为ASCII码形式输出,6个字符占6个字节,见图13.5。

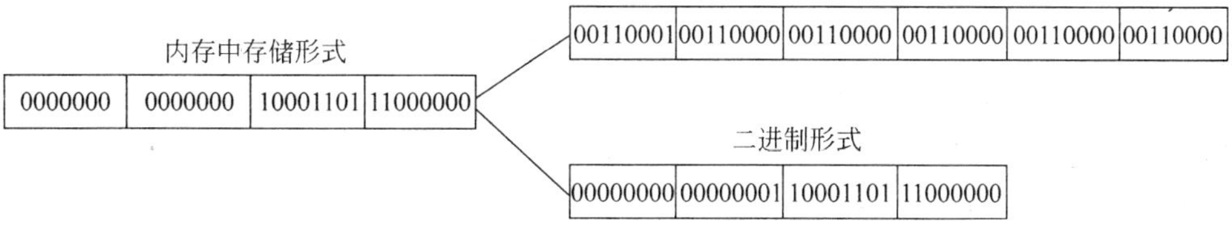

图 13.5

用 ASCII 码形式输出的数据是与字符一一对应的,一个字节代表一个字符,可以直接在屏幕上显示或打印出来。这种方式使用方便,比较直观,便于阅读,便于对字符逐个进行输入输出。但一般占存储空间较多,而且要花费转换时间(二进制形式与 ASCII 码间的转换)。用内部格式(二进制形式)输出数值,可以节省外存空间,而且不需要转换时间,但一个字节并不对应一个字符,不能直接显示文件中的内容。如果在程序运行过程中有些中间结果数据暂时保存在磁盘文中,以后又需要输入到内存的,这时用二进制文件保存是最合适的。如果是为了能显示和打印以供阅读,则应按 ASCII 码形式输出。此时得到的是 ASCII 文件,它的内容可以直接在显示屏上观看。

C++提供了低级的 I/O 功能和高级的 I/O 功能。高级的 I/O 是把若干个字节组合为一个有意义的单位(如整数、单精度数、双精度数、字符串或用户自定义的类型的数据),然后以 ASCII 字符形式输入和输出。例如将数据从内存送到显示器输出,就属于高级 I/O 功能,先将内存中的数据转换为 ASCII 字符,然后分别按整数、单精度数、双精度数等形式输出。这种面向类型的输入输出在程序中用得很普遍,用户感到方便。但在传输大容量的文件时由于数据格式转换,速度较慢,效率不高。

所谓低级的 I/O 是以字节为单位输入和输出的,在输入和输出时不进行数据格式的转换。这种输入输出是以二进制形式进行的。通常用来在内存和设备之间传输一批字节。这种输入输出速度快、效率高,一般大容量的文件传输用无格式转换的 I/O。但使用时会感到不大直观,难以判定数据的内容。

13.4.2 文件流类与文件流对象

前面已说明,C++的输入输出是由类对象来实现的,如 cin 和 cout 就是流对象。不能采用在 C 语言中处理数据文件的方法来处理 C++的文件操作。cin 和 cout 只能处理 C++中以标准设备为对象的输入输出,而不能处理以磁盘文件为对象的输入输出。必须另外定义以磁盘文件为对象的输入输出流对象。

首先要弄清楚什么是文件流。文件流是以外存文件为输入输出对象的数据流。输出文件流是从内存流向外存文件的数据,输入文件流是从外存文件流向内存的数据。每一个文件流都有一个内存缓冲区与之对应。

请区分文件流与文件的概念,不用误以为文件流是由若干个文件组成的流。文件流本身不是文件,而只是**以文件为输入输出对象的流**。若要对磁盘文件输入输出,就必须通过文件流来实现。

在 C++的 I/O 类库中定义了几种文件类,专门用于对磁盘文件的输入输出操作。在图 13.2 中可以看到除了已介绍过的标准输入输出流类 istream,ostream 和 iostream 类外,还有 3 个用于文件操作的文件类:

(1) ifstream 类,它是从 istream 类派生的。用来支持从磁盘文件的输入。

(2) ofstream 类,它是从 ostream 类派生的。用来支持向磁盘文件的输出。

(3) fstream 类,它是从 iostream 类派生的。用来支持对磁盘文件的输入输出。

要以磁盘文件为对象进行输入输出,必须定义一个文件流类的对象,通过文件流对象将数据从内存输出到磁盘文件,或者通过文件流对象从磁盘文件将数据输入到内存。

其实在用标准设备为对象的输入输出中,也是要定义流对象的,如 cin,cout 就是流对象,C++是通过流对象进行输入输出的。由于 cin,cout 已在 iostream 头文件中事先定义,所以用户不需自己定义。在用磁盘文件时,由于情况各异,无法事先统一定义,必须由用户自己定义。此外,对磁盘文件的操作是通过文件流对象(而不是 cin 和 cout)实现的。文件流对象是用**文件流类**定义的,而不是用 istream 和 ostream 类来定义的。

可以用下面的方法建立一个输出文件流对象:

```
ofstream outfile;
```

如同在头文件 iostream 中定义了流对象 cout 一样,现在在程序中定义了 outfile 为 ofstream 类(输出文件流类)的对象。但是有一个问题还未解决:在定义 cout 时已将它和标准输出设备(显示器)建立关联,而现在虽然建立了一个输出文件流对象,但是还未指定它向哪一个磁盘文件输出,需要在使用时加以指定。下面将要解决这个问题。

13.4.3 文件的打开与关闭

1. 打开磁盘文件

所谓打开(open)文件是一种形象的说法,如同打开房门就可以进入房间活动一样。打开文件是指在文件读写之前做必要的准备工作,包括:

(1) 为文件流对象和指定的磁盘文件建立关联,以便使文件流流向指定的磁盘文件。

(2) 指定文件的工作方式,如,该文件是作为输入文件还是输出文件,是 ASCII 文件还是二进制文件等。

以上工作可以通过两种不同的方法实现。

(1) 调用文件流的成员函数 open。如

```
ofstream outfile;                  //定义 ofstream 类(输出文件流类)对象 outfile
outfile.open("f1.dat",ios::out);   //使文件流与 f1.dat 文件建立关联
```

第 2 行是调用输出文件流的成员函数 open 打开磁盘文件 f1.dat,并指定它为输出文件,文件流对象 outfile 将向磁盘文件 f1.dat 输出数据。ios::out 是 I/O 模式的一种,表示以输出方式打开一个文件。或者简单地说,此时 f1.dat 是一个输出文件,接收从内存输出的数据。

调用成员函数 open 的一般形式为

文件流对象.open(磁盘文件名,输入输出方式);

磁盘文件名可以包括路径,如"c:\new\f1.dat",如果缺省路径,则默认为当前目录下的文件。

(2) 在定义文件流对象时指定参数

在声明文件流类时定义了带参数的构造函数,其中包含了打开磁盘文件的功能。因此,可以在定义文件流对象时指定参数,调用文件流类的构造函数来实现打开文件的功能。如

```
ostream outfile("f1.dat",ios::out);
```

一般多用此形式，比较方便。作用与用 open 函数相同。

输入输出方式是在 ios 类中定义的，它们是枚举常量，有多种选择，见表 13.5。

表 13.5　文件输入输出方式设置值

方　式	作　　用
ios :: in	以输入方式打开文件
ios :: out	以输出方式打开文件(这是默认方式)，如果已有此名字的文件，则将其原有内容全部清除
ios :: app	以输出方式打开文件，写入的数据添加在文件末尾
ios :: ate	打开一个已有的文件，文件指针指向文件末尾
ios :: trunc	打开一个文件，如果文件已存在，则删除其中全部数据，如文件不存在，则建立新文件。如已指定了 ios :: out 方式，而未指定 ios :: app，ios :: ate，ios :: in，则同时默认此方式
ios :: binary	以二进制方式打开一个文件，如不指定此方式则默认为 ASCII 方式
ios :: nocreate	打开一个已有的文件，如文件不存在，则打开失败。nocreat 的意思是不建立新文件
ios :: noreplace	如果文件不存在则建立新文件，如果文件已存在则操作失败，noreplace 的意思是不更新原有文件
ios :: in | ios :: out	以输入和输出方式打开文件，文件可读可写
ios :: out | ios :: binary	以二进制方式打开一个输出文件
ios :: in | ios :: binary	以二进制方式打开一个输入文件

说明：

(1) 新版本的 I/O 类库中不提供 ios :: nocreate 和 ios :: noreplace。

(2) 每一个打开的文件都有一个文件指针，该指针的初始位置由 I/O 方式指定，每次读写都从文件指针的当前位置开始。每读入一个字节，指针就后移一个字节。当文件指针移到最后，就会遇到文件结束(文件结束符也占一个字节，其值为 -1)，此时流对象的成员函数 eof 的值为非 0 值(一般设为 1)，表示文件结束了。

(3) 可以用"位或"运算符"|"对输入输出方式进行组合，如表 13.5 中最后 3 行所示那样。还可以举出下面一些例子：

```
ios :: in | ios :: nocreate            //打开一个输入文件，若文件不存在则返回打开失败的信息
ios :: app | ios :: nocreate           //打开一个输出文件，在文件尾接着写数据，若文件不存在则返回
                                         打开失败的信息
ios :: out | ios :: noreplace          //打开一个新文件作为输出文件，如果文件已存在则返回打开失败
                                         的信息
ios :: in | ios :: out | ios :: binary   //打开一个二进制文件，可读可写
```

但不能组合互相排斥的方式，如 ios :: nocreate | ios :: noreplace。

(4) 如果打开操作失败，open 函数的返回值为 0(假)，如果是用调用构造函数的方式打开文件的，则流对象的值为 0。可以据此测试打开是否成功。如

```
if(outfile.open("f1.dat",ios :: app) ==0)
```

```
    cout << " open error" ;
```

或

```
if( !outfile. open( " f1. dat" ,ios :: app) )
    cout << " open error"
```

2. 关闭磁盘文件

在对已打开的磁盘文件的读写操作完成后,应关闭该文件。关闭文件用成员函数 close。如

```
outfile. close( ) ;            //将输出文件流所关联的磁盘文件关闭
```

所谓关闭,实际上是解除该磁盘文件与文件流的关联,原来设置的工作方式也失效,这样,就不能再通过文件流对该文件进行输入或输出。此时可以将文件流与其他磁盘文件建立关联,通过文件流对新的文件进行输入或输出。如

```
outfile. open( " f2. dat" ,ios :: app| ios :: nocreate) ;
```

此时文件流 outfile 与 f2. dat 建立关联,并指定了 f2. dat 的工作方式。

13.4.4 对 ASCII 文件的操作

在第 13.4.1 节中已经介绍了什么是 ASCII 文件。**如果文件的每一个字节中均以 ASCII 代码形式存放数据,即一个字节存放一个字符,这个文件就是 ASCII 文件(或称字符文件)**。如存放一篇英文文章的文本文件就是 ASCII 文件。程序可以从 ASCII 文件中读入若干个字符,也可以向它输出一些字符。

对 ASCII 文件的读写操作可以用两种方法:

(1) 用流插入运算符"<<"和流提取运算符">>"输入输出标准类型的数据。"<<"和">>"都已在 iostream 中被重载为能用于 ostream 和 istream 类对象的标准类型的输入输出。由于 ifstream 和 ofstream 分别是 ostream 和 istream 类的派生类(见图 13.2),因此它们从 ostream 和 istream 类继承了公用的重载函数,所以在对磁盘文件的操作中,可以通过文件流对象和流插入运算符"<<"和流提取运算符">>"实现对磁盘文件的读写,如同用 cin 和 cout 以及 << 和 >> 对标准设备进行读写一样。

(2) 用第 13.2.3 节和 13.3.2 节中介绍的文件流的 put,get,geiline 等成员函数进行字符的输入输出。

下面通过几个例子说明其应用。

例 13.8 有一个整型数组,含 10 个元素,从键盘输入 10 个整数给数组,将此数组送到磁盘文件中存放。

```
#include  < fstream >
using namespace std;
int main( )
{int a[10];
 ofstream outfile( " f1. dat" ,ios :: out) ;      //定义文件流对象,打开磁盘文件 f1. dat"
```

```
    if(!outfile)                            //如果打开失败,outfile 返回 0 值
      {cerr<<"open error!"<<endl;
       exit(1);
      }
    cout<<"enter 10 integer numbers:"<<endl;
    for(int i=0;i<10;i++)
      {cin>>a[i];
       outfile<<a[i]<<" ";}                 //向磁盘文件"f1.dat"输出数据
     outfile.close();                       //关闭磁盘文件"f1.dat"
     return 0;
}
```

运行结果如下：

```
enter 10 integer numbers:
1 3 5 2 4 6 10 8 7 9↙
```

说明：

(1) 程序中用#include 指令包含了头文件 fstream，这是由于在程序中用到文件流类 ofstream，而 ofstream 是在头文件 fstream 中定义的。有人可能会提出：程序中用到 cout，为什么没有包含 iostream 头文件？这是由于在头文件 fstream 中包含了头文件 iostream，因此，包含了头文件 fstream 就意味着已经包含了头文件 iostream，不必重复(当然，多写一行#include <iostream>也不出错。

(2) 程序中用 ofstream 类定义文件流对象 outfile，调用结构函数打开磁盘文件 f1.dat，它是输出文件，只能向它写入数据，不能从中读取数据。参数 ios::out 可以省写。如不写此项，默认为 ios::out。下面两种写法等价：

```
ofstream outfile("f1.dat",ios::out);
ofstream outfile("f1.dat");
```

(3) 如果打开成功，则文件流对象 outfile 的返回值为非 0 值，如果打开失败，则返回值为 0(假)，outfile 为真，此时要进行出错处理，向显示器输出出错信息"open error!"，然后调用系统函数 exit，结束运行。exit 的参数为任意整数，可用 0，1 或其他整数。由于用了 exit 函数，在某些旧版本的 C++要求包含头文件 stdlib.h，而在新版本的 C++(如 GCC) 则不要求此包含。

(4) 在程序中用提取运算符">>"从键盘逐个读入 10 个整数，每读入一个就将该数向磁盘文件输出，输出的语句为

```
outfile<<a[i]<<" ";
```

可以看出，用法和向显示器输出是相似的，只是把标准输出流对象 cout 换成文件输出流对象 outfile 而已。由于是向磁盘文件输出，所以在屏幕上看不到输出结果。

请注意：在向磁盘文件输出一个数据后，要输出一个(或几个)空格或换行符，以作为数据间的分隔，否则以后从磁盘文件读数据时，10 个整数的数字将连成一片无法区分。

例 13.9 从例 13.8 建立的数据文件 f1.dat 中读入 10 个整数放在数组中，找出并输

出10个数中的最大者和它在数组中的序号。

程序如下：

```
#include <fstream>
using namespace std;
int main( )
{int a[10],max,i,order;
 ifstream infile("f1.dat",ios::in|ios::nocreate);
                                    //定义输入文件流对象,以输入方式打开磁盘文件 f1.dat
 if(!infile)
    {cerr<<"open error!"<<endl;
     exit(1);
    }
 for(i=0;i<10;i++)
    {infile>>a[i];                  //从磁盘文件读入10个整数,顺序存放在a数组中
     cout<<a[i]<<" ";}              //在显示器上顺序显示10个数
 cout<<endl;
 max=a[0];
 order=0;
 for(i=1;i<10;i++)
    if(a[i]>max)
      {max=a[i];                    //将当前最大值放在max中
       order=i;                     //将当前最大值的元素序号放在order中
      }
 cout<<"max="<<max<<endl<<"order="<<order<<endl;
 infile.close( );
 return 0;
}
```

运行结果如下：

```
1 3 5 2 4 6 10 8 7 9          (在磁盘文件中存放的10个数)
max=10                        (最大值为10)
order=6                       (最大值是数组中序号为6的元素)
```

可以看到,文件f1.dat在例13.8中作为输出文件,在例13.9中作为输入文件。一个磁盘文件可以在一个程序中作为输入文件,而在另一个程序中作为输出文件,在不同的程序中可以有不同的工作方式。甚至在同一个程序中先后以不同方式打开,如先以输出方式打开,接收从程序输出的数据,然后关闭它,再以输入方式打开,程序可以从中读取数据。

例13.10 从键盘读入一行字符,把其中的字母字符依次存放在磁盘文件f2.dat中。再把它从磁盘文件读入程序,将其中的小写字母改为大写字母,再存入磁盘文件f3.dat。

可编写程序如下：

```
#include <fstream>
using namespace std;
```

```
// save_to_file 函数从键盘读入一行字符并将其中的字母存入磁盘文件
void save_to_file( )
{ofstream outfile("f2.dat");
    //定义输出文件流对象 outfile,以输出方式打开磁盘文件 f2.dat
 if(!outfile)
   {cerr<<"open f2.dat error!"<<endl;
    exit(1);
   }
 char c[80];
 cin.getline(c,80);                                //从键盘读入一行字符
 for(int i=0;c[i]!=0;i++)                          //对字符逐个处理,直到遇到'/0'为止
    if(c[i]>=65 && c[i]<=90||c[i]>=97 && c[i]<=122)      //如果是字母字符
       {outfile.put(c[i]);                         //将字母字符存入磁盘文件 f2.dat
        cout<<c[i];}                               //同时送显示器显示
 cout<<endl;
 outfile.close();                                  //关闭 f2.dat
}

//从磁盘文件 f2.dat 读入字母字符,将其中的小写字母改为大写字母,再存入 f3.dat
void get_from_file( )
{char ch;
 ifstream infile("f2.dat",ios::in|ios::nocreate);
  //定义输入文件流 outfile,以输入方式打开磁盘文件 f2.dat
 if(!infile)
  {cerr<<"open f2.dat error!"<<endl;
   exit(1);
  }
  ofstream outfile("f3.dat");
    //定义输出文件流 outfile,以输出方式打开磁盘文件 f3.dat
  if(!outfile)
    {cerr<<"open f3.dat error!"<<endl;
     exit(1);
    }
   while(infile.get(ch))                  //当读取字符成功时执行下面的复合语句
     {if(ch>=97 && ch<=122)               //判断 ch 是否为小写字母
         ch=ch-32;                        //将小写字母变为大写字母
      outfile.put(ch);                    //将该大写字母存入磁盘文件 f3.dat
      cout<<ch;                           //同时在显示器输出
     }
   cout<<endl;
   infile.close();                        //关闭磁盘文件 f2.dat
   outfile.close();                       //关闭磁盘文件 f2.dat
}
int main( )
{save_to_file( );
```

```
        //调用 save_to_file( ),从键盘读入一行字符并将其中的字母存入磁盘文件 f2. dat
get_from_file( );
        //调用 get_from_file( ),从 f2. dat 读入字母字符,改为大写字母,再存入 f3. dat
return 0;
}
```

运行结果如下:

```
New Beijing, Great Olypic, 2008, China.↙
NewBeijingGreatOlypicChina              (将字母写入磁盘文件 f2. dat,同时在屏幕显示)
NEWBEIJINGGREATOLYPICCHINA              (改为大写字母)
```

本程序用第 13.2.3 节和 13.3.2 节中介绍的文件流的 put,get,geiline 等成员函数实现输入和输出,用成员函数 inline 从键盘读入一行字符,调用函数的形式是 cin. inline(c,80),从磁盘文件读一个字符用 infile. get(ch)。可以看到二者的使用方法是一样的,cin 和 infile 都是 istream 类派生类的对象,它们都可以使用 istream 类的成员函数。二者的区别只在于:对标准设备显示器输出时用 cin,对磁盘文件输出时用文件流对象。在第 13.2.3 节和 13.3.2 节中介绍的成员函数都可以用于对磁盘文件输入输出。

磁盘文件 f3. dat 的内容虽然是 ASCII 字符,但人们是不能直接看到的,如果想从显示器上观看磁盘上 ASCII 文件的内容,可以采用以下两个方法:

(1) 在 Windows 环境下,选择“程序”→“附件”→“记事本”,在记事本窗口中选择“文件”→“打开”,选择文件路径(“ D:\C ++ ”),打开 f3. dat 文件,即可看到文件中的内容:

```
NEWBEIJINGGREATOLYPICCHINA
```

(2) 可以编写一个专用函数,将磁盘文件内容读入内存,然后输出到显示器。

```
#include <fstream>
using namespace std;
void display_file(char * filename)
{ifstream infile(filename,ios::in|ios::nocreate);
if(!infile)
  {cerr<<"open error!"<<endl;
   exit(1);}
char ch;
while(infile.get(ch))
   cout.put(ch);
cout<<endl;
infile.close();
}
```

然后在调用时给出文件名即可:

```
int main()
{display_file("f3.dat");             //将 f3. dat 的入口地址传给形参 filename
 return 0;
```

```
}
```

运行时输出 f3. dat 中的字符：

```
NEWBEIJINGGREATOLYPICCHINA
```

13.4.5 对二进制文件的操作

前面已经介绍，二进制文件不是以 ASCII 代码形式存放数据的，它将内存中数据存储形式不加转换地传送到磁盘文件，因此它又称为**内存数据的映像文件**。因为文件中的信息不是字符数据，而是字节中的二进制形式的信息，因此它又称为**字节文件**。

对二进制文件的操作也需要先打开文件，用完后要关闭文件。在打开时要用 ios :: binary 指定为以二进制形式传送和存储。二进制文件除了可以作为输入文件或输出文件外，还可以是既能输入又能输出的文件。这是和 ASCII 文件不同的地方。

1. 用成员函数 read 和 write 读写二进制文件

对二进制文件的读写主要用 istream 类的成员函数 read 和 write 来实现。这两个成员函数的原型为

```
istream& read(char * buffer,int len);
ostream& write(const char * buffer,int len);
```

字符指针 buffer 指向内存中一段存储空间。len 是读写的字节数。调用的方式为

```
a. write(p1,50);
b. read(p2,30);
```

上面第 1 行中的 a 是输出文件流对象，write 函数将字符指针 p1 指向的单元开始的 50 个字节的内容不加转换地写到与 a 关联的磁盘文件中。第 2 行中的 b 是输入文件流对象，read 函数从 b 所关联的磁盘文件中，读入 30 个字节（或遇 EOF 结束），存放在字符指针 p2 所指的一段空间内。

例 13.11 将一批数据以二进制形式存放在磁盘文件中。

可编写程序如下：

```
#include <fstream>
using namespace std;
struct student
{char name[20];
 int num;
 int age;
 char sex;
};
int main()
  {student stud[3] = {"Li",1001,18,'f',"Fang",1002,19,'m',"Wang",1004,17,'f'};
   ofstream outfile("stud.dat",ios::binary);
     if(!outfile)
```

```
        {cerr << " open error!" << endl;
         abort( );                          //退出程序
        }
      for(int i = 0;i < 3;i ++ )
        outfile.write( (char * ) &stud[i],sizeof(stud[i]));
      outfile.close( );
      return 0;
    }
```

定义了结构体类型 student,它包括 4 个数据成员。用 student 定义结构体数组 stud,并对其初始化。然后建立输出文件流对象 outfile,以二进制文件方式打开磁盘文件 stud.dat(如果原来无此文件,则建立新文件,如果已有同名文件则将其原有内容删除,以便重新写入数据)。这样,磁盘文件 stud.dat 的工作方式定为二进制文件。

用成员函数 write 向 stud.dat 输出数据,从前面给出的 write 函数的原型可以看出:第 1 个形参是指向 char 型常变量的指针变量 buffer,之所以用 const 声明,是因为不允许通过指针改变所其指向数据的值。形参要求相应的实参是字符指针或字符串的首地址。现在要将结构体数组的一个元素(包含 4 个成员)一次输出到磁盘文件 stud.dat 中。&stud[i]是结构体数组第 i 个元素的首地址,但这是指向结构体的指针,与形参类型不匹配。因此要用(char *)把它强制转换为字符指针。第 2 个参数是指定一次输出的字节数。sizeof(stud[i])的值是结构体数组的一个元素的字节数。调用一次 write 函数,就将从 &stud[i]开始的结构体数组的一个元素输出到磁盘文件中,执行 3 次循环输出结构体数组的 3 个元素。

其实可以一次输出结构体数组的 3 个元素,将 for 循环的两行改为以下一行:

```
outfile.write((char * ) &stud[0],sizeof(stud));
```

执行一次 write 函数输出了结构体数组的全部数据。

abort 函数的作用是退出程序,与 exit 函数的作用相同。

可以看出,用这种方法一次可以输出一批数据,效率较高。在输出的数据之间不必加入空格,在一次输出之后也不必加回车换行符。在以后从该文件读入数据时不是靠空格作为数据的间隔,而是用字节数来控制。

例 13.12　将执行例 13.11 程序时存放在磁盘文件中的二进制形式的数据读入内存并在显示器上显示。

```
#include <fstream>
using namespace std;
struct student
{string name;
 int num;
 int age;
 char sex;
};
int main( )
{student stud[3];
```

```
    int i;
    ifstream infile("stud.dat",ios::binary);
    if(!infile)
      {cerr<<"open error!"<<endl;
       abort();
      }
    for(i=0;i<3;i++)
      infile.read((char *)&stud[i],sizeof(stud[i]));
    infile.close();
    for(i=0;i<3;i++)
     {cout<<"NO."<<i+1<<endl;
      cout<<"name:"<<stud[i].name<<endl;
      cout<<"num:"<<stud[i].num<<endl;;
      cout<<"age:"<<stud[i].age<<endl;
      cout<<"sex:"<<stud[i].sex<<endl<<endl;
     }
   return 0;
}
```

运行时在显示器上显示：

```
NO.1
name: Li
num: 1001
age: 18
sex: f

NO.2
name: Fang
num: 1001
age: 19
sex: m

NO.3
name: Wang
num: 1004
age: 17
sex: f
```

有了例13.12的基础，读者看懂这个程序是不会有什么困难的。

请思考：能否一次读入文件中的全部数据，如

```
infile.read((char *)&stud[0],sizeof(stud));
```

答案是可以的，将指定数目的字节读入内存，依次存放在以地址&stud[0]开始的存储空间中。要注意读入的数据的格式要与存放它的空间的格式匹配。由于磁盘文件中的数据是从内存中结构体数组元素得来的，因此它仍然保留结构体元素的数据格式。现在再读

入内存，存放在同样的结构体数组中，这必然是匹配的。如果把它放到一个整型数组中，就不匹配了，会出错。

2. 与文件指针有关的流成员函数

在磁盘文件中有一个**文件读写位置标记**（简称**文件位置标记**或**文件标记**）①来指明当前应进行读写的位置。在从文件输入时每读入一个字节，该位置就向后移动一个字节。在输出时每向文件输出一个字节，位置标记也向后移动一个字节，随着输出文件中字节不断增加，位置不断后移。对于二进制文件，允许对位置标记进行控制，使它按用户的意图移动到所需的位置，以便在该位置上进行读写。文件流提供一些有关文件位置标记的成员函数。为了查阅方便，将它们归纳为表 13.6，并作必要的说明。

表 13.6　文件流与文件位置标记有关的成员函数

成 员 函 数	作　　用
gcount()	得到最后一次输入所读入的字节数
tellg()	得到输入文件位置标记的当前位置
tellp()	得到输出文件位置标记当前的位置
seekg(文件中的位置)	将输入文件位置标记移到指定的位置
seekg(位移量,参照位置)	以参照位置为基础移动若干字节（“参照位置”的用法见说明）
seekp(文件中的位置)	将输出文件位置标记移到指定的位置
seekp(位移量,参照位置)	以参照位置为基础移动若干字节

说明：

(1) 读者很容易发现：这些函数名的第 1 个字母或最后一个字母不是 g 就是 p。带 g 的是用于输入的函数（g 是 get 的第 1 个字母，以 g 作为输入的标识，容易理解和记忆），带 p 的是用于输出的函数（p 是 put 的第 1 个字母，以 p 作为输出的标识）。例如有两个 tell 函数，tellg 用于输入文件，tellp 用于输出文件。同样，seekg 用于输入文件，seekp 用于输出文件。以上函数见名知意，一看就明白，不必死记。

如果是既可输入又可输出的文件，则任意用 seekg 或 seekp。

(2) 函数参数中的“文件中的位置”和“位移量”已被指定为 long 型整数，以字节为单位。“参照位置”可以是下面三者之一：

- ios::beg　文件开头（beg 是 begin 的缩写），这是默认值。
- ios::cur　位置标记当前的位置（cur 是 current 的缩写）。
- ios::end　文件末尾。

它们是在 ios 类中定义的枚举常量。举例如下：

```
infile.seekg(100);                 //输入文件位置标记向前移到 100 字节位置
infile.seekg(-50,ios::cur);        //输入文件中位置标记从当前位置后移 50 字节
outfile.seekp(-75,ios::end);       //输出文件中位置标记从文件尾后移 50 字节
```

① 以前在有的教材中，把表示文件当前读写位置的标记称为“文件指针”，这容易引起误解，以为是指向文件的指针。指针的含义是地址，指的是在内存中的地址。而表示文件当前读写位置的标记并不在内存中，而是在外部文件中的一位置标记，和指针的概念完全不同。为避免混淆，在本书中称为文件读写位置的标记。

3. 随机访问二进制数据文件

一般情况下读写是顺序进行的，即逐个字节进行读写。但是对于二进制数据文件来说，可以利用上面的成员函数移动指针，随机地访问文件中任一位置上的数据，还可以修改文件中的内容。

例 13.13 有 5 个学生的数据，要求：

(1) 把它们存到磁盘文件中。

(2) 将磁盘文件中的第 1,3,5 个学生数据读入程序，并显示出来。

(3) 将第 3 个学生的数据修改后存回磁盘文件中的原有位置。

(4) 从磁盘文件读入修改后的 5 个学生的数据并显示出来。

要实现以上要求，需要解决 3 个问题：

(1) 由于同一磁盘文件在程序中需要频繁地进行输入和输出，因此可将文件的工作方式指定为输入输出文件，即 ios::in|ios::out|ios::binary。

(2) 正确计算好每次访问时指针的定位，即正确使用 seekg 或 seekp 函数。

(3) 正确进行文件中数据的重写（更新）。

可编写程序如下：

```
#include <fstream>
using namespace std;
struct student
{int num;
 char name[20];
 float score;
};
int main()
{student stud[5] = {1001,"Li",85,1002,"Fang",97.5,1004,"Wang",54,
                     1006,"Tan",76.5,1010,"ling",96};
fstream iofile("stud.dat",ios::in|ios::out|ios::binary);
    //用 fstream 类定义输入输出二进制文件流对象 iofile
if(!iofile)
  {cerr<<"open error!"<<endl;
   abort();
  }
for(int i=0;i<5;i++)                                      //向磁盘文件输出 5 个学生的数据
   iofile.write((char *)&stud[i],sizeof(stud[i]));
student stud1[5];                                         //用来存放从磁盘文件读入的数据
for(int i=0;i<5;i=i+2)
   {iofile.seekg(i*sizeof(stud[i]),ios::beg);              //定位于第 0,2,4 学生数据开头
    iofile.read((char *)&stud1[i/2],sizeof(stud1[0]));
        //先后读入 3 个学生的数据，存放在 stud1[0],stud[1]和 stud[2]中
    cout<<stud1[i/2].num<<" "<<stud1[i/2].name<<" "<<stud1[i/2].score<<endl;
      //输出 stud1[0],stud[1]和 stud[2]各成员的值
```

```
    }
  cout<<endl;
  stud[2].num=1012;                                    //修改第3个学生(序号为2)的数据
  strcpy(stud[2].name,"Wu");
  stud[2].score=60;
  iofile.seekp(2*sizeof(stud[0]),ios::beg);            //定位于第3个学生数据的开头
  iofile.write((char *)&stud[2],sizeof(stud[2]));        //更新第3个学生数据
  iofile.seekg(0,ios::beg);                              //重新定位于文件开头
  for(int i=0;i<5;i++)
    {iofile.read((char *)&stud[i],sizeof(stud[i]));      //读入5个学生的数据
     cout<<stud[i].num<<" "<<stud[i].name<<" "<<stud[i].score<<endl;
    }
  iofile.close();
  return 0;
  }
```

运行结果如下：

```
1001 Li 85          (第1个学生数据)
1004 Wang 54        (第3个学生数据)
1010 ling 96        (第5个学生数据)

1001 Li 85          (输出修改后5个学生数据)
1002 Fang 97.5
1012 Wu 60          (已修改的第3个学生数据)
1006 Tan 76.5
1010 ling 96
```

本程序也可以将磁盘文件 stud.dat 先后定义为输出文件和输入文件,在结束第 1 次的输出之后关闭该文件,然后再按输入方式打开它,输入完后再关闭它,然后再按输出方式打开,再关闭,再按输入方式打开它,输入完后再关闭。显然是很烦琐和不方便的。在程序中把它指定为输入输出型的二进制文件。这样,不仅可以向文件添加新的数据或读入数据,还可以修改(更新)数据。利用这些功能,可以实现比较复杂的输入输出任务。

请注意,不能用 ifstream 或 ofstream 类定义既输入又输出的二进制文件流对象,而应当用 fstream 类。

13.5　字符串流

文件流是以外存文件为输入输出对象的数据流,字符串流不是以外存文件为输入输出的对象,而是**以内存中用户定义的字符数组(字符串)为输入输出的对象**,即将数据输出到内存中的字符数组,或者从字符数组(字符串)将数据读入。字符串流也称为**内存流**。

字符串流也有相应的缓冲区，开始时流缓冲区是空的。如果向字符数组存入数据，随着向流插入数据，流缓冲区中的数据不断增加，待缓冲区满了（或遇换行符），一起存入字符数组。如果是从字符数组读数据，先将字符数组中的数据送到流缓冲区，然后从缓冲区中提取数据赋给有关变量。

在字符数组中可以存放字符，也可以存放整数、浮点数以及其他类型的数据。在向字符数组存入数据之前，要先将数据从二进制形式转换为 ASCII 代码，然后存放在缓冲区，再从缓冲区送到字符数组。从字符数组读数据时，先将字符数组中的 ASCII 数据送到缓冲区，在赋给变量前要先将 ASCII 代码转换为二进制形式。总之，流缓冲区中的数据格式与字符数组相同。这种情况与以标准设备（键盘和显示器）为对象的输入输出是类似的，键盘和显示器都是按字符形式输入输出的设备，内存中的数据在输出到显示器之前，先要转换为 ASCII 码形式，并送到输出缓冲区中。从键盘输入的数据以 ASCII 码形式输入到输入缓冲区，在赋给变量前转换为相应变量类型的二进制形式，然后赋给变量。对于字符串流的输入输出的情况，如果不清楚，可以从对标准设备的输入输出中得到启发。

文件流类有 ifstream，ofstream 和 fstream，而字符串流类有 istrstream，ostrstream 和 strstream，类名前面几个字母 str 是 string（字符串）的缩写。文件流类和字符串流类都是 ostream，istream 和 iostream 类的派生类，因此对它们的操作方法是基本相同的。向内存中的一个字符数组写数据就如同向数据文件写数据一样，但有 3 点不同：

（1）输出时数据不是流向外存文件，而是流向内存中的一个存储空间。输入时从内存中的存储空间读取数据。在严格的意义上说，这不属于输入输出，称为读写比较合适。因为输入输出一般指的是在计算机内存与计算机外的文件（外部设备也视为文件）之间的数据传送。但由于 C++ 的字符串流采用了 C++ 的流输入输出机制，因此往往也用输入和输出来表述读写操作。

（2）字符串流对象关联的不是文件，而是内存中的一个字符数组，因此不需要打开和关闭文件。

（3）每个文件的最后都有一个文件结束符，表示文件的结束。而字符串流所关联的字符数组中没有相应的结束标志，用户要自己指定一个特殊字符作为结束符，在向字符数组写入全部数据后要写入此字符。

字符串流类没有 open 成员函数，因此要在建立字符串流对象时通过给定参数来确立字符串流与字符数组的关联。即通过调用构造函数来解决此问题。建立字符串流对象的方法与含义如下。

1. 建立输出字符串流对象

ostrstream 类提供的构造函数的原型为

ostrstream :: ostrstream(char * buffer, int n, int mode = ios :: out);

buffer 是指向字符数组首元素的指针，n 为指定的流缓冲区的大小（一般选与字符数组的大小相同，也可以不同），第 3 个参数是可选的，默认为 ios :: out 方式。可以用以下语句建立输出字符串流对象并与字符数组建立关联：

```
ostrstream strout(ch1,20);
```

作用是建立输出字符串流对象 strout,并使 strout 与字符数组 ch1 关联(通过字符串流将数据输出到字符数组 ch1),流缓冲区大小为 20。

2. 建立输入字符串流对象

istrstream 类提供了两个带参的构造函数,其原型为

```
istrstream :: istrstream(char * buffer);
istrstream :: istrstream(char * buffer,int n);
```

buffer 是指向字符数组首元素的指针,用它来初始化流对象(使流对象与字符数组建立关联)。可以用以下语句建立输出字符串流对象:

```
istrstream strin(ch2);
```

作用是建立输入字符串流对象 strin,将字符数组 ch2 中的全部数据作为输入字符串流的内容。

```
istrstream strin(ch2,20);
```

流缓冲区大小为 20,因此只将字符数组 ch2 中的前 20 个字符作为输入字符串流的内容。

3. 建立输入输出字符串流对象

strstream 类提供的构造函数的原型为

```
strstream :: strstream(char * buffer,int n,int mode);
```

可以用以下语句建立输出字符串流对象:

```
strstream strio(ch3,sizeof(ch3),ios :: in|ios :: out);
```

作用是建立输入输出字符串流对象,以字符数组 ch3 为输入输出对象,流缓冲区大小与数组 ch3 相同。

以上 3 个字符串流类是在头文件 strstream 中定义的,因此程序中在用到 istrstream, ostrstream 和 strstream 类时应包含头文件 strstream(在 GCC 中,用头文件 strstream)。

通过下面的例子可以了解怎样使用字符串流。

例 13.14 将一组数据保存在字符数组中。

请分析以下程序:

```
#include <strstream>
using namespace std;
struct student
{int num;
 char name[20];
 float score;
}
int main()
{student stud[3] = {1001,"Li",78,1002,"Wang",89.5,1004,"Fang",90};
 char c[50];                          //用户定义的字符数组
```

```
    ostrstream strout(c,30);            //建立输出字符串流,与数组 c 建立关联,缓冲区长 30
    for(int i=0;i<3;i++)                //向字符数组 c 写 3 个学生的数据
      strout<<stud[i].num<<stud[i].name<<stud[i].score;
    strout<<ends;                       //ends 是 C++的 I/O 操作符,插入一个'\0'
    cout<<"array c:"<<c<<endl;          //显示字符数组 c 中的字符
  }
```

在程序中定义了结构体数组 stud,包含 3 个学生的数据,通过字符串流 strout 向字符数组 c 写 3 个学生的数据。写完后再向字符数组写入操作符 ends,即'\0',作为整个字符串的结束标志。最后在显示器上输出字符数组 c 中的字符串。

运行时在显示器上的输出如下：

```
array c:
1001Li781002Wang89.51004Fang90
```

以上就是字符数组 c 中的字符。可以看到：

(1) 字符数组 c 中的数据全部是以 ASCII 代码形式存放的字符,而不是以二进制形式表示的数据。例如,输出结构体数组元素时并不是将内存中存放数组元素的存储单元中的信息不加转换地放到字符数组中,而是将它们转换为 ASCII 代码后再存放到字符数组中。

(2) 在建立字符串流 strout 时指定流缓冲区大小为 30 字节,与字符数组 c 的大小不同,这是允许的,这时字符串流最多可以传送 30 个字符给字符数组 c。请思考：如果将流缓冲区大小改为 10 字节,即

```
ostrstream strout(c,10);
```

运行情况会怎样？流缓冲区只能存放 10 个字符,将这 10 个字符写到字符数组 c 中。运行时显示的结果是

```
1001Li7810
```

字符数组 c 中只有 10 个有效字符。一般都把流缓冲区的大小指定与字符数组的大小相同。

(3) 字符数组 c 中的数据之间没有空格,连成一片,这是由输出的方式决定的。如果以后想将这些数据读回赋给程序中相应的变量,就会出现问题,因为无法分隔两个相邻的数据。读者可以自己上机试一下。为解决此问题,可在输出时人为地加入空格。如

```
for(int i=0;i<3;i++)
  strout<<" "<<stud[i].num<<" "<<stud[i].name<<" "<<stud[i].score;
```

同时应修改流缓冲区的大小,以便能容纳全部内容,今改为 50 字节。这样,运行时将输出

```
1001 Li 78 1002 Wang 89.5 1004 Fang 90
```

再读入时就能清楚地将数据分隔开。

例 13.15 在一个字符数组 c 中存放了 10 个整数,以空格相间隔,要求将它们放到整型数组中,再按大小排序,然后再存放回字符数组 c 中。

```
#include <strstream>
using namespace std;
int main()
{char c[50] ="12 34 65 -23 -32 33 61 99 321 32";
 int a[10],i,j,t;
 cout<<"array c:"<<c<<endl;          //显示字符数组中的字符串
 istrstream strin(c,sizeof(c));      //建立输入串流对象 strin 并与字符数组 c 关联
 for(i=0;i<10;i++)
 strin>>a[i];                        //从字符数组 c 读入 10 个整数赋给整型数组 a
 cout<<"array a:";
 for(i=0;i<10;i++)
   cout<<a[i]<<" ";                  //显示整型数组 a 各元素
 cout<<endl;
 for(i=0;i<9;i++)                    //用起泡法对数组 a 排序
 for(j=0;j<9-i;j++)
      if(a[j]>a[j+1])
        {t=a[j];a[j]=a[j+1];a[j+1]=t;}
 ostrstream strout(c,sizeof(c));     //建立输出串流对象 strout 并与字符数组 c 关联
 for(i=0;i<10;i++)
   strout<<a[i]<<" ";                //将 10 个整数存放在字符数组 c 中
 strout<<ends;                       //加入'\0'
 cout<<"array c:"<<c<<endl;          //显示字符数组 c
 return 0;
}
```

运行结果如下:

```
array c: 12 34 65 -23 -32 33 61 99 321 32        (字符数组 c 原来的内容)
array a: 12 34 65 -23 -32 33 61 99 321 32        (整型数组 a 的内容)
array c: -32 -23 12 32 33 34 61 65 99 321        (字符数组 c 最后的内容)
```

可以看到:

(1) 用字符串流时不需要打开和关闭文件。

(2) 通过字符串流从字符数组读数据就如同从键盘读数据一样,可以从字符数组读入字符数据,也可以读入整数、浮点数或其他类型数据。如果不用字符串流,只能从字符数组逐个访问字符,而不能按其他类型的数据形式读取数据。这是用字符串流访问字符数组的优点,使用方便灵活。

(3) 程序中先后建立了两个字符串流 strin 和 strout,与字符数组 c 关联。strin 从字符数组 c 中获取数据,strout 将数据传送给字符数组。分别对同一字符数组进行操作。甚至可以对字符数组交叉进行读写,输入字符串流和输出字符串流分别有流位置标记指示当前位置,互不干扰。

(4) 用输出字符串流向字符数组 c 写数据时,是从数组的首地址开始的,因此更新了数组的内容。

(5) 字符串流关联的字符数组并不一定是专为字符串流而定义的数组,它与一般的

字符数组无异，可以对该数组进行其他各种操作。

通过以上对字符串流的介绍，读者可以看到：与字符串流关联的字符数组相当于内存中的临时仓库，可以用来存放各种类型的数据（以 ASCII 形式存放），在需要时再从中读回。它的用法相当于标准设备（显示器与键盘），但标准设备不能保存数据，而字符数组中的内容可以随时用 ASCII 字符输出。它比外存文件使用方便，不必建立文件（不需打开与关闭），存取速度快。但它的生命周期与其所在的模块（如主函数）相同，该模块的生命周期结束后，字符数组也不存在了。因此只能作为临时的存储空间。

习　　题

1. 输入三角形的三边 a,b,c，计算三角形的面积的公式是

$$\text{area} = \sqrt{s(s-a)(s-b)(s-c)}, \quad s = \frac{a+b+c}{2}$$

形成三角形的条件是：$a+b>c$, $b+c>a$, $c+a>b$

编写程序，输入 a,b,c，检查 a,b,c 是否满足以上条件，如不满足，由 cerr 输出有关出错信息。

2. 从键盘输入一批数值，要求保留 3 位小数，在输出时上下行小数点对齐。

3. 编写程序，在显示屏上显示一个由字母 B 组成的三角形。

```
       B
      BBB
     BBBBB
    BBBBBBB
   BBBBBBBBB
  BBBBBBBBBBB
 BBBBBBBBBBBBB
BBBBBBBBBBBBBBB
```

4. 建立两个磁盘文件 f1. dat 和 f2. dat，编写程序实现以下工作：

(1) 从键盘输入 20 个整数，分别存放在两个磁盘文件中（每个文件中放 10 个整数）；

(2) 从 f1. dat 读入 10 个数，然后存放到 f2. dat 文件原有数据的后面；

(3) 从 f2. dat 中读入 20 个整数，将它们按从小到大的顺序存放到 f2. dat（不保留原来的数据）。

5. 编写程序实现以下功能：

(1) 按职工号由小到大的顺序将 5 个员工的数据（包括号码、姓名、年龄、工资）输出到磁盘文件中保存。

(2) 从键盘输入两个员工的数据（职工号大于已有的职工号），增加到文件的末尾。

(3) 输出文件中全部职工的数据。

(4) 从键盘输入一个号码，在文件中查找有无此职工号，如有则显示此职工是第几个职工，以及此职工的全部数据。如没有，就输出“无此人”。可以反复多次查询，如果输入查找的职工号为 0，就结束查询。

6. 在例 13.17 的基础上，修改程序，将存放在 c 数组中的数据读入并显示出来。

第14章 C++工具

在C++发展的过程中，有的C++编译系统根据实际需要，增加了一些功能，作为工具来使用，其中主要有**模板**（包括函数模板和类模板）、**异常处理**、**命名空间和运行时类型识别**，以帮助程序设计人员更方便地进行程序的设计和调试工作。1997年ANSI C++委员会将它们纳入了ANSI C++标准，建议所有的C++编译系统都能实现这些功能。这些工具是非常有用的，C++的使用者应当尽量使用这些工具，因此本书对此作简要的介绍，以便为日后的进一步学习和使用打下基础。

在第4.7节已介绍了函数模板，在第9.11节已介绍了类模板。在本章中主要介绍异常处理和命名空间。

应当说明，早期的C++版本是不具备这些功能的，后来有的C++编译系统根据ANSI C++的要求，实现了这些功能。请读者注意使用的C++版本。

14.1 异常处理

14.1.1 异常处理的任务

程序编制者总是希望自己所编写的程序都是正确无误的，而且运行结果也是完全正确的。但是这几乎是不可能的，智者千虑，必有一失。因此，程序编制者不仅要考虑程序没有错误的理想情况，更要考虑程序存在错误时的情况，应该能够尽快地发现错误，改正错误。

程序中常见的错误有两大类：**语法错误和运行错误**。在编译时，编译系统能发现程序中的语法错误（如关键字拼写错误，变量名未定义，语句末尾缺分号，括号不配对等），编译系统会告知用户在第几行出错，是什么样的错误。由于是在编译阶段发现的错误，因此这类错误又称**编译错误**。有的初学者写的程序并不长，有时会在编译时出现十几个甚至几十个语法错误，有人往往会感到手足无措。但是，总的来说，这种错误是比较容易发现和纠正的，因为它们一般都是有规律的，在有了一定编译经验以后，可以很快地发现出错的位置和原因并加以改正。

另外有些程序能正常通过编译，也能投入运行。但是在运行过程中会出现异常，得不到正确的运行结果，甚至导致程序不正常终止，或出现死机现象。例如：

- 在一系列计算过程中，出现除数为0的情况。
- 内存空间不够，无法实现指定的操作。
- 无法打开输入文件，因而无法读取数据。
- 输入数据时数据类型有错。

由于程序中没有对这些问题的防范措施，因此系统只好终止程序的运行。这类错误比较隐蔽，不易被发现，往往耗费许多时间和精力。这成为程序调试中的一个难点。

人们希望程序不仅在正确的情况下能正常运行，而且在程序有错的情况下也能作出相应的处理，而不致使程序莫名其妙地终止，甚至出现死机的现象。正如人们在拨电话号码时，拨了一个空号，电话系统不是让你无终止地等待，也不是简单地挂机了事，这样会使用户莫名其妙，不知道出了什么事。电话系统采取的办法是很有礼貌地告诉你："对不起，您拨的号码是空号"。这样，用户就明白出了什么情况，应当采取什么措施纠正。这就是系统的容错能力。

在设计程序时，应当事先分析程序运行时可能出现的各种意外的情况，并且分别制定出相应的处理方法，这就是程序的异常处理的任务。

在运行没有异常处理机制的程序时，如果运行情况出现异常，程序本身不能处理，程序只能终止运行。如果在程序中设置了异常处理机制，若在运行时出现异常，由于程序本身已规定了处理的方法，程序的流程就会转到异常处理代码段去处理。用户可以事先指定应进行的处理。

需要说明，在一般情况下，异常指的是出错（差错），但是异常处理并不完全等同于对出错的处理。只要出现与人们期望的情况不同，都可以认为是异常，并对它进行异常处理。例如，在输入学生学号时输入了负数，此时程序并不出错，也不终止运行，但是人们认为这是不应有的学号，应予以处理。因此，**所谓异常处理指的是对运行时出现的差错以及其他例外情况的处理。**

14.1.2 异常处理的方法

在一个小的程序中，可以用比较简单的方法处理异常，例如用if语句判别除数是否为0，如果是0，则输出一个出错信息。但是在一个大的系统中，包含许多模块，每个模块又包含许多类和函数，函数之间又互相调用，比较复杂。如果在每一个函数中都设置处理异常的程序段，会使程序过于复杂和庞大。因此C++采取的办法是：如果在执行一个函数过程中出现异常，可以不在本函数中立即处理，而是发出一个信息，传给它的上一级（即调用它的函数），它的上级捕捉到这个信息后进行处理。如果上一级的函数也不能处理，就再传给其上一级，由其上一级处理。如此逐级上送，如果到最上一级还无法处理，最后只好异常终止程序的执行。

这样做使得异常的发现和处理不必由同一函数来完成。好处是使底层的函数专门用于解决实际任务，而不必再承担处理异常的任务，以减轻底层函数的负担，而把处理异常的任务上移到某一层去处理。例如在主函数中调用十几个函数，只须在主函数中设置处理异常即可,而不必在每个函数中都设置处理异常,这样可以提高效率。

C++ 处理异常的机制是由 3 个部分组成的:**检查**(try),**抛出**(throw)和**捕捉**(catch)。把需要检查的语句放在 try 块中,throw 用来当出现异常时发出一个异常信息(形象地称为**抛出**,throw 的意思是抛出),而 catch 则用来捕捉异常信息,如果捕捉到了异常信息,就处理它。

通过下面的例子可以了解它们的使用方法。

例 14.1　给三角形的三边 a,b,c,求三角形的面积。只有 $a+b>c,b+c>a,c+a>b$ 时才能构成三角形。设置异常处理,对不符合三角形条件的输出警告信息,不予计算。

先编写没有异常处理时的程序:

```
#include <iostream>
#include <cmath>
using namespace std;
int main()
{double triangle(double,double,double);                    //函数声明
 double a,b,c;
 cin >>a >>b >>c;                                          //输入 3 个边
 while(a >0 && b >0 && c >0)
  {cout << triangle(a,b,c) << endl;                        //输出三角形的面积
   cin >>a >>b >>c;                                        //输入 3 个边
  }
  return 0;
}

double triangle(double a,double b,double c)
{double area;
 double s = (a + b + c)/2;
 area = sqrt(s * (s - a) * (s - b) * (s - c));
 return area;
}
```

运行结果如下:

```
6 5 4↙                 (输入 a,b,c 的值)
9.92157              (输出三角形的面积)
1 1.5 2↙               (输入 a,b,c 的值)
0.726184               (输出三角形的面积)
1 2 1↙                 (输入 a,b,c 的值)
0                      (输出三角形的面积,此结果显然不对,因为不是三角形)
1 0 6↙                 (输入 a,b,c 的值)
(结束)
```

由于程序没有对三角形条件进行检查,当输入 a =1,b =2,c =1 时,计算出三角形的面积为 0,结果显然不对。

现在修改程序,在函数 triangle 中对三角形条件进行检查,如果不符合三角形条件,就

抛出一个异常信息，在主函数中的 try-catch 块中调用 triangle 函数，并检测有无异常信息，并作相应处理。修改后的程序如下：

```
#include <iostream>
#include <cmath>
int main( )
{double triangle(double,double,double);
 double a,b,c;
 cin>>a>>b>>c;
 try                                          //在 try 块中包括要检查的函数
     {while(a>0 && b>0 && c>0)
        {cout<<triangle(a,b,c)<<endl;
         cin>>a>>b>>c;
        }
     }
 catch(double)                                //用 catch 捕捉异常信息并作相应处理
   {cout<<"a="<<a<<",b="<<b<<",c="<<c<<",that is not a triangle!"<<endl;
}

 cout<<"end"<<endl;                           //最后输出"end"
 return 0;                                    //返回 0,程序正常结束
}

double triangle(double a,double b,double c)   //定义计算三角形的面积的函数
{double s=(a+b+c)/2;
 if (a+b<=c||b+c<=a||c+a<=b) throw a;         //当不符合三角形条件抛出异常信息 a
 return sqrt(s*(s-a)*(s-b)*(s-c));
}
```

运行结果如下：

```
6 5 4↙                                   (输入 a,b,c 的值)
9.92157                                  (计算出三角形的面积)
1 1.5 2↙                                 (输入 a,b,c 的值)
0.726184                                 (计算出三角形的面积)
1 2 1↙                                   (输入 a,b,c 的值)
a=1,b=2,c=1, that is not a triangle!     (异常处理)
end
```

现在分析程序是怎样进行异常处理的。

(1) 首先把可能出现异常的、需要检查的语句或程序段放在 try 后面的花括号中。由于 triangle 函数是可能出现异常的部分，所以把 while 循环连同 triangle 函数都放在主函数中的 try-catch 结构中的 try 块中。这些语句是正常流程的一部分，虽然被放在 try 块中，并不影响它们按照原来的顺序执行。

(2) 程序开始运行后，按正常的顺序执行到 try 块，执行 try 块中花括号内的语句。如果在执行 try 块内的语句过程中没有发生异常，则 try-catch 结构中的 catch 子句不起作

用,流程转到 catch 子句后面的语句继续执行。

(3) 如果在执行 try 块内的语句(包括其所调用的函数)过程中发生异常,则 throw 语句抛出一个异常信息。请看程序中的 triangle 函数部分,当不符合三角形条件时,throw 抛出 double 类型的异常信息 a。执行了 throw 语句后,**流程立即离开本函数**,转到其上一级的函数(main 函数)。因此不会执行 triangle 函数中 if 语句之后的 return 语句。

在 throw 中抛出什么样的数据由程序设计者自定,可以是任何类型的数据(包括自定义类型的数据,如类对象)。

(4) 这个异常信息提供给 try-catch 结构,系统会寻找与之匹配的 catch 子句。现在 a 是 double 型,而 catch 子句的括号内指定的信息的类型也是 double 型,二者匹配,即 catch 捕获了该异常信息,这时就执行 catch 子句中的语句,本程序输出

```
a=1,b=2,c=1, that is not a triangle!
```

(5) 在进行异常处理后,程序并不会自动终止,继续执行 catch 子句后面的语句。本程序输出"end"。注意处理异常后,并不是从出现异常点继续执行 while 循环。如果在 try 块的花括号内有 10 个语句,在执行第 3 个语句时出现异常,则在处理完该异常后,其余 7 个语句不再执行,而转到 catch 子句后面的语句去继续执行。

由于 catch 子句是用来处理异常信息的,往往被称为 **catch 异常处理块**或 **catch 异常处理器**。

下面讲述异常处理的语法。

throw 语句的形式为

throw 表达式;

try-catch 的结构为

try
  {被检查的语句}
catch(异常信息类型[变量名])
  {进行异常处理的语句}

说明:

(1) 被检测的部分必须放在 try 块中,否则不起作用。

(2) try 块和 catch 块作为一个整体出现,catch 块是 try-catch 结构中的一部分,必须紧跟在 try 块之后,不能单独使用,在二者之间也不能插入其他语句,例如下面的用法不对:

```
try
{    }
cout<<a;                    //不能插入其他语句
catch(double)
{    }
```

但是在一个 try-catch 结构中,可以只有 try 块而无 catch 块。即只检查而不处理,把 catch 处理块放在其他函数中。

(3) try 块和 catch 块中必须有用花括号括起来的复合语句,即使花括号内只有一个

语句，也不能省略花括号。

（4）一个 try-catch 结构中只能有一个 try 块，但却可以有多个 catch 块，以便与不同的异常信息匹配。如

```
try
{    }
catch(double)
{    }
catch(int)
{    }
catch(char)
{    }
```

（5）catch 后面的圆括号中，一般只写异常信息的类型名，如

```
catch(double)
```

catch 只检查所捕获异常信息的类型，而不检查它们的值，例如 a，b，c 都是 double 类型，虽然它们的值不同，但在 throw 语句中写 throw a，throw b 或 throw c，作用均相同。因此如果需要检测多个不同的异常信息，应当由 throw 抛出不同类型的异常信息。

异常信息可以是 C++ 系统预定义的标准类型，也可以是用户自定义的类型（如结构体或类）。如果由 throw 抛出的信息属于该类型或其子类型，则 catch 与 throw 二者匹配，catch 捕获该异常信息。

catch 还可以有另一种写法，即除了指定类型名外，还指定变量名，如

```
catch(double d)
```

此时如果 throw 抛出的异常信息是 double 型的变量 a，则 catch 在捕获异常信息 a 的同时，还使 d 获得 a 的值，或者说 d 得到 a 的一个拷贝。什么时候需要这样做呢？有时希望在捕获异常信息时，还能利用 throw 抛出的值，如

```
catch(double d)
  {cout<<"throw "<<d;}
```

这时会输出 d 的值（也就是 a 值）。当抛出的是类对象时，有时希望在 catch 块中显示该对象中的某些信息。这时就需要在 catch 的参数中写出对象名。

（6）如果在 catch 子句中没有指定异常信息的类型，而用了删节号“…”，则表示它可以捕捉任何类型时异常信息，如

```
catch(…) {cout<<"ERROR!"<<endl;}
```

它能捕捉所有类型的异常信息，并输出“ERROR！”。

这种 catch 子句应放在 try-catch 结构中的最后，相当于“其他”。如果把它作为第 1 个 catah子句，则后面的 catch 子句都不起作用。

（7）try-catch 结构可以与 throw 出现在同一个函数中，也可以不在同一函数中。当 throw 抛出异常信息后，首先在本函数中寻找与之匹配的 catch，如果在本层无 try-catch 结构或找不到与之匹配的 catch，就转到其上一层去处理，如果其上一层也无 try-catch 结构

或找不到与之匹配的 catch,则再转到更上一层的 try-catch 结构去处理,也就是说转到离开出现异常最近的 try-catch 结构去处理。

(8) 在某些情况下,在 throw 语句中可以不包括表达式,如果在 catch 块中包含"throw":

```
catch(int)
  {                              //其他语句
  throw;                         //将已捕获的异常信息再次原样抛出
  }
```

表示"我不处理这个异常,请上级处理"。此时 catch 块把当前的异常信息再次抛出,给其上一层的 catch 块处理。

(9) 如果 throw 抛出的异常信息找不到与之匹配的 catch 块,那么系统就会调用一个系统函数 terminate,使程序终止运行。

例 14.2 在函数嵌套的情况下检测异常处理。

这是一个简单的例子,用来说明在 try 块中有函数嵌套调用的情况下抛出异常和捕捉异常的情况。请读者自己先分析以下程序。

```
#include <iostream>
using namespace std;
int main()
{void f1();
 try
  {f1();}                                   //调用 f1()
 catch(double)
  {cout<<"ERROR0!"<<endl;}
 cout<<"end0"<<endl;
 return0;
}

void f1()                                   //定义 f1 函数
{void f2();
 try
  {f2();}                                   //调用 f2()
 catch(char)
   {cout<<"ERROR1!";}
 cout<<"end1"<<endl;
}

void f2()                                   //定义 f2 函数
{void f3();
 try
  {f3();}                                   //调用 f3()
 catch(int)
  {cout<<" ERROR2!"<<endl;}
```

```
  cout << "end2" << endl;
}

void f3()                              //定义 f3 函数
{double a = 0;
  try
    {throw a;}                         //抛出 double 类型异常
  catch(float)
    {cout << " ERROR3!" << endl;}
  cout << "end3" << endl;
}
```

分3种情况分析运行情况：

(1) 执行上面的程序。图14.1是有函数嵌套时异常处理示意图。

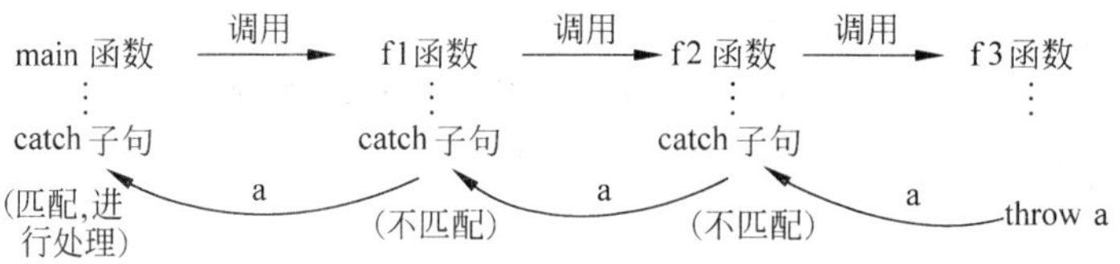

图 14.1

在 main 函数的 try 块中调用 f1 函数,在 f1 函数的 try 块中调用 f2 函数,在 f2 函数的 try 块中又调用 f3 函数,在执行 f3 函数过程中执行了 throw 语句,抛出 double 型异常信息 a。由于在 f3 中没有找到和 a 类型相匹配的 catch 子句,于是将 a 抛给 f3 的调用者 f2 函数,在 f2 中还没有找到和 a 类型相匹配的 catch 子句,又将 a 抛给 f2 的调用者 f1 函数,在 f1 中也没有找到和 a 类型相匹配的 catch 子句,又将 a 抛给 f1 的调用者 main 函数,在 main 函数中的 try-catch 结构中找到和 a 类型相匹配的 catch 子句。main 中的 catch 子句就是离 throw 最近的且与之匹配的 catch 子句。执行该子句中的复合语句。输出“ERROR0!”,再执行该 catch 子句后面的“end0”。

运行结果如下：

```
ERROR0!                  (在主函数中捕获异常)
end0                     (执行主函数中最后一个语句时的输出)
```

请读者对照程序分析。

(2) 如果将 f3 函数中的 catch 子句改为 catch(double),程序中其他部分不变,则 f3 函数中的 throw 抛出的异常信息立即被 f3 函数中的 catch 子句捕获(因为抛出的是 double 型异常信息 a,而 catch 要捕捉的也是 double 型异常信息,二者匹配)。于是执行 f3 中 catch 子句中花括号内的语句,输出" ERROR3",再执行 catch 子句后面的语句,输出" end3"。f3 函数执行结束后,流程返回 f2 函数中调用 f3 函数处继续往下执行。

运行结果如下：

```
ERROR3!                  (在 f3 函数中捕获异常)
end3                     (执行 f3 函数中最后一个语句时的输出)
```

```
end2                       (执行 f2 函数中最后一个语句时的输出)
end1                       (执行 f1 函数中最后一个语句时的输出)
end0                       (执行主函数中最后一个语句时的输出)
```

(3) 如果在此基础上再将 f3 函数中的 catch 块改为

```
catch(double)
  { cout<<" ERROR3!" <<endl;
    throw;}
```

f3 函数中的 catch 子句捕获 throw 抛出的异常信息 a,输出"ERROR3!",表示收到此异常信息,但它即用"throw;"将 a 再抛出。于是 a 再被 main 函数中的 catch 子句捕获。运行结果如下:

```
ERROR3!                    (在 f3 函数中捕获异常)
ERROR0!                    (在主函数中捕获异常)
end0                       (执行主函数中最后一个语句时的输出)
```

请读者仔细分析比较以上 3 种情况。

14.1.3 在函数声明中进行异常情况指定

为了便于阅读程序,使用户在看程序时能知道所用的函数是否会抛出异常信息以及异常信息的类型,C++ 允许在声明函数时列出可能抛出的异常类型,如可以将例 14.1 中第 2 个程序的第 3 行改写为

```
double triangle(double,double,double) throw(double);
```

表示 triangle 函数只能抛出 double 类型的异常信息。如果写成

```
double triangle(double,double,double) throw(int,double,float,char);
```

则表示 triangle 函数只限于抛出 int,double,float 或 char 类型的异常信息。异常指定是函数声明的一部分,必须同时出现在函数声明和函数定义的首行中,否则在进行函数的另一次声明时,编译系统会报告"类型不匹配"。

如果在声明函数时未列出可能抛出的异常类型,则该函数可以抛出任何类型的异常信息。如例 14.1 中第 2 个程序中所表示的那样。

如果想声明一个不能抛出异常的函数,可以写成以下形式:

```
double triangle(double,double,double) throw();          //throw 无参数
```

这时即使在函数执行过程中出现了 throw 语句,但实际上并不执行 throw 语句,并不抛出任何异常信息,程序将非正常终止。

14.1.4 在异常处理中处理析构函数

如果在 try 块(或 try 块中调用的函数)中定义了类对象,在建立该对象时要调用构造函数。在执行 try 块 (包括在 try 块中调用其他函数) 的过程中如果发生了异常,此时流

程立即离开 try 块(如果是在 try 块调用的函数中发生异常,则流程首先离开该函数,回到调用它的 try 块处,然后流程再从 try 块中跳出转到 catch 处理块)。这样流程就有可能离开该对象的作用域而转到其他函数,因而应事先做好结束对象前的清理工作,C++的异常处理机制会在 throw 语句抛出异常信息被 catch 捕获时,对有关的局部对象进行析构(调用类对象的析构函数),析构对象的顺序与构造的顺序相反,然后执行与异常信息匹配的 catch 块中的语句。

例 14.3 在异常处理中处理析构函数。

这是一个为说明在异常处理中调用析构函数的示例,为了清晰地表示流程,程序中加入了一些 cout 语句,输出有关的信息,以便读者对照结果分析程序。

```
#include <iostream>
#include <string>
using namespace std;
class Student
{public:
    Student(int n,string nam)                          //定义构造函数
      {cout<<"constructor-"<<n<<endl;
       num=n;name=nam;}
    ~Student(){cout<<"destructor-"<<num<<endl;}        //定义析构函数
    void get_data();                                   //成员函数声明
  private:
    int num;
    string name;
};
void Student::get_data()                         //定义成员函数
{if(num==0) throw num;                           //如 num=0,抛出 int 型变量 num
 else cout<<num<<" "<<name<<endl;                //若 num≠0,输出 num,name
 cout<<"in get_data()"<<endl;                    //表示目前在 get_data 函数中
}

void fun()
{Student stud1(1101,"Tan");                      //建立对象 stud1
 stud1.get_data();                               //调用 stud1 的 get_data 函数
 Student stud2(0,"Li");                          //建立对象 stud2
 stud2.get_data();                               //调用 stud2 的 get_data 函数
}

int main()
{cout<<"main begin"<<endl;                       //表示主函数开始了
 cout<<"call fun()"<<endl;                       //表示调用 fun 函数
 try
   {fun();}                                      //调用 fun 函数
 catch(int n)
   {cout<<"num="<<n<<",error!"<<endl;}           //表示 num=0 出错
```

```
    cout << " main end" << endl;                    //表示主函数结束
    return 0;
}
```

分析程序执行过程：首先执行 main 函数，输出"main begin"，接着输出"call fun()"，表示要调用 fun 函数，然后调用 try 块中的 fun 函数，流程转到 fun 函数，在 fun 函数中定义对象 stud1，此时调用 stud1 的构造函数，输出"constructor-1101"，并将 1101 和"Tan"分别赋给 stud1.num 和 stud1.name，然后调用 stud1 的 get_data 函数，由于 stud1 中的 num = 1101，不等于 0，因此输出"1101 Tan"，接着执行 get_data 函数中最后一行 cout 语句，输出"in get_data()"，表示当前流程仍在 get_data 函数中。执行完 stud1.get_data 函数后，流程转回 fun 函数。

fun 函数体中第 3 行建立对象 stud2，此时调用 stud2 的构造函数，输出"constructor-0"，并将 0 和"Li"分别赋给 stud2.num 和 stud2.name。然后调用 stud2 的 get_data 函数，由于 stud2 中的 num 等于 0，因此执行 throw 语句，抛出 int 型变量 num，此时不会输出 stud2.num 和 stud2.name 的值，也不执行 get_data 函数中最后一行的 cout 语句，流程转到调用 get_data 函数的 fun 函数去处理，由于在 fun 函数中没有 catch 处理器，异常信息又上交到调用 fun 函数的 main 函数去处理。

在 main 函数中的 catch 处理器捕获到异常信息 num，并将 num 的值赋给了变量 n。此时开始进行析构工作。仔细分析流程，注意从主函数中的 try 块开始到执行 throw 语句抛出异常信息这段过程中，有没有已构造而未析构的局部对象。可以看到：在执行 try 块中的 fun 函数过程中，先后建立了两个对象 stud1 和 stud2。在 fun 函数调用 stud2 的 get_data() 函数时，执行 throw 语句，流程离开 get_data() 函数，返回 fun 函数。由于在 fun 函数中没有 catch 函数，流程又离开 fun 函数返回 main 函数。在结束 fun 函数之前，需要释放对象 stud1 和 stud2，要调用析构函数进行清理工作。析构的顺序为先调用 stud2 的析构函数，输出"destrutor-0"，再调用 stud1 的析构函数，输出"destrutor-1101"。然后再执行 catch 处理块中的语句，输出"num =0，error!"（注意，此时使用了 catch 参数中的变量 n 的值 0）。

最后执行 main 函数中 catch 块后面的 cout 语句，输出"main end"。

运行结果如下：

```
main begin
call fun()
constructor - 1101
1101 tan
in get_data()
constructor - 0
destrutor - 0
destrutor - 1101
num =0,error!
main end
```

通过以上的介绍，可以了解怎样在程序中使用异常处理。在应用程序的实际开发工作中，应当设计异常处理的机制，以保证程序能处理各种情况而不致失控。有了以上的基础，读者以后可根据实际需要灵活进行应用。

14.2 命名空间

在学习本书前面各章时，读者已经多次看到了在程序中用了以下的语句：

```
using namespace std;
```

这就是使用了命名空间 std。在本节中将对它作较详细的介绍。

14.2.1 为什么需要命名空间

命名空间是 ANSI C++ 引入的可以由用户命名的作用域，用来处理程序中常见的同名冲突。

在 C 语言中定义了 3 个层次的作用域：**文件**（编译单元）、**函数**和**复合语句**。C++ 又引入了**类**作用域，类是出现在文件内的。在不同的作用域中可以定义相同名字的变量，互不干扰，便于系统区别它们。

先简单分析一下作用域的作用，然后讨论命名空间的作用。

如果在文件中定义了两个类，在这两个类中可以有同名的函数。在引用时，为了区别，应该加上类名作为限定，如

```
class A                              //声明 A 类
{public:
     void fun1();                    //声明 A 类中的 fun1 函数
  private:
     int i;
};
void A::fun1()                       //定义 A 类中的 fun1 函数
{
   //
}
class B                              //声明 B 类
{public:
     void fun1();                    //B 类中也有 fun1 函数
     void fun2();
};
void B::fun1()                       //定义 B 类中的 fun1 函数
{
   //
}
```

这样不会发生混淆。

在文件中可以定义全局变量(global variable)，它的作用域是整个程序。如果在文件

A 中定义了一个变量 a

```
int a=3;
```

在文件 B 中可以再定义一个变量 a

```
int a=5;
```

在分别对文件 A 和文件 B 进行编译时不会有问题。但是，如果一个程序包括文件 A 和文件 B，那么在进行连接时，会报告出错，因为在同一个程序中有两个同名的变量，认为是对变量的重复定义。问题在于全局变量的作用域是整个程序，在同一作用域中不应有两个或多个同名的实体(entity)，包括变量、函数和类等。

可以通过 extern 声明同一程序中的两个文件中的同名变量是同一个变量。如果在文件 B 中有以下声明：

```
extern int a;
```

表示文件 B 中的变量 a 是在外部其他文件中已定义的变量。由于有此声明，在程序编译和连接后，文件 A 的变量 a 的作用域扩展到了文件 B。如果在文件 B 中不再对 a 赋值，则在文件 B 中用以下语句输出的是文件 A 中变量 a 的值：

```
cout<<a;                    //得到 a 的值为 3
```

在简单的程序设计中，只要人们小心注意，可以争取不发生错误。但是，一个大型的应用软件，往往不是由一个人独立完成的，而往往是由若干人合作完成的，不同的人分别完成不同的部分，最后组合成一个完整的程序。假如不同的人分别定义了类，放在不同的头文件中，在主文件(包含主函数的文件)需要用这些类时，就用#include 指令行将这些头文件包含进来。由于各头文件是由不同的人设计的，有可能在不同的头文件中用了相同的名字来命名所定义的类或函数。这样在程序中就会出现名字冲突。

例 14.4　名字冲突。

程序员甲在头文件 header1.h 中定义了类 Student 和函数 fun。

```
//header1.h (头文件 1)
#include <string>
#include <cmath>
class Student                                    //声明 Student 类
{public:
   Student(int n,string nam,char s)
     {num=n;name=nam;sex=s;}
   void get_data();
  private:
   int num;
   string name;
   char sex;
};
void Student::get_data()                         //成员函数定义
{cout<<num<<" "<<name<<" "<<sex<<endl;
```

```
}
double fun(double a,double b)                          //定义全局函数(即外部函数)
{return sqrt(a+b);}
```

在 main 函数所在的主文件中包含头文件 **header1.h**：

```
#include <iostream>
#include "header1.h"                //注意要用双引号,因为文件一般是放在用户目录中的
int main()
  {Student stud1(101,"Wang",18); //定义类对象 stud1
   stud1.get_data();
   cout<<fun(5,3)<<endl;
   return 0;
  }
```

程序能正常运行,输出为

```
101 Wang 18
2.82843
```

如果程序员乙写了头文件 header2.h,在其中除了定义其他类以外,还定义了类 Student 和函数 fun,但其内容与头文件 header1.h 中的 Student 和函数 fun 有所不同。

```
//header2.h (头文件2)
#include <string>
#include <cmath>
class Student                                  //声明 Student 类
{public:
   Student(int n,string nam,char s)            //参数与 header1 中的 student 不同
     {num=n;name=nam;sex=s;}
   void get_data();
  private:
   int num;
   string name;
   char sex;                                   //此项与 header1 不同
};

void Student::get_data()                       //成员函数定义
{cout<<num<<" "<<name<<" "<<sex<<endl;
}
double fun(double a,double b)                  //定义全局函数
{return sqrt(a-b);}                            //返回值与 header1 中的 fun 函数不同
//头文件2 中可能还有其他的内容
```

假如主程序员在其程序中要用到 header1.h 中的 Student 和函数 fun,因而在程序中包含了头文件 header1.h,同时要用到头文件 header2.h 中的一些内容(但对 header2.h 中包含与 header1.h 中的 Student 类和 fun 函数同名而内容不同的类和函数并不知情,因为在一个头文件中往往包含许多不同的信息,而使用者往往只关心自己所需要的部分,而不

注意其他内容),因而在程序中又包含了头文件 header2.h。如果主文件如下:

```
//main file
#include <iostream>
#include " header1.h"              //包含头文件 1
#include " header2.h"              //包含头文件 2
int main()
{Student stud1(101,"Wang",18);
  stud1.get_data();
  cout << fun(5,3) << endl;
  return 0;
}
```

这时程序编译就会出错。因为在预编译后,头文件中的内容取代了对应的#include 指令,这样就在同一个程序文件中出现了两个 Student 类和两个 fun 函数,显然是**重复定义**,这就是**名字冲突**,即在同一个作用域中有两个或多个同名的实体。

不仅如此,在程序中还往往需要引用一些库(包括 C++ 编译系统提供的库、由软件开发商提供的库或用户自己开发的库),为此需要包含有关的头文件。如果在这些库中包含有与程序的全局实体同名的实体,或者不同的库中有相同的实体名,则在编译时就会出现名字冲突。有人称之为**全局命名空间污染**(global namespace pollution)。

为了避免这类问题的出现,人们提出了许多方法,例如:将实体的名字写得长一些(包含十几个或几十个字母和字符);把名字起得特殊一些,包括一些特殊的字符;由编译系统提供的内部全局标识符都用下划线作为前缀,如_complex(),以避免与用户命名的实体同名;由软件开发商提供的实体的名字用特定的字符为前缀等。但是这样的效果并不理想,而且增加了阅读程序的难度,即可读性降低了。

C 语言和早期的 C++ 语言没有提供有效的机制来解决这个问题,没有使库的提供者能够建立自己的命名空间的工具。人们希望 ANSI C++ 标准能够解决这个问题,提供一种机制、一种工具,使由库的设计者命名的全局标识符能够和程序的全局实体名以及其他类的全局标识符能够区别开来。

14.2.2 什么是命名空间

为了解决这个问题,ANSI C++ 增加了**命名空间**(namespace)。**所谓命名空间,实际上就是一个由程序设计者命名的内存区域。程序设计者可以根据需要指定一些有名字的空间域,把一些全局实体分别放在各个命名空间中,从而与其他全局实体分隔开来。**如

```
namespace ns1              //指定命名空间 ns1
{int a;
  double b;
}
```

namespace 是定义命名空间所必须写的关键字,ns1 是用户自己指定的命名空间的名字(可以用任意的合法标识符,这里用 ns1 是因为 ns 是 namespace 的缩写,含义清楚),在花括号内是声明块,在其中声明的实体称为**命名空间成员**(namespace member)。命名空间

ns1 的成员包括变量 a 和 b，注意 a 和 b 仍然是全局变量，仅仅是把它们隐藏在命名空间中而已。如果在程序中要使用变量 a 和 b，必须加上命名空间名和作用域分辨符 ::，如 ns1 :: a，ns1 :: b。这种用法称为**命名空间限定**（qualified），这些名字（如 ns1 :: a）称为**被限定名**（qualified name）。C++ 中命名空间的作用类似于操作系统中的目录和文件的关系，由于文件很多，不便管理，而且容易重名，于是人们设立若干子目录，把文件分别放到不同的子目录中，不同子目录中的文件可以同名。调用文件时应指出文件路径。

命名空间的作用是建立一些互相分隔的作用域，把一些全局实体分隔开来，以免产生名字冲突。例如，某中学高三年级有 3 个姓名都叫李相国的学生，如果都在同一班，那么老师点名叫李相国时，3 个人都站起来应答，这就是名字冲突，因为他们无法辨别老师想叫的是哪一个李相国？同名者无法互相区分。为了避免同名混淆，学校把 3 个同名的学生分在 3 个班。这样，在小班点名叫李相国时，只会有一个人应答。也就是说，在该班的范围（即班作用域）内名字是唯一的。如果在全校集合时校长点名，需要在全校范围内找这个学生，要考虑的作用域是全校范围。如果校长叫李相国，全校学生中又会有 3 人一齐喊“到”，因为在同一作用域中存在 3 个同名学生。为了在全校范围内区分这 3 名学生，校长必须在名字前加上班号，如高三甲班的李相国，或高三乙班的李相国，即加上班名限定。这样就不致产生混淆。

可以根据需要设置许多个命名空间，每个命名空间代表一个不同的命名空间域，不同的命名空间不能同名。这样，可以把不同的库中的实体放到不同的命名空间中，或者说，用不同的命名空间把不同的实体隐藏起来。过去用的全局变量可以理解为**全局命名空间**，独立于所有有名的命名空间之外，它是不需要用 namespace 声明的，实际上是由系统隐式声明的，存在于每个程序之中。

在声明一个命名空间时花括号内不仅可以包括变量，而且还可以包括以下类型：

- 变量（可以带有初始化）；
- 常量；
- 函数（可以是定义或声明）；
- 结构体；
- 类；
- 模板；
- 命名空间（在一个命名空间中又定义一个命名空间，即嵌套的命名空间）。

例如：

```
namespace ns1
{const int RATE=0.08;                    //常量
 double pay;                             //变量
 double tax()                            //函数
   {return a * RATE;}
 namespace ns2                           //嵌套的命名空间
   {int age;}
}
```

如果想输出命名空间 ns1 中成员的数据，可以采用下面的方法：

```
cout << ns1 :: RATE << endl;
cout << ns1 :: pay << endl;
cout << ns1 :: tax( ) << endl;
cout << ns1 :: ns2 :: age << endl;          //需要指定外层的和内层的命名空间名
```

可以看出,命名空间的声明方法和使用方法和类的声明方法和使用方法差不多。但它们之间有一点差别:在声明类时在右花括号的后面有一分号,而在定义命名空间时,花括号的后面没有分号。

14.2.3 使用命名空间解决名字冲突

有了以上的基础后,就可以利用命名空间来解决名字冲突问题。现在,对例 14.4 程序进行修改,使之能正确运行。

例 14.5 利用命名空间来解决例 14.4 程序名字冲突问题。

修改两个头文件,把两个文件的内容分别放在两个不同的命名空间中。

```
//header1.h  (头文件 1)
#include  <string>
#include  <cmath>
using namespace std;
namespace ns1                              //声明命名空间 ns1
{class Student                             //在命名空间 ns1 内声明 Student 类
    {public:
      Student(int n,string nam,int a)
       {num = n;name = nam;age = a;}
      void get_data( );
     private:
      int num;
      string name;
      int age;
    };
void Student :: get_data( )                //定义成员函数
     {cout << num << "  " << name << "  " << age << endl;
     }

double fun(double a,double b)              //在命名空间 ns1 内定义 fun 函数
    {return sqrt(a + b);}
}

//header2.h (头文件 2)
#include  <string>
#include  <cmath>
namespace ns2                              //声明命名空间 ns2
{class Student                             //在命名空间 ns2 内声明 Student 类
   {public:
```

```
        Student(int n,string nam,char s)
          {num = n;name = nam;sex = s;}
        void get_data();
      private:
        int num;
        char name[20];
        char sex;
    };
    void Student::get_data()
     {cout << num << "  " << name << "  " << sex << endl;
     }
    double fun(double a,double b)
     {return sqrt(a - b);}
}
```

```
//main file（主文件）
#include <iostream>
#include "header1.h"                        //包含头文件 1
#include " header2.h"                       //包含头文件 2
int main()
   {ns1::Student stud1(101,"Wang",18);      //用命名空间 ns1 中的 Student 类定义 stud1
    stud1.get_data();                       //不要写成 ns1::stud1.get_data();
    cout << ns1::fun(5,3) << endl;          //调用命名空间 ns1 中的 fun 函数
    ns2::Student stud2(102,"Li",'f');       //用命名空间 ns2 中的 Student 类定义 stud2
    stud2.get_data();
    cout << ns2::fun(5,3) << endl;          //调用命名空间 ns1 中的 fun 函数
    return 0;
}
```

解决本题的关键是建立了两个命名空间 ns1 和 ns2，将原来两个头文件的内容分别放在命名空间 ns1 和 ns2 中。注意：在头文件中，不要把#include 指令放在命名空间中，在第 14.2.2 节的叙述中可以知道，命名空间中的内容不能包括预处理指令，否则编译会出错。

例 14.4 程序出错的原因是：在两个头文件中有相同的类名 Student 和相同的函数名 fun，在把它们包含在主文件中时，就产生名字冲突，存在重复定义。编译系统无法辨别用哪一个头文件中的 Student 来定义对象 stud1。现在两个 Student 和 fun 分别放在不同的命名空间中，各自有其作用域，互不相干。由于作用域不相同，不会产生名字冲突。正如同在两个不同的类中可以有同名的变量和函数而不会产生冲突一样。

在定义对象时用 ns1::Student（命名空间 ns1 中的 Student）来定义 stud1，用 ns2::Student（命名空间 ns2 中的 Student）来定义 stud2。显然，ns1::Student 和 ns2::Student是两个不同的类，不会产生混淆。同样，在调用 fun 函数时也需要用命名空间名 ns1 或 ns2 加以限定。ns1::fun()和 ns2::fun()是两个不同的函数。注意：对象 stud1 是用 ns1::Student 定义的，但对象 stud1 并不在命名空间 ns1 中。Stud1 的作用域为

main 函数范围内。在调用对象 stud1 的成员函数 get_data 时,应写成 stud1. get_data( ),而不应写成 ns1 :: stud1. get_data( )。

程序能顺利通过编译,并得到以下运行结果

```
101 Wang 18          (对象 stud1 中的数据)
2.82843              (√5 +3的值)
102 Li f             (对象 stud2 中的数据)
1.41421              (√5 -3的值)
```

14.2.4　使用命名空间成员的方法

从上面的介绍可以知道,在引用命名空间成员时,要用命名空间名和作用域分辨符对命名空间成员进行限定,以区别不同的命名空间中的同名标识符。即

命名空间名 :: 命名空间成员名

这种方法是有效的,能保证所引用的实体有唯一的名字。但是如果命名空间名字比较长,尤其在有命名空间嵌套的情况下,为引用一个实体,需要写很长的名字。在一个程序中可能要多次引用命名空间成员,就会感到很不方便。

为此,C++提供了一些机制,能简化使用命名空间中的成员的手续。

(1) 使用命名空间别名

可以为命名空间起一个**别名**(namespace alias),用来代替较长的命名空间名。如

```
namespace Television                //声明命名空间,名为 Television
{…}
```

可以用一个较短而易记的别名代替它。如

```
namespace TV  =  Television;        //别名 TV 与原名 Television 等价
```

也可以说,别名 TV 指向原名 Television,在原来出现 Television 的位置都可以无条件地用 TV 来代替。

(2) 使用"using 命名空间成员名"

using 后面的命名空间成员名必须是由命名空间限定的名字。例如,

```
using ns1 :: Student;
```

以上语句声明: 在本作用域(using 语句所在的作用域)中会用到命名空间 ns1 中的成员 Student,在本作用域中如果使用该命名空间成员时,不必再逐个用命名空间限定。例如在用上面的 using 声明后,在其后程序中出现的 Student 就是隐含地指 ns1 :: Student。

using 声明的有效范围是从 using 开始到 using 所在的作用域结束。如果在以上的 using 声明之后有以下语句:

```
Student stud1(101,"Wang",18);      //此处的 Student 相当于 ns1 :: Student
```

上面的定义相当于

```
ns1 :: Student stud1(101,"Wang",18);
```

又如

```
using ns1 :: fun;              //声明其后出现的 fun 是属于命名空间 ns1 中的 fun
cout << fun(5,3) << endl;      //此处的 fun 函数相当于 ns1 :: fun(5,3)
```

显然,这可以避免在每一次引用命名空间成员时都用命名空间限定,使得引用命名空间成员变得方便易用。

但是要注意：在同一作用域中用 using 声明的不同命名空间的成员中不能有同名的成员。例如

```
using ns1 :: Student;       //声明其后出现的 Student 是命名空间 ns1 中的 Student
using ns2 :: Student;       //声明其后出现的 Student 是命名空间 ns2 中的 Student
Student stud1;              //请问此处的 Student 是哪个命名空间中的 Student?
```

产生了二义性,编译出错。

(3) 使用"using namespace 命名空间名"

用上面介绍的"using 命名空间成员名",一次只能声明一个命名空间成员,如果在一个命名空间中定义了 10 个实体,就需要使用 10 次 using 命名空间成员名。能否在程序中用一个语句就能一次声明一个命名空间中的全部成员呢?

C++ 提供了 using namespace 语句来实现这一目的。using namespace 语句的一般格式为

using namespace 命名空间名;

例如

```
using namespace ns1;
```

声明了在本作用域中要用到命名空间 ns1 中的成员,在使用该命名空间的任何成员时都不必再用命名空间限定。如果在作了上面的声明后有以下语句:

```
Student stud1(101,"Wang",18);     //Student 隐含指命名空间 ns1 中的 Student
cout << fun(5,3) << endl;         //这里的 fun 函数是命名空间 ns1 中的 fun 函数
```

在用 using namespace 声明的作用域中,命名空间 ns1 的成员就好像在全局域声明的一样。因此可以不必用命名空间限定。显然这样的处理对写程序比较方便。但是如果同时用 using namespace 声明多个命名空间时,往往容易出错。例 14.5 中的 main 函数如果用下面程序段代替,就会出错。

```
int main()
  {using namespace ns1;              //声明 ns1 中的成员在本作用域中可用
   using namespace ns2;              //声明 ns2 中的成员在本作用域中可用
   Student stud1(101,"Wang",18);
   stud1.get_data();
   cout << fun(5,3) << endl;
   Student stud2(102,"Li",'f');
   stud2.get_data();
```

```
    cout << fun(5,3) << endl;
    return 0;
}
```

因为在同一作用域中同时引入了两个命名空间 ns1 和 ns2，其中有同名的类和函数。在出现 Student 时，无法判定是哪个命名空间中的 Student，出现二义性，编译出错。因此只有在使用命名空间数量很少，以及确保这些命名空间中没有同名成员时才用 using namespace 语句。

14.2.5　无名的命名空间

以上介绍的是有名字的命名空间，C++ 还允许使用没有名字的命名空间，如在文件 A 中声明了以下的无名命名空间：

```
namespace                          //命名空间没有名字
{ void fun( )                      //定义命名空间成员
     { cout << " OK. " << endl; }
}
```

由于命名空间没有名字，在其他文件中显然无法引用，它只在本文件的作用域内有效。无名命名空间的成员 fun 函数的作用域为文件 A（确切地说，是从声明无名命名空间的位置开始到文件 A 结束）。在文件 A 中使用无名命名空间的成员，不必（也无法）用命名空间名限定。如果在文件 A 中有以下语句：

```
fun( );
```

则执行无名命名空间中的成员 fun 函数，输出"OK."

在本程序的其他文件中也无法使用该 fun 函数，也就是把 fun 函数的作用域限制在本文件范围中。可以想到：在 C 语言中可以用 static 声明一个函数，其作用也是使该函数的作用域限于本文件。C++ 保留了用 static 声明函数的用法，同时提供了用无名命名空间来实现这一功能。随着越来越多的 C++ 编译系统实现了 ANSI C++ 建议的命名空间的机制，相信使用无名命名空间成员的方法将会取代以前习惯用的对全局量的静态声明。

14.2.6　标准命名空间 std

为了解决 C++ 标准库中的标识符与程序中的全局标识符之间以及不同库中的标识符之间的同名冲突，应该将不同库的标识符在不同的命名空间中定义（或声明）。**标准 C++ 库的所有的标识符都是在一个名为 std 的命名空间中定义的，或者说标准头文件（如 iostream）中函数、类、对象和类模板是在命名空间 std 中定义的。**std 是 standard（标准）的缩写，表示这是存放标准库的有关内容的命名空间，含义清楚，不必死记。

这样，在程序中用到 C++ 标准库时，需要使用 std 作为限定。如

```
std::cout << " OK. " << endl;        //声明 cout 是在命名空间 std 中定义的流对象
```

在有的 C++ 书中可以看到以上这样的用法。但是在每个 cout，cin 以及其他在 std 中定义

的标识符前面都用命名空间 std 作为限定，显然是很不方便的。在大多数的 C++ 书以及 C++ 程序中常用 using namespace 语句对命名空间 std 进行声明，这样可以不必对每个命名空间成员一一进行处理，在文件的开头加入以下 using namespace 声明：

```
using namespace std;
```

这样，**在 std 中定义和声明的所有标识符在本文件中都可以作为全局变量来使用**。但是应当绝对保证在程序中不出现与命名空间 std 的成员同名的标识符，例如在程序中不能再定义一个名为 cout 的对象。由于在命名空间 std 中定义的实体实在太多，有时程序设计人员也弄不清哪些标识符已在命名空间 std 中定义过，为减少出错机会，有的专业人员喜欢用若干个"using 命名空间成员" 声明来代替"using namespace 命名空间"声明，如

```
using std::string;
using std::cout;
using std::cin;
```

等。为了减少在每一个程序中都要重复书写以上的 using 声明，程序开发者往往把编写应用程序时经常会用到的命名空间 std 成员的 using 声明组成一个头文件，然后在程序中包含此头文件即可。

读者如果阅读了多种 C++ 书，可能会发现有的书的程序中有 using namespace 声明，有的则没有。有的读者会提出：究竟应该有还是应该没有？应当说：用标准的 C++ 编程，使用 C++ 的标准库，是应对命名空间 std 的成员进行声明或限定的（可以采取前面介绍过的任一种方法）。但是目前所用的 C++ 库有的是多年前开发的，当时并没有命名空间，标准库中的有关内容也没有放在 std 命名空间中，因而在程序中可以不对 std 进行声明。

近年来提供的 C++ 标准库，都在命名空间 std 中声明，因此，如果在程序包含 C++ 新的标准头文件（不带后缀.h 的件文件，如 iostream），应当在程序中使用命名空间和 using namespace 语句，否则无法引用这些头文件。读者可以看到，本书的所有程序都用了"using namespace std;"，在学习了本章后，对其含义会有进一步的了解。

14.3 使用早期的函数库

C 语言程序中各种功能基本上都是由函数来实现的，在 C 语言的发展过程中建立了功能丰富的函数库，C++ 从 C 语言继承了这份宝贵的财富。在 C++ 程序中可以使用 C 语言的函数库。

如果要用函数库中的函数，就必须在程序文件中包含有关的头文件，在不同的头文件中，包含了不同的函数的声明。

在 C++ 中使用这些头文件有两种方法。

（1）**用在 C 语言程序中使用的传统老方法。头文件名包括后缀.h**，如 stdio.h，math.h 等。由于 C 语言没有命名空间，因此在 C++ 程序文件中如果用到带后缀.h 的头文件时，不必用命名空间。只须在文件中包含所用的头文件即可。如

```
#include <math.h>
```

（2）**用 C++ 的新方法。C++ 标准规定头文件不包括后缀. h**，例如 iostream，string。为了表示与 C 语言的头文件有联系又有区别，C++ 所用的头文件名是在 C 语言的相应的头文件名（但不包括. h）之前加字母 c。例如，C 语言中有关输入与输出的头文件名为 stdio. h，在 C++ 中相应的头文件名为 cstdio。C 语言中的头文件 math. h，在 C++ 中相应的头文件名为 cmath。C 语言中的头文件 string. h，在 C++ 中相应的头文件名为 cstring（注意在 C++ 中，头文件 cstring 和头文件 string 不是同一个文件。前者提供 C 语言中对字符串处理的有关函数（如 strcmp，ctrcpy）的声明，后者提供 C++ 中对字符串处理的新功能（见 5.6 节）。

此外，由于 C++ 的这些函数都是在命名空间 std 中中头文件中声明的，因此在程序中要用命名空间 std 声明。如

```
#include <cstdio>
#include <cmath>
using namespace std;
```

目前所用的大多数 C++ 编译系统既保留了 C 的用法，又提供了 C++ 的新方法。下面两种头文件的用法等价，可以任选。

C 传统方法	C++ 新方法
#include <stdio.h>	#include <cstdio>
#include <math.h>	#include <cmath>
#include <string.h>	#include <cstring>
	using namespace std;

可以使用传统的 C 方法，但应当提倡使用 C++ 的新方法。本书程序用的是新方法。

习　　题

1. 求一元二次方程式 $ax^2 + bx + c = 0$ 的实根，如果方程没有实根，则输出有关警告信息。

2. 将例 14.3 程序改为下面的程序，请分析执行过程，写出运行结果。并指出由于异常处理而调用了哪些析构函数。

```
#include <iostream>
#include <string>
using namespace std;
class Student
{public:
   Student(int n,string nam)
class Student
      {cout<<"constructor - "<<n<<endl;
       num=n;name=nam;}
```

```
  ~Student( ){cout<<"destructor -" <<num<<endl;}
  void get_data( );
 private:
  int num;
  string name;
};
void Student::get_data( )
{if(num==0) throw num;
 else cout<<num<<"  "<<name<<endl;
 cout<<"in get_data( )"<<endl;
}

void fun( )
{Student stud1(1101,"tan");
 stud1.get_data( );
 try
  {Student stud2(0,"Li");
  stud2.get_data( );
  }
 catch(int n)
  {cout<<"num=" <<n<<",error!" <<endl;}
}
int main( )
{cout<<"main begin" <<endl;
 cout<<"call fun( )" <<endl;
 fun( );
 cout<<"main end" <<endl;
 return 0;
}
```

3. 学校的人事部门保存了有关学生的部分数据（学号、姓名、年龄、住址），教务部门也保存了学生的另外一些数据（学号、姓名、性别、成绩），两个部门分别编写了本部门的学生数据管理程序，其中都用了 Student 作为类名。现在要求在全校的学生数据管理程序中调用这两个部门的学生数据，分别输出两种内容的学生数据。要求用 C++ 编程，使用命名空间。

附录 A　常用字符与 ASCII 代码对照表

ASCII 值	字符	控制字符	ASCII 值	字符	ASCII 值	字符	ASCII 值	字符	ASCII 值	字符	ASCII 值	字符	ASCII 值	字符	ASCII 值	字符
000	(null)	NUL	032	(space)	064	@	096	`	128	Ç	160	á	192	└	224	α
001	☺	SOH	033	!	065	A	097	a	129	ü	161	í	193	┴	225	β
002	☻	STX	034	"	066	B	098	b	130	é	162	ó	194	┬	226	Γ
003	♥	ETX	035	#	067	C	099	c	131	â	163	ú	195	├	227	π
004	♦	EOT	036	$	068	D	100	d	132	ä	164	ñ	196	─	228	Σ
005	♣	ENQ	037	%	069	E	101	e	133	à	165	Ñ	197	┼	229	σ
006	♠	ACK	038	&	070	F	102	f	134	å	166	ª	198	╞	230	μ
007	·	BEL	039	'	071	G	103	g	135	ç	167	º	199	╟	231	τ
008	◘	BS	040	(	072	H	104	h	136	ê	168	¿	200	╚	232	Φ
009	○	HT	041	)	073	I	105	i	137	ë	169	⌐	201	╔	233	θ
010	◙	LF	042	*	074	J	106	j	138	è	170	¬	202	╩	234	Ω
011	♂	VT	043	+	075	K	107	k	139	ï	171	1/2	203	╦	235	δ
012	♀	FF	044	,	076	L	108	l	140	î	172	1/4	204	╠	236	∞
013	/	CR	045	-	077	M	109	m	141	ì	173	¡	205	═	237	ø
014	♫	SO	046	.	078	N	110	n	142	Ä	174	«	206	╬	238	ε
015	☼	SI	047	/	079	O	111	o	143	Å	175	»	207	╧	239	∩
016	▶	DLE	048	0	080	P	112	p	144	É	176	░	208	╨	240	≡
017	◀	DC1	049	1	081	Q	113	q	145	æ	177	▒	209	╤	241	±
018	↕	DC2	050	2	082	R	114	r	146	Æ	178	▓	210	╥	242	≥
019	!!	DC3	051	3	083	S	115	s	147	ô	179	│	211	╙	243	≤
020	¶	DC4	052	4	084	T	116	t	148	ö	180	┤	212	╘	244	┌
021	§	NAK	053	5	085	U	117	u	149	ò	181	╡	213	╒	245	┘
022	▬	SYN	054	6	086	V	118	v	150	û	182	╢	214	╓	246	÷
023	↨	ETB	055	7	087	W	119	w	151	ù	183	╖	215	╫	247	≈
024	↑	CAN	056	8	088	X	120	x	152	ÿ	184	╕	216	╪	248	°
025	↓	EM	057	9	089	Y	121	y	153	Ö	185	╣	217	┘	249	·
026	→	SUB	058	:	090	Z	122	z	154	Ü	186	║	218	┌	250	.
027	←	ESC	059	;	091	[	123	{	155	¢	187	╗	219	█	251	√
028	∟	FS	060	<	092	\	124	|	156	£	188	╝	220	▄	252	η
029	↔	GS	061	=	093	]	125	}	157	¥	189	╜	221	▌	253	2
030	▲	RS	062	>	094	^	126	~	158	₧	190	╛	222	▐	254	■
031	▼	US	063	?	095	_	127	⇧	159	ƒ	191	┐	223	▀	255(blank 'FF')	

附录 B　运算符和结合性

优先级	运 算 符	含　　义	结合方向
1	::	域运算符	自左至右
2	() [] -> . ++ --	括号,函数调用 数组下标运算符 指向成员运算符 成员运算符 自增运算符(后置)(单目运算符) 自减运算符(后置)(单目运算符)	自左至右
3	++ -- ~ ! - + * & (类型) sizeof new delete	自增运算符(前置) 自减运算符(前置) 按位取反运算符 逻辑非运算符 负号运算符 正号运算符 指针运算符 取地址运算符 类型转换运算符 长度运算符 动态分配空间运算符 释放空间运算符 (以上为单目运算符)	自右至左
4	* / %	乘法运算符 除法运算符 求余运算符	自左至右
5	+ -	加法运算符 减法运算符	自左至右
6	<< >>	按位左移运算符 按位右移运算符	自左至右
7	<　<=　>　>=	关系运算符	自左至右
8	== !=	等于运算符 不等于运算符	自左至右
9	&	按位与运算符	自左至右
10	∧	按位异或运算符	自左至右
11	|	按位或运算符	自左至右
12	&&	逻辑与运算符	自左至右
13	||	逻辑或运算符	自左至右
14	?　:	条件运算符(三目运算符)	自右至左
15	=　+=　-=　*=　/=　%= >>=　<<=　&=　∧=　!=	赋值运算符	自右至左
16	throw	抛出异常运算符	自右至左
17	,	逗号运算符	自左至右

说明:

(1) 同一优先级的运算符,运算次序由结合方向决定。例如,“ * ”与“/”具有相同的优先级别,其结合方向为自左至右,因此 3 * 5/4 的运算次序是先乘后除。负号运算符“ - ”和前置自增运算符“ ++ ”为同一优先级,结合方向为自右至左,因此 - ++i 相当于 -(++i)。

(2) 不同的运算符要求有不同的运算对象个数,如加法运算符“ + ”和减法运算符“ - ”为双目运算符,要求在运算符两侧各有一个运算对象(如 3 +5、8 -3 等)。而自增运算符“ ++ ”和负号运算符“ - ”是一目运算符,只能在运算符的一侧出现一个运算对象(如 -a,i ++ , --i,(float)i,sizeof(int), * p 等)。条件运算符是 C ++ 中唯一的一个三目运算符,如 x? a: b。

(3) 从上述表中可以大致归纳出各类运算符的优先级:

初等运算符( ) [ ] -> .

↓

单目运算符

↓

算术运算符(先乘除,后加减)

↓

关系运算符

↓

逻辑运算符(不包括!)

↓

条件运算符

↓

赋值运算符

↓

逗号运算符

以上的优先级别由上到下递减。初等运算符优先级最高,逗号运算符优先级最低。

参 考 文 献

1. 谭浩强编著. C++程序设计. 北京：清华大学出版社,2004.
2. 谭浩强著. C 程序设计(第四版). 北京：清华大学出版社,2010.
3. 谭浩强编著. C++面向对象程序设计. 北京：清华大学出版社,2006 .
4. Harvey M. Deitel,Paual James Deitel 著. The Complete C++ Training Course Second Edition 邱仲潘等译. C++大学教程(第二版). 北京:电子工业出版社,2002.
5. H. M. Deitel, P. J. Deitel 著. 薛万鹏等译. C++程序设计教程. 北京：机械工业出版社,2000.
6. S. B. Lippman, J. Lajoie 著,潘爱民译. C++ Primer(3rd Edition)中文版. 北京：中国电力出版社,2002.
7. Stephen R. Davis 著. C++ For Dummies 4th edition, IDG Books Worldwide,Inc. ,2002.
8. James P. Cohoon. Jack W. Davidson 著. C++ Program Design(Third Edition) 刘瑞挺等译. C++程序设计(第三版). 北京：电子工业出版社,2002.
9. Decoder 编著 C/C++程序设计. 北京：中国铁道出版社,2002.
10. Brian Overland 著. 董梁等译. C++语言命令详解(第二版). 北京：电子工业出版社,2002.
11. H. M. Deitel, P. J. Deitel 著. C How To Program Second Edition 薛万鹏等译. C/C++程序设计大全. 北京：机械工业出版社,1997.
12. Al Stevens,Clayton Walnum 著. 林丽闽等译 标准 C++宝典. 北京：电子工业出版社,2001.
13. COHOON & DAVIDSON 著. C++ Program Design - An Introduction to Programming and Object-Oriented Design 3rd Edition. C++程序设计——程序设计和面向对象设计入门(第 3 版). 北京：清华大学出版社(影印版),2002.
14. Michael J. young 著. Mastering Visual C++ 6. SYBEX Inc. 1999.
15. Leen Ammeraal 著. 刘瑞挺等译. C++程序设计教程(第三版). 北京：中国铁道出版社,2003.

中国高等院校计算机基础教育课程体系规划教材近期书目

- 计算机与信息技术基础教程(第2版)
- 计算机与信息技术基础教程题解与实验指导(第2版)
- 计算机与信息技术应用教程(第2版)
- 计算机与信息技术应用指导(第2版)
- 计算机应用技术基础
- 计算机应用技术基础习题与实验指导
- 大学计算机应用基础案例教程(配光盘)
- C程序设计(第四版)
- C程序设计(第四版)学习辅导
- C++程序设计
- C++程序设计题解与上机指导
- C++面向对象程序设计
- C++面向对象程序设计题解与上机指导
- C++程序设计实践指导
- C程序设计教程
- C程序设计教程学习辅导
- C语言程序设计案例教程
- C语言程序设计案例教程习题解析与实验指导
- Visual Basic程序设计(第2版)
- Visual Basic程序设计题解与实验指导(第2版)
- Visual Basic 6.0程序设计案例教程
- Visual Basic 6.0实训解答与学习指导
- 计算机网络——基于因特网的信息服务平台(第2版)
- 多媒体技术与应用
- 数据库技术与应用
- 微机原理与接口技术
- Linux基础与应用
- Java软件编程实例教程
- 基于Web标准的网页设计与制作
- Intel 8086-Pentium 4后系列微机原理与接口技术
- 数据结构C++语言描述
- ASP.NET动态网站开发教程